바울로

Joachim GNILKA
PAULUS VON TARSUS
Apostel und Zeuge

Copyright © Verlag Herder, Freiburg im Breisgau 1996
All rights reserved

Translated by LEE Jong-Han
Korean Translation Copyright © 2008 Benedict Press, Waegwan, Korea
Korean translation edition is published by arrangement with
Verlag Herder, Freiburg im Breisgau

바울로
2008년 1월 초판 | 2017년 4월 3쇄
옮긴이 · 이종한 | 펴낸이 · 박현동
ⓒ 분도출판사
등록 · 1962년 5월 7일 라15호
39889 경북 칠곡군 왜관읍 관문로 61 1
출판사업부 · 전화 02-2266-3605 · 팩스 02-2271-3605
인쇄사업부 · 전화 054-970-2400 · 팩스 054-971-0179
www.bundobook.co.kr
ISBN 978-89-419-0801-2 94230
ISBN 978-89-419-0151-8 (세트)

이 책의 한국어판 저작권은
Verlag Herder와 독점 계약한 분도출판사에 있습니다.
저작권법에 의해 한국 내에서 보호를 받는 저작물이므로
무단 전재와 무단 복제를 금합니다.

신학 텍스트 총서 1.2

요아힘 그닐카

바울로
사도요 증인

이종한 옮김

분도출판사

【옮긴이 일러두기】
성서 본문과 인명·지명은 원칙적으로 신약의 경우 『200주년 신약성서 주해』(분도출판사 2001)를, 구약의 경우 『성경』(한국 천주교 주교회의 2005)을 따르되, 드물게 문맥 따라 조금씩 다듬었다. 485-6쪽 지도의 주요 지명은 『200주년 신약성서 주해』를 따랐으나 『성경』의 표기법도 괄호 속에 작은 글씨로 병기했다.

머리말

바울로보다 확실하게 초창기 그리스도교에 관한 통찰을 제공해 주는 사람은 없다. 그는 열두 제자에 속하지 않았고 고양되신 그리스도에게 부름받은 제2세대지만, 우리는 그의 서간에서 한 사도의 생생한 목소리를 들을 수 있다. 그의 서간은 최초의 이방계 그리스도인 공동체들, 그것들의 구조와 조직, 문제와 곤경들, 그리고 당시까지만 해도 유대교 회당(시나고그)의 일부로 여겨지던 교회에 이방인들을 거리낌 없이 받아들임으로써 발생한 논쟁들에 관한 통찰을 제공해 준다. 유대교로부터 어린 교회의 이탈 그리고 지중해 중심으로 로마제국이 이루고 있던 세계 속으로의 복음의 삼투를 뚜렷이 보여 준다.

그 중심에 바울로가 있음을 볼 수 있거니와, 그는 두 문화, 즉 유대교와 헬레니즘에 모두 속한 사람이었다. 어떤 이들은 바울로를 그리스도교의 창건자로, 또 어떤 이들은 조상들의 종교를 배반한 자로 여긴다. 그러나 바울로는 자신을 둘 중 어느 것도 아닌, "그리스도 예수의 종이요 부르심 받은 사도"(로마 1,1)로 이해했다. 바울로에게 몰두하다 보면 원그리스도교의 역사 속으로 자연스레 흘러 들어갈 수 있다. 비판적 바울로 연구의 선구자 바우어는 바울로를 예루살렘 유대계 그리스도교와 전혀 화해가 불가능할 만큼 첨예하게 대립시켰다. 바우어가 지나치게 강조한 이 대결은 물론 상세히 고찰해야 한다. 그러나 그런 고찰이 이 책의 결정적 요점은 아니다. 우리는 사도의 삶과 활동을 숙고하고 또 이런 관점에 터해 앞서 언급한 논쟁들도 살펴볼 것이다. 이 책의 한 가지 특징, 관통하는 관심사인

즉, 한편 사도의 삶과 밝혀낼 수 있는 전기적 세목들과 역사적 자취들, 다른 한편 사도의 선포와 신학 이 두 가지를 상응·관련시키려는 시도다. 하나는 다른 하나를 조건짓고 밝혀 주며, 다른 하나 없이는 온전히 이해되지 않는다. 이 두 측면은 서로 의존하고 있다. 그래서 역사적 관심사들이 비교적 상세히 언급될 것이다. 바울로 신학의 서술을 위해 나의 『신약성서신학』*Theologie des Neuen Testaments*(Freiburg 1994)도 참조했다. 그 책에서 말한 것을 이 책에 받아들였고, 더러는 변경된 형태로 새로이 표현했다.

"사도요 증인"을 이 책의 부제로 붙인 것은, 바울로가 거듭하여 증인으로 등장하는 사도행전(참조: 22,15; 26,16)을 (마땅하거니와) 비판적 방식으로 함께 고려했음을 밝히기 위해서다. 증인이 된다는 것은 과연 사도의 자기이해에도 전적으로 부합한다(1고린 15,15 참조). 이 책에서 자주 루가에 관해 말할 터인데, 이는 통례를 따른 일이니, 루가가 사도행전을 집필했음을 전제하는 것은 아니다(사도행전 저자는 명확히 밝혀지지 않았다). 사도행전과 바울로 차명서간의 (저자 의도에 따라 제각기 꼴지어진) 바울로상像들에 대한 묘사도 바울로에 관한 책의 참신성으로 여겨질 수 있겠다. 이 서술은 바울로상이 일찍부터 겪었던 변천을 이해할 수 있게 해 줄 것이다.

끝으로, 원고를 세심하게 입력해 준 나의 오랜 비서 잉그리드 쉬스만에게도 감사드린다.

1996년 6월, 뮌헨에서
요아힘 그닐카

□ 차례 □

  □ 머리말   5

① 바울로 연구   11
  1. 바울로 수용과 연구의 단계들   13
  2. 원전 문제   26

② 청소년기와 교육   31
  1. 다르소에서   33
  2. 예루살렘에서   42

③ 박해자와 그의 부르심   53
  1. 박해자   55
  2. 부르심   64

④ 선교 활동   77
  1. 사도회의 이전 시기   79
    1.1 아라비아에서   80
    1.2 첫 번째 예루살렘 방문   84
    1.3 첫 선교 노력들   89
    1.4 언제 유럽으로 진출했는가?   101
    1.5 마케도니아와 아카이아로   111
  2. 예루살렘 사도회의와 안티오키아 사건   144
    2.1 예루살렘 사도회의   144
    2.2 안티오키아 사건   153

3. 마지막 선교 단계 163
　3.1 에페소에서 163
　3.2 다시 마케도니아와 아카이아에서 184
4. 선교 방법과 선교 신학 192
　4.1 선교 방법 192
　4.2 선교 신학 195
　4.3 선교 협력자들 210
5. 바울로의 적수들 216
6. 예루살렘 교회를 위한 모금 226

5️⃣ 교회들의 발전 239
　1. 교회생활 242
　2. 가정생활 253
　3. 도시생활 260

6️⃣ 신학자 바울로 269
　1. 전제들 273
　　1.1 부르심 273
　　1.2 구약성서 276
　　1.3 그리스도교 전승 281
　2. 하느님, 근원과 목표 — 신론 287
　3. 세상의 근본 상태 — 우주론 294
　4. 인간의 근본 상태 — 인간론 300
　　4.1 아담의 후손 300
　　4.2 영적 능력들 305
　　4.3 몸갖춘 존재 313
　5. 구원받지 못한 인간 — 비구원의 권세와 공범들 321
　　5.1 육적 존재 321

5.2 죄와 죽음 　　　　　　　　　　326
　　5.3 자기모순의 율법 　　　　　　331
　6. 그리스도 선포 　　　　　　　　　338
　7. 구원받은 인간 　　　　　　　　　351
　　7.1 의롭다고 인정받은 　　　　　351
　　7.2 믿음을 통해 　　　　　　　　361
　　7.3 구원의 인상 깊은 상징들 　　366
　　7.4 그리스도 안에 — 주님 안에 　376
　　7.5 영의 선물 　　　　　　　　　384
　8. 교회와 하느님 백성 　　　　　　393
　　8.1 교회 신학 　　　　　　　　　393
　　8.2 교회의 성사들 　　　　　　　402
　　8.3 옛 하느님 백성과 새 하느님 백성 　413

7 인간 바울로 　　　　　　　　　　　425

8 옥살이와 죽음 　　　　　　　　　　441

9 연대기에 관해 　　　　　　　　　　457

10 바울로 이후 신약성서 문서들의 바울로상 　465
　1. 사도행전 　　　　　　　　　　　467
　2. 사목서간 　　　　　　　　　　　473
　3. 골로사이서와 에페소서 　　　　　477

　□ 참고문헌 　　　　　　　　　　　481
　□ 지도 　　　　　　　　　　　　　485
　□ 인명·사항 색인 　　　　　　　　487
　□ 성서 인용 색인 　　　　　　　　493

1
바울로 연구

1. 바울로 수용과 연구의 단계들

다르소의 바울로는 살아 있는 동안 힘 있는 자들의 세상에서 주목받지 못했다. 그는, 예수와는 달리, 그리스-로마 문헌 어디서도 언급되지 않는다.[1] 여기에는 일종의 반동反動이 존재하거니와, 사실 바울로 역시 당시 권력·교양·고귀한 혈통을 지닌 상류층에 대해 회의적 견해를 가지고 있었다(1고린 1,20-29 참조). 유대교 문헌도 바울로에 관해 끝까지 침묵을 지킨다. 그의 이름은 탈무드와 미드라쉬뿐 아니라, 유대인 역사가 플라비우스 요세푸스의 저술에도 나오지 않는다. 사람들은 그럼으로써 그를 욕보이려 했던 것일까? 종종 어떤 이들은 바울로를 암시하는 간접적인 언급들을 찾아낼 수 있다고 생각했다. 그래서 다음과 같은 말을 바울로와 결부시키고자 했다: "신성한 것들을 모독하고 축제일들을 경멸하며 우리 선조 아브라함의 계약을 파기하고 율법을 부당하게 해석하는 자는, 율법 지식과 선행을 보여 준다 하더라도, 다가오는 세상에서 한몫 얻지 못한다".[2] 그러나 이 문제에선 신중함이 요구된다.

그리스도교 역사에서 바울로는 비길 바 없이 널리 받아들여졌다. 그의 인품과 활동에 관한 저작들, 특히 그의 서간들에 대한 주석서들이 그동안 도서관들을 가득 채웠고, 바울로 연구에 관한 보고서들만도 여러 권을 이

---

[1] Tacitus, *ann.* 15, 44, 2f; Sueton, *Vita Claudii* 25; Plinius, *ep.* 10, 96, 6f의 예수 또는 그리스도에 관한 언급들은 세인의 이목을 끈 그리스도인들과 관련하여 나오는데, 물론 극히 초보적인 사항들에 국한되어 있다.

[2] A. Jellinek, Klausner, *Von Jesus zu Paulus* 552에서 재인용.

룬다. 그러나 수용의 정도가 교회의 모든 시대에 똑같았던 것은 아니다. 종교개혁을 통해 바울로 수용이 항구적 정점에 이르렀다. 그리고 바울로가 정통 개신교 덕분에 400년 전부터 누려 온 그리스도교의 큰 스승으로서의 지위가 끝장나고 있다고 예고하려 드는 것[3]은 옳지 않다. 아마 바울로가 오늘날처럼 생생히 살아 있던 적은 결코 없었을 것이다.

하고많은 문헌들을 앞에 두고 여기서는 다만 바울로 수용과 연구의 단계들을 밝혀 보일 것인바, 이 단계들은 독자에게 바울로를 둘러싼 정신적 투쟁에 대한 간략한 통찰을 제공해 줄 것이다. 바울로 수용은 이미 신약성서에 처음으로 나타난다. 바울로 차명서간들[필경 한 (혹은 여러) 제자 동아리에서 생겨났을 것이다]은 사도의 행적을 계속 숙고하고, 또 사도가 창설한 교회들을 계속 보살피려 애쓰고 있다. 차명서간들의 신학은 다양한 방향으로 발전해 나간다. 하지만 하나의 두드러진 주제는 교회, 공동체다. 강조점이 상이함은 예를 들어 사목서간들이 바울로 사도만을 부각시키는 반면, 에페소서는 다른 "거룩한 사도들"도 염두에 두고 있는(에페 3,5; 2,20) 데서 알아볼 수 있다. 후반부에서 바울로의 활동을 상세히 전하는 사도행전은, 그가 언제까지나 생생히 기억되는 데 중대한 공헌을 했다.[4]

처음 두 세기, 이른바 사도 교부들 시대에 바울로의 권위는 확고했다. 사람들은 그를 인용하고 칭송했으나[안티오키아의 이냐티우스의 칭송은 그야말로 열광적이다(이냐티우스, 에페소서 12,2 참조)] 사도의 신학의 뚜렷한 윤곽들은 희미해졌다. 특히 널리 받아들여진 것은 윤리적 교설이었다. 교회는 그리스도의 몸이고 모든 신앙인은 이 몸의 살아 있는 활동적 지체들이라는 표상을 포함하고 있는 바울로의 교회론은 실천되지 못했다. 또한 의인론義認論의

---

[3] E. Renan, Rigaux, *Paulus* 61에서 재참조. Renan은 1869년 바울로에 관한 책 — 같은 해 독일어로 번역됨 — 을 저술했는데, Rigaux는 결론 부분이 탁월하다고 평가했다.

[4] E.J. Goodspeed, Ephesians and the First Edition of Paul: *JBL* 70 (1951) 285-91은 사도행전이 나옴으로써 바울로 서간들의 집성이 촉진되었다는 견해를 주장한다. 이 문제에 관해 Gnilka, *Eph* 45와 각주 4 참조.

신학적 핵심도 인식·언명되는 일이 드물었다.[5] 바울로에게 동조하면서도 그의 서간을 인용하지는 않는 베드로 후서 역시 시사해 주는 바가 많다.

바울로에 대한 유대계 그리스도인들의 비난은 "베드로 케리그마"에서 뚜렷이 드러나는데, 여기서 사도는 율법관 때문에 사탄의 화신으로 나타난다.[6] 반대로 여러 그리스도교-영지주의 동아리, 예컨대 발렌티누스파는 바울로를 선호·수용했는데, 낙 함마디에서 발견된 레기누스 서간에서 바울로는 사도의 전범으로 나타난다. 그러나 영지주의의 이런 바울로 선호를 교회가 사도를 대함에 주저했으리라는 증거로 내세울 수는 없다.

마르키온(160년 로마에서 사망)과 더불어 바울로 수용은 새로운 단계에 들어섰다. 아마도 마르키온이 바울로 서간들을 역사적 시각에서 고찰하고, 서간 독해에 터해 전체 사도 시대는 전적으로 오직 한 가지 주제, 즉 바울로가 전한 복음과 그에 맞선 완고한 유대계 그리스도인들의 투쟁으로 일관되어 있었다고 추론한 최초의 사람일 것이다.[7] 그 연장선상에서 마르키온은 자칭 바울로의 대리인으로서 자기 시대를 위해 이 투쟁을 떠맡아, 율법을 복음으로부터 철저히 떼어 놓았고, 나아가 그 둘을 서로 다른 두 신에게 귀속시켰다. 마르키온은 바울로 서간에서 참하느님(그러나 동시에 알려지지 않은 낯선 하느님이기도 하다)과 참복음을 발견했다. 그러나 마르키온은 다른 한편 바울로 서간에서 상당 부분을 삭제하고, 거기에 가짜 사도들이 멋대로 꾸며 낸 것이라는 딱지를 붙였다. 극단적이고 극히 주관적이긴 했으나, 아무튼 마르키온은 먼 훗날 전혀 다른 조건에서 다시 일어날 일의 일정 부분을 나름대로 앞당겨 행한 셈이었다.

바울로 수용사를 개관하면서 아우구스티누스를 언급하지 않을 수 없다. 아우구스티누스의 신학 사상은 특히 마지막 결정적 단계(396~430년경)에 바

---

[5] Lindemann, *Paulus* 402f 참조.

[6] 같은 책 105 참조.

[7] A. von Harnack, *Marcion. Das Evangelium vom fremden Gott* ([2]1924/Darmstadt 1960) 36f 참조.

울로에게 지대한 영향을 받았다.[8] 아우구스티누스에게 좋은 지향은 마음대로 할 수 없는 하느님의 선물이다. 인간이 하느님의 부르심을 받아들이는 것은, 어디까지나 하느님께서 역사하신 결과다. 아우구스티누스는 이 문제를 왜 하느님께서 어떤 이들에게는 자비를 베풀고 어떤 이들에게는 자비를 거절하시는가라는 물음으로 첨예화했던바, 이 물음에는 로마서 11장 33절을 따라 하느님 길들의 불가해성을 지적함으로써만 답할 수 있다. 서방 그리스도교에 심대한 영향을 끼친 이 히포 주교의 신학적 입장은, 그의 인생사와 결부하여 고찰해야 한다. 이 입장은 아우구스티누스의 『고백록』 ─ 특히 각 권 시작 부분(I 1, 1; II 1, 1; IV 1, 1 등) ─ 에 실존적 형태로 나타나 있다. 아우구스티누스는 자신이 체험한 하느님의 은총을 찬양한다.

마르틴 루터의 바울로 수용에서도 개인적인 삶의 여정이 매우 중요한 의미를 지닌다. 은총을 얻지 못할지도 모른다는 불안에 짓눌리던, 오컴의 영향을 받은 은총론과 당시 교회의 은총 전유專有 때문에 확신을 가지지 못했던 루터는, 바울로에 힘입어 복음을 복음으로 이해하는 데 확신을 얻었다. 복음 안에서 계시되는 하느님의 의로움에 관한 로마서의 핵심 구절 (1,17)이 그에게 새로운 통로를 열어 주었다. 루터에게 하느님의 의로움은 믿음을 통해 전달되는 하느님의 의인義認하시는 행위로서 명료하게 인식되었다(오직 믿음으로!). 이 의로움은 인간의 의지(죄스러운 인간의 의지는 필연적으로 부자유롭다)도, 본성도, 율법도, "유대인 작센 법전"도 성취할 수 없다. 루터는 자신이 체험한 이 해방을 (바울로의 로마서에 붙인 서문에서 말했듯이) 모든 사람에게 전하고 누구나 잘 이해할 수 있게 하고자 했다. 그리고 바울로의 말을 "낱말 하나하나를 외우는" 것을 넘어 언제나 영혼의 일용할 양식으로 새길 것을 모든 그리스도인에게 촉구할 수 있었다.[9]

---

[8] A. Schindler: *TRE* IV 653. 673은 그러한 전환이 아우구스티누스의 저작 *De diversis quaestionibus ad Simplicianum*에 뚜렷이 드러나 있다고 본다.

[9] K.G. Steck, *Luther für Katholiken* (München 1969) 308 참조. G. Ebeling: *RGG*[3] IV 1960, 516-20의 참고문헌도 참조.

르네상스와 계몽주의 시대에 성서를 대하는 방식이 달라졌다. 학술적 성서 주석이 꽃피기 시작했는데, 역사비평적 방법을 사용한 이 주석은 바울로와 그의 서간들에 대해서도 아무 전제 없이 접근하고자 했다. 그러나 루터가 불러일으킨 바울로 의인관에 관한 토론은 계속되었으니, 20세기까지 중단 없이 이어져 왔다고 말해도 될 것이다. 그리고 바로 이 토론에서, 전제를 버리는 것은 성공하지 못했음이 뚜렷이 드러났다고 하겠다. 이 토론은 매우 논쟁신학적으로 꼴지어져 있었다. 죄인의 의인에 관한 말씀이 단지 "재판적" 의미만 지니는가, 아니면 "실제적" 의미도 지니고 있는가라는 문제가 결정적 중요성을 획득했다. 이 대립은 한편에선 인간의 실체적 변화를 말하고 의로움을 일종의 영혼의 속성qualitas animae으로 이해한 반면, 다른 한편에선 그에 반대하여 의인 은총의 우리 외래성外來性(extra nos)을 규명함으로써 더욱 첨예화되었다. "재판적이냐 실제적이냐"라는 문제는 하느님이 인간에게 선사하시는 의로움이 단지 산입算入될 따름인가, 다시 말해 그저 외적으로 선고될 따름인가(하느님께서 마치 죄인이 의로운 것처럼 행동하신다), 아니면 그 의로움이 인간의 내적 현실이어서 의롭다고 선고받은 사람이 실제로 의로운가라는 논쟁으로 나아갔다.[10] 오늘날엔 큰 파도들이 (특히 바울로 본문들에 대한 철저한 연구 덕분에) 잔잔해지기 시작했다.

새로운 시대의 선두에 선 저자들은 자신들의 의도를 뚜렷이 드러냈다. 그들은 언어학적이고 비판적으로 작업하고자 했고(J.Chr. Wolf),[11] 신약성서를 그리스도교 사상의 시대예속적 주조물로 여겼으며(J.S. Semler), 또는 합리주의에 기울었다(S.J. Baumgarten).[12] 우스테리는 (세믈러의 근본 관심사를 넘겨받아) 바울로 교설의 체계를, 특히 갈라디아서에 근거하여, 뚜렷이 제

---

[10] Kertelge, *Rechtfertigung* 113-20 참조.
[11] 수십 년간 상당한 영향을 끼친 그의 *Curae philologicae et criticae* (Basel 1741) 참조.
[12] Schweitzer, *Geschichte* 2f 참조. Schweitzer는 1641~1646년 신약성서 주해서를 출간한 H. Grotius에 관해 증언하기를, 그는 바울로 서간들을 각별한 사랑을 가지고 다루었으나, 바울로 사유 세계의 특유성은 통찰하지 못했다고 한다.

시하고자 했다. 그의 목적은 "그리스도교에 보편적인 것"이 사도의 교설에 의해 주관적으로 꼴지어지고 풍요로워졌음을 뚜렷이 밝히는 것이었다. 우스테리는 원사도들의 설교와 바울로 설교의 상충에 관해서는 언급하지 않지만, 바울로 사상에 관한 역사적 연구의 창시자로 여겨진다.[13]

바우어F.Chr. Bauer(†1860)가 처음으로 바울로와 원그리스도교 공동체 사이에 도랑을 깊게 팠는데, 사도는 원공동체와의 총체적 충돌로부터 자신의 교설을 발전시켰다는 데서 출발했다. 여기서 갈라디아서가 다시금 주된 역할을 했던바, 이 서간은 사도행전과 상충된다. 또한 바울로의 적수들도, 특히 분열과 싸움을 뚜렷이 보여 주는 고린토 전·후서와 관련하여, 깊이 고찰했다. 바우어는 초창기 그리스도교계에서는 두 파, 즉 원사도-베드로파와 바울로파가 대립했다고 결론지었다. 바우어는 이 대립의 점진적 해소에서 옛 가톨릭 교회로의 발전 과정을 보았는데, 그 과정은 외부로부터의 압력, 즉 두 파 모두에게 적대적이던 영지주의에 의해 촉진되었다고 한다.[14] 이 입장에서는 일찍이 마르키온에게서 나타났던 사상이 다시 발견된다고 하겠다. 마르키온에게서 필경 처음으로 관찰되는, 시간적 거리를 둔 고찰이 이제 역사적 방법론으로 들어 높여졌다. 바우어에게서 이 역사적 방법론은 헤겔에게 빌린 역사철학적 구상과 결합되었는데, 이 구상에 따르면 정正과 반反의 대립[이것은 합(合)으로 지양(止揚)된다]이 진보를 보증한다.

바우어는 역사라는 활시위를 확실히 너무 많이 당겼거니와, 아무튼 그때부터 오늘까지 바울로 연구에서 특정 문제들이 끊임없이 논란되고 있다. 그런 것들 가운데 하나로 바울로와 예루살렘 유대계 그리스도교 내지 베드로와의 관계를 좀 더 상세히 규정하고자 하는 시도를 들 수 있다.[15] 그

---

[13] L. Usteri, *Entwicklung des paulinischen Lehrbegriffs mit Hinsicht auf die übrigen Schriften des NT* (Zürich 1824). 참조: Kümmel, *Das Neue Testament* 112f.

[14] Schweitzer, *Geschichte* 10-17; Kümmel, *Das Neue Testament* 156-76 참조.

[15] 최근의 시도: L. Wehr, *Petrus und Paulus – Kontrahenten und Partner* (NTA 29) (Münster 1996).

둘은 온전히 일치하지 않으며, 뚜렷이 구별되어야 한다. 바울로 적수들의 특징을 밝혀내는 것도 그런 문제에 속한다. 뤼트게르트는 바울로 반대자들의 일치된 노선에 관해 말하고 이 주장을 여러 저술에서 입증하려 노력한 반면, 오늘날에는 상황을 좀 더 세분화하여 고찰하며, 바울로가 (최소한 갈라디아와 그리스에서) 다양한 부류의 적수들을 상대해야 했다는 데서 출발한다.[16]

비판적 연구가 시작되면서 여러 서간의 바울로 친저성에 대한 의문이 제기되었다는 사실 역시 시사하는 바가 많다. 슐라이어마허가 이런 의문을 제기한 첫 사람들 가운데 한 명이다. 그는 디모테오 전서의 친저성을 의심했는데, 비판적이기보다는 미학적인 근거들에 터해 그렇게 했다. 그다음 아이히호른은 세 편의 사목서간 모두를 그 언어와 사상을 근거로 그렇게 판정하고, 또 그런 인식을 하게 된 것은 자신이 처음이라고 슐라이어마허에 맞서 주장했다.[17] 사람들은 이 문제에 있어서도 너무 멀리 나아갔다. B. 바우어는 거의 모든 바울로 서간을 거슬러 출정出征했고, 에반손은 로마서를 의심했다.[18] 오늘날 우리는 통상적으로 바울로 친서들과 차명서 간들을 구별한다. 몇 개의 편지들은 친저성이 아직도 논란되고 있다(26쪽 '2. 원전 문제' 참조).

다이스만(†1937) 덕분에 바울로 연구가 큰 추진력을 얻었는데, 그는 자기 작업에 처음으로 파피루스·비문·패각貝殼 등 바울로 시대 주위 세계의 증거 자료들을 많이 이용했고, 이 증언들의 도움으로 바울로의 모습에 새로운 "동방으로부터의 빛"을 비추어 주었다. 파피루스학과 고고학에 정통했던 다이스만은 바울로를 추상적인 바울로 사상이 야기한 감금 상태에서 해방시켜 동방과 그리스로 돌려보내려 애썼다. 보잘것없는 대중 가운데서

---

[16] W. Lütgert, *Freiheitspredigt und Schwarmgeister in Korinth* (Gütersloh 1908); 같은 저자, *Gesetz und Geist* (Gütersloh 1919); D. Georgi: *VF* 1960, 90-6 참조.
[17] Schweitzer, *Geschichte* 6f 참조.
[18] 같은 책 94 참조.

성장하여 세계사적 인물이 되게끔 운명지어진 소아시아와 고대의 바울로가 다시금 뚜렷이 눈앞에 나타나야만 했다.[19]

바울로의 헬레니즘 배경을 분명히 밝혀낸 다이스만의 연구로 말미암아, 사도가 그리스 세계와 유대교 세계 어느 쪽과 더 결속되어 있었던가라는 물음이 새삼 활기를 띠고 대두했다. 그 판단에서 추는 오락가락했다. 그러나 우리는 이미 바울로의 인생 역정에 터해, 그가 두 문화 모두에 속해 있었음을 유념해야 할 것이다. 바울로에게 그리스도교의 본격적 창건자요 새로운 그리스도상像, 즉 천상 그리스도와 하느님 아들이라는 상을 꼴지은 자라는 딱지가 붙여진 것과 관련하여, 다음 사실을 언제까지나 염두에 두어야 한다: 확실히 역사상의 나자렛 예수는 바울로 서간에서 크게 뒷전으로 밀려났으니, 바울로는 예수 지상 생활과의 역사적 연결 고리인 십자가로 만족했다. 그러나 연구는 한편 바울로가 특히 자신의 그리스도론을 정립하면서 이미 그에게 주어져 있던 그리스도 전승에 크게 의존하고 있었다는 것도 뚜렷이 밝혀낼 수 있었다.

이로써 우리는 바울로 연구의 또 하나의 측면에 이르렀다. 양식 비평과 문학 유형 비평은 그런 전승들을 바울로 서간들에서 가려낼 수 있다. 사람들은 사도가 공동체들에서 유포·사용되던 찬가·신조·신앙 정식·교리 텍스트들(전례·교리교수·설교에서 사용되었을 테고, 대부분 그리스도론적이고 또 구원론적인 내용을 담고 있었다) 가운데 적지 않은 것을 자기 서간들 안에 끼워 넣었음을 밝혀낼 수 있었다. 가장 널리 알려진 것은 필경 필립비서 2장 6-11절의 그리스도 찬가인데, 바이스가 처음으로 이 찬가의 본디 형성 과정과 특징을 밝혀냈다.[20] 또한 여러 전승 단편들도 끼워 넣었을 것이고(로마 3,24-26 참조), 그래서 특히 논란되는 텍스트들이 존재한다. 아직 가려내지 못한 전승(단편)들도 아마 상당할 것이다. 양식 분석의 테두리 안에서는 고대 수사

---

[19] Deissmann, *Paulus* IX(초판 머리말) 참조.
[20] E. Lohmeyer, Kyrios Jesus. Eine Untersuchung zu Phil 2, 5-11 (*SHAW.PH* 1927/28, 4) 4 각주 3.

학의 규칙들도 텍스트에 적용되었다. 그래서 갈라디아서는 수사학 규칙들에 따라 구성되었다는 견해가 주장되었다(H.D. Betz). 이 주장에는 반대가 없지 않다. 짧은 필레몬서가 그런 고찰에는 더 적절한 듯이 보인다.[21]

또한 여러 바울로 서간은 복합적으로 구성되어 있음이 밝혀졌다. 이는 현재의 서간은 사도의 둘 혹은 그 이상의 편지들이 편집을 거쳐 합성된 것임을 의미한다. 이것은 바울로 서간들을 보유하고 있던 공동체들이 그것들을 모두가 볼 수 있도록 다른 공동체들에게 계속 전해 주었다는 사실에 의해 설명된다. 이 과정은 바울로 서간들의 집성으로 귀결되었다. 서간 해석을 위해서는 이런 관찰이 상당히 중요하다. 그러나 너무 많은 서간에 구분을 시도하면 안 된다. 고린토 후서와 필립비서는 그런 구분의 본격적 고려 대상이 된다.[22] 고대 서간집들과의 비교도 도움이 될 수 있다.[23]

근자에 사람들은 바울로 생애의 연대기를 재구성하고 동시에 그의 삶의 여정을 이해하기 위해 매우 많은 노력을 기울였다(A. Suhl, R. Jewett, G. Lüdemann, R. Riesner). 여기서는 여러 가지가 아직 유동적이지만, 그래도 통상적인 바울로상像을 현저히 변화시킬 수 있는 주목할 만한 새로운 시도들이 이루어졌다. 여기서 판단은 사도행전이 제공하는 많은 보고와 날짜에 대한 평가와 결부되어 있다. 그래서 그 보고들이 어느 정도나 신뢰할 수 있는가, 또는 얼마만큼 루가의 의도에 맞추어진 것이며 따라서 바울로의 진술에 의해 수정되어야 하는가라는 물음이 제기된다.

종종 사람들은 사도의 공동체들과 서간들에 나타나는 특정 현상들을 설명하기 위해 심리학도 끌어다 썼다. 여기서는 특히 영언靈言 현상을 새로이 규명할 수 있었던 타이센의 연구들이 주목할 만하다.[24]▶

---

[21] Gnilka, *Phm* 7-12 참조.

[22] G. Bornkamm, Die Vorgeschichte des sogenannten Zweiten Korintherbriefes (*SHAW.PH* 1961/2)는 많은 영향을 끼쳤다.

[23] D. Trobisch, *Die Entstehung der Paulusbriefsammlung* (NTA 10) (Freiburg/Schweiz - Göttingen 1989) 참조.

사도의 사상을 추적하고 그 독창성을 뚜렷이 밝히는 것이 처음부터 비판적 바울로 연구의 근본 관심사였거니와, 이 관점은 오늘날 바울로는 자기 신학을 전개하면서 다양한 단계를 거쳤다는 인식으로 압축되었다. 확실히 바울로에게는 언제나 몰두했던 몇 가지 중요한 문제가 있었으나, 그것들에 대해 상이한 답변들을 제공하기도 했다. 이런 현상은, 그 서간들을 그렇게 길지 않은 기간에 썼다는 사실을 감안할 때, 이상하게 보이기도 한다. 그러나 이런 심사숙고는 바울로의 사람 됨과 관련되어 있다. 종종 상충되는 진술들을 요점과 관련된 변동으로 여겨서는 안 된다. 그런 진술들은 오히려 사도가 심각한 당면 문제들과 씨름했으며, 때로는 격렬히 또 때로는 객관적 거리를 두고 입장을 밝혔음을 말해 준다. 여기서 제기된 문제들은 바울로 신학의 다양한 주제들과 관련된다. 이것들은 이스라엘 문제와 율법의 의미에 대한 상론에서 특히 뚜렷이 나타난다. 이것들은 사도의 거의 모든 서간을 관통하는, 특히 로마서와 갈라디아서를 지배하는 주제들이다. 우리는 바울로가 다양한 문제들을 다루면서 기존 전승들을 받아들였으나 반드시 그것들을 철저히 성찰하고 자신의 창조적 천재성으로써 점화시키면서 그렇게 했다는 사실도 항상 유념해야 한다. 조직신학자들도 바울로를 새로이 발견하기 시작한(E. Biser) 것을 볼 수 있게 되었음은 기쁜 일이다.

바울로는 유대교 학자들에게도 주목을 받았다. 그러나 이 일은 근년에 들어 비로소 이루어졌다. 이 발전은 거의 2천 년간 계속된 침묵 이후의 일이기에 그만큼 더 기뻐해야 마땅하다. 여기서도 몇 가지 사례만 언급하자. 클라우스너는 당시 유대인들이 바울로를 어떻게 생각했는지를 재구성하고, 나아가 자기 견해를 밝혔다. 유대교가 바울로의 교설을 전체적으로 받아들일 수는 물론 없지만, 바울로에게서 귀중하고 숭고한 사상들이 발견된다는 것이다. 클라우스너는 그것들을 참유대교적이라고 평가하고, 그리

---

[24] G. Theissen, *Psychologische Aspekte paulinischer Theologie* (FRLANT 131) (Göttingen 1983).

스도교 문화에 대한 유대교의 영향을 촉진시키는 데 기여한 공로를 사도에게 돌렸다. 심지어 그에게 바울로는 "메시아 왕의 길을 닦는 자"이기도 하다.[25]

쇱스의 판단은 다르다. 쇱스는 바우어와 연계하여 바울로를 에비온파(유대계 그리스도인) 공동체와 대립시켰다. 이 대립으로부터 교회가 생겨났다는 것이다. 그는 바울로의 선포와 신학은 비유대교적이라고 본다. 만일 바울로가 유대교 품속에 머물러 있었다면, 유대교의 전령이 되었을 테고 유대교를 민족적 편협함에서 해방시킬 수 있었을 것이라고 한다.[26] 반대로 벤-코린은 (클라우스너보다 더) 바울로에게서 유대교 신학자를 알아보거니와, 사도의 신학은 선교에서 태어나 자라났다는 것이다. 벤-코린은 율법에 대한 자신의 고뇌에 터해 바울로에게의 극히 개인적인 접근로를 열었다. 바울로가 의인義認을 통해 하느님 앞에서 발견할 수 있었던 저 평화를 자신은 율법의 정통적 준봉에서 얻지 못했다는 벤-코린의 언명은, 바울로를 그리스도교와 유대교의 대화에 들여오는 데 큰 도움이 되었다. 또한 벤-코린은 바울로 사도로 인해 유대교 신앙 방식의 소외가 발생했다는 부버의 주장도 배척한다. 바울로 메시지의 새로움은 유대교 유산이 보존해 온 힘을 증언해 준다는 것이다.[27]

반反그리스도교 정신을 지닌 사람들은 바울로와 충돌해 왔다. 이 정신이 반유대주의 정신과 결부될 수 있음을 유의해야 한다. 이것은 니체에게서 뚜렷이 드러나는데, 그에게 바울로가 선포한 예수의 십자가와 부활에 관한 복음은 극복할 수 없는 걸림돌이었다. 니체는 바울로를 반복음 선포자 Dysangelist, 날조꾼이라 지칭했고, 그에게 랍비식 파렴치를 뒤집어씌웠다. 니체에게 바울로는 "로마, 즉 '세계'에 맞선 찬달라 증오Tschandala-Haß의 천

---

[25] Klausner, *Von Jesus zu Paulus* 553-61.
[26] Schoeps, *Paulus*, 특히 299-314.
[27] 같은 책 9f, 89, 214.

재적 화신이요, 유대인, 그야말로 영원한 유대인"이었다. 바울로는 세계에 불을 질렀으며 "'십자가에 달린 하느님'이라는 상징을 가지고 모든 바닥에 있는 것, 모든 천상적·선동적인 것, 제국 안의 무법자 음모들의 유산 전체를 어떻게 소름 끼치는 엄청난 힘으로 합산할 수 있을지를 짐작했다. 구원은 유대인들에게서 온다는 것이다".[28]

인종차별주의 관점에 터해 나치 당원 로젠베르크는 『20세기의 신화』에서 바울로에 의한 "그리스도교의 유대교화"에 관해 말하고, (노골적으로 니체에 의지하여) 다음과 같이 표명했다: "바울로는 온전히 의식적으로 자기 세계의 나라들 안의 정치적·정신적 문둥이들을 끌어 모아, 열등한 것의 반란을 일으켰다."[29]

지금까지 살펴본 역사의 진행 과정은 바울로가 그리스도교의 중심에 자리하여, 초대하고 도전하며 신앙을 촉구하고 반대를 불러일으키며 사랑받고 미움받은, 그리스도가 그 자신의 모든 것이었던 사도요 증인임을 뚜렷이 보여 준다.

참고문헌

Sch. BEN-CHORIN, *Paulus* (München 1970).

E. BISER, *Paulus* (München 1992).

G. BORNKAMM, *Paulus* (Stuttgart 1969).

E.E. ELLIS, *Paul and His Recent Interpreters* (Grand Rapids ³1971).

M.A. HUBAUT, *Paul de Tarse* (Paris 1989).

H. HÜBNER, Paulusforschung seit 1945: *ANRW* II 25.4 (1987) 2646-2840.

W.G. KÜMMEL, *Das NT. Geschichte der Erforschung seiner Probleme* (OA III/3) (Freiburg - München 1958).

A. LINDEMANN, *Paulus im ältesten Christentum* (BHTh 58) (Tübingen 1979).

---

[28] *Der Antichrist*: F. Nietzsche Bd. IV (Wien 1980) 462f, 473.

[29] Dibelius, *Paulus* 7에서 재인용.

O. MERK, Paulus-Forschung 1936-1985: *ThR* 53 (1988) 1-81.

B. RIGAUX, *Paulus und seine Briefe* (München 1964).

E.P. SANDERS, *Paulus* (Stuttgart 1995).

A. SCHWEITZER, *Geschichte der Paulinischen Forschung* (Tübingen ²1933).

2. 원전 문제

바울로와 그의 삶·선포·신학을 이해하려면, 어떤 문헌들에 의지해야 하는가? 바울로의 선포와 신학을 파악하기 위해 우리가 이용할 수 있는 것은 그가 쓴 편지들이다. 이 문제에서 유일하고 독보적인 원전은 이 서간들이니, 모두 일곱 개다. 성서 주석학 연구에서는 로마서, 고린토 전·후서, 갈라디아서, 필립비서, 데살로니카 전서 그리고 필레몬서를 사도가 친히 집필한 것으로 보는 견해가 널리 받아들여지고 있다. 나머지 편지들은 바울로 사후死後 사도의 유산을 보존하고 계속 발전시키기 위해 노력하는 가운데 그의 제자나 공동체 동아리들에서 생겨난 것으로 본다.[1] 이 편지들은 바울로 사상의 계승을 파악하는 데 매우 중요하지만, 바울로 신학을 밝혀낼 때는 고려하지 않는다. 바울로 친서들과 구별하여, 이것들을 바울로 차명서간이라 부른다.

우리가 바울로 신학을 밝혀내기 위해 집중하는 바울로 친서들은 사도가 몸소 창설한 공동체들에 보낸 편지들이다. 물론 로마서의 경우는 예외다. 이 편지는 사도가 그때까지 한 번도 가 보지 않았고 앞으로 방문할 계획이었던 로마의 공동체에 써 보낸 것이다. 아주 짧은 필레몬서 역시 색다른 위상을 점한다. 사도가 이 편지를 써 보낸 가정교회는 프리기아(골로사이?)

---

[1] 데살로니카 후서, 골로사이서와 에페소서(이 둘은 옥중서간이다), 사목서간들인 디모테오 전·후서와 디도서, 그리고 히브리서가 그런 편지들이다. 디모테오 후서 역시 감옥에서 썼다. 히브리서는 바울로와 거의 관계가 없으나, 통례적으로 바울로 서간집에 들어간다. 골로사이서의 바울로 친저성은 논란되고 있다. 이에 관해 Gnilka, *Kol* 19-26 참조.

의 리코스탈에서 찾아야 한다.² 아마 그곳도 바울로는 전혀 가 보지 않았을 것이다. 그러나 어쨌든 사도는 필레몬을 복음의 제자로 얻었다. 앞으로 사도의 활동을 서술하면서, 각 편지가 어디서 어떤 맥락에서 쓰게 되었는지 밝힐 것이다.³

몇몇 서간에 관해서는, 혹시 각기 두 개의 (혹은 그 이상의) 편지가 합성된 것은 아닐까라는 문제가 논구되고 있다. 바울로 스스로 고린토 전서 5장 9절과 고린토 후서 2장 4절에서 고린토에 여러 통의 편지를 써 보냈음을 시사한다. 2세기 전반기에 저술 활동을 한 스미르나의 폴리카르푸스는 바울로가 필립비 공동체에 보낸 편지들(복수)에 관해 언급한다(Polyc 2,2). 그러나 이 합성 가설을 지나치게 강조해선 안 된다. 아무튼 고린토 후서와 필립비서는 각기 두 개의 편지가 편집을 통해 합성되었을 가능성을 고려해야 한다.⁴ 로마서의 인사 단락(로마 16,3-16)도 나름대로의 사연을 지녔으리라 짐작된다. 고린토 후서와 필립비서의 편집은 2세기로 넘어갈 무렵 시작된 바울로 서간들의 집성과 관련하여 고찰해야 한다. 이 집성은 신약성서 정경 확정 과정에서 한 중요한 단계였다.

바울로 사도의 삶과 활동의 재구성에는 그의 편지들 외에 사도행전도 이용된다. 역사적 평가에 있어서는 물론 사도의 자기 증언인 서간들에 우선적으로 주목해야 마땅하다. 바울로가 살아 있을 때 이미 전설들이 만들어졌고, 사도가 그것들을 종종 고려했다는 주장⁵에 대해서는 신중한 입장을 취해야 할 것이다. 아무튼 갈라디아서 1장 23절에서 확인되는, 유대 지역 교회들이 왕년의 박해자가 교회 쪽으로 전향했음을 들었다는 소문은 매우 사실적이다. 사도행전에 대한 역사적 평가는 논란이 심하다. 여기서는 사도행전 저자의 바울로 전승들에만 관심을 기울이기로 한다. 물론 저

---

² Gnilka, *Phm* 4-6 참조.
³ 같은 책 89. 115ff도 참조.
⁴ 합성의 상세한 내용에 관해 이 책 175-177 참조.
⁵ E. Plümacher: *TRE* III 498 참조.

자가 그 전승들을 자유로이 처리·이용한 것은 확실하다. 그러나 그것들은 전기(傳記)적인 개별 자료들로부터 여행 경로들을 거쳐 전설풍의 이야기들에 이르기까지 종류가 매우 다양하다.[6] 그 전승들을 이용하면서 루가가 자신의 자료들을 크게 손질하고 자기 스타일에 맞추어 윤색했음을 유념해야 한다. 사정이 이러한즉, 그 전승들을 가려내는 일은 상당히 어렵다. 그러나 어쨌든 사도행전을 결코 내버려선 안 되며 또 그럴 수도 없다. 루가의 바울로상(像)(이 책 10장 1절 참조) 역시 역사상 바울로의 모습과 뚜렷이 구별되지만, 사도행전에서 믿을 만한 정보들도 집어낼 수 있다.

루가가 사도 사후 약 30년 뒤에 사도행전을 저술했지만, 훨씬 오래 전부터 준비 작업을 했음이 확실하며, 정보와 자료들을 얻을 수 있는 다양한 기회를 가졌고 또 이용했으리라는 것도 고려해야 한다.[7] 루가는 가장 중요한 바울로 공동체들을 방문할 수 있었고, 다른 사람들에게 자신을 위해 조사해 달라고 부탁할 수 있었으며, 정보 제공을 해당 공동체들에게 서면으로 청할 수 있었다. 일종의 보고서(διήγησις, 루가 1,1-4 참조)[8]를 작성하고 모든 일을 처음부터 꼼꼼히 알아보려는 계획을 가지고 있었던 루가에게, 이 조사는 전적으로 신뢰할 수 있는 것이어야 했다. 물론 그는 전해 내려온 것을 자신의 신학적 구상 속에 부어 넣었고 이미 꼴을 갖춘 것과 충돌했으나, 그럼에도 사도행전은 폐기할 수 없는 것으로 남아 있다.[9]

바울로 생애에 관한 신빙성 있는 몇 가지 특정 정보(예컨대 바울로가 다르소 출신이며 사울로라는 이름도 가지고 있었다는 것 등)를 우리가 알게 된 것은 어디까지나 루가 덕분이다. 바울로 서간들과 사도행전의 정보가 일치하는 사항

---

[6] Becker, *Paulus* 13f 참조.

[7] Haenchen, *Apg* 77f 참조.

[8] 우리는 루가 1,1-4의 머리말이 루가의 두 작품, 즉 루가 복음서와 사도행전의 내용 전체에 해당된다는 데서 출발한다.

[9] 매우 비판적 저자들도 경우에 따라서는 사도행전을 포기하지 못한다. 예를 들어 H. Conzelmann, *Geschichte des Urchristentum* (Göttingen [6]1989) 참조.

들은 특히 확실하다. 바울로가 마케도니아와 아카이아에서 활동했고, 필립비 · 데살로니카 · 고린토에 교회들을 창설했으며, 에페소에 그의 선교 활동의 한 중심지가 있었다는 것 등이 그런 정보에 속한다. 바울로 자신이 확인해 주는 세 차례 예루살렘 방문 역시 사도행전에 병행하는 이야기가 나온다. 루가가 거기서는 강조점을 다른 데 두지만 말이다. 바울로의 최후에 관해서는 전적으로 사도행전에 의지할 수밖에 없다. 여기서도 루가는 그 가치에 대한 평가가 다양한 자료들에서 정보를 얻었다.[10] 그래도 이 자료들은 예루살렘에서의 체포, 가이사리아에서의 옥살이, 로마로의 이송과 그곳에서의 순교에 관한 신빙성 있는 정보들이 근간을 이루고 있다.

바울로의 여정들에 관한 정보를 제공해 주는 여행 일지를 루가가 알고 있었다는 디벨리우스의 가설은 수많은 지지자를 얻었으나, 반대자들도 매우 많다. 그런 여행 일지의 존재에 관해 디벨리우스가 제시한 논거는 유감스럽게도 상당히 빈약하다. 여행을 반복하면서 예전 행로와 손님을 후대한 옛 친지들을 다시 찾기 위한 실용적 이유로 여행 일지가 작성되었다는 것이다.[11] 사도행전 13-21장과 관련되는, 체류지들에 관한 정돈된 메모들과 개개 장소에서 일어난 사건들에 대한 보고를 간략한 형태로 담고 있던 하나의 여행 일지가 있었다고 추정할 수 있다. 혹은 그런 정보 자료들이 여러 개 있었고, 그것들을 루가가 자유로이 이용하고 자기 의도에 따라 각색했을 수도 있다.[12] 이 추정이 루가 자신이 나중에 지도를 이용하여 바울로 사도의 여행들을 짜맞추었으리라는 가정보다 설득력 있게 보인다. 이 메모들의 작성은 어디까지나 기억을 새롭게 하기 위해 이루어졌을 것이다. 그런 식으로 기억을 보존하고자 했던 이들은 사도의 여행에 동행했던

---

[10] Stolle, *Zeuge* 260-7은 사도행전 21-25장의 배후에 루가 이전의 체포와 옥살이 이야기가 있었다고 추정한다. 그것을 루가가 아주 많이 손질했다고 본다. 항해 보고에 관해서는 이 책 452-453 참조.

[11] Dibelius, *Aufsätze* 110.

[12] Grässer, Acta-Forschung 190 참조.

사람들일 수도 있고 아닐 수도 있다. 이른바 "우리-대목"(사도 16,10-17; 20,5-8.13-15; 21,1-18; 27,1-28,16)으로부터 이 대목이 한 동행인에게서 유래했으리라고 단정할 수는 결코 없다. "우리"는 루가가 문학적 도구로 도입했을 수도 있다. 그러나 아마도 루가가 이용한 갖가지 종류의 자료에서부터 그렇게 되어 있었을 것이다.[13]

참고문헌

E. GRÄSSER, Acta-Forschung seit 1960: *ThR* 41 (1976) 141-94, 259-90; 42 (1977) 1-68.

J. JERVELL, Paul in the Acts of the Apostles-Tradition, History, Theology: J. Kremer (Hrsg.), *Les Actes des Apôtres* (BEThL 48) (Gembloux 1979) 297-306.

A. KRAGERUD, Itinerariet: Apostlenes gjerniger: *NTT* 56 (1955) 249-72.

A.J. MATTILL jr, The Value of Acts as a Source for the Study of Paul: C.H. Talbert (Hrsg.), *Perspectives on Luke. Acts* (Edinburgh 1978) 76-98.

G. SCHILLE, Die Fragwürdigkeit eines Itinerars der Paulusreisen: *ThLZ* 84 (1959) 165-74.

V. STOLLE, *Der Zeuge als Angeklagter* (BWANT 102) (Stuttgart 1973).

J. WEHNERT, *Die Wir-Passagen in der Apg* (Göttingen 1989).

A. WIKENHAUSER, *Die Apg und ihr Geschichtswert* (NTA VIII/3-5) (Münster 1921).

---

[13] 같은 책 191 참조. Conzelmann, *Apg* 6은 "우리-대목" 문제가 풀리지 않았다고 여긴다.

2
청소년기와 교육

1. 다르소에서

바울로 자신에게서는 그의 청소년기와 교육에 관해 많은 것을 들을 수 없지만, 문화사적·사회사적 비교를 통해 어느 정도 알아낼 수 있다. 바울로가 자란 환경이 간접적으로 그의 생애를 비추어 준다. 바울로가 길리기아 지방 다르소에서 태어난 것은 확실하다. 이것을 알게 된 것은 사도행전 덕분인데, 사도행전은 이 사실을 바울로의 소명 그리고 예루살렘 성전에서의 체포와 관련하여 세 차례 확인해 준다.[1] 루가가 전하는 바울로는 "나는 이름 없는 시골 태생이 아니라 길리기아의 다르소 출신 유대인입니다"(사도 21,39; 참조: 22,3)라고 로마 천부장 앞에서 공언하며, 동족 앞에서도 비슷한 말을 한다. 그리고 다마스커스의 아나니아에게 "사울로라는 다르소 사람"(9,11)을 찾으라는 주님의 지시가 내려진다. 부르심을 받은 바울로가 얼마 뒤에 다르소로 갔고, 그곳으로 바르나바가 그를 찾아간 것 역시 시사하는 바가 많다(9,30; 11,25).

다르소는 길리기아 평야 서쪽에 있다. 평야는 도시 뒤로 넓고 비옥하게 펼쳐지고 여기저기 부드러운 구릉들이 활기차게 물결치다가, "급기야는 하늘로 용약하여 멋들어지게 지평선을 갈라 놓는 타우루스 산맥의 우람한 앞산에 가로막힌다". 뛰어난 고대사 학자요 성서 주석학자인 다이스만은 이렇게 다르소에서 본 타우루스 산맥의 풍광을 찬미했다.[2] 치드누스 강은

---

[1] Haenchen, *Apg* 550에 따르면, 바울로 자신이 자기 출생지를 어디서도 언급하지 않는 사실이 그가 팔레스티나에서 태어나지 않았다는 추론을 가능케 한다.

[2] Deissmann, *Paulus* 24.

도시를 가로질러 흘렀고 배가 다니면서 남쪽으로 13km 남짓 떨어진 바다와 다르소 시를 이어 주었다. 그래서 다르소는 지중해 교역과 연결되어 있었고, 주요 도로 덕분에 교차점으로서 중요성이 커졌다. 그 도로는 시리아의 안티오키아로부터 다르소를 거쳐 소아시아의 에게 해까지 통했고 또 하나의 연결로에 의해 흑해로 통했는데, 이 연결로는 다르소에 기점을 두고 있었다.

히타이트 시대에 창건된(기원전 1200년 이후)[3] 다르소의 역사는, 이 도시가 알렉산더 시대까지 서방보다는 동방, 페르시아의 영향을 훨씬 많이 받았음을 말해 준다. 다르소는 페르시아에 예속된 토착민 왕들이 다스렸고, 나중엔 페르시아 지방 총독들이 통치했다. 다르소 주화에는 페르시아 복장의 기마자騎馬者가 새겨져 있다. 알렉산더 대왕이 이 도시를 정복한 후 사정이 달라졌다. 다르소는 갈수록 그리스의 영향을 깊이 받았고, 그리스 철학의 한 중심지가 되었다. 스토아 학파의 태두이자 파나이티오스의 스승 안티파트로스, 아우구스투스의 스승인 스토아 학파의 아테노도로스, 학술원 회원 네스토르 등이 여기서 활동했고, 정치적 역할도 수행했다.

알렉산더 후계자들 시대에 다르소는 셀레우코스 왕조에 귀속되었다. 열광 또는 충성이 지나쳐, 한때 도시 이름을 안티오키아라고 했을 정도였다. 다르소는 로마인들에 의해 상당한 정치적 중요성을 획득했다. 기원전 66년 길리기아가 로마제국의 속주가 되었을 때, 폼페이우스가 다르소를 속주 수도로 승격시켰다. 총독 중에는 키케로도 있었다. 내전 때 다르소는 안토니우스와 훗날의 황제 옥타비아누스 편에 섰다. 그래서 잠시 카시우스에게 보복을 당했으나, 나중에 황제로부터 충성에 대한 보상을 넘치게 받았다. 다르소는 자유도시의 지위, 즉 공과公課 면제 혜택을 얻었고, 시의 영역이 크게 확장되어 길리기아 해안 일부도 포함하게 되었다.[4]

---

[3] 다르소(Tarsus)라는 이름은 아마도 투르쿠(Turku) 신 — 바울로 시대에는 산돈(Sandon) 신(풍산신이자 포도 재배의 수호신으로 숭배되었다) — 에서 유래하는 것 같다. 이 신의 모습이 그려진 구운 점토판이 매우 많이 발견되었다.

다르소 주민들에 대한 고대 저자들의 평가는 흥미롭다. 이것은 다르소가 번영과 명성을 누렸던 시기의 것들이다. 스트라보[5]는 다르소 주민들의 지식욕을 치켜세웠다. 그들에게는 철학과 온갖 분야의 학문에 대한 열의가 넘쳐난다는 것이었다. 다르소에는 수사학자들을 양성하는 수많은 학교가 있다고 했다. 반대로 필로스트라트[6]는 주민들의 천박함을 비난했다. 다르소 사람들은 아테네 사람들이 지혜를 사랑하는 것보다 더 옷치장을 사랑한다고. 다르소의 번영에는 길리기아 관문들을 통한 교역 외에 비옥한 토양도 큰 몫을 했다. 특히 곡물과 포도주 그리고 아마亞麻가 풍족히 생산되었다. 아마는 속주의 주요 산업인 아마포 직조의 원료였는데, 다르소가 그 산업 중심지였다.[7] 염소 털과 가죽 가공도 융성했다. 길리기아 염소 털로 짠 튼튼한 천을 가리키는 양탄자cilicium($κιλίκιον$)라는 낱말은 그런 사실을 상기시킨다.

이 도시에서 바울로가 태어났다.[8] 그는 여기서 유년기와 청소년기를 보냈다. 바울로가 성장한 환경은 도시적이었다. 디아스포라(해외 유대인 공동체) 유대인의 아들로서 바울로는 어릴 때부터 다른 혈통과 민족의 사람들을 만났을 뿐 아니라, 이 교역 중심지에서 나날이 세계에의 개방성도 체득했다. 그는 다른 문화와 관점을 지닌 사람들이 낯설지 않았고, 자라면서 그들에게 다가가고 그들의 생활 관습들을 눈여겨볼 수 있었다. 훗날의 위대한 선교사가 팔레스티나가 아니라 디아스포라 출신이라는 사실은 우연이 아니라고 하겠다. 바울로의 언어가 어느 정도나 그가 성장한 도시적 환경의 영향을 받았는지를 밝히는 사회언어학적 연구도 해볼 만한 가치가 있

---

[4] *Dio Chrysostomos* 34, 8(다르소 담화)에 따르면, 황제는 이 도시에 "토지, 헌법, 명성, 그대 영역 안의 강과 바다에 대한 주권"을 부여했다. Plinius, *hist. nat.* 5, 92는 다르소를 "자유도시"(libera urbs)라 부른다. D. Nörr, Origo. Studien zur Orts-, Stadt- und Rechtsgeschichte in der Antike: *TRG* 31 (1963) 525-600도 참조(여기서는 567f).

[5] *Geogr.* 14, 5, 13.   [6] *Vita Apoll.* 1, 7.   [7] Jones, *Cities* 206 참조.

[8] Philo, *Gai.* 281은 아시아 속주들에(물론 길리기아에도) 유대인 이주자들이 살았음을 확인해 준다. 또한 이주자들이 예루살렘과 결속되어 있었음을 강조한다.

을 것이다. 그런 영향은 바울로의 상징어에서 가장 뚜렷이 드러나는 것으로 보인다.[9] 이것은 예수의 언어와 명확히 구별된다. 예를 들어 예수의 비유들에 견줄 만한 것을 바울로에게서는 발견할 수 없다. 예수는 시골 환경에서 성장했다. 바울로는 다르소에서 두 가지 문화, 즉 부모님 집의 유대교 문화와 그 도시에 넘쳐나던 그리고 그가 벗어날 수 없었던 그리스 문화에서 결정적 영향을 받았다. 그는 두 세계 사이의 나그네였고 또 언제까지나 그렇게 머물렀다.

바울로는 다르소에서 아마 서력기원 무렵에 태어난 것 같다.[10] 이것은 바울로가 필레몬서 — 여기서 바울로는 노인으로 자처한다(9절: "나 바울로는 늙은 데다가 이제(πρεσβύτης νυνί) …"] — 를 50세쯤에 썼으리라는 데서 비롯한 추정이다. 당시 쉰 살이면 노인이었다. 따라서 바울로는 예수보다 몇 살 연하였을 것이다.[11]

바울로는 여러 차례에 걸쳐 자신의 유대인 혈통을 강조한다. 그는 히브리인, 이스라엘 사람, 아브라함의 후손이다(2고린 11,22). 로마서 11장 1절에서는 이렇게 덧붙인다: "나 자신만 해도 … 베냐민 지파에 속합니다." 필립비서 3장 5절에서는 다음과 같이 종합한다: "나는 여드레 만에 할례를 받았고, 이스라엘 민족의 한 사람으로 베냐민 지파 출신이며, 히브리족에서 나온 히브리 사람, 율법을 지키는 바리사이"라고. 바울로는 이스라엘 선택의 표지인 할례를 나중에 받은 것이 아니라, 율법이 명하는 대로(창세 17,12) 태어난 지 여드레 만에 받았다. 다음 사실들은 직계(정통)라는 의미로 해석해도 될 것이다: 바울로는 (유대교로 개종한 이방인이 아니라) 이스라엘 사람이기 때문에, 율법에 따라 할례를 받았다. 다른 이스라엘인들에 비해

---

[9] Straub, *Bildersprache* 참조.

[10] 저자들의 추정은 1년부터 10년 사이에서 오락가락한다. Kuss, *Paulus* 19f 각주 2f 참조.

[11] Solon은 인간의 생애를 10단계로 나누었고, 의사 히포크라테스는 7단계로 구분했다. Philo, *opif.* 103-5와 F. Boll, Die Lebensalter: *Neues Jahrbuch für das Klassische Altertum* 31 (1913) 89-145 참조.

그의 가족은 베냐민 지파 출신임을 명확히 입증할 수 있었다. 또한 디아스포라의 다른 유대인들에 비해 바울로는 자신과 부모에 대해 엄밀한 의미의 히브리인이라는 명칭을 강력히 주장할 수 있었다. 차이점은 그의 가족이 팔레스티나 출신이라는 점과 아람어를 즐겨 썼다는 점에 있었던 것 같다. 이 두 가지는 필경 히브리인이라는 명칭에서 알아차릴 수 있다. 여기서 출신이 우선적 중요성을 지닌다. 바울로의 가족은 팔레스티나 출신이었기 때문에, 아람어를 즐겨 썼다.[12]

바울로의 부모가 갈릴래아 기샬라 지역에 살다가 로마인들에 의해 추방되었다는, 히에로니무스가 전해 주는 전승[13]은 곧이곧대로 받아들일 수 없다. 이 전승은 상당히 의심스러우니, 이에 따르면 바울로 역시 갈릴래아에서 태어난 것이 되기 때문이다. 그러나 이 전승은 아마도 바울로의 선조들이 기원전 63년 폼페이우스의 팔레스티나 침공 및 성전 점령과 관련하여 다르소로 피해 간 사실을 알고 있는 것 같다.[14] 물론 이 문제에서는 어디까지나 추측만 할 수 있을 따름이다.

바울로 가족이 히브리인으로서 모국과 상당히 긴밀히 결속되어 있었다는 데서 출발한다면, 그들이 순례 축제 때 종종 예루살렘으로 순례를 갔으리라는 것도 쉽게 생각할 수 있다. 조국과의 이러한 유대를 감안하면, 바울로의 한 누이가 예루살렘에서 결혼해 살고 있었다는 사도행전 23장 16절의 전언도 믿을 만하게 여겨진다. 이것이 우리가 가지고 있는 바울로 가족 구성원에 관한 유일한 정보다.

---

[12] W. Gutbrod: *ThWNT* III 393. 필로와 요세푸스 그리고 비문(碑文)들에서도 히브리인이라는 개념은 옛 민족에게 사용되는 것 외에, 유대교 내에서의 구별을 나타내는 데 사용되었다. *ThWNT* III 375f도 참조.

[13] De viris illustribus 5 (*Migne PL* 23, 646)와 Comm. in epist. ad Philemonem (*Migne PL* 26, 633f).

[14] 이 정보를 Klausner, *Von Jesus zu Paulus* 290은 신빙성 있는 것으로 평가한다. Klausner는 그런 정보는 꾸며 낼 수 없는 것으로 보며, 피신이 바루스의 침공 때문에, 그러니까 좀 뒤에 이루어졌을 가능성도 고려한다. Hengel, Der vorchristliche Paulus 206f도 조심스럽지만 이 정보를 신빙성 있는 것으로 본다.

바울로가 두 문화에 속해 있었음은 그의 두 이름(사울과 바울로)이 확인해 준다.[15] 사울이라는 이름은 사도행전에만 나오는데, 사도행전은 그리스어화된 형태인 사울로를 선호하지만 원래 형태를 언제나 바울로의 소명과 관련하여, 특히 "사울아, 사울아, 네가 왜 나를 박해하느냐?"(9,4; 22,7)라는 물음에서 제시한다.[16] 사울로는 바울로라는 이름과 운율을 맞추기 위한 부수적 형태로 볼 수 있다. 사도행전 13장 9절("바울로라고도 불리는 사울로")은 개명改名이 있었다는 인상을 준다. 아무튼 그때까지 사울로라는 이름만 사용해 온 저자는 이런 방식으로 사울/바울로가 바포에서 총독 세르기오 바울로를 만난 뒤부터 이제 선교 활동에서 결정적으로 로마 세계를 향해 나아갔음을 암시하고자 한다. 사울이라는 이름이 사내아이에게 붙여진 것은, 가족이 베냐민 지파에 속했고 사울 왕도 베냐민 지파 사람이었기 때문일 것이다. 두 이름의 분류에 관해서는 논란이 있다. 아무튼 바울로는 성 cognomen, 주명主名이고, 반면 사울은 가정이나 친지 동아리에서 사용된 별명supernomen(또는 signum)이었으리라는 견해가 널리 받아들여지고 있다.[17] 이로써 바울로가 자신의 둘째 이름을 편지에서 한 번도 쓰지 않는 것도 부분적으로 설명된다. 그는 편지에서 자신을 언제나 주명인 바울로로만 소개하면서, 그 이름을 자기 직분들과 결부시킨다(예를 들어 로마서 1장 1절: "그리스도 예수의 종이요 부르심받은 사도인 … 바울로").[18] 어쨌든 로마인에게는 드물고 비로마인 특히 그리스 동방에서도 "극히 희귀한" 바울로라는 이름이 어떻게 해서 아이에게 붙여졌는지는 수수께끼로 남아 있다.[19]

---

[15] 요한 마르코(사도 12,12)와 요셉 바르사빠 유스도(1,23)의 경우도 유사하다.

[16] 파피루스 45호(3세기)는 사울로라는 이름을 한 번도 언급하지 않으며(70인역과 요세푸스도 이 이름을 모른다), 언제나 사울로 표현한다. Haenchen, *Apg* 342 각주 1은 사울로는 바울로라는 이름에 맞춰 3/4세기에야 사본들에 들어오게 되었으리라고 추측한다. 그렇다면 어째서 사울이라는 이름이 몇 군데 (소명 이야기들 안에 시종일관) 보존되어 있는 것일까?

[17] Bornkamm, *Paulus* 29; Haenchen, *Apg* 342 각주 1; Hengel, Der vorchristliche Paulus 198 각주 73. cognomen은 글자 그대로는 덧이름을 뜻한다. 이 이름은 nomen gentilicium에 덧붙여진다. H. Rix: *KP* IV 657-61 참조.

바울로의 부모는 어떤 사회 계층에 속했으며 어떤 직업을 가지고 있었을까? 이 물음들은 제기할 수 있을 뿐, 대답은 할 수 없다. 그들이 하류 계층에 속했을 가능성은 거의 없고, 아마 중류층에 속했을 것이다. 왜냐하면 훗날 바울로 편지의 수준에서 드러나듯, 자라나는 아이에게 학교교육을 받게 했음이 분명하기 때문이다. 또한 바울로가 훗날 종사하게 된 천막장이(σκηνοποιός) 직업도, 사도가 그곳에서 그 일을 배웠건 아버지가 같은 일을 했건 간에, 고향 도시와 관련될 수 있다(사도 18,3 참조). 유대인 아버지는 아들에게 율법(토라)뿐 아니라 밥벌이 일 한 가지를 가르쳐 주어야 할 의무가 있었다.[20] 천막장이는 천막 천만 생산한 것이 아니라, 길리기아 지방에 풍부했던 염소 털과 가죽으로 덮개·옷·모자·안장 등도 만들었다.

또 하나의 상황을 염두에 둔다면, 우리는 좀 더 확실한 토대를 얻게 된다. 사도행전 22장 25-29절에 따르면, 바울로는 태어나면서부터 로마 시민이었다. 이것은 사도가 부모로부터 로마 시민권을 물려받았음을 뜻한다. 이 정보 역시 오직 사도행전만이 전해 주지만 의심할 여지는 거의 없으니, 로마 시민만이 자신의 피소 사건이 로마에서 심리되도록 요구할 수 있었기 때문이다.[21] 바울로가 정말 로마 시민권을 가지고 있었다면, 어째서 다른 경우에는 로마에서의 심리를 요구하지 않았던가라고 반론을 제기

---

[18] 바울로가 자신이 유대인임을 구태여 내세우려 하지 않았다는 것은, 그럴 법하지 않다.

[19] Hengel, Der vorchristliche Paulus 197f.

[20] Tosefta Qid 1, 11의 이 원칙은, Klausner, *Von Jesus zu Paulus* 293f도 근거로 내세우고 있거니와, 바울로 시대에도 전적으로 통용되었을 것이다.

[21] *Epiktet* 3, 24, 41에 따르면 로마 시민권을 가지고 있다고 거짓으로 주장하면 사형을 받았다. Sueton, *Claudius* 25 참조. Stegemann: *ZNW* 78 (1987) 200-29는 바울로가 로마 시민권을 가지고 있었다는 것을 의심한다. 그는 루가가 죄수 바울로의 로마 이송에 터해 그렇게 추측한 것으로 본다. 물론 로마인들이 왜 극히 번거롭고 돈 많이 드는 이 소송 절차를 결정했는지는 밝혀져 있지 않다. 플리니우스가 소아시아에서 그리스도인들을 다룬 방식은 시사하는 바가 많다. 그는 어떤 자들은 즉결재판을 했고, 로마 시민인 자들은 로마로 이송하기 위해 기록해 두었다. 플리니우스는 111년 9월 17일 비티니아 속주 총독에 취임했다. 분명히 그리스도인들 가운데 로마 시민권을 가진 사람들이 적지 않았던 것도 주목할 만하다. Plinius, *ep.* 10, 96 참조.

할 수도 있을 것이다. 과연 고린토 후서 11장 23절에 따르면 바울로는 "여러 차례 옥살이"를 하지 않았던가? 하지만 우리는 이 옥살이가 어떤 것이었는지 상세히 알지 못한다. 사람들은 사도가 옥살이의 고통을 의식적으로 그리스도 추종에 터해 견뎌 내려 했을 가능성도 고려하고 있다. 그러나 무엇보다도 바울로가 활동 막바지에 로마에 가기를 간절히 바랐음을 유념해야 할 것이다. 황제 법정에의 항소는 사도에게 제국 수도에 갈 수 있는 기회를 제공해 주었다.

로마 시민은 사법私法·소송법·국법상의 특권들을 보유했다. 부모에게 물려받는 경우를 제외하면, 시민권을 얻을 수 있는 길은 근본적으로 두 가지였다. 하나는 황제가 특별한 공로나 정치적 고려에 터해 개인 혹은 집단 전체에게 시민권을 부여하는 것이었다. 케사르와 아우구스투스가 그런 일을 많이 했다. 다른 하나는 속량을 통해 시민권을 얻는 것이었다. 그러나 시민권과 결부된 권리들은 제한될 수 있었다.[22] 이런 사정을 언급하는 것은, 바울로의 부모 혹은 선조가 그런 방식으로 로마 시민권을 얻었을 수도 있기 때문이다.[23] 이로써 히에로니무스가 전해 준 전승과의 연결 고리도 만들어진다고 하겠다: 바울로의 부모(혹은 선조)가 모국 유대 땅에서 소아시아로 노예로 잡혀 왔고, 어떤 로마 시민의 소유가 되었으며, 그가 나중에 그들을 속량해 주었다고. 필경 바울로는 다르소 시의 시민권도 있었을 것이다.[24] 이것은 물론 그의 부모가 그동안 명망과 부를 이루었음을 말해 주는 것이기도 하다.[25]

---

[22] Kaser, *Privatrecht* 115-9. 293-301 참조.

[23] Hengel, *Der vorchristliche Paulus* 202-8. 로마 시민은 세 개의 이름을 지녔다: praenomen(개인 이름), nomen gentilicium(본관) 그리고 cognomen(성). 속량된 자는 후견인의 praenomen과 nomen gentilicium을 물려받았다. 바울로의 praenomen과 nomen gentilicium이 무엇이었는지 머리를 쥐어짜는 일은 그만두어야 한다. 어떤 사람들은 바울로라는 이름이 명문가인 에밀리우스 집안 — 이 집안 사람들에게서 바울로라는 이름이 cognomen으로 상당히 자주 나타남 — 에서 유래한다고 추측했다. 그렇다면 사도의 온전한 이름은 L. Aemilius Paulus였을 것이다. Hengel, 앞의 책 198 각주 73 참조.

참고문헌

M. CARREZ, Notes sur les évènements d'Ephèse et l'appel de Paul à sa citoyenneté romaine: *A cause de l'évangile* (Festschrift J. Dupont) (LD 123) (Paris 1985) 769-77.

D. FLUSSER, Die jüdische und griechische Bildung des Paulus: E. Lessing (Hrsg.), *Paulus* (Freiburg 1980) 11-39.

G.A. HARRER, Saul who also is called Paul: *HThR* 33 (1940) 19-34.

G.H.R. HORSLEY, The Use of the Double Name: *New Docs* I (1981) 89-96.

A.H.M. JONES, *The Cities of the Eastern Roman Provinces* (Oxford ²1971).

E.A. JUDGE, Greek names of Latin Origin: *New Docs* II (1982) 106-8.

A. OEPKE, Probleme der vorchristlichen Zeit des Paulus: *ThStKr* 105 (1933) 387-424.

W. RUGE, Art. Tarsus: *PW* IV A 2 (1932) 2413-39.

W. STEGEMANN, War der Apostel Paulus römischer Bürger?: *ZNW* 78 (1987) 200-29.

J. VOGT, Der Apostel Paulus als römischer Bürger: *Universitas* 36 (1981) 145-52.

---

[24] 이것은 사도 21,39가 이러한 의미로 해석될 수 있는지 아니면 단순히 출신만을 가리키는지에 달려 있다. Weiser, *Apg* 612는 전자를 지지한다: "바울로, 태어나면서부터 다르소의 시민이자 로마 시민."

[25] 바울로 가족이 다르소 시민권을 돈으로 샀으리라는 가정도 그럴 법하다.

2. 예루살렘에서

바울로는 사도로 부르심을 받기 전에 일찍이 예루살렘에 온 적이 있었다. 이것은 이스라엘의 수도요 유대교 문화와 신심의 중심지를 가까이서 알고 싶어 하던 그의 강렬한 소망에 따른 일이었음이 확실하다. 바울로가 히브리인이라 특징지은 그의 부모도 아들(그의 특출한 지적 능력과 관심은 그들 눈에 띄지 않을 수 없었을 것이다)의 이 소망을 키우고 부추겼을 것이다. 이 방문은 매년 거행되는 순례축제들 중 하나에 참가하는 정도가 아니라, 상당히 오랜 기간에 걸친 것이어야 했다.

바울로는 훗날 편지에서 드러내 놓고 그 도시를 거듭 상찬한다. 사도가 그때는 이미 그리스도인으로서 평가하고 있지만, 이 평가는 예전에 예루살렘에 대해 품고 있던 생각과 떼어 놓을 수 없다. 예루살렘은 사도에게 복음의 출발점인바(로마 15,19), 이런 관점은 이미 이사야 예언자에게서 비슷한 형태로 나타난다(이사 2,3 참조). 바울로가 벌인 "예루살렘의 가난한 사람들"을 위한 모금 운동 역시 이런 신학적 관점 안에 자리 잡고 있다(2고린 8,14 하 참조). 바울로는 사도로서 행한 예루살렘 방문들에 관해서도 전해 준다(갈라 1-2장). 애석하게도 바울로가 사도로 부르심받기 전의 예루살렘 체류에 관해서는 아무 말도 하지 않지만, 간접적으로는 그것을 암시한다.

여기서도 좀 더 상세한 내용을 알게 해 주는 것은 다시금 사도행전이다. 앞서 인용한, 루가가 전하는 바울로의 예루살렘 성전 연설 서두에서 사도는 계속하여 이렇게 말한다: "나는 유대인입니다. 나는 길리기아의 다르소에서 태어났지만 이 도시에서 자랐으며 가믈리엘 발치에서 조상들의 율법에 관해 엄격한 교육을 받았습니다. 그리고 오늘 여러분 모두가 그렇듯이 나는 하느님을 열심히 섬기는 사람이었습니다"(사도 22,3). 예루살렘 시절에 대한 이 언급은 가이사리아에서 아그리빠와 페스투스에게 한 해명에서 좀 더 포괄적으로 되풀이된다: "소년시절부터의 저의 생활, 곧 일찍부터 저의 겨레 가운데서 또 예루살렘에서 보낸 생활을 모든 유대인이 알고 있습니다. 그들이 증언하려고만 한다면, 제가 저의 교의 가장 엄격한 파를 따라 바리사이로 살았다는 것을 시초부터 미리 알고 있습니다"(26,4-5). 이 두 진술에서 일치하는 놀라운 사실은, 바울로가 처음부터, 어릴 때부터 예루살렘에서 자라고 교육받았다는 것이다. 다르소에서 지낸 시절은 무의미하게 여겨질 정도로 짧게 언급된다. 여기서 다르소는 그저 태어난 곳에 불과하다. 이런 관점은, 사도행전 22장 3절에 당시 널리 유포된 3중 도식, 즉 **출생-양육-교육**이라는 도식이 담겨 있고, 특히 **양육**은 유아기에 주로 이루어지므로 더욱 중요시된다.[1] 이로써 바울로가 아직 어린아이였을 때 부모가 다르소에서 예루살렘으로 이주했으리라고 추론할 수 있다.

바울로가 그 발치에서 배웠다고 전하는 가믈리엘은 사도행전 5장 34절에서 바리사이요 온 백성에게 우러름받는 율법교사로 불린다.[2] 여기서 말하는 이는 가믈리엘 1세인바, 그는 이름이 같고 아마 더 유명했던 손자와 구별되어 노老가믈리엘로도 불렸다. 그는 25년에서 50년 사이에 활동했는데,[3] 다음과 같은 말을 했다고 한다: 스승을 한 분 모셔라, 그러면 의심스러운 것을 멀리하게 될 것이다.[4] 또한 제의적 정결례 규정들과 관련되고

---

[1] Van Unnik, *Tarsus or Jersalem*은 논거를 제시한다. 그는 $\dot{\alpha}\nu\alpha\tau\epsilon\theta\rho\alpha\mu\mu\acute{\epsilon}\nu o\varsigma$(양육)라는 낱말로 특징지어지는 둘째 시기에 관해 다음과 같이 기술한다: "그(바울로)가 출입구 모퉁이를 엿볼 수 있기 전에, 그리고 확실히 그가 길거리로 걸어다니기 전에"(301). 사도 7,20-21에서는 아기 모세에게 똑같은 동사가 적용된다. 이로써 이 관점이 확증된다.

[2] Josephus, *vita* 190f에 따르면, 가믈리엘의 아들 시몬이 바리사이다.

[3] Billerbeck II 636; Neusner, *Judentum* 71 참조.

[4] Billerbeck II 638. 이 말은 그러나 이름이 같은 그의 손자와도 관련된다. H.L. Strack - G. Stemberger, *Einleitung in Talmud und Midrasch* (München ⁷1982) 74f 참조.

바리사이 문헌학에 독특한 빛을 비추어 주는 다른 말도 전해져 온다.[5] 탈무드 문헌들은 그의 율법 준봉遵奉과 윤리적 엄격성을 기린다. 심지어 그의 사후 이스라엘에서 율법에 대한 경외심이 쇠퇴했다는 말도 나온다. 사도행전 5장 34-42절은 가믈리엘을 그리스도교에 적대적이기보다는 우호적이고 권위 있는 유대인으로 묘사하는 것을 게을리하지 않는다.

바울로 가족의 때 이른 예루살렘 이주와 가믈리엘 문하의 교육에 관한 루가의 두 진술은 신빙성을 의심받고 있다. 사실 바로 사도행전 22장 3절 이하의 연설은 바울로의 유대교 정신과 출신을 애써 입증하려는 의도를 드러낸다. 그리고 그렇게 하는 데 유대교 심장부인 예루살렘과 바울로의 확고한 결속보다 더 적절한 것이 무엇이 있었겠는가? 물론 루가는, 어떻게 그런 사실을 알게 되었든지 간에, 전승들에 의존했을 것이다.

사도행전의 전언과 바울로의 진술들을 비교해 보면, 두 가지 중요한 사실에서 일치한다. 필립비서 3장과 갈라디아서 1장의 의미심장한 자전적 진술에 주목하자. 전자에서 일련의 자전적 진술(나는 이것을 점층법으로 본다)은 다음과 같은 확언으로 끝맺는다: "율법을 지키는 바리사이로서 교회를 열렬히 박해했으며 율법에 의한 의로움에 있어서 흠잡을 데 없었습니다"(필립 3,5-6). 이미 여기서 두 가지 일치하는 사실이 드러난다. 즉, 바울로는 바리사이였거나 바리사이가 되었다. 또한 율법 열광자였다. 앞선 진술들에 이어지는 점층 현상을 볼 수 있다: 바울로는 유대교 개종자가 아니라 진짜배기 유대인이었기 때문에, 태어난 지 여드레 만에 할례를 받았다. 그의 가족이 (디아스포라 유대인들이긴 했지만) 이스라엘에서 이주했고 조국과 결속되어 있었기에, 바울로는 히브리인 중의 히브리인이다. 바울로는 자신의 결단에 터해 바리사이가 되었고 그래서 엄격한 율법 준봉에 몸 바쳤기에, 율법 열광자로 자처할 수 있었다. 그러니까 여기서 점층법의 핵심은

---

[5] "발효를 일으키기에 넉넉하지 않은 효모는, 자신이 들어간 사제 몫의 제물을 결코 속되게 만들지 않는다." Billerbeck II 630에서 재인용.

바울로가 바리사이와 율법 열광자가 된 것은 부모에게 태생적으로 물려받아서가 아니라 자기 결단에 의한 것이라는 데 있다.[6] 이런 맥락에서 바울로가 교회를 박해했다고 말한 것은 뜻밖의 일이 아니니, 이를테면 자신이 바리사이요 열광자였음에 대한 일종의 확증으로 그 말을 했던 것이다. 이 문제는 뒤에서 다시 다룰 것이다.

갈라디아서 1장 13-14절에서도 비슷한 말을 한다: "사실 여러분은 내가 유대교에 있을 때의 내 소행에 대해 들었습니다. 나는 하느님의 교회를 몹시 박해했으며 이를 아예 부수어 없애 버리려 했습니다. 유대교를 믿는 일에서는 내 동족 가운데에서 같은 또래의 많은 이보다 훨씬 앞서가고 있었으며 조상들이 물려준 전통을 지키는 일에는 특별히 열심이었습니다." 여기서 바울로는 우선 자신의 박해 소행을 언급하고, 다시금 율법에의 열정에 관해 말하는데, 동년배들의 열정을 능가한 것으로 구체화한다. 특히 바울로는 (오직 이곳에서만) 유대교라는 개념을 연달아 두 번이나 사용한다. 이것은 바울로에게 사무쳐 있던 의지, 즉 자신이 유대인임을 삶과 생각과 행동을 통해 드러내고자 했던 의지를 암시한다.[7] 바울로는 자기가 바리사이였다는 사실을 여기서는 명시적으로 말하지 않는다. 그러나 조상들의 전통에 대한 열정에서 그것을 읽을 수 있다. 바리사이 율법 준봉의 특징은 자신들이 발전시킨 해석 전통들[조상들의 전통이라 불리었다(마르 7,3 참조)]을 율법(토라) 자체와 마찬가지로 극히 소중히 여기고 진지하게 받아들이는 데 있었다.

필립비서 3장과 갈라디아서 1장의 두 진술은 나아가 바울로가 예루살렘에서 율법 공부를 했음을 확인해 준다. 바울로가 확언한 엄격한 율법 준봉

---

[6] Bornkamm, *Paulus* 34는 바울로가 집안 전통에 따라 바리사이파에 가입했다고 본다. 어쨌든 이 경우도 스스로의 결단의 표출일 수 있다.

[7] W. Gutbrod: *ThWNT* III 385 참조. Stobi의 회당(시나고그) 비문에서는 Claudius Tiberius Polycharmus라는 사람이 자신은 평생 "유대교에 맞갖게" 살았다고 확언한다. H. Lietzmann, Notizen: *ZNW* 32 (1933) 93-5 참조.

은 근본적으로 이스라엘 땅에서만 가능했거니와, 그 열정은 특히 유대-로마 전쟁 발발 전 3세기 동안 이스라엘 땅(디아스포라는 아니다)에서 확인된다. 바울로는 율법에 대한 이 열정에서 자신이 겨레의 동년배들보다 뛰어났다고 주장하는데, 이 진술이 예루살렘의 동학同學들과 관련된다면 더욱 돋보인다. 우리는 바울로가 율법 선생이 되기 위해 적령기에, 즉 10대 후반기에 예루살렘에서 율법 공부를 했다는 데서 출발할 수 있다.[8]

이 추정에 대해, 훗날 사도가 성서를 해석하는 방식이 동시대 율법학자들의 규범들에 어긋난다고 반론을 제기하는[9] 사람들은, 일종의 부메랑-논증을 전개하는 셈이다. 왜냐하면 바울로는 율법학자식 해석의 수많은 규범들을 적용하기 때문인데, 그것들은 그가 고안해 냈다고 보긴 어렵고 학교에서 배운 것들이다. 그런 예로는 다음과 같은 것들에 관한 다양한 미드라쉬 지식을 들 수 있다: 광야 유랑 세대의 세례(1고린 10,1), 함께 유랑하던 바위(10,4), 하와를 유혹한 뱀(2고린 11,3), 시나이 율법 제정에서 천사들의 협력(갈라 3,19), 이스마엘의 이사악 박해(4,29); 모세오경의 어떤 구절을 예언서들이나 케튜빔의 구절과 결부시키거나(로마 4,1 이하; 9,12-13; 10,6 이하; 19-21절 등) 성서 구절들을 표제어별로 일종의 "진주 목걸이"로 한데 꿰는(로마 15,9-12) 규칙, 그리고 그저 몇 가지 예를 드는 연쇄 설명(로마 10,6-9).[10] 물론 이런 관찰에 터해 바울로를 한 특정 학파, 예컨대 가믈리엘 1세의 학파에 귀속시키는 것은 가능하지 않다.

바울로가 예루살렘에서 알게 된 바리사이 유대교는, 복잡한 원전 상태 때문에, 그저 막연하게만 규정할 수 있다. 아무튼 바리사이 유대교는 후대의 야브네 유대교와 다르다는 것은 말할 수 있다. 그러므로 우리는 율법에 의한 완덕 추구[11] 외에, 다른 지향들도 확실히 존재했다는 데서 출발해도

---

[8] Hengel, Der vorchristliche Paulus 240f 참조.

[9] 예를 들어 Haenchen, *Apg* 554.

[10] 예는 다양하게 제시된다. Jeremias, Paulus als Hillelit 88f; Hengel, Der vorchristliche Paulus 250f 참조.

될 것이다. 바리사이 유대교의 영성을 밝혀 줄 수도 있을 하가다 문헌은 애석하게도 전해 오는 것이 매우 드물다. 그러나 바리사이 사상 안에는 세례자 요한이나 예수가 설파한 종말론적 메시지를 쉽게 받아들일 수 있는 요소들이 있었다고 추정해도 될 것이다. 최소한 하느님 나라, 심판 그리고 결정적 구원의 도래에 대한 의식意識은 존재했을 것이다. 정신 상태가, 흔히 적대적인 바리사이상像이 오랜 세월 야기한 인상과는 달리, 율법에 매여 경직화되진 않았다. 사람들은 여전히 영의 역사役事를 기대하고 있었다. 정치적 측면에서 바리사이들은 갈라져 있었다. 이교異敎와의 경계 설정에서나 자유 쟁취라는 목표의 관철에서도 마찬가지였다. 힐렐 학파가 대표하는 진영은 유대교 개종자 문제에서 상당히 개방적인 입장을 취한 반면, 다른 진영은 엄격한 경계 설정을 했고 율법을 위한 열정은 폭력 사용도 마다하지 않을 태세를 갖추고 있었다. 이런 배경에 비추어 보아도 바울로를 어느 한 진영이나 학파에 배당하는 것은 불가능하다. 사도는 유대교 개종자들에 대한 개방성을 율법을 위한 열정과 결합시켰거니와, 이미 여기서 그의 입장의 독자성을 엿볼 수 있다.[12]

바울로가 예루살렘에서 교육을 받았다는 사도행전 22장 3절의 전언이 사실이라 하더라도, 사도가 그 도시에서 성장했고 어릴 때 부모와 함께 예루살렘으로 이주했다는 다른 전언은 여전히 신빙성이 부족하다. 이 전언의 반증으로는 바울로 자신이 이 점을 어디서도 암시조차 하지 않는다는 사실(모든 자전적 언명은 매번 논쟁 상황에서 이루어졌다), 그리고 더 중요한 것으로는 포괄적 반증, 즉 그의 편지에서 입증되듯이 바울로가 그리스어를 자유로이 구사했다는 사실을 들 수 있다. 이 자유로운 그리스어 구사는 사도가 그리스적 도시, 즉 다르소에서 성장했으며 그리스어를 제2의 언어로서 배워야 했던 것이 아니라는 사실에 의해 가장 잘 설명된다.

---

[11] Neusner, *Judentum*은 도처에서 완덕 사상을 강조한다.

[12] Hengel, Der vorchristliche Paulus 242-8. 254-6; Rivkin, Pharisees 205-49 참조.

바울로가 편지에서 그리스어 성서(70인역)를 사용한 것,[13] 특히 그리스어 텍스트가 원문에 비추어 비판받는 구절들에 대한 그의 판단을 어찌 평가해야 할지는 극히 복잡한 문제다. 바울로가 그리스어를 사용하는 이방계 그리스도인 공동체들에게 보낸 편지에서 그리스어 성서를 인용한 것은 당연했다 하겠다. 그러나 인용하는 방식은 사도가 필경 어린 시절부터 오랫동안 그리스어 텍스트를 접해 왔기에 그것에 정통함을 말해 준다. 특히 논란되는 문제는 바울로가 종종 히브리어 원전에서 직접 어떤 본문을 번역했거나 그리스어 본문을 히브리어 원전에 비추어 비평했느냐라는 것이다.[14] 근년의 연구는 히브리어 원전에 비춘 텍스트 비평은 바울로 이전의 유대교 텍스트 전승에서 유래한다고 가정하는 경향을 보여 준다. 하지만 바울로가 비평된 텍스트와 비평되지 않은 텍스트의 차이를 몰랐다고 주장하는 것은 지나치다고 생각한다.[15]

바울로가 어려서부터 그리스 문화에 대한 드문 식견을 지니고 있었음을 인정한다면, 사도가 비헬레니즘적으로 논증을 전개하는 것이 눈길을 끈다. 바울로가 모든 편지를 통틀어 그리스 저자를 단 한 번밖에 인용["나쁜 교제는 좋은 습관을 망친다"(1고린 15,33 = Menandros의 *Thais* 단편 218)]하지 않는 것이 아마 가장 눈에 띌 것이다. 더구나 이 시인의 인용문은 이미 오래 전부터 유행하던 말이었다. 흔히 바울로의 디아트리베(διατρίβή: 對人 논박) 방식이라 지칭하는 것으로부터 사도가 그리스식 교육을 받았으리라 추론하는 것도 거의 신빙성이 없다. 이 논전 방식은 당시 아주 널리 퍼져 있었다.[16] 바울로는 말하고 쓰는 것은 그리스어로 했지만, 논증하고 신학하는 방식 그리

---

[13] 탁월한 저작 Koch, *Die Schrift* 참조.

[14] 특히 이사야서, 욥기, 열왕기 상권 인용문들이 문제가 되고 있다. 논란에 관해 Michel, *Paulus und seine Bibel* 63ff; Ellis, *Paul's Use* 139-41; Koch, *Die Schrift* 78-81; Hengel, Der vorchristliche Paulus 233-5 참조.

[15] Koch, *Schrift* 81.

[16] Schmeller, *Diatribe* 435 참조.

고 성서를 대하는 방식은 어디까지나 유대교적이었다. 바울로는 헬레니즘과 유대교 두 문화권에 속했으나, 발은 유대교에 딛고 있었다. 그러나 어쨌든 다르소는 사도 생애의 첫 단계로 볼 수 있다. 때문에 우리는 다르소냐 예루살렘이냐 양자택일식으로 말하지 않고, 그 두 단계를 연결시켜 바로 그 안에서 젊은 바울로가 나아간 행로의 특성을 찾는다.

바울로는 젊은이로 예루살렘에 와서, 유대교 심장부에 발을 들여놓았다.[17] 기원전 4년, 헤로데 대왕이 죽고 나라가 분할된 뒤 예루살렘은 그저 남부의 정치적 수도였다. 그러나 예루살렘은 유대교 최고 당국, 즉 산헤드린의 소재지였고, 그것의 권한은 적어도 이념적으로는 전 세계 모든 유대인들에게 미쳤다. 산헤드린의 형사재판권은 나라에 로마 총독이 들어선 이래 제한받았는데, 총독은 지중해변 가이사리아에 주재했으나 가장 큰 순례 축제인 과월절 때는 재판을 하기 위해 예루살렘으로 왔다. 예루살렘(당시 주민은 55,000명이었다)은 학문과 상업의 중심지 가운데 하나였다. 무엇보다도 예루살렘은 성전과 예배의 도시였고, 그것들은 정기적으로 엄청난 순례자 무리를 끌어들였다. 그러나 학문과 상업도 타지인들을 매혹하는 요소들이었다. 이스라엘 종교 생활의 중심으로서 그리고 전 세계 유대교의 중심으로서 예루살렘은 유대교적이고 국제적인 특징을 지니고 있었다. 헤로대 대왕의 건축사업(그의 왕궁은 헬레니즘 정신으로 꼴지어졌다), 특히 예루살렘 성전 신축이 이 도시에 뚜렷한 특징을 부여했다.

디아스포라 유대교는 예루살렘에 고유한 회당들을 가지고 있었다. 그럴 수밖에 없었으니, 많은 디아스포라 유대인들이 그리스어만 말할 수 있었기 때문이다. 이 회당들에서는 예배가 그리스어로 거행되었다. 사도행전 6장 9절은 자유인들(아마도 로마인들의 노예였다가 속량된 사람들인 것 같다), 키레네인들, 알렉산드리아인들, 길리기아인들, 아시아인들을 위한 회당이 있었음을 확인해 준다. 사도행전 6장 9절의 그리스어 표현으로는 회당 숫자가

---

[17] Jeremias, *Jerusalem* I 84-97 참조.

몇 개(하나나 셋 혹은 다섯?)인지 정확히 알 수 없다.[18] 아무튼 여러 개였을 것이다. 젊은 바울로가 길리기아인들 회당과 접촉했으리라는 것은 쉽게 생각할 수 있다.[19]

바울로는 언제 예수에 관해 처음 들었을까? 혹시 사도가 예루살렘에 체류할 때 언젠가 예수를 보지 않았을까? 이 문제는 고린토 후서 5장 16절과 관련하여 거듭 논구되었다: "설령 우리가 그리스도를 육에 따라 알았더라도 이제 더는 그렇게 알지 않으렵니다." 주석학적으로는 "육에 따라"라는 표현을 "육적인", 불충분한 인식과 관련시키기보다는 그리스도와 관련시키는 것이 더 낫다. 이것은 바울로가 지상 예수에 관해 말하고 있음을 의미한다. 바울로에게서는 예수에 대한 인식이 고양되신 그리스도에 대한 인식 뒤로 완전히 밀려나 있다. 이 까다로운 구절은 바울로가 받았던 비난, 즉 그는 지상 예수의 제자가 아니었기에 진짜배기 사도가 아니라는 비난과 관련될 수도 있다. 물론 바울로는 자신이 예수를 일찍이 잠시 본 적이 있다고 말했더라도, 이 비난을 결코 무력화시킬 수는 없었을 것이다. 사도의 주장은 자기를 부르신 고양되신 주님에 터해 전개된다. 그러나 이 알아듣기 힘든 표현이 바울로가 이미 예루살렘에서 예수가 아직 살아 있을 때 그에 관해 들어 알고 있었음을 암시하는 것일 수도 있다.[20]

---

[18] 이론이 분분하다. Haenchen, *Apg* 223 각주 3 참조.

[19] 탈무드는 다르소인 회당의 존재를 확인해 주는데, 그렇다면 이 회당이 길리기아인 회당과 같은 것일 수 있다. Hengel, Der vorchristliche Paulus 259와 각주 261 참조.

[20] Windisch, *2 Kor* 184-9가 수많은 해석 가능성에 관한 탁월한 개관을 제공해 준다. D.Y. Hadidian, A Case in Study: 2 Kor 5,16: *From Faith to Faith* (Festschrift D.G. Mille) (Pittsburgh 1979) 107-25도 참조.

참고문헌

E.E. ELLIS, *Paul's Use of the Old Testment* (Edinburgh 1957).

J. JEREMIAS, Paulus als Hillelit: *Neotestamentica et Semitica* (Festschrift M. Black) (Edinburgh 1969) 88-94.

D.-A. KOCH, *Die Schrift als Zeuge des Evangeliums* (BHTh 69) (Tübingen 1986).

O. MICHEL, *Paulus und seine Bibel* (BFChTh II/18) (Gütersloh 1929/1972).

J. NEUSNER, *Das pharisäische und talmudische Judentum* (Texte und Studien zum Antiken Judentum 4) (Tübingen 1984).

E. RIVKIN, Defining the Pharisees: *The Tannaitic Sources*: HUCA 40/41 (1970/71) 205-49.

Th. SCHMELLER, *Paulus und die "Diatribe"* (NTA 19) (Münster 1987).

3
박해자와 그의 부르심

1. 박해자

교회 박해자 사울로에 대한 우리의 인상은 사도행전의 묘사에 크게 영향을 받았다. 이것은 이상한 일이 아니니, 사도행전의 묘사가 바울로 자신이 이야기해야 했던 것보다 실감나기 때문이다. 하지만 이 묘사는 비판적으로 검증되어야 한다. 물론 사도 자신의 진술도 사건이 있은 지 20년 뒤에 이루어졌음을 고려해야 한다. 이는 사도가 그때 일을 더 이상 기억하지 못했음을 의미하는 것은 아니다. 그러나 그 시기에 그리스도인 공동체들, 특히 사도와 관계있는 공동체들에서 왕년의 박해자 바울로에 관해 형성되었던 표상들과 이야기들이 계속 윤색되며 전해졌을 가능성을 셈에 넣어야 한다. 바울로는 그것들을 알고 있었을 것이다.[1] 과연 바울로가 솔직하고 엄격하게 자신의 박해 소행을 시인하는 것이 눈길을 끈다.

바울로는 이 시인을 근본적으로 두 가지 맥락에서 행한다: 왕년의 율법 준봉에 관해 그리고 사도로 부르심받음에 관해(1고린 15,9; 갈라 1,13.23; 필립 3,6). 율법 엄수자와 교회 박해자는 결부시켜 함께 보아야 한다. 그래야 바울로가 그리스도인 공동체를 대적하게 된 동기들을 올바로 파악할 수 있다. 바울로가 사도로 부르심을 받은 일은 그의 박해 활동 중에 일어났다.

아무튼 바울로가 도대체 어떤 공동체(들)에 분개했는가라는 물음부터 제기해야겠다. 그가 혼자 싸우지 않았음은 확실하다. 혼자서는 교회를 결

---

[1] 바울로가 자신에 관한 이 전승들을 적어도 부분적으로는 받아들였다고 생각한다면, 역사적 재구성은 더 어려워진다. 하지만 설사 그렇더라도, 아주 제한적으로만 옳다고 하겠다. Becker, *Paulus* 60f; Löning, *Saulustradition* 53 참조.

코 효과적으로 박해할 수 없었을 것이다. 바울로가 편지에서 언제나 자신의 행동에 관해서만 이야기하는 것은, 다른 사람들과 함께 도모한 일들을 언급하려는 게 아니라 자기 개인의 삶의 여정에 대한 통찰을 제공하고자 하기 때문이다. 사도행전 역시 이 문제에서 근본적으로 바울로 개인에게만 관심을 기울인다. 아무튼 우리는 바울로가 이 일에서도 상당히 주도적으로 나섰고 다른 율법 열광자들을 능가했음을 전제해도 될 것이다.

바울로가 구체적으로 어떤 공동체를 박해했는지 털어놓지는 않지만, 하느님의 공동체/교회에 관해 말하는 것은 주목할 만하다: "나는 … 하느님의 교회를 박해했습니다"(1고린 15,9); "나는 하느님의 교회를 몹시 박해했습니다"(갈라 1,13). 바울로가 "하느님의 교회"라는 표현으로써, 예루살렘 공동체가 자신에게 적용했고 나중에 이웃 공동체들에게도 전해진 인상 깊은 개념을 수용했다는 견해에 오늘날 널리 의견이 일치하고 있다.[2] 바울로는 데살로니카 전서 2장 14절에서 유대에 있는 하느님의 교회들에 관해 말하기를, 이 교회들이 유대인들에게 고통을 받은 것처럼 데살로니카 그리스도인들도 동족에게 고통을 받았다고 한다. 이 구절에 비추어 보건대 바울로의 박해 활동은 예루살렘 교회를 겨냥하고 있었다. 그러나 이 진술은 좀 더 상세히 고찰해야 한다.

그러나 우선 "하느님의 교회"라는 개념에 관해 좀 더 말해야겠다. 이 개념은 종말 시기에 모이는, 하느님의 결정적 내림來臨을 고대하는 하느님 백성을 가리킨다. 똑같은 개념을 쿰란 사본들[1QM 4,10: 하느님의 집회(qehal el)]에서 찾아볼 수 있다. 쿰란 공동체 역시 종말을 고대하며 살았다. 물론 예루살렘과 쿰란 사이에는 본질적 차이점이 있으니, 그리스도인 공동체에서는 메시아이신 나자렛 예수의 활동을 되돌아본다는 것이다. 그러나 "하

---

[2] Hainz, *Ekklesia* 232-6; Roloff, *Kirche* 82-5 참조. 좀 오래된 견해들에 관해서는 K. Holl, Der Kirchenbegriff des Paulus in seinem Verhältnis zu dem der Urgemeinde: *SPAW.PH* (Berlin 1921) 2. Halbband 920-47; 재수록: K.H. Rengstorf (Hrsg.), *Das Paulusbild in der neueren deutschen Forschung* (Darmstadt 1964) 144-78 참조.

느님의 교회"라는 자칭[3]에서는 그리스도론적 함의含意가 뒤로 물러나 있음을 언제나 유념해야 한다. 이런 맥락들을 염두에 둔다면, 고린토 전서 15장 9절은 더욱 뚜렷이 부각된다. 이 구절에 앞서 바울로는 그리스도론적으로 꼴지어진 신앙 정식의 용어들을 통해 예수 그리스도의 죽음과 부활에 관해, 그리고 게파와 열두 제자, 5백 명의 형제들과 야고보와 모든 사도에게 그분이 나타나신 일에 관해 말한다. 이 사건들 안에서 하느님 교회가 태어났다. 이 체험들의 지평에 터해 게파와 다른 제자들은 사람들을 불러 모으기 위해 노력했다. 바울로가 부활 증인들의 이 대열 마지막에 합류하기 위해서는, 자신이 사도로 부르심을 받기 전까지 하느님의 교회를 박해 했음을 말하지 않을 수 없었을 것이다. 그는 "배냇병신, 사도들 중에서 가장 작은 자, 사도라고 불릴 자격조차 없는 몸"(1고린 15,8-9)이라 자처한다.

지금 우리의 고찰 대상인 예루살렘 교회는 두 집단, 즉 히브리인과 헬라인으로 구성되어 있었다. 사도행전 6장 1-6절은 이 두 집단 간에 불거진, 일곱 남자(이들 이름이 전해져 온다)로 이루어진 일종의 위원회 설치로 귀결된 불화를 전해 준다. 이 동아리[4]의 우두머리는 스데파노였다(6,5). 이 전언은 스데파노 이야기의 도입부 격이다. 스데파노 이야기는 헬라 유대계 그리스도인 스데파노와 자유인들·키레네인들·알렉산드리아인들·길리기아인들·아시아인들의 회당에 속한 사람들 간에 벌어진 위태로운 논쟁을 전해 준다(6,9). 논쟁은 결국 스데파노를 돌로 쳐죽이는 것[사형私刑으로 보아야 할 것이다]으로 끝났다(7,54-60). 그리고 이어서 예루살렘 교회에 대한 박해가 돌발했고, 많은 사람이 유대와 사마리아의 여러 지역으로 흩어졌다(8,1). 어떤 이들은 더 나아가 페니키아, 키프로스 그리고 안티오키아까지 이르렀다. 그러나 사도들은 박해로 다치지 않았다(8,1ㄷ).

---

[3] "가난한 사람들"이라는 개념의 경우도 비슷하니, 예루살렘 그리스도인 공동체뿐 아니라 쿰란 공동체의 자칭으로 간주될 수 있다(로마 15,26; 갈라 2,10; Dam 19.9; 1QH 2, 32.34; 3, 25; 5,13-14.16.18.20-22 등).

[4] 그리스 도시국가의 유사한 행정기구가 이 7인 동아리의 본보기가 되었을 수도 있다.

우리는 여기서 유념해야 할 한 전개 과정의 윤곽을 그릴 수 있다. 헬라인 집단은 예루살렘의 그리스도인 공동체들 안에서 7인 동아리를 독자적인 공동체 지도부로 가지고 있었다. 사도행전의 전언은 이런 인상을 주지 않으려 애쓰는데, 사도들과의 결속이 저자의 신학적 근본 관심사이기 때문이다. 일곱 사람을 그저 과부들의 구호자 정도로 생각하는 것은 좀 지나친 깎아내리기다. 히브리인과 헬라인의 차이는 근본적으로 언어에 근거를 두고 있었다.[5] 히브리인들은 (사실상 다수가) 그리스어를 몰랐고, 헬라인들은 히브리어 내지 아람어를 몰랐다. 이러한 사정으로 결국 두 언어로 각기 예배를 드릴 수밖에 없었다. 언어 차이에 신학 차이가 더해졌다. 이런 차이들이 필경 과부 구호를 둘러싼 다툼 안에 숨겨져 있었을 것이다. 하지만 루가는 앞서 말한 관심사 때문에, 배후의 쟁점을 언급하지 않는다. 그러나 이 차이는 두 집단에 대한 유대인들의 상이한 취급에서 뚜렷이 드러난다. 헬라인들은 박해받고 쫓겨났다. 사도들은 그냥 머물러 있을 수 있었다. 사도들은 히브리인들을 돌보았다.

여기서 바울로의 박해 활동이 좀 더 정확히 자리매김된다. 다르소 사람인 바울로는 디아스포라 출신으로 당시 예루살렘에 살고 있던 유대인들의 회당들과 연결되어 있었다. 그곳에서 충돌이 발생했다. 왜냐하면 헬라 유대계 그리스도인들 역시, 온갖 비판을 받으면서도 아직 온전히 유대교에 속한 채 살고 있었기 때문이다. 그들에게 창끝이 겨누어졌을 때, 바울로도 그들을 적대하는 활동을 했을 것이다. 아마도 바울로는 추적이 시작되어 첫 유대계 그리스도인들이 이미 예루살렘을 버리고 떠났을 시점에 박해자로 등장한 것 같다.[6] 그들은 도망쳐 간 도시들에서 다시 모여 새로운 교회들을 세웠다(안티오키아와 다마스커스에도). 그래서 바울로는 아마 이스라엘 밖 디아스포라에 생겨난 이 새로운 그리스도인들의 (비밀)집회들에 특히 주목했을 것이다.[7]

---

[5] Hengel, Zwischen Jesus und Paulus 161 참조.

이제 바울로가 하느님의 교회를 박해하게 된 동기가 무엇이었는지 물어야겠다. 박해가 예루살렘에 있던 디아스포라 회당들에 의해 추진되었다는 데서 출발한다면, 바울로의 동기는 근본적으로 그들의 동기와 일치한다. 바울로는 일종의 대변자였을 수도 있다. 당시 유대인들에게 나자렛 사람들 파당이라 불렸던 것으로 보이는 사람들(사도 24,5 참조)에 대한 조처는 유대교 내부 사안으로 여겨졌다. 예수 추종자들은 새로운 파당 또는 신도단으로서, 유대교를 분열시키던 기존 파당들에 추가되었다. 그런 상황은 처음엔 그렇게 별난 것이 아니었고, 얼마 동안 묵인되었다. 사도행전이 바리사이파와 사두가이파에게 사용하는 파당(αἵρεσις: 5,17; 15,5; 24,5.14; 28,22)이라는 동일한 개념을 나자렛 사람들의 파당에도 적용하는 것은 시사하는 바가 많다. 이 낱말은 종종 (이단)분파로 번역되는데, 어느 경우든 분열시키는 집단을 의미한다. 플라비우스 요세푸스도 바리사이, 사두가이 그리고 에세네 "분파들"에 관해 언급한다.[8]

우리는 파당(분파)들이 그럭저럭 공존하며 경쟁했고, 때로는 싸우기도 했음을 알고 있다. 박해에 관해서는 아는 것이 별로 없다. 쿰란에서 발견된 하바꾹 주석으로 미루어보건대, 그곳 공동체가 한동안 예루살렘의 현임

---

[6] 이로써 갈라 1,22가 제기하는 난제가 해결될 수 있다. 여기서 바울로는 자신이 유대에 있는 교회들에는 얼굴이 알려지지 않았다고 말한다. 그러나 예루살렘 교회도 포함되는지는 확실치 않다. Mußner, *Gal* 98은 이 문제 해결에 여백을 남겨 둔다: "아마 포함되었을 것이다." 물론 갈라디아서는 계속 말한다: "그들은 단지 '이전에 우리를 박해하던 자가 이제는 자신이 없애 버리려던 믿음을 전파하고 있다' 는 말을 들었을 뿐입니다"(1,23). 이 문제에 관해 J. Eckert, *Die urchristliche Verkündigung im Streit zwischen Paulus und seinen Gegnern nach dem Gal* (BU 6) (Regensburg 1971) 182f 참조.

[7] 내게는 이 견해가 바울로가 사도로 부르심받기 전 유대교 선교사로서 이방인들을 유대교로 개종시켰다는 주장보다 그럴듯해 보인다. 이 주장은 갈라 5,11("내가 만일 여전히 할례를 선포한다면, 무엇 때문에 지금껏 박해를 받고 있겠습니까")을 근거로 내세우는데, 너무 빈약하다. 이 구절은 바울로가 자신에게 복음뿐 아니라 할례도 선포하라고 요구하던 "적수들에 대한 노여움에서"(Mußner, *Gal* 359) 말한 것이다. Bornkamm, *Paulus* 35는 바울로가 유대교의 이방인 선교사였을 가능성을 셈에 넣고 있다.

[8] *Bell.* 2, 162; *ant.* 13, 171.

대사제 측의 박해를 받았음이 거의 확실하다.⁹ 상이한 율법관이 박해의 빌미를 제공했고, 달력 문제도 그랬는데, 결국 쿰란에서는 예루살렘과 다른 시기에 축제를 지내게 되었다. 그런데 대사제가 직접 개입한 것은 주목해 마땅하다. 물론 당시 국가의 정치적 상황은 1세기 상황과는 달랐다.

헬라 유대계 그리스도인들 역시 율법에 대한 상이한 태도 때문에 다른 유대인들의 주목을 받을 수밖에 없었다. 십자가에 달렸던 자를 메시아로 선포함으로써 유대인들의 분노를 사긴 했어도(1고린 1,23 참조), 예수를 메시아로 공경하는 것 자체가 우선적으로 문제가 되었던 것은 아니다. 그러나 헬라 유대계 그리스도인들은 메시아가 오셨고 그분과 함께 새로운 시대가 이미 도래했다는 믿음으로부터, 의식(儀式) 율법을 더 이상 준수할 필요가 없다는 결론을 이끌어 냈을 수도 있다.¹⁰ 과연 그랬다면, 성전에 대한 그들의 반대는 거기에 바탕을 두었을 것이다.¹¹ 하지만 더 중요한 것은 다른 관점이었다. 인근 도시들로 흩어져 간 헬라인들은 교회들을 세웠을 뿐 아니라, 넓은 마음으로 이방인들을 자기네 종교에 받아들였다. 이것은 그들이 이방인들을 온전한 자격 있는 구성원으로 자기들 공동체에 끼워 주었음을 의미한다. 그들은 더 이상 회당에서처럼 특권과 의무에서 차이가 있는 온전한 구성원들과 개종자들 그리고 "하느님을 경외하는 자들"을 구별하지 않았고, 모두를 똑같이 인정했다. 할례도 더 이상 요구되지 않았다. 할례를 세례가 대체했다. 이로써 꼼꼼히 지켜져 온 이스라엘과 이방인 사이의 경계가 사실상 무너졌다. 유대인으로서 옛 시대에 거룩함은 이스라엘과

---

⁹ 1QpHab 11, 4-8: "하느님을 배반한 사제가 의로움의 스승을 박해했을 때, 그자의 목적은 자기 분노에 미쳐 그분을 삼켜버리고, 그분을 웃음거리로 만드는 것이었다. 그것도 바로 그들의 안식의 축제 시간, 화해의 날에 그들을 삼켜버리고 욕보이기 위해, 그들의 안식일 축제 날에 그자가 그들에게 나타났다"(K. Elliger 번역). 해석과 토론에 관해 K. Elliger, *Studien zum Habakuk-Kommentar vom Toten Meer* (BHTh 15) (Tübingen 1953) 212-8 참조.

¹⁰ Klausner, *Von Jesus zu Paulus* 301의 추측이다. Klausner는 헬라계 유대인들(그리스도인들)을 분별없이 뿌리뽑힌 사람들이라고 말한다.

¹¹ 성전 비판의 성서 논증인 마르 11,17은 필경 헬라인들에게서 유래한다.

결부되어 있다고 여기던 사람들은 이 참을 수 없는 경계 침범에 격분했음이 틀림없다. 이런 상황에서 이방인들이 유대인들보다는 유대계 그리스도인들에게로 향한 것은 당연했으니, 거기서는 온전히 인정받을 수 있었기 때문이다. 그렇게 들어온 이방인들이 상당히 많았을 것이다. 그런데 대결을 불러일으킬 수밖에 없는 경쟁적 또는 더 나아가 전략적 조처들은 전혀 없었음을 유념해야 한다. 양측 모두 나름대로 신학적 논거를 가지고 있었다: 여기서는 이스라엘의 거룩함, 저기서는 예수의 십자가와 부활을 통해 이방인들에게 주어진 제한 없는 구원. 헬라 유대계 그리스도인들이 공식적으로는 아직 회당에 온전히 속해 있었기에, 대결은 그만큼 더 폭발성을 지녔다.

이런 사정은 바울로가 박해 활동 중 향한 다마스커스 시에서도 마찬가지였다. 시리아에는 수많은 유대인이 살고 있었다. 안티오키아와 다마스커스에는 대규모 디아스포라 공동체들이 있었다. 다마스커스에 관한 플라비우스 요세푸스의 진술들은 오락가락하는데, 아무튼 그곳에 10,500~18,000명의 유대인이 있었다고 한다.[12] 특히 요세푸스는 많은 유대교 개종녀들에 관해 언급하고 있다.[13] 아마도 그리스도인 공동체 구성원 가운데 여인들이 적지 않았다고 생각해도 될 것이다. 사도행전 9장 1-2절에 따르면 바울로는 대사제에게 다마스커스 회당들(복수!)에게 보내는 공한을 청해 얻은 뒤 "그 길에 들어선 이들을 발견하기만 하면 남자 여자 할 것 없이 결박하여 예루살렘으로 압송하기 위해" 다마스커스로 갔다. 이 진술은 훗날 만들어진 박해자상像에 의해 꼴지어져 있다.[14] 아무튼 사람들은 무엇보다 바울로가 다마스커스의 유대계 그리스도인들을 결박하여 예루살렘으로

---

[12] *Bell*. 2, 561; 7, 368.

[13] 같은 책 2, 560.

[14] 이 박해자상에 속하는 것들: 바울로가 그리스도인들을 감옥에 처넣었다(사도 22,4; 26,10), 그들을 죽일 때 찬성했다(26,10), 스데파노를 돌로 쳐죽일 때 현장에 있었다(7,58). 여기에는 마르 15,39에서도 찾아볼 수 있는, 제압당한 박해자라는 모티프가 작용하고 있다.

압송할 수 있었을까 의심해 왔다. 폼페이우스 이래, 정확히는 기원전 64년 이래 시리아는 로마의 속주였고 국사國使가 주재했는데, 유대 총독의 상관이었다. 그러나 예루살렘 최고의회(산헤드린)는 유대인 디아스포라에서도 막강한 권위를 지녔고, 그래서 우리는 일종의 이념상의 전권에 관해 말할 수 있다. 유대인 디아스포라 공동체들이 어느 정도나 최고의회의 지시들을 따랐는지는, 그때그때 그 공동체들의 선의에 달려 있었다. 플라비우스 요세푸스는 율리우스 케사르가 알렉산더의 아들인 대사제 힐카누스에게 보낸 훈령에 관해 전해 주는데, 훈령은 힐카누스와 그의 아들들에게 만일 유대인들 사이에 유대교 조직들을 둘러싼 분쟁이 생기면 판결을 내릴 수 있는 전권을 부여했다(*ant*. 14,194f).[15] 또한 다마스커스에서 "그 새로운 길"에 들어선 사람들은 예전에 예루살렘 주민이었다는 사실도 유념해야 한다. 한편 권한을 위임받지 않은 박해자(들)가 다마스커스에 나타났다면, 특별한 인상을 주지 못했을 것이다. 이 계획을 재가했거나 위임한 문제의 대사제는 18~36년에 재임한 요셉 가야파인 것 같은데, 그는 복음서들에 따르면 예수의 재판에도 결정적으로 관여했다.

바울로와 일행들은 다마스커스의 회당들과 힘을 합쳐 이탈자들에게 자신들의 말을 따르게 하고, 이스라엘의 거룩함을 침해하는 그들의 율법관을 버리게 하려고 했을 것이다. 물론 이들은 자신들의 일을 토론에 국한하려 하지 않았다. 회당 법정은 형벌을 부과할 수 있었다. 바울로 자신이 훗날 사도로서 회당의 전형적 처벌인 서른아홉 대의 매를 다섯 차례나 맞았다(2고린 11,24). 이 형벌의 시행은 로마의 행정 구역에 있는 회당들에서도 분명히 가능했다.

예루살렘에서 다마스커스로 가는 길은 예리고를 거쳐 요르단 강 위쪽을 향해 북쪽으로 가다가 겐네사렛 호수 조금 못 미쳐 북동쪽으로 꺾인다. 그

---

[15] Eusebios, *in Isaiam* 18, 1f (PG 24, 211-4)는 예루살렘의 대사제들과 원로들이 디아스포라 공동체들에게 서한을 보내, 그리스도교의 가르침을 전파하려는 자들에 맞서 조치를 취하라고 요구했다고 전해 준다. 혹시 사도 9,1-2에서 추론한 것은 아닐까?

리고 바타네아와 트라코니티스 지역을 거쳐 성벽으로 둘러싸인 역사적으로 중요한 도시 다마스커스에 있는 오아시스에 이른다.

참고문헌

Chr. DIETZFELBINGER, Die Berufung des Paulus als Ursprung seiner Theologie (*WMANT* 58) (Neukirchen 1985) 4-42.

J. HAINZ, *Ekklesia. Strukturen paulinischer Gemeinde-Theologie und Gemeinde-Ordnung* (BU 9) (Regensburg 1972) 229-36.

M. HENGEL, Zwischen Jesus und Paulus: *ZThK* 72 (1975) 151-206.

A.-D. HULTGREN, Paul's Pre-Christian Persecution of the Church: *JBL* 95 (1976) 97-111.

K. LÖNING, *Die Saulustradition in der Apostelgeschichte* (NTA 9) (Münster 1973).

J. ROLOFF, *Die Kirche im NT* (Göttingen 1993) 82-5.

2. 부르심

바울로가 사도로 부르심받은 일에 관한 우리의 표상들은 사도행전의 윤색 전언에 의해 깊이 각인되어 있다. 이 전언과 연계하여 사람들은 바울로의 회심에 관해서도 이야기한다. 사도행전에 비추어 보면 사실 이것이 (앞으로 보려니와) 틀린 것은 아니다. 그러나 이 문제에서는 신중함이 요구된다. 바울로의 자기 진술에서는 상당히 다른 인상을 받게 된다. 아무튼 사도행전으로부터 출발하는 것이 좋다고 생각한다.

사도행전은 세 군데에서 바울로의 부르심에 관해 전한다. 가장 상세한 것은 사도행전 9장 1-31절의 전언이다. 루가의 바울로는 두 연설에서 이 사건을 회고하는데, 하나는 예루살렘 성전에서 체포된 뒤 유대 백성에게 한 연설(22,3-21)이고, 다른 하나는 가이사리아에 구금되어 있을 때 아그리빠 2세 왕과 그의 여동생 베르니게, 로마 총독 페스도, 천부장들 그리고 그 도시의 유명인사들 앞에서 한 해명 연설(26,2-23)이다. 우리가 잘 알고 있는 이 사건의 일련의 과정은 대략 다음과 같다: 바울로는 대사제의 서한으로 준비를 갖추고 다마스커스의 (유대계) 그리스도인들에게 극히 모진 조처를 취할 참이었다. 그가 그 도시 가까이 갔을 때, 갑자기 하늘에서 큰 빛이 그의 주위를 비추었다(22,6: 정오쯤 큰 빛; 26,13: 하늘에서 햇빛보다 더한 빛이 그와 동행자들을 두루 비춤). 여기서 이야기가 직접적인 그리스도 현시에 관한 것이 아님을 주목해야 한다. 바울로는 땅에 쓰러졌다(26,14: 그의 동행자들도 땅에 엎어졌다). 그리고 비로소 처음으로 목소리(바울로만 들었다)를 통해 그리스도께서 당신을 알게 해 주신다(26,14: 히브리 방언으로 말하는 소리 들음). 바울로는 주님께 도시로 들어가라는 지시를 받았다. 그곳에서 바울로는 하도록 정해진 일을 알게 될 터였다. 여기서도 바울로가 곧장 소명을 받지 않았음에 주목해야 한다. 소명 부여는 26장 16-17절(9,17 참조)에서 명시적으로 언급된다. 이 소명 부여 이야기는 가이사리아에서의 구금 상황에 맞추어져 있을 뿐 아니라, 원그리스도교의 케리그마인 "그분이 나타나셨다"라는 틀에 박힌 표현도 담고 있다: "내가 네게 나타난 것은 너를 봉사자로 삼고 네가 나를 본 사실과 또 내가 네게 나타나게 될 사실의 증인으로 삼으려는 것이다. 나는 너를 이 백성과 이방인들에게서 구해 내겠다. 나는 너를 그들에게 보내어 …."[1] 바울로는 빛 때문에 사흘간 눈이 보이지 않았다. 그동안 그는 전혀 먹지도 마시지도 않았다.

이것은 사실상 소명사화가 아니다. 회심에 관한 이야기다. 이야기는 다마스커스에 살던 유대계 그리스도인 아나니아에게 "지금 기도하고 있는"(9,11ㄷ) 바울로를 찾아가라는 지시가 내려지는 것으로 종결된다. 아나니아의 안수로 바울로는 다시 보게 되고, 성령을 받는다. 그리고 세례를 받는다(9,17-18). 이 이야기에 따르면 아나니아는 (바울로보다 먼저!) 바울로가 이방인들의 선교사가 되기로 정해져 있다는 말씀을 듣는다(9,15).

사도행전의 서술은 더 이어진다: 바울로는 즉시 다마스커스 회당들에서 예수를 하느님의 아들로 선포하기 시작했다. 그러나 적의 때문에 도시 성벽을 넘어 극적으로 탈출하지 않을 수 없었다. 그 후 예루살렘으로 갔고, 헬라계 유대인들과 논쟁을 벌였다(9,19ㄴ-30). 특히 22장 17-21절은 바울로가 예루살렘 성전 방문 중 무아지경에서 기도할 때 주님을 뵈었고, 주님이 그에게 예루살렘에서의 복음 선포를 그만두고 이방민족들에게로 가라고 지시하셨다고 전한다.

---

[1] "가시돋친 막대기에다 발길질해 봐야 너만 다칠 뿐이다"(26,14ㄴ)는 어떠한 저항도 소용없음을 의미한다. 이 속담은 고대 문학의 표현들을 본땄다. 참조: Pindar, *carmina* 2, 60f: "사람 운명에 맞서 싸우는 것은 부질없다." 필경 이 속담은 널리 유행하던 말이었을 것이다. L. Schmid: *ThWNT* III 665-8; F. Smend, Untersuchungen zu den Acta-Vorstellungen von der Bekehrung des Paulus: *Angelos* I (1925) 34-45 참조.

이 전승을 곧이곧대로 받아들인다면, 부활하신 그리스도는 예루살렘에서 처음으로 바울로에게 나타나셨고 그곳에서 비로소 그에게 이방인들의 선교사라는 사명을 부여하셨다. 그런데 이 일에 앞서 바울로는 그리스도인으로 또는 (사실 그는 박해 중에 폭행과 살인도 마다하지 않을 잔혹한 자로 묘사되었기 때문에) 하느님 모르는 자에서 하느님 공경자로 회심해야 했다: "그는 지금 기도하고 있다." 과연 바울로는 회심하고 세례를 받은 자로서 비로소 파견될 수 있었다.[2]

"다마스커스 사건"의 재구성에 사도행전의 전승은 아주 제한적으로만 이용될 수 있다. 이것은 사도행전 9장의 회심 이야기가 하나의 본보기를 따라 도식화되어 있다는 사실에서 확인되는데, 이 틀은 유대교의 개종 이야기들, 특히 헬리오도로스 전설에서도 찾아볼 수 있다. 시리아 왕 셀레우코스 4세의 총리대신 헬리오도로스는 예루살렘 성전의 보물을 몰수해 오라는 왕의 명령을 받았다. 그가 성전에 들어가려 할 때 하늘에서 발광發光 현상이 일어나 땅에 넘어졌고, 짙은 어둠이 그를 에워쌌다. 그는 계획을 중단했을 뿐 아니라, 자신이 죄인임을 고백하고 모든 사람에게 성전의 위대함을 전하겠다고 서약했다. 몸도 가눌 수 없게 된 헬리오도로스는 들려 나갔다. 이 짧은 비교는 도식에의 의존성을 알게 해 준다.[3] 또한 이 비교는

---

[2] 사도 22,21에 "멀리 이방인들에게 '나는 너를 보낸다' (ἐξαποστελλῶ)"라는 말씀이 나오기는 하지만, 루가는 바울로에게 "사도"(ἀπόστολος) 칭호 부여를 거부한다. 유일한 예외는 14,4와 14다. 그러나 여기서 "사도"라는 개념은 전문용어로 사용되지 않았음이 분명하다. 이 거부는 주지하다시피 열두 사도단에 대한 루가의 이념과 결부되어 있는바, 그것에 따르면 사도 칭호는 열두 제자에게 국한된다. Klein, *Die zwölf Apostel*; Burchard, *Der dreizehnte Zeuge* 참조.

[3] Löning, *Saulustradition* 62-78; Stokholm: *StTh* 22 (1968) 1-28에 상세한 비교 연구가 있다. 2마카 3과 3마카 1,8-2,24 그리고 4마카 4,1-14 참조. 이 도식은 성서 밖에서도 찾아볼 수 있다. *Herodot* 8, 35-38에 따르면 크세르크세스가 델피 신전의 보물을 약탈하려다 하늘의 간섭으로 실패했다. 사도 9장의 사울로 전승이 다마스쿠스 그리스도인 공동체에서 생겨났다면 (이것을 입증해 주는 여러 증거가 있다), 그 공동체가 자신을 영적 성전으로 이해했다고 추정할 수 있다. 훗날 바울로도 받아들인(1고린 3,16 참조) 이 관념은 헬라 유대계 그리스도인들 마음에 쏙 들었을 것이다(사도 7,47-50 참조). 이 관념은 혹시 쿰란에서 넘겨받은 것이 아닐까?(1QS 8, 5-9; 9, 6 참조).

사도행전 9장에서 아마도 가장 이상한 점, 즉 바울로가 그리스도를 뵙지는 못하고 다만 하늘에서 빛이 쏟아져 그를 두루 비추었다는 것도 설명해 준다. 한편 단식과 기도도 회심의 모티프들이다.[4]

이렇게 루가는 사건들을 도식화한다. 그리고 질서 있게 정돈한다. 얼개들을 만들어 내고 배열하며 그렇게 하는데, 이 사건의 경우 회심과 부르심을 떼어 놓고 다른 한편 따로 떨어져 있는 사건들을 한데 합치고 시기 구분을 한다. 그러면서 지리적 보고를 선호한다. 다마스커스-예루살렘-다르소(9,30: 바울로는 다르소로 돌아간다)로 이어지는 사건은 자체로 완결된 하나의 시기를 나타낸다.

바울로 친서는 다마스커스 사건에 관해 아무 말도 하지 않는다. 그러나 거듭 새삼 암시는 한다. 분명히 바울로는 그의 공동체들이 자신에게 일어났던 일을 잘 알고 있음을 전제한다. 그는 자신의 사도 소명에 관해 말할 때, 그리고 자신을 "부르심받은 사도"(로마 1,1), "하느님의 뜻으로 부르심받은 그리스도 예수의 사도"(1고린 1,1; 2고린 1,1), "이방인들의 사도"(로마 11,13) 또는 (첨예화된 표현으로) "사람들에 의해서도 아니고 어떤 사람을 통해서도 아니며 오직 예수 그리스도와 … 하느님 아버지로 말미암은 사도"(갈라 1,1)로 칭할 때, 다마스커스 사건을 암시한다. 이미 여기서 분명해지는 것: 바울로는 자신에게 일어난 일을 회심으로 이해하지 않고 부르심, 사도로의 부르심으로 느꼈거니와, 이 부르심이 그를 다른 사도들과 동등하게 만들었다. 갈라디아서 1장 17절에서 바울로는 자기보다 먼저 사도가 된 사람들에 관해 말한다. 물론 그의 부르심의 특수 상황은 자신이 사도인 것은 어디까지나 하느님 은총에 힘입은 것임을 의식하게 했다. 이 의식은 시간이 흐르면서 더욱 심화된 것으로 보인다. 바울로는 아주 다양한 맥락에서 이 은총을 찬양하는데(로마 1,5; 15,15; 1고린 3,10; 갈라 1,15), 가장 아름다운 것

---

[4] 회당의 선교책자 *Joseph und Asenath*도 사도 9장에서 사용된 모티프를 알고 있다. Löning, *Saulustradition* 70-8 참조.

은 아마도 고린토 전서 15장 10절일 것이다: "내가 오늘의 나인 것은 하느님 은총의 덕입니다."

두드러진 곳은 갈라디아서 1장이다. 이 대목의 평가에서는 무엇보다 그 의도를 염두에 두어야 한다. 그 핵심은 바울로 사도직의 정당성, 또 따라서 그가 선포하는 복음의 정당성을 (끈질긴 비방에 맞서) 논증하는 데 있다. 여기서 문맥을 꼼꼼히 살피면 두 도시 이름, 즉 다마스커스와 예루살렘도 일정한 역할을 하고 있다: "(나는 부르심을 받은 후) 나보다 먼저 사도가 된 이들을 찾아 예루살렘으로 올라가지도 않았고, 곧장 아라비아로 떠났다가 다마스커스로 돌아왔습니다"(1,17). 이 도시명 언급은, 소명 사건이 그곳 혹은 그 부근에서 일어났음을 추후적으로 확증하는 기능을 한다.[5] 이것이 이 점에서 사도행전과 일치함을 의미한다면, 예루살렘에 관한 진술에서는 바울로와 루가가 상당히 다르다. 둘 다 각기 자기 의도를 따른다. 루가의 의도는 바울로를 예루살렘에 (또 그로써 궁극적으로는 원조 사도들에게) 묶어 놓는 것인 반면, 바울로는 자신의 독자성을 강조한다. 바울로는 즉시 예루살렘으로 올라간다면 자신의 독자성, 즉 사도직 수임의 직접성이 위태로워질 수 있음을 인식했을 것이다. 그러나 이것은 필경 훗날 회고하는 가운데 생겨난 논증일 것이다. 아무튼 왕년의 박해자가 즉시 예루살렘으로 가려 하지 않았으리라는 것은 쉽게 납득할 수 있다.

바울로 소명의 특징 묘사는 갈라디아서 1장에서 (그리고 오직 이곳에서만) 계시라는 개념에 의해 각인되어 있다. 여기서 관건은 바울로의 복음의 근거 제시다. 바울로는 자신이 선포하는 복음을 사람들에게서, 즉 전승이라는 방식을 통해 받지 않았고, 예수 그리스도의 계시를 통해 받았다(1,11-12). 하느님께서 당신 아드님을 이방인들에게 선포하도록 그분을 바울로에게 계시하셨다(1,16). 둘째 경우 하느님의 행위가 중심에 자리 잡고 있다.

---

[5] 소명 사건 일어난 곳이 다마스커스라는 것을 사람들이 알고 있음이 전제되어 있다. 따라서 바울로가 다마스커스를 구태여 언급하는 것은 이 도시가 이스라엘 밖에 있기 때문이 아닐까 하는 물음들이 해결된다. Mußner, *Gal* 84 각주 34는 이런 견해들을 상세히 고찰한다.

하느님께서 그에게 당신 아들을,[6] 또 그로써 복음을 계시하셨다. 첫째 경우엔 예수 그리스도의 자기 계시가 부각되어 있다. 예수 그리스도께서 바울로에게 당신을 계시하시는 가운데, 사도는 자신이 선포해야 할 복음을 받았다. 이 두 대목은 나란히 놓고 읽을 수 있다. 무릇 계시는 인간으로서는 결코 접근할 수 없는 어떤 사정을 하느님 친히 밝혀 주심을 뜻한다.[7] 이 계시의 목적은 이방인들에게 바울로를 파견하고 또 그로써 그를 사도로, 이방인들의 사도로 부르시는 것이었다. 부르심에 관한 대목인 1장 11절 이하에 전권위임의 집약적 표현인 "사도"라는 낱말이 나오지는 않지만 1장 17절에서 암시되고, 1장 1절에서는 명확히 규정된다: "사람들에 의해서도 아니고 어떤 사람을 통해서도 아니며, 예수 그리스도를 통한 사도." 바울로 사도직의 독자성을 강조하는 표현들은 그의 복음의 독자성을 옹호하는 표현들과 부합한다. 둘은 떼어 놓을 수 없는 짝을 이룬다.

"다마스커스 사건"을 재구성하기 위해서는 사도의 뒤늦은 반성과 통찰이 함축적인 문장들에 포함되어 있음을 유념해야 한다. 이것은 부르심과 선택 사상의 결합에서 드러난다. 바울로는 다마스커스 앞에서 자기에게 당신을 계시하신 하느님께서 자신을 어미 태중에서부터 가려내시고 부르셨다는 확신을 얻었다(1,15). 예정설적 표현은 예언자들의 소명사화, 특히 예레미야서 1장 5절과 이사야서 49장 1-6절에 의지하고 있다. 이것은 또한 바울로가 다마스커스 사건 때까지 하느님께 인도되어 왔고, 그 사건에서 그의 삶의 참된 사명이 드러났음을 깨달았다는 것을 의미한다. 바울로는 이런 암시들을 통해 자신을 옛 이스라엘 예언자들과 나란히 세운다. 그러나 바울로가 자신의 사도직을 예언자들의 그것보다 귀하게 여겼음직 하니, 그와 여타 사도들에게는 부활하신 예수 그리스도 안에서 결정적·종말론적 구원이 계시되었기 때문이다.

---

[6] 16절의 "내 안에"(ἐν ἐμοί)라는 표현을 빌미로 지나친 추론을 해서는 안 된다. 이 표현은 단순히 그 사건의 강도를 나타낸다. Schlier, *Gal* 55 참조.

[7] 로마 1,17 이하; 2,5; 8,18 이하; 1고린 1,7; 2,10; 3,13 등 참조.

이 체험과 연계하여 바울로는 그리스도의 나타나심에 관해 또는 자신이 부활하신 분을 보았음에 관해 말한다: "내가 사도가 아닙니까? 내가 우리 주 예수를 뵙지 않았습니까?"(1고린 9,1). 이 진술에서도 사도로의 부르심과 부활하신 분의 계시가 일치한다는 사실이 중요하다. 그래서 바울로는 고린토 전서 15장 8절에서 부활 증인들을 열거하고 난 다음, 게파 · 열두 제자 · 야고보 · 여타 사람들에게 관해 말한 것과 똑같이 자신에게도 "그분이 나타나셨습니다"라고 말할 수 있었다. 바울로는 "맨 마지막으로는 나에게도"라는 말로써 단지 시간상으로 경계를 긋고, 치욕스러운 말 "배냇병신"[8]으로는 자신의 예전 박해자 소행을 암시한다. 바울로는 어쨌든 한 예외였으며, 이런 사정은 죽을 때까지 그를 애먹일 터였다.

바울로가 다마스커스 사건에서 깨달은 것은 무엇이었던가? 무엇보다도 십자가에 못 박혀 죽은 줄 알았던 나자렛 예수가 살아 있다는 사실이었다. 이로써 박해자였던 그를 격분시켰던 예수의 죽음과 부활에 관한 그리스도교의 케리그마가 옳음이 밝혀졌다. 또한 그가 이스라엘의 성성聖性에 대한 침해로 여겼고 그래서 근절하려 애썼던, 이 케리그마의 이방인들에게의 선포 역시 정당함이 드러났다. 바울로는 십자가에 달렸다가 부활하신 그리스도에 의해 이루어지는 구원은 보편적이고 제한이 없음을 깨달았을 테고, 이제 이 구원을 제한 없이 모든 인간에게 선포해야만 한다는 필연적 결론에 이르렀을 것이다. 그가 예수 그리스도의 교회를 박해했던 단호함이 이제 복음을 널리 선포하는 사명에로 옮겨갔다. 율법의 저주를 받아 십자가에 달렸던 그리스도는 율법의 끝이요, 이제부터는 오직 예수 그리스도에 대한 믿음을 통해 구원된다는 통찰은 아마도 나중에야 얻었을 것이다. 그러나 그런 통찰들은 다마스커스 사건에 뿌리를 두고 있으며, 그 사건의 직접적 결과다.

유대교에 국한된 구원을 돌파하는 구원의 보편성은 (갈라디아서 1장 16

---

[8] 이 낱말에 관해 Spicq, *Lexicographie* I 237-9 참조.

절 ㄴ의 명시적 언급 외에) 바울로가 고린토 전서 15장 3절의 오랜 전승에 상응하여 그리스도의 계시에 관해 말하지 않고 하느님 아들의 계시에 관해 말하는 데서도 나타난다고 하겠다.[9] 하느님의 아들 칭호는 동시에 계시 사건과 계시된 분을 더 강하게 하느님께 묶어 준다.

바울로는 다마스쿠스 앞에서 하느님께 꼼짝없이 사로잡히고 복속되었으나, 그것은 복속되도록 자신을 내준 것이기도 했다. 당함과 당하도록 내 둠은 뗄 수 없는 짝을 이룬다. 후자는 특히 바울로가 하느님으로부터 자신에게 주어진 것에서 이끌어 낸 결론과 관련된다. 그래서 바울로는 필립비서 3장 7-9절 ㄱ에서 다마스쿠스 사건을 마치 자신의 결단에 기인한 일인 것처럼 묘사할 수 있었다: "그러나 내게 이익이 되었던 것을 나는 그리스도 때문에 해로운 것으로 여기게 되었습니다. 이제 나는 나의 주님이신 그리스도 예수께 대한 고귀한 인식으로 말미암아 모든 것을 해로운 것으로 여깁니다. 그분 때문에 나는 모든 것을 잃었고 그것을 쓰레기로 여깁니다. 그것은 그리스도를 얻고 그분 안에 머무르기 위함입니다." 이 맥락 속에는 바울로의 의인론義認論(율법의 행업이 아니라 믿음에서 비롯하는 의로움)이 그리스도 계시의 결과로 생겨났음이 암시되어 있다. 그가 이제는 포기한 것, 하찮게 여기는 것은 전자의 관점이다. 바울로가 얻고자 하는 것은 그리스도요, 그리스도에 대한 믿음으로 얻는 의로움이다(필립 3,9). 바울로를 사도로 부르심은 그리스도에 대한 믿음으로 부르심과 하나가 된다.

이러한 부르심을 바울로처럼 사무치게 느꼈던 사람은 아마 없을 것이다. 이 점에서도 그는 지상 예수와 함께 다녔던 제자들과 다르다. 이 제자들은 추종으로 부르심을 죄와 인간적 결함과 무의미함에서의 해방으로, 사랑할 능력으로, 그리고 무엇보다도 예수라는 둘도 없는 사람과의 만남으로 체험했다. 물론 그들 역시 십자가와 부활 이후에야 비로소 예수가 참으로 누구였는지를 깨달을 수 있었다. 바울로는 그때까지 자기 삶을 온통

---

[9] 사도 9,20에서 바울로가 다마스쿠스의 여러 회당에서 예수를 하느님의 아들이라고 선포하는 것도 주목할 만하다.

채웠던 모든 것, 자신에게 거룩했던 것, 온 힘을 다해 얻고자 했던 그 모든 것을 버렸다. 그의 부정否定은 총체적 부정이었다.[10] 바울로는 다마스커스 사건 이후 완전한 그리스도인이요 사도였으리라고 흔히들 생각한다. 그러나 이것은 옳지 않다. 바울로는 하나의 새롭고 힘든 길의 출발점에 세워졌다. 사명이 부여되고 받아들여졌다. 목표는 명확했다(필립 3,14 참조). 그러나 목표를 이루는 일은 옹근 투신을 요구했고, 내적 투쟁을 겪지 않고는 성취할 수 없었다. 이 일에 한결같을 수 있었던 것을 사도는 언제나 다시금 은총으로 체험했다. 그리스도인이자 사도로서 바울로는 은총에 바탕만 두고 있었던 것이 아니다. 자신이 은총에 의존하고 있고 은총에 의해 움직여진다는 것도 알고 있었다.

바울로의 내적 투쟁이 가장 뚜렷이 드러나는 곳은 필경 율법에 대한 서로 전혀 조화되지 않는 진술들인바, 이것들은 해석자들을 매우 골치 아프게 한다. 과연 그리스도는 율법의 끝이요, 다마스커스 사건 이후 율법은 더 이상 구원의 길이 되지 못했다. 그럼에도 바울로는 율법을 버리지 않았다. 로마서 7장 7-25절(단수 일인칭으로 서술되어 있다)의 분열된 인간에 관한 상론에 바울로 자신의 체험이 깔려 있는지, 만일 그렇다면 얼마만큼 그런지를 놓고 논구가 많았다. 바울로는 이 대목에서 묘사하는 '분열된 인간'이란, 하느님의 계명이 좋은 것인 줄도 알고 지키려고도 하지만 지킬 힘이 없어 거듭 실패하는 자다. 여기서 바울로가 구원받지 못한 인간을 염두에 두고 있다는 것은 상식에 속하며, 또한 이 본문을 다마스커스 사건에 대한 심리학적 서술(율법으로는 실패한 바울로가 그리스도 안에서 자유를 발견한다는 의미에서)로 이해해서는 안 된다는 것도 그렇다.[11] 이런 이해는 필립비서 3장의 바울로의 분명한 자기 진술과 상충되니, 여기서 사도는 자신이 유대인으로서 율법에 의한 의로움에서 흠잡을 데가 없었다고 말한다(3,6). 하지만 바울로는 사랑의 계명 안에 농축되어 있는 율법의 핵심[이것을 사도는 로마서 8

---

[10] Schlatter, *Geschichte* 120 참조.

장 4절에서 율법의 요구(τὸ δικαίωμα τοῦ νόμου)라고 부른다]은 그리스도인이 된 후에야 비로소 명료하게 깨달았다.[12] 바로 이 점에서 그리스도는 율법의 끝일 뿐 아니라, 율법의 성취 또한 가능케 해 주신다(로마 13,8-10 참조).[13] 바울로는 나중에, 이제 자신이 그리스도에게 받아들여졌음을 앎으로써, 이를 해방으로 체험했다.

다마스커스 사건에서 체험한, 그리스도에게 받아들여졌다는 확신은 바울로로 하여금 증오를 극복하게 해 주었다. 과연 그는 박해자로서 증오에 사로잡혀 길을 떠났었다. 그러므로 바울로에게 그리스도의 계시는 하느님 사랑의 계시이기도 했거니와, 이 사랑은 사도가, 겨레와 결별하지 않으면서도, 유대교의 좁은 울타리들을 넘어서게 해 주었다(로마 9,1 이하 참조). 바울로는 다른 곳에서 하느님의 사랑이 성령을 통해 우리 마음 안에 부어져 있다거나(로마 5,5) 그리스도의 사랑이 우리를 다그친다고(2고린 5,14) 말하는데, 사도의 그런 깨달음 역시 근본적으로 부르심의 순간에 바탕을 두고 있다고 보아야 할 것이다.

혹시 고린토 후서 4장 6절도 다마스커스 사건의 회고로 볼 수 있는가라는 물음을 제기할 수 있겠다: "어둠 속에서 빛이 비치라고 말씀하신 하느님께서는 친히 우리 마음속을 비추시어 예수 그리스도의 얼굴에 드러나는 하느님의 영광을 알아보는 빛을 주셨습니다." 이 구절은 사도행전 9장에

---

[11] W.G. Kümmel, Römer 7 und das Bild des Menschen im NT (ThB 53) (München 1974) 1-160; E. Ellwein, Das Rätsel von Römer 7: KuD 1 (1955) 247-68; R. Bultmann, Römer 7 und die Anthropologie des Paulus: Exegetica (Tübingen 1967) 198-209; J. Blank, Der gespaltene Mensch: BiLe 9 (1968) 10-20; R. Schnackenburg, Römer 7 im Zusammenhang des Römerbriefes: Jesus und Paulus (Festschrift W.G. Kümmel) (Göttingen 1975) 283-300; G. Theissen, Psychologische Aspekte paulinischer Theologie (FRLANT 131) (Göttingen 1983) 181-268 참조. Theissen은 로마 7장과 필립 3장을 자전적 의미에서 심리학적으로 해석하는데 힘썼다. 바울로가 유대인으로서 내적으로 율법과의 갈등 속에서 살았다는 것이다. 두 텍스트의 동시적 균일화가 내게는 가능하지 않아 보인다.
[12] 사랑에의 집중은 훈계를 통한 사랑의 설명을 포함한다. Wilckens, Röm II 128f 참조.
[13] 하느님 문제에 관해서는 뒤에서 상세히 고찰할 것이다.

묘사된 발광發光 현상을 연상시키기도 하는데, 물론 어디까지나 고양되신 그리스도의 빛나는 모습을 암시한다. 이 텍스트가 염두에 두고 있는 것은 복음을 통해 중개되는 그리스도 인식이며, 따라서 텍스트는 믿음을 지니게 된 모든 이에게 관계되는 사건을 겨냥하고 있다. 그러니까 바울로는 자신에게 일어난 일을 자유로운 말로 다른 이들에게 전하고 있다고 볼 수 있다. 그러나 아무튼 신중함이 요구된다.[14]

사도행전 9장 20-21절에 따르면 바울로는 다마스커스에 잠시 머무는 동안 곧장 여러 회당에서 복음을 선포하기 시작했다. 이것은 그러나 극적인 도시 탈출과 마찬가지로 바울로의 두 번째 다마스커스 체류와 연관시켜야 할 것이다. 바울로가 세례를 받았다는(9,18) 것도 신빙성이 없다. 그는 고양되신 그리스도에게 직접 부르심을 받고 깨우침을 얻은 사도로 자임했다. 루가가 세례를 언급한 것은 자신의 회심 이야기 양식에 맞춘 것이다.[15] 바울로 자신의 진술에 의하면, 그는 아라비아로 가서 얼마 동안 머물렀다(갈라 1,17-18).

참고문헌

O. BETZ, Die Vision des Paulus im Tempel von Jerusalem: *Verborum Veritas* (Festschrift G. Stählin) (Wuppertal 1970) 113-23,

E.P. BLAIR, Paul's Call to the Gentile Mission: *BR* 10 (1965) 19-43.

Chr. BURCHARD, *Der dreizehnte Zeuge* (FRLANT 103) (Göttingen 1970) 51-105.

C. DIETZFELBINGER, *Die Berufung des Paulus als Ursprung seiner Theologie* (WMANT 58) (Neukirchen 1985),

T. HOLTZ, Zum Selbstverständnis des Apostels Paulus: *ThLZ* 91 (1966) 321-30.

J.L. LILLY, The Conversion of St. Paul: *CBQ* 6 (1944) 180-204.

G. LOHFINK, *Paulus vor Damaskus* (SBS 4) (Stuttgart 1965).

---

[14] Windisch, *2 Kor* 140도 신중한 입장을 취한다.

[15] E. Fascher, Zur Taufe des Paulus: *ThLZ* 80 (1955) 643-8; R.H. Fuller, Was Paul Baptized?: J. Kremer (Hrsg.), *Les Actes des Apôtres* (BRThL 48) (Gembloux - Leuven 1979) 505-8 참조.

K. LÖNING, *Die Saulustradition in der Apostelgeschichte* (NTA 9) (Münster 1973).

A.F. SEGAL, *Paul the Convert* (New Haven - London 1990).

N. STOKHOLM, Die Überlieferung von Heliodor, Kuturnahhunte und anderen mißglückten Tempelräubern: *StTh* 22 (1968) 1-28.

U. WILCKENS, Die Bekehrung des Paulus als religionsgeschichtliches Problem: *ZThK* 56 (1959) 273-93.

H. WINDISCH, Die Christophanie vor Damaskus und ihre religionsgeschichtlichen Parallelen: *ZNW* 31 (1932) 1-23.

4

선교 활동

신학자 바울로와 나란히 특히 선교사 바울로가 우리에게 깊이 각인되어 있다. 신학과 선교는 짝을 이루어 사도 바울로의 활동을 형성한다. 그럼에도 이 둘은 (가능한 한 그리고 명료화를 위해) 분리되어야 한다. 우리는 이 방대한 장에서 바울로의 선교 여행들, 선교 방식, 그가 창설한 교회들, 협력자들 그리고 사도가 집필한 편지들에 대해서도 살펴볼 것이다. 그러면서 그것들이 생겨나게 된 역사적 계기에 특별한 관심을 기울일 것이다.

1. 사도회의 이전 시기

다마스커스 앞에서의 부르심으로부터 예루살렘에서 고참 사도들을 만날 때까지는 특히 많이 논란되는 시기다. 그 까닭을 대충 살펴보자: 사도행전은 이 시기와 관련하여 바울로의 안티오키아 그리스도인 공동체 가입과 바르나바와 함께한 소아시아 지역으로의 첫 번째 선교 여행에 대해 이야기하는 반면, 갈라디아서 1-2장에 나오는 이 시기에 관한 바울로 자신의 진술은 극히 빈약하다. 게다가 루가의 서술은 바로 이 경우 사실성이 특히 부정적으로 평가받고 있으며, 바울로도 갈라디아서 1-2장에서 자전적 정보를 제공하려는 의도는 전혀 없이 몇 가지 사건을 골라 신학적 논증을 전개한다. 근자에 바울로가 사도회의 전에 이미 그리스에서 선교를 했던 것은 아닐까라는 물음이 제기되었다. 또한 몇몇 연구자들은 갈라디아서 1-2장의 진술들은 연대기적으로 파악해선 안 되고 편지 전체의 수사학적 구조에 터해 해석해야 한다고 생각한다. 그리하여 안티오키아에서 바울로와 베드로의 충돌, 이른바 안티오키아 사건은 시간상 사도회의 전에 일어났다고 보는 견해가 생겨났다. 이 모든 문제를 자세히 살펴보자.

1.1 아라비아에서

다마스커스 사건 직후 바울로는 아라비아로 갔다. 이 사실은 바울로가 자신은 예루살렘에 매여 있지 않음을 논증하는 대목에서 언급한다. 바울로가 제공하는 정보들은 다음과 같이 요약된다: 사도는 (다마스커스 사건 이후) 예루살렘으로 가지 않고 아라비아로 떠났다가 다시 다마스커스로 돌아왔으며, 3년 후에야 비로소 예루살렘으로 올라갔다(갈라 1,17-18). 여기서 강조점은 바울로가 선포하는 복음의 독자성에 있으니, 그 복음은 사도가 직접 예수 그리스도의 계시를 통해 받은 것이지 예루살렘에서 다른 사람들에게 전해 받거나 배운 것이 아니다. 그런 까닭에 바울로는 "즉시 어떤 사람과도" 상의하지 않았다(1,16). 이 진술로써 사도가 다마스커스 앞에서 부르심을 받은 직후 예루살렘을 방문했을 가능성은 배제된다.

아무튼 우리의 관심을 끄는 것은 우선 아라비아다. 구체적으로 바울로는 어디에 얼마 동안이나 머물렀던가? 무엇 때문에 그리로 갔던가? 이 모든 것에 대해 그저 추측만 할 수 있다. 다른 정보들도 있지만, 나바테아 왕국으로 갔으리라는 것이 신빙성 있다.[1] 이는 플라비우스 요세푸스가 나바테아를 아라비아의 명칭으로 사용하는 것과 부합한다. 요세푸스에게 아라비아 종족이 사는 나바테아는 유프라테스 강에서 홍해까지 이른다.[2] 그는 아라비아의 도시로 페트라와 조아르를 거명한다.[3] 그러나 요세푸스가 "복된 아라비아"Arabia felix[에티오피아와 관련하여 언급한다(bell. 2, 385)]라는 개념도 알고 있기 때문에, 일반적으로 아라비아라는 말을 페트라 아라비아로 알아듣는 게 가장 나을 것이다. 바울로 시대에 나바테아 왕국은 아레다 4세(본디 이름은 아에네아스)가 다스렸는데, 페트라에 주재지를 정하고 기원전 9

---

[1] 논란에 관해 Riesner, *Frühzeit* 227-33; H. Bietenhard: *ANRW* II/8 (1977) 227ff 참조.

[2] *Ant.* 1, 221. Josephus, *bell.* 1, 89; 3, 47; 5, 160에선 단순히 동부 요르단 지역을 아라비아라고 부르기도 한다.

[3] *Bell.* 4, 454; *ant.* 1, 267; *bell.* 4, 482. 조아르는 사해 남쪽에 있었을 것이다. A. Dietrich: *KP* V 1541 참조.

년부터 서기 40년까지 통치했다. 사도는 고린토 후서 11장 32절에서 그에 관해 언급한다.[4]

바울로가 한동안 아라비아로 물러난 것은 엄청난 사건을 겪은 뒤 자신을 추스르기 위해서였나? 아니면 선교 활동을 할 계획이었나? 혼자 갔나, 동행이 있었나? 나바테아의 아라비아인들은 유대인들에게 적대적이었다. 아레다는 헤로데 대왕 사후 유대인들을 토벌해야 했던 로마 총독 바루스에게 기꺼이 지원군을 제공했다(Jos., bell. 2, 68). 초원지대에는 (반)유목민 종족들이 살았다. 도시들에는 유대인 주민들이 있었던 것 같다.[5] 바울로가 선교 활동을 했다면, 유대인들과 유대교로 개종한 사람들을 대상으로 했을 것이다. 곧장 이방인들에게 선교했을 가능성은 거의 없다.

체류 기간은 2년쯤 되었을 것이다. 물론 두 번째 다마스커스 방문까지 포함해서다.[6] 아라비아와 다마스커스에 각기 얼마간 머물렀는지는 알 수

---

[4] 아레다 4세는 주화와 비문에 "백성을 사랑하는 자"라는 별명을 새겼다. 이것은 "로마를 사랑하는 자" 또는 "황제를 사랑하는 자" 따위의 별명을 사용하던 다른 왕들의 로마 섬기기에 대한 저항이었다. 나바테아 종족은 오래되었고, 이미 구약성서에서 느바욧이라는 이름으로 나와 있다(창세 25,13; 28,9; 36,3; 1역대 1,29; 이사 60,7). Schürer, *Geschichte* I 726-44 참조. Josephus, *bell*. 1, 159는 페트라 건너편 지역에 관해 언급한다.

[5] 이에 관한 바울로 시대의 보고는 매우 빈약하다. 연구자들은 유대 민족이 모든 나라 모든 도시에 이르렀다는 고대 저자들의 진술에 의존하고 있다. Sib 3, 271; Philo, *Gai* 281; Josephus, *ant*. 14, 114f의 Strabo의 진술 참조. 아라비아에 정착한 유대인들이 있었음은 사도 2,11에 의해 확인된다. 그들이 유대교로 개종한 이방인들이라 하더라도, 이것은 회당들이 있었음을 전제한다. 이 구절의 문제점에 관해 Haenchen, *Apg* 135 각주 1 참조. Haenchen에 따르면 "그레데인들과 아라비아인들"이라는 지칭은 기존의 열두 민족 목록(바울로 사도의 아라비아 선교를 참작한 것이다)에 추가된 것이다. 이미 W.L. Knox, *The Acts of the Apostles* (Cambridge 1948) 82 각주 2도 비슷한 견해를 보인다.

[6] 기간 추정이 어려운 까닭은 근본적으로 다음 사실에 기인한다: 바울로는 갈라 1,18-2,1에서 "ἔπειτα"(그다음, 그 뒤에, 그 뒤)라는 낱말을 세 번 사용하는데, 물론 시간상 순서를 알려 주기 위해서다(1고린 15,6-7에서처럼): "그다음 삼 년 후 예루살렘으로"; "그 뒤에 시리아와 길리기아 지방으로"; "그 뒤 십사 년 만에 다시 예루살렘으로." 두 번은 햇수가 첨가되어 있고, 한 번은 없다. 둘째 햇수는 첫째 햇수에 더해져야 하는 것으로 보아도 될 것이다. 특히 까다로운 문제는 "삼 년 후에"(1,18)라는 말이 무엇과 관련되는가다. 아라비아에서 다마스커스로 돌아온 뒤부터를 말하는가? 그렇다면 아라비아 체류 기간은 정확히 계산할 수는 없지만 아주 짧았음이 틀림없다. 아니면 다마스커스 사건과 관련되는가? 이 견해를 선호해야 하

없다. 첫 번째 예루살렘 방문이 (다마스커스 사건으로부터 계산하여) "삼 년 후에" 이루어졌다면, 시간상으로는 약 2년이 경과한 것이다.[7] 아무튼 왜 바울로는 그 기간에 아라비아로 갔을까? 가능한 한 빨리 예루살렘으로 올라가서 자신을 소개하거나, 안티오키아로 가서 그곳 교회와 접촉하거나, 아니면 그냥 얼마 동안 다마스커스에 머물러 있는 것이 더 타당하지 않았을까? 나중에 우리는 바울로가 큰 도시들을 근거로 활동하고 선교의 중심 기지들을 설립하는 것을 보게 된다. 바울로가 황량한 아라비아로 간 것은, 도시 사람인 그에게는 어울리지 않는다. 바울로가 옛 믿음의 동료들뿐 아니라 새 믿음의 동료들에게도 배척을 받았기 때문이라는 추측이 그럴듯하다. 필경 배척은 처음부터 있었을 것이다. 교우들 가운데는 바울로를 의심하는 사람들이 항상 있었다. 우선은 왕년의 박해자가 사도가 되었다는 것을 의심했을 터이고, 다음에는 복음에 대한 그의 해석을 의심했을 것이다. 이런 추측들이 어느 정도나 처음으로 소급될 수 있는지는 물론 미해결로 남을 수밖에 없다. 그러나 바울로가 다른 길은 모두 막혔고 오직 아라비아로의 길만 열려 있음을 보았으리라는 것은 그럴 법하다.

바울로는 다마스커스 시로 돌아와, 자신에게 어울리는 환경 속으로 다시 들어갔다. 우리가 이 두 번째 다마스커스 방문에서는 체류를 중단하게 만든 소동만이 벌어졌다는 인상을 가지게 된 것은 역사 전승의 일종의 변덕 때문이라 느껴지는데, 아무튼 동일한 이 사건이 두 군데(2고린 11,32-33과 사도 9,23-25)[8]에 전해져 온다. 사도행전 9장은 아라비아 체류에 관해서는 아무 말도 하지 않지만, 이 일화로써 두 번째 다마스커스 방문의 마지막을 장식한다. 사람들이 바울로를 잡으려고 도시의 성문을 지키고 있었다. 그

니, 왜냐하면 바울로는 완벽한 연대기가 아니라, 자신의 예루살렘 여행 연대기를 제공하고자 하기 때문이다. 아무튼 그럭저럭 아라비아와 다마스커스 체류 기간은 모두 합쳐 2년쯤으로 추정된다.

[7] 올해를 첫해로 계산하는 이 셈법에 관해 마르 14,1 참조: "이틀 후에는 해방절과 무교절을 지낼 참이었다." 여기서도 오늘이 첫날로 헤아려지며, 그래서 "이틀 후에"는 "내일"을 뜻한다. "사흘 후에"는 "내일모레"를 말한다.

러나 밤에 제자들이 사도를 바구니에 담아 성벽을 따라 내려보냈다. 이 사건을 묘사하는 두 대목의 가장 중요한 차이점은, 사도행전 9장에서는 유대인들이, 고린토 후서 11장에선 아레다 왕의 총독이 바울로를 붙잡으려 했다는 것이다. 물론 후자를 선호해야 한다. 총독이 개입하게 된 것은 사람들이 그에게 바울로를 고발했기 때문일 것이다. 그러나 이번에는 그에 앞서 바울로가 유대인들과 유대교로 개종한 이방인들 가운데서 복음을 선포했을 가능성이 매우 높으며, 이것이 소동을 불러일으켰을 것이다.

탈출을 재구성하는 것은 어렵다. 리스너에 따르면 탈출은 도시 북동쪽에 있는 나바테아인들 구역에서 일어났는데, 그곳에는 아나니아(사도 9,10 참조)가 살고 있었다.[9] 유대계 그리스도인 공동체의 명사名士였던 것 같은 이 남자의 특징을 좀 더 자세히 묘사하는 것은 별 의미가 없다.[10] 탈출은 시의 성벽 위에 있는 집에서 시작되었을 것이다. 지금도 다마스커스에는 이런 집들이 있다.

아레다 왕에 대한 언급은 바울로 연대기에서 꽤 중요하다. 아레다 4세는 40년까지 통치했기 때문에, 이 사건은 그전에 일어났음이 틀림없다. 나아가 당시 다마스커스의 정치적 상황을 더 확실히 안다면, 다마스커스가 아레다의 나바테아 왕국에 속했는지도 알 수 있을 것이다. 여러 연구자가 고린토 후서 11장 32절과 주화鑄貨 판정을 근거로 이 가능성을 지지한다.[11]▶ 쉬러는 칼리굴라 황제가 다마스커스 시를 아레다에게 하사함으로써 그의

---

[8] 사도 9,23-25와 2고린 11,32-33의 관계를 밝히기는 어렵다. Klauck, *2 Kor* 91은 바울로 개인 전승에 관해 언급한다. 여호 2,15의 모방이라는 것은 바울로의 경우에 해당되지 않는다. 2고린 11,32-33은 선행 구절들에 나오는 상세한 목록에 덧붙인 것이긴 하지만, 사도에게서 유래한다. 이런 방식의 탈출은 사실 성벽으로 둘러싸인 도시들에서는 당연히 생각할 수 있었다. Burchard, *Der dreizehnte Zeuge* 150-5 참조.

[9] Riesner, *Frühzeit* 76f은 지금도 남아 있는 아나니아 경당의 위치를 근거로 이렇게 밝혔다. 그러나 아나니아 전승은 5/6세기에야 비로소 생겨났다.

[10] Riesner, *Frühzeit* 77은 사도 22,12에 터해 아나니아는 에세네파와 유사한 유대계 그리스도인들의 금욕주의 동아리에 속해 있었다고 추론한다. Roloff, *Apg* 150은 이 특징 묘사를 의심한다.

총애를 표현했으리라 추측한다.¹² 그러나 이것은 극히 불확실하다. (시리아와 아라비아에서 널리 사용된) 총독($\epsilon\theta\nu\acute{\alpha}\rho\chi\eta s$)이라는 관명은 나바테아 왕 휘하의 태수가 아니라, 다마스커스에 있는 나바테아 거류민 지역 우두머리를 지칭한다.¹³ 물론 이 총독은 도시의 공권력을 마음대로 사용할 수 있었다.¹⁴ 다마스커스를 매우 야단스럽게 떠나야만 했던 바울로는, 다시는 이 도시에 발을 들여놓지 않았다. 이로써 바울로에게 (비록 짧긴 했으나) 하나의 단계가 막을 내렸다.

1.2 첫 번째 예루살렘 방문

새로운 단계를 바울로는 예루살렘 방문으로 시작한다.¹⁵ 다마스커스를 탈출한 뒤 즉시 길을 떠났다면, 며칠 내에 도착했을 것이다. 바울로는 승리자로 돌아온 것이 아니라 사도로서 돌아왔다. 교회 박해자로 떠났다가, 주님께 부름받은 자로 돌아왔다. 예루살렘에서 그의 처지는 완전히 바뀌었다. 예루살렘은 사람들이 예수를 십자가에 못 박은 도시라는 것을 바울로는 박해자였을 때 잘 알고 있었다. 이제 예루살렘은 그가 믿음을 고백하는 십자가에 달렸던 메시아의 도시였다. 십자가 죽음은 겨우 몇 년 전 일이었다. 그리고 예루살렘 신학이 새로운 빛 안에서 바울로에게 모습을 드러냈다. 훗날 그는 이것에 관해 성찰하게 될 터였다. 그러나 필경 이미 당시에 많은 것이 사도에게 명료하게 인식되었을 것이다.

◀¹¹ M. Höfner: *RAC* I 578; Schürer, *Geschichte* I 736-9. 로마 황제의 상이 새겨진 칼리굴라와 클라디우스 시대의 주화는 확인되지 않았다. 나바테아 왕들 가운데 아레다 4세만큼 왕의 모습이 새겨진 주화가 많이 발견된 왕은 없다.

¹² Schürer, *Geschichte* I 737.

¹³ 같은 책 582. 전거에 관해 Riesner, *Früzeit* 74 각주 63 참조. 그 밖의 문제에 관해 E.A. Knauf, Zum Ethnarchen des Aretas 2 Kor 11, 32: *ZNW* 74 (1983) 145-7; J. Taylor, The Ethnarch of King Aretas at Damascus: *RB* 99 (1992) 719-28 참조.

¹⁴ Windisch, *2 Kor* 366의 총독에 관한 부설(附說)은 아직도 유용하다.

¹⁵ Betz, *Gal* 151이 예루살렘으로 올라감으로써 바울로에게 또 한 시기가 시작된다고 말한 것은 옳다.

아무튼 바울로는 그리스도인으로서의 첫 번째 예루살렘 체류에 관해 매우 삼가면서 덤덤하게 언급한다(갈라 1,18-20). 거의 외적 정보들만 제공한다: 만난 사람들(자신의 논증에 중요한 인물들에 국한한다) 그리고 머문 기간. 필경 누이네 집에 묵었을 것이다. 바울로는 방문 목적을 단 한 가지만 밝혔으니, 게파를 만나서 알게 되는 것이었다.[16] 이는 실로 시사하는 바가 크다. 역설적으로, 이 구절이 사도행전에 들어 있다면, 신빙성이 있는 것으로 여길 비판적 주석학자는 분명 아무도 없으리라고 말할 수도 있을 것이다. 아무튼 표현에 주목해야 한다. 바울로는 그 고참 사도를 (언제나 그렇긴 하지만) 그냥 부르는 이름 시몬이 아니라 직무상 이름 게파로 칭하는데, 이 이름은 사도들 동아리에서 베드로의 두드러진 지위를 나타낸다.[17] 아무튼 바울로는 베드로를 방문하여 서로 알기 위해 왔는데, 한편 그로써 베드로에게 자신이 부름받은 사도로서 그와 동등하다고 생각하고 있음을 암시한다. 이 표현에서 바울로가 의도하지 않았던 것을 읽어 낼 수 있다. 바울로는 자신의 사도직을 게파에게 보증받고자 하지 않았고, 그에게서 복음에 관해 가르침을 받고자 하지도 않았다. 그런 까닭에 바울로는 다마스커스 사건 이후 삼 년 만에야 게파에게 왔던 것이니, 자신이 고양되신 주님께 직접 복음을 위임받았음을 확신하고 있었기 때문이다.

애석하게도 이 대목에서는 우리가 참으로 알고 싶어 하고 갖가지 추측이 제시되었던 것을 알아낼 수가 없으니, 바로 두 사람이 이야기한 내용이다.[18] 바울로가 보름, 2주 동안 예루살렘에 머물렀다면, 그들은 분명 한 번 이상 만났을 것이다. 개인적인 신앙 체험과 예수 체험을 서로 나누었던가?

---

[16] 신약성서에서 오직 여기에만 나오는 동사 ἱστορῆσαι의 의미는 "만나서 알게 되다"에 국한되어야 한다. 특히 교부시대 해석에서의 지나친 의미 부여에 관해 Mußner, *Gal* 93-5 참조. 또한 G.D. Kilpatrick, Galatians 1, 18: *NT Essays* (Studies in Memory of T.W. Manson) (Manchester 1959) 144-9도 참조.

[17] 게파라는 이름은 (요한 1,42를 제외하면) 오직 바울로 서간에만 나온다(8번). 갈라 2,7 이하에서는 베드로라는 이름을 사용한다.

[18] 온갖 추측에 관해 Suhl, *Paulus* 40 참조.

앞으로 수행해야 할 복음 선포에 관해 의논했던가? 신학적 문제들? 비유대인들을 교회에 받아들이는 것과 관계된 문제들? 우리는 아는 게 없다. 바울로는 입 다물고 있다. 돌이켜 보건대 사도에게는 두 번째 예루살렘 방문이 더 중요했다. 그리고 우리는 그때 협의된 문제들을 첫 번째 방문 때로 떠넘기면 안 된다. 아무튼 게파는 사도로 부름받은 왕년의 박해자의 솔직함과 신실함에 확신을 가질 수 있게 된 것 같다. 두 사람이 그 후 정다운 관계였다는 것은 어쩌면 너무 많이 이야기되었다.[19] 아무튼 다음번 예루살렘 방문까지는 10년 이상이 걸릴 터였다. 그들은 서로를 잘 알게 되었고 높이 평가했다.

바울로가 첫 번째 예루살렘 방문을 오직 게파를 만나려는 목적과 결부시켰지만, 그곳에서 주님의 아우 야고보도 보았다. 엄격한 유대계 그리스도인인 이 사람은 바울로의 경쟁자가 될 터였다. 필경 그 경쟁은 이미 시작되었을 것이다. 그러나 게파와 야고보 외에 다른 사람들에 관해서도 언급하는데, 바울로는 나중에 이들과 사도회의에서 그리고 안티오키아 사건과 관련하여 본격적으로 불편한 관계가 된다. 바울로는 다른 사도는 아무도 보지 못했다(갈라 1,19).[20] 바울로가 그들을 멀리했던가? 그들이 그를 멀리했던가? 예루살렘에 사도가 아무도 없었던가? 그랬을 것 같지는 않으니, 바울로는 사도라는 명칭을 열두 제자에게만 국한하지 않고 상당히 많은 수를 전제하기 때문이다.[21] 사도단의 으뜸이었던 게파가 바울로를 받아들였지만, 의심하는 자들도 있었다.

사도행전 9장 26-30절은 예루살렘 방문을 달리 서술한다. 바르나바가

---

[19] 예컨대 Schlatter, *Geschichte* 128.

[20] 이 표현을 야고보를 포함시켜 알아들어야 하는지 빼고 알아들어야 하는지, 다시 말해 바울로가 야고보를 사도로 여겼는지 아닌지가 논란되고 있다. 마르 6,3에 나오는 주님의 아우 야고보는 실상 열두 제자 동아리에 속하지 않았다. 바울로에게 사도의 필수 전제조건은 고양되신 그리스도의 부르심이었다. 이것이 야고보의 경우에도 해당됨을 바울로만이 확인해 준다(1고린 15,7). 바울로는 야고보를 사도로 여겼을 것이다.

[21] 1고린 15,5와 7에서의 구별 참조.

바울로를 사도들에게 데려갔고, 그 후 바울로가 그들과 함께 예루살렘을 오고갔다고 한다. 바울로는 주님의 이름으로 대담하게 설교하고 헬라계 유대인들(그러니까 왕년의 동지들)과 논쟁을 벌였다. 이들이 그의 목숨을 노렸기 때문에, 바울로는 예루살렘을 떠날 수밖에 없었다. 바울로를 고참 사도들과 결부시키는 것은 물론 루가의 시종일관한 의도에 따른 일이다. 바울로의 예루살렘 체류는, 유대인들과 논쟁하지 않았더라도, 상당히 위험했으리라는 것은 쉽게 추측할 수 있다. 바르나바를 언급하는 것은 특별히 주목해야 한다. 바울로가 갈라디아서 2장 1절에서 바르나바가 두 번째 예루살렘 여행에도 동행했음을 강조하는 것은, 첫 번째 방문에서 바르나바의 중재 역할을 기억하고 있었기 때문임이 거의 확실하다. 아무튼 이 구절이 바르나바가 바울로의 삶에 처음 등장하는 곳이라 하겠다.

(첫 번째 예루살렘 방문에서 시작되었다고 보아도 될) 바르나바와의 만남은 오랜 세월의 협력과 우정으로 발전해 나갔다. 바르나바가 연장자였으리라는 것은 거의 확실하다. 또한 바울로보다 먼저 제자, 그리스도인이 되었다. 바울로처럼 바르나바도 디아스포라 유대인 출신이었는데, 키프로스 태생으로 레위 지파 사람이었다(사도 4,36). 그의 온전한 이름은 요셉 바르나바였다. 바르나바라는 별명은 사도들에게 받았다고 한다.[22] 바르나바는 초창기 교회의 가장 중요한 인물들에 속한다. 그러나 그의 중요성은 종종 과소평가되거나 인정받지 못했다. 바르나바는 예루살렘 교회뿐 아니라 안티오키아 교회에서도 두각을 나타냈다. 그는 원그리스도교의 이 두 중심지 간의 능력 있는 중재자였음이 확실하다. 바르나바는 유대교인으로서 키프로스에서 예루살렘으로 이주했다. 이 점에서도 바울로를 닮았다. 이주의 동기가 무엇이었는지는 알 수 없다. 바르나바는 예루살렘 그리스도인 공동체 구성원으로서 자기 밭을 팔아 그 돈(수익금)을 공동체 뜻대로 쓰

---

[22] 바르나바라는 이름이 "격려의 아들"을 뜻한다는 사도 4,36의 설명은 확실하지 않다. 어쩌면 "예언의 아들"(bar-nebuah)을 의미할 것이다. 이것은 바르나바가 예언자로 불리는 사도 13,1-2에 어울린다. Weiser, *Apg* 138 참조.

도록 내놓았다(사도 4,37).²³ 사도행전 14장 4절과 14절은 바울로와 함께 그를 "사도들"이라 한다. 루가가 여기서 열두 제자 사도직이라는 자신의 이념을 깨뜨리고 있는 것으로 미루어, 이 구절은 옛 전승일 수도 있다. 여기서는 열두 제자 사도직 이념의 바탕에 깔려 있는 것과는 다른 사도관이 제시된다. 이에 따르면 사도는 복음 선포를 위해 파견된 사람이다. 이 사도관은 안티오키아 공동체에서 유래한 것으로 보인다.²⁴ 바르나바가 고참으로서 신참 바울로를 여러모로 도와준 것은, 그가 공동체에서 행사한 영향력과 바울로와의 이런저런 인연을 감안하건대 당연하다고 하겠다.

예루살렘은 바울로에게 그저 그런 곳이 아니다. 신학적으로 중요한 의미를 지닌 도시다. 우리는 이 사상을 이미 그의 첫 번째 방문과 관련시켜도 될 것이다. 훗날 바울로는 예루살렘의 가난한 사람들을 위해 자기 공동체들에서 실시한 모금을 통해 이 도시와 유대를 가지게 될 터였다. 이 일은 나아가 사도 개인에게는 불행을 야기할 터였다. 로마서 15장 19절에서 바울로는 자신의 활동을 이렇게 회고한다: "나는 예루살렘으로부터 일리리쿰에 이르기까지의 사방에 그리스도의 복음을 완결했습니다."²⁵ 이로써 예루살렘은 바울로와 전체 그리스도교 복음 선포의 출발점과 항구적 중심지로 뚜렷이 특징지어진다.²⁶ 이 구절에서 바울로 자신이 예루살렘에서 복음을 선포했으리라고 추론해서는 안 된다. 그러나 복음(스스로 작용하는 능력이 있다고 바울로는 생각했다)이 예루살렘에서 출발하고 언제까지나 그곳에 중심을 둔다는 것은 바울로에게는 필연적이었다. 그러면서 바울로는 "시온

---

²³ 이 진술은 4,32-35의 공동소유 진술과 긴장관계에 있다. 바르나바는 예루살렘 교회의 헬라계 사람들 진영에 속하지 않았다. 그의 이름은 6,5의 일곱 사람 명단에 나오지 않는다. 그는 헬라계 사람들처럼 예루살렘에서 쫓겨나지도 않았다.

²⁴ Weiser, *Apg* 348f; Dömer, *Heil Gottes* 131; J. Dupont, L'Apôtre comme intermédiaire du salut dans les Actes des Apôtres: *RThPh* 12 (1980) 342-58 참조(여기서는 345).

²⁵ "예루살렘과 그 주변으로부터 일리리쿰에 이르기까지"로 옮길 수도 있다(Schmithals, *Röm* 529 참조). 그러나 본문의 번역이 선호되고 있다.

²⁶ Wilckens, *Röm* III 120 참조.

에서 가르침이 나오고, 예루살렘에서 주님의 말씀이 나온다"(이사 2,3)는 말
씀들을 떠올렸으리라고 추측할 수 있다. 과연 바울로에게 상당히 중요한
역할을 했음이 확실한 민족들의 순례라는 관념이 이사야서에 뚜렷이 나타
나 있었다: "수많은 백성들이 모여오면서 말하리라. '자, 주님의 산으로 올
라가자!'"(2,3). 바울로는 그리스도께서 "할례받은 이들의 종"(로마 15,8)이
되셨고 예루살렘에서 당신의 십자가와 부활을 통해 당신 운명을 완결하신
사실에서 예루살렘 중심성이 성취되었다고 보았다. 하느님께서 시온에 그
리스도를 걸림돌로, 사람들이 걸려넘어지는 바위로 놓으셨으나, 그분은
당신을 믿는 자를 구원하신다(로마 9,33; 이사 28,16 참조). 바울로가 이런 말씀
들을 인용한 배경에는, 그리스도께서 사도 자신에게도 (예루살렘에서) 처
음엔 걸림돌이셨다는 생각이 깔려 있었음이 틀림없다. 이제 바울로는 예
루살렘에 있었고, 그 도시의 사명이 성취되었음을 보았다.[27]

1.3 첫 선교 노력들

첫 번째 예루살렘 방문 이후 바울로는 시리아와 길리기아 지방으로 갔
다(갈라 1,21). 이 진술은 막연하고 불충분하다. 그러므로 이 말에서 바울로
가 먼저 시리아로 그다음에 길리기아로 갔다고 추론해선 안 된다.[28] 사도
행전 9장 30절에 따르면 바울로는 지중해 연안의 가이사리아를 거쳐 다르
소로 옮겨갔다. 예루살렘 체류가 짧았던 것은 사도에게 닥친 그리고 게파
도 관련되었던 것으로 보이는 위험한 상황 때문이었던 듯하다. 시리아와
길리기아가 (로마의) 속주들을 지칭하는지 아니면 단순히 지방 이름을 가
리키는지는 논란되고 있다.[29] 이 차이는 사소한 것이 아니다. 바울로는 이

---

[27] 로마 11,26에 따르면 바울로는 미래에 다시금 시온으로부터 구세주가 오시어 이스라엘
에서 불경을 없애 주시리라 믿고 바란다.

[28] 예루살렘에서 보자면 시리아를 먼저 언급하게 된다.

[29] 예를 들어 Betz, *Gal* 157 각주 208은 "지방들"로 해석하고, Lüdemann, *Paulus* I 80 각
주 47은 "속주들"로 해석한다. 갈라 1,21에서 길리기아 앞에 관사가 붙는지는 텍스트상 불확
실하다.

두 지방을 결부시킨다. 언제나 두 지방이 함께 언급되는데, 중심지는 각기 안티오키아와 다르소였다.

또한 바울로는, 물론 어디까지나 간접적으로, (거의 십사 년이나 되는) 이 기간(갈라 2,1)에 무엇을 했는지 알려 준다: 사도는 믿음을 전파했다. 과연 바울로는 그의 "얼굴을 모르는" 유대의 교회들이 왕년의 박해자가 이제는 자신이 뿌리뽑으려 했던 믿음을 전파하고 있음을 들었다고 말한다(갈라 1,23).[30] 시리아와 길리기아의 그리스도인 공동체들은, 안티오키아 교회를 제외하면, 바울로의 편지에도 사도행전에도 이름이 나오지 않는 것에 주목해야 한다.[31] 하지만 그런 공동체들이 존재했음은 확실하다. 그 공동체들에 보낸 편지들은 전해 오지도 알려져 있지도 않다. 여기서 지적해야 할 것: 루가의 전언에 의하면 이른바 첫 번째 선교 여행 중 창설된 공동체들에 보낸 편지들도 없다. 내가 이로써 암시하고자 하는 것: 편지들이 없다는 사실에서, 바울로와 상당한 관계가 있는 그런 공동체들도 없었다고 추론해서는 안 된다. 이런 정황은 이 초기 단계의 선교 활동이 나중 단계들의 활동과 달랐다는 사실에 의해 설명될 수 있을 것이다. 사람들은 경험들을 했고, 거기서 배웠다.

바울로의 아라비아 체류 보도가 사도 혼자 그곳에서 시간만 보냈다는 인상을 주었지만, 바울로에게 선교 과업 수행은 어디까지나 다른 이들과의 협력으로만 가능하다는 것이 처음부터 분명했다. 선교 활동은 소모적이고 힘겨웠으며, 나아가야 할 길들은 위험했다. 다른 이들과 함께라야 버텨 낼 수 있었다. 이런 실제적 고려를 넘어, 예수에게 소급되는, 둘씩 짝지

---

[30] 예전-지금 도식을 사용하고 있는 이 도식은 보통 교훈적 텍스트에 많이 나온다.

[31] 바울로 차명서간인 디도서에 니코폴리스가 언급된다(3,12). 길리기아 지방에 있는 니코폴리스를 가리키는 것으로 볼 수 있다. 그러나 에피루스에 있는 같은 이름의 도시가 문제된다. Hengel, *Ursprünge* 18은 키프로스와 소아시아 접경 지역들을 시리아와 길리기아에 포함시킴으로써 갈라 1,21과 사도 13,4-14,28을 조화시킨다. 그러나 이것은 거의 생각할 수 없다. 사도행전은 지역들을 구별한다: 밤필리아(13,13 등), 비시디아(13,14; 14,24), 리가오니아(14,6). 시리아와 길리기아에 관해 6,9; 15,23.41; 18,18 등 참조.

어 복음 선포에 나서야 한다는 선교 명령(마르 6,7)을 바울로가 잘 알고 있었으리라 추측할 수 있다.[32] 이 명령은 또한, 두 사람 이상이 해야 증언은 유효하다는 구약성서의 관념(참조: 신명 19,15; 전도 4,9)에 근거하고 있다. 아무튼 바울로는 협력자들을 기존 공동체들에서만 발견할 수 있었다.

바울로에게 그리스도교 안에 정착할 기회를 제공한 곳은 안티오키아 공동체였다. 국외자였던 바울로는 활동을 시작하기 위해 이 연계에 각별히 의존했다. 사도행전 11장 25-26절에 따르면 바울로를 안티오키아 공동체로 데려온 사람도 바르나바였다. 이것 역시 매우 신빙성 있다. 우선 바르나바는 이미 바울로를 잘 알고 있었을 것이다. 또 하나 바울로에게 공동체 가입은 반가운 일이었음이 틀림없다. 어딜 가나 환영받는 찬연한 사도상은 버려야 한다. 예루살렘 방문과 안티오키아 공동체 가입 사이에 기간이 얼마나 경과했는지는 알 수 없다. 바울로에게 안티오키아에서의 적응은 예루살렘에서보다 훨씬 쉬웠다. 왜냐하면 여기서 생각이 비슷하고 이방인 선교에 개방적인 그리스도인들[덧붙여 말하면 안티오키아에서 예수의 제자들에게 처음으로 이 이름이 붙여졌다(11,26)]을 만났기 때문이다. 안티오키아 공동체는 본디 박해 때문에 예루살렘에서 쫓겨난 그리스도인들로 구성되었다. 이들은 유대인들과 유대교로 개종한 이방인들 그리고 하느님을 경외하는 자들(모두 회당의 영향력 아래 있었다)뿐 아니라, 헬라인들에게도 복음을 선포하기 시작했다(11,19-20).[33] 이들이 할례를 요구하지 않았고, 또 헬라인들에게도 온전한 공동체 구성원 자격을 부여한 것은 궁극적으로 회당과의 결별을 의미했다. 한편 "그리스도인들"(예수를 메시아로 믿는 사람들)이라는 이름은 필경 유대인들이 붙였을 것이다.[34]▶

---

[32] 이것은 바울로가 (로마서와 갈라디아서를 제외한) 자기 편지 인사말에서 협력자들을 공동 발신인으로 부르는 사실이 확인해 준다.

[33] 이로 인해 예루살렘 공동체가 바르나바를 안티오키아 공동체로 보내 조사하게 했다는 전언(사도 11,22-23)은 모든 것을 예루살렘에 결부시키는 루가의 성향에 부합하며, 루가 특수사료에 속한다.

안티오키아 교회와 관련하여 몇 개의 이름이 전해 온다. 이미 예루살렘의 헬라 유대계 그리스도인들의 대표자 일곱 명의 명단에 니골라오가 나오는데, 유대교로 개종한 안티오키아 출신의 이방인이었다(사도 6,5).[35] 그가 예루살렘에서 쫓겨난 뒤 어디로 갔는지는 알 수 없다. 사도행전 13장 1절은 안티오키아 교회의 예언자들과 교사들 명단을 제공해 준다. 여기에는 니게르라는 시므온, 키레네 사람 루기오, 헤로데 영주와 함께 자란[36] 마나엔의 이름이 나온다. 각 사람의 특징을 (둘은 출신지 아프리카와 키레네에 따라) 꽤 상세히 묘사하고 있는 것이 눈길을 끈다; 마나엔은 지체 높은 조신朝臣 가문의 아들이었다. 바르나바와 사울로도 명단에 들어 있다.[37] 예언자와 교사라는 지칭은 이들이 공동체 지도자(이 중 세 명은 가정교회 책임자들?)와 교사, 교리교수자였음을 짐작하게 한다. 이것은 주목할 만하다. 안티오키아 교회에는 그렇다면 아직 사제직이 없었고, "카리스마"로 지도되었을 것이다. 또한 이것은 이 교회를 회당(여기서 사제직 제도를 빌려왔다)뿐 아니라, 예루살렘 교회(십중팔구 여기서 처음으로 사제직이 그리스도교 공동체에 갖추어졌다)와도 구별해 준다. 바울로는 한동안 안티오키아 교회에 속해 있었다. 얼마나 오래인지는 모른다. (새로운) 선교 활동이 사도를 좨쳐댔을 것이다.

◂[34] 이방인들이 "그리스도인들"이라는 이름을 생각해 냈으리라는 것은 거의 신빙성이 없다. 메시아라는 낱말은 그들에게 낯선 말이었다.

[35] Haenchen, *Apg* 217은 니골라오만 유대교로 개종한 이방인으로 언급된 것으로 미루어, 나머지 여섯 명은 태생 유대인이었음이 틀림없다고 보는데, 옳다고 생각한다. 이것은, 일곱 명 모두가 그리스식 이름을 가지고 있긴 하지만, 타당하다. 리옹의 이레네우스의 *adv. haer*. I 26, 3 이래 이 니골라오는 니골라오 이단 분파 창설자와 동일시되었다. 알렉산드리아의 클레멘스, *Strom* II 118, 3ff와 III 25, 5-26, 2는 이를 반박한다.

[36] σύντροφος(젖형제, 수양형제)는 특히 비문(碑文)에 많이 나온다. Moulton - Milligan 615 참조. 이 낱말은 왕자와 함께 자란 사내아이에게 평생 따라다니는 경칭으로도 사용되었다. Josephus, *ant*. 15, 373은 메나에모스라는 에세네파 사람에 관해 언급하는데, 헤로데와 같은 학교를 다녔고 어린 헤로데에게 장차 왕이 되리라 예언했다고 한다. 여기서 혼동해선 안 될 것: 헤로데 대왕은 평범한 가정 출신이다. 사도 13,1의 헤로데는 헤로데 대왕의 아들인 영주 헤로데 안티파스를 가리킨다.

[37] Roloff, *Apg* 193은 명단의 이름 순서는 나이순으로 결정되었으리라 추측한다.

그러나 바울로가 체류하고 활동했던 환경을 생생히 그려 보기 위해, 안티오키아 시[38]에 얼마 동안 더 머물러야겠다. 안티오키아는 당시 로마와 알렉산드리아에 이어 셋째로 중요한 도시였다. 주민은 약 50만 명이었고 비교적 새로운 도시였다.[39] 셀레우코스 1세 니카토르가 기원전 300년 기존 마을들을 편입시켜 안티오키아를 셀레우코스 왕국의 수도로 창건했다. 시 구市區는 네 개로서 그중 하나는 강 가운데 섬 위에 있었는데, 넷 모두 성벽으로 둘러싸였고 도시 전체도 하나의 성벽으로 에워싸여져, 방어 잘된 철벽 같은 인상을 주었다. 바다에서 120스타디온밖에 떨어져 있지 않았고, 오론테스 강 하류의 경치가 아름답고 매우 비옥한 평지에 자리 잡고 있었다. 안티오키아는 아주 중요한 교역 중심지였다. 여기서 시리아 관문을 거쳐 소아시아에 이르는 국도가 갈라져 나갔을 뿐 아니라 동방 지역들(메소포타미아, 페르시아, 오스로네)로의 가장 중요한 출발점이기도 했다. 왕과 황제들은 경쟁하듯 이 도시를 아름답게 꾸몄고, 그래서 안티오키아는 곧 "미녀"라 불리게 되었다.[40] 기원전 64년 이래 안티오키아는 시리아와 함께 로마 제국에 귀속되었다. 기원전 27년에는 (황제와 원로원 사이에서 제국이 분할되면서) 시리아가 황제의 속주가 되었고, 안티오키아는 총독 주재지가 되었다.[41]

이 도시의 정신적 삶은 그리스적이었다. 그리스어가 식자층 그리고 여러 시민 계층의 언어였으나,[42] 평범한 사람들과 변두리 지역 주민들은 시

---

[38] J. Kollwitz: *RCA* I 461-149; J. Lassus, La ville d'Antioche à l'époque romaine d'après d'archéologie: *ANRW* II/8 (Berlin - New York 1978) 54-102 참조.

[39] Joh. Chrysostomus, in *S. Ignatium* 3은 5세기 초에 주민이 아이들과 노예들 그리고 변두리 지역 사람들을 제외하고 20만 명이었다고 전한다. 도시의 쇠락이 6세기에 시작되었기 때문에, 이 숫자를 우리가 관심을 기울이고 있는 시대에 적용해도 될 것이다.

[40] *Dio Chrys*. 47, 17이 상찬한 길이 36스타디온의 4중 원주 도로가 도시를 관통했다.

[41] 황제의 행정장관 대리 특사들(legati Augusti pro praetore)에 관해 Bleicken, *Verfassungund Sozialgeschichte* I 27f 참조.

[42] Cicero, *pro Archia* 4는 안티오키아에서 장려되던 학문들을 추켜세운다.

리아어를 사용했다. 그래서 이 도시에는 그리스 문화의 진정한 특징은 찾기 힘들었다. 그리스적 요소와 시리아적 요소의 혼합은 주민들의 줏대 없는 성향을 키웠는데, 이것은 정치적으로는 의심스러움으로, 종교적으로는 광신으로 기울었다. 종교적으로는 인근 다프네의 아폴로 월계수 숲이 매우 유명했다. 올림푸스 산의 신들, 도시 수호신 티쉐(운명의 여신), 그리고 아도니스와 이시스에 대한 숭배 외에, 민중 속에 깊이 뿌리박은 옛 시리아 제의들도 있었는데, 훗날 크리소스토무스도 이것들 가운데 하나인 마유마 축제를 근절시키려 애썼으나 헛일이었다.

교회에서도 그리스어를 사용했기 때문에, 결국 교회는 중·상층 주민들을 지향하게 되었다. 예루살렘에서 추방된 헬라 유대계 그리스도인들은 시리아어를 몰랐다. 바울로도 마찬가지였다. 그래서 그리스도교의 메시지가 하층 민중들에게는 그저 최소한으로 도달하거나, 전혀 도달하지 못했다. 이 언어 문제는 다른 속주들에서도 뚜렷이 드러났다.

특히 안티오키아에서는 유대인들이 주민의 상당 부분을 차지하고 있었음을 요세푸스가 확인해 주는데, 그에 따르면 팔레스티나 밖의 유대인들은 대부분 시리아 특히 안티오키아에 살았으니, 도시가 컸고 유대 조국과 가까웠기 때문이다.[43] 이들의 집단 거주 지역이 어느 곳이었는지는 알아내기 어렵다.[44] 상당수는 도시 전 지역에 흩어져 살았음이 확실하다. 크랠링은 유대인 수를 45,000~60,000명으로 추산한다.[45] 요세푸스는 이들의 개방성을 증언한다: "이들은 끊임없이 많은 그리스인을 부추겨 자기네 예배에 오게 했고, 그들의 상당수를 자신들의 일부로 만들었다." 또한 요세푸

---

[43] *Bell.* 7, 43.

[44] 도시 동쪽 실피우스 산 기슭의 시 구역이 꼽히는데, 여기에 예전에 회당이었던 성 아쉬무니트 교회와 다푸네 성소(2마카 4,33-34 참조)가 있었기 때문이다. C.H. Kraeling, The Jewish Community of Antioch: *JBL* 51 (1932) 130-60 참조(여기서는 140 이하). 유대인들은 도시가 창건될 때부터 안티오키아에 살았다. 그전에 대부분 상인이었던 이들은 셀레우코스 왕조의 전쟁들에 참여했다. Josephus, *Ap.* 2, 39; *ant.* 12, 119 참조.

[45] *JBL* 51 (1932) 136.

스는 유대인들이 안티오쿠스 에피파네스의 후계자들에게서 그리스인들과 동등한 권리들을 인정받았다고 확인해 준다.[46] 이 논란 많은 구절은 아마도 유대인들이 도시 안에 독자적 행정 관청을 가지고 있었음을 의미하는 것 같다.[47] 유대인 수가 많았던 걸로 보아, 회당이 여러 개 있었다고 보아야 할 것이다. 그중 하나는 일종의 중앙 성소로서 두드러졌다.[48] 그리스인 이웃들에게 인정받기 위해 애쓰던 이 유력한 유대인 사회 이웃에서 그리스도인 공동체가 발전해 나갔다.

사도행전 13-14장에 따르면 바르나바와 바울로는 키프로스와 소아시아 남부 지역으로 선교 여행에 나선다. 이 여행과 관련하여 바르나바가 언제나 첫자리에 언급된다. 반면 바울로는 대변자(14,12: ὁ ἡγούμενος τοῦ λόγου. 직역하면 말의 선도자)였다. 이들은 또한 젊은이였음이 분명한, 마르코라는 별명을 지닌 요한을 조수로 데리고 갔다(13,5). 요한은 바르나바처럼 예루살렘의 유대계 그리스도인이었고, 골로사이서 4장 10절에 따르면 그의 사촌이었다. 이중二重 이름은 그가 그리스계 팔레스티나인임을 말해 준다. 그의 어머니 마리아는 예루살렘에 집을 한 채 가지고 있었는데, 공동체 집회 장소로 사용되었다(사도 12,12). 선교 여행 중에 요한은 소아시아 본토 도시 중 처음 거명되는 베르게에서 두 사람과 헤어져 예루살렘(안티오키아가 아님!)으로 돌아갔다(13,13). 그 이유는 언급되지 않는다.[49]

루가는 자세한 여행 경로를 알려 준다. 사람들은 셀류기아에서 배를 타고 키프로스의 살라미스로 갔고, 섬을 가로질러 바포에 이르렀으며, 다시 배를 타고 밤필리아(아딸리아?)로 향했다. 그다음 베르게를 거쳐 프리기아-

---

[46] *Bell.* 7, 44f.

[47] 이 문제에 관해 Michel - Bauernfeind, *De bello Judaico* II/2, 227f 참조.

[48] 정교하고 화려한 봉헌물들로 장식된 성소에 관해 언급하는 Josephus, *bell.* 7, 45가 이 견해의 빌미를 제공했다. 예루살렘 성전 제의에 종속되지 않은, 엘레판티네 대성전 같은 것을 말하는 것일까? Michel - Bauernfeind, *De bello Judaico* II/2, 228f 참조.

[49] 사도 15,37에 따르면, 요한 마르코는 다시 안티오키아에 돌아와 있다.

비시디아의 안티오키아로, 그다음엔 이고니온 그리고 리가오니아의 리스트라와 데르베로 이동했다. 돌아오는 길은 여기서부터 아딸리아를 거쳐 이루어졌다. 주변지역을 포함한 이 모든 장소(14,6)에서 선교 활동을 했고, 몇 군데에서는 교회를 설립했다(14,23-24 참조).

누가가 프리기아-비시디아의 안티오키아에서 한 선교 활동에 가장 많은 지면을 할애한 것은 당연하니, 이곳이 그 지역에서 가장 중요한 도시였기 때문이다. 스트라보[50]에 따르면 로마인들은 구릉 위에 있는 안티오키아를 산악 종족들로부터 방어하기 위해 속령으로 승격시키고 콜로니아 가이사리아라는 공식 명칭을 부여했다.[51]

기원전 25년 창설된 갈라디아 속주(이고니온 · 리스트라 · 데르베 포함)에서 안티오키아는 속주 남부 지역의 행정 중심지가 되었다. 이고니온과 리스트라 역시 속령들이 되었다.[52] 전에는 군소 영주들이 일으킨 종족 간의 무수한 분쟁에 시달리던 이 지역이 로마인들에 의해 상당히 질서가 잡혔다. 로마인들은 예전엔 여행하기 어렵던 지역으로의 편리한 교통로(특히 세바스테 국도) 건설에도 힘을 기울였다.[53] 그러나 여행은 여전히 위험이 없지 않았을 것이다. 대大플리니우스[54]는 밤필리아의 험준한 산골짜기들에 관해 전해 준다. 비시디아는 타우루스 산맥 서쪽 지역에 몇 개의 큰 호수와 2,000미터가 넘는 산들이 있는 고원지대였다. 여러 종족이 여러 언어를 사용했다.[55] 사도행전 14장 11절은 그런 사실에 관한 기억을 보존하고 있다. 사도행전 13장 14절과 14장 1절은 안티오키아와 이고니온(리스트라는 아니다)에 회당이 있었음을 전제하는데, 이것은 신빙성이 있다. 최소한 안티오키아

---

[50] Strabo, *Geogr.* 12, 8, 14.　　　　[51] Plinius, *hist.* 5, 94 참조.

[52] 데르베는 역사적으로 중요하지 않다. 데르베의 장소 확인은 근년에야 이루어졌다. Conzelmann, *Apg* 81 참조. 장소에 관해 Strabo, *Geogr.* 12, 6, 3 참조.

[53] 세바스테 국도가 안티오키아에서 이고니온으로 이어졌는지, 리스트라로 이어졌는지는 불확실하다. PW XII 2259와 Magie, *Roman Rule* II 1325 참조.

[54] *Nat.* 5, 94.

[55] 밤필리아(= 모든 종족의 땅)라는 지방 이름은 시사하는 바가 많다.

에는 유대인 공동체가 하나 있었음이 비문에서 입증된다.[56] 유대인들은 키프로스 섬에도 살았다.[57] 그러나 루가는 이상하게도 키프로스와 관련하여 바울로의 회당 방문 등에 관해 진술하지 않고, 세르기오 바울로 총독의 궁정 마술사인 유대인 바르예수에 관한 바포에서의 일화만을 전한다.[58]

이 이른바 첫 번째 선교 여행은 여러 가지 이유로 많은 연구자에게 그 역사적 신빙성을 의심받아 왔다. 이 여행은 바울로 자신의 진술과 상충되니, 이에 따르면 바울로는 사도회의 전에 시리아와 길리기아에 체류했다(갈라 1,21). 그러나 앞서 살펴보았듯이 바울로는 갈라디아서 1-2장에서 총체적 정보를 제공하는 것이 아니라, 단지 자신의 예루살렘 여행들의 연대기만 제공한다. 아무튼 사람들은 이 여행을 무엇보다도 루가의 교조적 창작으로 평가하는바, 루가의 근본 의도는 훗날 사도회의에서 다루어진 문제들을 앞서 준비하고, 안티오키아를 이방인 선교의 중심지로, 그러나 또한 예루살렘에 종속된 곳으로 묘사하는 것이었다.[59] 확실히 안티오키아는 선교 여행의 출발점이요 귀환점이었다. 특히 첫 번째 선교 여행에서 그러했으니, 여기서는 예루살렘에 종속됨이 두드러지게 드러나지 않는다. 아무튼 루가는 여행 이야기를 꾸미면서 자신의 신학적 의도들을 충실히 따른다. 예컨대 안수를 통해 이루어지는, 공동체에 의한 바르나바와 바울로의 파견(사도 13,2-3)은 훗날 루가 공동체들에서 통상적이 된 관례에 부합한다. 그러나 바울로는 교회로부터 권한을 위임받은 선교사도가 결코 아니었다.[60] ▶ 세르기오 바울로 총독 면전에서 마술사 바르예수를 제압한 일

---

[56] Conzelmann, *Apg* 75의 예증 참조. 사도 16,1에 따르면 디모테오는 리가오니아(리스트라?) 출신으로, 헬라인 아버지와 유대인 어머니 사이에서 태어났다. 그렇다면 이곳에도 유대인들이 살았다.

[57] Josephus, *ant*. 13, 284f; Philo, *Gai*. 282 참조.

[58] 세르기오 바울로 총독의 이름은 비문에서 확인된다. 그러나 이 사람이 정확히 어느 시기 사람인지는 밝혀지지 않았다. Weiser, *Apg* 316; Wikenhauser, *Geschichtswert* 338-41; Riesner, *Frühzeit* 121-9 참조.

[59] Conzelmznn, *Apg* 72f; E. Plümacher: *TRE* III 493ff 참조.

(13,6-12)은 그리스도교에 의한 마술 짓거리의 정복을 의미하는데, 이 전언은 복음이 이 세상 권세가들 앞에서도 선포되었음을 뚜렷이 보여 주려는 의도를 담고 있다. 바울로가 비시디아의 안티오키아 회당에서 한 설교(13,16-41)는 구세사를 들어 강조하는 저자의 신학적 관점에 끼워 맞춰져 있다. 교회마다 원로들을 임명한(14,23) 것은 일종의 교구 조직을 연상시킨다.

첫 번째 선교 여행과 관련해서 루가가 체류지들과 여러 장소에서 일어난 일들에 관한 아주 간략한 정보를 담은 일종의 여행 일지를 이용했으리라는 견해도 자주 주장되었다.[61] 그러나 이 견해 역시 강력한 비판을 받았다. 그런 여행 일지들의 존재가 주위 세계에서 확인되었지만, 내용이 좀 다르다는 것이다. 그것들의 내용은 꼭 필요한 정보 전달에 국한되어 있지 않다.[62] 아무튼 여행 일지 이용 가능성은 미해결로 놔두어야 한다. 그런 여행 일지 원본의 복원은 불가능하니, 루가가 자기 자료들을 새로이 꼴지었기 때문이다. 루가가 손에 넣을 수 있었던 구전 전승들을 이용했을 가능성 역시 배제할 수 없다.

끝으로 "남갈라디아 가설"에 관해 언급해야겠는데, 이 가설은 좀 오래된 주석에서 상당한 역할을 했고 여러 형태로 나타났다.[63] 이 가설에 따르면 프리기아-비시디아와 리가오니아 지방에 세워진 안티오키아 · 이고니온 · 리스트라 · 데르베 교회들은 우리가 갈라디아서를 통해 어렴풋이 알고 있는 갈라디아 교회들에 포함된다. 사람들은 그 근거로 이 지역들이 기원전 25년 창설된 로마제국의 갈라디아 속주에 속했다는 사실을 내세운다. 바울로는 갈라디아서에서 갈라디아라는 명칭으로 같은 이름을 가진 북부 지역을 가리킨 게 아니라, 로마제국의 속주를 가리켰다는 것이다. 그러나 이 가설은 신빙성이 거의 없으며 그래서 이제는 거의 주장되지 않는

---

[60] 똑같은 관점이 사도 14,4와 14에 나온다.

[61] 이 문제에 관해 Grässer: *ThR* 41 (1976) 188-94 참조.

[62] Plümacher: *TRE* III 494f 참조.

[63] 이것에 관해 Wikenhauser, Geschichtswert 194-202 참조.

다. 바울로가 편지에서 언급하는 (북부) 갈라디아 교회들의 설립은 달리 이루어졌다. 이에 관해서는 다시 살펴볼 것이다.

본문의 배경과 관련하여 일련의 역사적 세부 사항들을 밝혀낼 수 있다. 무엇보다 여행은 바울로와 바르나바의 공동 선교 과업으로 시작되었다. 시작 단계에서는 이것이 바울로에게 분명하고도 유익했다는 것은 앞서 설명한 바 있다. 특히 요한 마르코의 이탈은 역사적 전환점이다. 그가 여행 중에 떨어져 나갔고 그래서 말다툼이 벌어졌다는 것은(사도 15,37-39) 꾸며 낼 수 있는 이야기가 아니며, 선교 여행 중에 충분히 있을 수 있는 일이다. 아무튼 그 후 키프로스 출신인 바르나바가 우선 자기 고향에서 복음을 선포한 것은 수긍이 간다. 안티오키아와 이고니온 그리고 리스트라에서 한 바울로의 선교 활동은 디모테오 후서 3장 11절에서도 확인된다. 여기서 바울로는 자신이 그 지역에서 당해야 했고 디모테오가 목격한 바 있는 고통과 박해를 상기시킨다. 이 구절은 바울로가 이미 첫 번째 선교 여행 중에 디모테오를 제자로 받아들였음을 전제하고 있는 반면, 사도행전 16장 1-5절에 따르면 이 일은 두 번째 여행에서 이루어질 터였다. 시기 규정에서 십중팔구는 디모테오 후서 3장이 옳다고 해야 할 것이다.[64] 아무튼 그렇게 바울로는 다음 유럽 선교 여행에 디모테오를 동반자로 데려갈 수 있었다. 우리는 디모테오가 이미 이때부터 바울로와 바르나바에게 합류했고, 그들과 함께 시리아의 안티오키아로 이동했다고 본다.

거의 부수적으로만 언급되는 바울로가 리스트라에서 당한 돌매질 사건(사도 14,19-20)은 특별히 고찰할 필요가 있다. 이 사건은 일종의 구출사화로 묘사되어 있다. 실상 돌매질이라는 살인적 형벌에서 살아남는다는 것은, 생명의 구출이다. 그런데 이 돌매질 이야기는 앞뒤 문맥과 이어지지 않으며, 나중에 덧붙여진 듯 뜬금없다는 인상을 준다. 이 이야기는 바울로가 한 앉은뱅이를 기적적으로 고쳐 주었고 그래서 주민들이 바르나바와 바울

---

[64] Brox, *Pastoralbrife* 258은 사도행전을 지지한다. 루가의 시기 규정은 훨씬 덜 엄격하다.

로를 제우스와 헤르메스 신으로 여겨 경배하려 했으나 두 사람이 격분하여 거부했다는 선행先行 보도와 아무 관계가 없다. 연구자들은 이 이야기를 독립된 전승으로 평가하는데, 옳다고 본다. 이 전승을 그러나 루가는 아주 단편적으로만 넘겨받았다. 추측건대 루가는 이 전승이 자신의 바울로상像에 부합하지 않기 때문에, 대대적으로 삭제·축소했다. 루가에게 바울로는 영웅이요, 하느님께 힘입어 온갖 위험에서 거듭 벗어난 사람, 언제나 적수들을 이겨 낸 사람이었다. 루가가 바울로의 옥살이를 (로마로 이어지는 마지막 것을 제외하고) 단 한 번[이것도 기적적이고 야단스러운 석방으로 끝난다(16,23-40)]만 상세히 서술한 것도 그다운 일이다. 바울로는 고린토 후서 11장 23절에서 여러 차례 옥살이를 했다고 말한다! 이런 사정을 감안하면, 사도행전 14장 19-20절의 돌매질 사건은 신빙성 있는 것으로 보인다. 이 사건을 첫 번째 선교 여행으로부터 떼어 놓을[65] 이유는 없다. 그러나 애석하게도 돌매질을 야기한 구체적 상황은 밝혀져 있지 않다.[66] 바울로 자신도 고린토 후서 11장 24-27절에서 자기가 겪은 고난을 열거하면서 돌매질을 한 번 당했다고 말하는데, 동일한 사건을 가리키는 것으로 보인다. 아무튼 그런 다음 바울로는 그리스도를 위해 처벌받은 사람으로서 이 선교 여행에서 돌아왔다. 이런 유의 체험들을 통해 그리스도와 그의 관계가 깊어졌고, 교회에서 사도의 명성도 드높아졌다.

갈라디아서 1장 21절("그 뒤에 나는 시리아와 길리기아 지방으로 갔습니다")과 사도행전 13-14장의 이른바 첫 번째 선교 여행은 서로를 배제하지 않으니, 무엇보다도 사도행전 9장 30절과 11장 25절이 바울로의 첫 번째 예루살렘 방문 이후의 다르소 체류에 관한 어렴풋한 기억을 보존하고 있기 때문이다. 안티오키아와 다르소는 각기 시리아와 길리기아에 상응한다. 첫 번째 선교 여행은 루가가 수집한 전승(바르나바와 바울로의 안티오키아/프리기아, 이고니

---

[65] Roloff, *Apg* 214가 그렇게 한다.
[66] 바울로 일행이 안티오키아에서 리스트라로 몰려온 유대인들에게서 풀려났다는(사도 14,19) 것은 그럴 법하지 않다. 이것은 루가의 관점에 맞춘 것이다.

온과 리스트라 또 키프로스에서의 활동)에 근거하여 실감나게 요약 서술한 것이다. 길리기아(다르소)에서의 바울로 활동에 관해 루가는 상세한 정보를 가지고 있지 못했다. 그것에 관해서는 그저 단편적으로만 전한다. 시간적으로 다르소가 안티오키아/시리아에 이어지기보다는 안티오키아/시리아가 다르소에 이어진다고 보아야 할 것이다. "첫 번째 선교 여행"에 관해 전해진 것이, 바울로가 이 오랜 기간에(갈라 2,1) 한 모든 일일 수는 결코 없다. 루가가 자신의 의도에 맞추어 서술한 이 여행의 기간은 반년에서 2년까지로 추산된다.[67] 이미 여기서 루가 서술의 작위성이 드러난다.

참고문헌

S. DOCKX, The First Missionary Voyage of Paul: J. Vardaman – E.M. Yamauchi, *Chronos, Kairos, Christos* (Festschrift J. Finegan) (Winona Lake 1989) 209-21.

R. GLOVER, Luke the Antiochene and Acts: *NTS* 11 (1964/65) 97-106.

E. GRÄSSER, Acta-Forschung seit 1960: *ThR* 41 (1976) 141-94. 259-90; 42 (1977) 1-68.

E. HAENCHEN, Das "Wir" in der Apg und das Itinerar: *Gott und Mensch* (Tübingen 1965) 227-64.

M. HENGEL, Die Ursprünge der christlichen Mission: *NTS* 18 (1971/72) 15-38.

H. KASTING, *Die Anfänge der urchristlichen Mission* (BEvTh 55) (München 1969).

C.A.J. PILLAI, *Early Missionary Preaching. A Study of Luke's Report in Acts 13* (Hicksville, N.Y. 1979).

G. SCHILLE, *Anfänge der Kirche* (BEvTh 43) (München 1966).

P. ZINGG, *Das Wachsen der Kirche* (OBO 3) (Göttingen/Freiburg 1974).

1.4 언제 유럽으로 진출했는가?

마케도니아를 통해 유럽으로 진출함으로써 바울로 선교 활동의 새로운 단계가 시작된다. 그러나 이 진출은 골치 아픈 시기 추정 문제와 얽혀 있는바, 우선 이에 대한 견해를 밝혀야겠다.

---

[67] Ogg, *Chronology* 65-71은 18개월로 계산한다.

사도행전의 서술에 따르면 모든 것이 분명해 보인다: 이른바 첫 번째 선교 여행 이후 예루살렘에서 사도회의가 개최되었다. 여기서 이방인 선교에서 대두한 문제들을 논의하여, 합의된 해결책을 이끌어 냈다. 이로써 자유로운 이방인 선교의 길이 활짝 열렸다. 바울로는 선교 여행에 나설 수 있었고, 사도가 단독으로 주도권을 가졌던 이 여행은 마케도니아와 아카이아까지 이르렀다. 여기서 우리의 관심을 끄는 것은 무엇보다도 유럽으로의 진출이 사도회의 이후에 이루어졌다는 점이다.[68]

사도행전의 이 서술은 많이 논박당하고 의문시되었다. 연구자들은 바울로가 더 이른 시기에, 다시 말해 사도회의 전에 유럽으로 진출했으리라는 견해를 지지했다. 결정적 문제는 그러므로 "두 번째 선교 여행"을 예루살렘 사도회의 이전과 이후 어디에 자리매김하느냐다. 이를 입증할 책임은 물론 사도행전을 비판하는 사람들에게 있다. 우리는 기존 논증으로부터 가장 중요한 논거들을 종합하여, 논증을 진척시켜 나가려 노력할 것이다. 여기서 처음부터 유념해야 할 것: 논증 결과는 당연히 가정假定적 성격을 지니지만, 그래도 상당한 신빙성을 인정해 주어야 한다.

사도행전과 그 서술 방식 및 의도로부터 출발하자.[69] 루가는 바울로의 선교 활동을 원圓들을 통해 서술한다. 그가 기술하는 선교 여행들은 한 점에서 출발하여 다시 이 점으로 돌아오는 원을 그린다. 이 점은 바로 시리아의 안티오키아다. 마지막인 세 번째 여행만이 (안티오키아를 거치지 않고) 예루살렘에서 끝난다(21,1 이하). 이런 원운동 때문에 우리는 중간중간의 여행들, 예컨대 바울로가 고린토 교회를 위한 고통스런 노력의 정점에서 에페소로부터 시도했던 저 고린토 방문에 관해 아무것도 듣지 못한다. 루

---

[68] "첫 번째 선교 여행"이 사도회의 이후에 이루어졌다는 견해도 있다(예: Bornkamm, *Paulus* 64). 이 견해는 오늘날 거의 진지하게 논의되지 않으며, 그냥 잊어버려도 된다.

[69] Jewett, *Chronologie* 23-46; Gasque: *EvQ* 41 (1969) 68-88; C.K. Barrett, *Luke the Historian in Recent Studies* (London 1961); C.H. Talbert, An Introduction to Acts: *RExp* 71 (1974) 437-49 참조.

가는 그 방문을 전혀 몰랐거나 아니면 언급을 포기했다. 어느 경우든 여행과 체류지들의 순서가 손상되지는 않는다. 우리는 필경 바울로가 (사도 친서들은 아무 말 않지만) 여러 번의 "중간 여행들"을 했다고 보아도 될 것이다. 루가는 자신의 구상을 통해 바울로를 선교 활동 시작 단계 이후에도 안티오키아와 결부시킬 수 있었다. 그리고 안티오키아를 예루살렘과 긴밀한 관계에 있는 것으로 묘사하는데, 이는 궁극적으로 예루살렘과 사도들에게 바울로를 결부시킴을 의미한다. 이것은 사도행전이 바울로의 예루살렘 여행 횟수를 늘리는 데서 특히 뚜렷이 드러난다. 바울로 서간들은 체포로 끝난 마지막 예루살렘 여행 전까지 두 차례 예루살렘 방문만을 전해 주는 데 반해, 루가는 두 번의 방문을 더 추가한다(사도 11,30; 18,22).[70] 역사적 측면에서 보건대, 여기서는 무조건 바울로의 진술을 우대해야 한다.

물론 바울로는 예루살렘의 신학적 중요성을 알고 있었고, 그것에 큰 영향을 받았다. 그리스도의 복음이 예루살렘으로부터 출발해야 한다는(로마 15,19 참조) 것은 그에게 중요했다. 하지만 바울로는 고참 사도들에게 종속되어 있지 않았다. 그들과 동급이었고 대등했다. 반면 루가는 예루살렘으로의 정향定向을 의존과 종속의 의미로 해석했다. 이것의 가장 뚜렷한 예는 필경 루가가 바울로에게 정식 사도 칭호를 부여하지 않는 사실이니, 오직 열두 제자만을 사도로 여기는 루가의 사도관에 따르면 바울로에게는 사도 칭호가 불허되어야 마땅했던 것이다.

이 포괄적 구상은 바울로 선교 여행들의 서술에도, 더 정확히는 그것들을 정리하는 데도 작용했을 것이다. 바울로는 이방인 선교를 위한 조건들이 사도회의에서 예루살렘의 권위자들에 의해 확정된 후에야 비로소 유럽으로 출발하는데, 이런 배열은 방금 언급한 루가 구상의 산물일 가능성이 크다. 여기서 바울로는 사실상 활동에서 종속적인 인물, 자신의 자유로운

---

[70] 사도 18,22에는 단지 "(바울로는) 가이사리아로 내려갔다가 올라갔다"라고 되어 있지만, 주석학자들은 올라감의 목적지가 예루살렘이라는 데 널리 의견이 일치한다. "올라가다"는 예루살렘으로의 여행을 표현하는 전문용어다.

유럽 선교를 위해 이를테면 고참 사도들의 축복과 동의를 필요로 하는 인물로 나타난다. 여기서 내가 말하고자 하는 것은 바울로가 복음의 일치를 위해 예루살렘 사람들과의 연계를 모색하지 않았다는 것이 결코 아니다. 그러나 이 연계가 역사적이고 실제적으로 어떻게 이루어졌는지 따져 물어야 한다. 이 문제는 사도회의에 관해 상론할 때 다루게 될 것이다. 아무튼 그리하여 연구자들은 이른바 두 번째 선교 여행(구체적으로 마케도니아와 아카이아로의 진출)을 더 이른 시기에 끼워 넣자고 제안했다. 명제는 다음과 같았다: 유럽 선교는 사도회의 전에 이미 시작되었다.[71]

이것을 뒷받침해 주는 논거들은 자전적·연대기적 그리고 심리적 성격을 지니고 있다. 우선 바울로가 다마스커스 앞에서 부르심을 받은 사건과 사도회의 사이의 오랜 시간 간격이 지적된다. 갈라디아서 1-2장에 따르면 그 간격은 최소한 15년이다. 바울로가 유럽으로의 힘든 여행을 약 45세가 될 때까지 그렇게 오랫동안 미루어야 했단 말인가? 고대에는 50세쯤이면 노인 대접을 받았다. 바울로는 전 세계를 복음으로 관통시키고자 했고, 스페인까지 가고 싶어 했으며, 복음이 아직 알려지지 않은 곳에서만 복음을 선포하려 애썼다. 그런데 이런 세계 선교 전략이 그렇게 뒤늦게야 바울로에게서 무르익었단 말인가?

바울로가 사도회의 참석을 위해 고린토에서부터 예루살렘으로 여행했다는 것이 한 오래된 전승 단편에 나타난다. 정말 바울로가 고린토에서부터 여행을 시작했다면, 사도회의 전에 이미 프리기아-비시디아·리가오니아·시리아뿐 아니라 그리스에서도 활동했음이 분명하다. 이 전승의 화석化石이 사도행전 18장 18-23절에 들어 있는 것 같다.[72] 여기서 여행 경유지들이 언급되는데, 여정은 고린토로부터 에게 해에 접한 고린토의 항구 겐크레아와 에페소 그리고 가이사리아를 거쳐 예루살렘("올라감"이라는 표현

---

[71] Jewett, *Chronologie*; Lüdemann, *Paulus* I 참조: Knox, Chapters; 같은 저자: *JBL* 58 (1939) 15-40; E. Barnikol, *Die drei Jerusalemreisen des Paulus* (Kiel 1929).

[72] Jewett, *Chronologie* 129-39; Lüdemann, *Paulus* I 169-73 참조.

은 목적지가 예루살렘임을 암시한다)⁷³에 이르며, 다시 예루살렘으로부터 거꾸로 안티오키아 그리고 갈라디아 지방과 프리기아를 거쳐 간다. 연구자들은 아주 간략한 윤곽들만 제공하는 한 여행 일지류의 기록에 대해 이야기한다. 바울로가 브리스킬라와 아퀼라 부부를 고린토에서 에페소로 데리고 갔다는 메모가 그것에 포함된다.⁷⁴ 아마 이들이 바울로의 여행 경비를 댔을 것이다. 추측건대 루가는 이 기록에서 여러 가지를 삭제하고, 자기 나름의 보고로 대신했다.⁷⁵ 여기서 역사적으로 신뢰할 수 있는 보고는 사실상 사도회의에 참석하기 위한 여행뿐이다. 왜냐하면 마지막 예루살렘 방문은 바울로가 그곳에서 체포·감금되는 것으로 끝났기 때문이다.⁷⁶

바울로가 성공한 선교사요 그리스 주요 도시들의 교회 창설자로 예루살렘에 왔다면, 사람들에게 깊은 감명을 주었고 또 사도의 입지도 강화되었음이 틀림없다. 그렇게 본다면 바울로가 새로 창설된 교회들에서 예루살렘의 가난한 사람들을 위한 모금을 떠맡아야 한다는 무리한 요구는, 이 모금이 첫 번째 그리스 선교 중에 쓴 데살로니카 전서에는 언급되지 않는 사실과 마찬가지로, 수긍이 간다.

여기서 첫 번째 그리스 선교가 사도회의 전에 이루어졌으리라는 가설이 옹호되지만, 이 가설이 품고 있는 난점도 언급하지 않을 수 없다. 난점은 근본적으로 두 가지다. 그러나 해결할 수 없는 것으로 보이지는 않는다.

첫째 난점은 갈라디아서 1장 21절인데, 여기에 따르면 바울로는 사도회의 전에 시리아와 길리기아에 있었다고 한다. 바울로는 그리스에 관해서

---

⁷³ Weiser, *Apg* 196-503은 한 여행 일지에 관해서도 언급하지만, 예루살렘은 삭제하고 싶어 한다. 그러나 그럴 이유가 없다. "갈라디아 지방과 프리기아를 관통하는" 여행 메모가 사도 19,1에 단축·수용되었다.

⁷⁴ 1고린 16,19 참조.

⁷⁵ 사도 14,26 이하에 따르면 바울로는 사도회의에 참석하기 위해 안티오키아에서 출발하여 예루살렘으로 향했다. 15,1-4의 도입부는 루가가 꾸민 것이다. 이것을 Lüdemann, *Paulus* I 166은 설득력 있게 입증했다.

⁷⁶ 일찍이 Wellhausen, *Kritische Analyse* 37f는 사도 18,22에 바울로의 마지막 예루살렘 여행이 암시되어 있음을 볼 수 있다고 추측했다.

는 언급하지 않는다. 하지만 사도는 여기서 빈틈없는 자전적 정보를 제공하려는 의도는 전혀 없다. 바울로는 14년 세월을 단 하나의 빠듯한 문장 안에 꾸려 넣고 있다. 사도의 근본 의도는 다만 자신이 게파를 방문한 이후부터 사도회의 전까지는 예루살렘에 온 적이 없음을 강조하려는 것이다. 또한 바울로는 갈라디아인들에게 그리스에서의 자기 활동에 관해 언급할 필요가 없었으니, 그들은 그 일을 잘 알고 있었던 것이다.[77]

둘째 난점은 바르나바와 관련된다. 갈라디아서 2장 1절에 따르면 바울로는 그와 함께 사도회의에 참석하기 위해 예루살렘으로 여행했다. 그러나 바르나바는 바울로의 그리스 선교에 함께하지 않았고, 독자적인 선교 길에 나섰다. 바울로가 그리스 선교 여행을 떠나기 전에, 그는 바울로와 헤어졌다. 그 이유로 사도행전 15장 37-40절은 "첫 번째 선교 여행"에서 요한 마르코의 처신을 제시한다.[78] 아무튼 사도회의 참석 길에 바르나바가 동행했다는 것은 "첫 번째 선교 여행"에 더 매끄럽게 연결될 것이다. 하지만 구체적인 내용은 알려진 것이 너무 적다. 그러나 바르나바가 바울로의 부탁으로 예루살렘 길에 동행했으리라는 것은 쉽게 짐작할 수 있다. 가이사리아에서 그랬을까? 여기서 우리는 추측을 넘어설 수가 없다. 끝으로 바르나바도 바울로와 마찬가지로 이방인 선교 과업을 대표했다. 마르코 때문에 벌어진 말다툼은 이 공동 관심사를 거의 손상시키지 않았다.

마지막으로 바울로의 유럽 진출이 언제 이루어졌는가라는 물음에 정확히, 연도를 제시하며 대답하는 것이 가능한지를 숙고해야겠다. 이것은 (최소한 대략적으로는) 가능하다고 보인다. 왜냐하면 사도행전 18장 1-3절이 바울로가 고린토에 도착하여 아퀼라와 브리스킬라라는 유대인 부부를 만

---

[77] 그리스가 시리아나 길리기아보다 예루살렘에서 더 멀기 때문에 언급되어야 마땅했다는 반론 역시 통하지 않는다. 왜냐하면 논의의 핵심은 예루살렘으로부터의 거리가 아니라, 어디까지나 바울로가 그곳에 오지 않았다는 사실이기 때문이다.

[78] 이 이유 제시를 안티오키아 사건의 루가식 변형으로 평가해선 안 된다. 바르나바도 연루된 그 사건이 일어난 것은 다른 이유들 때문이다. 마르코 때문에 발생한 말다툼은 도대체 꾸며 낼 수 있는 것이 아니며, 사실 따지고 보면 그리 심각한 것도 아니다.

났는데, 이들은 클라우디우스 황제가 모든 유대인은 로마를 떠나라고 명령했기에 얼마 전 이탈리아에서 건너왔다는 이야기를 전해 주기 때문이다. 그러므로 클라우디우스의 이 유대인 추방령이 반포된 해를 밝혀내야 할 것인바, 이 연도는 바울로가 고린토에 도착한 해와 거의 겹칠 것이다. 물론 갈리오 일화(18,12-17)도 중요하다. 그러나 이 일화를 바울로의 첫 번째 혹은 그 후의 고린토 체류 어디에 자리매김해야 할지는 논란이 많다. 아마도 후자가 타당할 것이다. 이에 관해서는 나중에 다시 다룰 것이다.

클라우디우스의 이 추방령에 관한 집중적 연구들[79]은 애석하게도 확실한 성과를 얻지 못했다. 대별하여 41년으로 이르게 보거나 49년으로 늦게 잡는다. 둘 다 난점을 안고 있다. 정확한 연도 제시는 의심스럽다.

요약하면 이렇다. 사도행전 18장 외에 세 사람의 고대 저자가 이 추방령에 관해 언급한다: 수에토니우스의 『클라우디우스의 생애』 25,4; 카시우스 디오의 『로마제국 역사』 60,6,6; 그리스도교 역사가 오로시우스의 『이교도 논박사』 7,6,15. 수에토니우스가 120~130년경에 쓴[80] 『클라우디우스의 생애』에는 그리스도에 대한 성서 밖의 증언으로 아주 널리 알려진 구절이 들어 있다: "그(클라우디우스)는 크레스토스[81]의 사주를 받아 끊임없이 소요를 일으키는 유대인들을 로마에서 추방했다." 417/18년 『이교도 논박사』를 펴낸 오로시우스는 수에토니우스보다 더 나아가 한 연도를 제시할 수 있었다: "그의 (치세) 9년 째에 (요세푸스가 보고하거니와) 유대인들이 클라우디우스에 의해 그 도시에서 추방되었다. 나에게는 그러나 수에토니우스의 말이 더 인상 깊다." 그러고는 수에토니우스의 말을 인용한다. 오로시우스는 자신이 인용한 요세푸스의 보고를 명백히 상대화한다. 카시우스 디오는 달리 보고한다. 그는 로마의 유대인들이 많이 늘어나 그들을 소동 없이 그 도시에서 추방하기는 어려웠으리라고 진술한 다음, 이렇게 말한

---

[79] Riesner, *Frühzeit* 139 각주 1은 방대한 전문 연구서 목록을 제공해 준다.

[80] Riesner, *Frühzeit* 142 참조.

[81] 크레스토스가 예수 그리스도를 가리킨다는 것은 오늘날 이론(異論)의 여지가 없다.

다: "그래서 그는 그들을 추방하지 않았으나, 그들이 자신들의 전통적 생활 방식을 유지하되 회합을 가져서는 안 된다고 명령했다."

핵심 문제는 카시우스 디오가 수에토니우스와 오로시우스가 말하는 사건과 동일한 사건에 관해 언급하고 있는가다. 만일 그렇다면, 3세기 초에 저술한 카시우스 디오는 수에토니우스의 보고를 수정한 셈이다.[82] 그러나 이것은 확실치 않으니, 그의 저작이 온전히 보존되어 있지 않고 46년에서 중단되기 때문이다. 다른 한편 만일 그렇지 않다면,[83] 카시우스 디오가 보고하는 사건은 클라우디우스(41~54) 치세 초기로, 수에토니우스가 보고하는 사건은 그보다 몇 년 뒤로 잡아야 할 것이다. 이것은 이 문제를 옛 로마 종교의 부흥을 추진한 클라우디우스 종교정책의 전체 맥락에 터해 고찰해야 한다는 견해와 부합된다.[84] 또한 더 나아가 로마 시 유대인들과 전임 황제들의 관계도 고려해야 한다. 일찍이 티베리우스 황제는 상당수 이교도들이 유대교로 개종하자 유대인들을 로마에서 추방했다.[85] 개종의 상이한 상황과 방식들은 유대인 사회에서 일종의 폭발물이었던바, 이 점도 클라우디우스의 추방령과 관련하여 염두에 두어야 한다. 바야흐로 대두하던 유대계 그리스도인들로 인해 문제는 더욱 첨예화되었다.

둘 다 라틴식 이름을 가지고 있는 아퀼라와 브리스킬라는 마음 열린 부부였다. 통상 연구자들은 그들이 고린토에 도착했을 때 이미 그리스도인이었다는 것을 너무 자명하게 전제한다. 사도행전 18장 1-3절에는 그런 말이 없다. 바울로가 그들과 함께 지낸 이유로 제시되는 것도 같은 믿음이 아니라, 같은 직업(천막장이)이다. 한편 루가는 사도행전 21장 20절에서 유

---

[82] H. Conzelmann, *Heiden-Juden-Christen* (BHTh 62) (Tübingen 1981) 29; Lüdemann, *Paulus* I 185-8.

[83] E. Meyer, *Ursprung und Anfänge des Christentums* III (Stuttgart/Berlin 1923) 463과 각주 2는 서로 다른 두 사건을 말하고 있다고 주장한다.

[84] 최근 Riesner, *Frühzeit* 172f가 이 문제를 아주 철저히 파고들었다.

[85] Josephus, *ant.* 18, 81-4 참조.

대인들[86]과 믿음을 가지게 된 유대인들을 구별한다. 흔히들 아퀼라와 브리스킬라가 이미 그리스도인이었음을 루가가 언급하지 않은 것은, 바울로를 고린토 교회 창설자로 확실히 부각시키기 위함이었다고 말한다. 이 설명도 가능하나, 절대적인 것은 아니다.

클라우디우스 황제가 모든 유대인을 로마에서 추방했다고 말하는 사도행전 18장 2절은 과장이라는 데에 주석자들의 의견이 널리 일치한다.[87] 추방된 유대인들이 누구였는지에 관해서는 대답이 여럿이다. 흔히들 싸움의 주동자들, 오직 하나 있던 회당에 속한 유대인들만이 추방되었으리라 추측한다.[88] 몸젠의 주장[89]은 여전히 고려할 가치가 있는데, 이에 따르면 클라우디우스는 로마 시민권을 가진 유대인들만 추방했다.

추방 연도를 49년으로 추정하게 된 것은 무엇보다도 클라우디우스 황제 치세 9년째에 추방이 있었다고 말한 오로시우스 때문이다. 오로시우스는 어떻게 이 연도를 찍었던가? 그가 제시한 전거(요세푸스)는 의심스럽다.[90] 혹시 오로시우스가 의지한 것이 그리스도교 출전은 아니었을까?[91] 그 출전이 사도행전 18장에 터해 연도를 추정했을 가능성을 셈에 넣어야 한다.[92] 그

---

[86] 사도 18,2("아퀼라라는 유대인")와 18,24("아폴로라는 어떤 유대인"), 24,24("유대인인 드루실라")를 비교해 볼 일이다. 사도행전에 80번 나오는 "유대인"이라는 말이 유대계 그리스도인도 지칭하는 경우는 아주 드문데, 문맥이 유대계 그리스도인을 가리킴이 분명할 때 그렇게 사용된다. 가령 바울로는 성전 연설에서 유대인이라 자칭하며(22,3), 베드로의 경우도 비슷하다(10,28). 16,20에서는 필립비 사람들이 바울로 일행을 유대인이라 부른다.

[87] 당시 약 100만 명의 전체 로마 주민 가운데 유대인은 5만 명 정도였을 것으로 추정된다. 유대인 비율이 그러니까 약 5%에 이르렀다.

[88] Lüdemann, *Paulus* I 188.

[89] Der Religionsfrevel nach römischem Recht: *HZ* 64 (1890) 387-429, 특히 407 이하.

[90] 요세푸스는 클라우디우스의 추방령에 관해 전혀 언급하지 않는다. R.E. Brown - J.P. Meier, *Antioch and Rome* (New York 1983) 101은 오로시우스 진술의 신빙성을 의심한다. 오로시우스의 『이교도 논박사』 7, 6은 클라우디우스와 관련된 거의 모든 진술을 하나의 연도와 결부시킨다. 그러나 오직 유대인 추방령에 관해서만 한 가지 전거를 제시한다.

[91] A. Harnack, Chronologische Berechnung des "Tags von Damaskus": *SPAW.PH* (Berlin 1912) 673-82, 특히 675는 히에로니무스 개정판에 수록된 에우세비우스의 기록을 지적한다.

[92] 그렇다면 우리는 사실상 순환 논증을 하고 있는 셈이다!

출전이 갈리오의 총독 재임 시기를 알고 있었다면, 그랬을 가능성이 있다. 사도행전 18장 11절에 따르면 바울로는 고린토에 18개월 동안 체류했다. 그 시기 말미에 갈리오가 관련된 사건이 일어난다. 이 시기 추정은 그 사건이 바울로의 첫 번째 고린토 체류와 결부될 수 있을 때에만 올바르다. 그러나 이것은 확실하지 않다. 에우세비우스와 히에로니무스는 사도행전에 대한 비판적 안목을 가지고 있지 못했다.

결론적으로, 클라우디우스의 유대인 (추방) 조처(들)의 정확한 연도는 밝혀낼 수 없다고 말해야겠다. 단지 그 조처(들)가 40년대에 이루어졌다는 것만 말할 수 있다.[93] 이 일반적 확인 외에, 특히 그 조처(들)가 비교적 소수의 유대인들에게만 해당되었으리라는 것을 고려해야 한다. 끝으로 아퀼라와 브리스킬라가 속했던 로마의 회당이 아벤틴 언덕에 있었음을 말해 주는 흔적이 하나 있다는 것도 덧붙여 말해 두자.[94]

참고문헌

E. CORSINI, *Introduzione alle "Storie" di Orosio* (Torino 1968).

W.W. GASQUE, The Historical Value of the Book of Acts: *EvQ* 41 (1969) 68-88.

H.-W. GOETZ, *Die Geschichtsschreibung des Orosius* (Impulse der Forschung 32) (Darmstadt 1980).

R. JEWETT, *Paulus-Chronologie* (München 1982) 69-72.

J. KNOX, The Pauline Chronology: *JBL* 58 (1939) 15-40.

---

[93] 41년을 지지하는 저자들은 보통 로마 시 유대인들을 배척하는 조처와 가유스 치세에 유대인들이 일으킨 알렉산드리아 소동 사이에 관련이 있다는 데서 출발한다. 클라우디우스가 이집트 총독에게 보낸 서간 한 통이 보존되어 오는데, 유대인들을 모질게 비난하고 있다. 서간 번역문은 W. den Boer: *RAC* III 180 (P. London 1912)에도 실려 있다. 이 관련성은 사실일 법하다. 그러나 확실한 것은 결코 아니다.

[94] 클라우디우스는 자신의 종교적 복고정책과 연계하여 pomerium, 즉 안팎으로 시의 외벽을 따라 경계지어진, 그리고 암석들로써 구역 표시된 지역을 시의 방위를 위해 아벤틴 언덕까지 확장토록 했다. 이 조처로 그 회당이 폐쇄되었다. H.W. Hoehner, *Chronology of the Apostolic Age* (Dallas 신학대학 박사 학위논문 1965) 85f 이하 참조. 오래된 성녀 프리스카 성당이 아벤틴의 다이아나 여신 신전에서 멀지 않은 곳에 있는 것은 흥미로운 일이다.

—, *Chapters in a Life of Paul* (New York 1950).

G. LÜDEMANN, *Paulus, der Heidenapostel* I: Studien zur Chronologie (FRLANT 123) (Göttingen 1980) 183-95.

R. RIESNER, *Die Frühzeit des Apostels Paulus* (WUNT 71) (Tübingen 1994) 139-80.

G. STRECKER, Die sogenannte zweite Jerusalemreise des Paulus (Act 11, 27-30): *ZNW* 53 (1962) 67-77.

J. WELLHAUSEN, *Kritische Analyse der Apg* (AGG 15, 2) (Berlin 1914).

1.5 마케도니아와 아카이아로

사도 바울로가 마케도니아와 아카이아로 (또 이를 통해 유럽으로) 진출한 것은 손꼽히는 세계사적 사건이라 할 수 있다. 이 출발 역시 안티오키아에서 이루어졌다. 바울로가 가능한 한 빨리 그리스로 가려 애썼음은 확실하다. 여행에 실바노와 디모테오가 동행했다. 바울로는 디모테오를 이미 그전 선교 활동 중에 제자로 삼았을 것이다.

이 두 사람은 누구였던가? 사도행전 16장 1절에 따르면 디모테오는 혼종혼混宗婚에서, 즉 헬라인 아버지와 유대인 어머니 사이에서 태어났다. 유대인 여성이 이방인 남자와 기꺼이 결혼을 했다면, 유대교에 대해 매우 자유로운 태도를 지니고 있었음이 틀림없다. 그럼에도 디모테오는 어릴 때 할례를 받았을 가능성이 많으니, 유대인 여성의 아들에게는 어미의 종교가 규범적이었기 때문이다.[95] 디모테오는 사도의 가장 충성스럽고 믿을 수 있는 협력자로 드러날 터였다. 그는 이때부터 바울로의 모든 선교 과업에 동행했고, 비극으로 끝난 예루살렘으로의 모금 여행에도 함께했다(사도 20,4). 사도는 디모테오에게 거듭하여 독자적 임무를 부여했다(1데살 3,2; 1고린 4,17; 16,10). 바울로는 그를 "나의 동료 일꾼"(로마 16,21), "우리 형제이며 그리스도의 복음을 전하는 데 하느님의 협력자"(1데살 3,2)라 부르고, 필립

---

[95] 바울로가 디모테오에게 할례를 베풀었다는 것은(사도 16,3) 신빙성이 없다. 이는 루가의 바울로상(像)에 맞춘 것이다. 2디모 1,5에 따르면 그의 어머니는 유니게, 할머니는 로이스다. 아이의 종교교육을 이상화하여 묘사한다.

비서 2장 20절에서는 눈부신 증언을 한다: "사실 나에게는 그(디모테오)와 같은 마음으로 여러분의 일을 진지하게 걱정해 주는 사람이 없습니다." 데살로니카 전서(여기서는 실바노도 함께), 필립비서 그리고 고린토 후서의 인사말에서 디모테오는 바울로와 공동 발신인으로 서명한다. 고린토 후서 1장 19절에서 사도는 고린토 교우들에게 하느님의 아들 예수 그리스도가 자신과 실바노 그리고 디모테오를 통해 그들에게 선포되었음을 상기시킨다.

실바노는 그리스 선교 활동에서만 바울로의 동반자였다.[96] 그 후 실바노는 독자적인 길을 갔는데, 어디로 향했는지는 모른다. 베드로 전서 5장 12절에 그의 이름이 다시 한 번 나온다.[97] 실바노가 본디 안티오키아 출신인지 예루살렘 출신인지는 결말이 나지 않았다. 사도행전 15장 32절에서는 실바노가 예언자로 불린다. 이로써 그를 양 교회 모두에 귀속시킬 수 있을 것이나, 아무래도 안티오키아 교회 쪽이 더 개연성 있다.[98]

이 세 사람은 안티오키아에서 길리기아 관문을 거쳐 소아시아 내륙으로 들어갔다. 어떤 길을 택했는지는 전혀 알 수 없다. 사도행전 15장 41절에서 16장 8절은 중요한 정보는 거의 아무것도 제공하지 않는다. 여기서는 단지 지방 내지 속주 이름들만 찾아볼 수 있다. 결정적인 것은 하느님 영의 이끄심이었다. 트로아스가 일차적 목적지였다는 것은 신빙성이 있다. 갈라디아에서의 선교 활동에 관해서는 아무것도 들을 수 없다(18,23에 암시될 뿐이다). 왜 세 사람이 해안을 따라가는 길을 택하지 않고 내륙을 건너는

---

[96] 사도행전은 실바노를 늘 실라라고 부른다. 한때 논란이 일었지만, 실바노와 실라가 동일인임은 확실하다. L. Rademacher, Der erste Petrusbrief und Silvanus: *ZNW* 25 (1926) 287-99, 특히 295 참조. 그가 바울로처럼 두 이름을 가졌거나, 아니면 실바노는 같은 셈어 이름의 라틴어식 형태고 실라는 그리스어화한 형태다. Bauer - Aland, *Wörterbuch* 1500 참조.

[97] 바울로 서간들에서처럼 실바노 — 실라가 아님 — 로 불린다. 그는 편지의 전달자로 소개된다. "충실한 교형으로 여기는 실바노를 시켜 나는 여러분에게 몇 마디 썼습니다"라는 상투적 표현은 그런 의미로 이해해야 한다. Brox, *1 Petr* 241-6 참조.

[98] 사도 15-16장의 실라도 관련되는 "야고보의 조건"에 관해서는 뒤에서 다룰 것이다. 이 관련성은 실바노/실라가 바울로보다 더 유대계 그리스도인다웠다는 역사적 기억을 보존하고 있는 것일까?

힘든 길을 택했는지 물을 수 있다. 추측건대 이미 존재하던 교회들을 일일이 둘러보고 가려 했던 것 같다.

갈라디아서를 통해 비로소 바울로가 이 외진 지역에서 수행한 선교 활동을 좀 더 상세히 알게 된다. 갈라디아서 4장 13절("나는 육신의 병이 기회가 되어 여러분에게 처음으로 복음을 전파했습니다")에 따르면 바울로는 최소한 두 번 갈라디아에 왔거니와, 우리는 이 방문이 이번 여행에서 이루어졌다고 본다. 이 문제와 관련하여 우리는 "북갈라디아 가설"에서 출발한다.

이 가설과 관련해 말해 둘 것: 갈라디아라는 명칭은 고대에 두 가지 방식으로 사용되었다. 한편으로 이 명칭은 기원전 25년 아우구스투스에 의해 창설된 로마제국 속주의 주민들을 가리켰는데, 여기엔 남부 지역에 위치한 비시디아와 프리기아 그리고 리가오니아도 포함되었다. 갈라디아서 그리고 바울로의 선교와 관련하여 갈라디아를 이렇게 알아들으면, "첫 번째 선교 여행"에서 태어난 교회들(프리기아의 안티오키아, 이고니온 등)을 함께 포함시킬 수 있고, 또 갈라디아 선교 시기를 훨씬 이르게 잡을 수 있다("남갈라디아 가설").[99] 한편, 갈라디아라는 명칭은 소아시아 중앙의, 서쪽으로는 상가리오스 강과 동쪽으로는 할리스 강에 의해 경계지어진 갈라디아 지역의 주민들만을 가리켰다. 이 용법의 책임은 바울로에게 물어야 한다. 이유는 근본적으로 두 가지다: 우선 갈라디아서 3장 1절의 "아, 어리석은 갈라디아 사람들!"이라는 호칭은 원래의 주민들에게 가장 잘 어울린다. 또 하나의 이유로는 갈라디아서가 교회들 안의 유대계 그리스도인들도 그 지역의 유대인들도 전제하고 있지 않다는 관찰을 들 수 있다. 비시디아와 리가오니아에 유대인들이 살았다는 것을 우리는 알고 있다.[100]

---

[99] 마지막 주창자 가운데 한 사람인 W. Michaelis의 *Einleitung in das NT* (Bern ³1961) 183-7 참조.

[100] 소아시아 내륙에 흩어져 있는 유대인 묘석들은 필경 후대의 것들이다. 이에 관해 K. Bittel, Christliche und jüdische Grabsteine: *Boghazköy* 5 (Abh. der Deutschen Orient-Gesellschaft 18) (Berlin 1975) 108-13 참조. 북갈라디아 가설과 남갈라디아 가설에 관한 상세한 논구는 Mußner, *Gal* 3-9에서 찾아볼 수 있다.

바울로와 그의 일행은 어떤 이들을 만났던가? 이것을 알기 위해서는 사람들을 떠올려 보는 것이 도움이 된다. 갈라디아인들이라는 이름 자체가 암시하듯, 그들은 기원전 3세기에 도나우 강 유역으로부터 아시아로 침입해 들어온 갈리아인과 켈트인들로서, 폴리비오스가 그 무례함과 사나움을 비난한 호전적 종족이었다.[101] 그들의 그리스화와 로마화가 특히 로마제국 속주의 창설에 의해 신속히 진행되었다. 이 갈리아-그리스인들이 복음 선포의 거의 유일한 대상이었다. 왜냐하면 평범한 주민들, 특히 촌락에 살던 사람들은 켈트족의 모국어를 계속 사용했기 때문이다.[102] 이로써 우리는 다시금 로마제국 주민의 여러 언어 사용 문제와 마주쳤는데, 이것이 선교 활동을 제한하기도 했고 문제를 해소해 주기도 했다.

바울로가 갈라디아서 인사말에서 지역 이름들은 전혀 언급하지 않고 편지를 막연하게 갈라디아의 여러 교회에 보내는 것이 이상하긴 하지만, 여러 도시에 교회들이 설립되었거나 한 도시에 한 교회가 설립되었으리라 추측해도 될 것이다. 가장 중요한 도시는 안퀴라였는데, 일찍이 켈트족의 수도였고 그 후엔 집정관 태수의 주재지였다. 이 도시는 중요한 도로들의 교차점으로서 선교사들이 반드시 거쳐 가게 마련이었다. 이곳에 아우구스투스와 로마 시에 봉헌된 신전이 있었는데, 소아시아에서 융성하던 황제에 대한 신적 숭배의 증거다. 갈라디아의 그 밖의 도시로는 신들의 어머니 퀴벨레의 중요한 신전이 있는 페시누스와 고르디움 등을 들 수 있다.[103] 애석하게도 바울로가 어디서 선교 활동을 했는지는 전혀 알 수 없다. 아마도 바울로가 그리스도교를 전파한 도시를 중심으로, 마을들에 그리스도교 소공동체들이 생겨났을 것이다. "갈라디아의 여러 교회들"이라는 말도 이를 설명해 준다고 하겠다.

---

[101] H. Drexler가 간행한 Polybios 전집(Stuttgart - Zürich 1963) 1507쪽의 목록 참조.

[102] Hieronymus, Comm. in ep. ad Gal., Prolog: *PL* 26, 357은 그의 시대에도 사정이 그랬음을 확인해 준다.

[103] Strabo, *Geogr.* 12, 5, 2f; Plinius, *nat.* 5, 146f; Jones, *Cities* 132-4 참조.

갈라디아인들에게의 첫 복음 선포는 질병이라는 특수 상황에 의해 각인되어 있다. 갑자기 바울로를 덮친 병마가 사도로 하여금 (예기치 않게) 갈라디아인들에게 머물 기회를 주었고, 그 기회를 이용하여 그들에게 복음을 선포하는 계기를 제공했던 것일까? 이것은 그럴 법하며, 나아가 거의 확실하다고 할 수 있으니, 본디 바울로는 서둘러 마케도니아로 가고 싶어 했기 때문이다. 갈라디아 사람들에게 그 사실을 솔직하게 상기시킨 것은 물론 의례적인 인사말이 아니다. 질병에 대해 언급함으로써 복음 선포 당시의 상황으로 돌아가려는 것이라 하겠다.[104] 과연 갈라디아 사람들은 자신들의 비범함을 보여 주었으니, 바울로를 기꺼이 맞아들여 치료해 주었던 것이다: "여러분은 나를 괴롭힌 적이 없었습니다. 오히려 여러분도 알다시피 나는 육신의 병이 기회가 되어 여러분에게 처음으로 복음을 전파했습니다. 비록 나의 병이 여러분에게 유혹이 되었지만, 여러분은 나를 마다하거나 침 뱉지 않고 오히려 하느님의 천사처럼, 그리스도 예수처럼 맞아들여 주었습니다."

흡사 신화적으로 들리기도 하는 이 진술은 사도가 어떤 병을 앓았는지 새삼스레 묻는 빌미가 되었다.[105] 사람들이 제시한 답들은 불확실하고 갖가지다. 흔히들 간질이 아닐까 생각하고 율리우스 케사르, 나폴레옹, 표트르 대제, 도스토예프스키 같은 천재 간질병자들을 내세웠으며, 말라리아와 안질眼疾이라 추측하기도 했다. 갈라디아 교우들이 할 수만 있었다면 자신들의 눈이라도 빼어 바울로에게 주려 했다는 말(갈라 4,15)로 미루어 보면, 눈병일 개연성이 가장 크다고 할 수도 있다. 당시 안질은 지중해 지역에 널리 퍼져 있었다. 아니면 혹시 갈라디아서 4장 15절에는 일종의 은유

---

[104] 갈라디아서 주석자들 다수가 이 동기의 신빙성을 긍정한다. 그러나 Güttgemanns, *Der leidende Apostel* 175-7은 정당한 의구심을 나타낸다.

[105] 주석서들 외에 H. Clavier, La santé de l'apôtre Paul: Festschrift de Zwaan (Haarlem 1953) 66-82; Ph. H. Menoud, L'echarde et l'ange satanique: 같은 책 163-71; Windisch, *2 Kor* 385-8 참조.

가 들어 있는 것일까?[106] 간질일 가능성은 거의 없다. 왜냐하면 (사도의 편지들이 입증해 주듯이) 바울로는 노년에도 정신의 예리함을 전혀 잃지 않았기 때문이다. 그것도 아니면 그저 사도의 예민하고 허약한 체질에서 비롯된, 그래서 하나의 병명을 꼬집어 말할 수 없는 복합증후군이었던가?[107] 최근에는 바울로가 자연적 질병을 앓았던 것이 아니라, 돌매질 같은 가혹행위를 자주 당한 결과 고통스러워했다는 견해가 다시 대두되었다.[108] 사실 이 가혹행위들은 사도의 육신을 몹시 괴롭혔다. 갈라디아 교우들은 바울로가 갈라디아서 6장 17절에서 예수의 상흔이라고 말한 그의 육신의 맷자국과 흉터들을 보았던 것일까?

우리가 이 문제에서 뚜렷한 성과를 얻을 수는 없으나, 아무튼 바울로에게는 병고의 그리스도교적인 극복이 중요했음을 알고 있다. 사도는 병고 안에 역설적으로 하느님의 능력이 작용하고 있음을 깨달았다. "육신 안의 가시", "사탄의 심부름꾼"이 그를 주먹으로 때린다(고린토 후서 12장 7절에서 바울로는 자신의 질병을 이렇게 묘사한다)는 것은 사도의 허약함의 표현이다. 그러나 하느님의 능력은 인간의 허약함 가운데서 완성된다. 이 깨달음은 그 질병에서 벗어나게 해 달라는 바울로의 간절한 기도에 대한 하느님의 응답으로 주어졌다(2고린 12,8-9). "우리는 이 보화를 질그릇 속에 지니고 있습니다. 그것은 그 엄청난 힘이 하느님의 것이니만큼 결코 우리에게서 솟아나는 일이 없도록 하려는 것입니다"(2고린 4,7). 고대의 관념에 따르면 육체적인 (그리고 정신적인) 질병은 악령들의 권세에 의해 발생한다. 갈라디아 교우들이 삼간 침 뱉음은 경멸의 표시일 뿐 아니라, 방어주술이기도 했다. 하느님의 사람이 그들 앞에 육신적으로 완전히 허약한 모습으로 나타났다! 그러나 그들은 그 역설을 이해했다. 사도의 허약함/질병 안에 그리스도의 능력이 머물러 있었던 것이다(2고린 12,9).[109]

---

[106] "할 수만 있었다면"이라는 표현 덕분에, 우리는 이 견해를 반박할 수 있다.

[107] Dibelius, *Paulus* 39 참조.

[108] Becker, *Paulus* 185f 참조.

갈라디아인들에게 바울로의 발병 상황은 첫 복음 선포의 가장 인상 깊은 요소인바, 아주 뚜렷이 부각된다. 이것에 터해 다른 많은 것이 정렬되고 추정된다. 특히 그리스도의 십자가든 그리스도 십자가와 사도의 관련성이든, 십자가가 강조되고 있다. 바울로는 오로지 그리스도의 십자가만을 자랑하고자 하거니와, 그 십자가로 말미암아 세상은 사도에 대해 못 박혔고 사도도 세상에 대해 못 박혔다(갈라 6,14). 세상에서 인정받으려 안달하고 시련을 두려워하는 것은 그리스도의 십자가를 제대로 이해하지 못한 처사다(6,12). 십자가에 달린 그리스도는 우리를 위해 저주가 되셨다(3,13). 바울로는 예수의 상흔을 제 몸에 지니고 있다(6,17). 사도는 갈라디아인들에게 그리스도를 십자가에 못 박히신 모습으로 그려 보여 주었다(3,1). 우리는 십자가에 관한 이 거듭되는 진술들로부터, 갈라디아인들에게의 첫 복음 선포는 무엇보다도 십자가에 관한 설교였다고 추론해도 될 것이다. 이 인상은 로마서가, 갈라디아서와 매우 유사함에도 불구하고, 십자가를 전혀 언급하지 않는다[110]는 관찰에 의해 더욱 강화된다. 확실히 복음 선포와 사도의 발병 상황은 결부되어 있다. 이 결부는 바울로의 십자가 설교를 절절하게 만들어 주었다. 십자가 설교에 비하면 그리스도 내림의 통고는, 물론 나오기는 하지만(1,4; 5,21 참조), 뒤로 밀려나 있는 것으로 보인다.

갈라디아 교우들이 전에는 이교도였다는 것도 물론 유념해야 한다. 그들은 자기네 종족신들에게 종살이했는데, 이것들은 성서 그리고 바울로에 따르면 아무것도 아닌 것들이요 신이 아닌 것들이다(4,8). 때문에 갈라디아인들은 먼저 한 분 참하느님께 대한 인식으로 이끌어져야 했다(4,9). 필경 이런 배경에 터해 자유에 관한 사상을 이해해야 하거니와, 이 사상은 물론 갈라디아서 집필 당시 새로운 현실성을 획득했다(4,31; 5,1.13). 그리스도의

---

[109] 사탄의 심부름꾼이 주먹으로 때린다는(2고린 12,7) 표현은 이 심부름꾼이 복음 선포를 방해하고자 한다는 것을 의미할 수도 있다.
[110] 명사 "십자가"도 동사 "십자가에 못 박다"도 나오지 않는다. 갈라디아서에는 두 낱말이 각기 세 번씩 나온다.

복음(1,7)은 그리스도를 믿는 사람들의 자유에 관한 복음이다. 그리스도를 믿게 된 사람들은 세례를 받았다(3,27 참조).

질병 치유, 첫 복음 선포와 기초 교육에 여러 달이 필요했을 것이다. "믿음의 집안사람"(οἰκεῖος)이라는 개념은 가정교회들을 암시한다. 그 교회들에는 교리교사 구실을 맡은 사람들이 있었다(6,6 참조). 바울로는 이 직분을 담당할 몇 사람을 이미 선발했을 것이다.[111]

바울로와 일행들은 여행의 일차 목적지인 트로아스로 가려 애썼는데, 이곳은 같은 이름을 가진, 이다 산맥이 위압적으로 내려다보고 삼면이 바다로 에워싸인 지역의 수도였다.[112] 케사르 이래 로마제국의 속령이었던 이 도시(온전한 이름은 알렉산드리아 트로아스였다)는 로마풍으로 꼴지어졌고, 헬레스폰트 해협에 접해 있어 세계 개방적이었으며 중요한 항구를 하나 가지고 있었다.[113] 바울로가 트로아스로 가려 애썼다는 것은, 계속하여 유럽으로 진출하고자 했음을 확인해 준다. 여기서 사도는 자신과 실바노 그리고 디모테오를 멀리 데려다 줄 배가 나서기를 기대할 수 있었을 것이다.[114] 우리는 그들의 다음 목적지 결정이 배편을 쉽게 구할 수 있는지 여부에도 달려 있지 않았을까 추정할 수 있다. 그들은 마케도니아의 네아폴리스로 향하는 배를 탔다. 좀 더 오래 기다렸다면 데살로니카로 가는 배도 골라 탈 수 있었을까? 그건 알 수 없다. 아무튼 트로아스는 선교 활동에 대한 바울로의 계획에 적합한 도시였으니, 세계 도처의 사람들, 일단 복음을 알게 되면 그것을 계속 전해 줄 수 있을 만한 사람들이 만나는 활기찬 요충지였다. 바울로가 첫 번째 트로아스 체류 때 이미 설교를 했고 어쩌면 작은 교

---

[111] 물론 이런 재구성은 그저 단편적으로 또 불확실하게만 이루어질 수 있다.

[112] Plinius, *nat.* 5, 124-7 참조.

[113] Sueton, *Caes.* 79, 3에 따르면 케사르 시대 로마에서는 케사르가 제국 수도를 로마에서 알렉산드리아(트로아스)로 옮기려 한다는 풍문까지 돌았다.

[114] 2세기에 순교자 주교 안티오키아의 이냐티우스는 네아폴리스/이탈리아행 호송선에 태워졌다. *IgnPol* 8, 1 참조.

회도 세울 수 있었다고 보아도 될 것이다. 훗날의 이 도시 방문과 관련하여 바울로는 자신의 복음 선포에 대해 명시적으로 언급하는데, 이미 교회가 있었음을 전제한다(2고린 2,12-13). 우리는 이 교회에 관해 아는 게 거의 아무것도 없으니, 사도가 여기로 편지를 써 보내지 않았기(혹은 편지가 우리에게 전해 오지 않기?) 때문이다. 후대의 증언들이 이 교회의 존재를 확인해 준다.[115] 사도행전 16장 9-10절은 트로아스에서 마케도니아로 건너간 것은 밤에 있었던 현시에서 비롯된 일이라고 한다. 이는 하느님의 영이 선교사들의 여정을 인도했음을 보여 주려는 루가의 의도에 맞춘 것이다. 물론 바울로의 결심은 이미 오래 전부터 확고했다.

항해는 봄과 여름에만 가능했는데, 11월 11일부터 3월 10일까지는 사나운 날씨 때문에 바다가 봉쇄되었다(mare clausum). 고대의 항해 관습과 종교의 혼합을 떠올려 보는 것도 도움이 된다. 신심과 미신이 뒤섞였다. 선체는 온갖 종교적 장식, 신상, 금기, 둥근 창, 봉헌물로 꾸며졌다. 출항 전에 제사를 드리기도 했다. 파선, 특히 익사에 대한 두려움이 매우 컸다. 익사자에게는 정식 장례가 허용되지 않았다.[116]

약 200km에 걸친 트로아스에서 네아폴리스(오늘날의 카발라)로의 항해는 사모드라게 섬과 타소스 섬을 지나 바람 사정이 좋으면 이틀 안에 끝날 수 있었다. 네아폴리스는 필립비의 항구도시였다. 거기서 바울로와 일행들은 마케도니아를 가로지르는 육로를 선택했다. 네아폴리스에서 그들은 에냐시아 국도에 이르렀는데, 이 유명한 도로는 비잔티움을 아드리아 해와, 더 자세히 말하면 디라치움과 아폴로니아와 연결해 주었다. 그 도중에 필립비와 데살로니카가 있었다. 에냐시아 국도는 마침내 로마로 통했다. 아드리아 해의 항구들에는 브룬디시움(오늘날의 브린디시)을 경유하여 로마로 연결되는 배편이 있었다. 제국 도로망에서는 모든 길이 로마로 통했다. 바울

---

[115] *IgnPhld* 11, 2; *IgnSm* 12,1; 2디모 4,13은 트로아스 교회의 신자 가르포에 관해 언급한다.
[116] D. Wachsmuth: *KP* V 69f (참고문헌) 참조.

로가 이미 이때 로마로 가려는 생각을 했을 가능성을 배제해선 안 된다. 훗날 바울로는 로마서 1장 13절에서 로마 교우들에게 자신이 이미 여러 번 그들을 방문하려 계획했으나 거듭 저지당했다고 확언한다. 필시 에냐시오 국도를 따라갔을 바울로가 이 계획을 포기하게 된 이유 한 가지를 추측할 수 있다. 사도는 클라우디우스 황제가 로마 시 유대인들을 겨냥하여 취한 조처들[117]에 관해 들었을 것이다.

그러나 바울로가 이때 이미 데살로니카를 지나 아드리아 해, 일리리쿰까지 나아갔으리라는 것은 신빙성이 없다.[118] 이 진출의 근거로 로마서 15장 19절을 내세우는데, 여기에 따르면 바울로는 예루살렘에서 일리리쿰까지 복음을 두루 전했다. 그러나 바울로는 여기서 일리리쿰 선교 활동을 암시하지는 않는다. 사도는 예루살렘에서도 일리리쿰에서도 설교하지 않았다. 이 두 도시는 바울로 선교 활동의 양 극단을 나타낸다.[119]

동쪽에서 오다가 네아폴리스에서 북쪽으로 꺾이는 에냐시아 국도에서 바울로와 두 동행인은 심볼론 협로를 거쳐 20km 떨어진 필립비로 향했다. 성곽으로 에워싸인 이 도시에서 그들은 대부분 로마풍에 젖은 주민들을 만났다. 세계사를 움직인 기원전 42년의 필립비 전투 이후, 두 승자 마르쿠스 안토니우스와 옥타비아누스 아우구스투스는 이 오래된 지역에 로마 퇴역 군인들을 정주定住시키기 시작했다. 30년경 후자가 이 도시를 군사적 속령(Colonia Julia Augusta Philippiensis)으로 승격시켰다. 정주 작업이 플라비우스 시대까지 계속된 것으로 미루어, 마케도니아 주민들과의 혼합은 어디까지나 점진적으로 이루어졌을 것이다. 바울로는 이곳 사람들과 그리스어로 의사소통을 할 수 있었다. 그러나 이들이 라틴어도 사용했다는 것은 비문들과 필립비서를 자세히 살펴보면 확인된다: 필립비서 4장 15절에 $\phi\iota$-

---

[117] Suhl, *Paulus* 94f; Riesner, *Frühzeit* 172 참조.

[118] Suhl, *Paulus* 94-6은 그 후 바울로가 그리스 서부에서 아테네로 갔을 가능성도 배제하지 않는다.

[119] Käsemann, *Röm* 377. 이 문제에 관해 로마 15,19에 대한 주해들 참조.

λιπποι나 φιλιππεῖς 대신 사용된 드문 호칭 φιλιππήσιοι(필립비인들)는 라틴어식 표현인데, 짐작건대 필립비 사람들의 자칭이다. 바울로가 라틴어로 의사소통을 했을 가능성도 배제해선 안 된다. 필립비인들의 종교 생활은 종교혼합주의의 영향을 크게 받았다.[120]

매혹적인 풍광 속에 자리 잡은 이 도시는 삼면이 산으로 둘러싸이고 오직 서쪽만 활짝 트여 있었는데, 늪과 호수가 많은 지역의 하천들이 합류한 안기테스 강이 흐르는 곳도 그쪽이었다.

바울로, 실바노, 디모테오는 그리스도교 선교사로서 처음 유럽 땅에 발을 들여놓았다. 이 사실을 사도 자신도 "복음 선포의 시작"에 관해 말함으로써 중요하게 평가했다: "필립비인들이여, 여러분도 알지만 복음 선포를 시작할 무렵 내가 마케도니아를 떠났을 때, 여러분 외에는 어느 교회도 나와 더불어 주고받는 셈을 함께 하지 않았습니다"(필립 4,15). "복음 선포의 시작"은 바울로가 유럽으로 건너감으로써 한 단계가 종결되었음을 나타내며, 동시에 사도가 그리스 선교를 얼마나 중요하게 여겼는지를 알려 준다.[121] 사도행전 16장 13-15절은 첫 개종자 리디아에 관해 기술한다. 그는 티아디라 시 출신의 자색 옷감 장수였다. 여기엔 오래된 전승이 들어 있는 것으로 보인다. 이 이야기가 제공하는 장소에 관한 정보는 정확하다. 시의 성문 밖에, 즉 포메리움(성벽으로 둘러싸인 내부 지역) 건너편 강가에 유대인들의 기도처(προσευχή)[122]가 하나 있었다. 리디아는 하느님을 공경하는 사람이었다. 그녀는 이방인으로서 유대교에 들어왔었다. 이것은 상당히 작았을 한 유대인 공동체가 필립비에 있었음을 확인해 준다. 유대인들이 시 성벽 밖에 기도처들을 세웠음은 여러 차례 입증되었다.[123]▶

---

[120] Gnilka, *Phil* 2 참조. 이 도시에 관해 총체적으로 Appian, *bell. civ.* 4, 105ff 참조. 바울로가 라틴어를 알고 있었을 가능성에 관해서는 Tajra, *Trial* 86 참조.

[121] "내가 마케도니아를 떠났을 때"는 마케도니아를 떠나버린 것을 뜻하는 게 아니라, 마케도니아가 출발점임을 의미한다. 총체적으로 Gnilka, *Phil* 177 참조.

[122] 오직 사도 16,13.16에서만 루가는 이 낱말을 사용한다. 평소에는 회당(시나고그)이라고 부른다.

유럽 땅에서 처음으로 복음을 받아들인 사람이 여성이라는 사실은 루가에게 의미심장했다.[124] 그녀가 아시아 출신이라는 점도 중요했을 것이다. 그렇다면 리디아는 일종의 연결 고리 역할을 지니고 있었던 셈이다. 그런데 바울로가 필립비서에서 리디아의 이름을 언급하지 않는 것이 문제가 된다. 바울로는 에바프로디도(2,25)와 클레멘스 (그리고 쉬쥐고스?)[125] 외에 유오디아와 신디케를 거명하는데(4,2-3), 물론 상황에 따라 그렇게 한다. 이로써 사도는 교회 탄생에서 여인들의 중요성을 확인해 준다. 연구자들은 일종의 타협안으로 리디아를 출신지로 보고, 그렇게 지칭된 여인을 유오디아나 신디케와 동일시했다.[126] 그러나 리디아는 여인 이름[127]으로 확인되었다. 바울로는 필립비서에서 사람들의 이름을 불러가며 인사하지 않는다. 리디아는 4장 3절의 "나의 다른 협력자들"에 포함될 수도 있다.[128]

선교사들은 교회를 하나 세웠는데, 바울로는 이 교회와 처음부터 각별한 관계를 맺고 있었다. 사도는 필립비 교우들의 경제적 지원을 받아들임으로써, 그들을 특별히 생각하고 있음을 드러낸다. 덧붙여 그런 내역들을 장부에 꼼꼼히 기록했던 것으로 보인다(4,5-17). 바울로는 다른 교회들에 대해서는 대가를 받지 않고 복음을 선포하는 자신의 명예를 지킨다. 필립비 교우들에게 이 예외는 보람 있는 인정認定이요 책임이었다. 그들 역시 처

◂[123] 1961년 발굴된 오스티아 안티카의 회당(1세기로 소급된다)이 인상깊은 고고학적 증거를 제공한다. 이 회당 역시 성벽 밖 바다에 연해 있었다.

[124] 로마 교회가 더 오래되었다는 것에는 생각이 미치지 않는다.

[125] 쉬쥐고스(σύζυγος. 필립 4,3: 『200주년 신약성서 주해』에선 "동료"로 옮겼음)가 인명인지 아니면 완곡 표현(같은 멍에를 멘 사람, 즉 동료)인지는 논란되고 있다. 둘째 경우라면 누구를 가리키는지가 문제 된다.

[126] 이 시도에 관해 Haenchen, *Apg* 433 각주 4 참조.

[127] 리디아는 우선 에페소를 중심으로 한 소아시아 서부 지역의 명칭이다. 여인 이름으로는 마르티알과 호라츠의 연애시들에 나온다. Bauer - Aland, *Wörterbuch*의 증거에 따르면 여인 이름 리데가 더 널리 알려졌다.

[128] 그렇다면 리디아가 필립비 교회에서 나중에 중요한 역할을 했고 그녀의 이름이 앞선 시점으로 옮겨졌다고 추측할 수밖에 없다. 그러나 이것은 별로 신빙성이 없다.

음부터 복음을 적극적으로 옹호했고, 나름대로 복음 전파에 노력했음이 분명하다(1,5).

필립비 체류는 한 소동이 일어남으로써 때이르게 중단되어야 했다. 하지만 사도행전 16장 12절이 말하는 것처럼 그저 며칠이 아니라, 훨씬 길었음이 틀림없다. 시 당국이 바울로를, 추측건대 두 동행도 체포했다.[129] 사도 자신이 편지에서 이 일을 암시한다. 필립비서 1장 30절에서 그는 이렇게 상기시킨다: "여러분이 전에 내게서 보았던 투쟁, … 그 똑같은 투쟁을 여러분도 하고 있습니다." 데살로니카 전서 2장 2절에서는 더 분명히 말한다: "여러분이 아는 바와 같이 우리는 전에 필립비에서 고통과 치욕을 당했습니다." 특히 둘째 단어($ὑβρίζω$)는 체벌을 가리킨다(사도 14,5 참조).

이 간략한 진술은 사도행전 16장 16-40절에 의해 보충된다. 물론 이 전언은 많이 손질되었는데, (루가 이전의 텍스트에서는) 전설의 형태를 띠고 있었다. 하지만 오래된 흔적들을 식별할 수 있다.[130] 관리($ἄρχοντος$), 행정관($στρατηγός$) 그리고 호위병($ῥαβδοῦχος$)들이 논구의 대상이 되어 있다. 관리들이 관헌에 대한 일반적 명칭이라면, 행정관들은 도시의 재판권을 행사하는 두 사람의 예심판사로 볼 수 있다.[131] 반면 호위병들은 신약성서에서 이곳에만(사도 16,35.38) 나오는데, 권력자들이 대중 앞에 나타날 때마다 앞장서서 그들 권력의 상징인 회초리 묶음fasces을 들고 가는 하급 관리들이다.[132] 이 회초리로 호위병들은 체벌을 시행했다. 우리는 로마 군사 식민지의 행정과 재판의 전형적 모습을 보고 있다.

---

[129] 사도 16,11-40의 전언에는 디모테오가 언급되지 않는다. 그는 17,14-15에 비로소 다시 등장하는데, 필립비와 데살로니카에 있었음이 전제되어 있다. 16,19.25.29에 따르면 바울로와 실라는 필립비 감옥에 갇혔다. 디모테오는 잊혀진 것처럼 보인다!

[130] 주석서들의 분석 참조. Wiser, *Apg* 424-31이 탁월하게 개관한다.

[131] Conzelmann, *Apg* 92.

[132] 회초리 묶음에서 손도끼 하나가 돌출해 있었다. 로마와 로마 식민지들에서 사람들은 손도끼를 쓰지 못했다. 이것은 필립비에서도 마찬가지였다. Tajra, *Trial* 11f 참조. 식민지(속령)에 관해 Bleicken, *Verfassung- und Sozialgeschichte* I 177 참조.

바울로가 박해를 당한 이유를 알려면, 다음 사실을 염두에 두어야 한다: 필립비 같은 로마의 군사 식민지들이 건설된 것은 퇴역 참전 군인들의 사회보장뿐 아니라 무엇보다 국시國是 앙양昻揚을 위해서였다. 여기에 정주한 참전 군인들은, 모두가 로마 시민이었거니와, 많은 민족이 거주하는 제국의 안보와 질서 유지에 기여하고 로마식 생활 방식을 전해 주어야 했다. 외래 종교들의 선전은 평온과 질서를 깨뜨릴 소지가 많았다. 이것은 특정 상황에서는 유대교도 마찬가지였다. 로마인들은 유대교에 관용적이었고 허용된 종교religio licita의 특전을 부여했다. 그러나 유대교는, 상당히 깊은 감명을 준 유일신론은 높이 평가받았지만, 근본적으로 특정 비로마 민족의 한 종교로 여겨졌다. 우리는 유대교로 개종했기 때문에 고소당한 로마인들의 중요한 재판 사례들을 알고 있다. 비난은 이러했다: 매국.[133] 물론 그런 사례들은 예외적인 경우였다. 그러나 그것들은 합법과 불법 사이의 경계가 뚜렷하지 않았음을 말해 준다.

당국은 외래 종교의 선전이 소요를 야기할 때는 개입할 필요가 있다고 생각했다. 필립비에서도 그런 경우였을 것이다. 사도행전 16장은 바울로가 점치는 능력을 지닌 여종에게서 귀신을 쫓아낸 일과 소요를 결부시키는데, 이 구마驅魔로 여종이 그 능력을 잃게 되어 주인에게 금전적 손실을 끼쳤다는 것이다. 이것을 어찌 평가하든 간에, 이야기는 방향을 바꾼다. 선교사들에 대한 박해의 진짜 이유는 다음과 같은 고발에서 드러난다: "이 사람들은 유대인들인데 우리 도시를 소란스럽게 합니다. 또한 우리 로마 사람들이 받아들여서도 안 되고 지켜서도 안 되는 풍습들을 선전합니다" (16,20-21). 바울로는, 공격적이라고까진 할 수 없어도, 열정적인 선교사였다. 당국은 아직 유대교와 그리스도교를 구별할 능력이 없었음이 확실하다. 객관적인 경계선이 아직 뚜렷하지 않았다. 행정관들은 바울로와 일행들을 재판하지는 않았다. 이 점에서도 사도행전 16장의 신빙성을 인정해

---

[133] 이 표현과 사례들에 관해 Mommsen, *Römisches Strafrecht* 574 각주 3 참조.

주어야 한다. 그들은 자신들의 공동 소환권을 행사하여, 선교사들을 매질하고 당분간 감옥에 가두어 두게 했다. 바울로는 고린토 후서 11장 25절에서 로마인들에게 세 차례나 회초리로 매질을 당했다고 확인해 준다.

바울로가 (여러 차례) 매질을 당한 사실에서 사도가 로마 시민권을 가지고 있지 않았으리라고 추론할 수는 없다. 추측건대 필립비에서 바울로는 시민권 보유 사실을 적시에 주장하지 못했으니, 재판도 받지 않았고 당국이 사건을 간단히 처리해 버렸기 때문이다. 우리는 로마 재판관들이 로마 시민권을 무시하고 포악한 위법행위들을 저지른 증거들을 가지고 있다.[134] 그런 경우가 우리에게 전해 오는 것보다 많았음이 확실하다. 로마 시민에 대한 매질이 그런 것이었다. 혈통상 다른 민족에 속한 로마 시민들은 그런 감정 섞인 권리 침해에 어느 정도 각오가 되어 있었던 것 같다. 반유대주의 정서가 덧붙여졌을 수도 있다.

바울로가 감옥에서 풀려난 뒤 당국에 명예 회복을 요구한 것은 납득이 간다. 사도가 요구한 것은 그의 인격의 명예 회복이라기보다는 복음의 명예 회복이었다. 바울로는 계속 복음을 선포하고 선교를 하고자 했다. 과연 명예 회복이 이루어졌는지, 그랬다면 어떠한 형식으로 이루어졌는지는 정확히 알 수 없다. 사람들은 선교사들을 도시에서 내보냈다. 도시 출입 금지령을 부과받지는 않았던 것 같다. 바울로는 나중에 다시 돌아올 터였다. 바울로가 그 후로도 로마가 지배하던 큰 도시들 그리고 마침내는 로마로 몹시 가고 싶어 한 것은, 자신이 로마 시민이라는 의식에 기인한 면도 있을 것이다. 바로 이것이 거듭 의심받는 사도의 로마 시민권에 대한 한 증거다. 바울로가 복음의 세계성을 신학적 통찰로부터 길어 냈지만, 로마 시민권은 사도에게 세계 개방적 실존을 부추기는 하나의 자극이었다.

선교사들이 그 후에 택한 노정, 더 정확히 말해 그들의 활동 무대에 관해 우리는 잘 알고 있다. 여기서는 바울로 서간들의 진술과 사도행전의 보

---

[134] 매우 널리 알려진 사례들은 Josephus, *bell*. 2, 308; Eusebios, *hist. eccl.* 5, 1, 44.50; Cicero, *in Verrem* 2, 5, 62에서 찾아볼 수 있다.

고가 근본적으로 일치한다. 그 노정은 정해져 있는 것이나 마찬가지였다. 먼저 그들은 서쪽으로 향했고 에냐시아 국도를 따라 마케도니아 평야를 가로질러 이동했다. 몸은 매질로 쇠약해져 있었다. 아마 일행들은 사도의 격려가 필요했을 것이다. 그런 상황에 비추어 보면 바울로의 여러 가지 말들이 각별한 의미를 지닌다: "과연 나는 복음을 부끄러워하지 않습니다. 실상 그것은 믿는 모든 이들에게 구원을 위한 하느님의 힘입니다"(로마 1,16); "우리가 언제나 예수의 죽으심을 몸에 지니고 다니는 것은 예수의 생명 또한 우리의 몸에 드러나도록 하려는 것입니다"(2고린 4,10).

에냐시아 국도는 암피볼리스로 통했는데, 로마제국 마케도니아 속주 첫 지역의 수도였고[135] 필립비에서 약 50km 떨어져 있었다. 이곳에는 아홉 거리 교차로Ennea Hodoi도 있었다. 아폴로니아를 거쳐, 호수 둘을 지나, 선교사들은 거의 100km를 더 가서 데살로니카에 이르렀다. 바울로와 일행들이 암피볼리스와 아폴로니아에서는 선교 활동을 하지 않았음이 거의 확실하다. 굴욕을 당한 도시 필립비에서 가능한 한 멀어지려 했던 것일까? 아니면 여전히 빨리 로마로 가려고 애썼던 것일까?

데살로니카 같은 도시에서 복음을 선포하는 것은 바울로의 선교 전략에 부합하는 일이었다. 이곳을 사도는 그냥 지나쳐 갈 수 없었다. 이 활기 넘치는 도시(Livius 45,29,9)는 많은 점에서 중요했다. 테르메 만灣 깊숙이 에냐시아 국도가 통과하는 곳에 자리 잡은 데살로니카는 마케도니아 속주의 가장 중요한 항구요, 펠라·에데사·악시오스탈 등으로 통하는 수많은 도로들의 기점이었다.[136] 정치적으로 데살로니카는 원로원 측 제국 속주 마케도니아의 수도요 총독 주재지였다.[137] 주민들이 내전 당시 케사르와 안

---

[135] 마케도니아 속주는 네 지역(μέρος)으로 나뉘어져 있었다.

[136] 1세기에 데살로니카는 한 개의 개방된 외항만 가지고 있었다. 코르티아티스 산기슭에 도시를 세워 산이 북풍을 막아주었다. 인공 항구는 콘스탄티누스 대제 시대에야 건설되었다. K. Kinzl: *KP* V 761f 참조. 지금도 이 도시의 간선도로는 에냐시아 국도라 불린다.

[137] 기원전 148년 창설된 이 속주는 기원전 27년부터 서기 44년까지 황제 측 총독 모에시엔스가 다스렸고, 그 후엔 다시 원로원 측 속주가 되었다. G. Neumann: *KP* III 917 참조.

토니우스 쪽에 가담했기 때문에, 기원전 42년 자유도시의 특전들을 얻었다. 이것은 내정의 폭넓은 자주성, 독자적 법률 운용 가능성, 자주적 재판권 행사를 의미했다.[138] 이런 자주성이 어느 정도 제한되었는지(예컨대 로마 시민들에게만 해당되었는지?)는 정확히 말하기 어렵다. 군중 집회와 법률 집회들이 규정되어 있었다. 특별 속주의 행정권은 특히 5~6명의 시 행정관(πολιτάρχης) 위원회 수중에 있었다. 루가가 마케도니아의 행정을 특징짓는 이 낱말을 데살로니카에만 적용한 것은(사도 17,6.8), 지역 사정을 잘 알고 있었음을 말해 준다. 시 행정관들은 도시의 안전과 평화를 책임졌다. 종교 생활은 동방에 통상적이던 그리스, 로마, 동방 신들 숭배의 혼합 양상을 보여 주었다. 카비레 제의는 특히 진기했다.[139] 바울로 시대에 유대인 공동체와 회당이 있었다는 사실은 사도행전 17장 1절에서만 분명히 확인된다. 그러나 후대의 유대인 비문들도 예증이 될 수 있다. 사도행전 17장의 전언은 믿어도 된다.[140]

데살로니카 전서에서 바울로는, 다른 편지들에서와는 달리, 데살로니카 교회 초창기에 관해 상당히 많이 언급한다. 사도는 특히 데살로니카 교우들에게 그 당시를 잊지 말라고 간청한다. 거듭되는 "여러분은 알고 있습니다"라는 말로 공동의 기억을 강조하고, 그로써 자신과 교회 간에 결속의 다리를 놓는다: "우리가 여러분을 위하여 여러분 가운데서 어떻게 처신했는지는 여러분이 아는 바입니다"(1,5); "우리가 여러분을 찾아간 것이 헛되지 않았다는 사실을 여러분 자신도 잘 알고 있습니다"(2,1); "여러분은 우리의 수고와 고생을 잘 기억하고 있을 것입니다"(2,9); "그들 자신이 우리 이야기를 하면서 우리가 여러분에게 어떤 대접을 받았는지 전하고 있습니

---

[138] 자유도시들의 특전들에 관해 Lex Antonia de Termessibus가 많은 정보를 제공해 준다. Tajra, *Trial* 30f와 각주 7(참고문헌) 참조.

[139] 종교 생활에 관해 Rigaux, *1.2 Thess* 15-20 참조.

[140] 4세기 데살로니카에 사마리아인들의 회당이 하나 있었음이 확인되었다. Schürer - Vermes, *History* III 66f 참조.

다"(1,9). 바울로가 데살로니카 전서에서만 사용하는 "$\epsilon\iota\sigma o\delta o\varsigma$"(『200주년 신약성서 주해』의 경우, 2장 1절에서는 "찾아간 것"으로, 1장 9절에선 "대접"으로 옮겼음)라는 낱말은, 데살로니카에서 사도에게 (필경 기대하지 않았던) 문이 열렸음을 말해 준다. 과연 바울로는 필립비에서 곤욕을 치른 사람으로서 그들에게 왔던 것이다: "여러분이 아는 바와 같이 우리는 전에 필립비에서는 고통과 치욕을 당했지만, 오히려 우리 하느님 안에 용기를 얻고는 심한 고전을 하면서도 여러분에게 하느님의 복음을 전했습니다"(2,2). 바울로는 자신의 맷자국을 감출 수 없었다. 사도는 오히려 자신의 굴욕을 십자가와 부활에 관한 복음(4,14; 5,10; 1,10)과 하나로 결합시켰다. 이런 결부 때문에 피할 수 없는 환난을 데살로니카 교우들도 유사하게 체험했다(3,4). 선교사들은 데살로니카에서 성공을 거두었다. 믿음을 받아들인 사람들 숫자로 보면 보잘것없는 성과였을 수도 있다. 그러나 그들의 상황은 바울로에게 위안과 기쁨을 안겨 주었다. 데살로니카 사람들은 복음을 사람의 말이 아니라 하느님의 말씀으로 받아들였다(2,13; 참조: 1,9).

데살로니카 전서가 그곳에서 바울로의 첫 복음 선포 상황을 재구성하기 위해 제공하는 그 밖의 정보로는 개개인에 대한 바울로의 애정을 들 수 있다. 아비가 자녀를 대하듯(2,11), 어미가 자식을 아끼듯(2,7)[141] 사도는 그들을 대했다. 그 밖에 바울로는 데살로니카에서 경제적으로 아무에게도 짐이 되지 않기 위해, 자기 직업에 종사했다. "밤에 그리고 낮에(도)"(순서에 주목하라!) 그는 일을 했다(2,9). 필립비서 4장 16절에서 알 수 있듯이, 바울로는 이 시기에 필립비 교우들과 교회의 도움을 받았던바, 사도는 필립비 교회에만 이 특권을 부여했다.[142] 이것을 데살로니카의 여러 사람이 아마도 의심한 것 같다. 2장 3-12절은 그런 의혹을 불식시키려는 것일 수 있다.[143]

---

[141] 여기에 나오는 까다로운 상징어에 관해서는 Holtz, *1 Thess* 82f 참조.

[142] 필립 4,16의 상투적 표현은 바울로가 데살로니카에서 여러 번 필립비 교우들에게 보시를 받았음을 말하는 것이 아니라, 필립비인들이 바울로에게 이미 그곳에서 그리고 나중에 다른 여러 곳에서(2고린 11,8-9 참조) 도움을 주었음을 의미한다. Gnilka, *Phil* 178 참조.

바울로의 복음 선포는 십자가와 부활에 관한 케리그마 외에 임박한 그리스도의 내림來臨에 대한 선포(1,10)도 포함하고 있었다. 이것은 필립비에서도 마찬가지였다(필립 1,10; 4,5). 특히 이 단계에 사도의 선포는 종말론적 각성운동이었다. 그리스도의 내림이 임박한 것으로 고대되었다. 바울로는 내림이 자기 생전에 닥치리라 여겼으니, 과연 "주님이 내림하실 때까지 남아 있을 우리 산 사람들"(1데살 4,15; 참조: 5,23)이라고 말한다.

그러나 데살로니카인들은 먼저 자기네 우상들로부터 살아 계시는 참하느님께로 돌아서야 했다(1,9). 이 표현은 공동체 구성원 대부분이 예전에 이교도들, 즉 "하느님을 모르는 자들"이었음을 짐작하게 한다(4,5). 사회적 측면에서 공동체 구성원들 대부분은 중산층이었으나, 필경 여럿은 상류층에, 또 약간은 노예 계층에 속했던 것 같다. 상거래에서 속이지 말라는 훈계, 결혼 생활에 관한 충고 그리고 노동에 대한 권면 역시 중산층에 어울리는 것들이다(4,6.4.11). 또한 바울로는 데살로니카에 머무는 동안 자기가 떠난 후 기꺼이 교회를 책임지고 지도할 사람들을 선발·교육했다. 5장 12절에서 사도는 이 사람들을 위해 간청한다. 자기 집을 가정교회 장소로 내줄 수 있는 사람들이 있었던 것 같다. 사도행전 17장 5-9절에 등장하는 야손도 그런 사람이었을 것이다. 또한 공동체에는 예언의 영이 역사하고 있었다(1데살 5,19-20).

선교사들의 데살로니카 체류 기간과 결말에 관해 우리는 아는 게 거의 없다. 사도행전 17장 2절의 "세 안식일에 걸쳐"라는 말은, 확실히 너무 짧게 잡은 것이다. 손수 일을 해서 돈을 충분히 벌었다는 것은 몇 달 체류했음을 전제한다. 사도행전 17장에 따르면 체류는 한 소동으로 끝났다. 그러나 고발당한 사람은 바울로가 아니라 야손이었다. 사람들은 선교사들이 예수라는 또 다른 왕이 있다면서 황제의 법령을 어긴다고 심하게 비난했다(17,7). 여기에는 후대 교회들의 체험과 충돌이 바울로 시대로 투사되어

---

[143] 예루살렘의 가난한 이들을 위한 훗날의 모금은 여기에 암시되어 있지 않다 — 데살로니카 전서는 본디 독자적인 두 편의 서간이 편집된 것이 아님이 거의 확실하다.

있는 것 같다.¹⁴⁴ 아무튼 선교사들이 도시에서 추방되지는 않았다.¹⁴⁵ 그렇지 않았다면 바울로가 그 후 얼마 지나지 않아 데살로니카 교우들을 다시 방문하려는 열망을 드러내지 못했을 것이다(1데살 2,17-18). 디모테오를 그곳으로 보내는 것은 더욱이나 불가능했을 것이다(3,1-2). 하지만 체류하는 동안 어려운 일들, "심한 고전"(2,2)이 있었다. 이것이 구체적으로 무엇인지는 밝혀내기 어렵다. 아마도 사회적 불이익들이었을 것이다.¹⁴⁶ 바울로가 4장 12절에서 처음으로 "바깥 사람들"이라는 개념을 사용하는 것에 주목할 필요가 있다. 이 개념은 교회의 경계를 설정하려는 노력을 나타낸다: "바깥 사람들이 보기에도 착실하게 사십시오." 그러나 어려운 일들이 회당 측에 의해 야기되었을 개연성도 매우 크다. 바울로가 선교 활동을 회당에서 시작했다는 사실 자체(사도행전 17장 1-2절의 전언은 루가의 도식에 맞춘 것이다)가 심각한 문제를 일으키지는 않았을 것이다. 그러나 회당 측은 바울로가 이방인들 가운데서 선교한 것을 알았고, 그를 경쟁 상대로 여겼다. 회당과 충돌한 핵심 문제는 이방인들의 개종이었다.¹⁴⁷ 과연 사도는 데살로니카 전서 2장 16절에서 이렇게 말한다: "이방인들이 구원을 받도록 우리가 그들에게 말하는 것을 이 유대인들이 방해하고 있습니다."¹⁴⁸

데살로니카를 떠난 뒤 세 선교사는 에냐시아 국도를 따라가지 않고, 남쪽으로 방향을 바꾸었다. 목적지는 아테네였는데, 이것은 데살로니카 전서 3장 1절과 사도행전 17장 15절이 확인해 준다. 그런데 루가는 아마도

---

¹⁴⁴ 문제점들과 견해들에 관해 E.A. Judge, The Decrees of Caesar at Thessalonica: *RTR* 30 (1971) 1-7; D.W. Kemmler, *Faith and Human Reason* (NT.S 40) (Leiden 1975) 참조.

¹⁴⁵ Tajra, *Trial* 44의 견해다.

¹⁴⁶ Holtz, *1 Thess* 102는 사회적 트집잡기를 꼽는다. Th. Baumeister, *Die Anfänge der Theologie des Martyrium* (MBTh 45) (Münster 1980) 157 참조.

¹⁴⁷ O. Michel, Fragen zu 1 Thess 2, 14-16: Antijüdische Polemik bei Paulus: W. Eckert 등, *Antijudaismus im NT*? (München 1967) 50-9(여기서는 56) 참조.

¹⁴⁸ 근년의 바울로 연구는 대체로 1데살 2,14-16을 서간의 원래 구성 부분으로 본다. 전에는 종종 바울로 이후의 삽입으로 여겼다.

베레아(오늘날의 베리아) 체류와 그곳 교회 설립만을 알고 있었으며(사도 17,10-12), 나중에 베레아 사람 비로의 아들 소바드로에 관해 언급하는데(20,4), 이름으로 미루어 이방계 그리스도인이었음이 확실하다.[149] 바울로는 자기 편지 어디서도 베레아에 관해 언급하지 않는다. 베레아는 마케도니아에 속했기 때문에, "마케도니아의 교회들"에 포함될 수 있었을 것이다(2고린 8,1; 참조: 1데살 1,7-8; 4,10). 베레아는 인구가 많은 대도시였고, 네로 시대에는 마케도니아 주의회 소재지로서 정치적으로 중요했다. 아테네로 가기 위해 선교사들은 육로, 짐작건대 비드나·라리사·라미아·테벤을 거쳐 가는 정규 노선을 택했다. 아테네에서 바울로는 디모테오를 데살로니카로 돌려보냈으니, "여러분을 굳건하게 하며 여러분의 믿음에 관해 훈계하여 이 환난 중에 아무도 동요하지 않도록"(1데살 3,2-3) 하기 위해서요, "혹시라도 유혹하는 자가 여러분을 유혹해서 우리의 수고를 헛되게 만들까 두려웠기 때문에 … 여러분의 믿음을 알아보기"(3,5) 위해서였다. 이것이 아마도 디모테오가 맡은 최초의 공식 전권사절 임무다. 이는 단순한 방문 이상의 것이다. 디모테오는 바울로의 전권을 위임받아 데살로니카로 갔다.

바울로가 실바노에 관해 언급하지 않는 것은 좀 이상하다. 실바노는 앞서 언급한 도시 중 한 곳에 머물러 있었던가? 우리에게 이름이 알려지지 않은 아카이아의 여러 곳에서도 개종, 그리스도교 소공동체들, 아니 어쩌면 더 나아가 교회들이 생겨났으리라는 것을 셈에 넣어야 한다. 이것은 고린토 후서 1장 1절이 확인해 준다. 여기서 사도는 "온 아카이아에 있는 모든 성도들"에게 인사한다.[150] 비드나에서 라리사로 가는 길에 선교사들은 마케도니아와 아카이아의 경계를 넘었다. 혹시 실바노는 바울로와 함께 아테네에 있었던가? 데살로니카 전서 3장 1절의 "우리"가 그것을 암시한

---

[149] 유대인들 측의 박해는 루가의 도식적 서술에 부합한다(사도 17,13-14).
[150] 사도 17,14에 따르면 실라와 디모테오는 베레아에 남았다. 루가는 디모테오가 아테네에서 데살로니카로 파견된 것을 전혀 모르고 있다. 그는 전승을 단순화하고, 사도가 아테네에 혼자 남았음을 강조한다. 하지만 루가는 실라가 남아 있었음을 잘 기억하고 있었다.

다고 볼 수 있다("우리는 … 아테네에 남아 있기로 했습니다"). 물론 사도는 동일한 맥락에서 자신이 아테네에 혼자 남았음을 강조한다. 어쨌든 이 세 사람은 데살로니카 전서를 쓰고 보낼 때 (말하자면 고린토에서) 다시금 합류했다. 세 사람 모두 편지 발신인으로 서명한다.

그러나 그전에 바울로는 아테네에 체류했다. 아테네는 사도가 고린토로 가는 도중의 경유지에 불과했다는 견해가 널리 퍼져 있다. 그러나 이 견해는 반박되어야 한다. 바울로는 아테네에서 설교했고, 교회를 세우기 위해 노력했으며, 그것도 필경 아주 열심히 그렇게 했다. 이 도시의 의의를 사도가 알고 있었음은 확실하다. 비록 아테네는 로마 시대에 정치적 중요성을 거의 완전히 상실했으나, 문화와 정신 생활에선 여전히 중요한 장소였다. 이곳에 그리스도교 공동체를 태어나게 하는 것이 바울로의 열망이었음이 틀림없다. 그러나 사도의 노력은 성과 없이 끝났다. 한 교회도 생겨나지 못했다. 아테네 교회에 관해서는 훨씬 훗날, 170년경 고린토의 디오니시우스가 이 교회에 보낸 편지에서 처음 알게 된다. 바울로는 아테네에서 인간 지혜의 오만과 맞닥뜨렸다. 사도행전 17장 22-31절의 아레오파고 설교가 루가의 창작이라 하더라도, 복음에 대한 아테네 사람들의 반응을 적확하게 보존하고 있다: "더러는 비웃고, 또 더러는 '이것에 관해 당신의 말을 다시 듣겠습니다' 라고 말했다"(17,32). 아테네에서의 설교 활동은 사도행전 17장 17절[151] 외에, 특히 고린토 전서 2장 1절 이하가 (비록 간접적이긴 하지만) 확인해 준다. 여기서 바울로가 말하는 낙담, 그를 아테네에서 고린토로 떠나게 만든 상심은 무엇보다도 아테네에서의 실패에 기인한다. 이 구절은 나중에 다시 다룰 것이다.

사도행전 17장 34절은 바울로의 말을 믿게 되었다는 아테네인들의 이름 둘을 전해 준다: 아레오파고 판사인 디오니시오와 다마리스, 그러니까 한

---

[151] Dibelius, *Aufsätze* 67f 이래 사람들은 자주 사도 17,17과 34를 전승으로 본다. 17절이 루가식으로 꼴지어져 있긴 하지만, 아무튼 루가는 사도의 아테네 설교 활동을 알고 있었다.

남자와 한 여자. 이 보고는 역사적 신빙성을 인정받을 만하며, 루가가 의존한 발췌 자료에 소급될 수 있다. 상당히 높은 지위의 인물이었음이 분명한 디오니시오에게는 풍성한 전설이 따라다닌다.[152] 그 밖에 이 두 사람이 정말 그리스도인이 되었는지, 아니면 단지 바울로의 설교를 기꺼이 들을 마음만 있었는지는 논란되고 있다.[153]

아테네에서 고린토까지 90km 남짓한 길 왼쪽으로는 바다가 보인다. 길은 엘레우시스와 메가라를 지나 바다를 잇는 폭 6km 남짓한 평탄한 지협 [바울로 시대에는 배들이 수레에 실려 궤도길(디올코스)을 따라 사론 만에서 고린토 만까지 견인되어 갔다. 오늘날에는 운하가 개통되어 있다]을 통과한다. 마침내 여행자의 눈에 외따로 우뚝 솟은 해발 575m 아크로고린토의 석회암 산기슭에 길게 드러누운 고린토 전경이 펼쳐진다. 고린토는 고대의 가장 중요한 항구도시 가운데 하나로, 생동감이 넘쳤으며, 양쪽 바다로 통하는 두 개의 항구가 있었다. 그중 레카이온 항은 고린토 만 2km 북쪽에 있었는데, 항을 둘러싼 성곽을 따라 화려한 도로가 나 있었다. 겐크레아 항은 사론 만 5km 동쪽에 자리 잡고 있었다.

여기서 바울로는 필립비와 비슷한 환경과 마주쳤는데, 단지 훨씬 규모 크고 개방적이고 세련되었다.[154] 고린토 시는 기원전 146년 뭄미우스에게

---

[152] 아레오파고 법원의 판사인 디오니시오는 예전엔 매우 중요한 의의를 지녔으나 민주주의 시대에 권한이 크게 축소된 저 유명한 회합의 구성원이었다. 이 회합은 종교 영역에서는 하찮은 권한을 보유했다. Seneca, *de tranq*. 5는 이 회합을 religiosissimum iudicium이라 칭했고, Valerius Maximus 2, 64는 sanctissimum consilium이라 칭했다. 헬레니즘과 로마 시대의 반(反)민주주의적 헌법 개정은 이 회합의 지위를 다시금 적지 않게 높였다. 루가는 아레오파고 판사 디오니시오라는 이름에서 아레오파고 설교의 영감을 얻었을 수도 있다. 이 설교는 루가에게 교양 있는 그리스인 청중 대상 설교의 본보기였다. 아레오파고 설교에 관한 문헌들은 어마어마하게 많다. 그중 꼽아야 할 것: R. Bultmann, Anknüpfung und Widerspruch: *ThZ* 2 (1946) 401-18; H. Hommel, Neue Forschungen zur Areopagrede: *ZNW* 46 (1955) 145-78; J. Calloud, Paul devant l'Aréopage d'Athènes: *RSR* 69 (1981) 209-48; G. Schneider, Anknüpfung, Kontinuität und Widerspruch in der Areopagrede: *Kontinuität und Einheit* (Festschrift F. Mußner) (Freiburg 1981) 173-8; X. Quinza, Aproximación semiológica al discurso de Pablo en el Areopago: *MCom* 41 (1983) 237-42.

[153] Dibelius, *Aufsätze* 68 참조.

초토화된 후 약 100년간 거의 완전한 폐허로 버려져 있다가, 기원전 44년 케사르가 콜로니아 라우스 율리우스 코린투스Colonia Laus Julius Corinthus라는 이름의 로마 자치 식민지로 재건해 참전 군인과 속량된 자들이 정착했다. 주민들은 라틴어와 그리스어를 사용했다. 유리한 입지 조건 덕분에 고린토는 다시 많은 은행, 상점, 수공업(특히 도자기와 금속가공) 공장들을 갖춘 상업과 경제 중심지로 급속히 번창했다. 도시 중심에 약 65×165m의 웅장한 아고라(광장)가 있었는데, 북쪽과 남쪽에 거대한 주랑들이 세워져, 그 안으로 가게·작업장·공공시설들이 들어서 있었다. 기원전 27년 원로원 측 아카이아 속주가 창설된 이래, 고린토는 속주 수도이자 총독 주재지가 되었다.[155]

로마 시민들에 이어 곧 그리스인과 동방 종족들도 유입되었다. 바울로 시대의 고린토 주민은 약 10만 명으로 추정된다. 종교적 측면에서 이 도시는 관습적인 종교혼합주의의 양상을 띠었다: 고래古來의 신들과 그 신전들, 또한 수많은 비의秘儀들. 특히 상당히 이목을 끌던 유대인 공동체가 하나 있었다. 스토아 학파와 견유 학파의 유랑 설교자들은 아고라에 나타나 민중들을 감화시키려 시도했다. 가장 유명한 사람은 시노페의 디오게네스인데, 그의 묘비가 고린토에 있는 것을 파우사니아스가 보았다. 이렇게 온갖 것이 갖추어져 있던 고린토에서 사람들은 사도도 그런 것들 가운데 하나로 여겼을 것이다. 바울로가 활동을 시작한 환경을 어느 정도 파악하기 위해서는, 많은 주민이 겪고 있던 사회적 곤경과 윤리적 타락도 염두에 두어야 한다. 이 항구도시는 수만 명의 노예를 부리고 있었다. 사기, 폭력, 매춘이 다른 어느 곳보다 성했다. 이방인들의 윤리적 타락에 대한 로마서 1장 18절 이하의 묘사에는 고린토에서의 인상도 상당한 몫을 했다. 이 항

---

[154] 고린토에 관해 Elliger, *Paulus* 200-51; E. Meyer: *KP* III 301-4 참조. 두 곳 모두 많은 참고문헌 목록을 담고 있다.
[155] 15~44년부터 아카이아는 황제 측 속주였고, 그 후엔 다시 원로원 측으로 넘어갔다. Schrage, *1 Kor* 26 참조.

구도시의 창녀촌은 도시 경계를 멀리 넘어서까지 유명했으니, 당시 많은 작가들이 그것을 풍자하거나 비난했다.[156]

사도는 고린토에서 18개월 동안 활동했다고 한다(사도 18,11). 루가의 이 보고는 (사도행전 18장 1-17절이 전하는 그 밖의 정보들을 각별히 주의 깊게 따져 보아야겠지만 그럼에도) 신뢰할 수 있다. 이 대목에서 알 수 있는 것은 많지 않다. 바울로의 편지들이 더 많은 것을 제공한다. 이 대목에서 우리의 관심을 끄는 것은 다시금 선교 시작 단계와 이 시기의 특징적 내용들이다. 바울로가 고린토를 떠날 때 배를 이용했기 때문에(그러니까 봄이나 여름이었음이 확실하다), 고린토에 도착한 것은 가을이었다.

아마 도착한 뒤 오래지 않아 아퀼라와 브리스킬라 부부를 만난 것은 바울로에게 매우 다행스러운 일이었다. 이 부부는 클라우디우스 황제가 로마 유대인들을 거슬러 취한 조처 때문에 그 수도를 떠나야 했고, 얼마 전부터 고린토에서 살고 있었다. 우리는 앞서 이에 관해 언급했다. 이들은 유대인이었고, 이미 그리스도교 신자였을 수도 있다. 만일 그랬다면 바울로에게는 물론 큰 놀라움이었을 것이다. 그러나 이것은 결코 확실하지 않다. 이 부부가 본디 그리스도인이 아니었다면, 사도가 이들을 복음의 일꾼으로 삼았을 것이다. 고린토 전서 16장 15절에서 스데파나가 "아카이아의 맏물"로 일컬어지는 것이 이 사실을 반증反證하지는 않는다. 왜냐하면 아퀼라와 브리스킬라는 아카이아 사람이 아니라 로마 사람이었기 때문이다. 덧붙여 말하면 스데파나도 고린토 사람이 아니라, 아카이아 속주의 다른 도시 출신이었던 것 같다. "고린토의 맏물" 혹은 "여러분의 도시 출신"이 아니라 "아카이아의 맏물"이라는 표현이 이 견해를 뒷받침해 준다. 아퀼라와 브리스킬라가 다름 아닌 고린토를 피난처로 삼은 데는, 고린토의 로마 시민들과 로마의 관계가 결정적 역할을 한 것 같다. 당시의 이동 수단들은 우리가 생각하는 것보다 훌륭했고, 특히 이 부부가 속한 자유롭고 유복한

---

[156] Aristophanes, *Plutos* 149f는 고린토 창녀들의 돈 욕심을 신랄하게 비꼰다.

주민 계층이 요긴하게 이용했다. 아퀼라는 본도 출신으로 로마로 왔는데(사도 18,2), 본도는 흑해와 갈라디아 지방 사이에 있는 소아시아 지역이다.

바울로가 유대인들에게 향한 것은 유대인들과의 결속감 때문이다. 바울로가 아퀼라 및 브리스킬라와 함께 지낸 것, 또는 이들이 사도를 받아들인 것은, 직업(천막장이)이 같았기 때문이다(사도 18,3). 무역도시 고린토는 일자리 구하기가 좋았다. 그러니까 사도는 이 부부의 집에서 동료 장인으로 일한 셈이다. 바울로 자신이 고린토 전서 9장 12절에서 고린토 교우들에게 상기시키듯이, 그는 "그리스도의 복음에 우리가 어떠한 지장도 주지 않기 위해" 교회의 도움을 받는 것을 포기했다. 이것은 사도가 일 년 반 동안 내리 손수 일을 했음을 의미한다.

고린토 체류 초기에 디모테오가 데살로니카에서 돌아왔는데, 이 일이 바울로에게 큰 위로가 되었다: "그러나 이제 디모테오가 여러분으로부터 우리에게 돌아와서 여러분의 믿음과 사랑에 관한 기쁜 소식을 전하고, 여러분이 우리를 언제나 좋게 생각하며 우리가 여러분을 보고 싶어 하듯이 여러분도 우리를 보고 싶어 한다는 사실을 전했습니다. 그래서 형제 여러분, 우리는 여러분을 두고 우리의 모든 곤경과 환난 속에서도 여러분의 믿음 때문에 위로를 받았습니다. 사실 여러분이 주님 안에 굳건히 서 있다니 우리는 이제 살았습니다. 그러나 우리가 여러분 때문에 우리 하느님 앞에 누리는 이 모든 기쁨을 두고 우리가 여러분에 관해 하느님께 어떻게 감사드려야 하겠습니까?"(1데살 3,6-9). 실바노도 정확히 밝혀낼 수 없는 선교 활동을 마치고 바울로와 합류했다. 고린토의 이런 상황 속에서 데살로니카 전서가 집필되었다.

사도는 고린토 선교 활동을 회당에서 시작했다. 사도행전 18장 4절의 (물론 틀에 박힌) 진술뿐 아니라, 상당수 유대인이 복음에 찬동한(참조: 1고린 7,18-19; 9,20) 정황도 그것이 사실임을 말해 준다. 심지어 회당장 그리스보도 자기 온 집안과 함께 복음을 받아들였다(사도 18,8). 그는 바울로에게 세례를 받았다(1고린 1,14). 그의 이름이 (아퀼라와 브리스카를 제외하고) 고린토와 관련하여 사도행전과 바울로가 공동으로 증언하는 유일한 이름이다. 그가 회당장이었다는 것은 루가만이 전해 준다.

고린토 선교 활동의 시작 단계에 관해서는 고린토 전서 2장 1-5절이 시사해 주는 바가 많다. 바울로는 고린토 사람들 가운데서 예수 그리스도, 십자가에 처형되신 분밖에는 다른 어떤 것도 알지 않기로 작정했다. 그는 약함과 두려움과 많은 떨림 속에서 그들에게 왔다.[157] 바울로의 설교는 언제나 근본적으로 십자가 설교다. 바울로는 눈치 보지 않으며, 오히려 그리스도의 인간적 약함 안에서 하느님의 능력이 완성되었음을 알고 있거니와, 과연 십자가에 관한 말씀을 사람들이 받아들이는 곳에서는 어디서나 하느님의 기적이 일어난다.[158] 때문에 또한 십자가에 관한 말씀과 그 선포자 사이에는 필연적 일치가 존재한다. 과연 사도의 활동에는 이 일치를 각별히 체험한 상황들이 존재했다. 바울로는 이 일치를 확신하고 있었지만, 마치 일치를 처음으로 배워야만 하는 것처럼, 언제나 새삼 이 일치 안으로 이끌어졌다. 그것은 괴로움, 박해 그리고 환멸과 실패다. 갈라디아서 3장 1절에서 비슷한 내용을 읽게 된다. 바울로는 갈라디아 사람들 눈앞에 그려 보여 준 십자가에 못 박히신 분의 모습을 자신도 병고에 시달리며 그려 본다. 그런 까닭에 고린토 전서 2장 2-5절에는 바울로가 고린토 사람들에게 왔을 때의 상태가 암시되어 있다고 보아도 될 것이다. 아테네에서 오던 사도는 고린토에서 자신을 기다리는 사명을 앞에 두고 낙담과 두려움에 사로잡혔다. 그러나 바울로는 자기 처지가 십자가에 못 박히신 주님의 처지와 일치한다는 생각에서 용기를 얻었다.

그리고 바울로는 (뜻밖에도) 성공을 거두었다. 고린토에 교회가 탄생했

---

[157] 1고린 2,3은 두 가지로 옮길 수 있다: "나는 … 여러분에게 갔습니다" 또는 "나는 … 여러분 곁에 있었습니다"로. Schrage, *1 Kor* 229 참조. 시작 단계에 주의를 환기시키는 2절과 관련해서 보건대, 첫째 번역이 더 낫다고 생각한다. 총체적으로 A. Feuillet, Témoin du Christ crucifié: *A Seign* 36 (1974) 11-6 참조.

[158] Schrage, *1 Kor* 236 참조.

고, 더 나아가 사도가 세운 교회들 가운데 가장 큰 교회로 발전했다. 이 성공은 특히 하층 주민들, 날품팔이들과 노예들에게서 이루어졌다. 고린토전서 1장 26-29절은 이런 사정과 관련된다: "지혜로운 사람도 많지 않고, 유력한 사람도 많지 않으며, 가문이 훌륭한 사람도 많지 않습니다. 그러나 하느님께서는 … 오히려 세상의 어리석은 것들 … 약한 것들 … 미천한 것들과 멸시받는 것들, 아무것도 아닌 것들을 택하셨습니다." 바울로는 여기에도 십자가의 유비가 작용하고 있음을 보았다. 이 선택에서 (사도의 굴욕에서와 마찬가지로) 십자가의 어리석음이 뚜렷이 드러나거니와, 참지혜는 하느님께 있으며 인간들의 지혜를 이겨 내고 그 실상을 폭로한다. 물론 여기서 바울로의 의도는 공동체의 사회적 구성을 알려 주려는 게 아니라 그 신학적 맥락을 지적하는 것이긴 하지만, 우리는 이에 터해 귀납적 추론을 시도할 수 있다. 복음에 사로잡혔음을 느낀 사람들 다수가 가난한 못난이들이었다.

사회적 미천함은 나중에 공동체 안에 갈등을 야기할 터였으니, 그 까닭은 부자와 명망가들도 있었기 때문인데, 자기 집을 공동체에 내놓을 수 있었던 이들은 그러나 어디까지나 소수에 지나지 않았다. 정치적으로 가장 중요한 사람은 시 재무관 에라스도였던 것 같은데, 그는 로마서 16장 23절에서 로마 교우들에게 문안한다.[159] 매우 많은 공동체 구성원이 라틴식 이름을 가진 것이 주목할 만한데, 이것은 고린토가 식민지였다는 사실과도 통한다: 가이오(1고린 1,14), 포르두나도(16,17), 루기오 · 데르디오 · 과르도(로마 16,21-24). 거명된 사람들이 어느 시점에 공동체에 들어왔는지는 전혀

---

[159] 아마 에라스도는 시 재정 담당자였을 것이다. 고린토에서 발견된 1세기 중엽의 한 라틴어 비문은 에라스도라는 고급 관리의 존재를 확인해 준다. 이 두 사람은 동일인일 수 있다. 문제점에 관해 G. Theissen, *Studien zur Soziologie des Urchristentums* (WUNT 19) (Tübingen 1979) 236-45 참조. 245쪽: "내 생각에는 그리스도인 에라스도와의 동일시를 반대할 만한 결정적 논거는 없다." H.J. Cadbury, Erastus of Corinth: *JBL* 50 (1931) 42-58은 에라스도를 arcarius rei publicae로, 재무 행정에 종사하는 별로 중요하지 않은 사람(어쩌면 노예?)으로 본다. 그러나 이 경우라면 바울로가 인사하는 사람들 명단에서 시 재무관이란 관명을 언급하지 않았을 것이다.

알 수 없다. 물론 가이오가 첫 개종자다(1고린 1,14). 그는 매우 큰 집을 소유했고, 그래서 바울로가 로마서를 집필할 무렵 그 집에서 온 지역 공동체의 집회를 열 수 있었다(로마 16,23 참조). 이것은 그러나 구성원 숫자를 어느 선까지로 한정한다. 구성원 숫자가 처음엔 10~15명이었다가 100~150명으로 늘었으리라 추정할 수 있다.[160]

커 가던 공동체 안에는 빈자, 부자, 노예, 자유민, 명망가, 기혼자, 독신자, 과부, 왕년의 이교도와 유대교인들이 있었다(1고린 7장 참조). 바울로는 그들에게 그리스도의 복음을 전해 주었다. 이 복음 위에 교회를 세웠다. 바울로는 그들에게 직접 예수 그리스도께 부름받은 사도로 자임했지만, 고린토 전서 15장 1-5절에서 그들에게 전해 받은 복음을 그대로 꼭 붙잡고 있으라는 의무를 지운다. 이 본문은 교회 창설과 관련되기 때문에, 바울로가 자신을 개별적인 종교 선전가가 아니라 다른 이들과 결속되어 있는 사람으로 나타내려 했음이 틀림없다고 볼 수 있다. 고린토 사람들은 열두 제자, 게파 그리고 다른 복음서 작가들에 관해서도 이야기 들었다.

바울로는 물론 배척도 많이 받았다. 배척이 수용보다 컸다. 그의 복음은 유대인들에게는 걸림돌로, 이방인들에게는 어리석음으로 비쳐졌다(1고린 1,23). 일 년 반 동안 사도는 사람들과 이야기하고, 믿음을 가지게 된 이들을 강건하게 하고, 교회를 발전시키기 위한 많은 기회를 가졌다. 바울로는 세례도 베풀었으나, 복음 선포를 자신의 본원적 사명으로 여겼다(1고린 1,14-17). 세례 베푸는 것은 실바노와 디모테오에게 맡겼던가? 바울로는 고린토 교우들에게 성찬례를 전해 주었고 그것을 거행토록 했다(11,23). 하느님의 영이 공동체 집회에서 힘차게 역사하셨다. 사도 체류 기간에 그가 훗날 대결해야 할 어려운 문제들이 이미 조짐을 드러냈던가? 결혼, 신전 제사에 바쳤던 고기, 공동체 구성원들 사이의 소송 문제 등? 자신을 남들보다 낫다고 여기는 교만한 자들이 있었던가?(1고린 4,19 참조).

---

[160] H.-J. Klauck, *Gemeinde – Amt – Sakrament* (Würzburg 1989) 39 참조.

바울로가 체류하는 동안 회당과 본격적인 충돌은 벌어지지 않았다. 사도행전 18장 7절에 따르면 사도는 회당에서의 설교를 단념하고 회당 가까운 곳에 있는 디디오 유스도라는 사람의 집으로 거처를 옮겼는데, 아마도 회당에서 사람들이 그의 설교를 더 이상 들으려 하지 않았고 또 바울로에게 질렸기 때문이었을 것이다.[161] 디디오 유스도는 "경신자"敬神者, 즉 유대교에 들어온 이방인이었다가 이제는 그리스도인이 된 사람이었다고 생각된다. 그는 자기 집을 사도의 가르침 장소로 기꺼이 내놓았다.[162] 어려운 문제들은 나중에야, 특히 바울로에 반대하는 선교사들이 침투해 들어옴으로써 생겨났다. 이것에 관해서는 나중에 살펴볼 것이다.

갈리오 일화(사도 18,12-17)는 별개의 이야기다. 이 일화가 독립된 전승이라는 데 주석자들의 견해가 널리 일치하고 있다.[163] 일화는 유대인들이 갈리오 총독에게 바울로를 고발한 일을 전한다. 우리는 이 사건이 바울로가 나중에 다시 고린토를 방문했을 때 일어났으리라고 본다. 방금 언급한 독립전승설이 이 개연성을 뒷받침해 준다. 분명히 루가는 고린토에 관해 기술하는 모든 일을 바울로의 첫 번째 체류와 결부시킨다. 두 번째 방문에 대해 루가는 전혀 자세히 보고하지 않는다. 고린토에 관해서도 더 이상 언급하지 않고(사도 19,1은 아폴로와 관련된다) 단지 사도가 그리스에 3개월간 머물렀다는 것만 보고하거니와(20,2-3), 바울로의 세 번째 방문, 이른바 중간 방문에 관해 전혀 알지 못했음이 확실하다. 갈리오 일화의 시점을 나중 방문 때로 잡는 또 하나의 근거는, 회당장 소스테네에 대한 언급이다(18,17). 한 회당 공동체에는 예배를 인도하고 설교자를 결정하는 권한을 지닌 오직 한 사람의 회당장rosch ha-kneseth만 있었기 때문에, 소스테네가 그리스보

---

[161] 사도 18,4-6은 이 일을 하나의 극적 장면으로 형상화했는데, 목적은 유대인들의 불순종으로 회당으로부터의 이탈이 불가피해졌음을 보여 주는 것이었다. 10,45-47과 비교해 보라.
[162] 거처 변경은 바울로 개인이 아퀼라의 집에서 이사 간 것을 의미하는 게 아니다. 몇 개의 이문(異文)에서는 7절이 그런 의미로 되어 있다.
[163] Weiser, *Apg* 486에서 제시하는 근거들: 자체로 완결된 이야기 단위, 새로운 시작, 선행 본문과의 비연계성. Roloff, *Apg* 269는 고린토 교회의 전승으로 본다.

와 나란히 회당장이었다고 말할 수 없다.[164] 그리스보가 그리스도교 공동체로 넘어온 시점은 바울로의 고린토 체류 초기가 아니었음이 확실하다.

도착 후 두 번째 봄 혹은 여름에 바울로는 겐크레아 항에서 배를 타고 고린토를 떠났다. 에페소와 가이사리아를 거쳐 간 이번 여행의 목적지는 예루살렘이었다. 우리는 이미 사도행전 18장 15-22절을 통해 예루살렘 사도회의 참석을 위한 이 여행의 경유지들을 알고 있다.[165] 그 밖에 루가가 목적지를 포괄적으로 시리아라고 말한 것은, 예루살렘뿐 아니라 안티오키아도 포함되는 로마 속주 시리아를 염두에 둔 것이다. 브리스킬라와 아퀼라가 사도를 에페소까지 동반했다. 이 보고는 고린토 전서 16장 19절이 간접적으로 확인해 준다: 바울로가 나중에 에페소에서 집필한 고린토 전서에서 아퀼라와 브리스카(브리스킬라)도 그들이 그동안 그곳에서 맡아 돌본 가정교회와 함께 고린토 교회에 인사한다. 사도와 이 두 사람의 우정이 더욱 깊어졌음을 여기서 추론할 수 있다. 또한 이 부부는 기꺼이 복음에 헌신할 각오가 되어 있었다. 실바노와 디모테오의 행방에 관해서는 확실한 것을 전혀 밝혀낼 수 없다. 그들의 이름은 사도행전 18장 18절 이하에서 이 여행과 관련하여 언급되지 않는다. 실라(실바노)는 사도행전 15장에 따르면 사도회의에 참석했다. 물론 그의 이름은 "야고보의 조건"과 관련해서만 언급된다(사도 15,22.27). 이로써 훗날의 상황이 암시된다. 실바노는 그 후의 바울로의 선교 과업에는 동참하지 않았다. 사도는 고린토 후서 1장 19절에서 실바노가 고린토 교회 창설에 참여했음을 그곳 교우들에게 다시 한 번 상기시킨다. 디모테오 역시 우리는 에페소에서 비로소 다시 만나게 된다(1고린 4,17; 16,10; 사도 19,22). 그는 선교 여행들에서 언제나 사도의 충실한 동반자로 머문다.

---

[164] Lüdemann, *Paulus* I 176-80 참조. 회당장에 관해 Billerbeck IV 145f 참조.
[165] 이 책 104-105쪽 참조. 머리를 자른 것에 관한 언급은 바울로에게도 나지르인 서약에도 어울리지 않는다. 특히 후자는 그전에 머리를 길렀음을 전제한다. Weiser, *Apg* 497f 참조. 나지르인에 관해 Billerbeck IV 747-51 참조.

갈라디아서 2장 1절은 바르나바와 디도가 예루살렘으로 가는 바울로를 동반했다고 전한다. 여기서 처음으로 디도가 등장한다. 그는 어디 출신일까? 어떻게 바울로를 만났을까? 디도서 1장 4절에서 디도가 바울로의 "참된 아들"이라 불리는 것은, 그가 사도를 통해 믿음에 이르렀다는 사실에 대한 기억이 보존되어 있는 것으로 볼 수 있다. 널리 퍼져 있는 견해에 의하면, 디도는 안티오키아 사람이다.[166] 두루 알다시피 이 견해의 결정적 근거로는 사도회의에서 "바울로 대표단"은 안티오키아 교회가 파견한 사람들이었다는 점이 내세워진다. 그러나 이 견해는 부분적으로만 옳다. 바울로는 어디까지나 독자적 사도로서, 그리고 자신의 일 때문에 예루살렘으로 올라갔다. 덧붙여 디도는 사도행전 어디에도, 물론 사도회의와 관련해서도 나오지 않는다. 바울로가 디도를 마케도니아 혹은 아카이아, 어쩌면 바로 고린토에서 복음의 일꾼으로 얻었으리라는 추측도 가능하다. 그가 라틴식 이름을 가지고 있는 것은 로마 식민지에서는 흔한 일이었다.[167] 또한 바울로가 디도를 (사도회의와 관련된 갈라디아서 2장 1절 이하를 제외하면) 오직 고린토 후서에서만, 그것도 예루살렘 교회를 위한 모금과 관련해서만 언급하는 것도 눈길을 끈다. 디도는 그러니까 고린토 교회와 특별한 관계가 있었다고 하겠다. 또한 그는 바울로 협력자들 가운데서, 예컨대 디모테오와는 다른 지위를 지니고 있었다. 그의 이름은 바울로 편지들의 인사말에 나오지 않는다. 갈라디아서 2장 3절에 따르면 디도는 그리스인이었다. 바울로는 그러나 디도를 사람들이 이방계 그리스도인에게 할례를 요구할 것인지를 알아보기 위한 한낱 시험 사례로서 예루살렘으로 데려간 것은 아니다. 디도 역시 나름대로 복음의 자유를 기꺼이 옹호하려 했고 또 그럴 수 있었을 것이다. 디도가 무엇보다 모금 임무를 맡은 사실 또한 루

---

[166] 예를 들어 Ollrog, *Mitarbeiter* 34; H. Balz: *EWNT* III 870; F.X. Pölzl, *Die Mitarbeiter des Weltapostels Paulus* (Regensburg 1911) 104.

[167] 그러나 디도를 고린토 교회의 디디오 유스도와 동일시하는 것은 옳지 않아 보인다. 이 동일시에는 종종 디디오가 디도로 되어 있는 사도 18,7의 이문(異文)들이 빌미를 제공했다.

가가 그를 알지 못하고 언급하지도 않는 이유가 되었으니, 실상 사도행전에서 모금활동은 거의 뒷전으로 밀려나 있다. 그 밖에 디도는 아마 다른 관리 임무들도 맡았던 듯하다.[168]

바울로는 바르나바와 함께 예루살렘으로 올라가기 전에, 만날 시간과 장소를 약속했을 것이다. 그 장소는 아마 가이사리아였을 것이다.[169] 사도는 온갖 위험을 무릅쓰는 이방인 선교에 대한 열망을 여전히 바르나바와 공유하고 있었다. 안티오키아 사건 이후에도 바울로는, 고린토 전서 9장 6절에서 드러나듯, 두 사람 모두 교회들의 물질적 도움을 포기하고 사심 없는 선교 활동을 하고 있다는 의식에 터해, 바르나바와 결속되어 있었다. 바르나바는 필경 안티오키아로부터, 그리고 이 교회의 대표자로서 예루살렘에 왔다. 그곳의 부수적 난제들도 예루살렘행의 동기가 되었을 것이다. 어쨌든 사도회의가 열리게 된 계기들을 아래에서 자세히 고찰해야겠다.

참고문헌

B.N. KAYE, Act's Portrait of Silas: *NT* 21 (1979) 13-26.

C. NICOLET, *Le métier de citoyen dans la Rome républicaine* (Paris 1976).

C. SAULNIER, Lois Romaines sur les Juifs selon Flavius Josephus: *RB* 88 (1981) 161-95.

J. SCHEID, *Le délit religieux dans la Rome tardo-républicaine* (Rom 1981).

A.N. SHERWIN-WHITE, *The Roman Citizenship* (Oxford 1939).

—, *Roman Society and Roman Law in the NT* (Oxford 1963).

W. STENGER, Timotheus und Titus als literarische Gestalten: *Kairos* 16 (1974) 252-67.

W.C. VAN UNNIK, Die Anklage gegen die Apostel in Philippi: *Mullus* (Festschrift T. Klausner) (Münster 1964) 366-73.

A. WAINWRIGHT, Where did Silas go? *JStNT* no. 8 (1980) 66-70.

---

[168] Ollrog, *Mitarbeiter* 33-7 참조.

[169] Jewett, *Chronologie* 154는 키프로스도 고려하고 있다. Haenchen, *Apg* 483에 따르면 바울로의 배가 여름의 사나운 북동풍 때문에, 어쩔 수 없이 가이사리아에 기착했다고 한다. 이 사람은 그러나 아는 게 너무 많다.

2. 예루살렘 사도회의와 안티오키아 사건

2.1 예루살렘 사도회의

바울로, 디도 그리고 바르나바는 사도회의에 참석하기 위해 예루살렘으로 올라갔다. 이 회의가 의도되어 있었던지를 물을 수 있다.[1] 고참 사도들과의 만남은 계획되어 있었음이 확실한바, 목적은 그들과 실제적인 대화를 나누는 것이었다. 사도 공의회라는 말은 물론 사용하지 않는 것이 좋다. 여기서 공의회라는 개념은 시대착오적이다. 아무튼 사도회의와 안티오키아 사건은, 적어도 바울로의 관점에서는, 주제상 밀접히 관련되어 있다. 바울로는 두 사건을 잇달아 기술한다(갈라 2,1-14). 연구자들은 종종 두 사건을 지나치게 긴밀히 결부시켰고, 그래서 둘을 시간적으로 순서를 바꿀 수 있는 것으로, 즉 안티오키아 사건을 사도회의보다 앞선 것으로 생각했으며, 더 나아가 사도회의가 열리게 된 계기로 여겼다.[2] 왕년의 유대교인들과 이교도들이 동일한 그리스도교 공동체 안에서 함께 생활하는 것이 안티오키아 교회에서 문제가 되었고 그곳에서 바울로와 바르나바의 충돌을 야기했으며, 그것이 사도회의 개최의 계기가 되었다는 것이다. 그러나 사건들을 그렇게 정렬하는 사람은, 결국은 (의식적이든 아니든) 사도회의

---

[1] Suhl, *Paulus* 57-64에 따르면 바울로 등이 예루살렘에 간 것은 예루살렘 교회를 위한 안티오키아 신자들의 모금을 전해 주기 위해서였다(사도 11,27-30). 사도회의와 거기서의 논쟁은 그때 일이라는 것이다. 안티오키아 교회에서 모금을 했다면, 바울로는 거기에 관여하지 않았을 것이다.

[2] 최근엔 Lüdemann, *Paulus* I 77-9. 참조: H.-M. Féret, *Pierre et Paul à Antioche et à Jérusalem* (Paris 1935). 그 밖의 주창자들은 J. Dupont, Pierre et Paul à Antioche et Jérusalem: *RSR* 45 (1957) 42-60. 225-39와 Zahn, *Gal* 112f에서 찾아볼 수 있다. 비판적 분석에 관해 Hainz, *Ekklesia* 121f 참조.

에서 관건이 되었던 문제의 심각성을 경시하는 것이다. 우리는 여기서 예루살렘 — 안티오키아라는 통례적 순서를 따르거니와(덧붙여 말하면 이것은 사도 18,22와 일치한다), 이것의 정당성을 아래에서 밝히기로 한다.

두루 알다시피 신약성서는 사도회의에서 일어난 일들을 두 군데(갈라디아서 2장과 사도행전 15장)에서 전해 준다. 안티오키아 사건은 갈라디아서 2장 11-14절에서만 다룬다. 이것은 그러나 유대계 그리스도인들과 이방계 그리스도인들이 함께 음식 먹는 일이 다른 곳에서는 별 문제가 되지 않았음[예컨대 고르넬리오 이야기(사도 10,9 이하)에서처럼]을 의미하는 것은 아니다.[3] 갈라디아서 2장에서나 사도행전 15장에서나 필자들의 목적은 무엇보다도 현실적인 문제들에 대해 입장을 표명하는 것이었음을 유념해야 한다. "보고"는 각자의 의도에 따라 이루어졌으며, 두 경우 모두 매우 단편적이다. 바울로는 갈라디아서에서 자신의 갈라디아 교회들에 침투해 들어온 유대주의자들을 공박한다. 루가는 사도행전에서 융화를 위해 노력한다. 그러나 보고의 신빙성에 있어서는 바울로에게 우위를 부여해야 마땅하다. 바울로가 시간적으로 이 사건들과 훨씬 가까우며 또 직접 관여했던 사람 가운데 하나였다. 물론 그로 인해 분쟁 당사자이기도 했다.

바울로가 첫 번째 방문 이후 14년 만에 다시 예루살렘으로 가게 된 데는 중요한 이유들이 있었음이 틀림없다. 우리는 그 회합이 예루살렘 사람들이 아니라 바울로의 주도에서 비롯했다는 데서 출발한다. 결코 예루살렘 사람들이 사도를 소환한 것이 아니다. 바울로 자신이 갈라디아서 2장 1-2절에서 두 가지 이유를 제시한다. 첫째는 내면적 동기와 관련된다: 하느님의 계시가 그를 인도했던 것이다. 이 계시가 어떻게 일어났든 간에[(고린토의?) 어떤 예언자를 통해서든, 아니면 더 그럴 법한 것으로 사도에게 주어진 깨달음을 통해서든] 계시가 이성적 숙고를 배제하지는 않는다. 둘째 이유는 구체적이다: 바

---

[3] R. Pesch, Das Jerusalemer Abkommen und die Lösung des Antiochenischen Konflikt: *Kontinuität und Einheit* (Festschrift F. Mußner) (Freiburg 1981) 105-22 참조(여기서는 112ff).

울로는 자신이 이방인들 가운데서 선포하는 복음을 예루살렘에서 설명하여, "내가 지금 달리고 있거나 이미 달려온 것이 헛되지 않도록 하려고" 했다. 극히 긴장감 넘치는 이 구절에서 결정적 논제가 드러나니, 곧 율법에서 자유로운 바울로의 복음이 그것이다. 구체적으로 말해, 복음에 근거하여 이방인들에게 유대교 율법이나 할례를 의무지우지 않고 그들을 교회에 받아들이는 문제가 핵심 사안으로 부각되었다. 그 복음을 설명했다는 것은 바울로가 복음의 정당성을 원로 사도들의 인정에 종속시키고자 했음을 의미하지 않는다. 바울로는 자신이 이방인들에게 선포한 복음의 정당성을 확신했고, 사도들이 그 복음을 틀림없이 인정해 주리라는 것도 마찬가지로 확신하고 있었으니, 왜냐하면 복음은 오직 하나뿐이기 때문이었다: "누가 만일 여러분이 받은 것과 다른 복음을 여러분에게 전한다면, 그는 저주받을지어다!"(갈라 1,9).[4]

이렇게 복음의 단일성이, 또 그로써 복음에 의해 함께 부르심받은 사람들의 일치가 바울로의 근본 관심사였다면, 왜 그는 그렇게 뒤늦게, 선교 활동을 14년이나 한 뒤에야 일종의 해명을 하려 애쓰는지를 물어야만 하겠다. 율법 및 할례와 관계 없는 복음과 이에 상응하는 교회의 이방인 수용이 이제 새삼 심각한 문제로 대두할 만큼, 그것을 책임질 수 있는 신학적 발전이 거의 이루어지지 못했던가?[5] 복음의 단일성 등은 바울로에게 처음부터 확실했다. 그러나 그동안 머나먼 디아스포라에, 마케도니아와 아카이아에 바울로가 초석을 놓은 이방계 그리스도인 교회들이 생겨났다. 예루살렘 사람들이 이 소식을 들었다. 많은 예루살렘 사람들의 관점에서 그것은 용인할 수 없었다.[6] 게다가 하느님을 경외하는 이방인들을 포섭하

---

[4] "내가 지금 달리고 있거나 이미 달려온 것이 헛되지 않게 하려는 것입니다"라는 말이 이 단호한 확신을 의심스럽게 만들지는 않는다. 여기서는 갈라디아 교회에 침입해 들어온 유대계 그리스도인들의 선전을 겨냥하고 있다고 하겠다. 그들은, 교우들이 할례를 받지 않으면 바울로가 교우들에게 선포하는 복음은 헛된 것이 된다고 말했다. Betz, *Gal* 170 참조.

[5] Betz, *Gal* 168.

려 애쓰던 디아스포라의 회당들에게 바울로는 위협적인 경쟁자였다. 예루살렘의 유대계 그리스도인들은 아직 유대교에 대해 전혀 뚜렷한 거리를 두지 않았다. 그래서 바울로의 이방계 그리스도인 교회들을 다시금 좀 더 강하게 유대교에 붙들어 매고 이방계 그리스도인들에게 할례와 율법 준수를 요구해야 한다는 주장이 제기되었다. 사도가 이 주장에 관해 들었음은, 그가 이방계 그리스도인 디도를 여행에 데리고 간 사실에서 드러난다. 디도는 바울로에게 일종의 시험 사례가 될 터였다. 예루살렘 교회의 특정 인물들 측 사람들이 디도의 할례를 격렬히 요구했음이 분명하다.

이 점에서 갈라디아서 2장은 사도행전 15장과 일맥상통한다. 사도행전 15장 1-5절에 따르면 예루살렘에서 내려온 사람들이 안티오키아 교회의 이방계 그리스도인들에게 할례를 받고 그로써 유대인이 될 것을 요구했다. 이 예루살렘 사람들은 바리사이파에 속했다가 믿음을 가지게 된 자들로 묘사되어 있다. 이 보고에는 역사적 핵심이 들어 있다. 바르나바는 이 요구를, 바울로가 자기 교회들을 위해 거부한 것과 마찬가지로, 안티오키아 교회를 위해 거부했다. 바울로는 디도의 할례라는, 시험 사례가 된 요구를 성공적으로 물리쳤다. 이로써 사도는 자신의 근본적 열망을 관철하고 또 복음의 자유(갈라디아서 2장 5절에서는 "복음의 진리"에 관해 말한다)를 수호할 수 있었다. 이방인들은 복음에의 직접적 통로, 유대교를 거쳐 가지 않는 통로를 얻어 보유하고 있다고 바울로는 주장했다. 이로써 유대교와의 결별은 사실상 완료되었다. 그러면 그것은 유대계 그리스도교와의 결별이기도 했던가?

이것은 F.Chr. 바우어의 오랜 주장이다. 예루살렘 사도회의에서 이방계 그리스도인들과 유대계 그리스도인들이 갈라섰다는 것이다. 교회의 일치가 상실되었다는 것이다. 모세 율법이 한쪽에겐 유효하지 않았고, 다른 쪽

---

[6] 마케도니아와 아카이아에서의 바울로 선교 활동이 사도회의에 제시되었다면, 여러 가지가 더 명백해졌을 것이다. "시리아와 길리기아"에서의 선교는 그리스에서보다 성공적이지 못했던 것 같고, 예루살렘 사람들은 이제야말로 개입해야겠다고 생각했을 것이다.

에겐 계속 효력을 보유했다.[7] 베츠도 비슷하게 말한다: "교회의 일치를 보존하는 것은 불가능했다."[8] 이로써 사도회의의 핵심 문제가 언급되었다. 온전히 확보하지 못했던 복음의 단일성이 이 이른 시기에 깨지기 시작했다. 이 답답하고 어려운 문제에 답하기 위해서는 사도회의의 매우 골치 아픈 상황을 유념해야 한다. 사도회의에서 사람들이 격렬히 싸우고 치열하게 논쟁했음은 확실하지만, 그 외에는 사도행전 15장에서 거의 아무것도 알아낼 수 없다. 논의가 두 번 이상 있었음도 확실하다.[9] 갈라디아서 2장에서 바울로는 저명인사들과의 일치에 집중한다.

사도회의에서 진영은 실제로 둘이 아니라 셋이었다. 이 점을 염두에 두는 것이 전체 상황을 이해하는 데 매우 중요하다. 이방계 그리스도인들의 대표인 바울로와 바르나바 그리고 디도가 첫째 진영을 이루었다. 둘째는 유대계 그리스도인들의 대표인 야고보와 게파 그리고 요한이었다. 셋째 진영은 바울로가 "몰래 들어온 거짓 형제들"(갈라 2,4)이라고 지칭한 자들로 이루어졌다. 매우 감정 섞인 이 지칭은 논쟁의 격렬함을 어느 정도 짐작하게 한다. 아무튼 그들 역시 예루살렘 모교회의 구성원이었음을 유념해야 한다. 협의에서 종종 각 진영 개별 구성원들 간에 교류가 있었을 것이다: 바르나바와 예루살렘 저명인사들 간에, 게파와 바울로 사이에, 야고보와 극단적인 자들 간에. 이것은 그러나 어디까지나 향후의 전개 과정을 고려한 추측이다.

사도회의 막판에 한쪽에는 바울로와 바르나바, 다른 쪽에는 바울로가 "기둥들"이라 칭한 야고보와 게파 그리고 요한, 이 두 진영 사이에 합의가 이루어졌다. 야고보 등은 예루살렘 교회에서 그들의 중요성에 걸맞게 "기

---

[7] Mußner, *Gal* 122 각주 118.

[8] *Gal* 192. 각주 404는 비슷하게 판단하는 다른 저자들을 거명한다.

[9] 갈라 2,2로부터 두 가지 회합이 있었거나, 바울로가 자신의 복음을 두 차례에 걸쳐 (한 번은 예루살렘 교회에, 또 한 번은 저명인사들에게) 설명했음을 알 수 있다는 견해가 널리 퍼져 있다. 특히 Schlier, *Gal* 67 각주 5는 이 견해에 반대한다.

둥들"이라는 존칭으로 불리었다. 합의는 선교 영역 분할과 관계된 것이었다. 바울로와 바르나바는 이방인들에게로 가고, 다른 사람들은 할례받은 사람들, 즉 유대인들에게 가기로 했다. 이 전체 상황의 테두리 안에서 바울로와 베드로에게 각별한 중요성이 귀속된다. 예루살렘의 저명한 인사들은 (분명히 바울로의 선교 성과에 터해) 바울로가 할례받지 않은 이방인들을 위한 복음을 하느님께 위임받았고, 베드로는 할례받은 유대인들을 위한 복음을 위임받았음을 인정했다. 베드로를 할례받은 이들의 사도가 되도록 역사하신 하느님께서 바울로를 이방인들의 사도가 되게끔 역사하셨다(갈라 2,7-8). 연구자들은 바울로가 갈라디아서 2장 7-8절에서 예루살렘 교회의 기록을 직접 인용했으리라고 거듭 추측해 왔다.[10] 그러나 그 기록의 원문을 밝혀내는 일은 성공하지 못할 것이다. 바울로가 다른 곳에서는 사용하지 않는 "무無할례의 복음", "할례의 복음" 같은 개념들은 논쟁에서 일정한 구실을 했을 테고, 필경 최종 기록에 들어갔을 것이다. 이방인 선교와 유대인 선교의 분리는 중심重心을 잡은 일로 이해되어야 한다. 베드로는 팔레스티나 선교를 자기 수중에 남겨 놓았다. 바울로에게는 디아스포라에서 유대인과 대화하는 것이 금지되지 않았다.

바울로에게 가장 중요한 성과는 이방계 그리스도인들을 위한, 율법에서 자유로운 자신의 복음이 저명한 인물들에게 인정받은 것이었다. 이들은 바울로의 사도 칭호도 전혀 금지하지 않았다. 갈라디아서 2장 8절에서 이 점을 간파한 사람들은 이 구절에 구사된 단축 어법을 종종 간과했다.[11] 아

---

[10] E. Dinkler, *Signum Crucis* (Tübingen 1967) 278-82 참조(여기서는 279). 반대 의견: U. Wilckens, Der Ursprung der Überlieferung der Erscheinungen des Auferstandenen: *Dogma und Denkstrukturen* (Festschrift E. Schlink) (1963) 56-95(여기서는 72 각주 41). 갈라 2,7-8의 베드로가 2,9에서는 게파로 바뀌는 것도 눈길을 끈다. Lüdemann, *Paulus* I 86-94는 2,7-8을 바울로가 첫 번째 예루살렘 방문 때 베드로와 맺은 합의로 본다. 그러나 그렇다면 왜 이것이 해당 구절, 즉 1,18-20에서는 인용되지 않는지 이해할 수 없다.

[11] Betz, *Gal* 188이 그런 경우다. 저명한 인물들이 바울로의 사도 칭호를 인정하지 않았다면, 바울로는 그 일을 (갈라 1장에 이어서!) 격렬히 성토했을 것이다.

무튼 사도회의 이후 복음의 단일성은 어찌 되었던가? 우리는 다시금 이 중요한 물음으로 돌아왔다. 할례받지 않은 사람들을 위한 복음(직역: "무할례의 복음")과 할례받은 사람들을 위한 복음("할례의 복음")이 구별된다면, 복음의 단일성이 위태롭게 되지 않는가? 할례받은 사람들을 위한 복음이란, (할례받지 않은 사람들을 위한 복음과는 달리) 율법이 계속 일정한 구실을 함을 의미하지 않는가? 우리는 예루살렘의 유대계 그리스도인들이 계속하여 자신들의 새로 태어난 사내아이들에게 할례를 베풀고 안식일을 지키고 성전세를 바쳤음을 전제해도 될 것이다. 실상 이 모든 일이 이방계 그리스도인들에게는 의심스럽게 보였다. 어쨌든 바야흐로 율법에 대한 평가에서 하나의 결정적 전환이 이루어졌다.

예루살렘의 권위 있는 사람들이 이제 바울로가 선포하는 율법에서 자유로운 복음을 온전히 정당하고 그것만으로도 충분한 구원의 길로 인정함으로써, 유대계 그리스도인들이 준수해 온 율법은 사실상 구원의 길로서는 효력을 상실하고 폐기되었으며, 관습과 윤리 차원으로 평가절하되었다. 관습과 윤리로서의 율법 준수를 유대계 그리스도인들에게 인정해 주는 것은 바울로에게 전혀 문제가 없었다. 친교의 악수가 합의를 봉인했다: "그리하여 기둥들 같은 존재로 여겨지던 야고보와 게파와 요한이 … 친교의 표시로 나와 바르나바에게 오른손을 내밀었습니다"(갈라 2,9). 우리는 이 행동의 충만한 의미를 인정해 주어야 한다. 이는 단순한 악수가 아니었으니, 사람들은 바울로와 바르나바를 그저 방해하지 않기로만 한 것이 아니었다. 오히려 양측은 친교(κοινωνία)가 보장되고 보존되었음을 인식했다. 친교라는 중요한 신학적 개념은, 여기서 설명되지는 않지만, 복음의 공유(공동체)라는 의미로 이해될 수 있다.[12] 복음의 공유는, 한쪽은 이방인들에게로 가고 다른 한쪽은 할례받은 사람들에게로 갔지만, 지켜졌다.

---

[12] J. Hainz, Gemeinschaft (κοινωνία) zwischen Paulus und Jerusalem: *Kontinuität und Einheit* (Festschrift F. Mußner) (Freiburg 1981) 30-42(여기서는 39) 참조.

물론 사도회의의 결과가 온전히 일치에 이르렀던 것은 아니다. 여전히 "셋째 진영", 바울로가 "몰래 들어온 거짓 형제들"이라 지칭한 극단적인 유대계 그리스도인들이 남아 있었다. 이들은 이방계 그리스도인들에게 할례와 율법 준수를 요구해야 한다고 주장했다. 이들은 합의에 참여하지 않았다. 바울로가 저명한 인사들에게는 개별적으로(κατ' ἰδίαν) 설명했다고 말하는(2,2) 것은 필경 그런 사정을 암시하는 것 같다. 그러니까 바울로는 저명인사들을 상대로만 합의했던 것이다. 어쨌든 극단적인 자들은, 아래 사건이 보여 주듯이, 할례 요구를 고집했다. 이들은 멀지 않은 곳에 있는, 바울로가 세운 갈라디아 교회들에 찾아가서 이 요구를 들이밀었다. 이런 상황 전개로 인해 유대계 그리스도교는 분열되었다. "기둥들"과의 합의에도 불구하고, 교회의 일치가 심각한 위기에 봉착했다. 또한 그와 함께 마침내 유대계 그리스도교의 몰락으로 귀결될 전개 과정이 시작되었다. 베드로는 (특히 교회 내부 사정 때문에) 예루살렘을 떠날 터였다. 요한은 자기 동기 야고보와 함께 순교할 터였다.[13] 바울로와 바르나바와 악수했던 주님의 아우 야고보는 예루살렘에 남았다.

갈라디아서 2장에서와는 달리, 사도행전 15장에선 이방계 그리스도인들에게, 따라서 또한 당연히 바울로와 바르나바에게 한 가지 조건이 부과된다. 이것은 야고보에 의해 정식화되었기 때문에 "야고보의 조건" 또는 "사도들의 훈령"이라 불린다. 베드로가 "저들과 마찬가지로 우리도 주 예수의 은총으로 믿어 구원될 것입니다"(15,11)라는 말로써 원칙적 일치를 확언했음에도 사람들은 한 가지 협정을 맺는데, 이에 따르면 혼성교회에서 이방계 그리스도인들은 특정 음식 규정들(신전 제사에 바쳤던 고기와 목 졸라 죽인 짐승의 고기, 즉 의식에 맞게 도살되지 않은 고기와 피를 먹지 못함)을 지키고 레위기 18장에서 금지한 근친결혼을 하지 않음으로써 유대계 그리스도인들의 종교적 감성을 배려해야 했다(사도 15,20). 주석학자들은 야고보의 조건은 사

---

[13] 야고보 사도의 순교에 관해 사도 12,2 참조. 이 두 사람의 순교는 마르 10,39에서 예수가 예고한다. 요한 순교의 문제점들에 관해 Gnilka, *Mk* II 102f와 각주 17 참조.

도회의에서 제시된 것이 아니라 후대의 규정이며, 이것을 루가가 융화를 지향하는 자신의 의도에 따라 사도회의와 결부시켰다는 견해에 널리 의견이 일치하고 있다. 이 견해의 결정적 근거로 다음 세 가지가 내세워진다: 우선 바울로는 그의 편지 어디서도 야고보의 조건을 알고 있음을 암시하지 않는다.[14] 그다음으로 좀처럼 사그라들지 않는 문제, 즉 극단적인 유대계 그리스도인들의 이방계 그리스도인 할례 요구를 야고보의 조건으로는 결코 해결할 수 없었을 것이다. 끝으로 만일 사람들이 이미 사도회의에서 공동 식사에 관한 규정들에 합의했다면, 안티오키아 사건은 아마 발생하지 않았을 것이다.[15] 우리가 곧이어 상세히 다룰 안티오키아 사건은 식사 윤리 문제를 새삼 부각시킨다. 어쨌든 야고보의 조건은 나중에, 바울로의 관여 없이 생겨났다.

갈라디아서 2장은 바울로와 바르나바가 예루살렘의 저명인사들과 맺은 또 하나의 약속을 확인해 준다: "우리는 함께 (예루살렘의) 가난한 이들을 기억하기로 했고 나는 그것을 실천하려고 노력했습니다"(2,10). 이 짧은 구절은 안티오키아 교회뿐 아니라 바울로도 자기 교회들에서 실시하게 될 모금을 가리킨다. 이방계 그리스도인들은 예루살렘의 유대계 그리스도인들을 위해 경제적 도움을 제공해야 한다는 것이었다. 연구자들은 바울로가 격렬한 논의 끝에 불충분한 성과만 거두었음에도, 기꺼이 이런 행동을

---

[14] U. Borse, Paulus in Jerusalem: *Kontinuität und Einheit* (Festschrift F. Mußner) (Freiburg 1981) 43-63(여기서는 51)에 따르면, 바울로는 야고보의 조건을 자기 편지에서 의도적으로 무시했다. 종종 갈라 2,6ㄷ의 "내게(는) 아무것도 요구하지 않았습니다"라는 강조 표현을 야고보의 조건이 사도회의에서 규정되었다는 근거로 (바르나바 또는 어떤 다른 사람들에게는 요구를 했다는 의미에서) 내세우기도 하는데, 그럴듯하진 않다. D. Georgi, Die Geschichte der Kollekte des Paulus für Jerusalem (*ThF* 38) (Hamburg 1965) 19f도 Borse와 비슷한 견해를 보인다.

[15] 안티오키아 사건이 사도회의 전에 일어났고, 나아가 회의가 열리게 된 계기였다고 보면, 이 난관에서 벗어날 수 있을 것이다. 그래서 Lüdemann, *Paulus* I 102는 유대계 그리스도인들과 이방계 그리스도인들의 공동식사에 대한 문제제기는 사도회의 이후에는 없었다고 말한다. 이것은 그러나 두 사건의 시간 순서를 바꾸어 놓을 때만 성립한다. 이런 뒤바꿈은 사도회의에서의 문제의 심각성을 경시하는 것이다.

하고자 한 것을 놀랍게 생각했다. 물론 이 모금은 일종의 의무적 부과금의 의미가 아니라 친교의 의미로 이해해야 한다. 이것은 이방인 교회와 유대인 교회의 친교의 표현이어야 했다. 이 모금 활동은 물론 매우 중요하며 (덧붙여 말하면 바울로 연대기 확정에도 중요하다) 따라서 별도로 다루어야 한다. 아무튼 이미 마케도니아와 아카이아에 바울로의 교회가 몇 개 있었다고 전제함이 타당할 것이다.

참고문헌

P. BENOIT, La deuxième visite de s. Paul à Jérusalem: *Bib* 40 (1959) 778-92.

O. BÖCHER, Das sogenannte Aposteldekret: *Vom Urchristentum zu Jesus* (Festschrift J. Gnilka) (Freiburg 1989) 325-36.

D.R. CATCHPOLE, Paul, James and the Apostolic Decree: *NTS* 23 (1977) 428-44.

J. ECKERT, Paulus und die Jerusalemer Autoritäten nach dem Gal und der Apg: J. Ernst (Hrsg.), *Schriftauslegung* (München 1972) 281-311.

T. HOLTZ, Die Bedeutung des Apostelkonzils für Paulus: *NT* 16 (1974) 110-48.

G. KLEIN, Gal 2, 6-9 und die Geschichte der Jerusalemer Urgemeinde: *Rekonstruktion und Interpretation* (BEvTh 50) (München 1969) 99-128.

C. PERROT, Les décisions de l'assemblée de Jerusalem: *RSR* 69 (1981) 195-208.

A. SCHMIDT, Das historische Datum des Apostelkonzils: *ZNW* 81 (1990) 122-31.

A. STROBEL, Das Aposteldekret in Galatien: *NTS* 20 (1973/74) 177-90.

C.H. TALBERT, Again: Paul's Visits to Jerusalem: *NT* 9 (1967) 26-40.

N.H. TAYLOR, *Paul, Antioch and Jerusalem* (Sheffield 1992).

2.2 안티오키아 사건

예루살렘 사도회의에서 모든 문제가 다루어지고 해결된 것은 아니며 또 사도회의에 참석했던 모든 진영이 결과에 만족했던 것도 아니었기에, 대립은 그저 잠시 동안만 수그러들 수 있었다. 권위 있는 인물들이 친교에의 강한 의지를 지닌 채 헤어졌지만, 그로써 해결되지 못한 여러 문제와 남아 있는 의문들도 그냥 덮여졌다. 이 문제들은 사도회의의 결정을 실천에 옮길 때 돌출했다. 두 명의 주도적 사도, 즉 하느님께서 각기 할례받은 사람들을 위한 복음과 할례받지 않은 사람들을 위한 복음을 위탁하셨음을 대부분의 사람이 인정한 베드로와 바울로가 다시 만났을 때, 이 골치 아픈 문제들이 새삼 터져 나왔다. 이것은 우리가 아는 바로는 이들 생애에서 마지막 만남이 될 터였다. 이 만남은 충돌로 끝났으니, 바로 안티오키아 사건이다.

사도회의에 연이어 속개되고 논의가 치열했던 것으로 미루어, 안티오키아 사건은 어디까지나 사도회의의 연속으로 또는 사도회의에서 문제들이 완전히 해결되지 못한 결과로 볼 수 있다.[16] 안티오키아 사건에 관해서는 바울로만이 "사도회의 보고"에 곧장 이어지는 갈라디아서 2장 11-14절에서 전한다. 사도행전은 이 사건에 관해 입을 다문다. 갈라디아서 2장 11-14절은 신약성서에서 가장 많이 논란되는 대목 중 하나다. 이는 세월이 흐르면서, 특히 종교개혁 시기에, 이 대목은 논란의 여지가 더욱 증대되었음을 감안하면 사실 이해할 만하니, 무엇보다도 여기선 바울로와 베드로가 대결하고 있는 것이다. "나는 그에게 정면으로 맞섰습니다" 하고 바울로는 말한다. 안티오키아 사건에는 종교개혁 시대에나 벌어질 논란이 미리 그려져 있다고 봐도 좋겠다. 과연 루터는 이 본문에 관해 이렇게 말했다: "같은 방식으로 성 바울로는 성 베드로를 그릇된 자라고 꾸짖는다."[17] 충돌의 배경은 실상 훗날 닥칠 위기에 대한 일종의 전前묘사라는 생각을 불러일으킬 수도 있었을 것이다: 바울로는 모세 율법에 얽매인 베드로에 맞서 자신의 의인론, "오직 믿음으로만"을 지켜내고 있다고.

---

[16] 두 사건의 순서를 바꾸려는 시도, 즉 안티오키아 사건을 사도회의 전에 발생한 일로 보려는 시도를 Lüdemann, *Paulus* I 77-9는 갈라디아서의 수사학적 구조에 대한 이해를 통해서도 정당화한다. 수사학적 구조는 H.D. Betz가 자신의 갈라디아서 주석서에서 처음 밝히려 시도했다. 물론 Betz는 이 역사적 두 사건의 순서는 바꾸지 않았다. 서간들에 대한 수사학적 분석의 문제점들에 관해 고전어문학자 C.J. Classen의 논문 Paulus und die antike Rhetorik: *ZNW* 82 (1991) 1-33(특히 29f) 참조.

[17] 루터의 저술 "An den christlichen Adel" (*WA* 6, 412, 36-8). Mußner, *Gal* 155 참조.

갈라디아서 2장 11-14절은 원그리스도교 역사의 재구성에 핵심적인 구절인바, 사람들은 이 초창기에 그리스도교를 꼴지은 두 개의 대립되는 경향, 즉 베드로주의와 바울로주의를 상정하고, 이것들이 오랜 발전 과정을 거쳐 비로소 교회들의 일치라는 종합Synthese에 이르렀다고 보았다(F.C. Baur). 본문의 신학적 중요성뿐 아니라 역사적 중요성도 사람들을 부추겨 철저한 본문 연구에 몰두케 했으며, 그러는 가운데 모든 개념이 여러 번 의미가 변했고, 각이한 해석들이 생겨났다. 쉔크가 유행어를 만들어냈다: "갈라디아서 2장 11-14절을 어떻게 이해하는지 말해 보라, 그러면 나는 네가 어떤 그리스도인인지 말해 주겠다."[18]

사람들은 베드로와 바울로를 영구히 화해하지 못한 채 갈라서게 만들거나(Betz), 아니면 그 대결에서 그래도 교회의 일치가 근본적으로는 보존되었다고 보았다(Mußner).[19] 대결 당사자들 역시 극히 다양하게 평가되었다. 사람들은 베드로의 소심함을 비난하거나, 혹은 그가 새로 얻은 깨달음에 터해 일관성 있게 행동했다고 역성들 수 있었다. 통상 정신적으로 베드로보다 우월했다고들 하는 바울로에 대해서도, 유대계 그리스도인들을 배려하는 마음이 없었다고 비판할 수 있었다.[20] 더러는 과장 해석되었고, 또 더러는 이해에 시대착오를 범하고 있었다. 그런데 이렇게 온갖 견해가 난무하게 된 이유는 교파적 반목에만 있는 것이 아니라(우리는 이러한 반목이 극복되었기를 바란다), 근본적으로는 본문 자체에 있다. 그리고 여기에는 세 가지 이유가 있다: ① 바울로는 극히 간략히 말한다. ② 감정에 치우쳐 말한다. ③ 이 본문은 갈라디아 교회들에 몰래 들어온 유대주의자들과의 대결에 대한 훗날의 관점과 긴밀히 결부되어 있다. 아래의 상술詳述이 이 세 가지

---

[18] *ThLZ* 110 (1985) 289. Wechsler, *Geschichtsbild* 296에서 재인용.

[19] *Gal* 167.

[20] P. Gaechter, *Petrus und seine Zeit* (Innsbruck 1958) 246f 참조. Wechsler, *Geschichtsbild*가 온갖 견해의 정글을 관통하는 훌륭한 개관을 제공해 준다. Mußner, *Gal* 146-67 (Exkurs: Gal 2, 11-4 in der Auslegungsgeschichte)도 참조.

를 고려하려 노력하겠지만, 그래도 가설적 성격을 지니고 있음을 여기서 특기特記해 두어야겠다. 역사적 재구성에서 대부분의 난제들은 본문 자체가 바울로와 갈라디아 교회들의 거짓 선생들과의 실제 대결과 얽혀 있다는 사실에 기인한다.

확실하다고 여겨지는 것: 사도회의 이후 바울로와 바르나바는 안티오키아로 갔다. 얼마 뒤 게파가 그리로 왔다. 그는 공동체 생활에 함께했고, 유대계 그리스도인들과 이방계 그리스도인들을 결합시켜 주던 공동 식사에 참석했다.[21] 그런데 "야고보가 보낸" 사람들이 나타나자, 게파는 이방계 그리스도인들과의 식사를 그만두었다. 다른 유대계 그리스도인들, 심지어 바르나바조차 그의 처신에 휩쓸려 들어갔다. 오직 바울로만 이방계 그리스도인들 쪽에 남았다(여기서 그가 유대계 그리스도인이었음을 상기해야 한다). 교회가 분열되었다. 성찬례를 포함하고 있던 교회의 밥상 공동체는 깨졌다. 당시엔 성찬례가 아가페-포식 애찬飽食愛餐과 결합되어 있었다. 바울로는 "모든 사람 앞에서" 게파에게 해명을 요구했고, 정면으로 맞섰다.

이것 이외에 나머지는 모두 바울로의 판단이며, 간략한 본문에서 아예 언급되지 않은 사실도 있을 것이다. 우리는 바울로가 그렇게 행동한 동기들은 알고 있지만, 훗날 사도가 갈라디아 교회들의 거짓 선생들과 벌인 대결에서 중요했던 논거들이 어느 정도나 지금의 사도의 판단과 말에 섞여 있는가라는 물음은 남아 있다.

안티오키아 교회는 (원그리스도교계에서 예루살렘 다음으로 중요한 교회였거니와) 혼성교회 가운데 유대계 그리스도인의 비율이 가장 높았던 교회였음이 거의 확실하다.[22] 이곳에서 분명히 처음부터 그리고 자연스레 유대계 그리스도인들과 이방계 그리스도인들의 공동 식사가 이루어졌다

---

[21] 안티오키아 교회에 두 개의 공동체(유대계 그리스도인들의 공동체와 이방계 그리스도인들의 공동체)가 있었으리라는 견해는 배척되어야 한다.

[22] 예루살렘 모교회와 유대 지방 교회들(갈라 1,22 참조)은 전적으로 유대계 그리스도인들의 교회였다.

는 것은 크게 주목해야 할 사실이다. 이곳의 유대계 그리스도인들은 유대인에게 이방인과의 공동 식사를 금지하는 유대교 규정들에 얽매이지 않았다.[23] 유대계 그리스도인들이 오랫동안 익숙했던 공동 식사를 그만두게 된 것은 게파의 처신 때문이었음이 틀림없다. 게파 그리고 다른 사람들도 공동 식사를 기피한 것은, 2장 12-13절의 표현이 알려 주듯, 일시에 일어난 일이 아니라 점차적으로 이루어졌다: "그는 … 자리를 피해 교제를 끊기 시작했습니다. 그러자 다른 유대인들도 … 마침내는 바르나바조차 …." 여기서 공동 식사가 가정에서 거행되었고, 언제나 교회 전체가 모인 것은 아니고 가정교회 구성원들이 모였음을 염두에 두어야 한다. 공동으로 거행하는 말씀 전례와 교리교수 등은 그대로 계속되었다고 전제할 수 있다. 그렇지 않았다면 바울로가 "모든 사람 앞에서" 게파와 맞설 기회를 가지지 못했을 것이다. 또한 그 분열이 총체적 분열이었다고도 전혀 생각할 수 없으니, 그런 분열이었다면 거의 적대적 성격을 띨 터이기 때문이다. 오랜 공동생활을 고려하건대, 이 견해는 배제되어야 한다. 분열은 "단지" 공동 식사에서만 발생했으나, 그것은 또한 공동체 생활의 내적 핵심과 관련되는 문제였다.

이 구절에서는 또 다른 물음들이 제기된다. "야고보가 보낸" 사람들은 누구이고, 왜 안티오키아로 왔던가? 그들은 주님의 아우가 파견했던가 아니면 단지 그를 빙자했던가? 우리는 첫째 경우라고 추측한다. 그 까닭은 예루살렘 사람들이 게파의 처신을 전해 들었으리라는 데 있다. 게파는 안티오키아에서, 바울로가 갈라디아서 2장 14절에서 확인해 주듯, 이방인처럼($\dot{\epsilon}\theta\nu\iota\kappa\hat{\omega}s$), 이방인들 방식을 따라 살았다. 이는 물론 유대인의 관점에서 표현한 것으로서, 추측건대 게파가 음식 규정 위반을 넘어 모세 율법의 정결례 규정들과 의식 규정들을 지키지 않았음을 의미한다. 이 소식은 예루살렘에서 물의를 일으켰음이 틀림없으니, 여기서라면 유대계 그리스도인

---

[23] 이 규정들은 요리의 품목 선택과 방식에 근거하고 있었다.

으로서 그런 처신은 생각도 할 수 없고 또 게파 자신도 그렇게 행동하지 못했을 것이다. 사람들은 또한 게파의 처신에서 그에게 유대인 선교를 위임한 사도회의의 합의에 대한 위반도 보았을 것이다. 아무튼 지금 게파가 "이방인처럼" 살고 있다!

사람들은 게파에게 무엇을 요구했던가? 아주 일반적으로 말하자면, 그는 처신을 바로해야 한다는 것이었다. 구체적으로는 이 물음에 답할 수 없다. 아무튼 게파는 그로 인해 이방계 그리스도인들과의 공동 식사를 그만둔다. 그는 (최소한 음식 규정 준수에서는) 다시 유대인 생활 방식으로 돌아와 유대인답게 산다($ιουδαίζειν$).

우리는 이로써 유대계 그리스도교의 핵심 문제와 맞닥뜨렸거니와, 이 문제는 유대계 그리스도교만큼이나 오래되었으니, 곧 모세 율법과의 관계 문제다. 모세 율법의 통용 범위에 대한 규정은 유대계 그리스도교에서 (유대교에서처럼)[24] 격렬하게 논란되었다. 우리는 이 문제와 관련되는 마태오 복음서의 중요한 증언을 알고 있는바, 여기에는 유대계 그리스도교의 전승이 깊숙이 담겨 있다. 마태오 복음 5장 17-20절에는 서로 다른 세 가지 율법관이 병존 혹은 대립하고 있는데, 이런 사정은 이 주제에 관한 토론이 격렬했음을 시사해 준다.[25] 우선 엄격한 율법관이 있다: 율법에서 한 자 한 획도 폐기되어선 안 된다. 다음으로는 좀 완화된 율법관이 존재한다: 가장 작은 계명들도 준수하는 것이 좋다. 그것들을 하찮게 여기는 사람은, 하늘 나라에 들어가긴 하겠지만 가장 작은 사람이라 일컬어질 것이다. 끝으로 (이것이 마태오의 관점이거니와) 사랑의 계명 완수가 율법과 예언자들의

---

[24] 바리사이파, 사두가이파, 에세네파, 젤롯당 등은 율법을 서로 달리 해석했다. Eckert, *Verkündigung* 195도 이 점을 지적한다. 그 밖에 디아스포라 유대교도 있었다. Dunn, *Incident* 29ff는 야고보가 보낸 사람들이 요구했을 법한 것으로 세 가지를 꼽는다: ① 이들은 야고보의 조건을 포함한 "사도들의 훈령"을 가지고 갔다. ② 이방계 그리스도인들에게 할례를 요구했다. ③ 그들에게 율법의 좀 더 철저한 준수를 요구했다 — 그러나 야고보가 보낸 사람들의 항의는 게파와 안티오키아의 유대계 그리스도인들을 겨냥했다.

[25] 문제점들에 관해 Gnilka, *MT* I 140-9 참조.

가르침의 완성을 의미한다고 보는 율법관이 있다. 이 구절은 유대계 그리스도교가 율법 문제(이것을 지금의 우리는 쉽게 파악할 수 없다)를 논구하던 정신 상태에 대한 간략한 통찰을 제공해 준다. 이 정신 상태가 안티오키아 사건의 배경을 이루고 있다.

바울로가 게파에게 항의한 것은, 그의 처신으로 자신이 대변·옹호하는 복음이 부여한 이방계 그리스도인들의 자유가 위협받고 있다고 생각했기 때문이다. 갈라디아서 2장 14절에 압축되어 있는 항의는, 약간 바꾸어 표현하자면 다음과 같다: "게파, 당신은 당신 처신으로 이방계 그리스도인들에게 유대인 생활 방식을 강요하고 있소." 실상 이제는 안티오키아 교회에서 유대계 그리스도인들과 이방계 그리스도인들의 일치가 회복되려면, (게파가 자기 처신을 되돌리지 않는 한) 이방계 그리스도인들이 유대교 음식 규정들을 따르는 수밖에 없었다. 그러나 바울로는 이것을 거부했다. 그러면서 사도회의의 합의도 근거로 내세울 수 있었을 터이니, 거기서는 그와 이방계 그리스도인들에게 아무런 의무도 부과되지 않았던 것이다. 바울로에게 이것은 근본적이고 심각한 문제였다. 그는 이방계 그리스도인들이 유대교 정결례 규정들을 받아들인다는 것은, 율법을 구원을 매개하는 제도로 인정함을 의미한다는 것을 꿰뚫어 보았다. 이것은 그에게는 결코 고려 대상이 될 수 없는 일이었다.

주석학에서는 갈라디아서 2장 15-21절이 바울로가 게파에게 했던 항의와 관계가 있는지, 있다면 어느 정도나 그러한지가 논란되고 있다.[26] 물론 이 대목은 당시 실제로 했던 말의 복사본이 아니다. 본문은 일차적으로 갈라디아의 거짓 선생들과의 투쟁에 의해 꼴지어져 있다. 그러나 율법의 행업과 그리스도 예수에 대한 믿음의 대비·대립은 이미 당시에도 근본적으

---

[26] 수사학적·양식비평적 주석에서는 갈라 2,11-21을 갈라디아의 거짓 선생들과의 대결이라는 맥락에서 해석하는 경향이 강하다. Wechsler, *Geschichtsbild* 373 참조. 특히 번역에서부터 문제가 되는 것은 2,15("우리는 태생이 유대인들이며 이방인 출신 죄인이 아닙니다")인데, 여러 주석자는 이 구절을 야고보가 보낸 사람들의 논증에 들어 있었던 것으로 본다. 앞의 책, 363 참조.

로 중요한 역할을 했다: "우리는 사람이 율법의 행실로써가 아니라 오직 예수 그리스도께 향한 믿음을 통해 의롭게 된다는 것을 알고 있습니다" (2,16). 바울로는 "오직 믿음으로만"sola fide을 주장하고 있다.

게파는 무슨 생각으로 태도를 바꾸었던가? 바울로는 게파의 할례받은 사람들에 대한 두려움, 위선, 복음의 진리에서의 이탈을 비난했다(갈라 2,12-14). 이것이 바울로의 관점이다. 게파는 두 맷돌, 야고보와 바울로 사이에 끼었다. 바울로는 베드로의 두려움이 야고보가 보낸 사람들과 주님의 아우 자신 그리고 유대인 선교에서의 주도 역할 상실 가능성과 관련 있다고 생각했을 것이다. 그러나 그 두려움은 그 밖에 유대계 그리스도인들에 대한 박해를 획책하는 예루살렘의 유대인 정치권력자들과 관련되었을 수도 있다.[27] 더 중요하고 근본적인 비판은 신학적 비일관성, 올바른 앎과 상충되는 행동을 겨냥한다. 게파는 유대인답지 않고 이방인다운 자신의 생활방식을 통해 모세 율법은 구원에 본질적인 의의를 더 이상 보유하지 않는다는 확신을 분명히 드러냈다. 그 확신을 이제 버렸던가? 그렇지 않았음은 거의 확실하다. 다만 그는 이 충돌에서, 야고보가 보낸 사람들에게 부추겨져, 율법을 이스라엘 역사를 틀짓고 유대인의 고유성을 꼴지어 온, 유대인들이 언제까지나 보존해야 할 제도와 문화적 생활 공간으로 인정하려 했을 수 있다. 게파는 유대인 선교를 책임진 사람으로서 이런 상황에선 (게파를 인격적으로 모욕하기까지 한) 바울로와의 충돌을 결연히 감수하고자 했을 것이다. 게파는 바울로와는 달리, 기꺼이 타협할 자세가 되어 있는 사람이었다. 필경 그는 훗날을 위해 그런 타협을 바랐을 것이다.

이 충돌이 어찌 끝났는지 바울로는 말하지 않는다. 자신에게 유리하게 결말이 났다면, 그에 관해 갈라디아 교우들에게 입 다물지 않았으리라는 것은 거의 확실하다. 게파는 자신의 입장을 견지했다. 그러나 여기서 승자와 패자에 관해 말하면 안 된다. 바울로는 안티오키아를 떠났고 (우리가

---

[27] 사람들은 이와 관련하여 예수 수난 당시 베드로의 처신을 거듭 지적한다.

아는 바로는) 돌아오지 않았다. 함께 일했고 사도회의에서도 자신과 함께 이방계 그리스도인들을 대표했던 바르나바가 그 충돌에서 자기편에 서지 않은 일이 바울로에게는 특히 실망스러웠을 것이다. 그러나 이것이 바르나바가 이방인들 가운데서의 선교 활동을 포기했음을 의미하지는 않는다. 아마 바르나바야말로 제3의 길을 모색했던 것 같다. 충돌이 바울로에게 쓰라린 결과로 끝난 것이, 그가 바르나바 및 게파와의 결속을 영구히 깨버렸음을 의미하지는 않는다. 이것은 훗날의 진술들, 특히 고린토 교회에 보낸 편지가 확인해 준다(1고린 9,5-6 참조). 무엇보다도 바울로는 고린토 전서 15장 1-11절에서 예수 그리스도의 죽음과 부활에 관한 복음에서 자신이 게파와 다른 모든 사도 그리고 주님의 아우 야고보와 일치함을 확언한다. 바울로는 (사도회의의 합의에 따라) 이방인들 가운데서의 복음 선포에 온전히 헌신했다. 또한 예루살렘 교회와도 유대를 보존하고자 한 사도의 의지는 모금 활동을 통해 인상 깊게 입증되거니와, 이 일을 그는 자기 교회들에서 성심으로 수행했다(갈라 2,10).

안티오키아에서의 공동 식사 문제는 훗날 이른바 "야고보의 조건"을 통해 해결되었으며, 루가가 이 조건을 사도회의와 결부시키고 혼성교회의 이방계 그리스도인들에게 유대교의 특정 음식 규정 준수 의무를 부과했다는(사도 15,19-20) 견해가 널리 퍼져 있다. 루가가 이 조건의 가장 오랜 형태를 전해 주는 것 같지는 않다. 이 조건의 통용 영역을 너무 넓게 잡으면 안 된다. 이 조건은 우선 안티오키아 교회에서 통용되었을 것이다.[28]

---

[28] "루가"는 안티오키아 출신이었던가? 훈령 규정들이 즉시 온 교회에 통용되어야 한다는 주장이 있었다는 견해는, 다소 과장된 것 같다. Holtz: *NTS* 32 (1986) 355가 그런 견해를 내세운다. Conzelmann, *Apg* 85가 제시하는 전거들은 묵시 2,14.20; Justin, *dial.* 34,8; *Min. Felix* 30,6; Eusebios, *hist. eccl.* 5,1,26; Tertullian, *apol.* 9,13; *Ps-Clem. Hom* 7,4,2; 8,1; 8,19다. 혼성교회에서의 공동 식사 문제는 이 증언들에서 거의 찾아볼 수 없다. 우상에게 바쳤던 고기 섭취 금령이 눈길을 끄는데, 이는 필경 유대계 그리스도인들에게만 해당되는 것이 아니라, 좀 더 보편적인 문제였다. Weiser, *Apg* 371은 "사도들의 훈령"의 통용 영역에 시리아와 길리기아를 포함시킨다. 널리 퍼져 있는 견해다.

참고문헌

R. BAUCKHAM, Barnabas in Galatians: *JSNT* 4 (1979) 61-70.

J.D.G. DUNN, The Incident of Antioch: *JSNT* 18 (1983) 3-57.

J. ECKERT, *Die urchristliche Verkündigung im Streit zwischen Paulus und seinen Gegnern nach dem Gal* (BU 6) (Regensburg 1971).

T. HOLTZ, Der antiochenische Zwischenfall: *NTS* 32 (1986) 344-61.

J. LAMBRECHT, The Line of Thought im Gal 2, 14b-21: *NTS* 24 (1978) 484-95.

D. LÜHRMANN, Abendmahlsgemeinschaft? Gal 2, 11ff: *Kirche* (Festschrift G. Bornkamm) (Tübingen 1980) 271-86.

J.I.H. MCDONALD, Paul and the Jerusalem Decree: *StEv* 7 (TU 126) (Berlin 1982) 327-32.

P. RICHARDSON, Pauline Inconsistancy: *NTS* 26 (1980) 347-62.

A. STROBEL, Das Aposteldekret als Folge des antiochenischen Streites: *Kontinuität und Einheit* (Festschrift F. Mußner) (Freiburg 1981) 81-104.

N.H. TAYLOR, *Paul, Antioch and Jerusalem* (JSNT.S 66) (Sheffield 1992).

A. WECHSLER, *Geschichtsbild und Apostelstreit* (BZNW 62) (Berlin 1991).

A.J.M. WEDDERBURN, The Apostolic Decree: *NT* 35 (1993) 362-89.

3. 마지막 선교 단계

예상보다 일찍 바울로는 마지막 선교 단계에 들어섰다. 그러나 이 단계는 성과가 많았고 한편 긴장으로 가득 찼다. 여기서 앞뒤로 똑떨어지는 옹근 선교 여행(통상 이 단계를 세 번째 선교 여행이라 부른다)에 관해 말할 수는 없다. 왜냐하면 사도는 에페소에 선교 본부를 세워 놓았음이 분명하기 때문이다. 여기에 바울로는 상당히 오랫동안 머물렀다. 여기서 여행에 착수했고 (필경 우리가 모르는 것들도 있을 것이다), 자신이 세운 교회들을 편지와 대리인 파견 그리고 방문을 통해 보살폈다. 사도는 우리에게 전해 오는 편지들 중 여러 개를 에페소에서 썼다. 그런 다음 다시 한 번 그리스로 떠났고, 끝으로 세 번째이자 마지막 예루살렘 여행에 나섰다.

3.1 에페소에서

바울로는 선교 과업을 다시 안티오키아에서 시작한다.[1] 이번에는 그의 독립성이 그리스로의 첫 진출 때보다 더 컸다. 사도행전 18장 23절은 마치 바울로가 혼자 여행하는 것 같은 인상을 주기도 한다. 그러나 이것은(특히 육로 여행에서는) 거의 신빙성이 없다. 추측건대 디도가 사도를 동반했을 것이다. 디도에게 바울로는 특히 예루살렘 교회를 위한 모금 준비와 실행을 돕도록 했다. 디모테오 역시 함께했는지, 언제 어디서 디모테오가 사도를 다시 만났는지는 알 수 없다. 아무튼 디모테오는 늦어도 에페소에서는 다시 사도 곁에 있었다.

---

[1] 바울로가 얼마 동안 안티오키아에 머물렀는지는 알 수 없다. 그러나 그 기간을 너무 짧게 잡아서는 안 될 것이다. Ogg, *Chronology* 132는 18개월로 계산하는데, 순전히 가정이다.

바울로가 곧장 에페소로 가고자 했다면, 셀류기아에서 배를 타는 것이 가장 빠른 길이었다. 그러나 사도는 "갈라디아 지방과 프리기아를 차례로 거쳐" 갔다. 사도행전 18장 23절의 이 보고는 신빙성이 있다. 바울로는 그리스로의 첫 진출 때와 똑같은 노정을 따랐음이 분명하다. 그동안 사도는 여정 중에 숙박할 수 있는 곳들을 알아 두고, 아마 오랜 친지들도 방문했을 것이다. 무엇보다 바울로는 어린 교회들을 찾아보고 교우들에게 힘을 북돋아 주고자 했다. 갈라디아 교회들에서 사도의 두 번째 체류는 갈라디아서에 의해 거의 사실로 확인된다(특히 4,13).[2] 바울로는 나중에 고린토 전서 16장 1절에서 고린토 교우들에게 자신이 갈라디아 여러 교회에 모금을 지시했다고 말하는데, 이는 이 두 번째 방문과 자연스레 연결되며 디도가 함께 있었으리라는 것도 신빙성 있게 만들어 준다. 그런 다음 사도는 서쪽으로 갔는데, 이 노정의 끝에서는 아마 사르디스에서부터 카이스트로스 연안을 따라 오래된 페르시아 왕로王路를 통해 이동했을 것이다.

바울로가 사도로서 가장 중요한 활동 시기를 보낸 장소를 구체적으로 떠올려 보기 위해 에페소 시에 잠시 머물기로 하자.[3] 에페소는 깊은 만의 모서리, 카이스트로스 연안이 끝나는 곳에 구릉맥으로 둘러싸여 있는데, 그 구릉맥 쪽으로 기장밭과 과수원들이 펼쳐진다. 에페소는 유리한 입지 조건과 항해에 매우 적합한 항구 덕분에 중요한 도시가 되었다. 각종 곡물과 화물 집산지인 이 도시에서 방사형 도로들이 내륙으로 뻗어 나갔다.

기원전 300년경, 소아시아 서부 지역 통치자 리시마쿠스는 서쪽으로 좀 더 진출하여 도시를 새로 건설하고, 높은 망루가 다량 설치된 길이 9km 높이 6m의 성벽으로 둘러싸 방어했다. 도시는 직각으로 교차하는 히포다모스 도로 체계에 맞추어 건설되었다. 에페소 시의 가장 중요한 건축물은 그리스인들이 아르데미스라고 부르는 위대한 어머니 신의 신전이다. 기원

---

[2] 그 밖의 논거들에 관해 Suhl, *Paulus* 136f 참조.

[3] *PW* V 2773-822 (Bürchner); W. Zschietzmann: *KP* II 293-6; J. Keil, *Führer durch Ephesos* (Wien 1964) 참조.

전 6세기에 지은 거대한 옛 건물은 기원전 356년 헤로스트라트의 횃불에 의해 불타 버렸다. 그러나 곧 최고 예술가인 피디아스·스코푸스·프락시텔레스 등의 조각품과, 아펠레스를 비롯한 많은 화가의 회화로 장식되어 장려하게 재건되었거니와, 세계 7대 불가사의 가운데 가장 탁월한 것으로 여겨지기도 한다. 아르데미스 여신 숭배는 에페소 시에서만 융성했던(이 여신 이름이 붙지 않은 공공건물은 거의 없을 정도였다) 것이 아니었으니, 그녀에게 매혹된 지역은 실로 광대했다. 순례자가 무수히 모여들어 이 도시의 명성과 부를 증대시켰다. 많은 직업인이 순례자들 덕에 먹고 살았는데, 예컨대 숙련된 단야장鍛冶匠들은 소형 아르데미스 여신상을 만들어 순례자들에게 팔았다(사도 19,24-25 참조). 소형 신상은 신전을 상징하며 벽감 안에 앉아 있는 여신들을 묘사한다.[4] 유방이 많이 달린 여신상은 후대의 것이다.

바울로 시대에 에페소는 로마 영토였다. 기원전 133년 로마인들이 아시아 속주를 창설했는데, 처음에는 황제에게 귀속되었다. 그 후 기원전 27년 원로원에 귀속되었고, 원로원은 해마다 총독을 파견했다. 아시아 속주의 수도가 에페소였다. 페르가몬을 수도로 잘못 아는 사람도 많다.[5] 로마인들에 대한 증오가 이른바 '에페소 저녁기도'(기원전 88)에 끔찍하게 표현되어 있다. 이런 사정이 아우구스투스 치세에 변했으니, 그의 통치 아래 에페소는 태평성대를 구가했다. 통치권은 로마에게 있었지만, 에페소는 자유도시로서 자치권, 즉 고유한 관료 조직과 재판권을 보유했다. 루가는 이런 사정을 정확하게 알고 있다. 최고위 관리인 프리타니스 외에 시청 서기관($\gamma\rho\alpha\mu\mu\alpha\tau\epsilon\grave{\upsilon}\varsigma\ \tau\hat{\eta}\varsigma\ \pi\acute{o}\lambda\epsilon\omega\varsigma$: 사도 19,35 참조)이 있었는데, 그는 아르데미스 신전의 넉넉한 돈궤도 관리해야 했다. 이 도시의 민주적 성향은 군중집회로 표출되었다. 집회는 매번 대극장에서 개최되었다(19,29 참조). 아시아의 로마 제관('Ασιάρχης: 19,31)의 지위에 관해서는 이론이 분분하다. 이들은 아마 대

---

[4] Wikenhauser, *Geschichtswert* 366f 참조.

[5] B.E. Thomasson: *KP* I 636 참조.

표 직책과 국가 종교제식 관장 직무를 위임받은 사람들이었던 것 같다. 에페소에는 로마의 여신과 아우구스투스에게 봉헌된 세바스테이온 신전도 있었다. 에페소는 아시아 속주에서 으뜸가는 도시가 되는데, (1세기 말에) 도미티아누스 황제에 대한 신적 숭배에 신전 하나를 봉헌했다.

(바울로 시대에 20여만 명을 헤아린) 에페소 주민들은 여러 종족이 섞여 있었다. 그리스인이 압도적이었고, 동방 종족들도 많았다. 특히 유대인이 많았고, 로마 시민권을 가진 사람들도 꽤 있었다. 시 당국은 종종 반대했지만, 로마인들은 에페소와 이오니아의 다른 도시들의 유대인에게 자기네 종교의 자유로운 신봉과 고유한 재판권 행사의 특전을 부여했다.[6]

에페소는 상업·교통·경제·은행의 도시였다. 수많은 산업이 이 도시에 기반을 두고 있었다: 모직물 직조, 풍부한 대리석 가공, 금·은 세공, 양탄자 직조, 향유 제조 등. 이 모든 것이 에페소가 세계로 열린 대도시의 분위기를 지니게끔 했고, 그래서 수사학자 아리스티데스는 에페소에 관해 이렇게 말할 수 있었다: "내 생각에 헤라클레스의 기둥(지브롤터 해협)과 파시스 강 사이에 사는 모든 사람은, 이 도시 교통의 세계 개방성과 이곳에 마련되어 있는 온갖 숙박소 때문에 에페소를 잘 알고 있다. 과연 모든 사람이 마치 자기네 고향 가듯 그곳으로 간다. … 에페소는 모든 욕구를 간단히 충족시켜 줄 수 있다."[7]

에페소 시의 큰 걱정거리는 카이스트로스 강과 바다의 석호潟湖 형성이 야기하는 항구의 점진적 육지화였다.[8] 바울로 시대보다 오래 전에 신전 항구와 예전엔 만灣 안에 있던 시리에 섬이 이미 육지화되었다. 카이스트로스 강어귀에서 시항까지의 수로들은 여러 번 준설浚渫되었는데, 이 공사는

---

[6] Schürer, *Geschichte* III 15. 111. 113. 124f와 각주 14 참조.

[7] Keil(각주 3) 22f에서 재인용. 지브롤터 해협과 파시스 강(흑해의 동쪽 해안)은 서방과 동방에서 극점(極點)으로 본다.

[8] 기원전 3세기의 한 비문에 따르면 트라키아의 왕 리시마쿠스가 도시를 서쪽으로 옮겨 아르데미스 신전에서 서쪽으로 4km 떨어진 바닷가에 새로 창건했다. *PW* V 2779 참조.

61년 바레아 소라누스 총독 치하에서도 시행된 바 있다.[9] 에페소가 일개 지방 도시로 전락하기까지는 물론 몇 세기가 더 지날 터였다.

에페소 같은 세계적 대도시는 바울로가 선호하는 선교 지역이었다. 여기서 사도는 선포된 말씀이, 일단 사람들이 귀담아듣거나 받아들이면, 여행자·상인·순례자들에게 회자되어 온갖 지역과 장소로 전해지리라 기대했다. 바울로는 에페소에 도착하여 이미 존재하던 그리스도교를 만났다. 이 사실은 사도행전 18장 19-21절과 27절이, 상당히 감추긴 하지만, 시사하고 있다.[10] 에페소의 그리스도교는 바울로가 고린토로부터 에페소로 떠나올 때 동반했던 아퀼라와 브리스카가 도착하기 전에도 이미 존재했다. 에페소의 그리스도교는 이곳에 왔던 아폴로(알렉산드리아 출신인 이 사람은, 외톨이로 그리스도교 선교에 힘썼다고 한다)에 의해 비롯되었던가? 아폴로는 바울로 다음에 고린토에서 선교 활동을 했고(참조: 1고린 3,4-6; 4,6), 그 후 사도가 도착한 뒤 에페소로 왔음이 거의 확실하다(1고린 16,12 참조).[11] 아무래도 에페소의 그리스도교는 여행자들 또는 이주자들을 통해 이를테면 "저절로" 시작되었다고 보아야 할 것이다.

바울로는 (디도와 함께?) 에페소로 떠날 때, 이번에는 목적지 도착을 평온한 마음으로 기다릴 수 있었으니, 자신(들)을 맞아 줄 사람들을 이미 알고 있었던 것이다. 그 사람들은 아퀼라와 브리스카였는데, 이들은 이미 그동안 복음을 위해 상당한 일을 했음이 확실하다. 아마도 이들은 벌써 한 가정교회를 세웠고, 바울로가 나중에 여기서 고린토 교회에 인사를 하게

---

[9] Tacitus, *ann.* 16, 23 참조.

[10] 사도행전은 바울로를 에페소 교회의 창설자로 제시하려는 의도를 지니고 있다.

[11] 사도 18,24-28에 따르면 아폴로는 요한의 세례만 알고 있었고, 아퀼라와 브리스킬라에게 가르침을 받았다. 고린토 전서는 아폴로가 준(準)그리스도인이었음을 암시하지 않는다. 어쨌든 사도행전은 아폴로가 고린토와 에페소에서 활동했음을 잘 알고 있다(비록 순서는 바꾸었지만). 참조: Weiser, *Apg* 505-9; Käsemann, *Johannesjünger*; Ollrog, *Mitarbeiter* 37-41; E. Schweizer, Die Bekehrung des Apollos: *Beiträge zur Theologie des NT* (Zürich 1970) 71-9. 1고린 16,12의 "형제들과 함께"라는 말은 아폴로 일행을 가리킬 것이다.

된다(1고린 16,19). 에페소에서 사도의 외적 생활은, 생업 면에서도, 고린토에서처럼 영위될 수 있었다. 이 유대가 바울로가 그렇게 오래 이 도시에 머물게 된 이유의 하나라고 할 수 있다. 바울로가 로마서 16장 4절에서 이 부부에 관해 "그들은 나의 생명을 위해 자기들의 목을 내놓았습니다. 나 자신뿐 아니라 이방인들의 모든 교회도 그들에게 감사하고 있습니다"라고 말한 것은, 사도가 에페소에서 몸소 겪은 일과 관계가 있을 것이다.

이 부부의 집에서 바울로는 다른 그리스도인들도 만났다. 에베네도도 물론 이들에 포함되는데, 로마서 16장의 인사받는 사람 명단에서 브리스카와 아퀼라 바로 다음에 언급되며, "그리스도를 위한 아시아의 맏물"이라 부른다(16,5). 이 경사스런 지칭으로써 사도는 에베네도를 아시아의 첫 개종자로 내세운다(1고린 16,15 참조). 추측건대 이 부부는 그를 믿음의 일꾼으로 얻었을 것이다. (직역하면 "칭찬받을 만한 자"라는) 이름으로 미루어 에베네도는 노예였을 수도 있다. 로마서 16장 6절에서 거명되는 마리아 역시, 이름으로 미루어 보건대 분명히 유대계 그리스도인이며, 에페소를 떠난 다음 이 부부의 가정교회에 속했을 것이다. 로마서의 인사자 명단이 오히려 에페소 교회에 해당되는 것은 아닐까라는 문제는 뒤에서 고찰할 것이다. 바울로가 브리스카를 아퀼라보다 먼저 언급하는(로마 16,3) 것은, 그녀의 각별한 공로를 암시한다. 그녀는 특히 충실히 헌신했을 뿐 아니라, 여성으로서 남자들이 접근하기 어려운 사람들, 특히 여자들과 노예들에게 다가가 그들에게 복음을 알려 주는 일에서도 더 유리했다.

바울로가 에페소에서 이미 복음 선포자들의 경쟁자로 등장한 세례자 요한의 제자들을 만났는지는 논란거리다(사도 19,1 이하 참조).[12] 그랬을 가능성은 거의 없다. 아무튼 전해져 오는 보고들을 종합하건대, 사도는 에페소에

---

[12] 이런 일은 나중에, 더 정확히 말하면 루가 시대에 있었다. 루가가 이 문제를 과거로 소급시켰을 개연성이 크다. 세례자 요한의 제자들에 관해 K. Rudolph, *Die Mandäer* I (Göttingen 1960) 66-80, 특히 76f 참조. Käsemann, *Johannesjünger* 167에 따르면, 세례자 공동체들은 그 밖에 팔레스티나와 시리아에만 있었음이 확인되었다.

서 성공적인 활동을 했다. 에페소에서는 바울로에게 "문이 활짝 열려 있었다". 물론 사도는 덧붙인다: "그러나 반대자들도 많습니다"(1고린 16,8-9). 이것은 사도행전 19장 8-10절이 전하는 이야기의 핵심 내용(바울로가 유대인들과의 논쟁 이후 디란노 학원에서 2년 동안 날마다 토론을 벌였다는 상세한 보고가 보충되어 있다)과 근본적으로 일치한다. 유대인들의 완고함에 관한 진술은 루가의 특징이긴 하지만, 장소와 기간에 대한 언급은 신빙성이 있다. "학원"은 아주 일반적인 집회장소로 생각해야 할 것이다. 아마도 디란노 학원은 평상시에는, 혹은 바울로가 토론을 벌인 시간 외에는, 일종의 동업조합 회원들의 모임 장소로 이용되었을 것이다.[13] 아무튼 디란노는 바울로에게 호의적이었다. 그가 그리스도인이었는지는 알 수 없다.

애석하게도 바울로와 에페소 교회의 관계를 밝혀 줄 수 있을, 사도가 이 교회에 보낸 편지는 남아 있지 않다. 바울로는 편지를 전혀 쓰지 않았거나, 적어도 교회에는 편지를 써 보내지 않은 것 같다.[14] 그러나 사도가 에페소에 보낸 편지 혹은 그 단편이 바울로 서간집 어떤 곳에, 가령 로마서 16장의 인사장章 같은 곳에 실려 우리에게 전해졌을 가능성은 있다. 바울로 서간에서 로마서 16장은 많은 점에서 독특한 부분이다. 사도가 다른 모든 편지에서는 수신 교회의 특정 인물들에게 인사하지 않는[15] 반면, 로마서 16장엔 그런 인사가 넘친다. 모두 스물네 명에게 이름 불러 인사한다.

---

[13] "σχολή"를 "가르치는 집"(학원)에 국한시켜서는 안 된다. 이 낱말은 본디 "여가"를 뜻하며, 여가에 이용되는 많은 것에 사용될 수 있다. Passow의 해당 낱말 참조. 오스티아 안티카에서 큰 건물이 발굴되었는데, 거기서 발견된 입상(立像)의 주인공 황제 이름을 따라 트라야누스 학원이라 명명되었다. 본디 선박 건조업자 동업조합의 집회 장소였을 가능성이 많다. C. Pavolini, *Ostia* (Roma - Bari 1988) 182f 참조.

[14] 이른바 에페소서는, 논란되는 수신인 문제는 제쳐두고도, 바울로 차명(借名) 서간이다. 내용에 비추어 보건대 이 편지는 한 교회에 보낸 것이 아니라 회람 서간이다. Gnilka, *Eph* 1-7. 13-21 참조.

[15] 골로 4,15는 예외다. 여기서 바울로는 님파와 그녀의 집에서 모이는 교회에 문안한다. 그러나 골로사이서 역시 바울로 차명서간으로 여겨지고 있다는 사실은 제쳐두고도, 이 인사의 대상은 어디까지나 가정교회다.

거기다 루포의 어머니와 네레오의 누이가 더해진다. 사실 우리는 바울로가 어떻게 로마에 이 많은 지인과 친구들을 가지게 되었는지 묻지 않을 수 없다. 편지 앞머리에 따르면 사도는 개인적으로 로마 교우들에게 아직 알려져 있지 않았다. 그 밖에 로마서는 개인적 논술이 아니라 객관적·신학적 논증이라는 인상을 많이 준다. 이름 불러 인사하는 사람들 대부분과 관련하여, 바울로가 그들을 그저 아는 정도가 아니라 그들에 대한 특정한 기억들을 가지고 있으며 더 나아가 그들을 자신의 옛 동료로 부르는 것이 눈길을 끈다. 이것은 특히 첫째로 인사하는 브리스카와 아퀼라에게, 그리고 아시아 속주의 첫 개종자 에베네도와 "여러분을 위해 수고를 많이 한" 마리아(16,6)에게 해당된다. 또한 "그리스도 안에서 우리의 동료 일꾼"인 우르바노(16,9), 베르시스(16,12), "나도 어머니라고 부르는" 루포의 어머니(16,13)에게도 해당된다. 안드로니고와 유니아도 특별히 언급되는데, 이들은 "나의 동족이며 또 나와 함께 감옥에 갇혔으며 … 사도들 가운데 출중하고 나보다 먼저 그리스도 안에"(16,7) 있었다. 명망 있는 유대계 그리스도인들로서 선교에 힘썼던 이 부부를 바울로는 사도로 헤아린다.[16] 이들이 사도와 함께 투옥되었다는 것은, 함께 견뎌 낸 박해를 암시한다. 바울로가 이 모든 사람을 알게 된 장소를 찾고자 한다면, 본격적인 고려 대상이 되는 것은 사실 에페소밖에 없다. 이는 안드로니고 및 유니아와 함께 겪은 옥살이에도 해당될 것이다.

이렇게 로마서 16장은 에페소와 관련된 많은 기억을 되새기고 있다. 그런데 더 나아가 로마서 16장 3-16절(또는 17-20절도 포함하여)의 인사자 명단은 본디 에페소 교회에 보낸 것이었을 개연성도 상당히 많다. 그렇다면 두 가지 설명이 가능하다: 16장은 본디 바울로가 16장 17-20절에서 거론한 유혹자들을 경계하도록 하기 위해 에페소로 파견한 여봉사자 페베를 위한

---

[16] 여성형 유니아가 유니아스보다 우대받아야 한다. 후자는 다른 곳에서는 확인되지 않는 라틴어 유니아누스의 단축형으로 보아야 할 것이다. 그리스어 원문에는 4격(목적격)으로 되어 있다.

사도의 추천장이거나,[17] 아니면 바울로가 로마서의 한 사본을, 인사자 명단과 경고를 보충하여, 에페소에 보낸 것일 수도 있다.[18]

로마서 16장의 인사자 명단이 정말로 에페소 교회를 위한 것이었다면, 여기에서 이 교회의 상황을 어느 정도 엿볼 수 있다. 그리고 이 관찰은 일종의 본보기로서 다른 바울로 교회들에도 해당될 것이다. 우선 여성들의 옹골찬 참여를 알아볼 수 있다. 26명 가운데 여자가 9명인데, 그중 브리스카는 한 가정교회의 공동 책임자이고 유니아는 사도다. 거의 모든 여성이 각자 교회에서 행한 일에 대한 치사致謝를 듣는다. 거명된 모든 사람 가운데 여섯은 유대계 그리스도인인데, 바울로는 그들을 동족이라 부른다. 아퀼라와 브리스카, 아마 이들의 가정교회에 속한 마리아, 사도 부부인 안드로니고와 유니아 그리고 헤로디온(16,11)이 그들이다. 이 두 쌍의 유대계 그리스도인 부부가 에페소 출신이 아니기 때문에(마리아도 그런 것 같다), 에페소 교회에서 유대계 그리스도인의 비율은 상당히 낮았다. 그래서 사도가 그들을 특별히 내세우는 것도 이해할 만하다.

더 나아가 바울로가 여러 가정교회에 인사하는 것을 확인할 수 있다. 에페소 교회의 원세포인 브리스카와 아퀼라의 가정교회 다음으로 "아리스토불로 가족에 속하는 사람들"(16,10), "나르깃소 집안에서 주님 안에 있는 이들"(16,11)이 언급된다. 16장 14-15절에 나오는 이름들의 두 계열도 가정교회들에 해당될 것이다. 이 가정교회들에 속한 사람들을 포함하여 생각하면, 에페소 교회의 전체 구성원 숫자는 최소한 100명은 된다.[19]▶

---

[17] W. Schmithals, *Paulus und die Gnostiker* (ThF 35) (Hamburg 1965) 159-73의 주장이다. 이것을 Käsemann, *Röm* 399가 넘겨받았다. Schlier, *Röm* 10f와 Wilckens, *Röm* III 133f는 이 주장을 받아들이지 않는다. Zeller, *Röm* 244-6은 신중한 입장을 취한다. 에페소 가설에 반대하는 사람은, 아퀼라와 브리스카가 다시 로마로 돌아와 있었다고 생각해야 한다. 이것은 그럴 수 있다. 그러나 에페소의 다른 협력자들은 어떻게 로마로 왔을까? 추천서 양식에 관해서는 J.I.H. McDonald, Was Roman 16 a separate Letter?: *NTS* 16 (1969/70) 369-72; C.-H. Kim, *Form and Structure of the Familiar Greek Letter of Recommendation* (SBL Diss. Ser. 4) (Missoula 1972) 참조.

[18] Trobisch, *Paulusbriefsammlung* 130의 주장이다.

인사자 명단이 또한 알려 주는 사실: 바울로는 사목 활동을 하면서 공동체 구성원 한 사람 한 사람에게 인간적 관심을 기울인다. 사도는 그 모든 사람의 이름을 알고 있다. 그는 그들과 여러 번 이야기를 나누었다. 사람마다 기억하며 보살핀다. 물론 교회는 아직 한눈에 파악할 수 있었다. 그러나 이런 보살핌은 그리스도 선포에 대한 사도의 이해에 따른 일이었다. 그 밖에 생계를 위한 직업 활동, 사람들의 일상적 방문, 끝으로 모든 교회에 대한 걱정도 드러난다(2고린 11,28 참조).

이로써 우리는 바울로가 에페소에서 힘써 몰두했던 한 가지 일과 마주치게 되었다. 그것은 마케도니아, 아카이아, 갈라디아에 이미 설립된 교회들을 돌보는 일이었다. 바로 이 점에서 에페소는 바울로 선교 활동의 중심지로 드러난다. 사도는 자신을 찾아온 그 교회들의 대표자들을 맞아들여 좋고 나쁜 소식을 들었고, 충고해 주었다. 그 교회들과 사도의 관계가 어떠했는지, 구체적인 내용에 관해 우리는 모르는 것이 너무 많다. 그래도 상당 부분은 바울로의 편지들에 나타나는 그의 대응들을 통해 알 수 있으니, 이 편지들은 본디 (로마서를 제외한) 모두가 교회의 긴급한 문제에 대한 답변이었다. 우리가 상대적으로 가장 잘 알고 있는 것은 사도와 고린토 교회의 관계다. 이 단락에서는 앞으로 좀 더 자세히 고찰할 자료들을 모아, 사람들이 에페소 사도의 집을 찾아와 접촉한 상황만 재구성해 보자.

에페소에 있던 바울로에게 "클로에의 사람들"이 고린토 교회의 대표단 격으로 찾아왔다(1고린 1,11). 이들을 한 여성의 이름을 따서 부르는 것이 진기하다. 물론 그녀가 고린토에서 가정교회를 돌보았고 사람들이 그녀의 위임을 받아 바울로에게 왔다고 생각할 수는 없다. 왜냐하면 클로에는 편지의 이후 내용에서는 언급되지 않기 때문이다. 짐작건대 그녀는 그리스도인인 것 같지도 않다. 여러 연구자들은 나아가 그녀가 고린토가 아닌 에페소 출신이며, 고린토에 부동산이 있었을지도 모른다고 본다. 어쨌든 클

---

[19] Schmithals, *Röm* 552.

로에는 도처에 널리 알려진 부유한 여인으로(속량된 자였을까?), "클로에의 사람들"은 그녀의 노예들로 추측할 수 있다. 이들이 복음을 받아들였고, 고린토에서 일했으며 그곳 교회에 속해 있었다. 얼마 뒤 도착한 고린토 교회의 공식 대표단 중에는 고린토 전서 16장 17-18절에서 치하받는 인물들, 전에 바울로에게 세례를 받은 스데파나 그리고 포르두나와 아카이고가 포함되어 있었다.

이런 정황은 숙고를 요구한다. 클로에의 사람들이 편지 말미에 언급되지 않는 것은 편지를 쓸 무렵 그들이 이미 떠난 사실과 관련 있다 하더라도, 아무튼 대표단이 둘이었다는 것은 고린토 교회 내의 갈등을 암시한다. 스데파나는 중류층(혹은 상류층?)에 속했다. 그와 일행들은 고린토 교회에서 발생한 많은 문제를 사도에게 가져왔는데, 한 편지 안에 요약되어 있었다(1고린 7,1: "여러분이 적어 보낸 것들").[20] 이것은 고린토 교회 모든 교우의 공통된 의견인가? 클로에의 사람들은 교회 상황을 더 부정적으로 묘사했다. 그들은 분열에 관해 이야기했다. 바울로는 이른바 고린토 전서로써 이에 대처했다. 그러나 고린토 전서 5장 9절에서 사도가 이미 전에 편지 한 통을 써보냈음을 알 수 있다. 이 편지 집필 장소로 가장 개연성 많은 곳도 에페소다. 우리가 너무 많은 것을 모르며 추측만 할 수 있을 뿐이라는 것은, 고린토 전서의 공동 발신인으로 거명되는 "형제, 소스테네"(1,1: 바울로 서간에서 오직 여기에만 나온다)[21]에 관해 아는 게 전혀 없다는 사실에서 단적으로 드러난다. 그는, 최소한 얼마 동안은, "형제, 디모테오"(2고린 1,1)처럼 바울로의 협력자였음이 틀림없다.

---

[20] 스데파나와 일행들이 "교회 편지"를 가져왔으리라는 것은 신빙성이 많다. 어쨌든 이들이 클로에의 사람들일 리는 만무하다. 데메테르 신(농업신)이 클로에, 즉 녹초(綠草)로도 일컬어진 사실을 근거로 클로에의 사람들을 데메테르 비교(秘敎) 신자들로 보는 Hitchcock: *JThS* 25 (1924) 163-7의 견해는 빗나갔다.

[21] 이 사람을 동명(同名)의 고린토 회당장(사도 18,17)과 동일시해선 안 된다. Conzelmann, *1 Kor* 33 각주 13 참조. 이 이름은 매우 흔했다. 이 소스테네의 그리스도교 개종에 관해 우리는 아는 게 전혀 없다.

편지 써 보낸 일과 별도로, 바울로는 "내가 어디서나 모든 교회에서 가르치는 그대로, 그리스도 예수 안에서의 내 도리를 일깨워 주기"(1고린 4,17; 참조: 16,10) 위해 디모테오를 고린토 교회로 파견했다.[22] 같은 맥락에서 사도는 "교만해진 자들"의 능력을 알아보기 위해 몸소 곧 고린토로 가겠다는 뜻을 밝힌다. 그리고 좀 비꼬면서 덧붙인다: "내가 매를 들고 여러분에게 가야겠습니까? 아니면 사랑과 함께 온유의 영을 가지고 가야겠습니까?" (4,19-21; 참조: 16,1-8).

갈라디아 교회들로부터도 나쁜 소식들이 도착했다. 바울로를 반대하는 선동꾼들이 침투했던 것이다. 그들은 이방계 그리스도인들(갈라디아 교회들은 전적으로 이들로 구성되어 있었다)에게 할례를 요구하고, 바울로의 권위를 문제 삼았다. 언제 어디서 바울로가 이 흉보를 접했는지는 연구자들 사이에 논란되고 있다. 어떤 사람들은 에페소에 2년 동안 체류할 때라고 생각하고, 또 어떤 이들은 그것에 이어지는 시기, 즉 바울로가 마케도니아로 갔을 때라고 본다.[23] 확실히 결판날 문제는 아니겠지만, 첫째 견해가 더 신빙성 있는 것으로 보인다. 첫 복음 선포에 대한 상기는 데살로니카 전서에도 나타나지만, (당시 에페소에서 집필되었을 것으로 추정되는) 갈라디아서에 더 생생하게 나타난다. 예컨대 "나는 여러분이 은총으로 여러분을 부르신 분으로부터 … 그토록 빨리 돌아선 것에 대해 놀라고 있습니다"(갈라 1,6) 하고 바울로는 갈라디아 교우들을 질책한다. 누가 이 소식을 가지고 왔는지는 전혀 암시하지 않는다. 필경 갈라디아의 그리스도인들이었을 것이다. 갈라디아서에서 (그리고 다른 편지들에서도) 갈라디아 그리스도인 이름은

---

[22] 사도 19,22는 바울로가 에페소에서 디모테오와 에라스도를 마케도니아로 보냈다고 전한다. 디모테오가 마케도니아를 거쳐 고린토로 갔을 가능성은 매우 높다. 사도행전에서 이곳에만 나오는 에라스도에 관해서도 우리는 아는 게 전혀 없다. 동명의 고린토 시 재무관(로마 16,23 참조)과 동일인일까? 에라스도는 2디모 4,20에 다시 한 번 등장한다. 사도 19,21-22는 통상 루가 특수사료로 취급된다. Radl, *Paulus und Jesus* 103-26; Winter, *Komposition* 224-45 참조. 에라스도가 사도행전과 디모테오 후서에 나오기 때문에, 이것을 교회 안에 퍼져 있던 바울로 전승들로 여겨도 될 것이다.

[23] Borse, *Standort* 178의 견해다. Mußner, *Gal* 10f와 Betz, *Gal* 51은 입장을 유보한다.

단 하나도 찾아볼 수 없다. 아무튼 바울로는 에페소에서 갈라디아를 잠깐 방문했던가? 갈라디아서 4장 20절에서 사도는 갈라디아 교우들에게 가고 싶다는 바람을 드러낸다. 그러나 육로는 멀고 힘들었다(약 700km).[24] 아니면 어떤 협력자를 갈라디아로 보냈던가? 이 모든 것이 우리에게 닫혀 있다.

고린토 교회의 상황은 극적으로 전개되었다. 고린토 전서 16장 5-8절에 예고된 바울로의 방문은 계획과는 달리 이루어졌다. 사도는 오순절 이후에(16,8; "오순절까지는 에페소에 머물러 있겠습니다") 마케도니아를 거쳐 고린토로 가려 했고, 거기서 얼마간 머물거나 겨울마저도 보낸 다음, 지명은 언급하지 않는 곳으로("내가 어디로 가든지") 고린토 교우들을 동반하고자 했다. 바울로는 필경 예정보다 빨리 고린토를 방문했던 것 같고, 다시 에페소로 돌아왔다. 이것을 통상 중간 방문이라 부른다.[25] 불안과 근심이 사도를 좨쳐댔으니, 추측건대 새로운 소식을 들었던 것 같다. 날씨가 좋았으면 배편으로 닷새 안에 고린토에 도착했을 것이다.

고린토에서 발생한 사건들의 재구성은 지금의 고린토 후서를 어찌 보느냐에 크게 좌우된다. 이 서간은 두 개 혹은 그 이상의 편지가 편집되어 한데 묶인 것이라는 견해가 널리 받아들여지고 있다. 보른캄[26]은 상황을 다음과 같이 판단한다: 에페소에 있던 바울로는 어떤 선교사들이 고린토에 나타나 사도와 그가 선포한 복음을 반대한다는 소식을 들었다. 사도는 편지 한 통을 써 보냄으로써 이에 대처했는데, 이것을 고린토 후서 2장 14절과 7장 4절에서 찾아볼 수 있다. 그리고 이어서 바울로가 중간 방문을 했으나, 성과가 없었다. 그래서 사도는 에페소에서 두 번째 편지를 써 보냈다. 흔히들 이것을 "눈물 편지" 또는 "4장 편지"라고 부르는데, 고린토 후

---

[24] 이 거리에 관해 Jewett, *Chronologie* 103-6의 표 참조. 안퀴라와 트로아스 간의 거리는 안퀴라와 에페소 간의 거리와 맞먹었다. 바울로가 갈라디아를 잠깐 방문했으리라는 것은 신빙성이 별로 없다.

[25] 이 중간 방문은 바울로가 2고린 12,14와 13,1에서 세 번째 방문을 예고함으로써 분명히 확인된다.

[26] G. Bornkamm, *Vorgeschichte* 참조. 이 문제는 오래되었다. Windisch, *2 Kor* 11-20 참조.

서 10-13장에서 찾아볼 수 있다. 실제로 바울로는 고린토 후서 2장 4절에서 많은 눈물을 흘리면서 편지를 썼다고 말한다. 디도가 이 편지를 전달했을 것이다. 그 후 바울로는 에페소를 떠나 마케도니아로 갔고, 거기서 디도를 만났는데, 그가 고린토에서 희소식을 가지고 왔다. 그때 사도는 "화해 편지"라 불리는 세 번째 편지를 써 보냈으니, 고린토 후서 1장 1절-2장 13절과 7장 5절-8장 24절에 들어 있다.[27]

클라욱[28]은 이 복잡한 가설을 좀 변경하여, 고린토 후서는 두 개의 편지(10-13장의 눈물 편지와, 나머지 모든 장을 포함하는 화해 편지)로 이루어져 있다고 본다. 클라욱에 따르더라도 눈물 편지는 바울로의 적수들이 고린토 교회에 침투한 뒤, 바울로의 중간 방문 뒤, 화해 편지에 앞서, 에페소에서 썼다.

고린토 후서가 두 통의 편지로 나뉘어 있다는 견해가 보른캄의 견해보다 타당성이 있다. 하지만 시간상 순서는 바꾸어야 할 것이다.[29] 그렇게 끈덕진 유형의 바울로 적수들은 고린토에 (그리고 미리 말해 두건대 필립비에도) 나중에야 나타났다. 그들의 출현에 관해 고린토 후서 1-9장은 거의 아무런 암시도 하지 않는다. 물론 당시에도 사도가 하느님의 말씀을 팔아 먹고(2,17) 추천 편지를 가지고 다니며(3,1) 겉으로만 자랑하는(5,12) 자들이라고 비난하게 만든 각양각색의 선교사들이 이미 있었다. 그러나 이곳의 어조는 "4장 편지"의 어조와 전혀 다르다. "4장 편지"에서 바울로는 다른 예수와 다른 복음을 선포하는 자들(11,4), 거물급 사도들(11,5; 12,11), 가짜 사도들과 속여 먹는 일꾼들(11,13), 사탄의 봉사자들(11,15)에 관해 말한다. 아무튼 1-9장에서는 천둥의 잔향殘響은 들리지 않고, 오히려 멀리서 다가오는 소리가 들린다. "4장 편지"를 시간적으로 나중에 썼다는 특히 중요한 근거로, 비교 가능한 모든 고대 서간집이 연대기적 순서를 지킨다는 사실

---

[27] 보른캄은 2고린 9장을 독립된 모금 독려 편지로 본다. *Vorgeschichte* 32 참조.

[28] H.-J. Klauck, *2 Kor* 7-9 참조. Stephenson, Partition Theories는 구분 가설들에 관한 개관을 제공해 준다.

[29] 고린토 후서에 대한 Windisch, Barrett, Furnisch의 주석서들의 견해도 그렇다.

을 제시할 수 있다.[30] "4장 편지"가 "고린토 후서"라는 편지 모음 끝에 들어 있는 것은, 사도가 고린토 교회에 보낸 마지막 편지이기 때문이다.[31]

바울로가 고린토를 중간 방문하게 된 이유는, 우리의 관점에 따르면, 그를 반대하는 선교사들이 나타났기 때문이 아니라 고린토 교회에 해결할 수 없는 문제들이 발생했기 때문인바, 공동체의 분열 그리고 몇몇 교만한 구성원에 의한 사도 권위의 의문시가 그것이다. 중간 방문은 비통하게 끝났다. 그 상세한 과정은 전혀 재구성할 수 없다. 우리에게 전해 오는 본문에 들어 있는 암시들은 내용을 분명히 밝혀 주기보다는 에둘러 말한다(2고린 2,1-11; 7,11-13). 어떤 사람이 모욕을 당했다. 그게 바로 바울로 자신임이 분명하다. 우리는 사도가 교회 집회에서 어떤 교만한 교우에게 모욕을 당했으리라 추측할 수 있다. 모욕의 심각성은 바울로의 사도로서의 권위가 의심을 받았다는 데 있었다고 하겠다. 바울로는 패배했고 공동체의 일치를 회복시키지 못했다. 그는 목적을 이루지 못하고 에페소로 다시 돌아왔으나, 세 번째 방문을 약속했다(2고린 1,16).[32] 분실되어 전해 오지 않는 한 편지에서 바울로는 앞서 언급한 불손한 자의 처벌을 고린토 교회에 요구했다. 교우들은 교회 내의 의논을 거쳐 그 무뢰한을 처벌했는데, 이 일을 사도는 물론 한참 뒤에야 알게 되었다. 아마도 교우들은 그 교란자를 한동안 공동체로부터 배제했던 것 같다. 그런 다음 바울로는 그를 용서해 줄 것을 부탁했다(2,5-8). 한편 바울로의 중간 방문과는 별도로 디도가 예루살렘 교회를 위해 모금하러 다시 고린토로 갔다. 디도는 고린토 교회와 사도의 화해도 이끌어 내게 될 터였다(8,16-17; 12,18; 2,12-13; 7,6).

---

[30] Trobisch, *Paulusbriefsammlung*은 많은 자료를 제시한다. 그는 바울로 스스로 자신의 서간집을 만들었다고 본다. 그리고 고린토 후서가 네 통의 편지로 나뉘어진다고 보는데(127쪽), 설득력이 없다. 그러나 연대기적 관점을 고려하는 고대 서간집들과의 비교는 늘 많은 연구거리를 제공한다.

[31] 그렇다면 "4장 편지"는 바울로가 "눈물을 흘리면서" 쓴 편지와 결코 동일시될 수 없다. 이 "눈물 편지"는 분실되었다. Wolff, *2 Kor* 4도 분실 가능성을 고려한다.

[32] 이 구절은 1고린 16,5-8과 관련되는 게 아니라, 중간 방문 때의 구두 약속과 관련된다.

바울로가 에페소에서 거둔 선교상의 성공은 고통과 시련과 짝을 이루었다. 이것들에 관해 고린토에 보낸 편지들에는 근본적으로 두 가지 암시밖에 없다. 하나는 고린토 전서 15장의 그리스도교 부활 희망에 관한 맥락 속에 들어 있다: "나는 날마다 죽고 있습니다. … 설사 내가 에페소에서 인간적으로[33] 맹수와 싸웠다 한들 내게 무슨 이득이 있겠습니까? 죽은 이들이 일으켜지지 않는다면, '먹고 마십시다. 내일이면 죽을 터이니'"(15,31-32) — 사도는 자신이 에페소에서 몸소 겪은 극심한 고통이, 만일 그리스도교의 부활 신앙이 사기라면, 그저 헛일임을 말하고자 한다. 맹수와의 싸움은 바울로가 맹수형刑에서 빌려 와 상징으로 사용한 것임이 분명하다. 필경 사도의 삶을 힘들게 하고 더 나아가 위협하던 자들과의 대결을 암시하는 것 같다. 이런 상황이 한동안 계속되었다. 그 자세한 내막은 알 수 없다.

이 구절과 고린토 후서 1장 8-10절은 뚜렷이 대비된다: "우리가 아시아에서 당한 환난에 대하여 여러분에게 알려 드리고 싶습니다. 사실 우리는 몹시도 힘에 부치게 짓눌려서 마침내 우리는 도저히 살아날 길이 없다고 생각했습니다. 아니, 우리는 우리 자신 안에 이미 사형선고를 받아 가졌기에 우리는 자신에게 신뢰하지 않고, 오히려 죽은 이들을 일으키시는 하느님께 신뢰할 수밖에 없었습니다. 그분은 바로 그처럼 엄청난 죽음에서 우리를 건져 주셨습니다. …" 이 구절을 평가하기 위해서는 이것이 (고린토 전서 15장 31-32절과는 달리) 에페소가 아니라, 사도가 이미 아시아를 떠난 뒤 마케도니아에서 썼음을 반드시 유념해야 한다. 그러므로 위에서 언급된 "환난"은 에페소 체류 말기에 있었다고 추론할 수 있다. 어쩌면 그것이 바울로가 그 도시를 떠나게 된 이유였을 수도 있다.

그것은 바울로를 죽음의 문턱에까지 몰고 간 구체적이고 매우 드문 일이었음이 틀림없다. 혹시 위중한 질병이었던가? 그렇다면 병이 나은 뒤 에페소에 얼마간 더 머물렀다고 해야 납득이 간다. 우리는 고린토 후서 1장

---

[33] 직역하면 "인간에 따라". "여느 인간처럼"으로 번역할 수도 있다.

8-10절은 에페소에서의 옥살이를 암시한다고 보고 싶다. 이것은 브리스카와 아퀼라가 사도의 생명을 위해 그들의 목을 내놓았다는 감사의 말(로마 16,4)과 부합하는데, 이 말은 에페소에서의 환난과 관련될 것이다. 고린토후서 11장 23절에 따르면 바울로는 옥살이를 여러 차례 했는데, 사도가 로마서 16장 7절에서 자신과 함께 감옥에 갇혔다고 말하는 안드로니고와 유니아가 아시아 속주에서 사도의 고통스러운 체험들에 특별히 관련되었을 수도 있다. 이것은 필레몬서 23절에서 사도와 함께 갇혀 있으면서 필레몬에게 문안하는 에바프라에게도 해당된다.

이로써 우리는 바울로의 옥중서간, 즉 필립비서와 필레몬서에 이르렀거니와, 이것들이 우리의 고찰에 상당한 도움을 줄 수 있다. 사도가 이 두 편지를 에페소 감옥에서 썼으리라는 견해가 오늘날 널리 받아들여지고 있다.[34] 바울로는 그리스도 예수 때문에 갇혀 있는 자(필레 1절)라 자칭하고, 자신의 옥살이에 관해 이야기한다(필립 1,13). 사도는 포악한 죽임을 당할 가능성을 염두에 두어야만 했다. 이것을 그러나 사도는 신학적 언어로, 더 정확히 말해 기도의 말로 표현한다: "사실 나에게는 사는 것이 곧 그리스도이고 죽는 것이 이익입니다. … 나는 세상을 떠나 그리스도와 함께 있기를 원합니다"(1,21-23). 필립비서 2장 19-24절에서 바울로가 자신이 처형될 경우에 대비해 디모테오를 자기 과업의 후계자로 내정했다는 인상을 받을 수 있다. 죽음을 각오해야만 하는 상황이 필립비서 1장 21-23절을 고린토후서 1장 8-10절 가까이로 밀어놓거니와, 이 상황을 사도는 한 번은 위험에 직면하여, 또 한 번은 위험이 지나간 뒤에 성찰하고 있다.

필립비서에서 바울로가 로마인들에 의해 갇혀 있음을 추측할 수 있다. 사도는 부대(πραιτώριον)에 관해 언급하는데, 자신이 그리스도 때문에 갇혀 있다는 사실이 온 부대에 분명히 알려졌고 그로써 복음도 널리 알려졌다

---

[34] 필립비서는 두 개의 편지가 편집된 것으로 보는바, 이 견해는 필립비서 A에 해당된다. Gnilka, *Phil* 18-24; 같은 저자, *Phm* 4f 참조. U. Schnelle, *Einleitung in das NT* (UTB 1830) (Göttingen ²1996) 159-62는 집필 장소로 다시금 로마를 지지한다.

고 하며(1,12-13), 또 카이사르의 집안에 속한 사람들의 문안을 전한다(4,22). 예전에는 이 말을 근거로 바울로가 로마의 감옥에 갇혀 있었다고 추측했다. 그러나 이 추론은 확실하지 않다. "부대"는 로마 속주 총독의 청사, 그러니까 이 경우는 에페소 총독의 청사를 가리킨다. "카이사르 집안의 사람들"은 황제의 노예나 속량된 자들(제국 전체로 치면 수만을 헤아렸다)인데, 짐작건대 에페소에서 고유한 단체까지 이루고 있었던 듯하다. 복음이 부대 안에 널리 알려졌다는 것은, 필시 심리審理가 있었음을 시사한다. 필립비서 A는 바울로에 대한 판결 직전에 썼다는 인상을 준다.

사람들이 바울로를 거슬러 제기한 법률상 고발 사유에 관해 사도는 아무 말도 하지 않는다. '그리스도를 위해 나는 감옥에 갇혀 있다' — 이것이 바울로의 관점이다. 물론 그의 감금은 복음 선포와 관계가 있다. 우리는 다만 바울로에 대한 이 사법적 조치는, 그가 필립비에서 당한 가혹한 취급과 같은 경우라고 추측할 수 있을 뿐이다. 복음의 선전 또 그로써 외래 종교의 선전은 국가에 위협적인 것으로, 질서와 평화의 교란으로 볼 수 있었다. 사도행전은 이번에는 우리를 전혀 도와주지 않는다. 사도행전은 바울로가 에페소에서 갇혀 있었다는 것은 언급하지 않는 반면, 바울로로 인해 벌어진 소동을 매우 상세히 그리고 특유의 방식으로 기술한다(사도 19장). 복음이 아르데미스(다이아나) 여신 숭배에 위협이 되었다는 것이다. 그리스도교가 우상숭배를 정복한다는 것을 보여 주려고 했던 루가는, 자기 직공들과 함께 순례자들 덕에 먹고 사는 은장이 데메드리오로 하여금 예언적인 말을 발설토록 한다: "위대한 여신 아르데미스의 신전까지도 괄시를 받을 … 것입니다"(사도 19,27). 실제로 복음의 광범위한 전파로 이교 신전 제의가 크게 쇠퇴했음을 2세기 초에 소小플리니우스가 확인해 준다.[35] 물론 바울로의 활동이 아르데미스 제의와 충돌을 초래했거나, 그 종사자들이 사도를 고발했을 개연성은 매우 크다.[36]

---

[35] Plinius, *ep.* 10, 96, 10은 그리스도교가 널리 전파된 결과 신전들이 황량하다고 말한다.

필립비서 1장 16-18절은 바울로의 투옥이 몇몇 협력자를 불안케 했음을 암시한다. 그들은 경쟁심이라는 불순한 동기로 갇혀 있는 바울로에게 고통을 더한다. 그러나 그들이 복음을 버리지는 않았기에 사도는, 비록 고통스러운 일이긴 하지만, 그들을 내버려둔다. 그들에 의해 어쨌든 그리스도가 선포된다는 사실, 이것만이 바울로의 관심사이며, 궁극적으로는 그의 기쁨이기도 하다. 그럴수록 사도에게 충실한 사람들은 그에게 힘을 주었을 것이다. 그중 다섯은 필레몬서 23-24절에서 필레몬 등에게 문안한다. 첫자리에 에바프라가 나오는데, 그는 다른 사람들에게 자신이 "그리스도 예수 안에서 나(바울로)와 함께 갇혀 있는 자"임을 보여 주었다. 골로사이서에서 에바프라가 골로사이 출신이며, 리코스탈의 선교사로서 골로사이와 라오디게이아 그리고 히에라폴리스 교회에서 중요한 인물이었음을 알 수 있다(골로 1,7; 4,12-13). 그 밖의 사람들은 마르코, 아리스다르코, 데마 그리고 루가다. 앞의 두 사람은 유대계 그리스도인이고 나머지 둘은 이방계 그리스도인이다.[37]

사도행전 19장 29절과 20장 4절에 따르면 아리스다르코는 마케도니아 사람으로서 데살로니카 출신이다. 데마에 대해서는 나중에 디모테오 후서 4장 10절이 불리한 증언을 한다. 문안자 명단은 우리가 흔히는 구체적 내용들에 관해 아는 게 너무 적다는 것을 다시 한 번 일깨워 준다. 예를 들어 마르코가 문안자들 가운데 끼여 있는 것은, 바울로와 마르코 그리고 바르나바의 다툼이 잊혀졌음을 전제한다. 언제 어디서 마르코가 다시 사도와 합류했는지는 알 수 없다. 그 이름이 전승 안에서 유명한, 그리고 셋째 복음서 및 사도행전과 결부되어 있는 루가는 바울로 친서에서는 오직 여기에서만(차명서간에선 골로 4,14와 2디모 4,11) 언급된다. 골로사이서 4장 14절에서는 사랑받는 의사로 불린다.

---

[36] 그렇다면 다름 아닌 시청 서기관이 군중에게서 바울로를 보호하려 애쓰는 사도 19,35-40은 충돌을 하찮게 여긴 셈이다.

[37] 골로 4,10-11에 따르면 아리스다르코도 유대계 그리스도인이다.

에바프라에 대한 언급은 복음이 에페소로부터 내륙으로 퍼져 나갔음을 말해 주는 한 중요한 증거다. 바울로 자신이 아니라 에바프라가 복음을 성공적으로 리코스탈에 전했다. 선교 활동을 큰 도시들에 집중하고, 그로써 복음을 여러 지방으로 전해 줄 사람들이 생기기를 바랐던 바울로의 예측이 맞아떨어졌다. 에바프라가 그 증거다. 리코스탈에서 에바프라의 선교가 필레몬서 집필 당시까지 어느 정도나 성공했는지는 알 수 없으며, 언제 바울로가 이 사람을 알게 되어 신앙으로 이끌었는지도 모른다. 짐작건대 이 일은 에페소에서 일어났을 것이다. 이것이 그전에 사도가 그 지방을 가로질러 여행하던 중에 만났으리라는 것보다 신빙성 있다.

필레몬서를 쓰게 된 것은 전적으로 사사로운 사건 때문이었다. 오네시모("쓸모 있는 자")라는 전형적인 노예 이름을 지닌 한 노예가 주인에게서 도망쳐 바울로에게 와서 비호를 간청했다. 오네시모는 자기 주인이 바울로에게 (역시 에페소에서) 믿음을 전해 받았음을 들어 알고 있었다. 오네시모는 사도가 감옥에 갇힌 후에도 한동안 에페소에서 바울로 곁에 머물렀다. 그는 그리스도인이 되었고, 사도를 돕고 시중을 들었다. 노예가 도주하는 것은 당시 법에 따르면 중대한 범죄였다.[38] 아직 갇혀 있던 바울로는 오네시모를 돌려보냈다. 바울로의 가장 사사로운 편지인 필레몬서는 오네시모에게 주어 돌려보내기 위해 쓴 것이며, 도망친 노예를 다시 받아들이고 그리스도인 형제로 맞아 줄 것을 부탁한다: "그가 한동안 그대를 떠나게 된 것은 영원히 그를 돌려받을 수 있기 위한 것이 아닐까요? 이제는 종이 아니라 종 이상으로, 사랑스러운 형제로 돌려받는 것입니다"(필레 15-16절). 이 편지 수신인은 필레몬과 그의 가정교회인데, 이 교회는 필레몬이 사도의 협력자로서 (아마도 골로사이의) 리코스탈[39]에 세웠다. 편지 인사말에서는 자매(필레몬의 아내) 압피아와 "우리 전우" 아르킵보도 언급된다.

---

[38] H. Bellen, *Studien zur Sklavenflucht im römischen Kaiserreich* (Wiesbaden 1971) 참조.
[39] 이에 관해 Gnilka, *Phm* 5f 참조.

그는 필레몬의 아들인 것 같다. 아르킵보는 나중에 교회의 지도적 직무를 넘겨받았다(골로 4,17 참조). 필레몬서 22절에서 바울로는 리코스탈로 필레몬을 방문하겠다고 통지한다: "아울러 나를 위해 숙소를 마련해 두십시오." 이 여행은 이루어지지 못했을 것이다.

우리는 바울로가 에페소에서 또 한 사람의 방문을 받았음을 알고 있다. 필립비 교회가 사도 투옥 소식을 듣고 물질적인 도움과 함께 에바프로디도를 사절로 보냈다. 그는 에페소에서 중병에 걸렸으나 회복될 수 있었다(필립 2,25-30): "하느님께서 그를 불쌍히 여기시고 … 내가 슬픔에 더 슬픔을 당하지 않게 해 주셨습니다"(2,27).

바울로가 겪은 일들 가운데 재구성할 만한 건 많지 않으나, 그래도 사도의 에페소 체류의 다채로운 모습을 떠올려 볼 수 있다. 에페소 체류는 바울로의 활동 가운데 가장 성과 많은 시기였다. 사도는 엄청난 환난과 신산 고초를 겪어야 했지만, 이 지역에 복음을 뿌리내리게 하는 데 성공했다.

참고문헌

G. BORNKAMM, *Die Vorgeschichte des sogenannten Zweiten Korintherbriefes* (SHAW. PH 1961/2).

U. BORSE, *Der Standort des Galaterbriefes* (BBB 41) (Köln 1972).

E. DELEBECQUE, La révolte des orfèvres à Ephèse: *RThom* 83 (1983) 419-29.

F.R.M. HITCHCOCK, Who are the "People of Chloe" in 1 Cor 1, 11?: *JThS* 25 (1924) 163-7.

E. KÄSEMANN, Die Johannesjünger in Ephesus: *Exegetische Versuche und Besinnungen* I (Göttingen 1964) 158-68.

A.M.G. STEPHENSON, Partition Theories on II Corinthians (*StEv* 2) (TU 87) (Berlin 1964) 639-46.

D. TROBISCH, *Die Entstehung der Paulusbriefsammlung* (NTA 10) (Freiburg/Schweiz - Göttingen 1989).

3.2 다시 마케도니아와 아카이아에서

바울로와 로마 사직 당국의 대심對審은 사도에게 별 탈 없이 마무리되었다. 바울로는 석방되었다. 그 과정과 결말은 상세히 서술할 수 없다. 사도가 시에서 추방당했는지 물을 수 있으나, 대답은 얻을 수 없다. 어쨌든 바울로는 에페소에 다시는 발을 들여놓지 않았다. 사도행전 20장 16-17절에 따르면 바울로는 나중에 예루살렘으로 가던 길에 에페소를 비켜 갔고 에페소 교회 원로들을 밀레도스로 오게 했는데, 이것이 그런 심정을 드러내 준다고 하겠다.

바울로는 풀려나자마자 에페소를 떠났으리라 짐작된다. 사도는 빨리 그리스로 가고 싶어 했다. 반란을 일으킨 고린토 교회에 대한 근심이 사도에게 안식을 허락하지 않았다. 그러나 사도는 에페소에서 곧장 겐크레아로 항해하지 않고, 육로로 마케도니아를 거쳐 갔다. 필립비와 데살로니카 교회들도 다시 둘러보고 싶었음이 확실하다. 노정은 마케도니아로의 첫 진출 때와 같이 트로아스를 거쳐 가는 길을 택했다.

무엇보다도 바울로는 화해 준비를 위해 고린토로 보냈던 디도를 기다리고 있었다. 짐작건대 디도는 바울로가 택할 노정을 알고 있었다: "나는 그리스도의 복음을 전하기 위해 트로아스로 갔습니다. 주께서는 내게 문을 열어 주셨던 것입니다. 그러나 나는 나의 형제 디도를 찾을 수 없었으므로 내 영에 안식을 얻지 못했습니다. 그래서 나는 그들과 작별하고 마케도니아로 떠나왔습니다"(2고린 2,12-13). 마케도니아에서 마침내 사도는 디도를 만났는데, 가장 개연성 많은 필립비와 데살로니카 중 어디였는지는 알 수 없다. 디도를 만남으로써 풀린 바울로의 긴장이 오늘도 그의 말 속에서 떨고 있다: "사실 우리가 마케도니아에 왔을 때 우리 육신은 아무런 안식도 얻지 못하고 갖은 환난을 다 겪었습니다. 밖으로는 싸움이요 안으로는 두려움이었습니다. 그러나 비천한 이들을 위로하시는 하느님은 디도의 도착으로 우리를 위로하셨습니다"(7,5-6). 디도가 고린토로부터 좋은 소식을 가져왔기에, 위로는 더욱 컸다. 바울로가 중간 방문 때 공동체 집회에서 심한 모욕을 당했던 그 고린토 교회가 자기네 사도에게 다시 돌아왔던 것이다. 이것은 무엇보다도 디도의 중재 수완 덕이었다고 하겠다.

바울로는 그러나 즉시 고린토로 내처 가지 않고 한동안 마케도니아에 머물렀다. 이때 사도는 고린토 교회에 상세한 편지 한 통을 써 보냈으니, 우리가 알기로는 고린토 후서 1-9장에 전해져 오는 편지다.

루가는 이 시기의 바울로 활동을 단 세 줄로 요약하는데, 내용은 근본적으로 바울로의 진술들과 일치한다: 사도는 마케도니아를 가로질러 여행했고 많은 말로 그들(교회들)을 격려했다. 그런 다음 그리스(헬라)로 가서 석 달을 지냈다(사도 20,1-3). 여행 일지-전승에서 유래하는 이 기간 보고는 믿을 만하다. 바울로가 배를 타고 가을에 마케도니아에 도착하여 거기서 또는 그리스에서 겨울을 났다고 추론할 수 있다. 흥미로운 것은, 이 전승에서는 마케도니아와 헬라를 구별한다는 점이다. 이것은 대중의 어법에 상응한다.[40] 이에 따르면 헬라는 아카이아와 같은 의미다. 사도는 화해한 고린토 교회에서 겨울을 보내며 그의 서간 중 가장 중요한 로마서를 집필했다.

이제 특수한 사건 하나를 다루어야겠으니, 앞에서 바울로의 나중 고린토 방문과 결부시켜야 한다고 말한 바 있는 갈리오 일화다(루가는 첫 번째 방문의 테두리 안에서 서술한다).[41] 이 일화는 "중간 방문"과 연결될 수 없기 때문에, 세 번째 방문과 관련시켜야 한다. 연구자들의 공통된 견해에 따르면, 갈리오 일화는 독립된 전승이다. 사도행전에서 루가는 고린토에서의 바울로 활동을 모두 첫 번째 방문의 맥락 속에 끼워 넣는다. 회당장이 그리스보에서 소스테네로 바뀐 것은 일화가 나중의 일임을 알려 준다(사도 18,1-17 참조). 특히 이 일화는 사도의 활동에, 또 그것을 넘어, 상당히 중요한 의미를 지닌다고 할 수 있으니, 우리가 아는 바로는 회당 대표자들이 그리스도교 선포자를 로마 당국에 최초로 고발한 사건을 서술하고 있기 때문이다.

---

[40] Pausanias 7, 16, 9f 그리고 J. Wanke: *EWNT* I 1061 참조. 헬라(Ἑλλάς)라는 낱말은 신약성서에서 오직 여기(사도 20,2)에만 나온다.

[41] 이 책 140-1쪽 참조.

물론 역사적 재구성은 제한적으로만 가능하다. 그러나 이 사건이 정말 유대 땅 아닌 곳에서 유대인과 로마인이 그리스도인 배척에 협력한 최초의 시도라면, 이 사건은 아무래도 시간상 나중의 일로 보아야 한다. 왜냐하면 그동안에 (바울로의) 그리스도교와 유대교 사이의 경계선들이 좀 더 뚜렷이 그어지기 시작했기 때문이다. 어쨌든 이 경계선들은 첫 번째 방문 때보다 분명히 드러났다. 사도회의, 안티오키아 사건 그리고 그 결과들이 상황을 그리로 몰고 갔던 것이다. 그리스도인들을 배척하는 유대인들과 로마인들의 협력 조처(유대인들이 고발자로 등장한다)가 시작되었다는 것은, 유대인들의 시도가 성공하지 못했다는 사실도 확인해 준다고 하겠다. 갈리오 일화가 바울로 삶의 연대기 작성에 상당히 중요하다는 것은 두루 아는 바다.

사도행전 18장 12-17절의 기본 내용은 다음과 같다: 갈리오가 아카이아 총독으로 있을 때,[42] 유대인들이 바울로를 법정으로 끌고 갔다. 그들은 바울로가 법을 거슬러 하느님을 공경하라고 사람들을 꼬드긴다고 고발했다. 갈리오는 그러나 그 사건을 순전히 유대교 내부 문제로 생각했기 때문에, 재판관 되는 것을 거부했다. 유대인들은 법정에서 쫓겨났다. 한편 갈리오는 회당장 소스테네가 매질당하는 것은 내버려 두었다.

아무튼 루가는 그 고발을 유대교 내부 문제로 묘사한다. 여기서 법은, 사도행전 21장 28절이 전하는 유대인들의 유사한 고발에서처럼, 모세 율법이다. 황제의 법령(17,6-7)을 암시하는 것이 아니다.[43] 또한 루가는 하느님과 신들을 구별한다(참조: 7,40; 14,11; 19,26). 유대인들이 바울로가 법을 거스르는 하느님 공경을 선전한다고 고발한 것은, 그러므로 사도를 토라라는 대지를 버리고 유대교의 경계들을 넘어가 버린 유대인으로 생각했음을 의

---

[42] 12절을 "갈리오가 아카이아 총독이 되었을 때"로 번역하면 바울로 연대기 작성에 더 도움이 되겠지만, 권할 만하진 않다. 문제점에 관해 K. Haakker, Die Gallio-Episode und die paulinische Chronologie: *BZ* 16 (1972) 252-5 참조.

[43] 사도 16,20-21; 17,6-7; 19,25-27; 21,28; 24,5-6에서 바울로를 거슬러 제기되는 비난들은 꼼꼼히 구별되어야 한다. Weiser, *Apg* 488의 견해는 다르다.

미한다. 루가는 핵심을 제대로 포착하여 그 고발을 전해 준다고 볼 수 있다. 이것은 유대교 측 사람들이 로마인 재판관 갈리오에게, 회당이 누리고 있던 종교의 특전을 유대인 바울로와 그가 선포하는 가르침에도 허용하는 판결을 해서는 안 된다고 설명하려 했음을 뜻하는 것이다.

바울로와 얼굴 맞댄 아카이아 총독 갈리오는 우리가 사도의 삶에서 만나는 사람들 가운데 가장 유명한 역사적 인물이다. 그는 고대 문헌에 거듭 언급된다.[44] 아네아 가문 출신인 갈리오는 수사학자 세네카의 장남이자 아버지와 같은 이름을 가진 저명한 철학자의 형이었다. 폐질환을 앓던 그는 총독 재직시 아마도 기후 때문에 이른 시기에 고린토를 떠나 지방으로 간 것 같다. 세네카는 유대교에 대한 증오에 가득 찬 장광설을 남겼다. 갈리오도 비슷한 생각을 가지고 있었으리라 추측해도 될 것이다.[45] 한편 그의 이름이 새겨진 두 개의 비문이 전해 오는데, 하나는 뵈오티아에서 또 하나는 델피에서 발견되었다. 델피의 것이 훨씬 더 중요하니, 클라우디우스 황제의 한 칙령을 담고 있었기 때문이다. 비문에서 황제는 갈리오를 자신의 친구요 아카이아 총독이라 부른다.[46] 이것은 사도행전 18장 12절에 나오는 칭호[아카이아 총독(ἀνθύπατος τῆς Ἀχαίας)]와 동일하다. 이 비문이 시기에 관한 정보도 제공해 주기 때문에, 이에 터해 갈리오의 총독 재임 시기를 상당히 정확히 계산할 수 있다. 좀 더 상세한 바울로 연대기 작성을 위해서는 이 비문을 참고해야 한다.

---

[44] 상세한 정보는 R. Hanslik: *KP* II 686 참조.

[45] Riesner, *Frühzeit* 187과 93의 각주 105 참조. L. Annaeus Novatus(갈리오의 본디 이름)는 그를 양자로 들인 원로원 의원의 이름 Junius Gallio를 물려받았다. 갈리오는 세네카와 마찬가지로 험하게 죽었다(Dio Cassius 62, 25, 3). 갈리오의 외모에 관해서는 Plinius, *nat.* 7, 55 참조.

[46] 아홉 개의 단편이 전해 오는 이 비문에는 물론 아카이아라는 지명은 남아 있지 않다. Dittenberger, *Syll.* 801 참조. 그러나 그 지명이 들어 있었으리라는 것은 확실하다. 델피 비문의 복원에 관해 H.M. Schenke - K.M. Fischer, *Einleitung in die Schriften des NT* II (Berlin - Gütersloh 1979) 51 참조. Deissmann, *Paulus* 223f는 뵈오티아의 비문에도 갈리오가 ἀνθύπατος(총독)로 지칭되었다는 견해를 (Dittenberger를 반대하여) 주장한다.

사도행전 18장 12절은 유대인들이 바울로를 법정(재판관석, ἐπί τὸ βῆμα)으로 끌고 갔다는데, 이것은 단순히 고발했다는 의미를 넘어 글자 그대로 이해해야 한다. 총독은 고린토 시의 아고라에 재판하는 자리를 가지고 있었으니, 여기서 판결을 내렸고 또 군중에게 연설도 할 수 있었다. 고고학이 발굴한 지대에 지금도 서 있는 그 자리가 갈리오 시대의 것인지는 논란되고 있다.[47] 어쨌든 그 자리는 당시 상황을 생생히 떠올리게 해 준다.

바울로 선교 활동의 마지막은 세 번째이자 마지막 예루살렘 여행이었다. 비록 사도가 어두운 예감을 가지고 있긴 했지만, 이때는 아직 험한 결말을 셈에 넣지 않았고, 오히려 예루살렘에서부터 로마를 거쳐 스페인으로 가 제국 서쪽 지역에서 선교하려는 희망을 지니고 있었다(로마 15,24.28 참조). 예루살렘 여행의 주요 목적은 모금 전달이었던바, 사도회의에서 바울로는 이를 약속했었다. 이 여행을 사도는 오래 전부터 염두에 두고 있었다. 고린토 전서 16장 3-4절에 따르면 (에페소 체류 동안 계획한 일이거니와) 바울로는 교회들의 대표자들을 모금한 돈과 편지와 함께 예루살렘으로 보내고, 만일 자신도 가는 것이 좋다면[직역하면 "(수고할) 가치가 있다면"][48] 그들과 함께 가려고 마음먹었다. 고린토 후서 1장 16절에서 바울로는 고린토 교회 대표자들을 동반케 하여 고린토에서 여행을 시작하겠다고 말한다. 로마서에서는 준비가 완료되었다: "지금 나는 성도들에게 봉사하기 위해 예루살렘으로 떠납니다"(15,25). 그러나 바울로는 여행이 좋게 끝날지 전혀 확신하지 못했으며, 그래서 "내가 유대에 있는 믿지 않는 자들에게서 구출되고, 예루살렘에서 나의 봉사가 성도들에게 받아들여지도록"(15,30) 자신을 위해 기도해 주기를 간곡히 청한다. 유대인들이 바울로를 갈리오에게 고발한 일이 이런 불안감을 불러일으켰을 것이다.

---

[47] E. Dinkler, *Das Bema zu Korinth: Signum Crucis* (Tübingen 1967) 118-33 참조.

[48] Conzelmann, *1 Kor* 352 각주 5는 그리스어 원문의 표현을 "만일 여러분의 생각에 부합한다면"으로 번역한다 — 거리두기가 눈길을 끄는데, 아마도 모금과 관련된 어려운 일들과 관련이 있는 것 같다.

겐크레아 항에서의 출발은 봄에 이루어졌다. 본디 바울로는 배를 타고 곧장 시리아로 가려 했다. 교회들에게 청한 동반자들이 상당히 많이 모였다. 사도행전 20장 4절은 전통적 방식으로 일행들의 이름을 언급한다: 베레아 사람 비로의 아들 소바드로, 데살로니카 사람 아리스다르코와 세군도, 데르베 사람 가이오와 디모테오, 아시아 사람들인 디키고와 드로피모. 루가가 이 명단을 이미 가지고 있었음은, 명단에 디모테오를 끼워 넣은 데서 추론할 수 있다. 디모테오는, 물론 여행에 함께하긴 했지만, 교회 대표자나 모금 호송인 이상의 사람이었다. 명단에 고린토 교회와 필립비 교회 대표자들이 들어 있지 않은 것은 이상하다. 연구자들은 로마서 16장 21절에 터해 고린토 교회의 대표자들을 보충하려고 애써 왔다.[49] 그러나 로마서 16장 21절에서 문안하는 루기오, 야손, 소시바드로는 유대계 그리스도인들로 명시된다. 때문에 이들이 예루살렘으로의 모금 전달 여행에서 고린토 교회의 대표자라는 것은 사실상 문제가 된다. 소시바드로는 사도행전 20장 4절에 나오는 소바드로와 동일시될 수 있다.[50] 아무튼 바울로는 함께 예루살렘으로 가기 위해 교회 대표자들을 고린토로 불렀다. 이것은 또한 그들이 모금의 성과를 현금으로 가지고 있었음을 의미한다. 일행이 마케도니아를 거쳐 가는 길을 택한 결정적 이유는 안전 때문이었던 것 같다. 사도행전 20장 3절에 따르면 일행은 본디 시리아로 가는 배를 타려 했으나, 어떤 유대인들이 바울로를 해치려는 흉계를 꾸몄다. 여러 주석자의 견해에 따르면, 그 배는 해방절을 맞아 유대인들을 예루살렘으로 실어다 줄 순례선이었다.[51] 물론 여기에는 불확실한 점이 많다.

이 여정에 관해 우리는 다시금 중요한 시간 정보들도 담고 있는 여행 일지의 보고를 가지고 있다. 일행은 우선 필립비로 향했고 거기서 해방절을 지냈는데, 필경 그들은 해방절을 본디 예루살렘에서 그리스도교 부활절로

---

[49] Ollrog, *Mitarbeiter* 58 참조.
[50] 소바드로는 소시바드로의 단축형이다.
[51] Haenchen, *Apg* 517 참조.

맛보려 했을 것이다. 무교절이 지난 뒤 그들은 두 척의 배에 나누어 타고 (역시 안전 때문?) 트로아스로 항해했고, 교회를 방문했다(사도 20,5-6). 루가는 여기서 기적 이야기 하나를 끼워 넣는다. 일행은 오순절에 맞추어 예루살렘에 도착할 계획으로 출발했다(20,16). 다른 사람들이 배를 타고 가는 동안, 바울로는 트로아스에서 약 30km 떨어진 아쏘로 걸어갔다(20,13). 바울로가 걸어간 까닭을 루가가 밝히지 않는 것이, 이 보고를 의심할 충분한 이유는 되지 못한다.[52] 바울로가 아쏘에서 합류한 뒤 일행은 미딜레네, 키오스, 사모스 섬들을 따라 다음 목적지인 메안더 강어귀의 내항(內港) 밀레도스로 항해했다. 여기서 에페소 교회 원로들을 만난 것은 신빙성이 있어 보인다. 에페소 시를 피한 것은 바울로가 그곳에서 투옥된 사실을 염두에 두었기 때문임이 분명하다. 루가는 이 대목에 고별사를 끼워 넣는데, 그의 신학에 대한 탁월한 증언이며, 또한 원그리스도교-바울로 선포의 기본 요소들을 담고 있다(20,17 이하).[53]

바다라/리키아, 띠로, 프톨레마이스를 거쳐 일행은 항해의 목적지인 가이사리아/팔레스티나에 도착했다(21,1-8). 프톨레마이스에서부터 가이사리아까지는 어쩌면 걸어서 갔을 것이다. 일행이 셀류기아/안티오키아를 그냥 지나친 것을 유의해야 한다. 바울로는 자기 교회들이 모금한 것을 전달했다. 루가는 여러 교회에서의 이별 장면들을 전하면서, 바울로의 임박한 재앙 그리고 마침내 죽음을 극적인 방식으로 미리 암시한다. 가이사리아의 그리스도교 예언자 하가보의 경고(상징 행동과 결합되었다)는 견실한 역사적 기억을 재현한다고 볼 수 있다. 하가보는 바울로에게 예루살렘에서 그를 기다리고 있는 체포와 투옥을 경고했다(21,10-12).[54]

---

[52] Conzelmann, *Apg* 116의 견해는 다르다. Haenchen, *Apg* 520에 따르면, 바울로가 걸어간 까닭은 5~7일간 북동풍이 거세게 불어 항해가 힘들었기 때문이다.

[53] Weiser, *Apg* 571f의 개관 참조.

[54] 이 전승의 역사적 핵심은 상징 행동의 의미를 밝히는 11절에 있다. Haenchen, *Apg* 536; Radl, *Paulus und Jesus* 139 참조.

바울로 선교 활동의 마지막 단계에는 사도를 반대하는 유랑 설교자들이 아카이아와 마케도니아에 나타난 사건도 포함시켜야 한다. 우리는 앞에서 이 사건은 더 이른 시기로 자리매김해야 함을 암시했었다. 바울로는 고린토 교회와 필립비 교회에 편지들을 써 보냄으로써 이 일에 대처했다. 이것들이 "4장 편지"(2고린 10-13장)와 필립비서 3장에 담겨 우리에게 전해 온다. 이 편지들을 언제 어디서 썼는지는 그저 추측할 수 있을 따름이다. 아마도 필립비서 3장은 고린토에서, "4장 편지"는 여행 중에 썼을 것이다. 많은 자전自傳적 요소를 담고 있는 후자는 회고적 특성을 지니고 있다. 이것 또한 마지막을 예감케 한다.

참고문헌

A. CASALEGNO, Il Discorso di Mileto: *RivBib* 25 (1977) 29-58.

E. DELEBECQUE, Les deux versions du voyage de s. Paul de Corinth à Troas: *Bib* 64 (1983) 556-641.

—, La dernière étape du troisième voyage missionnaire de s. Paul: *RTL* 14 (1983) 446-55.

J. LEAL, Planes de San Pablo sobre España: *CuBi* 20 (1963) 222-5.

H.-J. MICHEL, *Die Abschiedsrede des Paulus an die Kirche* (StANT 35) (München 1973).

H. PATSCH, Die Prophetie des Agabus: *ThZ* 28 (1972) 228-32.

B. TRÉMEL, A propos d'Actes 20, 7-12: *RThPh* 112 (1980) 359-69.

E. ZEILINGER, Lukas, Anwalt des Paulus: *BiLi* 54 (1981) 167-72.

4. 선교 방법과 선교 신학

4.1 선교 방법

사도 바울로의 활동의 특징은 무엇보다도 선교적 투신에서 드러난다. 바울로가 선교 방법론 같은 것을 개발했는가? 드러난 사실들을 다시 한 번 주목하자. 바울로는 국외자이자 왕년의 박해자로서 그리스도교에 들어왔다. 고양되신 주님께 사도로 부르심을 받은 때부터 바울로는 자신이 이방인들에게 복음을 전하는 사명을 부여받았음을 깨달았다. 하느님께서 "당신 아드님을 이방인들에게 전하도록 그분을 내 안에 계시"(갈라 1,16)하셨다. 자신의 사명을 완수하기 위해, 바울로는 처음에 기존 교회와의 연계가 필요했다. 사도는 그것을 안티오키아 교회에서 발견했고, 거기서 선교에 뜻이 있는 그리고 실제로 선교 활동을 하던 그리스도인들을 만났다. 안티오키아에서, 그리고 바르나바와 함께 투신한 시리아와 길리기아에서도 바울로는 선교에 열정적으로 헌신할 수 있는 그리스도인들을 알게 되었던 바, 이들이 나중에 사도의 협력자로 등장할 터였다.

서방으로의 진출이라는 거창한 계획을 바울로는 나중에야 하게 된 것 같다. 혹은 이 계획의 실현 가능성을 나중에야 보았던 것일까? 아무튼 우리는 바울로가 이 계획을 사도회의 전에 실천에 옮기기 시작했다고 생각한다. 그런데 바울로가 왜 이집트가 아니라 그리스로 가는 길을 선택했는지 물을 수 있다. 어차피 사도는 처음에 아라비아에 머문 적도 있지 않은가? 리스너는 바울로가 이사야서 66장 18-19절에 깊은 감명을 받았다고 생각하는데, 이 구절은 사도의 출생지 다르소로부터 길리기아·리디아·미시아·비티니아·마케도니아를 거쳐 머나먼 서방, "나에 대하여 아무것도 듣지 못하고 나의 영광을 본 적도 없는" 나라들에 이르는 하나의 길을 그려 보여 준다.[1] 예언서 구절에 대한 이 지리적 이해는 물론 훗날 탈무드의 장소 확인을 따른 것이다.

우리는 실제적 관점에 터해 고찰하는 것을 주저해선 안 된다: 지중해 이북 지역에 사람이 더 많이 살았고, 더 중요한 도시들이 있었다. 또 출신과 교육에 비추어 보더라도 바울로는 이 지역에 더 끌렸을 것이다. 그러나 무엇보다도 바울로가, 스스로 로마서에서 여러 번 확언하듯, 몹시 로마에 가고 싶어 했다는 사실을 유념해야 한다: "나는 여러분에게 가지 못하도록 여러 차례 방해받았습니다"(15,22; 참조: 1,13). 그것은 사도의 선교적 명예심에 상응하는 계획이었다. 게다가 바울로는 로마 시민으로서 로마행에 개인적 애착을 가지고 있었을 것이다. 사도는 로마인들에게 복음을 선포하고 영적 선물을 나누어 주려 계획했거니와(1,11-15), 그러나 궁극적으로는 로마를 너머 여행을 계속하고자 했고, 로마인들에게 도움을 부탁했는데(15,24), 이는 구체적으로는 제국 서방에서의 자기 활동에 협력자들이 되어 달라는 것을 의미한다고 하겠다. 이 스페인 여행이 이루어졌다면, 사도는 아마 로마의 오스티아 항구에서 배를 타고 출발했으리라. 아무튼 이 계획에서 바울로가 당시 지중해를 중심으로 한 세계와 동일시되던 온 세상, 사람 사는 온 땅에 복음을 널리 알리고자 했음을 유추할 수 있다. 만일 그 여행이 실현되었다면, 사도가 어쩌면 북아프리카 지역에도 가지 않았을까 추측할 수 있었을 것이다.

바울로가 성취했고 또 계속 구상했던 것은 (인간적으로 말해서) 실로 무모하다고 하겠다. 이것은 오로지 종말론적 관점에, 그리스도의 내림이 곧 닥치리라는 희망찬 기대에 터해서만 이해할 수 있다. 과연 바울로는 그 마지막 시간에 하느님의 구원하는 복음을 전파해야 하는 이방인들의 사도(로마 11,13)로 자임했다. 온 세상에 복음을 삼투시킨다는 것은 대표성의 의미

---

[1] Riesner, *Frühzeit* 218-55(로마 15,16-24와 관련하여). 참조: R.D. Aus, Paul's Travel Plans to Spain: *NT* 21 (1979) 232-62.

로 이해해야 한다. 바울로가 도보 여행과 항해에서 많은 사람과 그리스도에 관해 이야기했을 터이지만, 그가 몇몇 도시에 설립할 수 있었던 교회들은 구성원이 각기 수백 명(수천 명이 아니다!)에 불과했다. 그리스도인들은 제국 전체 주민의 미소한 부분에 지나지 않았다. 그러나 바울로는 그들을 통해 그리스도의 이름이 어디에나 널리 알려지리라 확신했다: "여러분의 신앙이 온 세상에 선포되고 있습니다"(로마 1,8). 그래서 이미 데살로니카 전서에서 이렇게 말한다: "여러분은 마케도니아와 아카이아에 있는 모든 믿는 이들에게 모범이 되었습니다. 주님의 말씀이 여러분으로부터 시작하여 마케도니아와 아카이아에 메아리쳤을 뿐 아니라, 하느님을 모시는 여러분의 신앙이 사방에 퍼져 나갔습니다"(1,7-8). 또한 사도는 스스로 계속 역사役事하시는 하느님 말씀에 대한 신뢰에 터해, 자신은 예루살렘에서 일리리쿰에 이르기까지 사방에 그리스도의 복음을 완결했으며, 그래서 이 지역에는 더 이상 일할 곳이 없다고 확언할 수 있었다(로마 15,19.23).

이 관점은 실천적으로는 바울로가 속주들의 수도에 선교 본부를 두는 것으로 귀결되었다. 여기서 바울로는 상인·떠돌이·여행자 등을 만났고, 이들은 집에 돌아가 사도와의 만남에 관해 이야기하거나 더 나아가 복음을 받아들이고 계속 전했다. 또한 바울로는 증언을 하고 예수 이름을 옹호하라고 교우들을 독려했다.

쉽게 대답할 수 없는 한 가지 물음이 있으니, 매번 선교를 특정 장소와 결부시킨 까닭이 무엇인가라는 것이다. 사도행전에 따르면 바울로는 거의 언제나 회당에서 선교를 시작했다. 통설에 의하면, 이는 루가의 도식에 맞춘 것이다. 역시 널리 받아들여지고 또 확실한 다른 하나의 견해에 따르면, 바울로의 교회들은 이방계 그리스도인의 교회였으며, 여기엔 유대계 그리스도인도 있었으나 수가 아주 적어 거의 예외에 속했다. 그러나 이것이 바울로가 자신의 복음 선포에서 유대인을 의식적으로 배제했음을 의미하는 것은 아니다. 예루살렘 사도회의는 바울로가 이방인의 사도로 하느님께 부름받았음을 인정했으나, 그가 이방인에게 나아가는 길에 유대인과 접촉하는 것을 금하지는 않았다. 유대인들에게서 거의 성과를 거두지 못했지만, 바울로가 회당에서 복음을 선포한 것은 확실하다. 그러나 "경신자"敬神者들, 즉 유대교에 들어온 이방인들 가운데 회당에서 바울로의 설교를 들은 사람들에게서는 괄목할 성과를 거두었다. 시간이 흐르면서 바로 이 전개 과정이 교회와 회당의 첨예한 대립을 불러일으켰다.

나아가 바울로가 예수의 선교 규범들을 알고 있었다고 추측할 수 있다. 두 사람씩 짝지어 파견하고(이것은 나중에 바울로 편지들의 인사말이 확인해 준다), 한 장소에서의 선교는 사람들 집에서 시작하라는 지시(마태 10,11-13 병행 참조) 등이 그런 것에 속한다. 필립비에서 리디아와의 만남, 고린토에서 아퀼라 및 브리스카와의 만남이 이를 확증해 준다고 하겠다. 바울로 교회들의 근간은 가정교회였다.

바울로는 자신이 택한 노정들이 하느님의 인도에서 비롯했다고도 생각했을 것이다. 물론 사도에게는 구체적 목적지들이 있었다: 속주 수도들, 로마 그리고 스페인. 그러나 사도는 장애물이 있거나 문이 열려 있음을 거듭 체험했다. 특유의 신심에 터해 바울로는 그것을 주님의 개입으로 판단했던 것 같다. 에냐시오 국도를 따라 필립비에서 데살로니카로 간 것은 본디 로마로 향하려던 것이었으리라 짐작된다. 클라우디우스 황제의 유대인 추방령에 관한 소식이 사도의 발길을 아카이아로 돌리게 했다. 발병發病으로 인한 갈라디아 체류도 사도는 선교 설교의 요청으로 판단했다.

4.2 선교 신학

바울로의 선교 운동은 무엇보다도 마지막 시기의 종말론적 각성 운동이다. 이 점은 데살로니카 전서 서두에 특히 두드러지게 나타난다: "여러분은 우상으로부터 하느님께로 돌아서서, 살아 계시고 참되신 하느님을 섬기게 되었으며 또한 그분이 죽은 이들 가운데서 일으키신 당신 아들을 … 고대하게 되었습니다"(1,9-10). 필경 이런 강조는 사도의 훗날의 공동체 교시에서보다는 선교 설교에서 더 뚜렷이 드러난다. 확실히 이런 종말론적 경고는 많은 사람을 흔들어 깨울 수 있었다. 이 종말론적 지평은 또한 바울로가 여러 지역을 가로지르는 여행을 서두른 까닭이기도 했다. 이 지평은 바울로의 모든 편지에 계속 영향을 끼치고 있으니, 선교 설교와 연결되는 사도의 지시의 본질적 구성 요소이기도 하다. "우리에게는 세기들의 끝이 임박해 있습니다"(1고린 10,11).² "주님이 가까이 오셨습니다"(필립 4,5). "우리의 구원은 우리가 믿기 시작한 때보다 더 가까워졌습니다"(로마 13,11). 전통적 규정에 따라 묵시문학적으로 채색된 표상들을 통해, 그리스도의 내림과 결부된 사건들이 사람을 압박하는 방식으로 묘사된다(1데살 4,13-18; 1고린 15,51-57). 데살로니카 전서에서 바울로는 "우리는 주님이 내림하실 때까지 남아 있을" 것이라고 말한다(4,15). 고린토 전서에서는 이렇게 말한다: "우리가 다 잠들지는 않겠지만, 모두 변화는 할 것입니다"(15,51). 연구자들은 종종 뒷구절에서 앞구절에 대한 상당한 수정(모든 사람이 자기들 생전에 그리스도의 내림을 보리라고 희망할 수는 없다)을 읽어 냈지만, 뭐라 해도 종말 임박 기대는 팽팽하게 남아 있다.³ 이 종말 임박 기대가 바울로 선교 신학의 테두리를 이루고 있다.

선교 사상의 궁극 바탕은 인간의 보편적 구원인바, 그리스도께서 당신 십자가와 부활을 통해 이것을 성취하셨다. 여기서 그리스도는 하느님 손 안의 중보자였던바, 세상 구원의 주도권은 하느님께 귀속된다. 이런 맥락은 고린토 후서 5장 19절에 전형적으로 표현되어 있다: "하느님은 그리스도 안에서 세상을 당신과 화해하게 하시고, 저들에게 저들의 범법을 따지지 않으셨습니다."⁴ 하느님의 이 행위는 세상의 바탕을 근본적으로 바꾸어 놓았다. 하느님은 화해의 말씀을 일으키셨다. 바울로는 자신이 이 말씀을

---

² Conzelmann, *1 Kor* 198에 의하면 복수형 "끝들"(τὰ τέλη)은 단수형으로, 한 시간 단위의 마지막이라는 의미로 이해해야 한다.

³ Lüdemann, *Paulus* I 213-64 참조. 성서 본문들에 관해 Baumgarten, *Paulus und die Apokalyptik* 91-110 참조.

⁴ Breytenbach, *Versöhnung* 118f 참조. 이 구절은 필경 전승에서 유래한다.

위탁받았음을 알고 있었다. 사도는 바야흐로 "그리스도를 대리하여" 이 세상에 "하느님과 화해하시오"라고 외치는 자로 자임했다(5,20).

당신의 구원 개입을 통해 하느님은 세상과 새롭게 마주하셨다. 또한 세상은 "모든 이를 위해" 죽은(5,15) 그리스도 안에서 하나의 새로운 목표와 준거점을 얻었다. 예수는 주님, "모든 이의 주님"(로마 10,12), 나아가 죽은 자들과 산 자들의 주님이시다(14,9). "주님"은 바울로의 복음 선포와 그의 교회들에서 주된 그리스도론적 칭호다. "당신이 당신의 입으로 '예수는 주님이시라' 고 고백하고, 하느님께서 그분을 죽은 자들 가운데서 일으키셨다는 것을 당신의 마음속으로 믿으면 구원받을 것입니다"(10,9).

모든 특수주의가, 특히 유대교의 특수주의가 극복되었다. 그리하여 바울로는 의인(화)론의 맥락에서, 유대교의 일신론 신앙고백을 도발적 방식으로 이 특수주의와 대결시킬 수 있었다: 하느님의 구원 행위에 울타리를 치고 특수주의적 의미에서 그분을 그 안에 묶어 놓으려 하는 자는, 하느님을 유대인만의 하느님으로 만들거니와, 하느님은 그러나 뭐라 해도 모든 인간의 하느님이요, 따라서 이방인의 하느님이기도 하다(로마 3,29-30). 이 구절의 도발성은 특히 구절이 암시하는 "이스라엘아, 들어라! 주 우리의 하느님께서는 한 분이신 주님이시다"(신명 6,4. 사람들은 여기서 "우리의 하느님" 대신 "유대인들의 하느님"을 읽어 냈다)라는 신앙고백의 변질을 유념할 때 제대로 인식하게 된다. 바울로는 이스라엘의 특권들은 공격하지 않았으나, 자신의 보편적 선교를 문제 삼는 특수주의적 권리 주장은 강력히 배척했다.

로마서 5장 12-19절의 아담과 그리스도의 대비도 특수주의 극복과 인류에 대한 보편적 시각을 제공해 준다. 인간의 조상인 아담을 그리스도의 원형(τύπος)으로 보는 것은 하나의 새로운 시각인데, 사도는 이 시각을 전승에서 취했을 것이다.[5] 여기서 결정적 사상은 은총에 의한 죄의 지양止揚과 모든 인간의 보편적 해방이다: "한 사람의 범행을 통해 모든 사람이 단죄에 이르렀듯이, 한 분의 의로운 행위를 통해 모든 사람이 생명의 의화에 이르렀습니다"(5,18). 구원의 보편성은 창조의 보편성에 상응한다. 당신이 창조하신 인간에 대한 창조주의 신의는, 이미 한 분 하느님께 대한 신앙고백에서 우리를 감동시키거니와, 그리스도의 구원 행위에서도 작용한다.

예수 그리스도를 통해 성취된 구원의 보편성과 거기서 비롯된 자신의 세계 선교의 당위성을 바울로는 무엇보다도 집중적 성서 연구에서 깨달았다. 다마스커스 부근에서 이방인들의 사도로 부름받은 바울로에게, 성서와의 이런 끊임없는 대결은 자기 사명의 부단한 확인이었다. 우리는 여기서 사도가 성서를 새로운 그리스도교적 구원 상황에 원칙적으로 적용하기만 한 것이 아니라, 개인적으로 곧장 자신의 삶과 활동에 결부시켰다는 데서 출발할 수 있다. 물론 이것은 사도가 유대교나 그리스도교의 기존 해석 전통들에 새삼 의지하지 않았음을 의미하는 것은 아니다. 하지만 바울로가 성서를 자기 고유의 방식으로 이해했음이 많은 구절에서 뚜렷이 드러난다. 구약성서에서 보편 구원에 관한 언명들을 찾아내는 가운데 바울로는 필연적으로 이스라엘과 이방민족들의 관계에 거듭 맞닥뜨렸고, 하느님께 언제까지나 처음 선택된 민족인 이스라엘을 발견했으며, 보편 구원이 어쨌든 이 민족 안에 뿌리박고 있음을 보았다. 이것은 유대인인 그에게 어릴 때부터 친숙한 관점이었거니와, 사도는 이제 이 관점에 대한 더욱 깊은 성찰이 필요함을 의식했다. 성서에 대한 바울로의 성찰 대부분이 유대인과 이방인의 부르심 그리고 거기서 비롯하는 이스라엘 선택의 항구성이라는 문제에 집중된 신학적 맥락 속에 있다는 것은 놀라운 일이 아니다. 이 주제는 의인론과 밀접한 관계가 있다.[6]

구원의 보편성 그리고 이스라엘-이방민족들의 관계와 관련하여 성서를 되새기는 가운데 바울로는 곧 중요한 논거 인물로서 유대 민족의 조상 아

---

[5] 아담-그리스도 대비의 정신사적 기원은 오늘날 격렬히 논란되고 있다. L. Ligier, Péché d'Adam et péché du monde (Paris 1960); E. Brandenburger, *Adam und Christus* (WMANT 7) (Neukirchen 1962); U. Wilckens, Christus, der "letzte Adam", und der Menschensohn: *Jesus und der Menschensohn* (Festschrift A. Vögtle) (Freiburg 1975) 387-403 참조.

[6] Koch, *Schrift* 341 참조.

브라함을 찾아냈다. 과연 아브라함에게서는 이 보편적 맥락(아브라함을 둘러싼 긴장된 논증 전선에서 지금 우리의 관심을 사로잡은 것은 바로 이 점이다)이 매우 뚜렷이 드러난다. 다신교도이자 하느님 모르는 자(로마 4,5 참조)로서 갈대아 우르에서 하느님께 부르심을 받은 아브라함은 약속을 받았다. 늙고 자식 없는 남자인 그가 하늘의 별처럼 무수한 후손(창세 15,5)을 보게 될 터였다. 로마서 4장 18절은 이 구절을 다시 붙잡았다: "네 후손이 그렇게 많게 되리라." 많은 민족의 아버지로서(창세 17,5) 아브라함은 그 자신이 축복의 샘이 될 터였다. 그를 통해(창세 12,3; 18,18) 그리고 그의 후손을 통해(창세 22,18) 세상 모든 민족이 복을 받을 터였다.

바울로 이전 유대교 전통에서 아브라함의 약속이 계속 발전·고양되었는데, 흔히는 이스라엘에게 이방민족들에 대한 정치적 지배 지위도 인정했다: "그의 자손이 … 바다에서 바다까지, 강에서 땅 끝까지 상속받으리라고 하셨다"(집회 44,21). 하느님께서 아브라함의 후손에게 "이 세상을 상속받도록" 선사하실 것이다(희년서 17,3; 참조: 19,21; 32,19). 이에 상응하여 로마서 4장 13절은 아브라함과 그의 후손에게 세상을 상속받으리라는 약속이 주어졌다고 말한다. 아브라함과 그의 후손을 통해 세상 모든 민족이 복을 받으리라는 것을, 유대인들은 대체로 그 조상의 유일무이한 선택과 의의를 강조하는 식으로 해석했다. 그래서 예를 들어 아브라함을 위해 세상이 창조되었다고, 또는 인류가 그 죄에도 불구하고 존속하는 것은 아브라함 덕분이라고 말했다. 그러나 이런 관념들은 나중에 생긴 것이다.[7] 당시 아브라함은 오직 이스라엘을 위해서만 실제적 구원 의의를 지녔던바, 사람들은 이 조상의 위대한 공덕에 의지했고, 온 이스라엘이 아브라함(그리고 또 다른 조상들)의 공덕 덕분에 구원되리라는 견해를 발전시킬 수 있었다.[8]▶

유대교 성서 해석에서 아브라함의 후손(이들을 통해 모든 민족이 복을 받을 것이다)이 언제나 글자 그대로 아브라함 육신의 자손들, 즉 이스라엘을 의미

---

[7] Billerbeck III 539-41 참조.

한 반면, 바울로는 두 가지 고유한 해석을 제시한다. 하나는 대담한 주석에서 아브라함의 후손(직역하면 "씨")을 그리스도와 결부시킨다: "아브라함과 그 후손에게 약속의 말씀들이 주어졌습니다. 그러나 그 약속이 마치 여러 사람에게 연관되는 것처럼 '후손들에게' 라고 말씀하신 것이 아니라 한 분에게 관련지어 '네 후손에게' 라고 하셨는데, 그분은 곧 그리스도이십니다"(갈라 3,16). 오늘날 우리에게 이 해석은 기이하게 보일 수도 있으나[바울로는 "인간의 관례를 들어 말해 보겠다"(3,15)면서 그렇게 해석한다], 아무튼 이 해석은 유례없는 방식으로 그리스도를 아브라함의 후손으로, 또 따라서 유대인으로 강조한다.[9] 여기서 그리스도는 아브라함과의 직접적인 관계 속으로 곧장 옮겨지니, 아브라함에게 주어진 모든 민족을 위한 축복의 약속이 그리스도를 통해 성취되었기 때문이다.

바울로는 로마서에서는 아브라함-약속에 대한 그리스도론적 해석을 더이상 반복하지 않는다. 여기서 그는 아브라함의 자손 됨을, 유대교의 울타리들을 뛰어넘어, 보편적으로 해석한다. 이로써 사실 바울로는 모든 민족을 위해 약속된 축복을 올바로 해석했다. 사도는 아브라함의 자손 됨을 혈통이 아니라 믿음에서 이끌어 냄으로써, 유대교의 울타리들을 돌파할 수 있었다. 아브라함이 믿었던 것처럼 믿는 사람들, 아브라함처럼 하느님의 약속에 온전히 몸 바치는 사람들은 모두 아브라함의 참된 자손이다. 이들은 그러나 죽음으로부터 생명을 창조하시는 하느님, 우리 주 예수를 죽은 자들로부터 일으키신 하느님(4,24)을 믿는 사람들이다. 이 논증에서 바울로

---

[8] 아브라함의 후손이라는 사실에 의거하는 것에 대한 세례자 요한의 비판(마태 3,9 병행) 참조. 유대교의 아브라함 표상들에 관해 O. Schmitz, Abraham im Spätjudentum und im Urchristentum: *Aus Schrift und Geschichte* (Festschrift A. Schlatter) (Stuttgart 1922) 99-123; S. Sandomel, Philo's Place in Judaism: *HUCA* 25 (1954) 209-37; 26 (1955) 151-332; J.R. Lord, *Abraham* (Duke 1968); G. Mayer, Aspekte des Abrahambildes in der jüdisch-hellenistischen Literatur: *EvTh* 32 (1972) 118-27 참조.

[9] 구약성서-유대교에서 이 해석과 비슷한 예가 있는지에 관해 Mußner, *Gal* 239; Betz, *Gal* 284 각주 36 참조. 그런 예를 찾기는 거의 불가능할 것이다.

의 목적은 유대인들에게서 조상 아브라함을 빼앗는 것이 아니라, 보편 구원 사상을 뚜렷이 밝히는 것이다. 이로써 아브라함은 할례받지 않고 믿는 모든 사람(이방인)의, 그리고 "할례를 받았을 뿐 아니라 우리 아버지 아브라함이 할례를 받지 않았을 때 가진 신앙의 본보기도 따르는"(4,12) 모든 할례받은 사람(유대인)의 조상이 될 터였다.

바울로 선교 신학의 한 중요한 요소는 찬양적 요소다. 이것 역시 사도는 성서에서 끌어왔다. 이방민족들은 하느님을 찬양하도록 부름받았다. 이와 관련하여 바울로는 로마서 15장 9-12절에서 성서 구절 모음집을 인용하는데, 그 기본 내용은 찬양·찬미·기쁨·환호다. 이곳의 사유 과정을 요약하면 다음과 같다: 70인역 시편 17장 50절(혹은 사무엘 하 22장 50절)의 말씀으로 한 개인이 이방인들 가운데서 하느님을 찬송한다. 사도가 이 말씀을 자신과 결부시켰을 가능성을 배제해서는 안 된다.[10] 그다음 이방인들에게 하느님을 찬미하라고 촉구하는 두 개의 인용문이 뒤따른다. 첫째 것은 이방인들의 하느님 찬양을 유대인들의 찬양과 결합시키고(70인역 신명 32, 43), 둘째 것은 하느님 찬양을 단호히 모든 민족에게 권유한다(시편 117,1). 끝으로 예언자가 민족들이 희망을 걸게 될, 이새의 뿌리라 불리는 메시아의 통치를 예고한다(이사 11,10). 메시아의 이 해방하는 자비로운 세계 통치는 주님 예수에 대한 고백 안으로 편입된다.[11] 이방인들의 이 하느님 찬양은 바울로 교회들의 예배에서 실현된다. 여기서 바울로에게 선교는 또한 전례로 귀결됨이 뚜렷이 드러난다. 이스라엘은 복음을 거부하고 이제 이방인들이 하느님을 찬양하기 시작하거니와, 이방민족들에 의한 이 이스라엘 대리 혹은 대체는 양자의 변증법적 긴장 관계를 드러낸다. 이방인들의 이 찬미가에서[여기서 이스라엘의 목소리는 (당분간) 들리지 않는다], 로마서 10장 19절과

---

[10] Käsemann, *Röm* 370 참조.

[11] 이 관점에 관해 Zeller, *Juden und Heiden* 198-201 참조. 성서 구절 모음집에 율법서, 예언서 그리고 시편 인용문들이 수록된 것은 물론 우연이 아니다. 성서 전체가 구원의 보편성을 확증한다.

11장 11.14절에 따르면 이스라엘로 하여금 질투·시기하게 하고 마침내 복음으로 돌아오게 할 저 순간을 함께 보아도 될 것이다.

유대인과 이방인의 이 변증법은 로마서 10장 18-21절에서 백성과 백성 아닌 자들이라는 상관개념들에 터해 매우 강렬히 조명되는데, 여기서도 바울로가 자신의 통찰들을 성서 연구에서 얻는다는 사실이 다시금 뚜렷이 드러난다. 모세는 예언했다: "나 또한 내 백성이 아닌 자들로 그들을 질투하게 하고, 어리석은 민족으로 그들을 진노하게 하리라"(70인역 신명 32,21). 이사야도 미리 말했다: "묻지도 않는 자들에게 나는 문의를 받아 줄 준비가 되어 있었고, 나를 찾지도 않는 자들에게 나는 만나 줄 준비가 되어 있었다"(이사 65,1). 그러나 여기서 하느님이 이스라엘을 모르는 체하시는 것이 아니니, 그분의 눈길은 여전히 이 백성을 향해 있다. 유대인들은 [70인역 시편 18장 5절에 따르면] 선포자들의 목소리가 온 땅으로, 그들의 말이 세상 끝까지 나아간 것을 못 본 체 못 들은 체할 수가 없다. 여기서도 강조점은 다시금 구원의 보편성에 있다. 이것을 특징짓는 세상(οἰκουμένη, 바울로는 이 낱말을 오직 여기 로마서 10장 18절에서만 사용한다)이라는 단어가 복음이 보편적임을, 다시 말해 온 세계적임을 확인해 준다. 이스라엘이 이 보편적이고 온 세계적인 말씀을 못 들은 체하고 그 말씀의 돌진을 못 본 체하지만, [70인역 이사 65장 2절에 따르면] 하느님은 순종하지 않고 반항하는 백성에게 온종일 손 내밀고 계시다.

유대인과 이방인의 변증법은 바울로가 로마서 11장에서 이스라엘의 불신앙을 복음과 맞세우는 데서 정점에 이른다. 이 대목에는 우월한 지위가 주어져야 마땅하니, 이 매우 절박한 문제에 관한 바울로의 글자 그대로 마지막 말이기 때문이다. 그동안 사도는 관찰과 활동을 통해 이스라엘 대다수가 복음을 거부하는 것을 경험해야 했다. 사도가 11장 14절에서 최소한 "그들(유대인들) 가운데서 몇몇은 구원할 수 있는" 가능성을 언급하는 것은, 선교 실패에 대한 자인自認이다. 이렇게 절망적으로 보이는 상황에서 사도는 한 가지 명제를 피력하는데, 이는 바울로 선교 신학의 일종의 완결이다. 여기서 언제 바울로가 이 인식에 도달했는지를 말하는 것은 거의 불가능하다. 이 인식은 바울로의 열정적이고 자기모순에 기울어지기도 하는 영혼 안에 이미 일찍이 섬광처럼 떠올라 소중한 희망으로서 사도를 동반했을 법하거니와, 아무튼 사도는 마지막에 와서, 상당히 명철하고 평온한 상태에서, 이 인식을 다듬어 표현할 수 있었다.

지금 우리의 목적은 로마서 11장 안에 잠들어 있는 풍부한 사상을 펼쳐 보이는 것이 결코 아니다. 우리는 다만 세 구절에 그리고 거기 담겨 있는 통찰들에 관심을 집중해야 하거니와, 이것들은 바울로 선교 신학에 매우 중요하다. 우선 11절: "그래서 나는 묻습니다. 그들(유대인들)은 쓰러지기 위해 걸려넘어졌다는 말입니까? 절대로 그럴 수 없습니다. 오히려 그들의 범행 때문에 구원이 이방인들에게 왔습니다. 이는 그들을 질투하게 하려는 것이었습니다." 무엇보다도 여기서는 유대인들의 거부, 복음에 대한 배척이 그 복음이 이방인들에게로 가서 받아들여지는 계기가 되었다는 전대미문의 주장이 내세워진다. 이는 실제로 일어난 일에 대한 서술 이상의 것이다. 질투라는 진기한 낱말은 이방인들에게 이른 구원이 본디 유대인들에게 예정되어 있었던 것임을 알려 준다.[12] 유대인들은 이 사실을 알아차리고 질투하게 될 것이다. 그러나 이 일은 어디까지나 하느님의 뜻이니, 구원이 횡령된 것은 아니며 이방인들이 하느님의 둘째 짝으로 입증된 것도 아니다.[13] 오히려 이방인들의 복음 수용은 유대인들의 자기 소외(바울로에 따르면 죄)를 폭로한다. 과연 하느님은 모든 이에게 자비를 베푸시기 위해 모든 인간을, 유대인들 역시, 불순종 안에 가두셨다(11,32).

유대인과 이방인의 변증법적 관계는 그러므로, 유대인들이 복음에 대한 순종을 거부함에도 불구하고, 결단코 존속한다. 유대인들은 복음을 거부하는 가운데서도 여전히 이방민족들에게 축복이 되니, 그들의 거부가 복

---

[12] Zeller, *Juden und Heiden* 209.
[13] 이 표현들은 앞의 책 211과 279에 나온다.

음을 이방인들에게로 향하게 하기 때문이다. 이로써 유대인들은 (뜻밖에도) 자기 사명을 감당하게 된다. 이것은 그들의 선조 아브라함에게 주어진 약속의 성취다. 하느님께서는 당신이 하신 약속을 지키시니, 약속 담지자들의 불순종도 그 약속을 무효화할 수 없다. 바울로는 로마서 11장 17-20절에서 올리브나무 비유를 통해 약속 담지자인 이스라엘의 구실을 상기시킨다. 이 비유에 터해 이방인들의 편입(야생 가지들의 접목)을 부자연스러운 과정이라고 생각하면 안 된다. 아브라함의 약속이라는 의미에서 이 편입은 기대할 수 있었던 것이며, 더 나아가 이스라엘에게 위탁되었던 것이다.

이스라엘은 약속의 담지자요 또 언제까지나 그렇기 때문에, 예수 그리스도께서 성취하신 결정적 구원에서 배제될 수 없다. 바울로는 로마서 11장에서 유대인들에게 최종적으로는 이 긍정적 노선을 열어 보일 뿐 아니라, 자신의 선교 활동 또한 이 노선에 정렬시킨다:[14] "그러나 나는 이방인 여러분들에게 말합니다. 그래서 나는 이방인들의 사도인 까닭에 나의 직무를 찬미합니다. 그것은 내가 나의 동포를 질투하게 하고 그들 가운데서 몇몇을 구원할 수 있을까 해서입니다"(11,13-14). 바울로는 그러므로 온전히 이방인들(비유대인들)에게 헌신하는 자기 직분을 이스라엘로부터 떼어 놓지 않았다. 하느님께서 고집 센 백성에게 당신 손을 내밀고 계심을 바울로가 알기에, 자신도 이 백성에게서 눈길을 돌릴 수가 없다. 이 구절은 11장 25절을 함께 고찰할 때 비로소 뚜렷이 이해할 수 있다. 사도는 한 신비를 전하지 않을 수 없는 예언자가 된다. 내용은 이렇다: "이스라엘 일부가 완고한 것은 이방인들이 구원받는 이들의 충만한 수에 들어올 때까지입니다." 그리고 온 이스라엘이 구원되리라는 확신의 언명이 뒤따른다.[15]

---

[14] Gnilka, *Theologie* 128-32 참조.

[15] 이 문제에 관한 많은 참고문헌 중 몇 가지: U. Luz, *Das Geschichtsverständnis des Paulus* (BEvTh 49) (München 1968); C. Plag, *Israels Wege zum Heil* (AzTh I. 40) (Stuttgart 1969); L. de Lorenzi (Hrsg.), *Die Israelfrage nach Röm 9-11* (Monographic Series of Benedictina 3) (Rom 1977); H. Hübner, *Gottes Ich und Israel* (FRLANT 136) (Göttingen 1984); F. Refoulé, *... et aussi tout Israël sera sauvé* (Paris 1984); H.M. Lübking, *Paulus und Israel*

유대인과 이방인의 변증법적 관계가 이제 뒤집어질 것이다. 지금 이스라엘이 순종하지 않고 그래서 구원이 이방인들에게 이르렀다면, 이방인들의 시대 이후에는 이스라엘 역시 (그리스도 안에서 성취된) 구원을 받아들일 것이다. 이 신비는 인식해야 할 뿐 아니라, 하느님에 의해 일으켜지고 또 성취되고 있는 신비다. 그리고 바울로는 여기에 기여하고 있다. 사도는 "이방인들의 충만한 수"가 구원에 들어오게 하는 데 제 몫을 다한다. 이 진기한 표현 뒤에는 필경 민족들의 순례라는 예언자들의 관념이 있는 것 같다. 이에 따르면 마지막 날들에 이방민족들이 시온으로 순례를 떠나고 이스라엘의 구원에 한몫 끼기 위해 출발한다. 바울로는 이 관념을 대담하게 거꾸로 적용한다: 이방인들이 이스라엘보다 먼저 도착한다. 이스라엘은 그리스도 내림의 시간에 뒤를 따를 것이다.[16]

이제 중요한 문제는 온전히 이방인들에게 헌신한 바울로의 선교 활동은 이스라엘도 염두에 둔, 아니 궁극적으로는 이스라엘을 위한 일이었다는 사실을 꽉 붙잡고 놓치지 않는 것이다. 여기서 이방인 선교는 낭패에서 벗어나기 위한 방책이 아니라, 보편적인 아브라함–약속에 상응하는 과업이다. 당신 약속에 대한 하느님의 신실하심은 당신 백성 이스라엘도, 아니 바로 이스라엘을 함께 품어 안는다. 이 예언적 언명들은 종말론적·묵시문학적 지평에 자리 잡고 있다. "이방인들의 충만한 수", "온 이스라엘의 구원", "이스라엘의 충만한 수"(11,12) 같은 개념들은 묵시문학 세계에서 유래하며, 시간과 수를 관장하시는 하느님의 섭리를 가리킨다. 하느님은 세상을 저울 위에 놓고 다셨다(4에즈 4,36; 참조: 시리아어 바룩 묵시록 23,4; 30,2).

이것은 2천 년 동안 이루어지지 못한 것을 십 년 안에 성취하고자 애썼던 한 남자의 꿈일까?[17]▶ 아니다! 이스라엘의 구원은 도래하실 구원자의

---

im Römerbrief (Frankfurt 1986); M. Theobald, Kirche und Israel nach Röm 9-11: *Kairos* 29 (1987) 1ff.

[16] 로마 11,26ㄴ은 시온으로부터의 구세주 도래를 그리스도의 내림과 결부시킨다. Zeller, *Juden und Heiden* 259-61의 견해는 다르다.

일이다. 그리고 이방인들의 충만한 수를 채우는 것 역시 바울로는 자기만의 일이라고 여기지 않았다. 그러나 사도는 이 일에 결정적 기여를 하고 있다고 생각했을 것이다. 여기서 묵시문학적 시간표에 관해 말해서도 안 된다.[18] 하느님은 언제나 당신 자유를 지키신다. 그것을 바울로는 알고 있다. 바울로가 로마서 11장에서 유대인들을 깔보고 스스로 그들보다 낫다고 여기는 이방계 그리스도인들을 질책하는 것을 유념해야 한다. 그들에게 사도는 이렇게 말한다: 당신들 자신을 자랑하지 말라고. 오히려 그 반대로 하라고. 그들은 자신들이 뿌리를 지탱하는 것이 아니라, 뿌리가 자신들을 지탱함을 알아야 한다(11,18). 또한 여기서 바울로의 상론은 오늘의 교회를 위해서도 매우 중요함이 드러나니, 이 교회는 이방계 그리스도인들의 교회로 머물러 있으며 자랑과 경멸을 되풀이해 왔다. 이 교회는 오늘도 자신은 이스라엘 없이는 하나의 단편으로 머문다는 것을 알아야 한다.

바울로는 로마서 이외에는 어디서도 자신의 선교 직무를 그렇게 인상적으로 서술하지 않는다. 이것은 그의 선교 신학과 선교적 자기 이해에도 해당된다. (우리에게) 이런 개인적 통로를 열어 주는 몇 가지 언명을 더 들어 보자. 이것들은 특히 로마서 앞머리와 말미에서 찾아볼 수 있다. 바울로는 모든 이방인 가운데서 신앙의 순종을 불러일으키도록 사도직을 받았다(1,5). 때문에 로마에서도 복음을 선포하고 싶어 하며(1,15), 다른 이방인들에게서처럼 로마인들에게서도 결실을 맺고 싶어 한다(1,13). 바울로는 자신이 그리스인과 야만인들, 지혜로운 이와 무식한 자들에게도 빚을 지고 있음을 알고 있다(1,14). 오직 여기서만 사도는 인류를 그리스인과 야만인으로 나누는 그리스인들의 통례적 방식을 따른다. 이 구분이 의미하는 바는 둘째 표현 "지혜로운 이들과 무식한 자들"이 밝혀 준다. 그리스어를 사용하지 않는 사람들, 즉 야만인들을 바울로는 선교 여행에서 여러 번 만났

---

[17] Käsemann. *Röm* 294.

[18] Kuss, *Röm* 794.

다. 사도는 15장 16절에서 복음을 위한 자신의 봉사 직분을 제의적 상징을 통해 표현한다: 사도는 "이방인들의 봉헌이 기꺼이 받아들여지고 성령으로 거룩하게 되도록 하기 위해" 하느님의 복음에 사제적으로 봉사하고자 한다.[19] 종종 과장 해석되어 온 이 구절은 상징적으로 이해해야 한다. 바울로는 이방민족들을 자신에게 주어진 선물로서 하느님께 인도한다. 그들은 하느님 생명의 한몫을 얻는다.[20] 선교 직분의 열매는 하느님을 찬미하는 노래를 부르는 공동체들에게서 뚜렷이 드러난다.

이 고찰을 마무리하면서 한 가지 문제를 더 살펴보아야 하는데, 이것은 다시금 로마서/로마 공동체와 관련된다. 구체적으로 말하면 로마서의 목적은 무엇이었던가, 그리고 이 편지에서 언명된, 로마에서도 복음을 선포하고자 하는 바울로의 의도(1,15)는 무엇이었던가라는 문제가 그것이다. 이 방인의 사도로 자임하던(물론 다른 이방인 선교사들도 있었다) 바울로의 이 의도는, 바로 이 편지에서 털어놓은 선교 원칙, 즉 자신은 그리스도의 이름이 아직 알려지지 않은 곳에서만 복음을 선포한다는 원칙과 곧장 상충된다. 바울로는 남들이 놓은 기초 위에 쌓아 올리지 않는 것을 자신의 영예로 여겼다. 또한 사도는 이것이 성서 말씀에 의해 확증되어 있다고 보았다: "그분에 관해서 알지 못하던 이들이 그분을 보게 될 것이요, 그분에 관해 들어 보지 못한 이들이 이해하게 될 것입니다"(15,21; 70인역 이사 52,15).[21]

바울로가 로마 그리스도인 공동체를 창설하지 않았음이 분명하다. 바울로는 그곳에 기초를 놓지 않았다. 덧붙여 말하면 베드로 역시, 두 사도의 훗날 로마 체류가 신빙성이 있긴 하지만, 그 기초를 놓지 않았다. 로마 공

---

[19] R.M. Cooper, Leitourgos Jesou Christou: *AThR* 47 (1965) 263-75 참조.

[20] Wilckens, *Röm* III 118은 16절 ㄷ에 세례식 어투가 드러난다고 본다.

[21] 이 말씀은 야훼의 종의 넷째 노래에서 유래한다. K.O. Sanders, *Paul – One of the Prophets?* (WUNT I/43) (Tübingen 1991) 48-71은 바울로가 자신을 야훼의 종과 유사하게 여겼다는 견해를 주장한다. 이 견해는 이미 L. Cerfaux, S. Paul et le "serviteur de Dieu d'Isaïe": *Receuil L.C.* II (Gembloux 1954) 239-54에 나온다.

동체는 우리가 전혀 모르는 그리스도인들에 의해 생겨났거니와, 그들은 아마도 순례자로 예루살렘에 왔다가 복음을 알게 되고 받아들인 로마의 유대인들이었을 것이다.[22] 바울로는 로마서에서 이 공동체를 마주하여 상당한 낭패감을 드러낸다. 자신이 이미 몇 번이나 그들에게 가려 했지만 그 때까지 저지당했다거나, 아무튼 서로 격려를 나누고 싶다고 확언하는 것이, 거의 무슨 변명처럼 들린다(1,11-13). 사도가 로마로 가려 했고 그들에게 편지를 써 보낸 것은, 단지 로마를 제국 서방에서 앞으로의 과업들을 위한 선교 본부로 삼기 위해서였던가? 그랬다면 이렇게 방대한 편지, 율법에서 자유로운 사도의 복음 그리고 모든 사람(유대인과 이방인)의 동등함을 피력하는 이런 편지가 꼭 필요하지는 않았을 것이다. 바울로는 자신이 그곳에 발을 디딤으로써 로마 공동체에 아직 결여되어 있던 사도적 기초를 제공하고, 그로써 그 공동체를 온전한 의미의 교회(ἐκκλησία: 이 낱말이 로마서 1-15장에 나오지 않는 것은 사실 주목할 만하다)로 만들고자 했던 것일까?[23] 아니면 로마에는 회당과 강하게 결속된 베드로-회당적인 이방계 그리스도교가 있었고, 바울로는 이에 맞서 회당 밖의 그리스도교 공동체를 조직할 계획이었던가? 그렇다면 "성도로 부르심을 받은 이들"(1,7)이라는 명칭은 로마 그리스도인들이 회당의 특수 집단인 자신들을 칭한 오랜 유대계 그리스도교적 표현으로 볼 수 있는가?[24] 그것도 아니면 바울로는 유대인들과의 대화로 볼 수 있는 로마서로써 나쁜 일이 일어나지나 않을까 근심하던 자신의 예루살렘 여행을 준비하고자 했고(15,30-32), 그래서 이 편지에 담긴 논증들은 예루살렘 사람들뿐 아니라 로마의 유대인들 및 유대계 그리스도인들과의

---

[22] 로마-예루살렘이라는 축(軸)은 Brown, *Rome* 103f도 강조한다.

[23] 이 주제에 관해 G. Klein, Der Abfassungszweck des Römerbriefes: *Rekonstruktion und Interpretation* (BEvTh) (München 1969) 129-44 참조.

[24] Schmithals, *Röm* 41-3의 독특한 주장에 따르면, 로마서는 실바노를 위한 추천서이고, 그는 바울로의 위임을 받아 로마 공동체의 창설자가 되었으며, 이 공동체는 아피오 광장과 트레스 타베르네까지 사도를 마중 나왔다(사도 28,15).

논쟁도 염두에 둔 것일까?[25] 이 물음들이 시사하듯, 당시 상황의 재구성에 서는 많은 것이 추측에 그칠 수밖에 없고, 특히 바울로 이전 로마 그리스 도교의 상황이 어떠했는지 그리고 회당과 어느 정도 친소親疎 관계에 있었 는지 정확히 알 수 없지만, 아무튼 바울로가 예루살렘뿐 아니라 로마에도 율법에서 자유로운 자신의 복음을 의심하고 공격하는 사람들이 있으리라 우려하게 된 계기가 있었음은 확실한 것 같다. 로마의 이방계 그리스도인 들은 이방인 선교사 바울로의 활동에 편입되어야 했다. 사도는 그들에게 복음을 올바로 이해시키고자 했다.

참고문헌

C. BREYTENBACH, *Versöhnung* (WMANT 60) (Neukirchen 1989).

R.E. BROWN, Rome: R.E. Brown – J.P. Meier, *Antioch and Rome* (New York 1983) 87-216.

D. DAUBE, Jewish Missionary Maxims in Paul: *StTh* 1 (1948) 158-69.

L. GOPPELT, Der Missioanr des Gesetzes: *Christologie und Ethik* (Göttingen 1968) 137-46.

F. HAHN, *Das Verständnis der Mission im NT* (WMANT 13) (Neukirchen 1963) 80-94.

R. LIECHTENHAN, Paulus als Judenmissionar: *Jud.* 2 (1946) 56-70.

C. MAURER, Paulus als der Apostel der Völker: *EvTh* 19 (1959) 28-40.

J. Yeong-Sik PAK, *Paul as Missionary* (EHS.T 410) (Frankfurt/M. 1991).

G. SCHRENK, Der Römerbrief als Missionsdokument: *Studien zu Paulus* (Zürich 1954) 81-106.

W. WIEFEL, Die missionarische Eigenart des Paulus und das Problem des frühchristlichen Synkretismus: *Kairos* 17 (1975) 218-31.

D. ZELLER, *Juden und Heiden in der Mission des Paulus* (FzB) (Stuttgart ²1976).

—, Theologie der Mission bei Paulus: K. Kertelege (Hrsg.), *Mission im NT* (QD 93) (Freiburg 1982) 130-44.

---

[25] J. Jervell, Der Brief nach Jerusalem: *StTh* 25 (1971) 61-73; Wilckens, *Röm* I 33-48; Brown, *Rome* 110 참조.

4.3 선교 협력자들

바울로는 선교 활동에서 수많은 사람의 도움을 받았다. 사도가 갈라디아와 그리스로 떠날 때, 의지할 곳이라고는 자신뿐이었다. 그러나 주위에 일군의 협력자들을 모을 수 있었고, 이 동아리는 시간이 흐를수록 커져 갔다. 남녀 협력자들을 선발하고 그들에게 정해진 임무를 부여하는 일은 바울로 선교 전략의 주요 부분이었다. 올록[26]은 바울로 친서에서 40명이 넘는 협력자 이름을 찾아 모았다. 바울로 차명서간과 사도행전까지 포함하면, 거의 20명이 더 늘어난다. 물론 우리는 이 협력자들에 관해 대부분 이름 외에는 아는 게 없다. 그 밖에 이름이 명시적으로 언급되지 않은 사람들도 있었음은 물론이다.

우리는 여기서 바울로의 선교 여행에 언제나 함께했거나 (다른 교회 출신으로서) 바울로의 선교 활동을 뒷받침하기 위해 한동안 그의 곁에 머물렀던 협력자들에게만 관심을 기울이기로 한다. 이 관점에서 협력자들을 살펴보면, 디모테오의 중요성이 아주 뚜렷이 드러난다. 디모테오는 사도의 모든 여정에 함께했던 유일한 사람이었다고 생각해도 될 것이다. 바울로는 디모테오를 가장 자주 언급하며, 언제나 그를 높이 평가하고 칭찬한다. 교회들에 보낸 편지에 표명된 이 칭찬은 공식적 성격을 지니고 있다: "주님 안에서 내 사랑하는 충실한 자식"(1고린 4,17), "나의 동료 일꾼 디모테오"(로마 16,21)는 바울로 및 실바노와 함께 고린토 사람들에게 하느님의 아들 예수 그리스도를 선포했다(2고린 1,19). 그는 바울로의 "형제이며 그리스도의 복음을 전하는 데 하느님의 협력자"다(1데살 3,2; 참조: 2고린 1,1). 디모테오는 바울로 친서 넷(데살로니카 전서 · 고린토 후서 · 필립비서 · 필레몬서)의 공동 발신인인데, 사도는 필립비서의 인사말에서 "그리스도 예수의 종들인 바울로와 디모테오"라는 말로써 오직 디모테오와의 긴밀한 유대 관계를 드러내며, 그에 관해 "그는 나와 마찬가지로 주님의 일을 합니다"(1고린 16,10)

---

[26] Mitarbeiter 1.

하고 증언한다. 디모테오에 관한 바울로의 가장 아름다운 증언은 필립비서 2장 19-22절에 나오는, 디모테오처럼 자신과 같은 마음인 사람은 없으며,[27] 자식이 아비에게 하듯 자신과 함께 복음을 위해 봉사했다는 말이다. 이런 진술들에서 드러나듯, 디모테오는 사도보다 많이 어렸을 것이다.

디모테오 다음으로는 (우리가 앞에서 바울로 선교 활동을 서술하면서 알게 된) 디도[28]를 언급해야겠다. 디모테오와는 다른 임무들을 맡았던 디도는 모금 일을 위임받았는데, 뛰어난 협상 수완을 지니고 있었음이 분명하다. 그는 디모테오와 마찬가지로 바울로의 사절로서 직무를 수행했는데, 특히 바울로를 거스르던 고린토 교회(그는 이 교회와 각별한 관계에 있었다)와의 어려운 중재를 무난히 해냈다.

바울로는 그 밖의 선교 협력자들을 어떻게 알게 되었을까? 어떤 이들은, 예루살렘 출신 마르코처럼(필레 23절), 오래된 교회(공동체)들에서 바울로와 연결되었고, 또 어떤 이들은 바울로의 여정에서 그를 만났다. 사도는 그들을 복음의 일꾼으로 만들었고 또 선교 열정으로 가득 채워 주었다. 필레몬과 에바프라(필레 23절: "그리스도 예수 안에서 나와 함께 갇혀 있는 에바프라"; 참조: 골로 1,7; 4,12)가 이런 사람들에 속한다. 전자는 리코스탈에 가정교회를 세웠고, 후자는 그 지역 특히 골로사이에서 복음 선포자가 되었다. 이들은 에페소에서 바울로를 만난 것 같은데, 확실하진 않다. 그러나 대다수 협력자들은 바울로가 세운 교회들 출신이었다. 사도가 협력자들을 이런 어린 공동체들에서 구했다는 것은 시사하는 바가 많다. 이것은 바울로가 이 공동체 구성원들에게 처음부터 선교 의무를 주지시켰고 또 그들 대부분이 선교에 헌신할 준비가 되어 있었음을 의미한다. 그렇다고 모두가 선교사가

---

[27] Moulton - Milligan에 따르면 바울로가 여기서 사용한 ἰσόψυχος(같은 마음의)라는 낱말은 "매우 드물게" 사용되며, 실질적 일치를 표현할 뿐 아니라, 두 사람 사이의 인간적 융화도 암시한다.

[28] 디모테오와 디도에게 보낸 바울로 차명서간들은 이 두 사람의 두드러진 중요성을 상기시킨다. 여기서도 두 통의 편지를 받은 디모테오가 물론 더 중요하다.

된 것은 아니고(이것은 사실상 불가능했다), 각기 자기네 공동체에서 특정 남녀들을 (아마 일정 기간) 파견하여 본격적 선교 활동에 종사하게 했다.²⁹ 물론 이것은 공동체의 개개 구성원이 자기 자리에서 그리스도교의 요점을 설파했음을 배제하지 않는다. 그러나 새로운 선교 영역들에서의 선교 활동은 그것과 구별되어야 한다. 이 선교 활동은 특히 바울로가 교회들을 세운 대도시들의 내륙 지방에 집중되었으리라 짐작된다.

필립비 출신 에바프로디도(필립 2,25: "나의 형제요 협력자요 전우이며 또한 여러분의 사절")가 이러한 공동체 선교사였을 것이다. 그는 바울로에게 위문품을 전달했을(필립 4,18) 뿐 아니라, 선교 과업도 함께 추진했다. 에라스도(사도 19,22)와 사도행전에 언급되는 여러 사람은, 바울로의 마지막 예루살렘 여행에 동행했던 이들 그리고 사도가 로마서 16장의 인사장章에서 문안하는 사람들 중 몇 명과 마찬가지로, 공동체에서 파견한 선교 협력자들로 보인다. "여러분을 위해 수고를 많이 한 마리아"(16,6), "주님 안의 일꾼들인 드리패나와 드리포사"(16,12), "주님 안에서 수고를 많이 한, 사랑하는 베르시스"(16,12)가 그런 사람들이다. 이런 경향을 보여 주는 좀 더 일반적인 언급들도 있다. 바울로가 필립비인들에게 첫날부터의 복음에 대한³⁰ 동참을 감사하는(필립 1,5) 것은, 복음을 위한 적극적 투신을 시사한다. 바울로가 치하하는, 마케도니아와 아카이아 신자들에 대한 데살로니카 교회의 모범(1데살 1,7)도 비슷한 헌신을 암시한다고 하겠다. 사도는 로마서 15장 24절에서 로마 공동체에 자신이 계획하고 있는 스페인 여행에 동반해 주기를 부탁한다. 이것은 구체적으로는 선교 협력자들을 지원해 달라는 부탁이기도 하다. 짤막한 필레몬서 역시 한 협력자에게 기꺼운 마음가짐을 부탁하는 편지로 읽을 수 있다. 바울로에게 도망온 노예 오네시모가 그의 곁에서 그리스도인이 되었고, 감옥에 갇혀 있는 사도를 정성스레 모셨는데, 이 봉사

---

²⁹ 이런 방식의 공동체 선교를 Ollrog, *Mitarbeiter*는 곳곳에서 강조한다.
³⁰ εἰς τὸ εὐαγγέλιον(직역하면 "복음 안으로의")이라는 표현에 주목해야 한다. Gnilka, *Phil* 45 참조.

는 사도 일신상의 필요에 국한되지 않고 그의 주요 관심사와도 관련되었을 것이다. "나는 그를 내 곁에 두어, 복음 때문에 당하는 옥살이에서 그대를 대신하여 내게 시중들게 할 생각이 들었지만, 그대의 승낙 없이는 아무 것도 하고 싶지 않았습니다"(필레 13-14절). 필레몬과 그의 가정교회가 바울로의 바람에 부응하여, 오네시모를 공동체 선교사로 사도에게 맡겼으리라는 것도 충분히 생각할 수 있다. 물론 오네시모가 안티오키아의 이냐티우스의 에페소서에 언급된 에페소 주교 오네시모(이냐티우스, 에페소서 1,3; 2,1; 6,2)와 동일인인지는 의심스럽다.[31]

이렇게 수많은 협력자들에게 둘러싸인 사도의 모습은 아직도 종종 보이는 그릇된 바울로상像을 바로잡아 줄 수 있다. 이에 따르면 바울로는 동시 대인들에게 이해받지 못한 외톨이였다.[32] 이것은 옳지 않다. 바울로는 친교와 협력 관계를 모색했고, 그것을 목표에 맞추어 투입했다. 사도는 오늘날 우리가 팀워크라고 부르는 것을 작동시켰다.

이로써 바울로와 선교 협력자들의 관계를 좀 더 상세히 규정할 수 있게 되었다. 사도가 가장 자주 사용하는 낱말은 "동료 일꾼"(συνεργός: 직역하면 "함께 일하는 사람")[33]이다: "나(우리)의 동료 일꾼(들)"(로마 16,3.9.21; 필립 2,25 등). 바울로는 이 낱말로써 다른 선교사들과의 연대도 표현하는데, 뚜렷한 예로 고린토 전서 3장 9절을 들 수 있다: "실상 우리는 하느님의 동료 일꾼들입니다"(아폴로에 대한 언급). 이 말은 자신들이 하느님과 함께 일함을 의미하는 게 아니라[오직 하느님 혼자만이 자라게 하실 수 있기 때문이다(1고린 3,6)], 하느님께 위임받은 자들임을 의미한다(참조: 2고린 1,24; 1데살 3,2).[34] 일하고 활동하

---

[31] 이 문제에 관해 Gnilka, *Phlm* 6 참조.

[32] E. Käsemann, Paulus und der Frühkatholizismus: *Exegetische Versuche und Besinnungen* II (Göttingen 1964) 239-52 참조(여기서는 251).

[33] 이 단어는 바울로 특유의 낱말이다. 신약성서에 모두 열한 번 나오는데, 그중 아홉 번이 바울로 친서에 나오고, 또한 필립 2,25; 골로 4,11에도 나온다.

[34] συνεργέω(~와 함께 일하다)라는 낱말도 이런 의미로 사용될 수 있다: 1고린 16,16; 2고린 6,1.

는 것 모두가 언제나 하느님 또는 그리스도의 일(로마 14,20; 필립 2,30)과, 그리고 복음을 통해 불러 모은 공동체와 결부된다. "여러분은 주님 안에서 내 업적이 아닙니까?"(1고린 9,1). 물론 못된 일꾼들도 있다(2고린 11,13; 필립 3,2). 각자가 제 몫을 통해 기여하며, 자신의 일($\check{e}\rho\gamma o\nu$)을 다한다. 바울로는 한 독특한 상징을 통해 건물의 상태를 묘사한다. 건물은 금과 은과 보석으로 지을 수도 있고, 쉽게 불타 버리는 나무와 마른 풀과 짚으로 지을 수도 있다. 이 상징은 각자의 성과를 불로써 검증할 최후 심판을 인상 깊게 묘사한다(1고린 3,10-15).[35]

선교 활동은 봉사직($\delta\iota\alpha\kappa o\nu\iota\acute{a}$)이며(로마 11,13; 2고린 4,1; 11,8), 화해의 봉사직이다(2고린 5,18). 이 말로써도 바울로는 다른 선교사들과의 연대를 표현한다. 바울로와 다른 선교사들은 "그들을 통하여 여러분이 믿게 된 봉사자들"(1고린 3,5)이고, 의로움의 봉사자, 그리스도의 봉사자, 하느님의 봉사자들이다(2고린 11,15.23). 공동체는 바야흐로 모든 사람이 읽을 수 있는, 선교의 봉사직에 의해 작성된 편지다(2고린 3,3).

바울로가 공동 작업을 특별한 노고를 뜻하는 낱말들로써 지칭하는 것도 시사해 주는 바가 많다: $\kappa\acute{o}\pi o\varsigma$(힘든 일, 노고), $\kappa o\pi\iota\acute{a}\omega$(수고를 많이 하다, 힘들게 일하다).[36] 공동 작업에 헌신하는 사람들은 힘든, 흔히는 매우 고생스러운 일을 기꺼이 떠맡았다. 또한 이와 관련하여, 바울로가 복음의 자유를 위해 별도로 해야 했던 노동도 노고로 여겼음을 상기해야 한다: "우리는 … 우리 자신의 손으로 힘들여 일합니다"(1고린 4,11-12).

바울로가 자기 일과 다른 선교사들의 일을 같은 의미의 어휘로 서술하는 것은, 다른 사람들과 조화를 이룰 줄 알았음을 암시해 준다. 바울로는 그들이 동등하고 자주적으로 자신과 나란히 활동하도록 했을 것이다. 선교사들은 대도시 외곽 지역에 진출해서는 더욱 자주적으로 활동하고 자기

---

[35] J. Gnilka, *Ist 1 Kor 3,10-15 ein Schriftzeugnis für das Fegefeuer?* (Düsseldorf 1955) 참조.

[36] 두 낱말이 신약성서에 모두 마흔 번 나오는데, 거의 반이 바울로 친서에 나타난다.

입증 기회를 가졌음이 틀림없다. 바울로 친서 중 다섯(고린토 전후서 · 필립비서 · 필레몬서 · 데살로니카 전서)에 협력자들이 공동 발신인으로 서명하는데, 특히 디모테오가 네 번(고린토 후서 · 필립비서 · 필레몬서 · 데살로니카 전서) 그 밖에 소스테네(고린토 전서)와 실바노(데살로니카 전서)가 각기 한 번씩 등장한다. 이것은 사도가 공동 선교 관념을 익히 알고 있었고, 이 "동료들"과 편지 내용을 충분히 상의했음을 암시해 준다. 하지만 바울로는 한 가지 점에서는 그들보다 우월했고, 또 그것을 고집했다. 바울로는 주님께 친히 부르심을 받은 예수 그리스도의 사도였다. 바울로는 자신의 사도관에 따라 새로운 교회들을 창설하고 기초 놓고(로마 15,20; 1고린 3,10), 아직 그리스도가 알려지지 않은 곳에 그리스도의 이름을 선포하기 위해 애썼다. 다른 사람들은 그 기초 위에 지어 올렸다(1고린 3,10-13). 바울로는 창설자로서 교회들에 대해 아버지(1고린 4,15; 1데살 2,11) 또는 어머니(1데살 2,7)의 관계를 맺고 있었다.

당시 첫출발은 위대했지만, 상황을 이상화하여 과장하면 안 된다. 바울로 계열의 공동체들 안에서도 난관 · 저항 · 실패가 되풀이되었다. 사도는 이것들을 종종 감추고 싶어 하는 듯이 보인다. 바울로는 자신과 같은 마음으로 공동체의 일을 진지하게 걱정해 주는 디모테오를 칭찬하는 중에 지나가는 말처럼 한탄한다: "모두 자기 것만 추구합니다"(필립 2,21).

참고문헌

E.E. ELLIS, Paul and his Co-Workers: *NTS* 17 (1970/71) 437-52.

W. HADORN, Die Gefährten und Mitarbeiter des Paulus: *Aus Schrift und Geschichte* (Festschrift A. Schlatter) (Stuttgart 1922) 65-82.

J. HALLER, *Die Mitarbeiter des Apostels Paulus* (Stuttgart - Basel 1927).

W.-H. OLLROG, *Paulus und seine Mitarbeiter* (WMANT 50) (Neukirchen 1979).

E.B. REDLICH, *S. Paul and his Companions* (London 1913).

G. SCHILLE, *Die urchristliche Kollegialmission* (AThANT 48) (Zürich 1967).

5. 바울로의 적수들

우리는 앞에서 바울로에게 적수들이 있었음을 거듭 언급했다. 이 현상은 별도로 고찰할 필요가 있다. 왜냐하면 이 현상이 사도를 신학적으로뿐 아니라 인간적으로도 괴롭혔기 때문이다. 무엇보다도 이 사실을 염두에 두지 않으면 사도의 편지들을 이해할 수 없다. 이것은 바울로의 가장 오래된 편지, 즉 데살로니카 전서에는 해당되지 않는다. 적수들과의 대결은 갈라디아서, 고린토 후서 그리고 필립비서에 특히 뚜렷이 나타난다. 더 나아가 이 편지들은 적수들의 도발이 없었다면 아예 생겨나지 않았으리라고 생각해도 될 것이다.[1]

이 현상의 논구에서는 무엇보다도 주요 대상은 교회 밖의 적수들이 아님을 유념해야 한다. 물론 바울로는 자신이 직면한 외부로부터의, 특히 유대교 측의 반대를 여러 곳에서 언급한다. "우리가 이방인들에게 말하는 것을 유대인들이 방해하고 있습니다"(1데살 2,16). 세 번째 예루살렘 방문을 앞두고는 자신의 목숨을 걱정한다(로마 15,31). 로마서는 유대인들과의 대화라고 볼 수도 있었다(U. Wilckens). 그러나 이 모든 것은 우리의 당면 논구 대상이 아니다. 바울로의 진짜 적수들은 그리스도교 교회들 안에서 생겨났다. 이것은 긴장하여 주목해야 하는, 우울하기도 하고 흥미롭기도 한 현상이다. 대결은 바울로의 복음 그리고 (그것과 긴밀히 결부된) 사도와 선교사로서의 그의 신원과 관련되어 있다. 아무튼 신학자들의 논쟁이 이 초창기에 시작되었다. 바울로를 끝없이 말싸움하는 싸구려 신학자로 치부해 버

---

[1] 고린토 후서와 필립비서를 여러 편지가 편집된 것으로 보는 경우, 2고린 10-13장("4장 편지")과 필립 3장이 특히 해당된다.

리고 싶어 하는 사람은, 사도에게 사무쳐 있던 진지한 열망들을 간과하는 것이다. 당시 신학자들은 논쟁을 평화롭게 해결하려 노력했다고 믿고 싶어 하거나, 사도시대에는 그리스도인들이 서로 형제처럼 지냈으리라 생각하고 싶어 하는 사람들도 아마 많을 것이다. 원그리스도교에 대한 너무 이상화된 이런 표상은 실제 상황과 부합하지 않는다. 과연 바울로는 이런 대결에서 완강하게, 때로는 모진 말로 자기 일을 옹호하는 사람으로 나타난다. 그의 일은 복음과 관계되는 일이었던 것이다. 뭐라 해도 바울로는 자신의 일을 언제나 그렇게 여겼다.

바울로가 자신과 함께 활동하던 여러 선교사에 관해 그때그때 했던 비판적인 말들을 여럿 찾아낸다 해도, 핵심 문제에는 아직 도달한 것이 아니다. 사도는 그런 사람들(많을 때도 있었다)은 "하느님의 말씀을 팔아먹는"(2고린 2,17) 자들이라고 말한다.[2] 사랑으로 그리스도를 전하는 사람들 외에, 사리私利를 위해 불순한 동기로 그리스도를 전하는 자들도 있다(필립 1,16-18). 이 경우 바울로가 구체적으로 가리키는 사람들은 사도가 감옥에 갇혀 있던 에페소의 교회에서 활동하던 설교자들인 듯한데, 이들은 죄수인 사도를 멀리했다. 바울로는 또한 여러 사람이 공공연히 다른 교회들에서 얻어 낸 추천서를 이용하는 것도 비난했다(2고린 3,1). 사실 추천서 자랑은 바울로의 적수들이 쓰는 방법의 일종이었을 것이다. 사도는 자신의 추천서는 그들이 침투하려 시도하는, 자기가 고린토에 창설한 공동체라고 되받아친다: "우리의 추천 편지는 여러분 자신입니다. 그것은 우리 마음 안에 씌어져 있으며 모든 사람에게 알려지고 읽혀집니다"(3,2).

본격적 대결의 심각함을 인식하기 위해서는 다른 구절들에 주목해야 한다. 예를 들어: "나는 여러분이 은총으로 여러분을 부르신 분으로부터 다른 복음으로 그토록 빨리 돌아선 것에 대해 놀라고 있습니다. 다른 복음이라고 했지만 다른 복음이란 없습니다. 다만 여러분을 혼란케 하면서 그리

---

[2] 여기서 사용된 καπηλεύω라는 낱말은 파피루스 문서의 일상 그리스어에서 "소매상을 꾸려 가다", "마구 팔아치우다"를 의미한다. Preisigke - Kiessling의 해당 낱말 참조.

스도의 복음을 왜곡하기를 원하는 몇몇이 있을 뿐입니다. 우리 자신이나 하늘에서 온 천사라도 우리가 여러분에게 전한 것과 다른 복음을 여러분에게 전한다면 저주받을지어다!"(갈라 1,6-8). 또는: "실상 아무나 와서 일찍이 우리가 선포한 적이 없는 다른 예수를 선포하거나, 일찍이 여러분이 받아들인 적이 없는 다른 영을 여러분이 받아들이거나, 혹은 여러분이 일찍이 받아들인 적이 없는 다른 복음을 여러분이 받아들이거나 할 때 여러분은 잘도 참습니다"(2고린 11,4); "개들을 조심하십시오. 나쁜 일꾼들을 조심하십시오"(필립 3,2). 이렇게 단호히 언명하는 구절들은 더 찾아볼 수 있다.

적수들이 다른 복음을 선포한다는 바울로의 비난은 실로 중요하다. 후대 교회 상황의 관점에서 본다면, 이 비난은 이단이라는 비난과 다름없다. 그러나 이 개념을 그렇게 이른 시기에 적용하는 것은 삼가야 할 것이다. 당시에는 논쟁을 조정할 수 있는, 전반적으로 인정받는 심급審級이 없었다.[3] 그러나 사도는 뭐라 해도 권위자가 아니었던가? 누가 적수들 뒤에 숨어 있었던가? 그들 역시, 바울로와는 다른 사도관觀을 내세웠겠지만, 바울로가 "거물급 사도들"(2고린 11,5; 12,11)이라고 비꼬아 부르는 것이 암시하듯, 당연하다는 듯이 사도로 자칭하지 않았던가? 물론 당시에 이미 전통이 꼴을 갖추기 시작했고, 고린토 전서 15장 3-5절과 같은 그리스도론적 신조들도 있었으나, 이것들이 얼마나 널리 알려졌던가? 그리고 무엇보다도: 기본적인 것으로 여겨지던 이런 신조들을 가지고 바울로가 직면한 것과 같은 논쟁들을 어찌 해결해야 했을까? 어쨌든 이 대결이 참과 거짓, 받아들일 수 있는 것과 결코 받아들일 수 없는 것에 대한 판단력을 예리하게 만들었다는 사실은 말할 수 있을 것이다. 물론 이 싸움에서 누가 승자로 나타났는지는 아직도 정확히 알 수 없다.

바울로 적수들의 의도와 활동을 서술하고자 하는 사람은 거의 극복할 수 없는 난관들에 곧 맞닥뜨리게 된다. 그들의 의도에 관해서는 단지 몇

---

[3] Köster, *Einführung* 551은 이 점을 강조한다.

가지 특징만 밝혀져 있다. 앞으로도 많은 문제가 확실히 밝혀지지 못할 것이다. 그들에 대한 서술은 계속해 나갈수록, 그만큼 더 가정적으로 된다. 이것은 그간의 연구들이 서로 어긋나고 상충되는 정보들을 무수히 제공해 왔다는 사실이 확인해 준다. 객관적으로 보건대 근본적 난관은 무엇보다도 우리가 바울로 적수들의 직접 진술들을 확보하고 있지 못하다는 사실에 있다. 우리는 전적으로 바울로에게 의존하고 있다. 그런데 바울로는 논쟁의 당사자다. 또한 그는 어디서도 적수들에게 대놓고 말하지 않는다.[4] 언제나 자기 공동체들에게 적수들에 관해 말한다. 훗날의 이단사설들로부터 바울로 적수들의 견해들을 역추론하고, 이 전조들 안에서 훗날의 전개 과정들을 탐지하는 것 역시 극히 의심스럽다.[5] 바울로 적수들의 입장을 재구성하기 위해서는, 많은 것이 "이단자 공격"이라는 사실도 유념해야 한다. 이것은 아무 도움이 되지 않는다. 이런 공격은 이미 유대교에서 한 전통이었고, 바울로도 잘 알고 있었을 것이다. 여기에 속하는 것으로 개(필립 3,2) · 속여 먹는 일꾼들 · 사탄의 봉사자들(2고린 11,13-15) 같은 욕설들, 또는 분열과 유혹을 일삼고 그리스도를 섬기는 게 아니라 자기 배를 섬기고 번지르르하고 아첨하는 말로 순진한 이들의 마음을 미혹하는 자들(로마 16,17-18)에 대한 일반적인 경고들을 들 수 있다. 그들이 그리스도보다 자신들의 배를 더 사랑한다는 것은 물론 그들에게는 그리스도의 십자가가 거의 중요하지 않음을 암시하는 것이겠다(필립 3,18-19 참조).

주로 갈라디아서와 고린토 후서 그리고 필립비서를 따라 바울로 적수들의 모습을 그려 보자. 사도를 특히 불안하게 만든 것은 적수들의 성공이었음이 틀림없다. 그들은 부분적으로는 바울로를 훨씬 능가했고, 추종자들을 얻었다. 열정적으로 활동했으며 권위 있게 처신했다. "여러분을 혼란케 하는 자는 누구라도 심판받을 것입니다"(갈라 5,10)라는 구절에서 "누구라

---

[4] Betz, *Gal* 40 참조.
[5] Schlier, *Gal* 23은 갈라디아서에 나오는 바울로 적수들로부터 골로사이서에 등장하는 적수들과 엘카사이 추종자들을 거쳐 케린투스까지 일직선을 긋는다.

도"라는 말은 적수들이 권위를 지니고 있었음을 암시한다. 바울로의 극심한 충격과 당혹은, 도대체 누가 갈라디아 사람들을 호렸는가(3,1)[6]라는 탄식에 나타나 있다. 고린토에서는 적수들이 공동체 안에 이미 존재하던 다툼들과 연계될 수 있었기에, 더욱 쉽게 성공을 거두었다.

적수들은 바울로의 복음뿐 아니라 사람 됨도 공격했다. 그러나 갈라디아서와 고린토 후서 사이에는 주목할 만한 차이가 있다. 바울로가 자신의 사도직과 복음의 독자성에 관해 상론하는 갈라디아서 1장에서, 적수들이 바울로는 진짜 사도도 아니고 온전한 복음을 가지고 있지도 못하다면서 갈라디아 교우들을 호렸음을 유추할 수 있다. 바울로는 사도직과 복음을 몇 다리 건너 받고 사람들에게서 배웠다는 것이다. 바울로가 지상 예수를 알지 못했다는 지적도 상당한 구실을 했을 것이다. 필경 적수들은 사도회의를 증거로 내세우고, 그것을 바울로를 거슬러 임의로 해석했을 것이다.

고린토 교회에 침투한 적수들은 바울로를 인간적인 면에서 많이 공격했다. 특히 사도의 약하고 요령 없는 인간적인 태도를 비난했다: 바울로는 교우들 면전에서는 겸손하지만 멀리 떨어져 있으면 기고만장하다(2고린 10,1); 그의 편지들은 무게와 힘이 있지만, 막상 마주 대하면 몸은 약하고 말주변도 부끄러울 정도라고(10,10). 물론 그들은 자신들을 바울로보다 돋보이게 하고, 자기들이 바울로와는 다른 더 나은 사도임을 과시하기 위해서도 그런 말들을 했을 것이다. 적수들이 이런 맥락에서 바울로는 "육에 따라"(10,2) 산다고 비난한 것은, 추측건대 사도가 (그들과는 달리) 종교적 전권의 과시를 포기했음을 말해 준다.

이렇게 다양한 공격 방향들 자체가 갈라디아와 그리스의 바울로 적수들은 여러 집단이었음을 가르쳐 준다. 그들을 긴밀히 관련시켜 보거나 더 나아가 하나의 반反바울로 공동전선에 관해 말하는 것은 온당치 않다고 생각한다.[7] 이것은 적수들의 요구와 주장들을 면밀히 고찰해 보면 더욱 분명해

---

[6] 여기에 나오는 $\beta\alpha\sigma\kappa\alpha\iota\nu\omega$(호리다)라는 낱말은 흔히 악한 시선을 표현하는 데 사용된다. Moulton - Milligan의 해당 낱말 참조.

진다. 확실하거니와, 갈라디아에 나타난 바울로 반대자들은 할례를 요구했다. 때문에 바울로는 갈라디아 교우들에게 할례를 받음으로써 야기될 결과를 힘주어 경고하고(갈라 5,2-4), 그런 부당한 요구를 신랄하게 비꼬는 말로 물리치고(5,12), 또 예루살렘의 권위 있는 인물들이 사도회의에서 디도의 할례를 요구하지 않았음을 상기시킨다(2,3). 적수들의 논증에서는 아브라함의 후손이라는 사실도 상당히 중요했던 것으로 보이는데, 오직 할례를 통해서만 아브라함의 후손이 되고 또 그로써 예수를 통해 성취된 메시아적 축복이 모든 민족에게 주어지리라는 약속의 상속자가 된다는 것이었다(갈라 3장, 특히 29절). 바울로의 적수들이 갈라디아 교우들에게 모세의 율법을 어느 정도나 상세히 설명했는지는 정확히 알 수 없다. 그들이 엄격한 "전례력 신심", "날과 달과 절기와 해"(4,10)의 준수를 강조했으리라는 것은, 신빙성이 별로 없다. 짐작건대 바울로는 갈라디아 교우들에 대한 질책[사도는 극히 신랄한 논증을 전개하면서, 할례와 율법을 받아들이는 것은 이들이 예전에 어쩔 수 없이 행하던 우상숭배로 되돌아감이라고 힐책한다(4,8-9; 참조: 3,3)]이 율법 준수를 비꼬는 표현으로 이해되기를 바랐던 것 같다. 그 밖에 바울로의 적수들이 성서 해석에서 특정한 방법을 사용했는지는 확실치 않다.[8] 바울로가 아브라함을 본보기로 들어 설명한 믿음 외에, 그리스도인의 자유를 매우 강조하는 것이 눈길을 끈다: "자유를 위해 그리스도께서 우리를 해방하셨습니다"(5,1). 예전에 이스마엘이 이사악을 박해했듯이, 지금 종들이 자유인들을 박해한다(4,29; 참조: 4,1-3).[9]

---

[7] Lütgert, *Freiheitspredigt*; 같은 저자, *Gesetz und Geist*가 바울로 적수들의 공동전선이라는 주장의 기초를 놓았다. 근년에 Schmithals, *Gnosis*가 이 견해를 넘겨받았으나, 종교사적 관점에서 새로이 규정했다. 그는 영지주의에 관해 말한다.

[8] Köster, *Einführung* 551f 참조. 그들은 율법을 의식(儀式) 규정 모음집으로 이해했던가? 그런 것 같지는 않다. 또는 바울로가 4,21 이하에서 반증을 전개하는 우의(寓意)적 해석을 선호했던가?

[9] 여기서 바울로의 자유가 갈라디아 교우들을 힘겹게 했고 그래서 그들은 일정한 지침들을 갈망했다고 추론하기는 어렵다(Betz, *Gal* 46이 그렇게 추론한다). 그랬다면 바울로는 자기모순적인 논증을 전개한 셈이 된다.

할례 요구와 아브라함 후손 논증은 적수들이 분명히 유대계 그리스도인들(유대교 신자들이 아님!)이었음을 가르쳐 준다. 율법에 대한 자유는 확신을 주는 논증이었다. 이방계 그리스도인들에게 할례는 가혹한 요구였다. 회당은 "경신자"로서 회당에 합류하고자 하는 이방인들에게 할례를 요구하지 않았다. 갈라디아의 바울로 적수들은 유대계 그리스도인들, 더 정확히는 사도가 갈라디아서 2장 4절에서 "몰래 들어온 거짓 형제들"이라 지칭했고 우리가 사도회의를 다룰 때 셋째 진영이라 부른 사람들이었다. 물론 그들이 보낸 자들일 수도 있다. 그들은 바울로가 이방인들을 (이들이 먼저 할례를 통해 유대인이 되지 않았는데도) 회당의 온전한 구성원으로 받아들이는 것에 극도로 분개했다. 그들에게 그리스도교 공동체는 여전히 회당의 한 가지(枝)였다.[10] 바울로에게 이 입장은 받아들일 수 없는 것이었다. 복음이 구원의 유일한 길이었다. 율법은 더 이상 구원의 길로서 고려 대상이 되지 못했다. 이방계 그리스도인들에게 할례와 율법 수용을 요구하는 자는 복음의 진리에서 떨어져 나간 것이다(2,5.14; 참조: 5,7).

그리스에 나타난 바울로 적수들도 밖에서 왔다. 그들은 공동체들 안에서[고린토 공동체의 경우 예를 들어 그리스도파에서(1고린 1,12 참조)][11] 생겨나지 않았다. 우리는 고린토 후서와 필립비서에 등장하는 적수들이 같은 사람들이라는 데서 출발한다. 그들 역시 유대계 그리스도인들이었다: "그들이 히브리 사람들입니까? 나도 그렇습니다. 그들이 이스라엘 사람들입니까? 나도 그렇습니다. 그들이 아브라함의 후손들입니까? 나도 그렇습니다. 그들이 그리스도의 봉사자들입니까? 정신 나간 사람처럼 말합니다마는 나는 훨씬 더 그렇습니다"(2고린 11,22-23). 짐작건대 이것들은 그들이 뽐내던 자칭自稱

---

[10] Kümmel은 바울로의 적수들을 유대계 그리스도인들로, Schmithals은 유대계 그리스도교 영지주의자들로, Jewett은 젤롯당에게 들볶이던 팔레스티나의 유대계 그리스도인들로, Köster는 성령론적이고 우주론적인 특수 성서관을 지니고 있던 유대주의자들로, Mußner는 유대주의화되어 가던 유대계 그리스도인들로 본다. Mußner, *Gal* 14-18의 많은 도움을 주는 보고 참조.

[11] 이 견해는 좀 오래된 주석과 부합한다. Windisch, *2 Kor* 23-26 참조.

들이었을 것이다. 여기서 그들은 (유대인이라는 말과는 달리) 엄숙한 단어인 히브리 사람이라는 낱말을 사용한다. 바울로는 이 낱말을 필립비서 3장 5절에서 자신에게 적용한다. 아무튼 그 적수들은 헬레니즘적 유형의 유대계 그리스도인들이었던 것 같다. 그들이 할례나 무리한 형식의 율법 준수를 요구했는지는 밝혀낼 수 없다. "잘라 베는 자들을 조심하시오"(필립 3,2)라는 신랄하게 비꼬는 사도의 말에서도 그것을 유추할 수 없다.[12] 오히려 할례와 율법 준수 역시 그들의 유대인으로서의 우월성에 대한 자랑이었던 것 같고, 바울로는 이에 대해 자신은 그런 점에서 그들에게 전혀 뒤지지 않는다고 되받아쳤다. 아무튼 바울로가 그리스도에게 온전히 회심한 이래, 그 모든 것이 그에게는 해로운 것이요 쓰레기였다(3,4-8). 그러나 그들은 육에 따라 자랑하고(2고린 11,18), 육에 의지했다(필립 3,4 참조).

적수들이 교우들에게 깊은 감명을 준 것은 그들의 영적(성령운동적) 행태 때문이었다. 그들은 자신들의 영적 능력을 매혹적으로 과시했다. 쉽고 당당한 언변도 그런 능력에 속했을 것이다. 그런 것들이 지혜를 열망하던 고린토 교우들의 마음을 끌었으리라는 것은 쉽게 짐작할 수 있다. 이런 배경에 비추어 볼 때, 바울로의 말은 무디고 요령 없다는 그들의 비난이 실로 통렬하게 느껴진다. 또한 그 적수들은 자신들에게 주어진 비밀스런 특수 계시들을 내세웠던 것 같다. 비의秘義적 지식은 많은 사람을 매혹할 수 있었을 것이다. 이에 맞서 바울로는 공동체에 주어질 수 있는 계시들에 관해 언급하는 필립비서 3장 15절과, 사실 자신에게도 하늘의 계시가 선사되었다고 마지못해 말하는 고린토 후서 12장 1-6절을 통해 대응하는 것으로 보인다. 바울로를 반대하던 선교사들은 짐작건대 기적도 행할 수 있었고, 그것을 참사도의 표지라고 주장했던 것 같다. 이런 영적 능력의 과시를 보고 많은 고린토 교우가 자기네 사도를 떠올리면서 실망감을 드러냈다(참조: 2고린 13,3: "여러분은 그리스도께서 내 안에서 말씀하고 계시다는 증거를 요구합니다").

---

[12] 할례와 율법 준수 요구를 고린토 후서에 등장하는 적수들과 필립비서에 나오는 적수들을 구별하는 한 가지 근거로 보았던 것은 잘못이다.

이 적수들의 활동이 바울로에게 쓰라린 환멸이었음은 두말할 나위가 없다. 그들은 사도의 공동체들에 침투해 들어왔다. "우리는 다른 사람들의 수고를 가지고서 범위를 넘어 자랑하지 않습니다"(2고린 10,15)라고 사도는 그들을 비난한다. 우리는 대결을 이런 개인적 차원의 것으로 치부할 수도 있을 것이다. 하지만 그래서는 바울로를 제대로 이해하는 것이 아니다. 사도는 여기서도 복음의 핵심, 즉 십자가가 배반당하고 있음을 보았다. 완전하다고 자부하던 바울로 적수들의 망상이 그리스도 십자가의 의미를 깎아내렸다는 것을 유념해야 한다. 아마도 그들은 지상 예수를 빛나는 신적 인간으로 내세우고, 그의 기적들을 불가사의한 것으로 들어 높여 강조했을 것이다. 사도에게 십자가는 복음의 중심일 뿐 아니라, 십자가와 그 선포자 사이에는 떼어 놓을 수 없는 관계가 존재한다. 바울로의 사도관은 적수들의 사도관과 달랐다.[13] 그들은 "우리와 똑같다고"(11,12) 자랑하지만, 다시 말해 사도 칭호도 당연한 권리로서 주장하지만, 복음의 중심은 무시하고 그렇게 행동한다. 바울로는 오히려 자신의 약함을 자랑하고자 하니, 그리스도의 능력은 인간의 약함 안에서 완성되기 때문이다(12,9). 약함은 그리스도의 능력이 사도 안에 머물러 계시다는 표지다. 바울로는 "종말론적 유보"를 강조하는바, 자신이 목표에 이르렀다고 망상하지 않는다. 그러나 언젠가 "하느님께서 그리스도 예수 안에서 위로부터 부르시면서 내거신 상"을 얻기 위해 모든 일을 다 한다(필립 3,12-14).

바울로의 적수들은 어디서 그리스로 왔을까? 여기서도 그저 추측만 할 수 있을 뿐이다. 팔레스티나에서?[14] 이집트에서? 혹시 아폴로의 방식을 따르는 선교사들이었던가?[15] 그렇다면 아폴로 자신은 제외해야 할 것이니, 그와 바울로의 관계는 나쁘지 않았기 때문이다. 아무튼 이 적수들이 헬레

---

[13] 성령에 의해 일으켜지는 사도직에 관해 사도 13,1-3과 J. Roloff: *TRE* III 435, 3ff 참조.

[14] Friedrich, *Gegner*는 적수들이 스데파노 동아리에 속한 사람들이라고 한다.

[15] Berger, *Theologiegeschichte* 464 참조.

니즘-유대계 그리스도교적 특징을 지니고 있었음은 확실하다. 이 점에서 이들은 갈라디아서에 등장하는, 유대주의화되어 가던 유대계 그리스도인들과 구별된다. 바울로는 원칙적 논증에서 두 부류 모두 예수의 십자가와 부활에 관한 복음의 대적자로 여겼다. 율법을 구원의 길로 선전하는 자들은, 사도와 그리스도인으로서의 자기네 삶에서 십자가와 십자가에 달리신 분을 내버리는 자들과 마찬가지로, 복음의 진리에서 떨어져 나간 것이다.

아무튼 바울로의 적수들은 원그리스도교 복음 선포의 다양성에 대한 안목을 넓혀 주기는 한다.

참고문헌

K. Berger, Die impliziten Gegner: *Kirche* (Festschrift G. Bornkamm) (Tübingen 1980) 373-400.

J. Blank, Zum Problem "Häresie und Orthodoxie" im Urchristentum: G. Dautzenberg u.a. (Hrsg.), *Zur Geschichte des Urchristentums* (QD 87) (Freiburg 1979) 142-60.

G. Friedrich, Die Gegner des Paulus im 2. Korintherbrief: *Abraham unser Vater* (Festschrift O. Michel) (AGSU 5) (Leiden Köln 1963) 181-215.

D. Georgi, *Die Gegner des Paulus im 2. Korintherbrief* (WMANT 11) (Neukirchen 1964).

J. Gnilka, Die antipaulinische Mission in Philippi: *BZ* 9 (1965) 258-76.

J.J. Gunther, *St. Paul's Opponents and their Background* (NT.S 35) (Leiden 1973).

R. Jewett, The Agitators and the Galatian Congregation: *NTS* (1970/71) 198-206.

W. Lütgert, *Freiheitspredigt und Schwarmgeister in Korinth* (BFChTh 12/3) (Gütersloh 1908).

—, *Gesetz und Geist* (BFChTh 22/6) (Gütersloh 1919).

W. Schmithals, *Die Gnosis in Korinth* (FRLANT 48) (Göttingen ²1965).

J.L. Sumney, *Identifying Paul's Opponents* (JSNT.S 40) (Sheffield 1990).

J.B. Tyson, Paul's Opponents in Galatia: *NT* 10 (1968) 241-54.

H.-F. Weiss, Paulus und die Häretiker: W. Eltester (Hrsg.), *Christentum und Gnosis* (BZNW 37) (Berlin 1969) 116-32.

6. 예루살렘 교회를 위한 모금

예루살렘의 유대계 그리스도인 교회를 위한 바울로 교회들의 모금은 원 그리스도교계의 가장 큰 원조 활동이었다. 물론 모금은 교회들이 많지 않았기에 비교적 작은 범위 안에서 이루어졌으나, 그럼에도 (최소한 그 성과를 고려하건대) 온전한 성공이었음이 틀림없다. 이 모금은 사도회의 이후 시기에 바울로로 하여금 많은 시간과 힘을 쏟으며 몰두하게 했으니, 근본적으로 사도가 모금의 성공적 완수를 책임졌기 때문이다. 물론 이 모금을 물질적으로 곤궁한 신앙의 형제자매들을 위한 원조 활동으로만 보는 것으로는 충분치 못하다는 것을 처음부터 분명히 해 두어야겠다. 모금의 맥락은 그보다 넓었다. 그리고 그 때문에 문제들이 생겨나기 시작했다.

우선 모금 사업의 외적 과정부터 약술하자. 모금은 사도회의에서 예루살렘 교회의 "기둥들"과 바울로와 바르나바 사이의 합의에서 비롯했다. 갈라디아서 2장 7-9절에서 바울로는 이들이 이방인 선교와 유대인 선교의 분리를 서로 인정하고 친교의 악수를 했다고 전한 뒤, 모금에 관해 언급한다. 그러나 애석하게도 바울로의 말은 극히 간략하다: "다만 우리는 함께 가난한 이들을 기억하기로 했고 나는 그것을 실천하려고 노력했습니다" (2,10). 이 구절의 거의 모든 낱말에 물음이 제기된다. 가난한 이들은 누구인가? 예루살렘 교회 전체를 말하는가, 아니면 그 교회의 빈자들만을 가리키는가? 아니 "가난한 사람들"이라는 개념은 어쩌면 예루살렘 그리스도인들을 특징짓던 일종의 경칭이 아닐까? 바울로 자신은 대상이 예루살렘 교회의 가난한 사람들이라는 것을 단 한 번도 명시적으로 말한 적이 없다. 그러나 이것은 앞의 보고의 맥락에서나 모금의 시행에서나 전제되어 있다. 모금과 관련하여 "기억"이라는 낱말을 사용한 것은 진기하다.[1] 이 낱말은, 통상적으로 전구(傳求)하며 기억하는 것을 표현하는 데만 사용되었기 때문에, 모금이 단순한 사회적 원조 이상이었음을 암시해 준다. 모금은 한 번으로 끝났던가, 아니면 항구적 제도가 될 터였던가? 훗날 바울로는 실제로 모금을 전달하기 위해 단 한 번 예루살렘으로 올라갔다. 또한 "우리는 … 기억하기로 했다"에서 "나는 … 노력했습니다"로 바뀌는 것도 주목해야 한다. 바르나바가 대표하던 안티오키아 교회도 모금 합의에 참여했다. 바울로는 갈라디아 교우들에게, 물론 특정한 의도 아래, 모금에 대한 자신의 개인적 헌신만을 확인해 준다. 또한 특히 유념해야 할 것: 모금은 야고보와 게파 그리고 요한이 먼저 이야기를 꺼낸 사안이지, 바울로와 바르나바 측의 제안이 아니었다. 아무튼 바울로는 거기에 기꺼이 동의·헌신했다: "나는 그것을 실천하려고 노력했습니다." 예루살렘 교회의 "기둥들"은 요구를 했을까 아니면 부탁을 했을까?

로마서 15장 26-27절에서 출발하면, 이 일은 다른 양상을 띤다: "실상 마케도니아와 아카이아가 예루살렘에 있는 성도들인 가난한 이들을 위해 다소의 기부를 하기로 기꺼이 결정했습니다. 그들은 과연 그렇게 하기로 기꺼이 결정했고 그들에게 빚진 이들입니다. 이방인들이 그들의 영적인 것들에 한몫을 차지하게 되었다면, 그들은 또한 물질적인 것들로 그들에게 봉사해야 할 의무가 있기 때문입니다." 바울로는 로마 교우들에게 모금이 사도회의의 합의에서 비롯했고 자신이 책임을 지고 있다는 말을 하지 않는다. 오히려 모금을 교회들의 결정에 소급시킨다. 앞서와는 다른 이 서술은 로마 교우들이 필경 모금에 관해 처음 듣는다는 사실과 관련이 있는 것일까?[2] 이것이 그러나 모든 것을 설명해 주지는 못한다. 바울로가 이렇게 다른 서술을 하게끔 만든 일들이 그동안 일어났음이 틀림없다. 짐작건대 로마 교우들에게 전해 주고 싶지 않은, 모금에 관한 중구난방이 바울로

---

[1] Bauer - Aland, *Wörterbuch*는 견줄 만한 구절로 오직 1마카 12,11을 꼽는다. 그러나 여기서도 전구를 넘어서는 의미는 찾아낼 수 없다.

의 귀에 들어갔을 것이다. 아무튼 바울로는 여기서 예루살렘 교회에 대한 영적 의존(그들은 그 교회에 빚진 사람들이다)을 언급하는바, 이 빚을 갚아야 한다는 것이다.

교회들의 구체적 모금 과정은 고린토 전서 16장 1-4절 등을 통해 알 수 있다. 방법은 간단했다. 각자가 주간 첫날마다 (예배와 관련하여?) 얼마씩 저축해 두는 것이었다. 모금은 상당 기간 계속되었다. 이로써 각자 부담을 덜 느꼈고, 마지막에는 전체적으로 상당히 큰 금액을 모을 수 있었다. 특히 모금이 완료된 다음 교회들은 돈을 예루살렘으로 가져갈 믿을 수 있는 사람들을 선발해야 했다. 바울로는 부정직하다는 비방을 듣지 않으려 애썼다(2고린 8,20). 고린토에서의 (그리고 다른 곳에서도?) 모금 임무는 특히 디도가 맡았다(8,6.16.23). 이와 관련하여 바울로는 다른 형제 두 사람을 언급하는데, 알아듣기 어렵다. 한 사람은 바울로의 모금 전달 여정에 동반하도록 교회들에 의해 지명받았는데, 이미 복음 선포로 말미암아 큰 칭송을 듣고 있었다(8,18-19). 또 한 사람도 바울로가 모금 일을 위해 고린토로 파견했다(8,22). 이들의 이름을 명기하지 않는 것은 이상하다. 전자는 교회들이 지명·파견한 사람이고,[3] 후자는 바울로와 가까운 협력자다. 이들이 이미 고린토 교회에 널리 알려져 있었기 때문에 이름을 말하지 않은 걸까? 그러나 바울로는 평소에는 그런 식으로 행동하지 않는다(2고린 12,18은 예외다). 혹시 전자는 예루살렘 (그리고 유대 지방) 교회들이 파견한 사람이 아니었을까?[4]

---

[2] Hainz, *Koinonia* 146은 이미 오리게네스가 이상하게 여겼던, 로마 교우들이 모금에 참여하도록 권유받지 않는다는 사실을 강조한다. 그러나 로마서는 바울로가 창설하지 않은 로마 공동체 교우들과의 첫 접촉임을 감안해야 한다.

[3] 2고린 8,19에 나오는 χειροτονηθείς(지명받았다)는 선출에 의해 정해지는 대표를 가리키는 데 사용되는 전문용어다.

[4] Hainz, *Ekklesia* 235의 추측이다. 이들의 신원 확인을 위한 제안들이 많으나, 모두 미심쩍다. Georgi, *Kollekte* 54는 원문에는 이름들이 들어 있었으나, 편지 모음인 고린토 후서 편집 과정에서 삭제되었다고 한다.

사도회의에서의 합의 이후 곧 착수한 것으로 보이는 모금 활동 중에 바울로는 거듭 어려운 문제에 봉착했다. 무엇보다도 사도에게서 그의 교회들을 떼어 내고자 하던, 그래서 모금도 불가능하게 만들던 적수들이 있었다. 바울로는 겨우 상황이 진정된 뒤에야 모금을 완료할 수 있었다. 갈라디아, 마케도니아 그리고 아카이아 교회 들과 관련해서는 고린토 전서 16장 1절, 로마서 15장 26절, 고린토 후서 8장 1-3절, 9장 1-3절이 바울로의 조직적 모금 활동을 확인해 준다. 에페소에 관해서는 직접적인 증언이 없다. 그러나 사도행전 20장 4절의 아시아 출신 디키고와 드로피모에 대한 언급에서 에페소도 모금에 참여했으리라 추론할 수 있다. 이 두 사람은 바울로의 마지막 예루살렘 여행에 동행했다.[5] 에페소가 모금을 후원하지 않았다면, 그게 이상한 일일 것이다. 고린토 후서 8-9장(모금에 관해 가장 상세히 서술하는 대목이다)은 바울로가 상당히 오래 중단되었던 모금을 다시 시작했으며, 빨리 끝내고 싶어 했음을 암시해 준다. 마케도니아와 아카이아 교회들에서의 모금은 사도로서도 놀랄 만큼 착실한 성과를 거두었다. 에페소에서도 비슷했으리라 짐작된다. 그러나 갈라디아 교회들에서 모금이 완료될 수 있었는지는 전혀 확실치 않다.

바울로는 자신이 직접 모금을 예루살렘 교우들에게 전달할 것인지 아니면 교회 대표자들에게 맡길 것인지를 한동안 결심하지 못했다. 이 망설임은 고린토 전서 16장 3-4절이 확인해 준다. 사도는 몸소 예루살렘으로 여행하는 수고를 할 가치가 있는지 알 수 없었다. 그 시점까지만 해도 모금이 실패할지도 모른다고 염려했던 것일까? 아니면 이미 예루살렘에서의 갈등을 두려워했던 것일까? 아무튼 바울로는 결국 여행길에 올랐는데, 숙고 끝에 상당한 규모의 교회 대표자들과 동행했다. 집필 당시 모금이 사실상 완료되었던 로마서에서 사도는 "내가 유대에 있는 믿지 않는 자들에게서 구출되고, 예루살렘에서 나의 봉사가 성도들에게 받아들여지도록" 로

---

[5] 사도 20,4의 명단에 대한 평가에 관해 Haenchen, *Apg* 516f 참조. Haenchen은 이 명단을 불완전한 것으로 본다.

마 교우들이 기도 중에 자신과 함께 싸워 달라고 부탁한다(15,30-31). 예루살렘 사람들이 모금을 기꺼이 받아들일 자세가 되어 있지 않았음을 시사해 주는 여러 증언이 있다. 이 문제는 뒤에서 다루기로 한다.

모금 과정을 약술했으니, 이제 그 의미를 물어야겠다. 모금이 예루살렘 교회 "기둥들"의 발의에 의해 사도회의에서 합의되었다면, 그 계기는 무엇일까? 앞에서 모금을 순전히 원조 행위로만 보는 것은 충분치 못하다고 말했다. 하지만 모금은 사실상, 그리고 일차적으로 원조 행위였다. 그러나 바울로의 진술이나 나중에 발생한 상황들(예컨대 모금한 돈이 마침내 예루살렘에서 받아들여질 것인가에 대한 불확실성)은, 그 이상의 것을 가르쳐 준다. 그리고 우리는 전반적인 곤궁의 시기에 예루살렘 주민들 대부분은 특히 심한 곤경에 시달렸음도 알고 있다.[6] 그러나 바울로가 모금 활동을 하던 시기에는 특별한 곤경이 닥치지 않았다.[7] 한편 우리는 마케도니아 교회들이 (모금을 하던 시기에) "혹심한 환난"에 시달렸음도 알고 있다(2고린 8,2).

사회적 곤경이 아니라면 무엇이 예루살렘 교회의 "기둥들"로 하여금 모금을 제안토록 했고, 바울로(와 바르나바)가 그 제안을 기꺼이 받아들이게 했던가? 연구자들이 내놓은 수많은 답변을 살펴보면, 어떤 때는 주로 예루살렘 사람들 입장에서, 또 어떤 때는 주로 바울로 입장에서 논증을 전개하는 흥미로운 사실을 발견하게 된다. 이것은 신학적으로뿐 아니라 교회정치적으로도 폭발성을 지닌 문제이기 때문에, 몇 가지 중요한 답변을 상세히 논구하기로 하자.

홀[8]은 유명한 베를린 아카데미 강연(여기서 제시된 견해들은 오늘날까지 영향을 끼치고 있다)에서, 예루살렘 사람들이 모금으로써 한 가지 요구를 했다고 주장했다. 바울로가 갈라디아서 2장 6절에서는 예루살렘의 저명한 인물들이

---

[6] 사례들은 Jeremias, *Jerusalem* II A 37 참조.

[7] 사도 11,27-30은 클라우디우스 황제 때 온 세상에 기근이 닥쳐, 안티오키아 교우들이 유대 형제들을 위해 모금을 했다고 전한다. 이것은 바울로의 모금과 구별해야 한다.

[8] K. Holl, *Kirchenbegriff* 44-67.

사도회의에서 자신에게 아무런 요구도 하지 않았다고 말하지만, 10절("다만 우리는 함께 가난한 사람들을 기억하기로 했습니다")에서 모금이 사실상 그런 요구였음을 시인한다는 것이다. 예루살렘 공동체의 우월성은 영예로운 자칭들, 즉 "$ἐκκλησία$"(교회, 하느님 백성의 집회. 이 개념은 예루살렘의 그리스도인 공동체가 처음으로 유대교에서 가져와 사용했는데, 공동체를 참이스라엘로 제시한다)뿐 아니라, "가난한 사람들", "성도들"에도 암시되어 있다는 것이다. "여기서 원공동체가 자신을 언제까지나 특징짓는 한 가지 특권을 보유하고 있었기에 자신에게서 생겨난 다른 공동체들보다 종교적으로도 우월하다고 느끼고 있었음이 드러난다. 교회와 특정 장소, 즉 예루살렘의 결부가 여기서 구체적으로 나타난다."[9] 자신의 특별한 지위로부터 예루살렘 교회가 전체교회에 대한 일종의 감독권과 과세권을 도출해 냈다는 것이다. 바울로의 모금은 이런 맥락 안에 편입되는바, 또한 이 모금은 자기 교회들에게 생계 보장을 요구할 수 있는 사도의 권리에 의해 추가로 정당화된다. 예루살렘 교회는 이렇게 전체교회의 출발점·원세포·항구적 본부로 나타나거니와, 이로써 전체교회는 통일체로 여겨질 수 있다.

바울로의 모금을 성전세에 견주는 것은, 전적으로 유대교-유대계 그리스도교의 관점에서 해석한 것이다.[10] 사실 겉으로 보면, 모금 과정은 성전세 징수와 비슷하게 진행되었다.[11] 이 경우 모금 역시 예루살렘에 대한 이 방계 그리스도인들의 일종의 정규 공과금으로 보아야 할 것이다. 그러나 우리는 모금의 (성전세와는 다른) 자발적 성격을 강조할 수 있고,[12] 또 (성전세가 성전에 필요한 것을 위한 것이었기 때문에) 예루살렘 교회가 자신을 성전 대신으로, 영적 성전으로 여겼다는 견해를 주장할 수도 있다. 그

---

[9] 같은 책 59.
[10] E. Schweizer: *ThWNT* VI 412, 11f; Schoeps, *Paulus* 63; Nickle, *Collection* 74-99 참조. 토론에 관해 Keck, *The Poor* 124 각주 82 참조.
[11] Philo, *spec. leg.* 1, 78: 돈은 공동체가 선발한 훌륭한 남자들이 예루살렘으로 전달했다.
[12] Jeremias, *Jerusalem* II A 48의 견해다.

밖에 이 모금을 유대교에서 "경신자" 이방인들이 예루살렘을 위해 거듭 실시하던 자발적 헌금에 견주기도 한다.[13]

게오르기[14]는 모금의 역사적 재구성에서 바울로의 관점을 더 중시한다. 게오르기도 무엇보다 종말 시기의 선택된 하느님 백성이라는 예루살렘 교회의 자기주장을 확인한다. 예루살렘 시 한가운데서 일군의 유대계 그리스도인이 내세운 이 주장은 유대인들의 배척을 불러일으켰음이 틀림없다. 그리스도인들의 종말 대망을 표현하는 이 "소모적인 종말론적 시위"[15]를 가능케 하기 위해, 교회는 전구와 물질적 도움이 필요했다. 게오르기는 일종의 법적 청구권에 관해 말하는 것은 삼간다. 모금은 임박한 그리스도의 내림을 고대하던 그리스도인들의 일치에 대한 고백이 된다. 그동안 바울로 교회들의 자의식이 강화되었다. 바울로가 마침내 예루살렘으로 간 것은, 모금으로써 유대인들을 도발하고 옛날부터 확실하다고 여겨져 온 것들을 뒤흔들어 놓는 예언자적 표지를 보여 주기 위함이었다.[16] 이 도발의 배경은 예언자들이 통고한 종말 시기 민족들의 순례라는 관념이다.[17] 단지 이 관념이 거꾸로 적용된다. 이제 더 이상 이스라엘의 영광이 이방인들 구원의 전제 조건이 아니다. 예루살렘은 불신의 요새로 나타난다.

게오르기는 바울로가 모금에 대해 새로운 해석을 했다고 주장한다. 또한 예루살렘과 바울로가 모금을 처음부터 달리 이해했다는 견해도 있다.[18]

---

[13] Berger, Almosen, 특히 197f; G. Kittel: *ThWNT* IV 286.

[14] D. Georgi, *Kollekte* 13ff.

[15] 같은 책 27.

[16] 같은 책 84ff.

[17] 게오르기는 모금 전달 여행과 민족들의 순례의 결부를 Munck, *Paulus*에서 넘겨받았으나, 독자적 방식으로 변용한다. 같은 책 72-7 참조.

[18] G. Strecker, Christentum und Judentum in den ersten beiden Jahrhunderten: *EvTh* 16 (1956) 458ff(여기서는 464); W. Schmithals, *Das kirchliche Apostelamt* (FRLANT 79) (Göttingen 1961) 74 참조. 모금이 예루살렘 교회가 관용적 입장을 지니게 하는 데 도움이 되었다는 견해도 있다. 그래서 모금액 일부는 예루살렘 유대인들 수중에도 들어갔다고 한다. E. Bammel: *ThWNT* VI 908f 참조.

우리는 바울로의 진술을 근거로 삼자. 바울로가 모금에 부여한 의미를 알아내는 데는, 아래의 표현들 자체가 많은 것을 시사해 준다: 사도는 고린토 전서 16장 1-2절에서 모금을 λογεία라는 흔히 쓰이던 낱말로 표현하는데, 이 말은 신에게 바치기로 정해진 종교적 모금도 의미했다.[19] 바울로는 모금을 특히 봉사(διακονία: 로마 15,31; 1고린 16,15; 2고린 8,4; 9,1.12-13)로, 또 선물(εὐλογίαν: 2고린 9,5), 선행(2고린 8,4.6.19), "직무(예배)의 봉사"(ἡ διακονία τῆς λειτουργίας: 2고린 9,12; 참조: 로마 15,27)[20]로 지칭한다. 그리고 모금의 맥락에서 친교(κοινωνία: 로마 15,26; 2고린 8,4; 9,13)라는 낱말도 바울로에게 중요했다. 이런 용어들은 모금이 사회적이고 사목적인 차원을 지니고 있었음을 가르쳐 주거니와(바울로는 자신의 복음 선포 활동도 봉사라고 부른다), 사도는 모금을 무엇보다도 신학적이고 교회론적인 맥락 안에 놓는다. 선행으로서의 모금은 궁극적으로 하느님에게서 비롯된다. 기꺼이 모금에 참여하는 사람은, 교회 안에서의 하느님 활동에 동참하는 것이다. 모금은 교회 안에 친교를 일으키고 또 그것을 확증해 준다. 이제 고찰해야 할 문제가 두 가지 더 남았다.

바울로가 모금 수령인들을 통상 "성도들"이라고 부르는 사실이 우리를 한 걸음 더 나아가게 해 준다: "지금 나는 성도들에게 봉사하기 위해 예루살렘으로 떠납니다"(로마 15,25; 참조: 15,26.31; 1고린 16,1). 한편 모금에 관해 가장 많은 내용을 알려 주는 고린토 후서 8-9장에 예루살렘이라는 말이 전혀 나오지 않는 사실은 각별히 주목할 만하다: "성도들을 위한 봉사에 관해 여러분에게 다시 글을 쓴다는 것이 내가 보기에 전혀 불필요한 것 같습니다"(9,1; 참조: 8,4; 9,12). 두루 알다시피 성도들은 예루살렘의 그리스도인들을 가리킨다. 그리스도인들의 이 자칭은 예루살렘에서 생겨났고,[21]▶ 예루살렘

---

[19] 예증들은 Bauer - Aland, *Wörterbuch*; Moulton - Milligan의 해당 낱말 참조. Preisigke - Kiessling은 신에게의 증여금에 관해 말한다.

[20] "레이투르기아"는 그리스어에서, 자발적이든 의무적이든, 신 또는 국가에 대한 봉사 직무를 가리킨다.

교회의 영예로운 지위를 표현했다. 또한 모교회는 자신을 "하느님의 교회"(ἐκκλησία τοῦ θεοῦ)로 이해했는데,[22] 이는 이 교회가 종말 시기에 하느님께 선택된 백성이라고 스스로 주장했음을 의미한다. 바울로가 이 개념을 다시 취하고, 자기 교회들의 그리스도인들도 성도라 부른 것은, 동등성을 주장한 셈이다. 하지만 이런 자기 이해에도 불구하고, 예루살렘에 대한 의존을 바로 성도들을 위한 모금이라는 맥락 안에서 여전히 알아볼 수 있다. "가난한 사람들"이라는 말 역시 예루살렘 그리스도인들의 자칭이었는지 (그렇다면 이 개념은 유대교의 빈자 신심에 터해 이해해야 한다)는 논란되고 있다.[23] 갈라디아서 2장 10절은 그것을 암시하는 것으로 볼 수 있다: "다만 우리는 함께 가난한 사람들을 기억하기로 했습니다."

모금은 어디까지나 그것의 유대계 그리스도교적 전제들에 터해서만 올바로 이해될 수 있음이 분명해졌다고 하겠다. 바울로는 그 전제들을 받아들였다. 이것을 바울로는 로마서 15장 27절(이방계 그리스도인들은 예루살렘 성도들의 영적 재산의 한몫을 차지하게 되었기에 그들에게 빚진 자들이며, 때문에 물질적 재산으로 성도들에게 봉사해야 한다)에서 가장 명확히 정식화하여 표현한다고 볼 수 있다. 고린토 후서 8장 13-14절에서 바울로는 형평에 관해 말한다. 한쪽이 소득을 얻기 위해 다른 쪽이 곤경에 빠져서는 안 되며, 오히려 형평이 이루어질 수 있도록 해야 한다. "지금 여러분의 부요가 저들의 어려운 사정에 도움이 되고, 또 언젠가는 저들의 부요가 여러분의 어려운 사정에 도움이 된다면 과연 형평이 이루어질 것입니다." 예루살렘 교우들의 부요는 영

---

[21] 이 개념은 바울로 서간에서 모든 유대인에게 적용될 수 없으며, 예루살렘과 관련하여 유대계 그리스도인들에게 국한 · 적용된다. E. Bammel: *ThWNT* VI 908f는 견해가 다르다. 아무튼 이 개념은 유대교에서 생겨났다. 이는 쿰란 사본들이 입증해 준다.

[22] 이 책 56-7쪽 참조.

[23] Keck, *The Poor*는 이 문제를 철저히 연구한 후 부정적 결론에 이르렀다. 그는 공동체 자칭으로서의 "가난한 사람들"이라는 개념이 특히 루가계 문헌에는 없음을 확인해 준다. Georgi, *Kollekte* 22f는 긍정적으로 판단한다. 그에 따르면 이 개념의 종말론적 내용이 로마 15,26에 전혀 나타나지 않는다. 이는 예루살렘에 대한 관계가 변했음을 암시한다고 한다(81f).

적인 것이다. 이방인들이 한몫을 차지하게 된 예루살렘 성도들의 영적 재산이 구체적으로 무엇인지 사도는 말하지 않는다. 그러나 사도는 예루살렘 공동체를 모교회로, 처음으로 예수 그리스도에 대한 믿음에 이른 공동체로 부각시키고자 하는 것 같다. 그러나 또한 이방인들이 성서의 한 분 하느님께로 돌아섰다는 사실도 함께 고려해야 할 것이다(1데살 1,9 참조). 하느님 공경의 장소는 예루살렘이었다.

바울로가 형평과 관련하여 영적 재산과 물질적 재산의 교환에 관해 언급하지만, 사실상 겨냥하고 있는 것은 물질적 형평이다. 공평($iσότης$)도 애써 추구해야 할 물질적 평등과 관계된다. 만나의 기적에 대한 지적이 이것을 암시한다: "많이 거둔 이도 너무 많이 가질 수 없었고, 적게 거둔 이도 모자라지 않았습니다"(2고린 8,15 = 탈출 16,18). 광야에서 만나가 주어졌을 때 모든 사람이 똑같이 얻었다. 모세는 또한 이스라엘 사람들에게 다음날을 위해 남겨 두지 말라고 일렀다. 그런데 그렇게 한 사람들의 만나에서는 구더기가 끓고 썩는 냄새가 났다(탈출 16,19-20). 모세 시대에 대한 이 언급으로써 현재가 메시아 시대로 특징지어지고, 모금은 구원 시대의 표지가 된다.

핵심적 중요성을 지니는 것은 친교 사상이다. 예루살렘 사람들이 모금을 법률적 요구로 제기했는지, 그리고 모든 교회에 대한 일종의 과세권을 주장했는지도 이 사상에 터해 판단할 수 있다. 바울로의 입장에서 모금은 어디까지나 자발적 보시였으나, 다른 한편 이방계 그리스도인 교회들에게 마땅한 일이기도 했다. 바울로와 사도회의에서 모금을 합의한 사람들, 즉 예루살렘 교회의 "기둥들" 역시 법률적 의미에서 요구한 것이 아니었다. 만일 그랬다면 바울로가 받아들이지 않았을 것이다. 예루살렘 교회의 저명한 인사들이 사도회의에서 바울로에게 아무것도 요구하지 않았다는 갈라디아서 2장 6절의 진술을, 사람들이 모금을 필경 그런 요구로 생각했으리라고(2,10 참조) 보는 견해로써, 희석시키면 안 된다. 모금 합의는 오히려 유대계 그리스도인들과 이방계 그리스도인들의 친교의 표지로 이해해야 하는바, 사도들은 악수로써 그 친교를 봉인했다.[24]▶ 더 나아가 당시 상황을 첨예화해 볼 필요가 있다. 바울로는 할례받지 않은 사람들을 위한 복음을 위탁받았고, 베드로는 할례받은 이들을 위한 복음을 위임받았다. "기둥들"은 할례받은 유대인들에게로 가고, 바울로와 바르나바는 이방인들에게 가기로 했다. 길들이 갈라졌다. 이런 배경에서 보면, 모금은 위태로운 상황에서 일치의 끈이 된다.

바울로에게는 교회들의 일치가 중요했기 때문에, 많은 반동과 환멸을 무릅쓰고 모금 합의를 성심껏 이행했다. 한편 사도에게는 이방인 교회와 유대인 교회의 결합뿐 아니라 이방계 그리스도인 교회들 상호 간의 결속도 중요했다. 바울로는 이 교회들의 결속도 그들이 하나의 공동 정향점, 그들에게 의무를 지우는 하나의 중심을 가질 때에만 견실히 유지될 수 있음을 분명히 알고 있었을 것이다. 그런데 이 정향점은 예루살렘 모교회일 수밖에 없었으니, 이 교회는 복음 선포의 출발점이요 또 유대교 구원 역사와의 연결 고리이기도 했던 것이다. 바울로는 신학적으로 언제나 이스라엘에 정향되어 있었다. 그런 까닭에 모금은 경건한 행업과 사회적 행동을 너머, 구세사와의 연계를 표명해 주는 신앙의 행위였다.[25]

그러나 이로써 바울로가 마침내 많은 일행과 함께 떠난 예루살렘으로의 모금 전달 여행이 민족들의 순례의 표지가 되는 것은 아니다. 본문들에는 이것이 암시되어 있지 않다. 당시 누가 그 여행을 그런 식으로 이해할 수 있었으랴? 그리고 시점 또한 적절하지 않았다. 바울로는 자신의 선교 과업이 이제 겨우 반쯤 성취되었다고 보았다. 스페인으로의 진출이 남아 있었다. 이방인들의 충만한 숫자가 아직 채워지지 않았던 것이다.

유념해야 할 관점이 하나 더 있다. 바울로에게 모금은 자신의 이방계 그리스도인 교회들의 동등성 확증, 바야흐로 이방인들이 유대인들과 똑같이 구원에로 불리었다는 사실의 가시적 표지이기도 했다. 사도에게 이것은

---

[24] 갈라 2,10을 6절과 연계시켜선 안 된다. 2,9-10의 두 개의 목적문은 그것들의 맥락에서 보아야 한다.

[25] Bultmann, *Theologie* 64f 참조.

의식적으로 선택한 도발이 아니라, 예수 그리스도를 통해 성취된 구원의 보편성에서 비롯하는 자명한 일이었다.

때문에 바울로는 고린토 후서 8-9장에서 모금을 어디까지나 구원 업적 안에 편입시킨다. 사도는 모금을 하느님이 주신 은총이라 부른다(8,1). 이로써 하느님이 모금의 본원적 실행자로 나타나며, 모금은 하느님께 받은 사랑에 대한 사랑의 응답으로 나타난다. 모금은 "부요하셨지만 여러분을 위해 가난하게 되셨고, 당신의 가난으로 여러분이 부요하게 되도록"(8,9) 하신 그리스도와 결부된다. 이 말의 의도는 그리스도를 본보기로 내세우려는 것보다는 구원 업적을 확증하려는 데 있거니와, 모금은 이 구원 업적과 결부되어 있으며 포기와 사랑의 헌신이라는 그것의 내적 구조에 상응해야 한다. 이 사리事理를 마케도니아 교우들은 어느 정도 깨달았으니, 과연 자신들의 혹심한 환난에도 불구하고 넉넉히 희사했고, 더 나아가 자신들을 기꺼이 바쳤다(8,2-5). 이런 의미에서 모금은 그리스도의 복음을 고백하는 순종이다(9,13). 또한 이런 맥락에서 앞서 언급한 영적 선물과 물질적 선물의 교환도 이루어진다.

물론 바울로가 상황을 자신이 바라는 대로 서술하고, 희사자들(9,2-4 참조)뿐 아니라 수령자들도 고려하여 이상화한다는 것을 염두에 두어야 한다. 모금 수령자들에 관해 바울로는 신학적 성찰 말미에, 그들이 희사자들과 자신들의 친교의 순수함에 대해 하느님께 감사하고 찬양하며, 희사자들을 그리워할 것이라고 말한다(9,12-14).

이 말은 바울로가 모금이 예루살렘에서 기꺼이 받아들여질 수 있을까 우려하는 로마서 15장 30-31절과 첨예한 대조를 이룬다. 덧붙여 이 구절은 예루살렘 사람들이 이방계 그리스도인 교회들에 대한 일종의 과세권을 주장했다는 견해도 반증反證한다. 짐작건대 애당초 모금(수령)을 거부한 극단적인 유대계 그리스도인들이 있었던 것 같다. 아무튼 이방계 그리스도인들을 완전히 동등하게 받아들이는 것을 반대하던 집단들 안에서 모금에 대한 거부가 커져 갔다. 갈라디아에서도 충돌이 발생했다. 예루살렘의 바울로 적수들이 갈라디아서를 모르지는 않았을 것이다. 율법에 대한 그 편지의 상론은 그들에게 큰 충격을 안겨 주었음이 틀림없다. 그리하여 모금은 끝내 헛일이 될 위험에 빠져들었다.

참고문헌

K. BERGER, Almosen für Israel: *NTS* 23 (1977) 180-204.

J. ECKERT, Die Kollekte des Paulus für Jerusalem: *Kontinuität und Einheit* (Festschrift F. Mußner) (Freiburg 1981) 65-80.

D. GEORGI, *Die Geschichte der Kollekte des Paulus für Jerusalem* (ThF 38) (Hamburg - Bergstedt 1965).

D. HALL, St. Paul und Famine Relief: *ET* 82 (1971) 399-411.

K. HOLL, Der Kirchenbegriff des Paulus in seinem Verhältnis zu dem der Urgemeinde: *Gesammelte Aufsätze zur Kirchengeschichte* II (Tübingen 1928/Darmstadt 1964) 44-67.

L.E. KECK, The Poor among the Saints in the NT: *ZNW* 56 (1965) 100-29.

—, The Poor among the Saints in Jewish Christianity and Qumran: *ZNW* 57 (1966) 54-93.

J. MUNCK, *Paulus und die Heilsgeschichte* (Aarhus - Kibenhavn 1954).

K.F. NICKLE, *The Collection* (Naperville 1966).

M. THEOBALD, *Die überströmende Gnade* (FzB 22) (Würzburg 1982).

5
교회들의 발전

바울로 사도와 협력자들이 선교에 진력하는 과정에서 필립비·데살로니카·고린토·에페소의 중요한 교회들이 어떻게 창설되었는지, 그 첫 모습들은 어떠했는지를 살펴보았으니, 이제 그 교회들의 그 후 발전 과정을 따라가 보려 노력하자. 이 작업은 물론 바울로 서간들이 포괄하는 시기에 국한될 수밖에 없다. 또한 여기서 일관된 윤곽을 그려 보여 주는 일은 애당초 불가능하다. 사도가 이 교회들에 보낸 편지들이 제공해 주는 것은 연대기와는 전혀 다르다. 교회들이 당면한 문제들이 논의되고, 좋지 않은 사건들도 종종 다루어진다. 교회들이 받아들인 가르침들이 불충분하게 실천되었다는 사실도 드러난다. 많은 점에서 물음과 의혹이 제기되고, 폐해들도 드물지 않게 발생했다.

바울로 서간의 상당 부분이 사도의 교회들에 침투해 들어온 적수들과의 대결에 관한 것이고(갈라디아서·고린토 후서·필립비서 3장), 또 신학적으로 매우 중요한 로마서가, 바울로가 설립하지 않았고 아직 잘 모르는 공동체에 보낸 것이라는 사실을 고려하면, 본격적 자료로는 고린토 전서와 데살로니카 전서 그리고 필립비서 1-2장과 4장이 남는다. 그중에서도 우리의 고찰을 위한 가장 내용 풍부한 자료는 고린토 전서다. 본디 이 편지는 바울로에게 여러 가지 구체적인 문제들을 문의한 고린토 교회의 서신에 대한 사도의 답신이다. 물론 매우 많은 내용이 고린토 교회 특유의 것이다. 하지만 우리는 매우 유사한 문제들이 다른 교회들에서도 발생했고, 그래서 고린토 교회가 본보기로서 중요성을 지니고 있음을 전제해도 될 것이다. 바울로는 무도한 근친상간이나 교우들 사이의 송사訟事 등의 문제를 다루는데, 이런 것들은 그때 마침 발생한 사건들이라 할 수 있다. 그러나 전체 모습을 눈여겨보면, 이 가장 오래된 그리스도교 공동체들 안에서의 구체적인 삶을 꽤 짐작하게 해 주는 다채로운 스펙트럼이 드러난다.

이 그리스도인들이 그 안에서 자신들을 입증해야 했던 세 영역을 발견할 수 있거니와, 그들은 이를 위한 가르침을 바울로에게 받거나 청하여 얻었다. 첫째는 막 태어난 교회 자체의 영역이었던바, 이것은 그들에게 생소

했으나 여기서 전에는 남이었던 여러 계층 사람들이 서로 만나 바야흐로 새로 얻은 일치 안으로 합쳐졌다. 둘째는 가정과 가족이라는 영역이었는데, 그들은 언제나 이 안에서 살아왔지만 이제 새로 얻은 그리스도교 신앙의 관점에 터해 부부 · 남편 · 아내 · 자녀 · 노예 · 자유민으로서 이 영역을 새로이 숙고하고 꼴지어야 했다. 끝으로 시민 생활의 영역이 있었던바, 그들은 이 안에서도 언제나 살아왔지만 이제는 그리스도인으로서 현존하면서 충돌이 닥쳐오는 것을 보았고, 또 이 영역에 자신들이 뜻한 바대로 영향을 끼칠 기회도 가졌다. 이 세 영역에서 교회들의 발전 과정을 상세히 고찰하기로 하자.

1. 교회생활

어린 교회들은 의식적이고 집중적인 신앙생활이 필요했다. 바울로는 아직 많은 것이 보충되어야 함을 잘 알고 있었다: "우리는 여러분의 얼굴을 보고 또 여러분 믿음의 부족한 점을 보충할 수 있기를 밤낮으로 간절히 빌고 있습니다"(1데살 3,10). 바울로는 자신이 직접 갈 수 없을 때는, 협력자를 보내거나 편지를 통해 교회들과 관계를 유지하려 노력했다. 자기가 전해 준 가르침과 지시(4,1-2), 그리고 교회 창설 때 그들이 전해 받은 복음(1고린 15,1-3)을 일깨워 주었다. 공동체를 위한 윤리적 지침들이 매우 보편적이었고 기존 윤리 의식과 연결될 수 있었으며, 또한 이미 규정되어 있던 윤리적 개념과 가치관들의 차용이 이루어진 것도 눈길을 끈다. 바울로는 흠잡을 데 없는 생활(1데살 3,13)과 형제애(4,9)를 호소하고 나날의 일을 게을리하지 않고(4,11), 고난을 참아 견디며(필립 1,29), 악하고 비뚤어진 세대 한가운데서 세상의 등불처럼 빛날 것(2,15)을 촉구했다. "참되고 고상하며 의롭고 순결하며, 사랑스럽고 영예로운 것은 무엇이든지, 그리고 덕성스럽고 칭송받을 만한 것이면 모든 것을 마음에 간직하십시오"(4,8). 두루 알다시피 상세한 그리스도교 윤리학은 아직 없었다. 그런 것은 바야흐로 대두하기 시작한 문제들과 씨름하는 과정에서 발전할 터였다. 믿음과 희망과 사랑, 특히 사도가 감동에 사무쳐 노래한 사랑(1고린 13장)이 점차 그리스도인의 자세로서 뚜렷이 부각되었고, 그리스도인들의 친절이 모든 사람에게 널리 알려져야 할 터였다(필립 4,5). 사랑은 율법의 완성이었다(로마 13,10).[1]

교회생활을 근본적으로 떠받치고 강건케 해 주었던 것은, 교우들이 서로 다가가 위로하고 격려하려는 기꺼운 마음가짐을 지녔고 또 그것을 실천할 수 있었다는 사실이다(1데살 5,11). 이 두 개념은 폭넓은 의미를 지닌다. 위로($παράκλησις$)는 권고·고무·설득에서 경고에 이르기까지 인간적 대화의 많은 형태를 포괄하는 낱말이다. 격려($οἰκοδομή$)는 언제나 교회 건설을 목표로 한다: "무질서하게 지내는 이들을 훈계하고 소심한 이들을 격려하며 약한 이들을 돌보아 주고 모든 이를 참을성 있게 대하십시오"(5,14).

물론 이런 지침들의 포괄성은 그리스도 내림에 대한 기대와 결부되어 있었다는 사실도 유념해야 할 것이다. 바울로는 교회들을 그리스도의 날(필립 1,10; 2,16), 우리 주 예수 그리스도의 내림(1데살 5,23; 1,10)을 향해 정렬시켰다. "기뻐하십시오. 여러분의 친절이 모든 사람에게 알려지기를 바랍니다. 주님께서 가까이 오셨습니다"(필립 4,4-5). 아직 남은 기간을 위해 상세한 윤리적 프로그램은 필요하지 않았다.

물론 교회들 안에서는 거의 자연발생적으로 문제들이 생겨났다. 독립 풍조가 존재했고, 이것은 바울로가 일치를 거듭 촉구하는 계기가 되었다(필립 2,1-4). 이 풍조는 고린토 교회에서 특히 두드러졌다. 바울로는 이 교회에 논쟁과 교만 때문에 분열과 편가르기가 벌어졌다는 이야기를 들었다

---

[1] 이 점에서 바울로는 공관복음서 전승과 일치한다(마르 12,28-31 병행 참조). 필경 사도는 이를 알고 있었을 것이다.

(1고린 1,11-12; 11,18-19). 이로써 우리는 많이 논구되는 고린토 교회의 파당 문제와 마주치게 되었다. "내가 말하고자 하는 것은, 여러분은 저마다 '나는 바울로 편이다', '나는 아폴로 편이다', '나는 게파 편이다', '나는 그리스도 편이다' 한다는 것입니다"(1,12). 과연 파벌은 넷이었는가?[2] 여기서 두 가지를 염두에 두어야 한다: 하나는 아직 공동체 구성원 숫자가 그리 많지 않았음이 확실하다는 것이고, 다른 하나는 바울로가 고린토 교우들의 다툼을 단수 일인칭 형식("우리는 ~편이다"가 아니라 "나는 ~편이다")으로 표현한다는 것이다. 모두가 함께하는 공동체 집회들은 여전히 열릴 수 있었다 하더라도,[3] 바울로가 이런 파괴적 전개 과정을 크게 염려한 것은 당연했다. 다툼의 뿌리는 고린토 교우들이 자기네 사도들과 선교사들을 비교·평가하기 시작했다는 데 있다. 특히 그들은 바울로를 아폴로와 비교했다(3,4-6.22-23; 4,6). 바울로는 아폴로보다 못하다는 평가를 받았고, 아마도 그동안 고린토에 왔던 게파[4]는 별다른 구실을 못한 것 같다. 바울로는 이런 인간적 비교·평가에 맞서 모두가 그리스도께 속하고, 모든 사람의 구원은 오로지 그분 덕분이라고 반박한다(1,13; 3,22-23). 그러므로 우리는 고린토 교회에 "나는 그리스도 편이다"라고 주장하는 파당이 있었는가라는 물음에 부정적으로 대답할 수 있다.[5]

이런 인간적 행태는, 신학적 판단과 결부되어 있지 않은 한, 상대적으로 해악이 적었다. 바울로가 아폴로와의 비교와 관련하여 이 세상의 지혜와 십자가의 어리석음에 관한 감동적 설명을 끼워 넣고, 자신의 역할을 십자가 메시지의 선포자로 규정한 것을 간과해선 안 된다(2,1 이하). 사도는 자신

---

[2] Schrage, *1 Kor* I 142는 고린토 교회의 파벌들에 관한 논구가 도서관을 꾸밀 정도인데도, 우리는 정작 개개 파벌에 관해 거의 아무것도 모른다는 사실을 역설적으로 확인한다.

[3] Klauck, *1 Kor* 81은 1고린 11,17 이하를 1,10-11보다 이른 시기의 것으로 보고 싶어 하는데, 의심스럽다고 생각한다.

[4] Lietzmann, *1 und 2 Kor* 7; Meyer, *Ursprung und Anfänge* III 441의 견해다.

[5] Schrage, *1 Kor* I 147f도 그리스도파의 존재를 부인한다.

을 인간의 판단이 아니라 오직 하느님의 심판에 맡기고자 했다(4,1-6). 여기서 우리는 고린토 교우들이 십자가를 뒷전으로 밀어내고 전적으로 영광스러운 그리스도에 정향된 그리스도론을 개진했으리라고 조심스럽게 추론해도 될 것이다. 이 그리스도론은 개진 방식에서 자부심이나 오만과 결합되었다. 바울로는 거기서 복음의 공동화空洞化를 보았음이 틀림없다. 그들은 공동共同의 신조를 고수하긴 했지만, 그것을 달리 해석했다. 그런 까닭에 고린토 교회의 "파당들"과 관련하여 개인주의·열광주의·극단적 성령주의 등의 딱지들을 붙여 왔지만, 진짜 주목해야 할 것은 이런저런 "파당"의 존재보다는 공동체 분열이라는 현상 자체다.

분열과 반목은 한 가지 사회적 요소도 내포하고 있었다. 이것이 주님의 성찬을 거행할 때 추악하게 드러났다. 부유한 교우들이 가난한 교우들을 배려하지 않았다(1고린 11,17-34). 주님의 성찬 거행에는 모든 교우가 모였기 때문에, 전체 공동체의 사회적 구성이 뚜렷이 드러났다.[6] 바울로의 질책이 전제하듯이, 성찬례는 배불리 먹는 식사[애찬(愛餐)]와 결합되어 있었다. 애찬이 먼저 행해졌고, 성찬례가 끝을 맺었다. 배불리 먹는 식사를 위해 참석자들, 특히 여유 있는 사람들이 음식을 가지고 왔다. 그러나 그들은 대개 자기들끼리 먹었다. 또 그들은 일찌감치 올 수 있었고, 가난한 사람들을 기다리지 않고 식사를 시작했으며, 일하느라 일찍 올 수 없는 후자들은 나중에 빈 식탁만 마주했다. 게다가 부유한 사람들이 취하기까지 했다는 사도의 질책은 특히 비통하다.

사정을 속속들이 알고 있지는 못했던(11,18ㄷ: "얼마만큼은 사실이라고 믿습니다") 바울로는 엄하게 질책했다. 하필이면 공동체가 그리스도 안에서 하나로 결합되어야 할 바로 그 자리에서 그런 분열과 편가르기가 나타났다(11,18). 부유한 사람들은 먼저 가난한 사람들이나 노예들과 형제의 친교를 배워야 했다. 그들에게는 남루한 옷을 입고 노동의 땀 냄새를 풍기는 사람

---

[6] 이 문제에 관해 Theissen, *Soziologie* 231ff; G. Schoellgen, Was wissen wir über die Sozialstruktur der paulinischen Gemeinden?: *NTS* 34 (1988) 71-82 참조.

들과 한 식탁에 앉는 것이 쉽지 않았다. 짐작건대 바울로는 주님의 성찬에서의 분열을 클로에의 사람들에게서 구두로 전해 들었던 것 같다. 이 사람들은 하류층에 속했을 것이다. 어쩌면 직접 그 일을 겪은 사람들일 수도 있다. 스데파나와 포르두나도와 아카이고가 가지고 온 공동체 편지에는 그런 말이 전혀 없었을 것이다.

주님의 성찬에서 드러난 분열 및 편가르기(1고린 11,18-22)와 1장 10-12절에 언급된 분열을 떼어 놓아서는 안 된다. 분열에는 안팎 양면이 있었다. 안으로는 그리스도 케리그마의 올바른 해석을 둘러싼 논쟁으로 나타났고, 밖으로는 매정한 배제의 행태로 나타났다. 짐작건대 부유한 교우들의 상당수는 주님의 성찬 집회를 일종의 고상한 향연처럼 여겼고, 하나의 지적 토론회로 변질시켰던 것 같다.

우리는 이런 반목들 외에, 바울로 공동체들에서는 정기적으로 주님의 성찬을 거행하기 위해 모였음을 알게 되었다. 다른 어느 곳보다 여기서 바울로 서간들의 우연성이 뚜렷이 드러난다. 사실 고린토 공동체에 그런 반목이 없었다면, 아마 우리는 바울로에게서 주님의 성찬에 관해 아무것도 듣지 못했을 것이다. 아무튼 성찬 집회는 아마도 주간 첫날에 있었던 것 같다(1고린 16,2 참조). 이날은 오늘의 주일에 해당한다. 바울로는 고린토 교우들의 불화를 주님 성찬의 존엄성을 일깨워 주는 계기로 삼는다.[7] 성찬례는 주님을 기념하는 행위다. 교우들은 이 기념 잔치에서 임박한 내림 때까지 주님의 죽음을 선포한다. 교우들은 주님의 몸과 결합될 뿐 아니라, 그렇게 주님의 몸에 동참함으로써 서로 결합된다(1고린 10,16-17 참조). 바울로가 전해 주는 주님의 성찬 전승에 따르면 빵 나눔과 잔 나눔은 식사에 의해 분리되어 있는데(11,25: "같은 모양으로 만찬 후에 또한 잔을 드시고 …"), 사도는 필경 애찬과 성찬의 긴밀한 상관성을 지적하고자 하는 것 같다. 한편 폐해 때문에 배불리 먹는 식사를 성찬 집회에서 배제하려는 의도도 엿보인다:

---

[7] Klauck, *Herrenmahl* 285ff 참조.

"여러분에게는 먹고 마실 집도 없다는 말입니까?"(11,22). 부유한 교우들이 성찬 집회를 일종의 향연처럼 즐기고자 한다면, 집에 가서 그렇게 하라는 것이다. 덧붙여 이 말에서 성찬 참석자들 가운데 집을 소유한 사람들이 있었다는 것도 추론할 수 있다.

고린토 교회의 주님 성찬에 대한 이 일별은 전례적 집회를 위해 어떤 규범이 마련되어 있었던가라는 물음을 제기하게 한다. 그런 규범 같은 것이 도대체 있기는 했던가? 배불리 먹는 식사와 성찬 식사가 이어졌었다는 것을 방금 살펴보았다. 고린토 전서 14장에서 바울로는 말씀 전례에 관해 말한다. 여기서 사도는 성찬례에 관해 사용하던 낱말을 똑같이 사용한다 [14,26과 11,18: "함께 모이다"(συνέρχομαι)]. 하지만 우리는 성찬례와 말씀 전례가 분리되었고, 각기 별도의 집회에서 거행되었으리라는 데서 출발해야 할 것이다. 말씀 전례에도 공동체 전체가 모였던가, 아니면 가정교회에서 거행되었던가? 특히 말씀 전례는 하느님의 영이 역사하시는 자리로 체험되었음이 분명하다. 전례에선 누구나 말하고, 기도하고, 자신에게 주어진 영적 인식을 밝히고, 권고할 수 있었다.[8] 예언과 영언靈言(이상한 언어)이 크게 부각되었는데, 고린토 교우들은 후자를 무엇보다 높이 평가했다. 성령이 일으키는 언설의 이 두 형태는 나란히 놓여 있지만, 바울로는 분명한 구별을 고수하고자 한다. 예언은 공동체를 건설하고 모두가 판단할 수 있다. 반면 영언은 개인의 신심을 북돋우지만, 다른 사람들이 이해하려면 해석과 통역이 필요하다. 영언 현상이 매우 존중된 까닭은 다른 현상들과는 달리 인간이 어떤 다른 힘, 하느님의 능력에 사로잡혔고 자신을 벗어나 있으며 이성을 영이 대신하고 있음을 드러내 준다고 여겼기 때문인 것 같다. 영언은 연인들 혹은 시인들의 말에 견줄 수도 있으나, 근본적으로 다른 종류의 것이다.[9] 예언은 구세사와 하느님의 구원의지를 밝혀 보이며, 또 다

---

[8] 바울로는 많은 개념을 사용한다: 계시 · 인식 · 예언 · 가르침(14,6), 찬양 노래 · 가르침 · 계시 · 영언(靈言) · 해석(14,26), 기도 · 찬양 노래 · 감사기도(14,13-17).

[9] Theissen, *Psychologische Aspekte* 269ff 참조.

른 사람들을 인도하고 그들의 생각과 마음을 열어 줄 수 있다.

바울로는 전례의 두 가지 차원, 즉 공동체 건설과 선교를 강조한다. 때문에 사도에게는 전례 참석이 허용된 손님들까지 포함하여 모두가 이해할 수 있는 예언이 영언보다 중요했다. 예언은 비그리스도인 내객들에게 깊은 감명을 주어 회심케 할 수 있지만, 영언은 그들에게 정신 나간 짓으로 비쳐질 것이다(14,22-25). 또한 바울로는, 최소한 기도자와 발언자들의 연속 등장에서, 일정한 질서를 촉구한다: "하느님은 무질서의 하느님이 아니라 평화의 하느님이시기 때문입니다"(14,33).

바울로에게 중요한 것은 폐해들의 제거였기에, 전례 진행에 대한 상세한 고찰은 제공해 주지 않는다. 그러나 전례적 인사와 종결 같은 것은 있었음이 분명하다. 인사는 바울로 서간 앞머리 인사 정식에서 찾아볼 수 있겠다: "우리 아버지 하느님과 주 예수 그리스도로부터 은총과 평화가 여러분에게 있기를 빕니다"(1고린 1,3). 끝마무리는 서로 간의 일치와 사랑의 표시로 "거룩한 입맞춤"을 나누었을 법한데, 바울로는 이것도 여러 편지 말미에서 권유한다(로마 16,16; 1고린 16,20; 2고린 13,12; 참조: 1데살 5,26; 1베드 5,14). 또한 구약성서가 봉독되었으리라 짐작할 수 있다. 바울로 서간들은 이집트 탈출이나 모세 이야기 같은 구약성서 본문들을 그리스도와 교회에 꼼꼼히 적용하고(1고린 10,1-11; 2고린 3,6-18) 수많은 구절을 개별적으로 인용하는데, 교우들이 상당한 성서 지식을 가지고 있음을 전제한다.[10] 그들이 이런 지식을 전례 외에 다른 어디서 얻었을까? 전례에서 성서 지식을 얻는 것은 회당에서와 마찬가지였다. 아마 그리스도교 공동체의 전례는 회당 전례와 크게 다르지 않았을 것이다.[11] 물론 대부분의 시간을 차지하던 기도와 말씀에서 성령에 이끌린 기도자 · 발언자 · 예언자 · 영언자들이 자유로이 나설 수 있었던 점은 회당 전례와 달랐다.

---

[10] Hahn, *Gottesdienst* 61 참조.

[11] 회당 전례는 기도와 성서 봉독 그리고 설교로 이루어져 있었다. Billerbeck IV 153 참조. "아멘"이라는 말이 전례에서 사용되었음은 1고린 14,16이 확인해 준다.

회당에서와는 달리, 그리스도교 전례에서는 여성들이 공적으로 나서서 기도하고 예언하는 관례가 있었다(1고린 11,2 이하). 여기서 하느님의 모든 교회라는 말에 주목해야 한다(11,16). 바울로가 단호히 반대한, 여성들이 전례 중에 머리를 가리지 않고 공적으로 말할 수 있었던 고린토 교회의 사례를 평가하기는 어렵다. 여자에게는 긴 머리털이 너울 대신 주어졌다는 말은(11,15), 창녀의 표지로 여겨지던 여성의 풀어 헤친 머리를 비꼬는 것일 수도 있다. 남자가 긴 머리를 하고 다니는 것은 불명예가 된다는 말도(11,14) 유사한 방향을 가리킨다.

교회 안의 여성 지위에 관한 바울로의 진술들은 한결같지 못하며, 부분적으로는 상충되기까지 한다. 고린토 전서 12장 13절과 갈라디아서 3장 28절에 따르면 남자와 여자 사이의 구별뿐 아니라 자유민과 노예의 구별도 폐기되었고, 모두가 세례를 통해 같은 영을 마셨다. 이 진술을 완세적·종말론적 의미로만 이해해서는 안 되며, 오히려 원칙적으로 선사받은 자유가 이미 지금 (우선 교회 안에) 작용하고 있다는 의미로 이해해야 한다. 자유에 관한 이런 진술과 나란히 유대교 전통도 나오는데, 바울로는 여성 지위 문제에서 이 전통에도 의무감을 가지며 이것을 고린토 전서 11장에서 고집스레 주장한다. 이 전통에 따르면 여자는 남자에게 종속되어 있으며 오직 파생적 의미에서만, 즉 남자를 통해서만, 하느님 영광의 반조返照다(11,7). 바울로는 이를 창조신학적이고 또 (치명적이거니와) 그리스도론적으로 정당화한다(11,3.8-9). 부녀자는 공동체 집회에서 입 다물고 있으라는 명령(14,33ㄴ-36)이 바울로의 말인지 아니면 후대의 난외주석인지는 판단하기가 쉽지 않다. 아무튼 이 구절은 공동체 집회에서 여성들의 공적 언설을 당연한 것으로 전제하는 고린토 전서 11장 5절과 곧장 상충된다. 때문에 이 구절이 후대의 난외주석이리라는 견해가 호응을 얻고 있다.[12] 복음과 생활 관습의 충돌이 여기서 드러나는데, 교회가 일반 사회의 통상적

---

[12] 이미 Hahn, *Gottesdienst* 63f 그리고 Conzelmann과 Klauck도 이 입장이다.

척도들에 적응하는 일은 앞으로도 계속 되풀이될 터였다.

교회 안에서는 사람들이 죽는 일도 물론 있었다. 바울로는 그리스도인들의 상사喪事는 희망에 의해 각인되어야 한다고 독려한다(1데살 4,13). 우리는 사람들의 죽음이 데살로니카 신자들에게 당혹감을 불러일으켰다는 인상을 받는다. 짐작건대 전혀 예상치 못한 상사가 있었던 것 같은데, 필경 바울로가 데살로니카를 떠나고 편지를 써 보내는 짧은 기간에 일어났을 것이다. 그러나 이유가 그것만은 아니었다. 이 공동체는 바울로와 마찬가지로 그리스도의 임박한 내림을 고대하며 살았고, 죽은 자들은 내림 때까지 살아 있을 사람들에 비해 손해를 보지 않을까 근심했다. 아무튼 데살로니카 전서 4장 13-18절의 바울로 논증의 목적은 이런 생각을 바로잡는 것이었다: 그리스도의 내림 때까지 남아 있을 사람들이 사망한 자들보다 득 볼 것은 전혀 없다. 사망한 자들은 부활할 것이다. 우리는 모두 주님과 함께 있게 될 것이다. 바울로는 비교적 짧았던 체류 기간에 죽은 자들의 부활에 대한 믿음을 말하지 않았던 것일까? 사도는 그 믿음을 명확히 설명해야겠다고 생각했다. 그러나 중심에 있는 것은 여전히 "주님이 내림하실 때까지 남아 있을 우리 산 사람들"(4,15)[13]이다. 고린토 교회에서도 여러 교우가 사망했다. 바울로는 이 죽음을 고린토 전서 11장 27-32절에서 주님의 성찬 거행에서의 그릇된 행태와 관련시킨다: "그래서 여러분 가운데 병자들과 허약한 이들이 많고 또 잠든 사람들도 상당히 많은 것입니다." 사도는 여기서 질병과 죽음을 "우리가 세상과 함께 영영 단죄받지 않도록 하려는" 주님의 견책 수단으로 본다.[14]

고린토 교회에서는 죽은 이들에 대한 염려에서 변태變態적 관습이 생겨났는데, 바울로는 이에 관해 고린토 전서 15장 29절에서 지나가는 말처럼

---

[13] 문제점에 관해 Hoffmann, *Die Toten* 207-38 참조.
[14] 여기서 성찬을 합당치 않게 영하면 질병과 죽음을 초래한다고 생각하면 결코 안 된다. Lietzmann, *1 und 2 Kor*의 해당 구절 주석이 그렇게 생각한다. 요점에 관해 Klauck, *Herrenmahl* 327f 참조.

언급한다.[15] 사람들은 죽은 이들 대신 세례를 받았고, 그로써 이교도로 사망한 자들에게 성사의 효력이 주어지리라 희망했다. 아마도 이 관습은 밀교들의 유사한 의식을 빌려 왔을 것이다.[16] 이것은 상당수 신자들이 마술적 성사관을 가지고 있었음을 말해 준다. 바울로는 이 문제를 자세히 다루지 않고, 다만 대세 관습을 죽은 자들의 부활을 부정하는 자들에 대한 반증으로 이용한다. 죽은 자들이 부활하지 않는다면, 어째서 상당수 사람들이 그들을 위해 대신 세례를 받겠느냐는 것이다. 부활을 부정하는 자들(이들 중에는 죽은 자들을 위해 세례를 받은 사람들도 있었으리라)과의 논쟁은 고린토 전서 15장에서 집중적으로 전개된다. 죽은 이들의 부활에 관한 소식을 헬레니즘 세계 사람들에게 선포할 때 맞닥뜨리는 난제들이 여기에 뚜렷이 드러나 있다(사도 17,32 참조). 부활을 부정하는 자들은 예수의 십자가와 부활에 관한 케리그마를 고수했고 영혼 불멸에 정향된 내세 희망도 지니고 있었지만,[17] 그리스도의 부활이 우리의 부활도 보증한다는 바울로의 결론에는 동의할 수 없었다(1고린 15,12-19). 성서-유대교적 세계관과 그리스-헬레니즘적 세계관의 차이가 이 대목(1고린 15장)보다 극명하게 드러나는 곳은 아마 없을 것이다.

끝으로 교회생활의 다양성을 살펴보자. 이 다양성은 갖가지 봉사 직분과 임무들로 드러났다. 교회에 각별히 헌신한 사람들이 처음부터 존재했다. 이미 데살로니카 전서 5장 12절에서 바울로는 "여러분 가운데서 수고하며 주님 안에서 여러분을 지도하고 훈계하는 이들"에 관해 말하면서, 이들을 알아주라고 권유한다. 이렇게 애쓰는 사람들을 우리는 앞에서 본다 에페소 교회에 보내려던 것이라고 추정했던 로마서 16장 인사장에서 매우

---

[15] J. Murphy - O'Connor, Baptized for the Dead: *RB* 88 (1981) 532-43 참조. 대세 관념을 설명하는 무수한 시도가 있었다(특히 좀 오래된 주석에서). K.C. Thompson, 1 Cor 15,29 and Baptism for the Dead: *StEv* 2 (Berlin 1964) 647-59 참조.

[16] M. Rissi, *Die Taufe für die Toten* (AThANT 42) (Zürich - Stuttgart 1967) 6-51. 62-6 참조.

[17] Hoffmann, *Die Toten* 240-2 참조.

많이 만날 수 있었다. 고린토의 스테파나 가족들은 성도들을 위한 봉사에 헌신했고, 함께 수고하는 협력자들도 얻었다(1고린 16,15-16). 말씀에 대해 가르치는 교사들이 있었고, 교우들은 그들의 노고에 보답해야 했다(갈라 6,6). 복음을 선포하는 사람들은 선포 활동으로 생계를 꾸려 나갈 수 있어야 했다(1고린 9,14; 참조: 9,4-15). 어떤 이들은 가난한 사람과 병자들을 보살피거나 나그네를 후대했다(로마 12,8-10 참조). 처음에는 직무들의 명칭이 없었음이 눈길을 끈다. 사도와 나란히 널리 사용된 최초의 직무 명칭들은 예언자와 교사다(1고린 12,28). 필립비서 인사 구절(1,1)에서 "감독"들과 "봉사자"들에 관해 언급하는 것은 일종의 예외다. 이들이 공동체 — 모든 성도 — 에 종속되었고 또 그래서 공동체에 온전히 통합되어 있었다는 사실은 특기(特記)할 만하다.[18]

참고문헌

G. DAUTZENBERG, *Urchristliche Prophetie* (BWANT 104) (Stuttgart 1975).

F. HAHN, *Der urchristliche Gottesdienst* (SBS 41) (Stuttgart 1970).

P. HOFFMANN, *Die Toten in Christus* (NTA 12) (Münster ³1978).

H.-J. KLAUCK, *Herrenmahl und hellenistischer Kult* (NTA 15) (Münster ²1986).

K. MALY, *Mündige Gemeinde* (SBM 2) (Stuttgart 1967).

W.A. MEEKS, *The First Urban Christians* (New Haven - London 1983).

W. SCHRAGE, *Die konkreten Einzelgebote in der paulinischen Paränese* (Gütersloh 1961).

A. SCHREIBER, *Die Gemeinde in Korinth* (NTA 12) (Münster 1977).

G. SELLIN, *Der Streit um die Auferstehung* (FRLANT 138) (Göttingen 1985).

G. THEISSEN, *Psychologische Aspekte paulinischer Theologie* (FRLANT 131) (Göttingen 1983).

A. Clark WIRE, *The Corinthian Women Prophets* (Minneapolis 1990).

---

[18] Gnilka, Phil 32-9 참조.

2. 가정생활

일상생활은 가정(οἶκος)에 정향되어 있었다. 이 점에서 그리스도인들의 생활은 다른 사람들의 생활과 구별되었다. 가정에서의 생활 방식은 개인주의와 대중사회로 특징지어지는 현대 문명의 가정 생활 방식과 전혀 달랐다.[1] 가정은 주거지 이상의 생활 공간이었다. 지배자인 남편이자 가장, 그의 아내와 자녀들 또 노예들 그리고 종종 그 밖의 친척들이 한 가정에서 함께 살고 일했다. 물론 큰 가정도 있고 작은 가정도 있었다. 가장은 남편, 자녀들의 아버지, 노예들의 주인으로서 모든 관계의 중심점이었다. 그러나 아내도 가정에서 상당한 중요성을 지니고 있었다.[2]

갓 태어난 그리스도교를 위한 가정의 의의에 관해서는 특히 사도행전에 거듭 나오는 온 가정의 개종에 관한 정식적 표현이 시사해 주는 바가 많다: "회당장 그리스보는 자기 온 집안과 함께 주님을 믿었다"(18,8; 참조: 10,2). 이에 상응하는 것을 바울로에게서도 찾아볼 수 있다: "나는 스데파나 집안에도 세례를 준 적이 있습니다"(1고린 1,16). 여성이 가장으로 언급되기도 한다: "리디아와 그의 집안은 세례를 받았습니다"(사도 16,15).[3] 이런

---

[1] 그리스어에는 가족에 해당하는 낱말이 없다. 가족(familia)은 라틴 개념이며 법률적 의미를 지닌다. E. Meyer, *Römischer Staat und Staatsgedanke* (Darmstadt ²1961) 30f; M. Kaser, *Das römische Privatrecht* (HAW X 3,3,1) (München 1955) 44; J. Gaudemet: *RAC* VII 320-2 참조.

[2] 수백만이 살던 로마 시에서는 상황이 달랐는데, 이곳의 임대 연립주택들은 오늘날의 생활양식을 선취했다.

[3] 신약성서의 가정 관련 정식적 표현은 구약성서와 파피루스들에서 상응하는 것들을 찾아볼 수 있다. 예증들은 Klauck, *Hausgemeinde* 53-5 참조. 그중 하나: "나의 존경하는 주인이자 아버지인 실바누스와 그의 온 집안에 진심으로 인사드립니다"(POxy 2273, 23-6).

표현은 가장의 지배권, 그리고 가정에 사는 사람들의 유대도 확인해 주는데, 이 유대는 그러나 종종 거부되는 경우도 있었다. 과연 모든 성인 거주자가 행동을 같이했는가라는 물음이 제기된다. 필레몬의 가정에서 노예 오네시모는 처음엔 복음을 받아들이지 않았다.

세례받은 가정은 그리스도교 공동체 생활의 전개를 위한 근거지가 되었다. 여기서 사람들이 모였고, 성찬례가 거행되었으며, 그리스도교에 대해 가르쳤고, 지나가던 사도와 선교사들을 맞아들였다. 가정은 한 지역에서 복음의 거점이 되었다. 이 사실은 곧 도시에 소문이 났다. 가정이 가정교회로 발전했다. 온 집안 사람이 세례를 받은 가정에 다른 신자들이 연결되었다. 가정교회가 지향하던 것은 다른 주위 세계에서 교우들에게 안전감을 제공했고, 또 사회적 경계를 허물고 서로를 알고 배려하고 격려할 수 있는 기회를 제공했다. 가정교회 모임에는 외부인들이 초대되어 복음을 받아들이기도 했다. 많은 경우 가장이 가정교회 책임자이기도 했다. 골로사이서 4장 15절은 님파라는 여성이 가정교회 책임자였음을 확인해 준다.

공동체 전체를 수용할 만큼 큰 가정들도 있었다. 최소한 초창기에는 이것이 가능했다. 로마서 16장 23절에서 바울로는 자신과 온 교회를 접대한 가이오의 인사를 전한다. 우리는 주택의 유형들을 알고 있기 때문에,[4] 가정교회 모임들도 머리에 그려 볼 수 있다. 그리스 주택에는 로마 주택과 마찬가지로 안마당이 있었는데, 집안의 모든 공간이 이쪽으로 열려 있었다. 외부로는 주택이 가려져 있었다. 가장 넓은 공간은 대개 정문을 마주보고 있는 곳(그리스에선 메가론, 로마에선 타블리눔)이었다. 이 공간은 보통 손님 접대에 사용되었다. 이곳이 가정교회의 집회 장소로도 이용되었을 터인데, 교회가 커지면서 안마당도 함께 이용되었을 것이다.[5]

---

[4] Fiechter: *PW* I A/1, 961-95와 *PW* VII/2, 2523-46 참조.

[5] 이 형태의 주택이 제공하는 은신처는 사도 12,12-14에 나온다. 감옥에서 풀려난 베드로가 요한의 어머니 마리아의 집으로 왔는데, 거기서 그는 공동체가 밤에 모여 기도하고 있는 것을 보았다.

공동체 모임에는 아이들도 속했음이 분명하다. 아이들이 신자가 되는 것이 온 가정의 개종 의식儀式에 포함되었다. 그런 경우 아이들이 함께 세례를 받기도 했다. 혹시 세례를 받기 위해서는 일정 연령 이상이어야 했던가? 고린토 전서 7장 14절 ㄷ이 암시하듯, 부모 중 한 사람이 신자가 아닌 가정의 아이들이 세례를 받지 않았다면, 그리스도인 가정의 아이들은 세례를 받았음을 유추할 수 있다. 논란되고 있는 유아세례 문제는 이것과 별개다. 만일 세례를 유대교 할례 비슷하게 여겼다면, 유아들도 세례를 받았을 것이다. 그러나 정확한 것은 알 수 없다.

그리스도인 가정을 일종의 목가적牧歌的 생활 공간으로 본다면 잘못이다. 여기서도 갖가지 문제가 생겨났다. 모든 신자가 자기 집이 있었던 것이 아니다. 고린토 교회의 경우 노예의 비율이 상당했음을 우리는 알고 있다. (결혼 때까지 배우자 중 한 사람이 개종을 하지 않았건, 이교도 부부 중 한 사람이 그리스도인이 되었건 간에) 혼종혼도 상당했다. 달라진 생활 환경이 갈등을 불러일으켰으리라는 것은 쉽게 짐작할 수 있다. 바울로는 이 문제에 관해 입장을 밝혀야 할 필요를 느꼈다(1고린 7,12-16). 우선 사도는 혼인 관계의 유지를 요구한다. 전제 조건은 비신자 배우자가 유지를 원하는 것이다. 신자인 남편이나 아내가 믿지 않는 배우자를 버리면 안 된다. 고린토에서 통용되던 그리스 법규들에 따르면 (유대교 법규들에서와는 달리) 아내도 이혼을 주도할 수 있었다. 그리스도인 배우자는 이 그리스 법규가 허용하는 바를 남용해선 안 된다. 바울로는 여기서 결혼의 불가해소성에 관한 주님의 지시(7,10-11)[6]에 의존한다. 그러나 믿지 않는 남편이나 아내가 배우자의 개종으로 생겨난 갈등 때문에 갈라서고자 한다면, 신자인 배우자는 그것에 응할 일이다: "이런 경우에는 그 형제나 그 자매가 노예처럼 매인 몸이 아닙니다. 하느님께서는 여러분을 평화로 부르셨던 것입니다"(7,15).

---

[6] 마르 10,11-12 병행 참조. 이 경우 바울로는 남편과 아내의 행동을 구별한다: "아내는 남편과 갈라서지 마십시오. … 남편은 아내를 버리지 마십시오."

여기에는 두 가지가 겹쳐 있음을 주목해야 한다: 혼종혼을 유지하려는 의도 뒤에는 신자인 배우자가 비신자 배우자를 신앙으로 이끌려는 바람이 있다. 그러나 이 바람이 이루어질지는 불확실하다(7,16). 실제로 비신자 배우자가 신자 배우자로 하여금 평화로이 신앙생활을 하도록 놔두지 않는 일 등이 벌어졌을 것이다. 그러나 더 중요한 것은, 혼인의 불가해소성에 관한 주님의 지시가 혼종혼의 경우 바울로에 의해 상대화되었다는 사실이다. 사도는 예외를 허용한다. 여기엔 선善들의 경중에 대한 계량計量이 상당한 구실을 했을 것이다. 신앙 보호라는 선과 혼인 불가해소라는 선이 상충되었다. 법률적 고려와 해결이 교회생활에 밀고 들어왔다.

그 밖에 초기 바울로 공동체들과 관련하여 흔히들 종말론적 법에 관해 말한다. 이것은 특히 처벌받아 마땅한 죄에 대한 징벌을 고대하는 하느님의 종말 법정에 맡김을 의미한다. 한 예: 누가 하느님의 성전인 교회를 파괴하면, 하느님도 그자를 종말 법정에서 단죄하실 것이다(1고린 3,17 참조).[7] 이런 종말론적 정향은 바울로가 징계 조치를 취하거나 교회에 그것을 촉구할 때도 견지된다. 고린토 교회의 저 근친상간 사건은 아주 널리 알려져 있었다(1고린 5,1-3). 한 교우가 제 아비의 처, 즉 그에게서 도망쳤거나 이혼한 의붓어미와 동거했다.[8] 이런 근친상간은 구약성서에 따르면 중대한 범죄였고(레위 20,11은 사형을 처벌로 규정했다. 신명 23,1; 27,20도 참조), 그리스-로마법에서도 금지되어 있었다. 교회의 신망이 크게 손상되었다. 무엇보다도 그 죄인은 자기 소행으로 교회 안에 현존하는 하느님의 영을 욕되게 했다. 바울로는 그자를 교회에서 내칠 것을 요구하는데(5,13), 이 요구는 기이한 주술적 의식儀式 언어로 표현되어 있다. 그자를 사탄에게 내주어 육신을

---

[7] 이런 문장들은 이미 공관복음서 전승에도 들어 있다. 한 예: "어느 누가 나와 내 말을 부끄럽게 여기면, 인자도 … 그를 부끄럽게 여길 것입니다"(마르 8,38).

[8] Schrage, *1 Kor* I 372는 그 죄인이 도발적-이데올로기적으로 행동했다고 본다. 그는 5,3-4를 이렇게 번역한다: "그는 주 예수의 이름으로 그런 짓을 저질렀습니다. …" 그러나 이 구절은, 특히 그 정식적 표현이 주님의 이름 부름을 포함하고 있기 때문에, "주 예수의 이름으로 여러분과 … 함께 모일 때 …"로 옮기는 것이 옳다.

멸망시켜야 할 것이니, "그것은 그 영이 주님의 날에 구원받도록 하려는 것"(5,5)이라고 한다.[9] 사탄에게 내준다는 것이 무엇을 의미하든 간에(이 말 뒤에는 파문을 선언하는 저주 양식문이 숨어 있는 것 같다), 중요한 것은 주님의 날에 있을 하느님의 심판에 대한 대망待望이다. 최종 판결을 하느님께 맡기는 데, 자비로운 판결이 되리라 희망한다. 악마의 손아귀 안에서 죄인은 나쁜 일, 어쩌면 죽음까지 당하게 될 것이다. 그러나 영이라는 말이 암시하는 듯한 세례가 그를 구해 줄 수 있을 것이다. 그리스도인 공동체의 정결은 바울로에게 중요한 사상이었는데, 좋은 평판을 듣기 위해서만이 아니었다. 음란한 자, 인색한 자, 빼앗는 자, 우상숭배자는 공동체를 파멸시키니, 얼마 안 되는 누룩이 온 반죽을 부풀게 하는 것과 같다(5,6). 공동체 구성원들은 그런 자들과 함께 먹으면 안 된다(5,10-11).

바울로가 결혼과 성 문제에 관해 비교적 상세한 견해를 밝히는 것이 눈길을 끈다(1고린 7장). 이는 고린토 교우들의 문의에 따른 일이었다(7,1). 고린토 교우들의 입장은 상당히 상충된다. 한편 창녀 찾아가는 것을 몸이 음식과 음료를 필요로 하듯 아주 당연히 여기는 사람들이 있었다(6,12-20). 두 바다 사이의 항구도시인 고린토에는 많은 창녀촌이 있었다.[10] 다른 한편 부부 생활에서도 금욕을 해야 한다는 엄격한 견해를 주장하는 교우들이 있었다. 이들의 동기가 무엇이었는지는 애석하게도 알 수가 없다. 우리는 헬레니즘과 밀교들 안의 금욕적 경향과 관습들을 알고 있다. 이것들은 대부분 이원론적 세계관 또는 제의적 성성聖性의 이상理想에서 유래했다.[11] 고린토 교회 금욕주의자들의 동기로 임박한 주님 내림에 대한 대망을 고려할 수 있는데, 이것은 사실 편지 다른 부분에서도 중요한 구실을 한다.

---

[9] 악한 권세에게 내주는 것은 주술 관련 파피루스들에서도 찾아볼 수 있다. Deissmann, *Licht vom Osten* 256f 참조. 예증들이 오래되진 않지만, 시사해 주는 바가 많다.

[10] 아프로디테 신전의 제의공창(祭儀公娼)을 떠올리면 안 된다. 이것은 아마 옛 고린토에도 없었을 것이다. 로마령(領) 고린토에 재건된 이 여신의 신전은 규모가 작았다.

[11] H. Strathmann: *RAC* I 749-58 참조.

바울로는 이 두 극단적 입장을 모두 배격한다. 자유 사상에 대해서는 주님과의 결부를 강조하는바, 그리스도인은 바로 제 몸 안에서 그분께 은혜를 입고 있다(6,15-16). 금욕주의자들에 대한 반증은 애석하게도 매우 제한된 의미에서 전개된다. 사도는 부부가 서로를 거부해서는 안 됨을 설명하려 애쓴다. 사람들은 바울로가 결혼을 육욕의 치료약으로 여겼다고 종종 비난해 왔는데, 그의 견해를 이해하기 위해서는 최소한 사도에게는 금욕주의적 입장의 극복이 각별히 중요했음을 유념해야 한다(7,1-7).

그 밖에 바울로는 자신처럼 독신으로 살 것을 권유한다(7,8.25-28). 종말이 임박했다는 것이다. 이 세상의 모습은 사라져 가고 있다. 더구나 독신자는 주님을 위해 온전히 봉사할 수 있다. 바울로는 종말 임박 대망에 터해 세상에 대한 태도를 서술하는데, 마치 스토아 학파 사람들처럼 초탈을 촉구한다: "이제부터 아내가 있는 이들은 마치 없는 이들처럼 하고, 우는 이들은 마치 울지 않는 이들처럼 하며, 기뻐하는 사람은 마치 기뻐하지 않는 사람처럼 하며, 물건을 사들이는 이들은 마치 그것을 차지하지 않는 이들처럼 하고, 세상을 이용하는 이들은 마치 이용하지 않는 이들처럼 하십시오"(7,29-31). 스토아 학파 사람들처럼 바울로는 인간의 외적 삶이 극히 불안전하다는 데서 출발하는 듯이 보인다.[12] 그러나 사도는 이 입장을 끝까지 내세우지 않고, 기쁨과 동정 그리고 우는 사람들과 함께 울어 줄 것을 촉구하며, 기쁨과 괴로움에 관해 견해를 밝힌다(참조: 로마 12,15; 1고린 16,17; 필립 4,4). 그런 까닭에 노예에 관한 바울로의 (애석하게도 함축된) 말을 제대로 이해하기가 어렵다: "그대가 부르심을 받았을 때 노예로 있었습니까? 걱정하지 마십시오. 그대가 자유인으로 될 수 있을지라도 차라리 이용하십시오"(1고린 7,21). "차라리 이용하십시오"($\mu\hat{a}\lambda\lambda o\nu$ $\chi\rho\hat{\eta}\sigma\alpha\iota$)는 두 가지 상충되는 의미로 해석할 수 있다: 하나는 자유인이 될 수 있다면 그 기회를 이용하라는 것이고(이 경우엔 "그대가 자유인으로 될 수도 있다면, 오히려 이용하십

---

[12] H. Braun, Die Indifferenz gegenüber der Welt bei Paulus und bei Epiktet: *Gesammelte Aufsätze zum NT und seiner Umwelt* (Tübingen 1962) 159-67(여기서는 164) 참조.

시오"로 번역한다), 다른 하나는 자유인이 될 수 있다 하더라도 그럴수록 노예 신분으로 최선을 다하라는 것이다. 우리에겐 첫째 번역이 더 공감이 가지만, 그것을 두둔해선 안 될 것이다. 바울로의 사고 과정은 모든 것을 규정하는 주님 예수 그리스도와의 관계에 귀착된다. 이 관계에 터해 바울로는 변증법적으로 노예를 주님의 자유인으로, 그리고 자유인을 주님의 노예로 부를 수 있었다(7,22). 그리스도인의 자세는 초탈이 아니며, 고유한 원천에서 힘을 얻는다. 그런 까닭에 노예에 관한 사도의 이 말도 기존 상황을 그대로 놔두자는 것이 아니다. 이 점은 특히 필레몬서에 뚜렷이 드러나니, 여기서 사도는 아버지의 자비로써, 한 노예를 위해, 궁극적으로는 필경 그의 자유를 위해 애쓰고 있다.

참고문헌

G. DELLING, Die Taufe von "Häusern" im Urchristentum: *Studien zum NT und zum hellenistischen Judentum* (Göttingen 1970) 288-310.

E. KÄSEMANN, Sätze heiligen Rechtes im NT: *Exegetische Versuche und Besinnungen* II (Göttingen 1964) 69-82.

H.-J. KLAUCK, *Hausgemeinde und Hauskirche im frühen Christentum* (SBS 103) (Stuttgart 1981).

W. KUCK, *Judgement and Community Conflict* (NT.S 66) (Leiden 1992).

J. MURPHY - O'CONNOR, 1 Corinthians 5, 3-5: *RB* 84 (1977) 239-45.

C.J. ROETZEL, *Judgement in the Community* (Leiden 1972).

L. SCHENKE, Zur sogenannten "Oikosformel" im NT: *Kairos* 13 (1971) 226-43.

3. 도시생활

교회는 "세상" 안에서 살았고 거기서 자신을 입증해야 했다. 교회에게 이 세상은 일차적으로 도시였다. 바울로에게 도시가 삶의 영역이었던 것처럼, 바울로의 교회들도 도시 교회였다. 도시에서 개인은 매우 다양한 사회적·단체적·사교적 관계에 얽혀 있었다. 이제 그리스도인이 되어 궁극적인 것에 사로잡히고 규정된 사람들에게서 이 관계들이 변했는지, 그렇다면 그 변화는 어떤 종류의 것인지 밝혀내는 일은 매우 흥미로운 작업이 될 것이다. 실상 그런 변화, 차이, 입장 전환이 생길 수밖에 없었으리라는 것은 쉽게 짐작할 수 있다. 교회는 세상 밖으로 나갈 수도 없었고 또 나가서도 안 되었다. 이 점이 교회를 쿰란 같은 곳의 유대교 분리주의 운동들과 구별해 주었거니와, 이 운동들은 세상과 인연을 끊고 사막으로 나갈 것을 촉구했다. 게토화는 그리스도교 공동체에 고려 대상이 아니었다.

이번에도 특히 고린토 전서가 우리의 관심 사안에 관해 몇 가지 통찰을 제공해 준다. 이 편지가 전해 주는 것은 아주 일상적인 사건들이지만, 바로 이것들이 당시 현실을 매우 상세히 알려 준다. 사실 우리는 "단지" 바울로의 진술만을 가지고 있기에 두 가지, 즉 주변 세계 안에서 그리스도인들의 행동과 그에 대한 사도의 판단을 함께 주목해야 한다. 아무튼 고린토 전서 6장 1-8절에 따르면 고린토 그리스도인들은 송사를 벌였다. 그런데 외부인들의 송사가 아니라, 교우들끼리의 송사였다. 고린토 그리스도인들이 서로를 법정에 고발했던 것이다.[1] 소송의 대상은 일상의 일들($\beta\iota\omega\tau\iota\kappa\acute{\alpha}$:

---

[1] $\kappa\rho\iota\tau\acute{\eta}\rho\iota\text{ov}$(1고린 6,2와 4)은 법정을 의미하기도 하지만, 여기서는 소송·재판·심리의 의미로 이해해야 한다. Bauer - Aland, *Wörterbuch*의 해당 낱말 참조.

6,3)이었는데, 상세히 언급되지는 않으나 바울로가 볼 때는 지극히 사소한 시빗거리들(ἐλάχιστα: 6,2)이었다.[2]

바울로는 이 사건을 두 가지로 나누어 비판한다. 우선 사도는 교우들이 이방인 법정에 재판받으러 간 것을 질책한다. 여기서 말하는 것은 시 당국의 재판권인데, 로마인들은 총독의 재판권 외에 이것도 유지했다.[3] 소송을 진행하려면 변호인들에게 돈을 지불해야 하고 가능한 한 많은 유력 친지들과 함께 재판관 앞에 출두해야 했기 때문에,[4] 이 소송을 벌인 교우들은 부유한 자들이었을 것이다. 바울로의 논증은 뜻밖이다. 그러나 이 논증은 교회의 일들에 대한 그의 관점에 온전히 부합하니, 교회는 근본적으로 결코 이 세상 재판관들이 아니라 하느님의 종말론적 법 아래 있다: "여러분은 성도들이 세상을 심판하리라는 것을 알지 못합니까? … 우리는 장차 천사들도 심판할 것이라는 것을 여러분은 알지 못합니까? 하물며 일상의 일이야 더 말해 무엇하겠습니까?"(6,2-3). 그리스도인들이 임박한 하느님의 심판에 참여하리라는 극히 대담한 사상은, 고린토 교우들의 어리석은 처신을 질책한다. 도대체 어떻게 자신들이 곧 심판하게 될 사람들에게 심판받으러 찾아갈 수 있단 말인가? 바울로는 이 세상 재판관들을 불의한 이들(ἄδικοι)이라 칭하는데, 그 까닭은 그들이 사취詐取 따위를 일삼기 때문이 아니라 성도들, 즉 그리스도교 공동체 구성원들과 맞세워져 있기 때문이다(6,1). 교우들 가운데 형제 사이의 시비를 가려 줄 수 있는 지혜로운 사람이 하나도 없느냐는 질책(6,5)은 당면 사건에 해당되는 것이지, 일종의 제도화된 교회 재판소 설치를 겨냥하는 것이 아니다.[5] 따라서 회당의 자주적 재

---

[2] 성 문제로 소송이 제기되었다는 견해는 극히 허무맹랑하다. 사람들은 5,1-3과 연계시켜 그렇게 추론했다. 이에 관해 P. Richardson, Judgement in Sexual Matters in 1 Cor 6,1-11: *NT* 25 (1983) 37-58 참조.

[3] G. Thür - P.E. Pieler: *RAC* X 382 참조.

[4] U.E. Paoli, *Das Leben im alten Rom* (Berlin - München ²1961) 231 참조.

[5] 이 구절은 체계화된 교회법을 위한 고전적 전거가 되었다. *RAC* X 421ff 참조.

판과의 비교 또한 별 의미가 없으니, 무엇보다도 거기엔 바울로에게 결정적인 종말론적 지평이 결여되어 있었기 때문이다. 사도는 지혜로운 자에 관해 비꼬며 말한다. 소송을 벌인 자들은 평소 교회 집회에서 자기들의 지혜를 자랑하고 그리스도교 메시지에 대해 제판의 현명한 해석을 내세움으로써 혼란과 다툼을 야기하던 부류의 사람들이었을 것이다.

더 나아가 바울로는 교우들 사이에 소송을 벌이는 지경에까지 이른 것 자체를 질책한다. "왜 차라리 여러분이 불의한 일을 당하지 않습니까? 왜 차라리 여러분을 등쳐 먹도록 놓아두지 않습니까? 오히려 여러분이야말로 불의한 짓을 행하고 남을 등쳐 먹고 있으며, 그것도 형제들한테 그렇게 하고 있습니다"(6,7-8). 이 지적은 내용상 「산상설교」의 폭력 포기에 관한 다섯째 대당명제(5,38-39)와 맞닿아 있다. 이 명제를 필경 바울로는 알고 있었을 것이다. 아니면 자신이 구체적으로 적용한 사랑의 계명(로마 13,9-10 참조)에 터해 그렇게 질책했을 것이다.

우리가 고린토 전서 6장 1절 이하에서 출발한다면, 관련 있는 다른 한 대목, 즉 바울로 서간에서 유일하게 국가에 대한 그리스도인의 자세를 다루는 로마서 13장 1-7절은 그만큼 더 이해하기 어려워진다. 여기서 교회 안에 존재하던 정치적 견해들에 관해 상세한 것은 전혀 알아낼 수 없지만, 아무튼 이 대목이 대변하는 견해는 매우 분명하다. 이것은 첫머리에 제시된 표어 "모든 사람은 통치권에 복종해야 합니다"(13,1)에 요약되어 있으며, 마지막 문장 "여러분은 모든 이에게 빚진 것을 갚으시오. 직접세를 바쳐야 할 이에게는 직접세를, 간접세를 바쳐야 할 이에게는 간접세를 바치고, 두려워해야 할 이는 두려워하고 존경해야 할 이는 존경하시오"(13,7)에서 구체화된다. 이 견해의 신학적 근거는 국가권력이 하느님에 의해 제정되었다는 것인데, 그러나 이 권력이 통상적인 동방-헬레니즘 국가관에서처럼 신적 원천에서 비롯한다고 보지는 않는다는 점을 유의해야 한다. 국가권력은 칼을 가지고 있다(13,4). 다시 말해 중요한 재판권을 행사하며 선한 일은 상 주고 악한 일은 벌주는바, 사람들은 처벌이 두려워서만이 아니라 양심 때문에도 그 권력에 복종해야 한다.

　이 대목은 그리스도교 본연의 사상의 흔적을 포함하고 있지 않기 때문에, 기이한 느낌을 준다. 사람들은 권력 맹종 사상으로 가득 찬 이 대목에 국가권력의 현세적이고 권력 정치적인 한계에 대한 언급, 이 한계 설정의 본보기인 그리스도 십자가에 대한 주의 환기가 없음을 한탄한다. 다반사의 국가권력 남용에 대한 언급도 없고, 카이사르의 것은 카이사르에게 돌려주고 하느님의 것은 하느님께 돌려주라는 예수의 말씀(마르 12,17)에 나타나는 변증법적 긴장도 결여되어 있다. 요컨대 사람들은 국가에 한계를 설정하고 또 그 한계 설정의 그리스도교적 논증을 가능하게 해 줄 수 있는 그리스도론적이고 종말론적인 지평에 대한 지적이 결여되어 있음을 애석해하고 있다. 사람들은 국법 질서와 조세에 대한 이런 인정은 유대교 디아스포라에서 유래했고,[6] 이것을 바울로가 넘겨받았거나 어쩌면 더 나아가 이미 꼴지어진 텍스트를 수용했으리라고 오래 전부터 생각해 왔다.

　그렇다면 우리는 국가에 대한 그리스도인 자세의 이 규정에, 로마서 13장의 전체 맥락 특히 이 대목에 이어지는 사랑의 계명(13,8-10)에 주의를 환기시킴으로써, 그리스도교적 해석을 추후로 제공하려 시도할 수 있다. 실제로 "여러분은 서로 사랑하는 것 외에는 아무에게도 빚지지 마시오"라는 8절의 명령은, 국가에 의무가 있는 직접세와 간접세를 바치라는 요구와 최소한 용어상으로 잘 연결된다.[7] 하지만 이로써 이 대목이 이해하기 쉽게 되지는 않는다.

　두 가지 가능성이 남아 있다: 하나는 바울로가 국가권력에 복종하라는 텍스트를 로마서 안에 집어넣은 이유를 밝히는 것이고, 다른 하나는 이 텍

---

[6] 예를 들어 Merk, *Handeln* 102 참조.

[7] 13,8ㄴ을 "사랑하는 사람은 다른 (율)법을 성취했습니다"로 옮길 수 있다면, 그리고 모세 율법을 국법의 반(反)명제로 이해한다면, 이 연결은 더 매끄러울 것이다. W. Marxsen, Der ἕτερος νόμος in Röm 13,8: *ThZ* 11 (1955) 230-7 참조. 그러나 이 구절은, 로마 13,1-7이 국법에 관해 전혀 언급하지 않는다는 사실은 제쳐 두고도, "다른 사람을 사랑하는 사람은 율법을 성취했습니다"로 옮겨야 한다. 이 해석의 이념적 배경에 관해 Käsemann, *Röm* 345 참조.

스트를 바울로 이후에 끼워 넣은 것으로 보는 것이다.[8] 첫째 경우, 필경 가장 중요한 이유로는 편지 수신인이 로마 공동체라는 사실을 들어야 할 것이다. 이 공동체는 황제의 안마당에 있었다. 바울로는 로마 교우들에게 국가에 대한 자세에 관해 무엇인가 말하지 않으면 안 된다고 생각했을 것이다. 그는 로마로 갈 계획을 가지고 있었다. 사도로서는 최초로 그 도시에 발을 들여놓고자 했다. 바울로는 국가에 대한 그리스도인들의 충성을 확언한다. 이 경우 "모든 사람은 … 복종해야 합니다"라는 지시의 보편적 성격 또한 분명해진다. 바울로는 유대교의 견해를 되풀이하며, 그로써 이 점에서 그리스도인과 유대인이 일치함을 암시한다. 바울로가 (또한 로마 시민으로서) 제국의 전 세계적 체제를 존중하게 된 여러 이유를 가지고 있었음을 덧붙일 수 있겠다. 그 체제는 온갖 문화와 민족의 인간들을 결합시켰고 바울로에게 경계 없는 선교 여정을 가능케 해 주었다.

교회와 그리스도인들이 대비책을 모색해야 했던 분야가 하나 더 있었다. 그것은 특히 도시에서 극히 다채로운 모습을 보여 주던 종교 분야였다. 고래古來의 신들에 대한 숭배가 종교적 단체 및 신생 종교(특히 밀교)들과 함께 존속하고 있었다. 여기서 우리 관심의 대상은 사제들이 관장하고 도시의 공공생활과 여러모로 관련되어 있던 신전 제의다. 지위와 명망 있는 사람들은 신전 제의 참석을 피할 수 없었으니, 특히 특정 의식에 초대받는 것이 여전히 영광과 시민의 명예로 여겨졌기 때문이다. 그러나 하층계급 사람들도 신전 제의에 함께했다. 많은 신전 축제가 큰 인기를 누렸다. 제신諸神 숭배는, 오래 전부터 위기에 봉착했고 계몽과 자유 사상이 그것을 공격하거나 최소한 다른 빛 안에서 보긴 했지만, 도시생활에서 견고한 지위를 확보하고 있었다. 여러 황제(예컨대 클라우디우스)가 제신 숭배의 부흥에 노력했다. 많은 사람이 신전 제의 참석을 그저 관습으로 여겼지만, 다른

---

[8] E. Barnikol, Römer 13. Der nichtpaulinische Ursprung der absoluten Obrigkeitsbejahung in Römer 13,1-7: *Studien zum NT und zur Patristik* (Festschrift E. Klostermann) (TU 77) (Berlin 1961) 65-133.

많은 이는 종교적으로 여전히 매우 중요하게 여겼다.[9]

고린토 전서 8장과 10장에 따르면 고린토 교회의 그리스도인들은 신전 희생 제사 특히 그것에 이어지는 식사에 참석해야 할 상황에 거듭 마주쳤다. 이 식사는 희생 제사와 직접적인 관계가 있었다. 제물로는 돼지고기와 쇠고기가 특히 많이 바쳐졌다. 그런 다음 신의 영광을 기리는 식사가 행해졌고 사람들이 거기에 초대되었는데, 신전에는 전용 연회장이 있었다. 사람들은 신의 식탁($τράπεζα, κλίνη$)에 초대되었다.[10]

그리스도인은 그런 상황에서 어찌 처신해야 하는가? 고린토 교우들은 바울로에게 조언을 구했다.[11] 바울로는 언뜻 보기에 상충되는 두 가지 답변을 제공한다. 첫째 답변에서 사도는 믿음 약한 이들을 염두에 두고, 문제를 양심과 지식이라는 범주들을 가지고 다룬다(1고린 8장). 우리는 지식이 있다. 우리에게는 오직 한 분 하느님과 한 분 주님이 있을 뿐이다. 모든 것이 이 한 분 하느님 안에 자신의 근원과 목표를 가지고 있다. 그러므로 우상에게 바쳐졌던 고기는 아무런 의미가 없다. 우리는 자유롭다. 바울로가 언제나 우상에게 바쳐졌던 고기라고 말하는 것은 주목할 만하다(8,1; 10,19). 사도는 신전을 우상의 신전($εἰδωλεῖον$: 8,10)이라 부르는데, 필경 거기 세워진 신상을 암시한다. 동일한 언어 사용을 유대교 문헌에서 찾아볼 수 있다(1에즈 2,7; *Bel* 10; 1마카 10,83; 욥의 시험 5,2). 아무튼 이로써 신전 제의는 평가절하, 아니 원칙적으로 폐기되었다. 그러나 우리가 원칙적으로 자유롭지만, 믿음 약한 사람들을 배려해야 한다. 그들은 우상에게 바치는 희생 제사를 여전히 낯모르는 신들에 대한 숭배로 여긴다. 그들이 어떤 교우가 신전 연회

---

[9] Amorgos의 문서(IG XII 7, 515)가 관습적 제의에 관해 많은 것을 시사하는 사례를 제공해 준다. U. von Wilamowitz - Moellendorf, *Der Glaube der Hellenen* II (Darmstadt ³1959) 549 참조. 한편 2세기 Baalbek에 거대한 쥬피터 신전이 건립되었다.

[10] POxy 110에는 "사라페이온 신전에 있는 사라피스 신의 식탁에 와서 음식을 들라"는 초대의 말이 있다.

[11] 1고린 8,1: "한편, 우상에게 바쳐졌던 고기에 관하여 말하자면"이라는 도입부가 그것을 가르쳐 준다.

장에 앉아 먹는 것을 본다면, 충동과 유혹을 받아 같은 행동을 하게 된다. 그러나 그들에게는 신전 식사에 참석하는 것이 여전히 제신 숭배를 의미하기 때문에, 그들은 멸망하게 된다.

바울로는 고린토 교회의 "강한 자들"이 내세웠음이 분명한 견해에 찬동한다. 다만 "약한 자들"의 양심을 배려할 것을 힘주어 말한다. 우리는 이런 균열이 사회적 지위가 상당한 자들과 하찮은 자들 사이에 폭넓게 존재했으리라 짐작할 수 있다.

바울로는 신전에서 흘러나갔을 수도 있는 고기를 시장에서 사는 경우에 대해서도 아주 비슷한 견해를 밝힌다: "여러분은 시장에서 파는 것은 다 먹으십시오. 양심을 가지고 따질 것이 없습니다. '땅과 그 안에 가득 찬 것이 모두 주님의 것'이기 때문입니다"(10,25-26; 참조: 시편 24,1). 사도는 더 나아가 교우가 사적으로 식사에 초대받아 고기를 대접받는데, 어떤 사람이 그것은 제사에 바쳐진 거룩한 고기라고 깨우쳐 주는 경우도 상정한다 (10,27-29).[12] 여기서도 다시금 통용되는 것: 원칙적인 자유, 그러나 혹시 동석하고 있을지 모를 약한 형제를 위한 배려.[13]

그리스도인들이 신전 식사에 대해 어떤 태도를 취해야 하는가라는 물음에 대한 바울로의 둘째 답변은 첫째와 다르다(10,14-24). 사도는 주님의 성찬에 터해 논증을 전개하는데, "우상숭배를 피하십시오"라는 말로 시작한다. 그리고 성찬례에 참여하는 사람들이 받아 모시는 것은 그리스도의 몸과 피임을 밝힌 다음, 신전 희생 제물로 바친 고기를 먹지 말라고 경고한다. 바울로는 이교 제신들을 귀신들로 깎아내리면서[14] 이렇게 말한다: "여

---

[12] 여기서 "우상에게 바쳤졌던 고기"(εἰδωλόθυτον)가 "제사에 바쳐진 거룩한 고기"(ἱερόθυτον)로 바뀐 것에 유의해야 한다.

[13] 여기서 가상의 (그러나 전적으로 있을 수 있는) 경우를 상정하는데, (제사 고기임을 일깨워 주는 사람이 식사 시중을 드는 그리스도인 노예일 경우까지 포함하여) 사실 온갖 상황 설정이 가능하다. 그러나 "약한" 그리스도인이 식사에 동석함이 전제되어야 상황 설정이 의미 있게 된다.

[14] 이 배후에 있는 조야한 고대 귀신론에 관해 Klauck, *Herrenmahl* 264-72 참조.

러분은 주님의 잔을 마시고 귀신들의 잔을 마실 수는 없습니다. 마찬가지로 여러분은 주님의 식탁에서 나누어 먹고, 귀신들의 식탁에서 나누어 먹을 수는 없는 것입니다. 또는 우리가 주님의 질투를 돋우자는 것입니까? 혹은 우리가 그분보다 힘이 더 세다는 것입니까?" 이 말은 신전 제물 식사에의 참석을 단호히 배격하는 것으로 보인다. 사도는 자신이 앞서 했던 말을 부인하는 것인가? 혹시 좀 더 깊은 반성을 거쳐 이런 판단에 이르렀던 것일까? 이렇게 두 가지 상이한 견해가 표명된 것은, 바울로의 편지 두 개가 고린토 전서에 하나로 편집되었기 때문이라고 생각할 수도 있다.[15]

그러나 고려해야 할 해답이 하나 더 있다. 바울로는 대담한 첫째 답변에서 이미 신들을 포함시켰다: "실상, 하늘에든 땅 위에든 소위 신이라는 것들이 있다 치면, 과연 많은 신들과 많은 주들이 있는 것이겠습니다. 그러나 우리에게는 오직 한 분의 하느님이 계실 뿐입니다"(8,5-6). 그러나 사도는 자유를 옹호했다. 때문에 우리는 바울로가 엄격한 금지 지시를 통해서는, 신전 제물 식사를 실제적 예배로 여기고 참석하는 고린토 교회의 일부 교우들과 대결하고 있다고 말할 수 있겠다. 그런 참석을 통해 그들은 이미 끝장난 신들을 다시 출동시키고, 또 한 분 하느님과 주님을 거스른다.

사도의 통 큰 답변은 당혹감을 불러일으켰을 것이다. 그러나 바울로의 자유는 신앙에 있어서의 깊은 책임감과 아직 지식을 가지지 못한 다른 사람들에 대한 넓은 배려를 전제한다. 사랑이 지식 위에 있으니, "지식은 교만하게 하지만 사랑은 건설하기" 때문이다(8,1).

사도행전에는 또 다른 상황이 묘사되어 있다. 에페소에서 동료 직공들과 함께 아르데미스 숭배 덕분에 먹고 살던 은장이 데메드리오의 말이 이 상황을 특징짓는다: "바울로 그자가 손으로 만들어진 것들은 신들이 아니라고 하면서 에페소에서뿐 아니라 거의 온 아시아에서 수많은 군중을 설득하여 돌려세웠습니다. 그래서 우리의 이 사업이 나쁜 평판을 얻게 될 위

---

[15] Klauck, *Herrenmahl* 241은 전(前) 편지를 염두에 둔다(1고린 5,9 참조).

험이 있을 뿐 아니라, 위대한 여신 아르데미스의 신전까지도 괄시를 받아 마침내 온 아시아와 온 세계가 공경하는 여신의 위대함이 사라지고 말 것입니다"(19,26-27). 여기서 이미 고래의 제신 신전들에 대한 그리스도교의 돌격이 준비 또는 예견된다. 이제 이교 측에서는 제의 참석을 그리스도교 신앙에 대한 거부로서 요구하게 될 터였다.

참고문헌

C.K. BARRETT, Things Sacrificed to Idols: *NTS* 11 (1964/65) 138-53.

J. BOHATEC, Inhalt und Reihenfolge: *ThZ* 4 (1948) 252-71.

J.C. BRUNT, Rejected, Ignored or Misunderstood? *NTS* 31 (1985) 113-24.

M. COUNE, Le problème des Idolothytes: *RSR* 51 (1963) 497-534.

R.H. FULLER, 1 Cor 6, 1-11: *Ex auditu* 2 (1986) 96-104.

E. KÄSEMANN, Röm 13, 1-7 in unserer Generation: *ZThK* 56 (1959) 316-76.

F. LAUB, Der Christ und die staatliche Gewalt: *MThZ* 30 (1979) 257-65.

L.A. LEWIS, The Law Courts in Corinth: Festschrift R.H. Fuller (*AThR.S* 11) (1990) 88-98.

O. MERK, *Handeln aus Glauben* (MThSt 5) (Marburg 1968).

J. MURPHY - O'CONNOR, Freedom or the Ghetto: *RB* 85 (1978) 543-74.

W. SCHRAGE, *Die Christen und der Staat nach dem NT* (Gütersloh 1971).

H.S. SONGER, Problems Arising from the Worship of Idols: *RExp* 80 (1983) 363-75.

A. STEIN, Wo trugen die korinthischen Christen ihre Rechtshändel aus? *ZNW* 59 (1968) 86-90.

A. STROBEL, Furcht, wem Furcht gebührt: *ZNW* 55 (1964) 58-62.

H. VON CAMPENHAUSEN, Zur Auslegung von Röm 13: *Aus der Frühzeit des Christentum* (Tübingen 1963) 81-101.

W.L. WILLIS, *Idol Meat in Corinth* (SBLDS 68) (Chico 1985).

6
신학자 바울로

바울로는 신약성서 시대의 가장 권위 있는 신학자다. 최상급 표현은 아주 드물게만 사용되어야 하기 때문에, 이 판단은 빨리 접는 것이 좋겠다. 우리는 그의 신학 사상을 직접 포착할 수 있다. 다른 신약성서 문서들(요한 묵시록 제외)의 배후에 있는 신학자들이 거의 모두 단지 그들이 수용한 부분적으로는 매우 포괄적인 전승들의 굴절 안에서만 모습을 보이고 또 자신들의 이름과 함께 그들의 저작 또는 차명借名 뒤에 숨어 있는 반면, 사도 바울로는 우리 앞에서 말하는 사람으로 서 있다. 이렇게 드러내 놓고 그리스도인 공동체들을 마주한 것은 분명히 어려웠고 필경 일종의 모험이기도 했을 것이다. 과연 바울로의 편지들은 이미 일찍부터 특히 외부인들, 즉 사도가 창설한 공동체들에 속하지 않은 사람들에게 비판적 평가를 받았고, 또 사도의 인품과 행동에 견주어 재단되었다(2고린 10,10; 2베드 3,16). 바울로는 편지에서 공동체들에게 자신의 신학 사상을 펼쳐 보인다. 사도는 열광과 흥미도, 분노와 반대도 개의치 않는다. 이런 식으로 개진되는 바울로 사상의 매력은 오늘도 거기서 "과정 중에 있는 신학"을 알아볼 수 있다는 데 있다.

바울로의 신학은 자주적일 뿐 아니라, 매우 독창적이다. 물론 그의 서간들의 목적은 하나의 신학적 구상을 제시하는 것이 아니다. 신학적 구상 제시는, 바울로 편지들의 형식을 고려하건대, 오직 로마서에 대해서만 말할 수 있으며, 그래서 이 편지는 신학적 측면에서 사도의 가장 중요한 문서로 보아야 한다. 바울로 서간들은 그때그때 기회 닿는 대로 쓴 것들이다. 그러나 사도가 신학적 구상을 가지고 있지 않았다고 추론해서는 안 된다. 그의 신학은 정립 과정 중에 있었기 때문에, 그 구상이 서간들 안에 흔히는 그저 단편적으로만 스며 있다. 그런 까닭에 전체를 단편 안에서 알아보고 윤곽을 그려 내기 위해 주석자들은 많은 노력을 해야 한다. 더구나 바울로는 절제된 말투를 사용한다. 사도의 말은 열정적이고 불타오르고 설득하고 위로하고 매혹하며 때로는 거부감을 주기도 한다. 유명한 사랑의 아가(1고린 13장) 등에서 드러나듯, 바울로는 함축적 표현, 시적 언어, 찬가 양식을 구사할 줄 알았다. 근대에서 견줄 만한 것을 찾는다면, 프리드리히 니체의 언어를 떠올릴 수 있겠다.¹ 또한 바울로는 자기 편지들을 받아쓰게² 했기 때문에 (그리고 받아쓰는 일에는 의미가 깨진 것과 엉뚱한 것들도 종종 끼어들게 마련이기 때문에) 사도가 구술한 것이 문장화되면서 편지 속에 모두 들어가지는 못했을 것이다. 그러므로 그의 편지를 읽을 때 그런 것들을 읽어 내려 애써야 한다.

여기서는 신학자 바울로를 서술하는 데 힘쓸 것이다. 나는 바울로의 신학이라 말하지 않고 신학자 바울로라고 말했는데, 앞으로의 서술의 한 가지 특징을 암시하기 위해서다. 아무튼 가능한 한 사도의 인품과 신학의 밀접한 관련성과 그의 사상의 발전 과정을 포착하려 애쓸 것이다. 그리하여 최소한 앞에서 말한 과정 중에 있는 신학의 단초를 찾아낼 수 있어야 하겠다. 여기서 방법론상 특히 두 가지가 중요하다. 하나는 다양한 신학적 주제들의 논구에서 대부분 일인칭(나) 텍스트, 즉 바울로가 아주 개인적으로 말하는 텍스트들로부터 출발하는 것이다. 물론 바울로 서간엔 문학적 나, 그러니까 문학적 우리처럼 인위적 도구로 도입한 단수 일인칭도 나온다. 그러나 미묘한 차이를 인지할 수 있으니, 문학적 나 안에도 사도의 개인적 사연이 포함되어 있지 않은지 탐구해야 한다. 다른 하나는 (필요하고 또 쓸모 있거니와) 데살로니카 전서부터 로마서까지 서간들의 연대순을 염두에 두는 것이다.³ 그러나 이 말이 매번 데살로니카 전서로부터 시작함을 의미하지는 않는다.

---

¹ 예컨대 "오 어리석은 자들! 오 시인들이여"라고 니체는 「디오니소스 광시」(狂詩)에서 말한다. *Nietzsche-Ausgabe*, Caesar-Verlag (Wien 1980) I 241 참조. 니체의 이 말과 2고린 11,21 이하의 바울로의 어리석은 자 이야기를 비교해 보라.

² 짧은 필레몬서는 예외다. 필레 19절 참조. 갈라디아서도 마지막 단락(6,11-18)은 손수 썼다.

³ 데살로니카 전서가 바울로 서간 가운데 가장 오래되었다는 (또 그로써 신약성서 문서들 중 가장 오래되었다는) 것은 이론의 여지가 없고, 로마서가 사도의 마지막 편지라는 것도 거의 확실하다. 나머지 편지들의 연대순은 논란되고 있으며, 몇 편의 경우엔 편집가설 문제가 덧붙여진다. 우리는 위에서(제4장 선교 활동) 편지들의 연대순 배열을 시도했다.

1. 전제들

바울로의 신학 사상은 특별한 원천들을 가지고 있다. 이것을 전제들이라 부르기로 하자. 우리는 가장 중요한 전제 세 가지를 뚜렷이 제시할 것이다. 물론 이 외에 다른 전제들도 있다. 예컨대 바울로는 이미 유대교 열광자, 바리사이 그리고 교회 박해자로서도 신학적 전제들을 가지고 있었고 또 그것들을 숙고했음이 틀림없다. 그 흔적은 특히 그의 논증 방식에서 분명히 찾아볼 수 있다. 이것은, 비록 눈에 잘 띄지 않지만, 바울로의 헬레니즘 교양에도 해당된다. 그러나 이것들은 여기서 다루지 않겠다. 바울로가 그리스도인이 되었을 때, 그에게는 전혀 새로운 무엇이 시작되었다. 바울로가 사도로 부르심받은 일은 그의 삶에서 참된 전환이었다. 바울로의 신학 사상 또한 새로운 바탕을 얻었다. 우리는 하나의 연결 요소로 열광적 바리사이와 그리스도교 사도로서 바울로의 투신의 온전성(급진성이라고 말하진 않겠다)을 지적할 수도 있을 것이다. 그러나 이것은 사유와 행동에 힘을 불어넣는 정서적 틀이지, 사상이 흘러나오는 원천은 아니다.

아래에서 고찰할 세 전제는 사도로의 부르심(다마스커스 사건), 구약성서 그리고 기존 그리스도교 전승이다. 이 순서는 고수해야 하니, 사도로의 부르심이 바울로의 삶을 결정적으로 꼴지었기 때문이다.

1.1 부르심

"내가 오늘의 나인 것은 하느님 은총의 덕입니다"(1고린 15,10). 바울로는 자신이 전적으로 하느님 은총으로 존재하고 있다는 의식을 이보다 더 명료한 말로 표현할 수 없었다. 이 구절은 사도의 가장 개인적인 진술의 하나다. 이것을 이렇게 표현할 수도 있을 것이다: 나는 하느님 은총에서 비롯한다고. 사실 우리는 매번 일인칭 서술에서 출발하기로 했다. 바울로가 자신의 부르심에 관해 알려 주는 모든 것(그렇게 많지 않다)은, 이렇게 그의 존재가 은총에 사로잡혀 있다는 사실에 의해 규정되어 있다. 다시 말해 바울로는 부르심을 통해 자기 삶의 새 단락이 열렸음을 말한다. 비슷한 진술들이 반복된다: "이분(우리 주 예수 그리스도)을 통해 우리는 사도직의 은총을 받았습니다"(로마 1,5); "그분은 나를 … 당신 은총으로 부르셨습니다"(갈라 1,15); "그들(고참 사도들)은 내게 베풀어진 은총을 알아보았습니다"(갈라 2,9). 바울로는 또한 교회 창설자로서의 자기 활동도 이 은총에 의해 떠받쳐짐을 알고 있었다: "나는 내게 주어진 하느님의 은총에 따라 슬기로운 건축사로서 기초를 놓았습니다"(1고린 3,10). 바울로의 사도로서의 지시와 관련하여: "나는 하느님이 내게 주신 은총의 힘으로 여러분에게 … 썼습니다"(로마 15,15). 은총에 대한 이런 의존은 교회 박해자였던 사도의 인생 역정에 뿌리를 두고 있다. 하느님에 의해 그 길에서 구출된 사도는 자신의 부르심을 선물로 체험했다. 그런 까닭에 바울로는 은총에 관한 이 텍스트들에서 자기 과거도 암시한다: "나는 하느님의 교회를 몹시 박해했으며 이를 아예 파괴해 버리려 했습니다"(갈라 1,13); "실상 나는 사도들 중에서 가장 작은 자이며, 더구나 하느님의 교회를 박해했으니 사도라고 불릴 자격조차 없는 몸입니다"(1고린 15,9). 바울로에게서 사도로의 부르심과 예수 그리스도에 대한 믿음으로의 부르심은 일치한다.

은총에 대한 이 실존적 의존에 터해 보면, 바울로가 자기 신학에서 은총의 수위성을 개진하는 것이 납득이 간다. 바울로에게 은총은 인간을 사로잡고 또 구원하는 거의 인격적인 권능이 된다. 바울로는 그리스도를 아담과 맞세우고, 또 그로써 죄·죽음·단죄 같은 비구원의 권세들을 그리스도에 의해 성취된 구원과 대립시키는 텍스트에서 열정적으로 은총을 찬양하거니와, 구원은 의로움과 생명 그리고 바로 은총의 넘쳐흐름 안에 있다 [로마 5,12-21. 17절: "은총의 풍부함"($\dot{\eta}$ $\pi\epsilon\rho\iota\sigma\sigma\epsilon\acute{\iota}\alpha$ $\tau\hat{\eta}s$ $\chi\acute{\alpha}\rho\iota\tau\sigma s$)]. 이 은총 외에 다른 구원의 길은 이제 전혀 없다.

바울로 복음 선포의 출발점인 부르심의 체험은 그러나 은총과 결부된 둘째 낱말을 숙고할 때에만 비로소 온전히 이해할 수 있으니, 곧 계시가 그것이다. 부르심은 하느님에게서 비롯한 그리고 바울로에게 주어진 계시였다. 계시는 성서적 의미에서 언제나 하느님 자신의 나타나심, 또 그로써 인간의 자연적 본성은 결코 접근할 수 없는 어떤 것의 나타남을 가리킨다. "하느님께서 당신 아드님을 … 내 안에 계시하시기로 기꺼이 작정하셨을 때 …"(갈라 1,16). 이 간결하고 함축적인 표현으로 바울로는 계시의 내용을 제시하니, 곧 하느님의 아들 예수다. 바울로가 이방인들 가운데서 하느님의 아들을 복음으로 선포하도록 하느님 아들의 계시가 주어졌기 때문에, 사도의 복음 내용도 이것에 의해 특징지어진다. 그런 까닭에 또한 바울로는 마침내 자신의 복음을 인간에게 받거나 배우지 않고 예수 그리스도의 계시를 통해 받았다고 말할 수 있었다(갈라 1,12). 왜냐하면 사도에게 계시된 하느님의 아들이 그의 복음의 내용이요 정수였기 때문이다. 바울로의 복음은 하느님의 아들이다. 극히 농축된 이 언명은 물론 설명을 필요로 한다. 바울로 신학 전체의 목표는 결국 다마스커스에서 그에게 주어진 하느님 아들의 계시의 설명이다. 사도에게 주어진 이 원천에 터해 그의 신학을 고찰하고 이해해야 한다. 바울로가 사도로 부르심을 받은 순간에는 자신의 복음이 될 터인 이 계시의 내포외연內包外延을 온전히는 알지 못했음이 분명하다. 그러나 핵심에 있어서는 모든 것이 이미 주어져 있었다. 구체적으로 이 계시의 핵심은 **예수가 하느님 아들**이라는 것이다.

계시는 그러나 본디 완세론적·종말론적 개념이며, 묵시문학에서 유래한다. 바울로도 이 말을 그런 의미로 사용한다. 그리스도인들은 "우리 주 예수 그리스도의 계시"(1고린 1,7)를 고대하고 있다. 심판의 날은 "진노의 날, 하느님의 의로운 심판이 계시되는 날"(로마 2,5)이 될 것이며, 불(火)로 계시될 것이다(1고린 3,13). 이런 맥락을 염두에 둔다면, 다마스커스 앞에서 바울로에게 주어진 하느님 아들의 계시가 완세론적·종말론적 사건이었음이 분명해진다. 그 사건은 종말론적·최종적인 것을 선취했다. 바울로는 그때부터 이제는 마지막 시간이라는 것, 자신은 자기 활동을 통해 마지막 시간 안에 자리하고 있다는 것을 의식하고 있었다. 이 세상은 바야흐로 사라져 가고 있었다. 바울로에게 당신 아들을 계시하신 분이 하느님이었기 때문에, 바울로는 복음을 하느님의 복음(로마 1,1; 15,16 등)이라 부를 수 있었을 뿐 아니라 그리스도의 복음(로마 15,19; 1고린 9,12 등)이라고도, 또 하느님 아들의 복음(로마 1,9), 나의 복음(로마 2,16), 우리의 복음(2고린 4,3; 1데살 1,5)이라고도 부를 수 있었다.

1.2 구약성서

바울로는 자신에게 주어진 하느님 아들의 계시에 대한 설명을 구속받지 않고 자유롭게 하지만, 다른 한편으로는 이미 규범으로 주어져 있는 것에 자신을 묶는다. 그것은 무엇보다도 성서(γραφή)다. 성서에 의존하는 것은 상정할 수 있는 적수들의 반대를 논박하기 위한 전략적 이유 때문만이 아니다. 바울로의 많은 성서 논증은 유대교 적수들을 거의 납득시키지 못했을 것이다. 성서에 의존하는 것은 구세사적 필연성 때문이다. 여기서 관건은 하느님의 동일성[4]이다. 바울로는 구약성서에 나타나는 이스라엘의 하느님은 우리 주 예수 그리스도의 하느님이요 아버지이시기도 하며, 이제 그분 안에서 당신을 결정적으로 계시하셨다고 확신하고 있었다. 성서는 뭐라고 말하는가? 사도는 이 물음을 자주 자신에게 던졌을 것이다. 그리하여 수많은 대답을 찾아냈고, 또 그것들을 다음과 같은 정식적 표현을 도입부로 하여 제시할 수 있었다: 성서는 (이렇게) 말합니다(로마 4,3; 9,17; 10,11; 참조: 11,2; 갈라 4,30; 3,8.22).[5]

---

[4] 이 개념은 Koch, *Schrift* 347f가 사용한다.

[5] 성서 인용문의 도입부에 관해 Koch, *Schrift* 25-32 참조. Koch는 바울로 서간에서 도입부가 명시된 성서 인용문을 66개로 헤아린다. 그중 34개에서는 도입부에 γράφειν(쓰다)이 사용된다. 가장 빈번한 용법은 "(이렇게) 씌어 있습니다"(γέγραπται)이다.

우리는 일인칭 서술에서 출발하고자 했으므로, 바울로가 성서에서 자신의 부르심에 관해서도 숙고했는지를 물어야겠다. 이 물음에는 긍정적으로 대답할 수 있다. "나를 어머니 태중에서부터 가려내시어 당신 은총으로 부르신 분께서 당신 아드님을 이방인들에게 전하도록 그분을 내 안에 계시하시기로 기꺼이 작정하셨을 때 …"(갈라 1,15-16). 예레미야 예언자는 "모태에서 너를 빚기 전에 나는 너를 알았다. 태중에서 나오기 전에 내가 너를 성별하였다. 민족들의 예언자로 내가 너를 세웠다"(예레 1,5; 참조: 이사 49,1.5) 하고 말한다. 하여, 바울로는 예언자들의 부르심에서 자신의 부르심을 알아본다. 사도는 자신의 다마스커스 체험을 어머니 몸 안의 잉태에까지 확대·연장한다. 이것은 바울로가 성서에 대한 숙고를 통해 자신의 온 실존이 처음부터 하느님에 의해 떠받쳐져 왔음을 깨달았으며 자신을 예언자들과 견주었음을 의미한다. 필경 바울로는 사도를 예언자 위에 놓았을 것이니, 하느님이 이제야말로 결정적으로 역사役事하시기 때문이다.

이 예에서 이미 바울로가 성서를 이용하는 원칙적 관점을 알아볼 수 있다. 동일한 하느님께서 이미 일찍이 지금 행동하시는 것처럼 행동하셨다. 다만 그분이 지금은 전에 하셨던 모든 일을 능가하신다. 이 관점은 신학의 주요 주제들에 대한 설명에서 뚜렷이 드러나는데, 이것은 뒤에서 다시 다룰 것이다. 여기서는 다만 성서를 이용하는 데 있어서 바울로의 특정 성향들에 유의하기로 하자.

바울로는 특히 성서의 이야기史話를 즐겨 취한다. 아브라함 이야기가 각별한 중요성을 지니는데, 바울로는 이 이야기를, 물론 죄인의 의인義認이라는 동일한 주제 안에서, 두 차례에 걸쳐 다룬다(로마 4장; 갈라 3장). 아브라함은 자신에게 내린 하느님 말씀을 무조건 신뢰함으로써 본보기가 되고, 죄인을 의롭다고 인정하시는 하느님의 행동을 알게 해 준다. "아브라함의 신앙이 그에게 의로움으로 인정되었던 것입니다. '그에게 인정되었다'라는 말은 그만을 위해서가 아니라 우리를 위해서도 기록된 것입니다. 우리 주 예수를 죽은 자들로부터 일으키신 분을 믿는 우리도 의인으로 인정받기로 되어 있습니다"(로마 4,22-2; 참조: 70인역 창세 15,5). 우리를 위해 성서가 기록되었다는 것이 바울로의 성서 독해 전체를 규정하는 한 관점이다.[6]

모세 시대의 광야 행군은 고린토 전서 10장 1-11절에서 부정적 의미로 교회의 본보기가 된다. 이 이야기에서 바울로는 그리스도교 공동체를 이스라엘과의 일정한 연속성 안에서 볼 뿐 아니라, 이집트를 탈출한 백성을 내세워 고린토 교우들에게 경고를 할 수 있었다. "이것들이 저들에게는 본보기로 일어났고 우리에게는 경고로 기록되었으니, 우리에게는 세기들의 끝이 임박해 있습니다"(10,11). 여기서 이 텍스트를 꼴짓고 있는 독특한 우의적 해석들과는 별도로, 바울로가 논증을 시작하는 출발점을 포착할 수 있다: 바다를 건넘, 이스라엘 백성과 광야 생활을 함께한 바위[7]에서 솟는 물을 마심, 영적 음식인 만나를 먹음이 세례와 성찬례의 성사가 되고, 그 바위는 그리스도와 결부된다.[8] "세기들의 끝이 임박해 있습니다"라는 말이 그것을 암시해 준다. 바울로는 메시아론·종말론적 관점에 터해 논증을 전개한다. 그래서 바울로는 그리스도 안에서 얻은 구원의 충만함, 구체적으로 말해 성사들을 구약성서의 이집트 탈출 이야기 안에 들여놓거나, 그 이야기 안에서 그 예형豫型들을 볼 수 있었다. 메시아의 종말 시기라는 관점에 터해 볼 때에야 비로소 성서의 전체 의미가 드러난다는 것이다. 여기서 목적은 물론 경고다. 모세 시대는 그렇게 엄청난 영적 선물을 받았음에도, 불평을 늘어놓고 우상숭배와 간음을 범했다.

바울로는 선조 이사악과 야곱도 하느님의 행동을 보여 주는 본보기로 끌어들인다. 이사악만이 아브라함의 참아들로, 또 그로써 하느님의 자식

---

[6] 이 "우리를 위해(우리 때문에)"는 1고린 9,10에도 나오는데, 신학적으로는 별로 중요하지 않은 이 맥락은 그러나 바울로가 성서 말씀을 매우 구체적으로 공동체들에 적용하고 있음을 가르쳐 준다. 로마 15,4도 시사하는 바가 많다.

[7] 유대교 전승에서도 이 바위가 이스라엘 백성과 함께 방랑한다. 예증들은 Billerbeck III 406-8 참조.

[8] 유대교 주석에서는 이 바위를 선재하던 지혜와 관련시켜 해석한다. 예증들은 같은 책 408f 참조.

으로 인정되니, 하느님의 약속에 따라 태어났기 때문이다(로마 9,6-9). 그 약속은 다음과 같다: "이사악을 통하여 후손들이 너의 이름을 물려받을 것이다"(창세 21,12). 아브라함은 아내 사라에게서 이사악을 낳았다. 이스마엘이 이사악과 대립하는데, 그 역시 아브라함이 낳았으나 여종 하갈에게서 태어났다. 우리로서는 거의 납득하기 어려운 우의적 해석에서 이 두 어미는 하느님이 인간과 맺으신 두 가지 계약의 본보기가 된다: 하갈은 시나이 산에서 맺은 계약의 본보기고, 사라는 새 계약의 본보기다. 바울로가 이 우의적 해석을 제시하는 갈라디아서 4장 21-31절에 "새 계약"이라는 말이 나오지는 않지만, 뭐라 해도 내용상 전제되어 있다. 하갈은 율법을 통해 규정된 계약을 상징한다. 그녀는 종이니, 그처럼 율법은 인간을 종살이시킨다. 사라는 자유로운 약속의 아들을 낳았다. 우리 그리스도인들은 약속의 자손들이며(갈라 4,28) 따라서 자유롭다.

이사악의 두 아들인 야곱과 장자권을 날려 버린 에사오의 운명은 하느님 섭리의 예정에 대한 본보기가 된다. 그들이 태어나기도 전에, 그러니까 선하거나 악한 일을 하기도 전에, 하느님은 야곱을 편드시는 결정을 내리셨다(로마 9,10-13). "그것은 '야곱은 내가 사랑했지만 에사오는 내가 미워했다'고 기록되어 있는 대로입니다"(9,13). 모세와 파라오 이야기는 하느님은 당신이 불쌍히 여기고자 하시는 사람은 불쌍히 여기시고, 완고하게 만들고자 하시는 이는 완고하게 만드신다는 것을 뚜렷이 보여 준다(9,14-18). 이렇게 구약성서 논증은 하느님의 현재 행동을 밝혀 주어야 하는바, 그분은 언제나 당신 자유를 지키시고 이제 이방인들을 부르시거니와, 반면 선택된 백성은 믿음에 도달하지 못한다.

또 다른 예로 고린토 후서 3장의 시나이 산의 모세 이야기를 보자. 모세가 하느님을 만날 때 얼굴에서 빛이 났고 그래서 이스라엘 사람들에게 돌아올 때는 얼굴을 너울로 가린(탈출 34,29-35) 일을, 바울로는 지금 구약성서를 읽을 때 유대인들의 마음에 너울이 덮여져 있는 사실의 전조로 해석한다. 그래서 유대인들은 구약성서를 올바로 이해하지 못하며, 구약성서와 그리스도의 관련성을 인식하지 못한다는 것이다. 모세가 시나이 산으로 하느님께 나아갈 때 너울을 벗었듯이, 유대인들은 주님께 나아감으로써만 그 너울이 벗겨진다. 바울로의 해석에서는 야훼 하느님이 주님 예수 그리스도로 교체되고, 모세 이야기는 그리스도 이야기가 된다. 덧붙여, 이 구절은 바울로가 구약성서에 관해 명시적으로 언급하는 유일한 대목이다.

바울로의 성서 해석은 전적으로 그리스도 사건에 의해 규정된다는 것이 분명해졌으리라 생각한다. 바울로는 성서의 역사비평적 의미를 묻지 않으며(역사비평적 해석은 근대에 들어와서야 생겼다), 그리스도 사건에서 출발하여 구약성서에서 그리스도와 관련된 것들을 찾아낸다. 여기에는 두 가지 근본 원칙이 있다: 하나는 구약성서에는 하느님의 현재 행동 방식의 본보기들이 들어 있다는 것이다. 하느님은 동일한 분이시기에, 지금 활동하시는 것처럼 전에도 활동하셨다. 여기에 마지막, 종말론적 메시아 시대에 살고 있다는 의식이 더해지는바, 성서에 기록된 하느님의 모든 행동은 이 시대에 정향되어 있다는 것이다. 성서는 현재를 위한 증언이 된다.[9]

바울로가 성서 논증을 전개하는 신학적 맥락들을 눈여겨보면, 두 가지가 뚜렷이 드러난다: 율법이 아니라 믿음을 통한 죄인의 의인義認, 그리고 (그것과 긴밀히 결부된) 이제 유대인들과 똑같이 복음에 나아갈 수 있는 이방인들의 부르심. 이 두 가지가 바울로 신학의 핵심 주제며, 특히 많은 배척을 받은 주제이기도 하다. 여기서 우선 유대계 그리스도인들과의 논쟁을 염두에 두어야 하니, 유대인들과의 논쟁은 그다음이다. 바울로의 많은 성서 논증이 유대인들에게 거의 먹혀들지 않았으리라는 것은 이미 분명해졌다. 의인과 이방인들의 부르심은 로마서와 갈라디아서의 주제다. 여기서 특히 많은 구약성서 인용문을 찾아볼 수 있는데, 로마서가 더 그렇

---

[9] 약속-성취 도식은 아주 제한적으로만 적용 가능하다. 하느님의 복음에 관해 말하는 로마 1,1-4에서 복음이 하느님의 예언자들을 통해 성서에 미리 약속되었다는 말씀을, 마치 그리스도 사건을 구약성서에서 추론해 낼 수 있다는 의미로 잘못 이해해선 안 된다. 오히려 거꾸로 그리스도 사건에 터해 비로소 구약성서의 의미가 밝히 드러난다고 볼 일이다. 문제점들에 관해 Koch, *Schrift* 322ff 참조.

다.¹⁰ 선조 이야기와 모세 이야기 말고도 이사야 예언서와 시편이 중요하게 인용된다. 예레미야 · 에제키엘 · 다니엘 예언서들이 거의 혹은 전혀 인용되지 않는 것은 이상하다.¹¹ 바울로는 종종 해석 전통들을 따르지만(가령 로마 4장; 1고린 10장; 2고린 3장), 뭐라 해도 자기 나름의 방식으로 수용한다.

바울로가 때때로 랍비들의 해석 규칙들을 이용하는 것도 지적해야겠다.¹² 작은 것에서 큰 것을 a minori ad maius 추론하는 방식을 고린토 후서 3장 7-9절(모세의 봉사직도 영광스러운 것이었다면, 새 계약의 봉사직은 얼마나 더 영광스럽겠는가)에서 찾아볼 수 있다.¹³ 로마서 4장 10-12절에서도 랍비들의 규칙을 적용한 흥미로운 예를 볼 수 있다:¹⁴ 아브라함은 먼저 그의 믿음이 하느님에게 의로움으로 인정받았고(창세 15,6), 그다음에야 비로소 계약의 표지로 할례를 받았다(창세 17장). 이 시간적 우선성으로부터 바울로는 할례에 대한 믿음의 본질적 우위성을 이끌어 낸다. 아브라함은 할례받은 자들, 즉 유대인들의 조상이 아니라, 믿는 자들의 조상이다! 이 논증은 랍비식 해석에 친숙한 자들에게 깊은 충격을 주었음이 틀림없다.

1.3 그리스도교 전승

바울로는 갈라디아서 1장에서 자기 복음의 비예속성과 독자성을 매우 강조한다. 사도는 이 복음의 정당성과 진실성을 열렬히 옹호하여, 하늘의 천사라 할지라도 이 복음을 반대할 수 없다고 말한다. 이를 근거로 바울로가 기존 그리스도교 전승들에 유보적 입장을 취했고, 그것들의 수용을 꺼렸다고 추측할 수도 있을 것이다. 그러나 사실은 그렇지 않았다. 이 현상

---

[10] Koch, *Schrift* 90의 목록 참조.
[11] 같은 책 33의 목록 참조.
[12] Jeremias, *Paulus als Hillelit* 참조.
[13] 작은 것에서 큰 것을 추론하는 방식은 고대 수사학도 익히 알고 있다.
[14] 여기에 적용된 것은 랍비 힐렐의 일곱 번째 해석 규칙인데, 어떤 진술이 문맥 안에서 차지하는 위치로부터 추론하라는 것이다. 같은 책 94 참조.

에 터해 단절된 대립 관계를 상정해선 안 되며, 오히려 바울로 자신이 전승과 어떤 관계에 있다고 생각했는지를 물어야 한다.

그런데 전승들에 관해 오직 고린토 전서에서만 명시적으로 언급하는 것이 눈길을 끈다. 주님의 성찬(11,23-25) 그리고 그리스도의 죽음과 부활(15,3-5)에 관한 전승들이 그것이다. 그 밖에 바울로는 11장 2절에서 일반적으로 (그리스도교) 전승에 관해 말한다: "여러분이 언제나 나를 기억하고 또 내가 여러분에게 전해 준 전승들을 간직하고 있으니 나는 여러분을 칭찬합니다." 이는 사도가 전승의 전수와 확증에 마음을 쓰고 있었음을 시사하는 말로 보아도 될 것이다. 곧이어 전례 중의 여인들 처신에 관한 지시가 나오는 것으로 미루어, 공동체 생활에 관계된 전승들도 있었다고 짐작할 수 있다. 또한 바울로가 유대교인으로서의 과거와 관련하여, 자신은 조상들이 물려준 전통을 지키는 일에 특별히 열심이었다고 말하는(갈라 1,14) 것도 마땅히 주목해야 한다. 여기서 말하는 것은 물론 그리스도교 전승이 아니라 유대교 전승이다. 아무튼 바울로는 그리스도인이 되기 전부터 전승과 친숙했고 그 중요성 또한 익히 알고 있었다. 그러므로 바울로가 그리스도인이 된 뒤에도 전승의 발전과 보호에 관심을 기울였으리라는 것은 쉽게 짐작할 수 있다.

그리스도교 전승이 고린토 전서에만 명시적으로 나타나는 것은, 이 서간의 특징과 관련시켜 보아야 할 것이다. 바울로는 이 편지에서 서면이나 구두로 전해 들은 고린토 교회의 여러 어려운 문제를 다룬다. 지리멸렬하던 교회에 지시를 하면서, 사도가 교회 창설 당시 교우들에게 전해 준 전승들을 상기시키는 것은 의미심장하다. 바울로의 목적이 공동체를 견고히 하는 것이었음은 두말할 것도 없거니와, 사도는 이것은 무엇보다도 공동체를 전승 안에 뿌리박게 함으로써 이루어진다고 생각했다.

주님의 성찬 그리고 그리스도의 죽음과 부활에 관한 전승들에 대한 언급에서 바울로는 틀에 박힌 전승 용어들을 사용한다. 이것은 다음과 같은 정식적 표현들의 일치에서도 분명히 드러난다:

"내가 여러분에게 전해 준 것들은 실상 내가 주님께로부터 전해 받은 것들입니다"(1고린 11,23).

"실상 나도 전해 받았던 것으로 여러분에게 무엇보다도 먼저 전해 준 것은 이것입니다"(1고린 15,3).[15]

'전해 받다'와 '전해 주다'는 바울로가 전승의 고리 안에 있음을 나타내 주는 특징적 낱말들이다. 이런 정식적 표현들에서 바울로는 아마 랍비-유대교의 본보기들에 의지하고 있는 것 같다(갈라 1,14 참조). 이 용어들이 그리스 학파들에서도 널리 알려져 있었고 또 다른 곳에도 그런 전통들이 있었지만 말이다.[16] 그러나 고린토 전서 11장과 15장 사이에는 차이점도 있다. 고린토 전서 15장에서 순서가 '전해 받다-전해 주다'로 바뀐 것은 그리 중요하지 않다. 중요한 것은 바울로가 그리스도 전승을 가장 중심되는 것으로 표현한 사실이다. "(내가) 여러분에게 무엇보다 먼저($\epsilon\nu\ \pi\rho\omega\tau\omicron\iota\varsigma$) 전해 준 것은 이것입니다"라는 말은, 바울로가 이 전승을 가장 중요하게 여겼다는 의미로 이해해야 한다. 사도는 이 전승을 교회 창설 때 전해 주었다. 다른 교회들 창설 때에도 그랬을 것이다. 이 전승의 내용이 마침내 바울로 복음의 핵심을 이루는바, 바로 예수의 십자가와 부활이다. 동일한 사정을 사도는 고린토 전서 15장 1절에서 이렇게 표현한다: "형제들이여! 나는 내가 여러분에게 복음 전했고, 여러분은 전해 받았으며 또한 그 안에 굳게 서 있는 그 복음을 여러분에게 일깨워 드립니다." 3절과 비교해 보면 여기에는 '전해 주다' 대신 '복음 전하다'($\epsilon\upsilon\alpha\gamma\gamma\epsilon\lambda\iota\zeta\epsilon\sigma\theta\alpha\iota$)로 되어 있으며, 또 '전해 받다'라는 낱말도 바뀌었다. 바울로가 여기서 복음이라는 개념을 연이어 두 번 (즉, 강조하여) 사용하고, 또 그 복음을 그러나 사람들에게 배운 것이 아니라 계시를 통해 받았다고 주장하는 것을 염두에 둘 때, 전승에 대한 사도의 입장을 어찌 판단해야 할까? 바울로는 자신을 다른 사도들과 함

---

[15] 두 곳 모두 이 도입부의 정식적 표현 다음에 콜론(:)에 해당되는 $\delta\tau\iota$(영어의 that) 절(節)이 뒤따른다.

[16] Conzelmann, *1 Kor* 230은 밀교들과 영지주의를 꼽는다.

께 전승의 창시자로 여겼으며, 그들과 동등하다고 자임했다. 그들은 자신보다 시간상 앞섰을 뿐이다. 때문에 바울로는 그들의 전승을 인용할 수 있었다. 그 밖에는 어느 면에서도 바울로는 그들에게 뒤지지 않았다. 그런 까닭에 바울로는 그리스도의 부활 증인과 사도전승 창시자들 명단에, 시점에 따라 마지막으로, 자신을 끼워 넣었다: "(그분은) 맨 마지막으로는 배냇병신 같은 나에게도 나타나셨습니다"(15,8). 바울로는 이로써 자신의 사도 권위를 주장하고, 또한 다른 사도들의 권위도 물론 인정하는데, 이렇게 할 수 있는 것은 복음의 단일성과 일치를 확신하고 있었기 때문이다. 이것을 바울로는 이 상론 말미에 확언한다: "그러니 나나 저들이나 우리는 이렇게 선포하고 있는 것이고 또 여러분은 이렇게 믿은 것입니다"(15,11).

주님의 성찬 전승에 관해 바울로는 그것을 주님께 받았다고 말한다. 물론 사도는 이 언명으로써 전승 텍스트를 고양되신 주님께 직접 (들음으로써) 전해 받았다고 암시하려는 것은 아니다.[17] 오히려 이 전승이 지상 예수에게 소급됨을 말하려는 것으로 이해해야 한다. 아무튼 이 언급으로는 충분치 못하다. 바울로가 주님 예수 자신에 관해서도 말하지 않고(만일 그랬다면 역사상 예수에의 정향이 뚜렷이 부각되었을 것이다), 이 전승을 어디서 알게 되었는지도 말하지 않는 것이 눈길을 끈다. 짐작건대 그곳은 안티오키아 교회였을 것이다. 바울로는 전승을 주님께 받았다는 말로써 전승에 대한 자신의 특수 관계를 암시하고자 한다. 물론 여기서 말하는 것은 바로 그 복음, 즉 예수의 죽음과 부활이 아니다. 하지만 사도는 다른 전승들에 대한 판단에서도 자신을 부르신 주님과의 관계를 주장한다. 우리는 전승을 주님께 받았다는 바울로의 말에서, 객관적으로 전해져 온 것을 사도로 하여금 권위 있게 해석하도록 해 주시는 고양되신 분도 보아야 한다. 바울로에게 전승은 죽은 글자가 아니라 말씀으로 드러나는바, 그는 이 말씀을 소명받은 사도로서 계속 전하고 해석할 수 있었다.

---

[17] 옛 주석자들은 종종 그렇게 생각했다. Neuenzeit, *Herrenmahl* 82 참조.

우리는 바울로가 또한 나름대로 전승들을 창시했음을 전제할 수 있다. 이것은 이미 고린토 전서 11장 2절에 암시되어 있다고 볼 수 있으며, 또 바울로가 모든 교회에 내린 지시들에 관해 언급하는 데서도 드러난다. 예컨대 바울로는 "내가 어디서나 모든 교회에서 가르치는 그대로, 그리스도 안에서의 내 도리(직역하면 '길들')를 여러분에게 일깨워 주도록"(1고린 4,17; 참조: 7,17) 디모테오를 고린토 교회에 파견했다.

바울로가 수용한 전승들을 가려내는 또 하나의 길이 있다. 이 길은 근본적으로 20세기에야 역사비평적 주석학이 열어 주었다. 역사비평적 주석학은 바울로가 "나 역시 전해 받은 것을 여러분에게 전해 주었습니다" 같은 정식적 표현을 명시적으로 사용하지 않는 곳에서도 전승들을 수용했음을 밝혀냈다. 주석학자들은 다른 여러 곳에서도 바울로 이전에 생겨난 것이 틀림없는 텍스트들을 찾아냈다. 그런 것들로는 찬가 혹은 신앙고백 양식의 텍스트들, 그리스도론적 내용을 많이 담고 있는 텍스트들, 때로는 그저 텍스트 단편들이 있다. 필립비서 2장 6-11절의 그리스도 찬가가 최초의 것들 가운데 하나다. 이런 전승들의 식별 기준들은 특히 다른 어투, 바탕에 깔려 있는 비바울로적 구상, 요컨대 형식적·내용적 관찰들이다. 학자들의 연구 결과는 바울로가 사람들이 추측했던 것보다 꽤 많이 전승들에 의존하고 있음을 밝혀 주었다. 물론 사도는 전해 받은 것을 해석하고 거기에 첨가하는 일을 결코 그만두지 않았다. 앞으로 바울로 신학의 주제들을 설명할 때 그런 전승 텍스트들을 다룰 것이다.

참고문헌

R. DEICHGRÄBER, *Gotteshymnus und Christushymnus im der frühen Christenheit* (StUNT 5) (Göttingen 1967).

J. JEREMIAS, Paulus als Hillelit: *Neotestamentica et Semitica* (Festschrift M. Black) (Edinburgh 1969) 88-94.

D.A. KOCH, *Die Schrift als Zeuge des Evangeliums* (BHTh 69) (Tübingen 1986).

E. LOHMEYER, Kyrios Jesus. Eine Untersuchung zu Phil 2, 5-11 (*SHAW.PH* 1927/28,

4./Darmstadt ²1961).

O. MICHEL, *Paulus und seine Bibel* (BFChTh.M 18) (Gütersloh 1929/Darmstadt 1972).

P. NEUENZEIT, *Das Herrenmahl* (StANT 1) (München 1960).

S. SCHULZ, Die Decke des Moses: *ZNW* 49 (1958) 1-30.

K. WEGENAST, *Das Verständnis der Tradition bei Paulus und in den Deuteropaulinen* (WMANT 8) (Neukirchen 1962).

K. WENGST, *Christologische Formeln und Lieder des Urchristentums* (Gütersloh 1972).

2. 하느님, 근원과 목표 — 신론

바울로의 모든 사유는 하느님으로부터 출발하고 그분께로 돌아간다. 사람들이 바울로 신학의 하느님 중심성에 관해 말해 온 것은 당연하다.[1] 여기서 우리는 신론에 관해 말할 때, 그 개념을 엄밀한 의미로 이해하고 또 우리가 하느님에 관해 직접 체험하는 것에 관심을 기울일 것이다. 바울로는 성서의 하느님, 즉 이스라엘의 하느님에 관해 말하며, 하느님에 관한 말에서 자신이 유대인임을 드러낸다. 그러나 사도는 "이스라엘의 하느님"이라는 명칭은 사용하지 않으며, "아브라함의 하느님, 이사악의 하느님, 야곱의 하느님"(마르 12,26 참조) 또는 "우리 선조들의 하느님"이라는 명칭들도 사용하지 않는다. 그 대신 갈라디아서 6장 16절에서 "하느님의 이스라엘"이라는 거꾸로 된 표현을 사용하며, 여기에 평화와 자비가 내리기를 기원한다. "하느님의 이스라엘"이 유대인들과 이방인들로 구성된 새로운 하느님 백성을 의미함은 두말할 나위가 없다. 이 개념은 그러나 옛 하느님 백성과 새 하느님 백성의 연속성도 나타내 준다.

하느님에 관한 바울로의 말은, 성서의 예부터의 하느님을 염두에 두고 있긴 하지만, 새로운 관점, 즉 하느님께서 예수 그리스도 안에서 당신을 결정적으로 계시하셨고 그분을 통해 모든 인간의 구원을 위해 행동하셨다는 사실에 터해 이루어진다. 그런 까닭에 하느님은 이제 "우리 주 예수 그리스도의 아버지 하느님"(2고린 1,3)이라 불린다. 이로써 그때까지 전혀 미지의 전망이 열렸거니와, 이것이 모든 그리스도교 신론의 특징이 될 터였

---

[1] Thüsing, *Gott und Christus* I 참조.

다. 그러나 이로써 유대교-원그리스도교의 유일신론이 흔들리는 것이 아니라 오히려 강화되니, 왜냐하면 예수 그리스도는 하느님의 다스림을 이 세상에 관철하기 위해 헌신하셨기 때문이다.[2] 예수 그리스도의 하느님 아들 됨은 우리의 하느님 자녀 됨을 포함한다. 때문에 바울로는 특히 편지 인사말에서 하느님을 즐겨 "우리 아버지"라고 부르는데, 그러면서 (유명한 인사 정식에서) 또한 언제나 주님 예수 그리스도를 언급한다.

하느님은 한 분이시다.[3] 바울로는 신명기 6장 4절의 "이스라엘아, 들어라! 주 우리 하느님께서는 한 분이신 주님이시다"라는 유대교 신앙고백과 연계하여, 예수 그리스도를 한 분 주님으로 나란히 강조한다(1고린 8,6). 하느님은 한 분이시니, 만유의 창조자요 목표이시기 때문이며, 예수 그리스도는 유일한 주님이시니, 보편적 중보자이시기 때문이다. 왕년의 이교도들에게 헌신한 바울로가 이런 맥락에서 소위 신들과 주들이 많지만 우리에겐 오직 한 분 하느님과 한 분 주님이 계실 뿐이라고 말하는 것은 주목할 만하다(8,5-6). 사도는 이 말로써 말뿐인 신앙고백으로는 충분치 않으며, 모든 것이 각자가 한 분 하느님/한 분 주님과 어떤 관계에 있는가에 달려 있음을 암시하고자 한다. 하느님은 보편적 구원 역사役事를 통해 당신의 유일무이하심을 드러내셨다. 모든 인간은 이제 믿음을 통해 그분께 나아가는 똑같은 길을 얻었다. 그러므로 하느님은, 로마서 3장 29절이 신랄하게 따져 묻듯, 더 이상 유대인들만의 하느님이 아니다. 보편적 창조와 보편적 구원은 한 분 하느님께 정향되어 있으며, 떼어 놓을 수 없는 내재적 상호관련성 안에 있다. 바울로는 도발적으로 자기 독자들로 하여금 그들에게 초래될 결과들을 유념케 함으로써, 필경 이미 경직된 옛 신앙 정식들에 새로운 생명을 불어넣는다.

하느님은 존재하지 않는 것을 존재로 부르시고 죽은 자들에게 생명을

---

[2] E. Stauffer: *ThWNT* III 103 참조.
[3] Peterson, Εἷς θεός 참조.

주시는 창조주시다(로마 4,17). 그러므로 사람은, 아브라함이 그랬듯, 그분의 말씀과 약속을 신뢰할 수 있다. 예전의 이방인들이 우상들을 버리고 돌아서서, 이 참되시고 살아 계신 하느님을 섬기게 되었다(1데살 1,9). 사람을 차별하지 않으시는 하느님의 공평하심에 관한 옛 정식을, 바울로는 구원을 얻는 데 있어 이제 유대인과 이방인에게 동일한 조건들이 통용된다고 말함으로써 확증한다(로마 2,11; 참조: 집회 25,12-13; 2역대 19,7).

하느님은 역사와 인간 운명의 주재자시다. 하느님은 당신 창조계를 통해 당신을 인식하게 해 주신다. 인간 이성은 하느님의 보이지 않는 존재를 세상 창조 이래 그분의 업적에서 인지할 수 있었다.[4] 이미 구약성서 지혜서도 익히 알고 있는 이 자연신학(지혜 13-15장 참조)은 필경 동시대 스토아 철학에 뿌리를 두고 있는데, 이것을 바울로는 자기 나름으로 수용·개진한다. 하느님 인식과 찬미에 도달할 수 있는 이 길을 인간들이 무시했기 때문에, 하느님은 그들을 한동안 허망하고 어리석은 그들의 본성에 내맡기셨다(로마 1,18 이하). 하느님은 인간의 욕정을 그대로 버려 두시어, 모두가 죄 아래 얽혔고 그리하여 성서에 묘사된 상태가 현실이 되었다: "의인은 없다. 하나도 없다. 지각 있는 자가 없다. 아무도 하느님을 찾지 않는다. 모두가 탈선했고 다들 몹쓸 것들이 되었다. 좋은 일을 하는 자 없다. 하나도 없다. 그들의 목구멍은 벌려 있는 무덤이요 그들은 혀로 속이며 그들의 입술 밑에는 살무사의 독이 있고 그들의 입은 저주와 독설로 가득하다. 그들의 발은 피를 쏟는 데 잽싸고 파멸과 비참이 그들의 길에 있고 평화의 길을 그들은 알지 못했다. 하느님께 대한 두려움이 그들의 눈앞에 없다"(로마 3,9-18).[5] 상황이 이렇게까지 된 다음에야 하느님께서 구원을 위해 개입하신다. 물론 비구원과 구원의 이 이어짐을, 마치 이제는 모든 불행이 뒤집어져 해피 엔드로 귀결된다는 식으로 알아들어서는 안 된다. 원칙적 구

---

[4] Lührmann, *Offenbarungsverständnis* 21-6 참조.
[5] 바울로는 여기서 짐작건대 자신이 입수한 한 성서 인용구 모음집을 사용한다.

원이 성취되긴 했지만, 악의 저주는 존속한다. 나아가 하느님의 구원의 계시로 인해 비로소 죄의 총체적 차원의 무서운 작용이 고스란히 드러난다.

비구원의 역사와 구원의 역사의 이 진행은 로마서에서 상세히 개진되는데, 다른 편지들에서도 하느님의 구원 활동이 뚜렷이 부각된다. 동일한 특정 동사들이 나타나는 한편, 구원 활동에 대한 서술이 그때그때 신학적·사목적 관심사에 맞추어 적절히 변조變調된다. 아무튼 바울로가 하느님의 주도권을 매우 강조하는 것이 실로 인상적이다. 여기서는 하느님에 관한 두 가지 분사分詞형 진술이 지배하고 있다: 예수를 죽은 이들 가운데서 부활시키시고, 우리를 부르신 하느님.[6] 하느님께서 우리를 구원하시기 전에 예수에게 구원의 역사役事를 하셨다. 또는: 예수에게 역사하심으로써 우리의 구원을 성취하셨다.

하느님에 관한 데살로니카 전서의 언명들에서 하느님의 활동에 대한 바울로의 신뢰가 특히 뚜렷이 드러난다. 바울로가 설립한 뒤 곧 떠났던 이 교회는 하느님의 계속적인 활동에 맡겨졌다. 바울로는 데살로니카 교회가 "하느님에게서 배워 서로 사랑하고" 있다고 말하며, 또 하느님께 성령을 선사받았음을 알고 있다(4,8-9). 이 하느님의 직접적인 가르침은, 물론 인간의 중개를 배제하지는 않지만, 아무튼 교회 초창기의 한 특징이다. 필경 이것은 메시아 시대에 대한 예언자들의 예고와 연결되어 있다(이사 54,13; 참조: 요한 6,45). 고린토 교우들에게 바울로는 하느님 선택의 뜻을 밝혀 준다. 고린토 교회에는 하층민, 노예, 날품팔이꾼들이 상당히 많았다. 이것은 그러나 하느님께서 지혜로운 자·강한 자·권세 있는 자들을 부끄럽게 하고, 이미 여기서 가치들을 전도시키고, 이 세상 지혜가 어리석음으로 드러나게 만드시기 위해, 약한 자·미천한 자·멸시받는 자들을 선택하셨음을 의미한다(1고린 1,26-28). 자신의 사도 소명을 의심하는 고린토 교우들에게 바울로는 자기 선교 여정이 모든 곳에서 개선 행진이 되도록 이끄시고, 개

---

[6] Koch, *Schrift* 348의 예증들 참조.

선 행진에는 훈향이 따르듯, 그리스도를 아는 지식의 향기를 널리 발산케 하시는 분은 바로 하느님이시라고 설명한다(2고린 2,14). 고린토 교우들이 비난한 자신의 허약함 가운데서도 사도는 하느님께 위로받고 있음을 안다(1,4). 바울로는 더 나아가 하느님께서 부과하신 고통스런 상황들 안에서 일종의 필연성을 알아본다. 그러므로 사람은 자신에게서 나오는 엄청난 힘이 사실은 자신에게서 비롯하는 것이 아니라 하느님에게서 비롯함을 깨달아야 한다(4,7). 바울로는, 협력자들과 마찬가지로, 하느님의 끊임없는 자비를 체험했다. 하느님의 계획에 그렇게 예정되어 있어야만, 바울로는 로마에 갈 수 있을 터였다(로마 1,10.13). 하느님은 거의 죽을 만큼 아팠던 에바프로디도를 불쌍히 여기셨다(필립 2,27). 그분은 디도에게 사목적 임무들을 완수할 수 있는 크나큰 열정을 주셨다. 바울로가 깊은 신뢰의 관계를 맺을 수 있었던 필립비 교우들에게 보낸 편지에는, 데살로니카 전서에서처럼 신뢰가 매우 강조되어 있다. 사도는 그들 안에 원의願意를 일으키시는 분도 실천케 하시는 분도 하느님이시며(필립 2,13), 그들 가운데서 좋은 일을 시작하신 분이 그 일을 완성하시리라고 말한다(1,6).

  비슷한 구절들은 더 찾아볼 수 있다. 로마서와 갈라디아서에는 하느님의 주도권에 귀착되는 구원론의 중요한 주제들이 나온다. 하느님께서는 믿음에 터해 이방인들을 의롭게 하시거니와(갈라 3,8), 당신 자신 의로우시며 유대인이든 이방인이든 예수를 믿는 자들을 의롭게 하신다(로마 3,26.30). 하느님은 마침내 그리스도를 통해 세상을 당신과 화해하게 하셨다(2고린 5,18-19). 교회론적 맥락들도 유의해야 마땅하다. 성령과 주님(예수 그리스도) 그리고 하느님께서 함께 역사하시어 교회 건설에 필요한 은사들을 교회 안에 일으키신다(1고린 12,4-6). 여기서 고린토 후서 13장 13절의 축원에서처럼 일종의 삼위일체론적 진술을 알아볼 수 있는데, 이는 물론 본격적 삼위일체론에 관한 언명으로 의도된 것은 아니지만, 이 근본적인 신학 사상이 생겨나는 데 도움이 될 터였다. 이런 하느님의 역사를 통해 교회는 하느님이 자신 안에 계심을 체험한다(1고린 14,25).

역사 안에 개입하시는 하느님 활동의 보편성은 (간접적이라고 말해야 하려니와) 인간에 의해 행사되는 국가권력도 포섭하니, "하느님으로부터 오지 않는 통치권은 없기"(로마 13,1) 때문이다. 이 논란 많은 텍스트는 바울로 신학의 전체 맥락에 터해 종말론적 유보(이 텍스트 자체엔 애석하게도 결여되어 있다) 아래 두어야 한다. 바울로 사상의 핵심은 역사적이고 자연적인 모든 사상事象의 목표점이요 완성자이신 하느님에 대한 관념이다. 사도는 이 관점을 특히 고린토 교회에 보낸 편지들에서 강조한다. "밖에 있는 사람들(교회에 속하지 않은 사람들)은 하느님이 심판하실 것입니다"(1고린 5,13). 하느님께 정향된 종말론적 완성의 드라마를 바울로는 고린토 전서 15장 20-28절에서 묘사한다. 죽은 이들이 부활하고 고양되신 그리스도께서 모든 권세를 굴복시키신 다음(마지막 원수로 죽음이 무찔러진다), 그리스도께서는 당신의 지배권을 아버지이신 하느님께 넘겨드리고 당신께 모든 것을 굴복시키신 하느님께 몸소 굴복하실 것이며, "그리하여 하느님께서 모든 것 안에서 모든 것이 되실 것"이다. 이 헬레니즘적 언어 안에서 하느님의 궁극적 통치가 통고된다. 이 사상은 옛 성서 전통과 일치하니, 거기서는 표현이 다를 뿐이다. 예컨대: "그리고 주님께서 온 세상의 임금이 되시리라"(즈가 14,9). 그리스도의 통치에서 하느님의 통치로 넘어감은 다시금 두 가지를 나타내 주는바, 그리스도의 중보자 구실과 바울로 신학의 하느님 중심적 관점이 그것이다. 바울로의 신론은 모든 것은 "하느님 아버지께 영광을 드리기 위해"(필립 2,11ㄷ) 일어난다는[7] 고백에서 정점에 이른다.

참고문헌

G. DELLING, Partizipiale Gottesprädikationen in den Briefen des NT: *StTh* 17 (1963) 1-59.

E. GRÄSSER, "Ein einziger ist Gott": H. Merklein – E. Zenger (Hrsg.), *"Ich will euer Gott werden"* (SBS 100) (Stuttgart 1981) 177-205.

---

[7] 이 영광송은 바울로가 기존의 그리스도 찬가에 덧붙인 것으로 보인다. Gnilka, *Phil* 130 참조.

D. LÜHRMANN, *Das Offenbarungsverständnis bei Paulus und in paulinischen Gemeinden* (WMANT 16) (Neukirchen 1965).

E. PETERSON, *Εἷς θεός* (FRLANT 24) (Göttingen 1926).

W. THÜSING, *Gott und Christus in der paulinischen Soteriologie* I (NTA 1/1) (Münster 1986).

3. 세상의 근본 상태 — 우주론

이 세상(우주·삼라만상)은 하느님의 창조에서 비롯했다. 세상은 그 모든 힘과 그 안에 살고 있는 모든 것과 함께 하느님 손에서 생겨났다. 하느님과 맞서는 어떤 원리, 데미우르고스, 혹은 어떤 영원한 원소 따위는 바울로에게 존재하지 않는다. 여기서 바울로는 구약성서 전통 안에 서 있다. 이것은 바울로에게 너무나 자명하기에, 사도는 창조 사상 자체를 주제로 논구하지 않는다. 그러나 이 사상은 특정한 신학적 맥락들 안에 삼투해 있다. 하느님은 존재하지 않는 것을 존재로 부르시고, 무無로부터 창조하신다.[1] 특히 인간, 남자와 여자가 하느님의 각별한 창조물이다. 고린토 전서 11장 9절에 따르면 여자는 남자를 위해 창조되었는데, 여기서 바울로는 창세기 2장 18-23절의 창조 기사(이에 따르면 여자는 남자와 협력하기 위해 그와 비슷하게 창조되었다)에 의거하고 있는바, 이로써 사도는 여자에 대한 남자의 의존을 나타내고자 한다. 여기서 우월이나 종속은 염두에 두고 있지 않거니와, 이것은 그리스도는 모든 남자의 머리고 남자는 여자의 머리라고 말하는 고린토 전서 11장 3절에서도 마찬가지다.[2] 하느님께서 창조하신 것은 좋은 삼

---

[1] 시리아어 바룩 묵시록 48,8: "당신은 당신 말씀으로 존재하지 않는 것을 생명에로 부르시나이다" — 21,4: "그때까지 존재하지 않았던 … 대지를 창조하신 당신이시여, 제 말을 들어주소서."

[2] 바울로는 남자와 여자의 우열을 논하는 게 아니라, 전례 중에 여인들이 머리에 너울 쓰는 구체적 문제를 겨냥한다. 따라서 이 진술을 지나치게 강조하는 것은 옳지 않다. 한편 "머리"를 어떤 의미로 — 지배 혹은 근원? — 이해해야 하는지가 논란되고 있다. P.S. Fiddes, "Woman's Head is Man": *BQ* 31 (1986) 370-83; J.A. Fitzmyer, Kephale in 1 Cor 11,3: *Interp.* 47 (1993) 52-9; Schrage, *1 Kor* II 500ff 참조.

라만상이었으며, 과연 오늘도 그분의 보이지 않는 존재를 이성의 도움으로 창조 업적에서 인지할 수 있다(로마 1,20).

그러나 이 세상은 창조의 아침 이래 변했다. 그 변질의 책임을 인간에게 지울 때, 바울로는 다시금 구약성서에 의존한다. 한 사람을 통해 비구원이, 더 자세히 말해 비구원의 총괄 개념인 죄가 세상에 들어왔고, 그 결과로 죽음이 들어왔다(로마 5,12). 인간이 생명에로 부르심을 받은 것은 하느님을 찬미하고 그분께 감사드리기 위함이었으리라. 그러나 인간은 창조계를 눈여겨 살핌으로써 하느님을 자신의 주인이요 창조자로 인식하는 데로 나아가지 않았다. 오히려 인간은 실질 없는 것, 무의미한 것, 우상의 손에 떨어졌다. 창조주 대신 피조물을 숭배했고, 볼 수 없는 분 대신 자신이 만들어 낸 형상을 섬겼다. 영원하신 하느님의 영광을 덧없는 것, 인간과 짐승들의 형상과 바꾸었다. 바울로는 우상숭배, 인간숭배와 동물숭배뿐 아니라 사람이 만들어 낸 사상事象들과 가치들의 온갖 신격화와 절대화를 암시한다. 사도는 거기서 인간의 모든 불신과 불의에 대한 하느님의 징벌, 하느님 진노의 작용을 알아본다. 사람의 마음은 어두워졌다. 지혜롭다 자처하던 자들은 바보가 되었다(로마 1,18-32).

그러므로 바울로에게 '세상'(ὁ κόσμος)이 무엇보다도 인간 세상, 인류를 가리킨다는 것은 자명하다. 하느님이 세상을 심판하실 것이다(로마 3,6), 온 세상이 하느님 앞에 유죄판결 받게 되었다(3,19), 아브라함이 세상을 상속받을 것이다(4,13), 그리스도인들이 세상의 등불처럼 빛나고 있다(필립 2,15) 등의 구절에서 '세상'은 그런 의미로 이해되어야 한다. 하느님을 거부하는 세상은 자기 고유의 법과 가치관들을 만들어 냈거니와, 지혜 · 힘 · 인정認定의 이 고유한 체계는 물론 하느님 앞에서는 아무것도 아니며, 이제 그리스도와 그리스도인들에 의해 망상의 세계임이 폭로되고 있다(1고린 1,26-28; 3,18-20). 그러나 이 법과 가치관들이 이 세상 테두리 안에서 여전히 통용되고 있기에, 사도와 그리스도인들이 어리석은 자들로 비칠 수 있다(2고린 11,16-18). 이들은 세상과 천사들과 사람들의 구경거리가 된다(1고린 4,9).

바울로가 신화적 언어로 사탄과 그에게 귀속된 권세들에 관해 말할 때, 이 세상의 위협적인 힘이 극히 선명하게 부각된다. 사탄은 바울로가 자주 사용하는 악마 이름이다.[3] 그런데 사도는 이 원수가 어디서 비롯하는지, 어떻게 권세를 가지게 되었는지 따위에 관해서는 어디서도 설명하지 않는다. 바울로는 사탄이 인간들을 유혹한다고 말하고(1데살 3,5; 1고린 7,5) 육신의 고통과 질병의 원인을 사탄에게 돌리는데, 여기서도 전통적 관념들에 의존한다. "사탄의 심부름꾼이 나를 주먹으로 때립니다"(2고린 12,7)라는 말은 질병을 암시하는 것이겠다. 사탄은 사람들을 사로잡아 의로움의 봉사자들로 가장假裝시킬 수 있다(11,15). 믿지 않는 자들의 생각을 미혹하여 복음을 거부하게 만든다. 이런 맥락에서 사탄은 "이 세상의 신"이라 불리거니와, 이 말은 그의 막강한 영향력을 나타낸다. 슐리어[4]에 따르면 사탄은 모든 영역과 계층의 인간들을 손아귀에 넣을 수 있으며, 그들을 자기 권세의 짐꾼과 도구로 만들 수 있다.

물론 이 위협적 관점은 여기서 제시해야 할 구원에 대한 그리스도교의 관점에 의해 달리 자리매김된다. 왜냐하면 이런저런 권세들이 이 세상 시간 안에서 아직 재앙을 불러일으킬 수 있다 하더라도, 근본적으로는 고양되신 주님이 이미 모든 것을 당신께 (또는 하느님이 모든 것을 주님께) 굴복시키셨기 때문이다. 이 사상은 시편 8장 7절에서 찾아볼 수 있다: "사실 그분께서는 모든 것을 그의 발 아래 굴복시키셨습니다"(1고린 15,27). 그리스도의 승리를 경축하던 찬송 텍스트들이 있다. 성취된 구원이 전례에서 앞당겨 찬미되었다.[5] 한 아름다운 예가 필립비서 2장 6-11절의 그리스도 찬가다: "그러므로 하느님께서는 그분을 지극히 높이시고 어느 이름보다도 빼어난 이름을 그분에게 내리셨도다. 그래서 예수의 이름 앞에 천상 · 지

---

[3] διάβολος(악마)는 바울로 차명서간에 나온다: 에페 4,27; 6,11; 1디모 3,6-7 등.

[4] H. Schlier, *Mächte und Gewalten* 27.

[5] 에페 1,22; 히브 2,8 참조. 골로 2,15에 따르면 권세들의 정복은 그리스도의 승천 때 이루어졌다.

상·지하에서 모두가 무릎을 꿇고 모두 입을 모아 예수가 주님이시라고 고백하여 하느님 아버지께 영광을 드리게 하셨도다." 천상·지상·지하의 것들이 우주적 권세들을 가리킴은 확실하거니와, 이것들은 이 구절에 차용된 그리스-헬레니즘 표상 세계에 따르면 신과 인간에게 적대적이며 인간들을 해치고 제 종으로 만든다.[6] 이 권세들은 맹목적으로 광란하는 하이마르메네, 즉 모든 인간에게 불행을 안겨 줌으로써 자신을 감지하게 하는 숙명을 대변한다. 새로 책봉된 주님이요 세계 지배자인 예수 그리스도[이분에게 주어진 이름은 주님(퀴리오스)이다]가 이 권세들을 없애시고 정복하셨다. 이 일이 언제(이미 그리스도의 고양에서? 아니면 그리스도의 내림에서 비로소?) 일어나는가라는 많이 논구되는 물음에는 첫째 의미로 대답해야 한다.[7] 예수 그리스도가 주님이시라는 권세들의 고백(이는 굴복의 표지다)은, 이미 이루어진 그리스도의 즉위와 떼어 놓고 생각할 수 없다. 전례 언어는 극히 확신에 차 있으며, 전례는 그런 텍스트들에서 하늘나라의 선취로 이해된다.

바울로는 현실적이다. 사도는 필경 악에 대한 그리스도의 승리가 이미 성취되었음을 알고 있지만, 매우 냉정하게 악의 존속을 알아본다. 그는 이 세상의 근본 상태에 대한 판단에서 묵시문학 용어들을 사용하지만, 묵시문학의 세계관은 아주 부분적으로만 받아들인다. 묵시문학은 이 세상과 도래할 세상을 구별한다. 현세와 같은 의미인 이 세상은 완전히 부패했고 전적으로 어둠의 권세들에게 지배당하며, 구원 가망 없이 멸망에 버려져 있다. 도래할 세상이 비로소 위대한 전환을 가져와, 낡은 세상은 꺼지고 새 하늘과 새 땅이 생겨나게 하며 죽은 이들이 부활하게 한다. 바울로는 이 세상, 이 세상의 지혜와 권세가들은 장차 힘을 빼앗기게 되리라고 말한다(1고린 2,6; 참조: 3,18). 이 시대에 순응하지 말라고 그리스도인들에게 경고한다(로마 12,2). 사도는 또한 이 세상이 완전히 썩었음도 보고 있다. 바울로

---

[6] 이 세 종류의 권세들은 Ign, *Trall* 9, 1도 언급한다. 인간을 노예화하는 권세의 또 다른 형태는 "세상의 원소들"이다(갈라 4,3.9). 이에 관해 Gnilka, *Kol* 123-7 참조.

[7] Gnilka, *Phil* 128 참조.

에게는 사탄을 "이 세상의 신"(2고린 4,4)이라 지칭하는 것보다 이 사실을 더 명확히 표현하는 말은 없었다. 하지만 바울로는 묵시문학에서 말하는 현세와 내세 사이의 엄정한 휴지休止 관념은 넘겨받지 않았다. 오히려 바울로는 도래할 세상은 이미 그리스도 사건에서 시작되었다고 생각했다. 로마서 전반부의 구조가 이 관점을 가르쳐 준다. 사도는 1장 18절부터 3장 20절에서 이 세상, 이방인과 유대인의 타락을 인상 깊고 다채롭게 묘사한 다음, 3장 21절에서 대전환을 언급한다: "그러나 이제 하느님의 의로움이 … 드러났습니다." 그리스도 안에서 세상의 전환은 이미 이루어졌다. 그러나 낡은 세상은 아직 존속한다. 여기에 두 세상 사이에 살아야만 하는 그리스도인 시험試驗의 본질이 있다. 바울로는 "도래할 세상"이라는 개념 그리고 새 하늘과 새 땅에 관한 언급을 삼간다(묵시 21,1 참조). 사도에게 "새로운 창조물"은 그리스도와의 친교를 선사받은 인간이다(2고린 5,17; 갈라 6,15).

인간중심적 관점은 그러나 인간 외의 전체 창조계가 구원에서 배제됨을 의미하는 것은 아니다. 이것의 운명은 덧없음, 허약함, 예속, 죽음이다. 인간 때문에 창조계에 이것들이 부과되었다. "피조물은 제 본의가 아니라 자기를 예속시키신 분에 의해 좌절에 예속되었습니다"(로마 8,20). 창조계를 예속시킨 존재는 사탄도 인간도 아니고 하느님이라고 생각해야 할 것이다. 창조계가 언제까지나 인간과 결부되어 있음은, 그것이 인간과 함께 해방되리라는 데서 드러난다. 과연 온 창조계는 하느님의 자녀들이 계시되기를 애타게 기다리고 있다(8,19). (마치 살아 있는 존재처럼 묘사되는) 자연은 구원된 인간을 향해 몸을 내뻗거니와, 자연은 인간으로부터 또 인간은 자연으로부터 떨어져 나갈 수 없다. 이것은 바울로가 자연을 자신의 성찰에 포함시킨 몇 안 되는 구절의 하나다. 자연 또한 충만한 구원에 포섭된다. 바울로는 이 사상 역시 묵시문학에서 영감을 얻었을 것이다. 그러나 사도는 묵시문학에서와는 달리, 새로운 창조계의 예고로 만족하지 않는다. 이렇게 말할 수도 있을 것이다: 바울로는 그런 예고를 그렇게 손쉽게 해치우지 못한다고. 인간은 자연에 대한 책임을 계속 지고 있으며 또 그 사실을 깨달아야 한다 — 이것은 현대적인 사상이다. 인간은 자기 자신만이 아니라 ("온 창조계"라는 개념에 포함되어야 할) 자연, 동물과 식물의 탄식과 진통을 알아차려야 한다(8,22). 창조계는 인간과 함께 탄식하고 진통을 겪고 있다. 해방은 몸의 속량이다(8,23). 이는 이 세상의 변용變容을 의미한다.

참고문헌

W. BINDEMANN, *Die Hoffnung der Schöpfung* (NStB 14) (Neukirchen 1983).
W.H. LAMPE, The NT Doctrine of Krisis: *SJTh* 17 (1964) 449-61.
H. SCHLIER, *Mächte und Gewalten im NT* (QD 3) (Freiburg 1958).
H. SCHWANTES, *Schöpfung der Endzeit* (AzTh 112) (Stuttgart 1963).
A. VÖGTLE, *Das NT und die Zukunft des Kosmos* (Düsseldorf 1970).

4. 인간의 근본 상태 — 인간론

4.1 아담의 후손

바울로에게 이 세상에서 인간의 상태는, 우선 그리고 거의 자명하게, 성서 창조 기사의 내용에 의해 규정된다. 창조 기사에 따르면 인간은 아담의 후손이다. 아담은 인류의 조상이다. 바울로는 아담을 첫 사람이라고도 부른다(1고린 15,45).[1] 아담은 하느님 친히 창조하신 인간이며, 그리하여 또한 모든 인간이 생겨났다. 구약성서에는 첫 인간 창조에 관한 두 가지 기사가 있다. 첫째 기사에 따르면 하느님께서 인간(남자와 여자)을 당신과 비슷하게 당신 모습으로 창조하셨다(창세 1,26-27). 둘째 기사에 따르면 하느님께서는 아담을 땅의 먼지로, 하와를 아담의 갈빗대로 지어내셨다(창세 2,7.18-25). 바울로는 두 기사를 모두 취한다.[2]

바울로가 고린토 전서 15장에서 인간 창조에 관해 언급하게 된 계기는 죽은 이들의 부활을 부정하는 일단의 고린토 교회 사람들과의 논쟁이다(15,12). 이들은 필시 사후死後 생명은 의심하지 않았으나, 몸의 부활이라는 표상은 문제 삼았다. 논쟁에서 바울로가 인간의 아담 귀속성과 그리스도 귀속성 사이의 분명한 구별을 고수하는 사실은 중요하다. 아담의 후손인 인간은 덧없고 무력하고 죽음을 면치 못하게끔, 땅의 먼지에서 취한 지상적 몸을 지니게끔 만들어졌다. 그러나 그런 존재 그대로 그리스도에게 귀속된 인간은 부활을 희망해도 되며, 또 그로써 천상 그리스도의 몸과 닮은

---

[1] 아담에 관해 언급하는 구절들: 로마 5,14; 1고린 15,22와 45. 참조: 1디모 2,13-14.
[2] 바울로가 창세 2,18-25를 받아들였음은 앞에서 1고린 11,9와 관련하여 확인한 바 있다.

몸으로의 창조도 희망할 수 있다(15,45-49 참조). 여기서 우리의 관심사는 어디까지나 인간의 현재 상태이기 때문에, 바울로가 하느님께서 인간을 땅의 먼지로 지어내셨음을 전제하며, 고린토 교우들에게 그것을 상기시킴으로써 인간 현세 실존의 덧없음과 잠정성을 명백히 강조하는 것에 주목해야 한다. 짐작건대 부활을 부정하던 자들은 인간의 상태를 달리 보았던 것 같다. 그들은 자신들이 이미 목표에 도달했다고 여겼다. 인간의 참자아인 내면의 가장 깊은 속알을 강조함으로써 인간의 현세 실존을 무시했고, 그렇게 육신으로부터의 해방을 애써 추구했던 것 같다.[3] 그들에 맞서 바울로는 이렇게 말한다: "아담 안에서 모든 이가 죽듯이, 그와 마찬가지로 그리스도 안에서 모든 이가 살려질 것입니다. … 첫 사람은 땅에서 온 것, 즉 흙으로 된 것이지만 둘째 사람(그리스도)은 하늘에서 온 것입니다. … 우리가 흙으로 빚어진 그 사람의 형상을 지녔듯이, 장차는 천상의 그 사람의 형상을 지니게 될 것입니다"(15,22.47.49). 인간의 현재 몸은 '자연적 몸'($\sigma\hat{\omega}\mu\alpha$ $\psi\upsilon\chi\iota\kappa\acute{o}\nu$. 15,44)이다. 다시 말해 죽음에 귀속된 몸이다. 그런데 '몸'은 성서나 바울로에 따르면 통사람(숲人)을 의미하기 때문에(인간의 한 부분이 아니다), 인간 현세 실존은 유한하고 죽음을 면치 못한다. 이 사실은 실상 일상적 체험이지만, 이를 통찰하는 것이 중요하다. '자연적 몸'이라는 개념을 플라톤의 철학적 인간학의 의미로(인간은, 현세 실존은 죽음을 면치 못하지만, 죽음 이후에도 존속하는 참자아인 불멸의 영혼을 지니고 있음을 말하고자 한 것으로) 해석하면 안 된다. 오히려 이 개념은 하느님이 땅의 먼지로 지어내시고 생명의 숨을 불어넣으신 아담의 창조에 주의를 환기시킨다. 인간은 자연적 몸이라는 사실의 근거로 바울로는 창세기 2장 7절을 제시한다: "하느님께서 … 생명의 숨을 불어넣으시니, 사람이 생명체[고린토 전서 15장 45절: '자연적 생명체'($\psi\upsilon\chi\acute{\eta}$ $\zeta\hat{\omega}\sigma\alpha$)]가 되었다."[4] 영원한 생명의 선물을 바울로는 인간의 '자연적' 본성과

---

[3] 논쟁의 배경에 관해 E. Schweizer: *ThWNT* VII 1059f; Brandenburger, *Adam und Christus* 70-7; Müller, Leiblichkeit 211-27 참조.

[4] 여기서도 '생명체'($\psi\upsilon\chi\acute{\eta}$)는 불멸하는 영혼을 의미하는 게 아니라, 현세 생명을 뜻한다.

결부시키지 않고, 전적으로 그리스도의 구원과 결부시킨다.

모든 인간이 편입되어 있는 아담의 계통은 인간을 죄와 죽음의 그물 속으로 끌어들인다. 여기서 본격적으로 죄가 언급되는데, 이 논의는 어디까지나 인간이 아담의 후손이라는 관점에 터해 이루어져야 한다. 과연 바울로는 모든 인간의 죽음 귀속성을 신학적 지평에서 판단한다. 육신의 죽음은 바울로에게 특히 중요하니, 한낱 생물학적 현상이 아니다. 바울로가 여기서도 낙원 이야기(창세 3장)에 의존하고 있지만, 강조점은 다르다. "그러므로 죄가 한 사람을 통해 세상에 들어왔고 죄를 통해 죽음이 들어왔으며, 또한 이렇게 죽음은, 모두가 죄를 지은 결과, 모든 사람에게 퍼졌듯이 …"(로마 5,12). 바울로는 이 구절에서 문장을 중단한 뒤, 아담-그리스도 예형론(이것은 두 절 뒤에 나온다)을 곧장 전개하지 않고 죽음에 관해 좀 더 언급한다. 죽음은 죄의 대가다. 모든 인간에게 죽음이 미쳤는데, 그들은 본디 생명에로 예정되어 있었다. 죄의 짝으로서, 죄의 그림자 안에서, 죽음이 모든 인간에게 이르렀다. 죄, 또 그로써 죽음을 야기한 자, 이 둘에게 문을 열어 준 자는 아담이다. 죽음은 그러므로 징벌의 성격을 지니고 있다. 죽음이 인간에게 이른 것은, 인간이 죄를 지었기 때문이다.

죄와 죽음은 아담 후손들에게 일종의 부당한 유산처럼 덮친 것이 아니라는 견해가 그동안 바울로 주석자들의 통설이 되었다. 마치 아담이 모든 후손의 죄들을 앞당겨 짓기나 한 것처럼, 우리 모두가 "아담 안에서" 죄를 지은 것이 아니다. 가톨릭 원죄 교리의 이 전통적 관념은 두루 알다시피 5장 12절 ㄴ의 라틴어 텍스트["그(아담) 안에서 모두가 죄를 지었습니다"(in quo omnes peccaverunt)]에 근거하고 있다. 그러나 이 구절은 '모두가 죄를 지은 결과'로 옮겨야 한다. 그러니까 아담의 불순종과 모든 이의 범죄가 나란히 있는 것이다. 불행과 죄는 맞물려 있다. 이 둘은 말끔하게 갈라놓을 수 없다. 개개 인간이 죄를 지음으로써, 자신이 아담의 후손임을 드러낸다. 개개인 모두가 이 세상 안에서, 본디 그렇거니와, 서로 뒤얽힌다. 그러나 이것이 죄지을 자유를 폐기하지는 않는다. 죄는 언제까지나 남는다. 그러나 불행은 압도적이다.[5] 이 세상은 인간을 죄짓도록 유혹하는 성질을 지니고 있다. 현대적으로는 이렇게 표현할 수 있을 것이다: 세상 구조들은 인간을 죄짓도록 유혹하는 성질을 지니고 있다고. 그러나 이 구조들은 인간이 만들었다. 죄는 인간 밖에서 군림하지 않는다. 죄와 죽음이 들어온 세상은 바로 인간 세상이다.

모든 인간이 아담의 죄에 연루되어 있다는 사상은 바울로가 영향 받은 유대교 묵시문학에서도 찾아볼 수 있다: "오, 아담이여, 네가 무엇을 했는지! 네가 죄를 범했을 때, 너의 타락이 너에게만이 아니라 네 후손인 우리에게도 미쳤다. 우리에게 영원이 약속되었다 한들, 우리가 어차피 죽음의 소행을 저지른 곳에서 그것이 도대체 무슨 소용이 있으랴?"(4에즈 7,118-119). "아담이 요컨대 처음으로 죄를 범하고 모든 이에게 때이른 죽음을 가져왔으며, 그리하여 그의 후손 개개인이 스스로 미래의 고통을 초래했다"(시리아어 바룩 묵시록 54,15). 여기서도 둘이 함께 작용한다. 선조 아담은 야기자惹起者요, 아담의 후손인 인간은 죄를 지음으로써 그의 계승자가 된다.

바울로의 관념상의 의존이라는 격렬히 논란되는 문제를 제기하는 사람은, 원原인간-성찰도 함께 고려해야 할 것이다.[6] 이것은 두 원인간, 두 조상, 즉 아담과 그리스도의 대비를 권고한다. 그러나 바울로의 강조점들에 더 유의해야 마땅하다. 이것들은 예수 그리스도에 대한 체험에 뿌리를 두고 있다. 사도는, 그의 주위 세계에서처럼, 인간의 죽음 귀속성을 물론 신화적으로 이해한다. 바울로는 아담을 한 역사상 인물로 보았기에, 악의 세력의 작용을 상정한다.[7] 우리는 아담을 더 이상 한 개인으로 보지 않기 때

---

[5] 로마 5,12ㄴ을 전통적 견해와 조화시켜 해석하려는 시도는 설득력이 없다. 예전 해석자들은 아담에 대한 언급을 첨가했다: "모두가 아담 안에서 죄를 지은 결과"(Kuss, *Röm* 320). Lyonnet: *Bib.* 36 (1955) 436-56은 ἐφ' ᾧ(~한 결과)를 성취된 조건의 도입부로 이해한다.

[6] 이 난제에 관해 Brandenburger, *Adam und Christus*, 특히 68-157; Wilckens, *Röm* I 308-14; Schmithals, *Röm* 171f 참조. Käsemann, *Röm* 134-6은 지혜-성찰도 함께 고려한다.

[7] 2고린 11,3 참조. 여기서 바울로는 신화를 수용했다고 볼 수 있다. 4마카 18,7-8도 이 신화를 암시한다. Windisch, *2 Kor* 323-5 참조.

문에, 모든 인간이 과오·죄·죽음에 연루되어 있다는 관점은 우리의 체험과 온전히 부합할 수 있다.

인간들은 아담의 후손으로서 그의 형상, 땅에서 태어난 자, 땅의 먼지로 빚어진 자의 형상을 지니고 있다[1고린 15,49: "흙으로 빚어진"($\tau o\hat{u}$ $\chi o\ddot{i}\kappa o\hat{u}$)].[8] 이들은 아담과 마찬가지로 죽음을 면치 못한다. 둘째 아담인 그리스도야말로 생명을 주는 영이시다(15,45). 우리에게 그의 형상을 지니게 되리라는 약속이 주어졌다는 것은, 영원한 생명을 얻음을 암시한다. 그렇다면 바울로는 아담과 그의 후손인 인간이 아담의 범죄 때문에 하느님의 모상이라는 지위를 상실했다고 보았던가? 바울로에게는 그리스도가 하느님의 모상이다(2고린 4,4). 이 언명은 그리스도가 둘째 아담, 참인간이며, 참된 인간존재는 그리스도와 결합함으로써 달성될 수 있다는 사상을 내포하고 있다.

아담이 하느님 모상으로서의 지위를 상실했다는 것은 구약성서에는 낯설다. 창세기 5장 3절["아담은 … 자기와 비슷하게 제 모습으로 아들(셋)을 낳았다"(1고린 15,49ㄱ은 필경 이 구절을 염두에 두고 있다)]은 바로 하느님 모상의 전달에 안전장치를 하고자 한다. 그리고 창세기 9장 6절은 살인이 되갚아져야 하는 이유로 인간이 하느님 모상으로 지어졌다는 사실을 제시한다. 랍비 유대교에서는 그러나 개개 인간과 인간 집단들에서 범죄로 인한 하느님 모상의 약화를 알고 있다. 이 관념은 구약성서의 인류 조상들 이야기에서 매우 긴 수명이 계속 줄어드는 데서 나타난다고 볼 수 있다.[9] 헬레니즘 유대교에서는 견해가 다르다. 알렉산드리아의 필로는 인간 창조에 관한 창세기 1장과 2장의 서로 다른 기사들에 근거하여 두 인간, 즉 하느님의 모상인 천상적 인간과 지상적 인간(엄밀히 말해 하느님의 모상이 아니라, 단지 모상의 모상일 따름이다)에 관한 교설을 개진한다.[10] 지혜서 2장 23-24절은 하느님 모상의 손상

---

[8] 옷의 은유 — "우리는 흙으로 빚어진 그 사람의 형상을 입었습니다" — 는 외면적인 것을 의미하는 게 아니다. 인간은 본질적으로 덧없음에 의해 규정되어 있다.

[9] G. von Rad - G. Kittel: *ThWNT* II 390-3 참조.

[10] G. Kittel: *ThWNT* II 393 참조.

을 전제하고 있다: "정녕 하느님께서는 인간을 불멸의 존재로 창조하시고, 당신 본성의 모습에 따라 인간을 만드셨다. 그러나 악마의 시기로 세상에 죽음이 들어와 죽음에 속한 자들이 그것을 맛보게 된다."

필로가 주장한 두 인간(천상적 인간과 지상적 인간)에 관한 교설을 익히 알고 또 이용하는 바울로는, 범죄로 인해 모든 인간의 하느님 모상이 상실되지는 않지만(1고린 11,7 참조) 어느 정도 손상된다고 생각하며, 그것을 생명의 상실에서 보는 것 같다. 우리 모두가 죄를 지었고 하느님의 영광을 상실했다는(로마 3,23) 사실이 이 관점을 확증한다. 그러나 바울로에게 모상론보다 더 중요한 것은 그리스도를 통해 열린, 인간의 온전한 지위를, 또는 첫 인간의 지위를 능가하는 지위를 다시 얻을 가능성이다. 우리는 하느님 아들의 모상과 같은 모습이 되어야 하고(로마 8,29), 그의 모상으로 모습이 변화되어야 하며, 영광에서 영광으로 모습이 바뀌어야 한다(2고린 3,18).

참고문헌

A. ALTMANN, Homo Imago Dei in Jewish und Christian Theology: *JR* 48 (1968) 235-59.

J. BECKER, *Auferstehung der Toten im Urchristentum* (SBS 82) (Stuttgart 1976).

E. BRANDENBURGER, *Adam und Christus* (WMANT 7) (Neukirchen 1972).

F.-W. ELTESTER, *Eikon im NT* (BZNW 23) (Berlin 1958).

C. FARINA, *Die Leiblichkeit der Auferstehung* (Diss. Würzburg 1971).

J. JERVELL, *Imago Dei* (FRLANT 76) (Göttingen 1960).

S. LYONNET, Le sens de $\dot{\epsilon}\phi'\ \dot{\omega}$ en Rom 5, 12: *Bib*. 36 (1955) 436-56.

K. MÜLLER, Die Leiblichkeit des Heils: L. de Lorenzi (Hrsg.), *Résurrection et Christ des chrétiens* (Rom 1985) 171-281.

R. SCROGGS, *The Last Adam* (Oxford 1966).

B. SPÖRLEIN, *Die Leugnung der Auferstehung* (Regensburg 1971).

4.2 영적 능력들

인간은 다양한 정신적·영적 능력을 갖추고 있다. 일별하건대, 이 능력들은 구약성서뿐 아니라 헬레니즘의 능력 목록과도 부합한다. 그러나 바울로는 근본적으로 성서와 셈족 문화에 뿌리박고 있다. 바울로가 인간을 언제나 통째로 보며, 결코 영혼과 육신으로 나누지 않는다는 사실(이것이 헬레니즘 인간관의 특징이다)이 이 점을 뚜렷이 말해 준다. 인간은 언제나 영혼과 육신 그리고 자신의 모든 능력과 힘들 안에서 존재하며, 이것들은 각기 그때그때 인격체의 한 측면만 나타내고 강조한다.

서간이라는 비체계적 양식을 감안하건대, 일종의 서언으로서 바울로가 인간론의 개념들을 자신의 태도와 행동에 어떻게 적용하는지를 일별해 보는 것도 도움이 될 것이다. 개념별로 바울로의 몇 가지 언명들을 모아 보자. "내 마음의 소망과 그들을 위해 하느님께 드리는 기도는 그들의 구원을 위한 것입니다"(로마 10,1). "나는 몹시 괴롭고 마음이 답답하여 많은 눈물을 흘리면서 여러분에게 편지를 써 보냈습니다"(2고린 2,4). "우리의 추천 편지는 여러분 자신입니다. 그것은 우리 마음 안에 씌어져 있습니다"(3,2). "고린토인들이여! 우리의 입은 여러분을 향해서 열려 있으며, 우리의 마음은 넓습니다"(6,11). "전에도 말했습니다마는 죽어도 같이 죽고 살아도 같이 살 만큼 여러분은 이미 우리 마음 안에 있습니다"(7,3; 참조: 필립 1,7). 마음καρδία은 (이미 전통적 이해에서도) 격렬한 감정들의 발생 장소인바, 바울로에게는 특히 사랑의 능력 · 인간적 온정 · 사랑의 갈망 · 간청의 기관器官이다. 사도는 자기가 세운 교회들에 맡겨진 사람들을 마음을 다 쏟아 보살피며, 한 사람 한 사람과 결속되어 있음을 의식하고 있다. 바울로는 그들에게 마치 남편이 사랑하는 아내에게 하듯 말한다. 이 점은 앞의 인용문들이 바울로가 자신의 마음에 관해 말하는 모든 구절임을 고려한다면, 더 분명해질 것이다. 유대인들도 여전히 사도의 사랑의 대상이다.

"그러므로 우리는 낙심하지 않습니다. 비록 우리의 외적 인간은 썩어 가고 있지만 우리의 **내적 인간**은 나날이 새로워집니다"(2고린 4,16).[11] 여기서도 바울로는 인간론의 한 가지 범주를 빌려 자신의 신앙 체험에 관해 말하

---

[11] J. Cadier, 2 Cor 4, 13-18: *ETR* 30 (1955) 69-72 참조.

다. 외적/내적 인간이라는 범주는 그리스 영역에서 유래한다. 가장 오래된 예증의 하나로 플라톤의 『국가론』 IX 589ㄱ을 들 수 있다: "인간의 속사람은 원기를 회복한다." 바울로는 고린토 후서 4장에서 사도로서의 자기 삶의 고난들에 관해 말한다. 이 고난 목록[갖은 환난을 겪어도 곤경에 빠지지 않고, 가망 없어도 절망하지 않으며, 박해받아도 버림받지 않고, 맞아 쓰러져도 멸망하지는 않는다(4,8-9)]은 썩어감과 새로워짐이라는 상극相剋 체험의 설명처럼 들린다. 외적 인간은 육신적·지상적 인간인바, 힘들이 소진되고 질병과 상해에 방치된, 보화를 담고 있는 깨지기 쉬운 질그릇이다(4,7). 여기서 비록 언어는 헬레니즘 관념 세계의 것과 매우 유사하지만, 내적 인간이 플라톤에서처럼 충동들을 억제하는 로기스모스를 의미하지 않으며, 외적 재난으로 심기를 잃지 않는 인간을 뜻하는 것도 아니다. 내적 인간은 그리스도의 모상과 결부시킬 수 있거니와, 이 모상으로 우리의 모습이 변해야 하고 또 실상 이미 바뀌고 있다.[12] 이로써 내적 인간이라는 표상은 이원론적인 육신-영혼 관념뿐 아니라 인간이 자신 안에 영원한 광명의 불씨를 지니고 있다는 영지주의 교설과도 거리가 멀다는 것이 분명해진다. 바울로 그리고 모든 그리스도인이 지니고 있는 그리스도의 모상은 하느님이 부여하시고 믿는 이들이 받아들인 선물이자 과제다. 내적 인간을 따라 우리는 그리스도와 비슷해진다. 바울로는 그 본보기가 된다.

"그러나 나는 집회에서는 이상한 언어로 일만 마디의 말을 하느니보다 다섯 마디라도 내 정신으로 알아들을 수 있는 말을 하고 싶습니다. 그것은 다른 사람들을 가르치기 위해서입니다"(1고린 14,19). 성령에 의해 일으켜지는, 그러나 알아들을 수 없는 말인 이상한 언어(靈言)에 대한 과대평가에 맞서 바울로는 정신($nous$, 오성)을 강조한다. 정신은 판단하고 명확히 사유·표현하고, 신앙의 지식을 포함하여 획득한 지식을 다른 사람들에게 전달하는 능력이다. 기도 또한 특히 공동체 집회에서 공적으로 개인에 의해 행

---

[12] Windisch, *2 Kor*, 154는 내적 인간을, 그리스도-신화와 관계 없이, 철학적 의미에서 손상되지 않은 인간, 또는 계몽을 통해 형성된 보다 숭고한 인간으로 보고자 한다.

해질 때 이성적인 것이어야 한다. 그런 자리에 초심자가 참석한다면, 알아듣지 못하는 기도에 어떻게 "아멘"이라고 말할 수 있겠는가?(14,16).

적의와 악한 비방의 상황에서 바울로는 자기 **양심**(συνείδησις)을 내세운다. 특히 고린토 후서(갈라디아서가 아니다!)에서 그렇게 하는데, 자신을 변호해야 했던 사도는 필경 고린토 교우들에게 양심에 관한 이야기가 친숙했음을 염두에 두었을 것이다. "사실 우리의 자랑거리는 우리 **양심**이 증언하거니와 이렇습니다: 곧, 우리가 세상에서 처신할 때, 특히 여러분을 대할 때, 우리는 하느님의 순박함과 순수함 안에서, 따라서 육적인 지혜가 아니라 하느님의 은총 안에서 처신했다는 것입니다"(1,12). "우리는 자비를 입어 이러한 봉사직을 맡고 있으므로 낙심하는 일이 없으며 창피해서 숨겨 두어야 할 일들을 버렸습니다. 우리는 간교하게 행동하거나 하느님의 말씀을 왜곡하지 않고 오히려 진리를 밝히 드러냄으로써 하느님 앞에서 사람들 하나하나의 **양심**에 우리 자신을 내세웁니다"(4,1-2). "우리는 하느님께 밝히 드러나 있습니다. 그러나 동시에 나는 여러분의 **양심** 안에서도 밝히 드러나기를 바랍니다"(5,11). 바울로는 자기 양심을 증인으로 내세운다. 이로써 사도는 자신의 삶을 성찰하고 판단하는 능력을 양심에 돌린다. 그러나 여기서 더 중요한 것은, 이 능력이 그리스도인이든 이방인이든 모든 개인의 양심에 있음을 바울로가 인정한다는 사실이다. 모든 인간은 각자 양심에 터해 자기 삶과 활동의 진실함과 순수함을 판단할 수 있다. 사도는 이런 판단을 권유한다. 양심은 그러니까 인간 각자 안에 있고 그에게 윤리적 판단을 가능케 해 주는 일종의 윤리 법정이다. 바울로의 이 견해는 고대의 양심론과 부합한다: "거리낌 없는 양심은 대중을 증인으로 불러들이고, 가책받는 양심은 홀로 두려워하고 불안에 떤다. 네가 하는 일이 떳떳하면, 그것을 모두가 알게 될 것이고, 네가 하는 일이 부끄러우면, 아무도 그것을 모른다는 것을 네가 안다 한들, 무슨 소용이 있으랴?"[13]

---

[13] Seneca, *ep.* 43, 5 (M. Rosenbach 번역).

나아가 이 영적 능력들을 더 넓은 맥락에서 고찰하면, 바울로는 **마음**을 무엇보다도 인간이 그것을 통해 자신을 하느님께 열 수 있는, 또 그것을 통해 하느님께서 당신을 인간에게 전달하시는 기관으로 보고 있음을 알 수 있다. 마음은 말하자면 인간과 하느님의 결합을 양 방향으로 중개해 주는 안테나 같은 것이다. 사람은 마음으로 믿으며(로마 10,9-10), 참된 마음에서 믿음의 순종이 나온다(6,17). 참된 할례는 마음에서 이루어지지, 겉으로 포피를 잘라 내는 것이 아니다(2,29; 참조: 예레 4,4; 신명 30,6). 하느님은 마음을 지켜 주고 강건하게 해 주신다(필립 4,7; 1데살 3,13). 마음속에서 하느님의 말씀은 우리 가까이 있다(로마 10,8). 하느님은 우리 마음속을 밝게 비추시어, 당신의 영광을 알아보게 해 주셨다(2고린 4,6). 디도의 마음에 열성을 주셨다(8,16). 당신 사랑을 우리 마음 안에 부어 주셨고, 또한 당신 아드님의 영도 부어 주셨다(로마 5,5; 갈라 4,6). 그러나 사람은 하느님께 마음을 닫을 수도 있다. 마음이 무감각하고 어둡고 어리석고 완고하게 된다(로마 1,21.24; 2,5). 마음의 이런 완고함에 관해 이미 옛 예언자들도 말한 바 있다(이사 6,10).[14] 회당에서 모세의 율법을 읽을 때, 이스라엘 사람들 마음에는 오늘까지도 너울이 덮여져 있으며, 그래서 그리스도를 알아보지 못한다(2고린 3,15).

내적 인간에 관한 말은 로마서 7장 22-23절에서 다시 찾아볼 수 있다: "나는 내적 인간으로서는 하느님의 법을 기뻐하지만, 내 지체들 안에서 다른 법을 봅니다. 이 법은 내 이성의 율법을 거슬러 싸우며 내 지체 안에 있는 죄의 법 안에 나를 사로잡고 있습니다." 여기서 바울로는 내적 인간이라는 개념을 고린토 후서 4장 16절에서와는 다른 의미로 사용한다. 고린토 후서 4장 16절의 진술을 규정하고 있는 것은 구원의 지평이고, 이곳의 지평은 구원받지 못한 인간이다. 바울로가 수사학적으로 자기 얘기처럼 하는 구원받지 못한 인간은 이 분열에 의해 특징지어져 있다. 구원받지 못한 인간에게 하느님의 법을 기뻐하는 능력이 주어진다는 것은 놀라운 일

---

[14] F. Hesse, *Das Verstockungsproblem im AT* (BZAW 74) (Berlin 1955) 참조.

이다. 이는 달리 의미 규정된 개념의 수용과 관계가 있을 것이다.[15] 사람은 내적 인간을 따라 하느님의 법을 긍정하지만, 목표에 도달하지는 못한다. 바울로가 말하는 내적 인간과 (몸의) 지체들의, 아니 더 나아가 "죽음의 몸"(7,24)의 대립은, 헬레니즘 이분법에서 말하는 인간의 두 구성 부분인 불멸하는 영혼과 필멸의 육신의 대립 같은 것이 아니다. 둘 다 유한하다. 그러한 한 내적 인간은 사실상 외적 인간의 한 양상일 뿐이라고 말할 수 있겠다.[16] 여기서도 둘 다 통사람(숖人)을 염두에 두고 있는데, 이 사람은 한편 생명을 애써 추구하지만, 다른 한편 악에 귀속되어 있는 자신을 본다.

바울로는 고린토 교우들에게 보낸 편지에서 공동체의 한 가지 절박한 문제에 관해 양심을 내세워 논증한다. 사도는 신전의 희생 제물 식사 참석 그리고 시장에서 산 신전 제사 고기를 집에서 먹는 문제 때문에 발생한 공동체 내의 심각한 다툼에 개입한다. 교우들 사이에는 상반되는 두 입장이 있었다. 그리고 두 파 모두 자신들의 양심을 내세웠다. 한 쪽은 자기네 양심에 비추어 보건대 우상에게 바친 고기는 아무 의미가 없기 때문에, 자기들은 자유롭다고 생각했다. 다른 쪽은 양심의 부담을 느꼈다. 이들은 신전의 희생 제물 식사 참석을 이교 예배 참석으로 여겼고, 집에서 제사 고기 먹는 것도 종교적 의구심 때문에 반대했다. 이 다툼의 폭발성은 오늘 우리의 관점으로는 가늠하기가 매우 어렵다.

어린 그리스도교 공동체의 적지 않은 교우들에게 예전에 신전 방문이 종교적 신념의 표현이었다는 것, 많은 교우가 신전과의 단호한 절연을 요구했으리라는 것, 또 몇몇 사람은 도시에서의 사회적 지위 때문에 여전히 신전 식사에 참석할 수밖에 없었다는 것을 염두에 두어야 한다. 바울로는

---

[15] Schmithals, *Röm* 246에 따르면 '내적 인간'은 — 이 맥락에서는 정신(*voũs*)과 마찬가지로 — 신적 세계이성 또는 세계정신에 참여하는 것을 의미하는바, 이것에 힘입어서만 인간은 신적인 것을 포착할 수 있다.

[16] Käsemann, *Röm* 197 참조. 반면 Wilckens, *Röm* II 94는 인간에 관한 긍정적 진술을 율법에 관한 긍정적 진술로 해석한다.

이 문제에 관해 두 차례 견해를 밝히는데(1고린 8,1-13; 10,23-33), 자유로이 생각하는 교우들 입장에 기운다: "사실 무엇 때문에 내 자유가 남의 양심한테 판단을 받아야 하겠습니까?"(10,29). 다른 사람의 양심의 판단은 나의 양심 성찰에서 비롯하는 자유를 원칙적으로 침해할 수 없다. 각자의 양심은 다른 사람이 아니라 오직 자신에게만 명령권을 지닌다. 그러나 이로써 공동체의 현실적 다툼이 해결되지는 않는다. 다툼의 해결을 위해 바울로는 감명 깊은 말로 자유로이 생각하는 교우들에게 약한 이들을 배려하라고 촉구한다. 약한 양심을 가진 교우가 자유로이 생각하는 사람의 태도 때문에 우상숭배의 유혹을 받을 수 있는 것이다. "그 약한 이는 그대의 지식 때문에 멸망하게 될 것입니다. 그는 그를 위해 그리스도께서 죽으신 형제입니다"(8,11). 자유로이 생각하는 교우들의 주관적 통찰(바울로는 지식에 관해 이야기한다)이 객관적으로는 옳지만, 유보되어야 하니, 그 까닭은 약한 이들이 그들에게는 규범적인 자기들 양심의 판단을 거슬러 행동하게 되지 않기 위해서다. 그들이 우상숭배자가 될 수도 있는 것이다.

아주 비슷한 상황을 바울로는 로마서 14장에서도 언급한다. 무의미해진 음식 규정들을 많은 교우가 여전히 지켰고, 특정 절기와 날들도 그랬다. 이런 사람들을 사도는 "믿음에 약한 이들"(14,1)이라 부른다. 바울로는 여기서는 양심이라는 개념 사용을 피하고 믿음으로 대체한다. 우상에게 바쳤던 고기 문제에서처럼 여기서도 종교적 문제가 관건이기에, 믿음은 곧 믿음의 확신을 의미한다. 바울로는 관용을 호소하고, 쓸데없는 다툼을 그만두라고 촉구한다. 이편이나 저편이나 하느님께 감사하고, 주님께 속해 있음을 알아야 한다. 그러나 모든 일은 어디까지나 믿음에 터해 해야 한다(14,23). 부정적으로 표현하건대: 자기 믿음의 확신과 양심의 판단을 거슬러 말하고 행동하는 사람은 죄를 범하는 것이다.

양심은 인간 (개개인의) 마음속에 기록된 율법이다. 그래서 이방인들도 율법에 부합하는 일을 행할 수 있다(로마 2,14-15).[17] 여기서는 도덕률, 특히 십계명을 염두에 두고 있다. 이로써 바울로는 이미 회당이 익히 알고 있는 관념을 받아들인다. 시리아어 바룩 묵시록에 따르면 지상의 모든 사람은 자신이 언제 범법자였는지 알 수 있었다(48,40). 그 시대에는 율법이 아직 기록되지 않았지만, 실상 누구나 익히 알고 있었다(57,2). 바울로는 생각들이 서로 고발하거나 변호한다는 말로써 양심의 갈등을 묘사한다. 양심의 판단이 개개인에게 규범적 심급審級이라 할지라도, 그 판단이 객관적으로 그릇되고 오도될 가능성을 고려해야 한다. 최후심판은 하느님의 권한이니, 그분은 사람들 안에 숨겨진 것을 예수 그리스도를 통해 심판하실 것이다(로마 2,15-16). 바울로도 자신을 이 심판에 맡긴다: "사실 나는 나 자신의 양심에 거리끼는 것을 아무것도 알지 못합니다. 그러나 그렇다고 내가 의로워진 것은 아닙니다. 나를 판단하시는 분은 주님이십니다"(1고린 4,4).

프쉬케($\psi\upsilon\chi\eta$)라는 개념은, 바울로에게서는 좀 뒤로 밀려나 있는데, '생명'과 같은 의미이며 특히 지상적 생명을 가리킨다: 브리스카와 아퀼라는 "나의 **생명**을 위해 자기들의 목을 내놓았습니다"(로마 16,4; 참조: 11,3; 2고린 1,23; 12,15; 필립 3,20; 1데살 2,8). 프쉬케는 구약성서의 **네페쉬** 개념과 가까운데, 둘 다 헬레니즘-그리스의 불멸의 영혼과는 거리가 멀다. "자연적(프쉬케적) 몸"은 사라진다(1고린 15,44). "자연적(프쉬케적) 인간"은 하느님 영의 계시들도 받아들이지 않는다(2,14). 그는 그 계시들을 어리석은 것으로 여긴다. 하느님, 그분에 대한 인식, 영원한 생명으로 나아가게 해 주는 것은 프네우마, 하느님의 영이다. 이는 하느님의 선물이며, 영지주의에서 상정하듯 예정된 자들 ─ 성령파로도 불리었다 ─ 에게 선천적으로 주어져 있는 것이 아니다.

프네우마($\pi\nu\epsilon\hat{u}\mu a$)는 그러나 인간론의 한 범주이기도 하다. 이것은 바울로로 하여금 그리스도인 실존에서 인간의 영과 하느님 영의 긴밀한 결합을 나타낼 수 있게 해 준다: "영 자신이 우리가 하느님의 자녀임을 우리 영과 함께 증거합니다"(로마 8,16). "사람 속에 있는 그의 영이 아니고서야 사

◂17 로마 2,15ㄱ의 '행위'를 직역하면 '율법의 행위'다.

람들 중에 어느 누가 그 사람의 것들을 알겠습니까? 이와 같이 하느님의 것들도 하느님의 영이 아니고서는 아무도 알지 못합니다"(1고린 2,11). 여러 구절에서 영이 하느님의 영을 의미하는지 인간의 영을 가리키는지 판단하기가 어렵다. 가장 좋기로는 두 측면을 모두 고려하는 것이다(로마 1,9; 1고린 5,4; 갈라 6,18; 필립 4,23; 필레 25절 참조). 프네우마는, 인간론적으로 고찰하건대, 인간의 가장 그윽한 속알을 의미하는바, 그러나 온 인격을 포괄한다.

참고문헌

G. BORNKAMM, *Glaube und Vernunft bei Paulus: Studien zu Antike und Christentum* (BEvTh 28) (München 1963) 119-37.

H. CHADWICK, Art. Gewissen: *RAC* X 1025-107.

J. DUPONT, Syneidesis aux origines de la notion chrétienne de conscience morale: *StHell* 5 (1948) 119-53.

H.-J. ECKSTEIN, *Der Begriff Syneidesis bei Paulus* (WUNT II/10) (Tübingen 1983).

Th. K. HECKEL, *Der innere Mensch* (WUNT II/53) (Tübingen 1993).

R. JEWETT, *Paul's Anthropological Terms* (AGSU 10) (Leiden 1971).

W. KRANZ, Das Gesetz des Herzens: *RMP* 94 (1951) 222-41.

C.A. PIERCE, *Conscience in the NT* (SBT 15) (London 1955).

W.D. STACEY, *The Pauline View of Man* (London 1956).

4.3 몸갖춘 존재

인간은 몸(σῶμα)이다. 인간은 몸갖춘 존재로서 현존하기 때문에, 이 세상 속에, 역사와 시간 속에 자기 자리를 가진다. 몸갖춘 존재로서 사람은 혼동될 수 없는 개체성을 획득하며, 자기 삶의 역사를 몸에 새긴다. 신약성서 저자들 가운데 바울로가 몸이라는 인간론 개념을 가장 많이(현격한 차이로!) 사용했다. 이로 미루어, 그는 몸에 각별한 관심을 가졌던 것 같다.

바울로는 이 개념을 아주 개인적으로 자신에게도 적용한다. 처형으로 끝날 수도 있는 투옥 상황에서 사도는 자신이 조금도 부끄러움을 당하지 않고, 살든지 죽든지 자기 몸을 통해 그리스도께서 항상 그렇듯이 지금도 온 세상에서 찬양받기를 희망한다(필립 1,20). 이 구절은 몸을 이해하는 데 있어 두 가지 점을 시사해 준다. 하나는 몸이 그리스도와 결부되어 있다는 점이다. "내가 조금도 부끄러움을 당하지 않고"로부터 "그리스도께서 내 몸을 통해 찬양받는"으로 주어가 바뀌는 것은 의미심장하다. 신앙의 순종은 "몸으로" 입증되어야 하며, 몸의 삶과 관련된다. 다른 하나는 바울로가 이런 방식으로 순교를 통해 그리스도를 위한 더없는 증언을 할 수 있다는 점이다. 그러나 이 증언이 순교를 통해서만 가능한 것은 결코 아니다. 이미 지금, 언제나처럼, 사도는 증언을 하고자 한다. 이 세상이라는 공간, 온갖 사람 사는 넓은 사회 안에서 바울로는 몸으로 활동한다.

그리스도에 대한 순종의 결속이 구체적으로 어떻게 몸으로 이루어지는지는, 우리는 언제나 예수의 죽으심을 몸에 지니고 다닌다거나(2고린 4,10) "나는 내 몸에 예수의 상흔을 지니고 있습니다"(갈라 6,17)라는 바울로의 말에서 뚜렷이 드러난다. 특히 둘째 구절에서 바울로는 그리스도교 사도요 선교사로서 감수해야 했던 학대의 결과인 자기 몸의 보고 만질 수 있는 상처와 흉터를 가리켜 말한다. 사도가 이것들을, 자기 몸에 지니고 다녀야 함에도, 예수의 상흔, 죽음의 상처라고 지칭하는 것은 시사하는 바가 많다. 바울로는 자신이 예수의 수난에 받아들여졌다고 믿으며, 그 수난을 제 몸에 그대로 새긴다.[18] (아무런 그리스도론적 칭호 없는) 예수라는 이름은 역사상 유일무이한 십자가를 염두에 두고 있다. 그러나 바울로는 예수의 생명 또한 자신의 죽어야 할 육신에 드러남을 확신하고 있었다(2고린 4,11). (깊이 논구해야 할 또 하나의 인간론 개념인) 육신(σάρξ)은 여기서는 몸과 비슷한 의미를 지닌다. 예수 생명의 드러남(부활에서 성취되었다)은 바울로가 하느님의 도우심, 그분 구원의 손길을 느끼고 또한 다른 이들 특히 사도의

---

[18] 수난 공유의 이 농축된 표현은 수난하는 바울로가 그리스도의 수난을 상기하고 현재화한다는 뜻으로 해석할 수 있겠다. U. Borse, Die Wundmale und der Todesbescheid: *BZ* 14 (1970) 88-111 참조. 또한 P. Andriessen, Les stigmates de Jésus: *Bijdr.* 23 (1962) 139-54; S. Beard, The Marks of Jesus: *ET* 92 (1981) 343f도 참조.

공동체가 이것을 함께 체험하는 수많은 일 안에서 이미 지금 선취된다.

다른 한편 바울로는 그의 편지들은 대단한 힘과 무게가 있지만, "막상 왕림하면 몸은 약하고" 말주변도 부끄러울 정도라는 비난을 받았다(2고린 10,10). 사도는 육체적으로 결함을 드러냈는데, 이는 박해와 병고 때문에 더 커졌다. 바울로는 이 비난 역시 그리스도 추종 안에서 받아들이고 극복했을 것이다. 사도는 인정받는 이는 사람들이 내세우는 자가 아니며, 스스로 내세우는 자는 더더욱 아니라고 생각했다. 주님께서 내세우시는 이야말로 인정받는 사람이다(10,18).

바울로 자신과 관련된 몸-진술들 가운데 고린토 후서 12장 2-3절이 그리스 관념들과 가장 가깝다. 적수들과 필사적으로 대결하면서도 사도는 (마지못해 한다는 인상을 주거니와) 자신이 체험한 환시와 계시들에 관해 언급한다. 분명 그런 일들은 적수들에게 중요한 구실을 했다. 아무튼 바울로는 언젠가 셋째 하늘, 낙원에 붙들려 올라갔다. 바울로가 여기서 자신을 내세우지 않고 "나는 그리스도 안에서 한 사람을 알고 있습니다"라고 말하는 것은, 그의 겸양을 암시하거나 묵시문학 표현 방식의 한 요소를 이용한 것이다.[19] 그런데 특히 관심을 끄는 것은 바울로가 그 붙들려 올라감이 '몸 안'에서였는지 '몸 밖'에서였는지를 명확히 말하지 않는다는 점이다. 그리스 예언자와 유대교 묵시문학가들(이들도 그런 현상을 체험했다고 주장했다)에게서 몸으로부터 영혼의 일시적 분리와 몸째 들려 올라감 두 가지가 모두 확인된다.[20] 아무튼 바울로는 몸으로부터 영혼의 일시적 분리라는 표상을 익히 알고 있음을 암시한다. 그러나 사도는 이런 진기한 일과 관련된 인간론 개념들의 명료화에는 별 관심이 없다. 바울로는 자신에게 그런 체험이 주어졌고 "인간으로서는 말해서 안 되는 이루 형언할 수 없는 말"을 들었다는 사실을 남들에게 알려 줄 가치가 있는 것으로 판단한다.[21]▶

---

[19] 에티오피아어 에녹서 70, 1-4; 71, 5-6 참조.

[20] 프로콘네소스의 아리스테아스, 클라조메네의 헤르모도로스, 크레타의 에피메니데스를 거명해야 할 것이다. 예증들은 Windisch, *2 Kor* 374f 참조.

몸갖춘 실존의 그리스도를 위한 봉사(역시 자기 공동체를 염두에 두고 있다)에 관해 말하는 것은 바울로의 한 특징이다. 그렇게 사람들은 그리스도인으로서 이 세상에서 활동한다. 이것을 바울로는 로마서의 훈계 부분 앞머리에서 특히 아름답게 표현한다: "그러므로 형제 여러분, 나는 하느님의 자비를 통해 여러분에게 권고합니다. 여러분의 몸들을 하느님께 거룩하고 맞갖은 살아 있는 제물, 여러분의 영적 예배로 바치시오"(로마 12,1). 바울로는 그리스도인의 일상을 표현하기 위해 대담하게 제의祭儀 개념을 사용한다. "영적 (또는 이성적) 예배"라는 말로써 바울로는 대중 스토아 철학과 연계된 한 특정 전통 안에 자리한다. 그리스도인은 자신을 (이웃에게 봉사하는 가운데) 하느님께 바치며, 이 세상에 순응하지 않고 오히려 마음가짐을 새롭게 함으로써 일상에서 일종의 예배를 거행한다.[22] 이것은 고대 신전에서 통례적으로 행하던 제물의 유혈 봉헌이 아니라 인간적 봉헌인바, 이들은 세상을 쇄신하고 그리스도의 통치 아래 두기 위해 애써야 한다.

더 나아가 우리 모두는 장차 "각자 몸을 지니고 행한 대로 좋거나 나쁘거나 갚음을 받기 위해" 그리스도의 심판대 앞에 나서야 함을 유념해야 한다(2고린 5,10). 여기서도 몸이 세상에 대한 우리의 책임 수행을 가능하게 해준다. 몸은 세상 안에서의 우리 활동이 한정된 시간과 장소를 가지게 해준다. 이 구체성 안에서 책임 또한 실로 구체적으로 된다. 결코 죄에 내맡겨서는 안 되고 오히려 의로움에 봉사하게 해야 하는 우리 몸의 지체들에 관한 말(로마 6,13-19)에는 다양한 상호 소통 가능성이 은유적으로 암시되어 있다. 한편 몸에 대한 금욕적 제어의 인상을 주는 구절들도 있다: "나는 내 몸을 치고 복종시킵니다"(1고린 9,27); "내가 … 내 몸마저 내주어 내가 불살

---

[21] H.D. Betz, *Der Apostel Paulus und die sokratische Tradition* (*BHTh* 45) (Tübingen 1972) 89-92는 바울로가 진지하게 주장하는 게 아니라 적수들을 흉내내어 비꼬아 말하는 것으로 보는데, 옳지 않다. 같은 저자, Eine Christus-Aretalogie des Paulus: *ZThK* 66 (1969) 288-305도 참조.

[22] E. Kässemann, Gottesdienst im Alltag der Welt: *Exegetische Versuche und Besinnungen* II (Göttingen 1964) 198-204 참조.

라지게 한다 할지라도 …"(13,3). 물론 바로 여기에서야말로 사랑이 극기克 己의 목적으로 내세워진다. 중요한 것은 금욕적 행업이 아니라, 사랑을 실 증하는 기회다. 이것은 9장 27절에 암시된 극히 힘겨운 선교 활동과 마찬 가지로, 희생적 헌신과 결부될 수 있다.

바울로는 고린토 전서 6-7장에서 고린토 교우들의 성性적 태도에 관해 말한다(사도는 공동체의 문의에 답변하고 있다). 이야기의 실마리들은 상충되는 것처럼 보인다. 한편 상당수 교우들이 성적 무절제에 빠져 있었고, 다른 한편 금욕적 경향들도 있었는데, 부부간의 성행위조차 포기하고자 했다. 항구도시 고린토가 성적 탈선의 기회를 넘치게 제공했던 반면, 견유犬儒학 파와 신플라톤주의자들 그리고 유대교에서도 변두리 집단들인 치료사들 과 쿰란 공동체는 부부 생활에서 금욕주의 경향을 띠고 있었다. 그리스도 교 공동체에서는 임박한 그리스도 내림에 대한 고대가 추가적 동기로 덧 붙여질 수 있었다. 바울로는 여기서 이를테면 두 전선 전투를 수행한다. 이런 상황을 감안하면, 사도의 여러 진술이 매우 모진 것도 납득이 간다. 몸에 대한 이해에서는 두 방향으로 이루어지는 진술들이 중요하다.

바울로는 부부 금욕자들에게 "서로 상대방을 빼앗지 마십시오"라고 말 한다. 부부는 자신을 서로에게 선사했다. 그러므로 남편이건 아내건 제 몸 을 제 마음대로 할 수 없다. 부부 생활에 관한 이 간결한 가르침에서 "상대 방"이라는 인칭대명사가 몸이라는 개념으로 바뀌는 것은 아무튼 시사하는 바가 많다. 부부의 결합은 성행위에서 비로소 충만해진다. 성행위는 몸의 결합뿐 아니라, 인격적 측면에서 두 인간의 융합도 의미한다(1고린 7,3-5).

동일한 사상이 부정적 측면에서 매음 배척을 위해 주장된다. 바울로는 마태오 복음 19장 5절(과 병행 구절)에 혼인 불가해소성의 전거로 인용된 창세기 2장 24절의 말씀을 남자와 창녀의 관계에 적용한다: "창녀와 합하 는 사람은 그와 한 몸이 된다는 것을 여러분은 알지 못합니까? 실상 '둘이 한 살(肉)이 되리라'라고 말합니다"(1고린 6,16). 남녀 결합의 궁극성은 몸의 하나 됨에서 봉인된다. 그런 까닭에 돈 주고 창녀와 관계 맺는 것은 배척

4. 인간의 근본 상태 — 인간론 317

해야 마땅한 일이다. 방탕한 고린토인들은, 몸에 대해 별다른 생각이 없는 사람들도 물론 있었지만, 몸을 이를테면 자기들의 존재에서 분리될 수 있는 것, 부속물, 덧없고 부수적인 것으로 여겼음이 분명하다. 때문에 바울로는 중대한 신학적 비판을 시도한다. 몸은 세례 이래 그리스도에게 속하며, 그리스도의 몸인 교회에 합체되었다. 교회가 이 세상에서 그리스도의 현존을 나타내고 그분의 몸이듯, 개개인은 자신의 현세 삶에서 나름대로 그리스도를 나타내고 증언하도록 불리었다. 궁극적으로 이것은 제 몸으로 그리스도를 영광스럽게 함을 의미한다(6,15-20). 각자의 몸은 교회와 마찬가지로 성령의 성전이다(6,19; 3,16). 끝으로 바울로는 우리가 그리스도와의 결합 안에서 몸의 부활로 예정되어 있음을 상기시킨다. "몸은 음행을 위한 것이 아니라 주님을 위한 것이며, 주님은 몸을 위해 계십니다. 그런데 하느님께서는 주님도 일으키셨으니 우리도 또한 당신의 권능으로 일으켜 내실 것입니다"(6,13-14). 이런 교회론적·종말론적 배경에 터해 바울로는 음행을 제 몸에 죄짓는 짓이라고 말한다(6,18). 다시 말해 음행하는 자는 그리스도인으로서, 몸갖춘 존재로서 위임받은 사명을 망치는 것이다.

고린토 교회에는 죽은 자들의 부활을 부정하는 집단이 있었기 때문에, 바울로는 고린토 전서 15장에서 몸의 부활 문제를 상당히 깊이 고찰한다. 묘하게도 이 집단은 예수가 죽은 이들로부터 부활했다는 것은 의심하지 않았다. 물론 그들이 이 문제에서 바울로와 똑같이 생각했는지는 알 수 없다. "죽은 이들이 어떻게 일으켜집니까? 그들이 어떤 몸으로 올 것입니까?"(15,35)라는 말은 어쩌면 그들이 논쟁 중에 빈정대며 던진 물음일 수도 있다. 아무튼 확실한 것: 땅에 묻힌 죽은 자의 몸은 그 안에 생명의 싹, 재생을 가능케 해 줄 싹을 전혀 가지고 있지 않다. "그대가 씨 뿌리는 것은, 장차 생겨날 몸이 아닙니다. 오히려 당신은 가령 밀이나 그 밖의 어떤 곡식의 씨알을 씨 뿌리는 것입니다"(15,37). 모든 논증은 하느님의 창조 권능에 귀결된다. 자연에 대한 통찰은 창조계의 풍성함을 가르쳐 준다. 창조계에는 식물의 몸들, 별의 몸들, 하늘 위의 몸들, 땅 위의 몸들 등 다른 몸들도 있다(15,38-40). 여기서 몸의 근본 의미가 다시 한 번 뚜렷이 드러난다. 몸은 세계-내-존재를 가능케 해 준다. 세계 안에 있는 모든 것은 이런 넓은 의미에서 한 몸을 가지고 있다. 인간의 몸은 (그것의 소멸이 보여 주듯이) 썩어 없어질 것이며 천하고 약하다. 오직 하느님의 창조 권능에 터해서만 인간이 썩지 않고 영광스럽고 강한 새 몸으로 부활하리라는 것을 믿고 바랄 수 있다(15,42-44). 하느님의 영은 죽은 자들을 살린다. 그리스도의 운명과의 결합 또한 중요하다: 우리의 비천한 몸은 그분의 영광스러운 몸과 같은 형태로 변화되어야 한다(필립 3,20-21). 부활의 날은 그리스도 내림의 날인바(1고린 15,52), 바울로는 이날이 곧 오리라 고대하고 있었다.

바울로는 새로운 몸을 옷, 집, 장막의 은유로 묘사한다. 천상 거처를 덧입는다는 것은 생명에 삼켜진다는 뜻이다. 상당수 고린토 교우들(부활을 부정하는 자들?)이 몸에서 벗어나려 애쓴 반면, 바울로는 몸 없는 상태를 두려워한다. 사도는 그 상태를 벌거숭이로 표현한다.[23] 그러나 주님 곁에 살기 위해 몸으로부터 떠나기를 고대한다는 사도의 말이 용어상 적수들과 유사한 것은 좀 의아스럽다(2고린 5,1-8). 하지만 이 구절이 말하고자 하는 것은, 바울로에게는 그리스도와 함께 있는 것이 근본 관심사라는 사실이다.

이 사실은 필립비서 1장 21-23절이 각별히 인상적으로 확인해 준다. 이 본문은 개개인의 죽음과 그리스도 내림 사이의 이른바 중간 상태에 관한 바울로의 유일한 언명으로 여겨지는데, 사도는 그리스도의 내림이 임박했다고 믿었기에 그 중간 시기를 짧게 잡았다. 이 구절은 매우 개인적으로 표현되어 있어서, 마치 기도 같다. 바울로는 (에페소에서) 감옥에 갇혀 있었고 처형까지도 예상했으나, 동시에 자신의 해방을 고대했다: "사실 나에게는 사는 것이 곧 그리스도이고 죽는 것이 이익입니다. 그러나 육으로 사는 것이 내게 보람 있는 일이라면 어느 것을 택해야 할지 나는 모르겠습니다. 나는 이 둘 사이에 끼여 있습니다. 한편으로 나는 세상을 떠나 그리

---

[23] 벌거숭이는 2고린 5,8에서 몸 없는 상태를 가리킨다. 신들이 벌거벗은 몸들은 보지 못한다는 관념은 좀 다른 것이다. *Gellius X* 15, 20; Plutarch, *Aetia Rom.* 40 (274 B) 참조.

스도와 함께 있기를 원하니, 사실 그 편이 훨씬 낫습니다." 여기서도 바울로가 이용하는 것은 인간론 범주들이 아니다. 사람들은 '떠나'(ἀναλῦσαι)를 오해하여 영혼과 몸의 분리로 해석했다.[24] 그러면서 이 말이 하나의 은유이며, 그 뜻은 이를테면 닻을 올리고 출발하고 떠남과 비슷하다는 것을 알지 못했다. 이미 현세 삶 안에 존재하는 그리스도와의 결합은 죽음에 의해 해소될 수 없다. 오히려 이 결합은 더욱 심화될 것인바, 바울로는 이 편을 훨씬 나은 것으로 생각했던 것이다.[25]

'몸'이라는 개념이 로마서에서는 갈수록 부정적인 의미로 사용되고 있음이 눈길을 끈다: "죄가 여러분의 죽을 몸 안에서 계속 지배권을 행사하여 여러분을 그것의 욕정에 복종시키지 않도록 하시오"(6,12); "누가 이 죽음의 몸에서 나를 구원하겠습니까?"(7,24); "여러분이 영으로 몸의 행실들을 죽이면 살 것입니다"(8,13; 참조: 8,10). 여기서 '몸'은 '육'과 거의 같은 의미를 지니는데, 육에 관해서는 다음 단락에서 다루기로 한다. 로마서는 바울로의 마지막 서간이다. 사도가 몸을 그렇게 부정적으로 보게 된 것은 나이 때문이었을까?

참고문헌

K.-A. BAUER, *Leiblichkeit — das Ende aller Werke Gottes* (StNT 4) (Gütersloh 1971).

R.H. GUNDRY, *Soma in Biblical Theology with Emphasis on Pauline Anthropology* (SNTS Mon 29) (Cambridge 1976).

E. GÜTTGEMANNS, *Der leidende Apostel und sein Herr* (FRLANT 90) (Göttingen 1966).

E. KÄSEMANN, *Leib und Leib Christi* (BHTh 9) (Tübingen 1933).

J.A.T. ROBINSON, *The Body* (London 1952).

G. SELLIN, *Der Streit um die Auferstehung der Toten* (FRLANT 138) (Göttingen 1986).

---

[24] J. Dupont, *ΣΥΝ ΧΡΙΣΤΩΙ* (Brügge - Löwen - Paris 1952) 177-81 참조.

[25] Hoffmann, *Die Toten* 286-320은 바울로가 여기서 유대교 묵시문학에도 나타나는 통속 헬레니즘 인간론과 관념상 연결되어 있다고 그럴듯하게 논증했다. 그러나 바울로가 그것을 상세히 다루지 않는 것에 주목해야 한다.

5. 구원받지 못한 인간 — 비구원의 권세와 공범들

5.1 육적 존재

사륵스$\sigma\acute{\alpha}\rho\xi$는 살(육·육신)을 뜻한다. 인간을 이 측면에서 보는 것이 성서의 한 특징이다. 이것은 인간에 대한 성서의 현실적 관점을 확인해 준다. 인간은 살 안에, 다시 말해 인간 현세 삶의 물질적 소여성所與性이 그에게 부과하는 조건들, 가능성들, 제한들 안에 존재한다. 여기서 바울로는 어디까지나 구약성서의 전통 안에 서 있다.

이 점은 예컨대 온 인류, 때로는 더 나아가 모든 생명체를 가리키는 '모든 살'이라는 상투적 표현에서 뚜렷이 드러난다. 하느님께서 "모든 살에게 먹을 것을 주신다"(70인역 시편 135,25); "모든 살이 당신께 나아갑니다"(70인역 시편 64,3; 참조: 로마 3,20; 1고린 1,29; 갈라 2,16). '살과 피'라는 표현 역시 구약성서적이다. 이 말은 하느님을 거스르는 인간을 뜻하는데, 제한된 정신적 능력을 지닌 인간 역시 하느님과 맞서 있다: "살과 피는 하느님 나라를 상속받을 수 없습니다"(1고린 15,50).[1] 살의 계통 안에 혈통이 편입된다. 그리스도는 "살에 따라서는" "다윗의 씨"에서(로마 1,3), 이스라엘에서(9,5) 태어나셨다. 아브라함은 "살에 따라" 이스라엘의 선조다(4,1). 바울로는 이스라엘을 거의 징그러울 만큼 정겹게 "나의 살"이라고 부른다(11,14).*

바울로가 이 인간론의 범주를 자기 삶 및 활동과 관련시킬 때는, 대개 질병과 결부된 자연적 제약들을 묘사하는 데 사용한다. 사도는 육신의 병

---

[1] 갈라 1,16; 집회 14,18; 17,31 참조.

* 『200주년 신약성서 주해』는 "살"을 '인간적 출신'으로, "씨"를 '가문'으로, "나의 살"을 '동포'로 의역 — 옮긴이.

이 기회가 되어 갈라디아 사람들에게 복음을 선포했다(갈라 4,13-14). 바울로가 유별난 질병을 앓았지만, 갈라디아인들은 사도를 경멸하거나 심지어 침을 뱉고자 하는 유혹에 빠져들지 않았다. 바울로의 육신에 박힌 가시, 그를 주먹으로 때리는 사탄의 심부름꾼(2고린 12,7)도 마찬가지로 신체적 질병을 가리킨다. 그러나 사도는 하느님께서 몇 번이고 자기를 구하시고 또 자신이 그리스도와 하나임을 알기 때문에, 예수의 생명이 "우리의 죽을 육신에 드러난다"고 말할 수 있다(4,11). 교회들에 대한 근심과 불안도 바울로의 육신을 괴롭혔다(7,5).

한편 바울로가 현세적·육적 실존이 자신에게 허용하는 가능성들을 (더러는 감사까지 표하면서) 논하는 긍정적 언명들이 있다. 사도가 육신 안에 살아가는 것은, 그를 사랑하고 그를 위해 당신을 내주신 하느님 아들에 대한 믿음으로 살아가는 것이다(갈라 2,20). 바울로의 육신 안의 삶은 이제 믿음의 삶으로 지양되었다. 바울로의 현세 실존은 이제 믿음에 묶였다. 이 실존은 하느님 아들의 사랑이 바울로를 사로잡은 곳이요, 사도가 그 사랑을 인지할 수 있게 해 주는 곳이다. 육(신)에 대한 이런 이해는 몸에 대한 이해와 거의 동일하다. 바울로가 육신 안에 사는 한, 그에게 의지하는 교회들을 보살피고 이들이 복된 열매를 맺도록 도와줄 수 있다(필립 1,22.24). 개종한 노예 오네시모는 바울로에게 주님 안에서나 "육신 안에서나"("200주년 신약성서 주해」엔 "인간적으로 보나") 사랑스러운 형제가 되었다(필레 16절). 이 표현은 인간적 차원을 뜻한다. 필레몬서 집필 당시 바울로에게 그 차원은 투옥 상황이었고, 여기서 오네시모는 사도에게 큰 도움을 줄 수 있었다.

육(신)이라는 인간론 범주에 대한 성서적·일반적 이해 외에, 바울로에게서 다른 한 가지 관점을 만나게 되는데, 그의 한 특징인 이 관점은 인간의 비구원 상황 고찰에서 각별히 주목해야 마땅하다. 여기서 육은 인간에게 해를 끼치고 그의 구원을 방해하는 저 요소들 편임이 드러난다. 이것은 인간이 기만적인 현세적 안전을 신뢰하고 "육에 의지하는"(필립 3,3-4) 경우에는 어디서나 그렇다. 이 의지의 유해성은 이것이 그리스도를 거스르는 곳에서 특히 뚜렷이 드러난다. 이 경우 인간은 어디까지나 자기 책임과 자기 입증 장소로서의 세상에 살고 있는 것이 아니라, 자신을 세상에 내주고 귀속된다. 그렇게 되면 인간의 삶·의향·인식·찬양·지혜는 세상을 표준 삼고, "육을 따른다".[2] 육의 생각과 관심사는 죽음에 정향되어 있고 하느님을 적대한다(로마 8,6-7). 이런 맥락에서 육은 영의 대적자가 된다. "육은 영을 거슬러 욕정을 일으키고, 영은 육을 거슬러 일어납니다"(갈라 5,17). 육은 자신에 걸맞은 행실들을 낳고, 영도 자신에게 맞갖은 열매들을 낳는다. 갈라디아서 5장 19-23절은 악습과 덕의 목록을 통해 이 대립을 뚜렷이 보여 준다. 헛된 종교적 특권들에 의지하는 것도 육적이다. 바울로가 예언서 본문들에 터해 정식화하여 표현할 수 있었듯이, 중요한 것은 육신의 할례가 아니라 마음의 할례다(로마 2,28-29; 참조: 필립 3,4-8; 예레 4,4; 9,25-26). 이렇게 바울로는 "육에 따른 이스라엘"이라는 개념도 만들어 냈다(1고린 10,18).[3]

중요한 문제는 이 세상에 귀속되지 않는 것이다. 바울로가 그리스도에게 속한 사람들이 "육을 그 정욕과 사욕과 함께 십자가에 못 박을"(갈라 5,24) 것을 고대하는 것은, 궁극적으로 낡은 인간을 벗어 버리라는 촉구다. 여기서 그저 성적 욕구만 생각한다면, 고스란히 틀렸다. 바울로가 로마서 6장 6절("우리의 낡은 인간은 그분과 함께 십자가에 못 박혀 죄스러운 몸이 무력화하고 우리가 더 이상 죄의 종노릇을 하지 않게 되었습니다")에서처럼 이 구절에서 십자가에 못 박음이라는 은유를 사용하는 것은, 세례의 결과를 분명히 상기시키기 위함이다. 그러나 세례받은 사람들 역시 언제나 주의해야 한다. 이들도 육의 법에 다시 떨어질 수 있다. 이런 위험에 빠져 있던 갈라디아 교우들을 사도는 질책한다: "영으로 시작한 여러분이 이제 육으로 끝마칠 셈입니까?"(갈라 3,3). 그리스도인이라 할지라도 "육에" 씨 뿌리고 삶을 낡은 범주

---

[2] 로마 8,4; 2고린 10,2-3; 1,17; 5,16; 11,18; 1고린 1,26 참조.

[3] 바울로는 "영에 따른 이스라엘"이라는 개념은 사용하지 않는다. 그러나 하나는 약속을 따라 태어났고 또 하나를 육을 따라 태어난 아브라함의 자식들, 즉 이사악과 이스마엘에 관해 말한다(갈라 4,23.29). 할례 공박에 관해 갈라 6,11-13 참조.

들을 따라 영위하고 그것들을 고수할 수 있다. 그는 육으로부터는 부패만을 거두게 되리라는 것을 알아야 한다(6,8).

로마서 7-8장은 육의 파멸적 기능을 특히 준엄하게 강조한다. 이 장들은 로마서의 상당히 많은 부분을 차지하는 의인론의 맥락에서 고찰해야 한다. 인간 비구원 상황의 깊은 심연은 선사받은 해방의 관점에 터해서야 비로소 제대로 판단할 수 있다. 여기서는 특히 육적(σαρκινός)이라는 개념이 눈에 띈다: "나 자신은 죄의 속박에 팔린 몸으로서 육적이라는 것을 알고 있습니다"(7,14).[4] 앞부분이 뒷부분의 뜻을 밝혀 준다. 육적이라는 것은 "죄의 속박에 팔렸음"을 의미한다. "육 안에 있다"는 표현이 앞에서는 중립적 표현으로, 예컨대 때로는 (복음 선포를 위해) 현세 삶을 이용할 수 있는 가능성을 의미하는 긍정적 표현으로 사용되기도 했으나, 여기서는 부정적 상투어가 된다: "우리가 육 안에 있었을 때는 율법을 통해 야기된 죄스러운 정욕들이 죽음을 위해 열매를 맺도록 우리의 지체 안에 활동하고 있었습니다"(7,5). "육 안에"는 비구원 상태로 여겨지는데, 이것이 극복되었다. 그러나 육에 따라 사는 사람은 죽고 말 것이다(8,13). 육 안에 있는 사람들은 하느님을 기쁘게 할 수 없다(8,8). 더 나아가 다음과 같은 말도 나온다: "내 안에, 즉 내 육 안에는 선善이 없습니다"(7,18). 그러므로 육에 관해 중립적으로 말하는 구절들과 육을 대놓고 비구원(멸망)의 권세로 보는 구절들을 엄격히 구별해야 한다.

이 맥락에서 두 가지 물음이 제기된다. 첫째는 바울로가 죄에 팔린 비참한 상태를 단수 일인칭으로 묘사하고 있는데, 과연 누구를 꼬집어 말하는가라는 물음이다. 이 물음은 로마서 7장 7-25절의 본문 전체를 지배하고 있다. 두 가지로 대답할 수 있다: 이 본문은 포괄적 의미에서 구원받지 못한 인간들에 관한 것이라고 대답하거나, 아니면 바울로가 개인적 체험에

---

[4] 1고린 3,1; 2고린 3,3 참조. σαρκικός라는 낱말도 사용된다: 로마 15,27; 1고린 3,3; 9,11; 2고린 1,12; 10,4. 이 개념은 σαρκινός보다 덜 부정적이다(로마 7,14). 이 개념은 물질적인 것(로마 15,27)이라는 의미에서 중립적으로도 사용될 수 있다.

서 출발한다고 볼 수 있다고 대답하는 것이다. 아마도 첫째 대답을 우대해야 할 것이다. 문학적 '나'는 독자들을 본문에 묘사된 체험들로 곧장 이끌기 위해 사용된 것이다. 본문이 아담 이야기에 대한 암시를 포함하고 있는 것으로 미루어(참조: 7,11; 창세 3,13), 이미 로마서 5장 12-21절의 상론詳論을 규정지었던 아담의 운명이 여기도 배경이 되어 있음을 짐작할 수 있다. 아담의 운명은 유대인이든 이방인이든 모든 인간에게 닥친다. 그래서 아직 구원받지 못한 모든 사람은 죄에 팔린 상태에 있다. 그러므로 이 본문에서 바울로 삶의 인격적 혹은 심리적 발전 과정을 추론하는 것 역시 가능하지 않다. 물론 바울로도 다른 모든 사람과 마찬가지로 예수 그리스도를 통한 구원에 의지하고 있으며, 그 역시 이런 의미에서 예전엔 비구원의 영역에 속해 있었다. 바울로 사상의 현실성은 상당 부분 그의 체험들에 의존하고 있다. 그러나 또한 우리는 여기서 사도의 통찰들은 나중에야 비로소, 다시 말해 선사받은 그리스도 신앙의 관점에 터해서야, 그 철저성을 획득했다고 말해야 할 것이다.

둘째 물음은 비구원의 권세로서의 육에 관한 것이다. 부정적 진술들에서 육은 인간이 자신을 내주는 정도가 아니라 선천적으로 귀속된, 인간이 자기 주체성을 빼앗기는 파멸의 권세로, 그야말로 악마적인 어떤 것으로 상정되어 있는가? 육의 강력한 작용은 육과 영, 육의 행실들과 영의 열매를 맞세우는 갈라디아서 5장 17-21절 등의 본문들이 증언한다. 하지만 비구원의 근원적 권세는 죄임을 언제나 유념해야 한다. 요컨대 죄는 인간을 사로잡기 위해 인간이 육적이라는 사실을 이용하고 인간의 육을 이용한다. 로마서 7장 14-25절에 따르면 인간은 자신의 주체성을 비구원의 권세인 죄(육이 아니다) 때문에 상실할 수 있다. "지금 그것을 행하는 자는 더 이상 내가 아니라 내 안에 거주하는 죄입니다. 실상 나는 선이 내 안에, 즉 내 육 안에 있지 않다는 것을 알고 있습니다. … 내가 원하지 않는 것을 내가 행한다면, 그것을 행하는 자는 더 이상 내가 아니라 내 안에 거주하는 죄입니다"(7,17-20). 죄가 내 안에, 내 육 안에 지배자로 똬리를 틀고 있다.

참고문헌

E. Brandenburger, *Fleisch und Geist* (WMANT 29) (Neukirchen 1968).

W. Kümmel, *Römer 7 und die Anthropologie des Paulus* (UNT 17) (Leipzig 1929).

H. Lindiger, *Het Begrip Sarx bij Paulus* (Assen 1952).

A. Sand, *Der Begriff "Fleisch" in den paulinischen Hauptbriefen* (BU 2) (Regensburg 1967).

5.2 죄와 죽음

죄와 죽음은 비구원의 권세들로서 긴밀히 협력한다. 아담을 통해 죄가 세상에 왔고 죄를 통해 죽음이 왔다(로마 5,12 참조). 죄가 비구원의 우선적 권세고, 죽음은 그 짝패다. 바울로는 이 둘이 인간을 지배한다고 말할 수 있었다(5,17,21; 6,14). 죄는 자기 지배의 가장 인상 깊은 도구로 죽음을 이용한다: "죄는 죽음 안에서 지배합니다"(5,21). 이 비구원의 두 권세가 서로 어떤 관계에 있고 어떻게 상호 작용하는지는 다음을 통해서도 드러난다. 바울로는 그리스도인들에게 이렇게 촉구했다: "죄를 짓지 마시오!"(1고린 15,34). 사도가 그들에게 죽음에 떨어지지 않도록 조심하라고 경고할 때, 그것은 영적 죽음을 가리킨다. 육신의 죽음은 아무도 피할 수 없으니, 죄의 대가이기 때문이다(로마 6,23). 그리스도인은 그러나 자신을 의로움에 혹은 죄에 내줄 자유를 지니고 있다. 후자를 행하면, 영적 죽음에 떨어진다(6,16). 이렇게 죽음은 다층적 실재다. 비구원의 인자因子로서 죽음은 육신의 죽음을 내포하고 있으나, 영적 죽음과의 관련성 안에서 보아야 한다. 후자가 더 나쁜 악이니, 현세 생명이든 영원한 생명이든 모든 생명을 그늘 지게 하고 끝내 멸망시키기 때문이다.

가장 강력한 비구원의 권세인 죄는 별도로 고찰할 필요가 있다. 단수형 "죄"ἁμαρτία[5]는 특히 로마서에서 개진되는 바울로 특유의 관점을 나타내

---

[5] 이 낱말이 로마서에 마흔여덟 번 나오고 나머지 바울로 친서에는 모두 열한 번밖에 나오지 않는 것은 주목할 만하다.

준다. 죄는 거의 인격화되어 나타나는데, 언제나 인간으로부터 나오는 것이 아니라 인간을 움켜쥐려는 어떤 것으로 묘사된다. 그러므로 죄를 일차적으로 윤리 계명들의 위반으로 파악하고자 한다면, 죄를 경시하는 짓이 될 것이다. 죄는 물론 돕는 자가 있으니, 인간이 죄에 빌미를 제공한다. 죽음과 나란히 육적 실존이, 이미 앞에서 살펴보았듯, 죄를 맞아들인다: "우리가 육 안에 있었을 때는 율법을 통해 야기된 죄스러운 정욕들이 죽음을 위해 열매를 맺도록 우리의 지체 안에 활동하고 있었습니다"(로마 7,5).

죄의 지배는 보편적이다. 이것을 뚜렷이 보여 주기 위해 바울로는 로마서에서 죽음을 초래하는 죄의 권세의 세 겹 길을 세 차례에 걸쳐 구체적으로 설명한다. 우선 서론 격인 1장 18절부터 3장 20절에서 (서로 구분하여) 이방인과 유대인들의 타죄墮罪를 서술한다. 인류의 이 구분에서 바울로는 자신이 유대인임을 드러내는데(이것은 이방인들에 대한 그의 판단에서도 마찬가지다), 사도는 이방인들이 우상숭배와 피조물 신격화 그리고 윤리적 도착에 떨어졌다고 본다. 이 서술은 신약성서에서 가장 포괄적인 악습 목록으로 끝난다(1,29-31). 그러나 유대인 역시 율법을 지키지 않았기 때문에, 하느님 뜻으로부터 떨어져 나갔다(2,25). 그 결과: 유대인과 그리스인들은 모두 죄의 지배 아래 있다(3,9).

둘째 논증(5,12 이하)에서 바울로는 인류 전체를 조상 아담 아래 하나로 총괄하는데, 아담은 자신의 불순종 때문에 모든 후손이 죄과에 연루되게 만들었다. 결과는 똑같되, 여기서는 유대인과 이방인의 구별이 폐기되고 모두가 동일한 아담의 계통 안에 편입되어 있다. 특히 문제 되는 것은 셋째 논증이다. 여기서 바울로는 보편적 통찰은 제공하지 않고 개인에 관해, 그것도 단수 일인칭으로 서술한다. 하지만 이 상론에도 보편적 타당성을 인정해 주어야 한다. 다시 말해 이 상론은 비구원 상황에 있는 모든 개인에게 해당된다. 이 비구원성은 지향과 행위 사이에서 분열된 인간존재 안에서 작용한다. 인간은 선을 원하지만 악을 행하고, 자신의 내적 인간을 따라 하느님의 좋은 법에 찬동하지만 그것을 실행하지는 못한다. 오히려 그 반대의 것, 악을 행한다. 이 숙명적 상태의 근본 바탕에는 모든 개인을 지배하는 죄의 막강한 권세가 있다: "내가 원하지 않는 것을 내가 행한다면, 그것을 행하는 자는 더 이상 내가 아니라 내 안에 거주하는 죄입니다"(7,14-25; 특히 17.20절).[6]

이 묘사는 극히 음울하다. 우리는 이것이 현실적인가라고 물을 수도 있을 것이다. 선을 행하는 "이방인들"도 있지 않은가? 물론 바울로도 그것을 알고 있다(2,14-15 참조). 그러나 여기서 바울로의 주된 관심사는 인간이 사로잡힌 죄의 막강한 권세다. 사도는 이 권세를 인간 안에 도사리고 있는 악마라는 표상을 통해서보다 더 강렬하게 묘사할 수가 없었다. 필경 이것이 바울로에게서 사탄 표상이 뒤로 밀려나 있는 이유이기도 할 것이다.[7] 이는 죄의 권세가 사탄과 동일시될 수 있음을 의미하는 것이 결코 아니다. 바울로는 악의 권세를 관념적으로 파악한다. 죄의 권세에 관해 말하는 것은 사도의 각별한 신학적 관심사이며, 또 이런 의미에서 그의 신학적 업적이기도 하다. 바울로는 주변 세계에서 악을 무섭게 체험했음이 틀림없고, 그 체험을 우리도 사도와 공유할 수 있다. 살인과 독신瀆神까지 포함한 무서운 악습 목록을 제시한 다음, 바울로는 이렇게 말한다: "그들은 … 그 짓들을 행할 뿐만 아니라, 행하는 자들을 인정해 주기까지 합니다"(1,32). 또한 3장 11-18절의 긴 성서 인용문에는 이런 말이 나온다: "그들의 발은 피를 쏟는 데 잽싸고 파멸과 비참이 그들 길에 있고 평화의 길을 그들은 알지 못했다. 하느님께 대한 두려움이 그들의 눈앞에 없다." 이 구절들은, 그 구체적 배경은 알 수 없지만, 순전히 이론적으로 언급된 것이 아니다. 이 상론들은 원칙적 중요성을 지닌다. 인간에 의해 행해지는 악은 논리적 설

---

[6] 여기서 모든 (구원받지 못한) 인간에 관해 말하고 있음은, 23절에서 법의 의미가 바뀌는 — 내 이성의 (율)법, 죄의 법 — 데서도 분명히 드러난다. 결정적인 것은 1,18 이하에서부터 5,12 이하를 거쳐 7,14 이하에 이르기까지의 로마서의 구상이다.

[7] 바울로는 사탄이라는 명칭을 로마 16,20; 1고린 5,5; 7,5; 2고린 2,11; 11,14; 12,7; 1데살 2,18에서 사용한다. 2고린 4,4에는 "이 세상의 신"이 나온다.

명이 불가능한 외연外延을 지니고 있다. 인간 안에 도사리고 있는 죄라는 표상은 책임 문제는 일단 뒤로 밀어 놓는다. 이 표상은 인간이 악, 죄의 막강한 권세에 완전히 사로잡혀 있으며, 그래서 거기서 스스로 벗어나는 것은 전혀 불가능하다고 본다. 이 관점은 앞으로 다룰 구원에 대한 바울로의 관점에도 필연적으로 영향을 미친다.

이상으로 죄에 대한 바울로 특유의 관점을 살펴보았거니와, 사도는 죄지음에 관해서도 말한다. 모두가, 어떤 이들은 율법 없이 또 어떤 이들은 율법 안에서, 죄를 지었다(로마 2,12; 3,23). 그리스도인도 형제에게, 제 몸에 죄를 지을 수 있다(1고린 8,12; 6,18). 죄에 대한 의식적 동조도 있다. 로마서 7장 14-25절도 이것을 물론 배제하지 않는다. 죄에 대한 바울로 특유의 이해는, 복수형 "죄들"이 나오는 구절들은 구약성서 인용문이거나 물려받은 신앙 정식이라는 사실에서도 드러난다(로마 4,7; 11,27; 1고린 15,3; 갈라 1,4).[8] $παράπτωμα$(로마 4,25: 범행, 위반)와 $άμάρτημα$(로마 3,25: 죄, 비행)에 대해서도 비슷한 말을 할 수 있다.[9] 바울로는 죄의 권세를 단수형으로 표현하는 특유의 이해를 충실히 고수한다.

죽음($θάνατος$)은 다층적 개념이다. 죽음은 일차적으로 육신의 죽음이다. 바울로는 그러나 육신의 죽음에서 [성서 전승(창세 3장)과 연계하여] 생물학적 현상 이상의 것을 알아본다. 육신의 죽음은 아담의 죄의 결과요, 개개 인간에게는 각자 죄에 연루된 결과다: 아담 안에서 모든 이가 죽는다(1고린 15,22; 참조: 로마 5,12). 죽음은 죄의 독침이요 대가다(1고린 15,56; 로마 6,23). 바울로는 자신 역시 죽음에 내맡겨져 있음을 안다. 사도는 스스로 사형선고를 내린 극히 고통스런 상황에 거듭 처했고 죽음의 위험을 여러 번 겪었으나, 하느님께서 자신을 건져 내시고 구해 주셨음을 체험했다(2고린 1,9-10;

---

[8] 로마 7,5와 1고린 15,17은 예외다. 후자는 1고린 15,3의 영향을 받았을 것이다.

[9] 이 개념들을 바울로는 나름대로 로마 5,16; 2고린 5,19에서는 복수형으로, 로마 5,15-19; 11,11-12; 갈라 6,1; 1고린 6,18에서는 단수형으로 사용한다.

4,11-12; 11,23). 바울로는 죽음을 받아들일 준비가 되어 있을 뿐 아니라, 죽음을 순교를 통해 그리스도를 찬양하는(필립 1,20) 기회로 만들고자 한다. 세속 인간들은 삶의 향락을 외쳐 댄다(1고린 15,32).

죽음이라는 개념이 영적 죽음, 영원한 죽음을 포함한다는 데 바울로 고유의 신학적 색조가 있다. 바울로가 영원한 죽음이라는 표현은 사용하지 않지만, 뭐라 해도 죽음의 궁극성을 전제하는 구절들이 있다. 이 최악의 가능성을 바울로는 경고를 위해 강조한다. 우리는 죄의 종이 되거나 아니면 주님께 순종하여, 죽음에 이르거나 아니면 의로움에 이를 수 있다(로마 6,16). 우리는 세상의 범주들을 본보기 삼아 '육에 따라' 살 수 있으나, 그렇게 되면 죽고 말 것이다(로마 8,13; 참조: 8,6). 이 구절들이 그리스도인들을 겨냥하고 있음을 유의해야 하니, 이들에게도 그 가능성이 열려 있는 것이다. 바울로의 진술이 절제력을 지니는 데는, 영적 죽음에 관한 말이 육신의 죽음을 포함하는지, 그래서 후자가 전자를 앞서 모사模寫하는지를 종종 명확히 판단할 수 없다는 사실도 한몫을 한다. 이는 의도된 것으로 보이는데, 바울로가 구원받지 못한 인류의 상황을 묘사할 때 특히 그러하다. 우리가 아직 육 안에 있었을 때, 우리는 죄를 지음으로써 죽음을 위해 열매를 맺었다(7,5). 멸망하는 자들에게는 복음 선포가 "죽음에서 죽음에 이르는 냄새"(2고린 2,16)라는 말은, 그들이 (포괄적 의미에서) 죽음 안에 머물러 있음을 의미한다. 죄에 팔린 인간의 절망 상태에 관한 묘사를 끝맺는 "누가 이 죽음의 몸에서 나를 구원하겠습니까?"(로마 7,24)라는 비탄의 절규 역시 육신의 죽음뿐 아니라 영적 죽음도 포함한다.

바울로에게서는 죄와 죽음이 강하게 결부되어 있다. 여기서 죄로 다시 돌아가 요점을 정리해 보건대, 무엇보다도 행위로서의 죄는 권세로서의 죄에 비해 뒷전으로 밀려나 있음을 언제나 확인해야 한다. 죄에 팔린 인간의 절망 상태가 표상을 지배하고 있다. 인간의 죄지음은 거기서 따라 나온다. 죽음을 가져오는 권세로서의 죄를 통해, 바울로는 사람들이 인간의 절망 상태를 의식하도록 만들 수 있었다.

참고문헌

J. BLANK, Der gespaltene Mensch. Zur Exegese von Röm 7, 7-25: *BiLe 9* (1968) 10-20.

R. BULTMANN, *Römer 7 und die Anthropologie des Paulus* (Gießen 1932).

K. KERTELGE, Exegetische Überlegungen zum Verständnis der paulinischen Anthropologie nach Röm 7: ZNW 62 (1971) 105-14.

G. RÖHSER, *Metaphorik und Personifikation der Sünde* (Tübingen 1987).

R. SCHNACKENBURG, Römer 7 im Zusammenhang des Römerbriefes: *Jesus und Paulus* (Festschrift W.G. Kümmel) (Göttingen 1975) 283-300.

5.3 자기모순의 율법

(부정적이든 긍정적이든) 바울로에게 율법의 의의는 그가 유대인이었고 끝내는 또한 그리스도인이었다는 사실을 언제나 유념해야만 이해할 수 있다. 사도는 자부심과 자조를 묘하게 섞어 "우리는 태생이 유대인들이며 이방인 출신 죄인들이 아닙니다"(갈라 2,15)라고 말할 수 있었고, 이로써 이방인들에 대한 유대인들의 통상적 판단을 제 것으로 삼을 수 있었다. 바울로는 이스라엘을 버리지 않았고, 그의 활동은 이스라엘의 구원을 겨냥하고 있었다. 이에 관해서는 앞으로 다루게 될 것이다. 물론 바울로는 그리스도 안에서, 또 그로써 이방인들의 구원 참여 안에서 아브라함 종교가 목표에 도달하고 본디 사명을 성취한다는 확신을 가지고 있었다. 이것을 사도는 극히 이율배반적인 말로 표현할 수 있었다: "사실 우리(그리스도교 공동체 구성원들)야말로 할례를 받은 사람들입니다"(필립 3,3). 할례는 하느님과 그분 백성의 계약의 봉인이었다. 바울로가 할례받게 하라는 것을 단호히 거부한 이방계 그리스도인들을 할례받은 사람들이라고 말한 것은, 새 하느님 백성이 태어났음을 또는 옛 백성으로부터 생겨났음을 의미한다고 하겠다.

왕년의 바리사이파 유대인인 바울로에게 율법의 역할은 분명했다. 사도는 필립비서 3장 5-6절에서 자신의 과거와 관련하여 자기는 율법이 요구하는 의로움에 따라 흠잡을 데 없는 삶을 영위하고자 꾸준히 노력했다고 언명함으로써, 율법의 역할을 암시한다. 이 언명은 바울로가 바리사이파의 엄격한 율법 준수를 구원의 길로 확신했음을 가르쳐 준다. 그러나 유대계 그리스도인 바울로에게는 율법의 역할이 덜 분명하다. 이것은 사도가 전혀 다른 상황에서 집필한 갈라디아서와 로마서의 이 문제에 관한 상론에서 특히 뚜렷이 드러난다. 갈라디아서에서 바울로는 갈라디아의 이방계 그리스도인들에게 율법 준수를 요구하던 유대주의적 적수들과 대결해야 했다. 율법 준수의 가시적 표지는 할례였다. 적수들은 그러니까 이방계 그리스도인들에게 이른바 경신敬神자들(회당에 합류한 이방인들)에게보다 많은 것을 요구했으니, 경신자들은 할례를 받지 않아도 되었던 것이다. 이들은 이방계 그리스도인들이 할례를 받는 경우에만 자신들과 동등하다고 인정했음이 분명하다. 바울로는 이 요구에서 그리스도를 통해 성취된 구원에 대한 의심을 알아보았고, 그래서 유대주의적 적수들을 모질게 공박했으며, 그러는 가운데 율법 문제를 파고들었다. 이런 배경을 고려하면, 갈라디아서에서 율법에 관한 거의 모든 진술이 부정적인, 부분적으로는 가혹할 정도로 부정적인 것을 이해할 수 있다.[10] 바울로가 보다 평온하고 개인적인 입장에서 자신의 신학적 관점을 성찰하는 로마서에서는 가혹하게 부정적인 진술들은 크게 줄고, 매우 긍정적인 진술들도 찾아볼 수 있다. 우리는 이 관점 변화를 언제나 유념해야 할 것이다. 연구자들은 바울로의 모순점들을 찾아낼 수 있다고 생각한다.[11] 우리는 율법에 대한 고찰을 비구원 상태에 있는 인간을 서술하고 비구원의 권세들과 공범들을 뚜렷이 제시해야 하는 이 장章에 집어넣었는데, 강조점은 부정적 관점에 두어야 할 것이다. 물론 긍정적 측면들도 간과해서는 안 된다.[12]

---

[10] 갈라 3,21 ㄱ; 5,14.23은 예외로 볼 수 있다.

[11] Räisänen, *Paul and the Law* 참조.

[12] 고린토 전서에서는 율법을 둘러싼 신학적 논쟁이 아무 역할을 하지 않는 것이 눈길을 끈다. 오직 15,56("죄의 권세는 율법입니다")에서만 논쟁의 암시를 찾아볼 수 있다. 율법에 대한 문제 제기는 나오지 않는다. 로마 7,7 이하를 상기해야 할 것이다. 율법이 성서 구절로서 인용되는 대목들: 1고린 9,8-9; 14,21; 참조: 14,34(본디 편지에 이 구절이 들어 있었는지는 논란되고 있다). 고린토 후서에는 '율법'이라는 낱말이 나오지 않으며, '할례'도 마찬가지다.

로마서보다 갈라디아서에 집중하자. 그러나 두 편지가 하나의 결정적 진술(물론 여기만은 아니지만)에서 일치한다는 사실에서 출발해야 할 것이다: "누구도 율법의 행실로써는 의롭게 될 수 없습니다"(갈라 2,16); "누구도 율법으로는 하느님 앞에 의롭게 되지 못한다는 것은 분명합니다"(3,11); "율법의 행위로는 어떠한 사람(직역하면 '살')도 그분 앞에 의롭게 되지 못할 것입니다"(로마 3,20). 율법은 구원의 길로서 더는 고려 대상이 되지 못한다. 이것은 유대인에게나 이방인에게나 마찬가지다. 바울로는 자신이 개종시킨 이방계 그리스도인들의 입장에서 논증을 전개한다. 이방계 그리스도인들은 할례와 율법 준수를 강요받아서는 안 된다. 모든 인간을 포괄하는 "모든 살(肉)"이라는 성서적 표현은 바로 여기서 이방인들에게도 해당한다.

그리스도, 그분의 구원 업적은 율법과 대립한다: "사람이 율법을 통해 의로워진다면, 그리스도께서는 결국 헛되이 돌아가신 셈입니다"(갈라 2,21). 갈라디아인들이 구원의 봉인으로 하느님의 영을 받은 것은 율법을 준수했기 때문이 아니라 믿음에 귀 기울였기 때문이다(3,2.5). 3장 10-13절은 그리스도와 율법을 극적으로 대립시킨다. 바울로는 여기서 율법뿐 아니라 그리스도도 저주와 결부시키는데, 그리스도가 저주받은 것은 그러나 율법에 의해서였다.

사도는 여기서 율법, 정확히는 신명기를 두 차례 인용한다. 두 번 모두 율법이 선고하는 전반적 저주를 인용하는데, 첫째는 율법 전체를 준행하지 않는 모든 사람에 대한 저주다: "율법 책에 씌어 있는 모든 것을 실천하는 데 한결같지 않은 자는 누구나 저주받는다"(3,10; 참조: 신명 27,26).[13] 바울로의 결론: '율법의 실천에 의존하는' 사람들은 모두 이 저주 아래 있다. 여기서 바울로는 (유대인이든 이방인이든) 모두가 율법 전체를 준봉하지 않고, 오히려 율법을 위반한다는 데서 출발한다(참조: 5,3; 6,13; 로마 1,18-3,20).[14]

---

[13] 인용에 관해 Koch, *Schrift* 163-5 참조.

[14] Schlier, *Gal* 132f는 율법 준수 요구가 총체적이라는 것을 부정하는데, 옳지 않다.

또한 행업, 더 정확히 말해 율법 준행을 통해 구원을 확보하려는 행업을 헛일로 깎아내린다.[15] 행업은 믿음과 대립된다. 둘째의 전반적 저주는 그리스도에게, 더 정확히는 십자가에 달리신 분에게 해당한다: "사실 '나무 위에 매달린 자는 누구나 저주받은 자'라고 씌어 있기 때문입니다"(갈라 3,13; 참조: 신명 21,23ㄷ).[16] 율법은 온 세상에 쳐들려진 시체는 땅을 더럽힌다는 고래의 제의 관념에 따라 나무에 매달린 자는 누구나 저주했다. 때문에 나무에 매달린 시체는 해가 지기 전에 매장되어야 했다. 아무튼 율법은 나무에 매달린 자 모두에 대한 저주를 규정하고 있었기에 그리스도를 저주하고, 또 저주가 되게 함으로써, 스스로 종언을 고했다.

우리는 이 사상을 바울로의 매우 압축된 말에서 읽어 내야 할 것이다. 저주라는 역설의 핵심은 모든 민족의 축복으로 정해진 바로 그분을 율법이 저주했다는 데 있다(갈라 3,14). 이로써 율법은 인간을 종살이시키던 권세를 잃었고, 따라서 폐기되었다.[17] 이 율법은 직접 하느님께로부터 온 것이 아니라, 천사들을 통해 한 중개자(모세)의 손을 거쳐 제정되었다(3,19). 바울로는 이 표상으로써 율법의 (약속에 비해) 열등한 지위를 나타내고자 한다.[18] 이것도 오직 갈라디아서에서만 찾아볼 수 있다.

인간을 종살이시키는 율법의 역할을 바울로는 여러 가지 방식으로 생생히 묘사한다. 사도는 지배 영역을 나타내는 그리스어 전치사 ὑπό(~ 아래)를 자주 사용한다(4,21; 5,18). 인간은 율법 아래 갇혀 엄한 감시를 받아 왔다(3,23). 율법의 저주와 죄는 이런 방식으로 함께 작용할 수 있었다. 바울로

---

[15] 문제점에 관해 Luz, *Geschichtsverständnis* 149-51 참조.

[16] 신명 21,23에는 "하느님께 저주받은"이라고 되어 있는데, 바울로는 "하느님께"를 빼버렸다. 이 말씀을 차마 그리스도에게 적용할 수 없었고, 또 사도의 목적은 그리스도와 율법의 대립을 강조하려 했기 때문이리라.

[17] 여기에 하느님의 섭리도 암시되어 있음을 볼 수 있다. Schlier, *Gal* 139에 따르면 그리스도를 단죄하고 십자가에 처형한 사람들은 율법에 대한 순종에 터해 행동했다.

[18] 이 표상에 관한 그 밖의 예증들은 Mußner, *Gal* 247 참조. 가장 가까운 것으로는 사도 7,38.53; 히브 2,2를 들 수 있다.

시대의 '율법의 울타리'라는 표상은 이로써 극히 부정적으로 재해석되었다.[19] '율법 아래'의 반대는 '은총 아래'다(로마 6,14). 로마서 7장 1-3절에서 바울로는 율법 아래 종노릇하는 인간의 상태를 결혼 생활에서 여자의 처지에 견준다(여기엔 동시대 유대교의 가혹한 가부장적 사회질서가 전제되어 있다). 율법은 우리의 감시자였다(갈라 3,24). 이 낱말은 엄격한 훈육선생의 의미로 알아들어야 한다. 율법은 그리스도께서 오실 때까지 우리에게 견책권을 행사했다.[20] (바울로는 갈라디아 교우들에게 경고하거니와) 율법 아래 있는 사람은 "약하고 보잘것없는 이 세상의 원소들"의 종살이에 떨어진다(갈라 4,9와 3). 여기서는 노예 주인 같은 우주 권세, 운명의 권세들을 암시하고 있다.[21] 바울로는 세계 내적 법칙들을 염두에 두고 있는데, 이것들은 자신들에게 자기를 내맡기는 자들을 예속시킨다. 이 세상에는 구원을 기대할 수 있는 것이 없고, 오직 가차없는 행업($ποιεῖν$)을 강요하는 법칙들만 있을 뿐이다. 율법은 훼방꾼처럼 끼어들어 왔다(로마 5,20). 그것은 "곁들여진 것"(갈라 3,19)이다. 또한 바울로는 랍비들의 성서 해석 방식을 따라 연대기적 고찰을 통해서도 논증을 전개한다. 하느님과 아브라함의 계약 이후 430년이 지나서야 주어진 율법이 계약을 무효화할 수는 없다(갈라 3,17). 할례는 그 율법보다 뒤에 생겨났다. 유대교에서 계약의 표지였던 할례가 아브라함의 믿음의 봉인이 된다(로마 4,10-12). 중요한 것은 할례가 아니라, 하느님 계명들의 준수, 사랑으로 행동하는 믿음, 새 창조다(1고린 7,19; 갈라 5,6; 6,15).

율법의 적극적인 힘은 인간들로 하여금 죄를 인식하게 한다는 데서 드러난다(로마 3,20). 율법은 사람들의 범법 때문에 "곁들여진 것"이다. 율법을

---

[19] Betz, *Gal* 313. 율법의 울타리는 이스라엘을 이방민족들로부터 떼어 놓고 해로운 영향들에서 보호해 준다. 그리스도 역시 율법 아래 놓이셨는데, 물론 "율법 아래 있는" 이들을 속량하기 위함이었다(갈라 4,4-5). 이 언명은 3,13-14와 통한다.

[20] 갈라 3,24의 "감시자"를 '그리스도를 맞을 준비를 시킨 교사'라는 의미로 해석해서는 안 된다.

[21] 이 신화적 표상에 관해 Gnilka, *Kol* 123-7 참조.

통해 죄스러운 정욕들이 불러일으켜진다(로마 7,5). 아마도 율법에 관한 가장 부정적인 이 언명(이에 대해 바울로 자신도 놀라는 것처럼 보이는데, 혹시 실제로 이런 비난을 받았던 것은 아닐까?)은 사도로 하여금 '율법이 죄란 말인가' 자문自問케 하고 또 죄와 율법의 상호 작용을 더 깊이 성찰케 한다. 율법 자체는 물론 비구원의 권세가 아니며, 어디까지나 죄에 의해 비구원의 권세로 악용되었다. 죄는 율법을 빌미로 삼아(K. Barth의 번역: 율법을 지렛대로 이용하여) 인간 안에 온갖 탐욕을 일으켰다. 인간은 율법이 없었다면, 그리고 율법이 "너는 탐내지 마라"고 하지 않았다면, 죄와 탐욕을 몰랐을 것이다. 탐욕은 인간을 길에서 벗어나 헤매게 만드는 근본적인 죄로 여겨진다. 이 인식은 죄지음에 대한 의식 이상의 것이니, 죄지음의 실존적 당혹과 체험이기도 하다. 이렇게 죄는 율법을 이용하여 자신의 힘을 온전히 발휘할 수 있었고, 터무니없이 죄스럽게 될 수 있었다(로마 7,7-13). 마치 일종의 보고서처럼 읽히는 이 본문은 5장 12-21절처럼 모든 인간을 포섭하는 아담 이야기와 결부되어 있다.[22] 이로써 이 구절의 보고서적 특성과 사람을 당혹하게 하는 일인칭 서술 방식도 납득이 간다.

로마서에는 율법에 관한 부정적 진술들 외에, 율법의 거룩하고 의롭고 좋은 특성(7,12)을 언급하는 몇 가지 긍정적 진술도 나온다. 7장 14절에서는 심지어 율법이 영적($πνευματικός$)이라고, 영에 의해 규정된 것이라고 말한다. 이 관점에서는 율법이 구원받지 못한 인간의 육적 실존과 맞서 있는 바, 인간은 율법의 좋은 특성을 알아보고 기꺼이 긍정하지만, 육에 귀속되어 있기에 그것을 실천하지는 못한다. 여기서 우리는 율법의 좋은 특성을 그 내용과 관련시켜야 할 것이다. 2장 20절(유대인들은 "율법 안에 인식과 진리의 구체적 표현을 가지고" 있다)[23]은 2장 15절(이방인들에게는 "율법이 규정하는 행위"가 그

---

[22] 이 본문을 율법 지식을 통해 죄와 맞닥뜨리게 되는 유대인 아이와 관련시키거나 바울로의 자전적 서술로 읽어서는 안 된다. 예전에 율법 없이 살았다는 것은(7,9), 아담에 대해서만 말할 수 있다. 아담 이야기에의 재귀(再歸)는 율법과 계명의 교체도 이해할 수 있게 해 준다. 여기서 배경은 아담이 자신에게 주어진 계명을 가지고 율법 전체를 준수했다는 유대교 관념이다. Käsemann, *Röm* 186 참조.

들 마음속에 씌어 있다)과 마찬가지로 그런 방향을 보여 준다. 참된 그리스도교적 해석은, 사랑이 율법의 완성이라는 데 있다(13,10; 참조: 갈라 5,14).

그러나 바울로가 (로마서 2장 13절 등에 근거하여) 율법 준행에서 비롯하는 의로움을 폐기하지 않았다고 말할 수는 결코 없을 것이다. 그리스도께서는 율법의 끝이시다. 의로움은 오직 믿음의 영역 안에 있다(10,4).[24] 여기서 예컨대 율법 전체를 완전히 준행하는 사람은 의로움을 얻는다고 생각하여, 율법의 완전 준행 가능성(물론 바울로는 이것을 부정한다)이라는 문제를 제기하는 것은 그렇게 중요하지 않다. 율법 완전 준행 뒤에 숨어 있는 인간적 구상은 믿음과 대립한다. 이 구상은, 바울로에 따르면, 제 힘으로 제 의로움 세우는 것을 목표로 한다(10,3). 이는 다시금 하느님의 의로움과 대립한다. 이것이 바울로와 유대인들의 대결의 가장 첨예한 논점이다. 그러나 이 외에도 바울로가 이스라엘에게 말해야 했던 것을 지적해야 한다. 이 문제는 앞으로 다루게 될 것이다.

참고문헌

R. BADENAS, *Christ the End of the Law* (JSNT.SS 10) (Sheffield 1985).

F. HAHN, Das Gesetzesverständnis im Römer- und Galaterbrief: *ZNW* 67 (1967) 29-63.

O. HOFIUS, *Paulusstudien* (Tübingen 1989) 50-120.

H. HÜBNER, *Das Gesetz bei Paulus* (FRLANT 119) (Göttingen ²1980).

H. RÄISÄNEN, *Paul and the Law* (WUNT 29) (Tübingen ²1987).

P. STUHLMACHER, *Das Gesetz als Thema biblischer Theologie* (Göttingen 1981).

F. THIELMANN, *From Plight to Solution* (Leiden 1989).

U. WILCKENS, Zur Entwicklung des paulinischen Gesetzesverständnisses: *NTS* 28 (1982) 154-90.

N.T. WRIGHT, *The Climax of the Covenant* (Philadelphia 1991).

---

[23] E. Käsemann, *Röm* 65에 따르면 여기서 율법은 율법서를 의미한다고 볼 수 있다.

[24] *EKK* V 1 (Zürich 1969) 51-95에 실린 U. Wilckens와 J. Blank의 흥미로운 논쟁 참조.

6. 그리스도 선포

바울로 사도의 선포의 중심은 예수 그리스도다. 나아가 바울로는 결정적 구원 사건들, 특히 예수의 십자가와 부활에 집중한다. 예수 그리스도의 인격과 그분이 성취한 구원은 서로 긴밀히 결부되어 있다. 바울로 서간들을 일별하며 해당 진술들을 찾아보면, 사도가 기존 전승에 많이 의존하고 있음이 눈길을 끈다. 물론 직접적인 예수 전승, 즉 공관복음서 전승은 크게 밀려나 있다. 여기 속하는 것으로는 주님의 성찬 전승(1고린 11,23-25; 참조: 루가 22,19-20)과 여기저기 흩어져 있는 주님의 말씀들(1고린 7,10-11; 9,14; 1데살 4,15)[1]을 들 수 있다. 공관복음서 전승의 후퇴는 바울로가 뒤늦게 사도로 불리었고, 열두 제자처럼 지상 예수와 함께 다니지 않았으며, 팔레스티나 유대계 그리스도인 공동체들과 긴밀한 유대를 가지고 있지 않았다는 사실과도 관계가 있다. 바울로가 접하고 받아들인 전승들은 주로 그리스도론적 특성을 지닌 것들이니, 그리스도 신앙을 숙고한 신조들, 신앙 정식들, 기억 명제들, 찬가들 등이다. 사도는 이것들을 거의 교회들 안에서 발견했다. 바울로의 이력을 고려하건대, 이 전승들의 습득 장소로는 안티오키아 교회가 가장 개연성이 높다. 사도는 이 정식들을 인용할 때, 해석을 하거나 덧붙이면서 자기 도장 찍는 일을 그만두지 않는다. 바울로가 이 전승들을 인용했다는 사실 자체가, 사도가 (신학적 측면에서도) 자기 이전 교회와의 연결을 추구하고 결속을 강화하고 일치를 중시했음을 알게 해 준다.

---

[1] 1데살 4,15에 관해서는 논란이 있다. 또한 바울로가 서간에 나타나는 것 이상의 공관복음서 전승을 알고 있었는지도 확실히 말할 수 없다. 그랬으리라 추측해도 안 될 것은 없겠다.

이 전승들 가운데 가장 중요한 것 중 하나를 고린토 전서 15장 3ㄴ-5절에서 찾아볼 수 있다. 이 전승의 중요성은 바울로 자신이 이것을 복음이라 지칭함으로써 부각시키는데, 사도는 이 복음을 고린토 공동체에 — '그가 공동체를 설립할 때'를 덧붙여도 되리라 — 무엇보다 먼저 선포했고 공동체는 이것을 받아들여 그 안에 굳게 서 있다. 그들은 이 복음을 통해 구원받으려니와, 그들의 믿음이 헛되지 않으려면 그 정확한 내용을 꼭 붙잡고 있어야 한다(15,1-3ㄱ). 이 전승은 다음과 같다:

> 그리스도께서는 성경대로 우리 죄들을 위해 죽으셨고,
> 묻히셨으며,
> 성경대로 사흗날에 일으켜지셨고,
> 게파에게, 다음에는 열둘에게 나타나셨습니다.[2]

예수의 죽음과 부활은 복음의 중심 기둥들이다. 이것들은 예수의 매장, 그리고 게파와 열두 제자에게의 발현에 의해 측면 엄호된다. 이 둘은 확증 기능을 수행한다. 예수의 매장이 그분이 참으로 사망했음을 표명하듯, 예수 발현은 하느님이 그분을 참으로 깨워 일으키셨고 그분은 그때부터 하느님 곁에 살아 계심을 말해 준다.[3] 죽음과 부활은 성서를 내세워 신학적으로 해석된다: 예수의 죽음은 우리 죄들을 위해 대신 일어났고, 그분의 부활은 사흗날에 이루어져야 하니, 사흗날은 하느님이 구원하러 개입하시는 날이기 때문이다. 널리 알려진 한 예는 호세아서 6장 2절이다: "사흘째 되는 날에 우리를 일으키시어 우리가 그분 앞에서 살게 되리라." "성경대

---

[2] 이 재구성은 널리 받아들여지고 있다. 다른 재구성들에 관해 Conzelmann, *1 Kor* 296f 참조.

[3] 문장 형태가 수동태 현재완료형임을 유의해야 한다: 그분은 일으켜지셨다. 이는 두 가지를 의미한다: ① 하느님이 그분을 일으키셨다. ② 그분은 언제까지나 일으켜진 분이고 살아 있는 분이다.

로"라는 말이 성서 전체를 그리스도 증언이라 주장하는 것인지, 아니면 특정 성서 구절과 관련된 것인지는 논란되고 있다. 후자의 경우라면 고통 받는 야훼의 종에 관한 노래들(특히 이사 53,12.4-6)과 방금 인용한 호세아서 구절이 해당될 수 있겠다.

그리스도 칭호로 전승이 시작됨은 우연이 아니다.[4] 그리스도는 구원 위업의 완성자다. 그분은 죽음과 부활을 통해 그리스도, 즉 메시아임이 드러났다. 그리스도 칭호는 바울로 사도의 선포에서 언제까지나 중심 칭호다.[5] 물론 이 칭호가 색이 바래고 상투어 비슷하게 된(특히 '우리 주 예수 그리스도' 또는 '예수 그리스도') 구절들도 적지 않다. 여기서는 그리스도가 거의 고유명사처럼 되고 신앙고백적 내용이 밀려나 있는데, 이런 사용법은 이방계 그리스도인 공동체들에서는 이해할 만한 것이었고, 오늘날 우리 이방계 그리스도인들에게도 특징적이다. 하지만 바울로가 많은 구절에서 그리스도 칭호를 의식적으로 도입하고 그 메시아적 내용을 강조하고자 하는 것을 알아볼 수 있을 것이다. 이는 사도가 단지 '그리스도'라고만 말하거나, 그리스도 칭호를 예수 이름 앞에 놓는('그리스도 예수') 경우에 특히 해당된다.

고린토 전서 15장 3절에 상응하여, 바울로는 구원 위업을 언급하는 구절들에서 독립된 그리스도 칭호를 사용한다: 그리스도께서 우리를 위해 죽으셨습니다(로마 5,8); 그리스도께서 아버지의 영광을 통해 죽은 자들 가운데서 일으켜지셨습니다(6,4); 그리스도께서 여러분을 받아들이셨습니다(15,7); 우리는 그리스도를 십자가에 처형되신 분으로 선포합니다(1고린 1,23); 우리의 파스카이신 그리스도께서는 희생되셨습니다(5,7); 그리스도께서는 우리를 율법의 저주에서 구속救贖하셨습니다(갈라 3,13); 자유를 위해 그리스도께서 우리를 해방하셨습니다(5,1).[6] 바울로가 편지들의 거의 모든

---

[4] 케리그마 양식에 걸맞게 관사가 없다. 로마 8,34; 14,9 참조.
[5] 이는 통계적으로도 확인된다. 이 칭호는 주님(퀴리오스) 칭호보다 20% 더 나온다.
[6] 로마 5,6; 6,9; 8,11; 14,15; 1고린 8,11 참조.

인사말에서 자신을 "그리스도 예수의 종"(로마 1,1),[7] "그리스도 예수의 사도"(1고린 1,1; 2고린 1,1), "그리스도 예수의 수인囚人"(필레 1절)으로 칭하는 것도 물론 우연이 아니다. 다시 말해 바울로가 그리스도 칭호를 앞세우는 것은, 무엇인가 중요한 것을 말하고자 함을 뜻한다. 사도는 자신이 메시아에게 사로잡히고 불리었음을 알고 있다. 그렇게 자주 나오지는 않는 "그리스도 예수"라는 표현 역시 의식적으로 사용한다: 우리는 그리스도 예수의 이름으로 세례받았습니다(로마 6,3); 우리는 그리스도 예수를 믿게 되었습니다(갈라 2,16); 모두가 그리스도 예수 안에서 하나입니다(3,28).[8]

그리스도 칭호의 옹근 내용은 갈라디아서 3장 16절의 말씀처럼 아브라함에게 주어진 약속이 그 후손 그리스도 안에서 성취되었다는 데서 밝혀진다. 십자가에 처형된 그리스도에 관한 설교, 십자가에 달렸던 메시아에 대한 선포가 유대인들에게 걸림돌이었으리라는 것은 쉽사리 이해된다(1고린 1,23).

고린토 전서 15장 3ㄴ-5절의 신조가 매우 오래되었고(예수 사후 5년?) 더구나 필경 예루살렘에서 생겨났지만, 본디 독립적이던 두 부분으로 이루어져 있음을 알아보아야 한다. 요컨대 본디 두 개의 독자적 신조가 각기 예수의 죽음과 부활을 다루고 또 선포했다. "하느님께서 그분을 죽은 자들 가운데서 일으키셨다"라는 신조는 본디 독립되어 있었음이 틀림없다. 이것은 이 신조가 바울로 서간 외에도 자주 나온다는 사실에 의해 입증된다. 말마디는 확정되어 있지 않으나, 기본 구조는 한결같다.[9] 어쩌면 이것이 가장 오래된 그리스도교 신조일 수도 있다. 이 신조의 가장 오래된 형태에는 아직 그리스도론적 존칭이 들어 있지 않았고, 단순히 '그분'이라고 말했다. 나중에 이 신조는 그리스도 칭호 외에 주님(퀴리오스) 칭호와도 결합될

---

[7] 바울로는 필립 1,1에서는 이 칭호로 자신과 디모테오를 함께 묶는다.

[8] 로마 2,16; 3,24; 갈라 2,4; 4,14; 5,6; 필립 1,6.8; 3,8 참조.

[9] 로마 4,24; 6,4; 7,4; 8,11; 10,9; 1고린 6,14; 2고린 4,14; 갈라 1,1; 1데살 1,10; 골로 2,12; 에페 1,20; 2디모 2,8 등 참조.

수 있었다(로마 8,11; 1고린 6,14; 2고린 4,14). 바울로에게도 이 신조는 그리스도교 신앙의 총괄 요약이다: "당신이 … 하느님께서 그분을 죽은 자들 가운데서 일으키셨다는 것을 당신의 마음속으로 믿으면, 구원받을 것입니다"(로마 10,9). 여기서 "죽은 자들 가운데서"(ἐκ νεκρῶν)라는 표현은 특이하다고 하겠다. "죽은 자들 가운데서"라는 개념에는 죽은 자들이 모여 있는 공간에 관한 표상이 어른거리고 있다. 오래된 성서적 내세 관념에 따르면 그곳은 세올Scheol, 지하 세계인바, 신약성서에서는 보통 그리스 낱말 하데스(ᾅδης)로 지칭된다.

예수의 죽음도 독립된 신조가 선포했다. 이 신조의 구조는 극히 단순하니, 예수의 죽음을 '~을 위한 죽음'으로 표현하는 것으로 만족한다. 특징적인 것은 동사 죽었다(ἀπέθανεν)를 전치사 위하여(ὑπέρ)와 함께 사용한다는("그분은 ~을 위해 돌아가셨다") 점이다. 여러 의미를 지닌 이 전치사는 두 가지 뉘앙스를 풍기는바, 하나는 원인(우리가 그분 죽음의 원인이다)이고, 또 하나는 (우리) 대신과 (우리를 위해) 바침이다. 바울로는 이 '위하여'를 다양하게 변주한다: 우리를 위하여(1데살 5,10), 우리 불경한 자들/죄인들을 위하여(로마 5,6.8), 모든 이를 위하여(2고린 5,14-15). 앞의 신조에서는 "우리 죄들을 위하여"로 되어 있다(1고린 15,3). 예수의 죽음을 이렇게 '~을 위한 죽음'으로 해석하는 것은 필경 주님의 성찬 전승에 기원을 두고 있을 것이다.[10]

바울로 공동체들에서는 주님(퀴리오스) 칭호가 그리스도 칭호보다 더 의미 있었을 것이다. 이방계 그리스도인들에게는 예수에게서 유대교의 메시아 대망이 성취되었음을 고백하는 것보다는 예수를 주님으로 고백하는 것이 더 실감났으리라는 것은 쉽게 짐작할 수 있다. "예수(는) 주님(이시다)"는 아마도 수세자들이 세례받을 때 언명해야 했던 신앙고백이었을 것이다. 로마서 10장 9절은 이를 상기시키려는 것 같다: "당신이 당신의 입으로 '예수는 주님이시다' 하고 고백하고 …" — 바울로는 이 고백은 어디까

---

[10] Bultmann, *Theologie* 87; H. Riesenfeld: *ThWNT* VIII 513. 1고린 11,24 참조.

지나 성령 안에서만 할 수 있다고 확신했다(1고린 12,3). 필립비서 2장 6-11절의 찬가는 주님 고백에 관해 시사해 주는 바가 많다. 찬가에 따르면 하느님께서 십자가에 처형되고 고양되신 예수에게 주님이라는 이름을 내리셨다. 이것은 다른 어떤 이름도 능가하는 이름이다. 마침내 이것은 하느님 자신의 이름이 된다. 이 찬가에는 구약성서 인용문이 섞여 있는데, 하느님의 보편적 지배권을 내용으로 하고 있다: "정녕 모두가 나에게 무릎을 꿇고 입으로 맹세하며 말하리라. …"(이사 45,23-24). 찬가에는 이렇게 되어 있다: 하느님께서는 그분에게 어느 이름보다도 빼어난 이름을 내리셨고, "그래서 예수의 이름 앞에 천상·지상·지하에서 모두가 무릎을 꿇고, 모두 입을 모아 예수 그리스도가 주님이라고 고백하게 … 하셨도다." 고양되신 예수는 주님으로서, 이를테면 하느님 지위를 얻었다. 그분은 인간에게 적대적인 모든 신적 권세(천상·지상·지하의 권세)들을 없애는 삼라만상의 지배자로 정해졌다. 그분은 삼라만상을 평정하고 구원으로 이끌 것이다.[11]

바울로는 주님 예수의 이 보편적 권능을 고수한다. 사도는 예수를 모든 이의 주님, 간청하는 모든 이에게 당신의 부를 베푸시는 주님이라 부른다(로마 10,12). 한 분 하느님께 대한 유일신 신앙고백과 나란히, 바울로는 다음과 같은 신앙 정식을 개진한다: "그리고 오직 한 분의 주님이 계실 뿐이니 곧 예수 그리스도이십니다. 모든 것은 그분으로 말미암아 있고 우리도 그분으로 말미암아 있습니다"(1고린 8,6). 사도는 주님 예수가 선재했고 창조에 함께했다고 본다. 그러나 당신 교회에 대한 주님 예수의 헌신을 훨씬 더 강조한다. 이것은 빈번히 사용되는 "우리 주님 예수 (그리스도)"라는 말에서 잘 드러난다(로마 1,4; 4,24 등). 그리스도인들은 주님 예수의 이름에 호소하는 이들이고(로마 10,13), 주님 예수의 이름으로 함께 모이는 이들이다(1고린 5,4). 바울로는 자신이 주님 예수에게 사도로 불리었고(1고린 9,1), 성찬 전승을 전해 받았다고(11,23) 믿고 있다. 사도는 자기 교회에 주님 예수

---

[11] 찬가 해석에 관해 Gnilka, *Phil* 111-47 참조.

의 은총을 축원한다(16,23). 현실적으로 주님 예수에 대한 신앙고백은 온 삶으로 그분을 따르려는 기꺼운 자세를 내포한다. 이것이 바울로가 주님을 섬기라고 촉구하는 말(로마 12,11)이 의미하는 바다. 우리는 주님의 보호와 도움에 의지할 수 있다: "우리가 살면 주님을 위해서 살고, 우리가 죽으면 주님을 위해서 죽는 것입니다"(14,8).

바울로가 예수를 하느님의 아들이라 말할 때에도, 기존 전승과 연결되어 있다. 이 전승은 로마서 인사말에서 잘 알아볼 수 있는데, 여기에는 팔레스티나 유대계 그리스도교에 소급되는 신조가 들어 있다:

> 그분은 육에 따라서는 다윗의 씨에서 태어나셨고,
> 죽은 이들 가운데서 부활하신 이후
> 거룩함의 영에 따라서 권능을 지닌,
> 하느님의 아들로 책봉되셨습니다(1,3-4).[12]

예수의 지상 실존과 천상 실존이 병치되어 있다. 중점은 후자에 있는데, 이는 4절이 더 상세한 것에서 이미 드러난다. 핵심은 예수의 메시아 지위에 관한 언명이다. 이 지위는 예수가 권능을 지닌 하느님의 아들로 책봉되셨다는 말이 가르쳐 준다. 시편 2장 7절에서도 다윗 가문에서 태어날 메시아 왕의 전범으로 여겨지는 이스라엘 왕을 하느님이 "내 아들"이라고 부른다. 하느님 아들 칭호가 겨냥하는 것은 그러므로 하느님으로부터의 기원이 아니라, 메시아 지위다. 하느님의 성령에 의해 다시 살아난 예수는 하느님이 선택하신 분으로서, 부활을 통해 메시아 왕으로 책봉되고 하느님 아들로 받아들여졌다. 이것은 유대교의 메시아 대망에 대한 상당한 수정을 의미하니, 그 대망에 따르면 전권을 지닌 현세적 메시아가 출현하여 이스라엘 민족의 열망을 영광스럽게 관철할 터였다. 예수는 현세적 차원에

---

[12] 전승을 단축하는 것은 바람직하지 않다. Linnemann: *EvTh* 31 (1971) 264-76; Theobald, *Dem Juden zuerst* 383의 견해는 다르다. 논거에 관해 Gnilka, *Theologie* 25 각주 30 참조.

서, 육에 따라, 다윗의 후손, 메시아 자격이 있는 분이었다. 왜냐하면 메시아 왕은 사무엘기 하권 7장 12-14절에 따르면 다윗 가문 출신이어야 하기 때문이다.[13] "죽은 이들 가운데서 부활하신 이후"("그분의 부활 이후"가 아니다)라는 표현 역시 주목해야 마땅하다. 이 표현은 예수 부활은 모든 죽은 이의 부활이 일어날 개벽Äonenwende을 의미함을 암시하기 위해 선택되었을 것이다. 이로써 그분은 새 인류의 우두머리가 되었거니와, 이는 유대인들의 한낱 국가정치적 해방자 이상의 의미를 지닌다.

바울로는 이 신앙 정식을 로마서 인사말의 맥락에서 다중적으로 해석한다. 바울로는 이 신조 역시 복음, 더 정확히는 하느님의 복음이라고 지칭하거니와, 그는 하느님의 예언자들을 통해 성서에 미리 약속된 이 복음의 선포를 위해 사도로 불리었다. 따라서 바울로는 신조에 포함되어 있는 메시아의 다윗 후손 됨에 주목한다. 사도 역시 사무엘기 하권 7장 12-14절을 염두에 두고 있었던가? 무엇보다도 바울로에게 하느님의 복음은 당신의 아들에 관한(περὶ τοῦ υἱοῦ αὐτοῦ) 복음이다. 바울로는 이 표현을 신조 바로 앞에 놓음으로써 선재 사상을 주장하는데, 이 사상이 전승되어 온 신조에는 빠져 있는 것을 애석해했을 수도 있다. 바울로에게 예수는 하느님 아들로서 하느님 옆에 계셨고 하느님이 우리 구원을 위해 파견하신 분이다. 이것은 역시 전승되어 온 파견 진술의 내용이기도 한데, 이 전승을 바울로는 여러 구절에 집어넣고 또 변주한다: "(때가 차자) 하느님께서 당신 아드님을 보내셨고, (그분은 한 여인에게서 태어나 율법 아래 놓이셨습니다.) 그것은 (율법 아래 있는 이들이 속량되도록, 그리고) 우리가 아들 자격을 받도록 하시려는 것이었습니다"(갈라 4,4-5; 참조: 로마 8,3; 또한 요한 3,16-17; 1요한 4,9).[14] 역시 하느님 아들 칭호를 알고 있는 넘겨줌-정식도 하느님의 구원

---

[13] 2사무 7장이 이 신조 뒤에 있다는 견해는 신빙성 있다. Hengel, *Sohn Gottes* 100f 참조. 다윗의 후손에 관한 언급은 이 신조가 팔레스티나 유대계 그리스도교에서 유래했음을 말해 주는 중요한 논거다. 바울로는 이 관념을 다른 어디서도 수용하지 않는다.

[14] 괄호 안의 내용은 신조에 대한 바울로의 해석이다.

주도권과 구원 계획을 강조한다: "하느님은 당신의 친아드님을 아끼지 않으시고 오히려 우리 모두를 위해 그분을 넘겨주셨습니다"(로마 8,32).[15]

인간의 구원을 겨냥하는 이 언명들 가운데는 하느님 아들에 관한 다른 유형의 진술들도 있다: 우리는 하느님 아들의 죽음을 통해 하느님과의 화해를 얻었다(로마 5,10); 우리 그리스도인들은 하느님의 아들 우리 주 예수 그리스도와의 친교로 부르심을 받았다(1고린 1,9); 우리는 하느님 아들의 모상과 같은 모습이 되도록 예정되었다(로마 8,29); 하느님의 아들 예수 그리스도 안에서 하느님의 숱한 언약들이 모두 '예'가 되었다(2고린 1,19-20). 바울로가 예수에 대한 자신의 개인적 관계를 암시할 때도 하느님 아들에 관해 말하는 것은 주목할 만하다. 이것은 하느님이 바울로에게 당신 아들을 계시하신 사도의 소명 체험(갈라 1,16)에 뿌리를 두고 있다고 하겠다. 그때부터 바울로는 하느님 아들의 복음을 선포함으로써 하느님을 섬기고(로마 1,9), 자신을 사랑하고 자신을 위해 당신을 넘겨주신 하느님 아들에 대한 믿음으로 살아간다(갈라 2,20). 아들과 아버지는 이 절대적 상호 관계 안에서, 아들이 자기 지배권을 하느님 아버지께 넘겨드리고 그분께 몸소 굴복하시어 하느님께서 모든 것 안에서 모든 것이 되시는 완세적·종말론적 드라마의 맥락 안에서 단 한 번 서로 마주 서신다(1고린 15,24-28).

선재 진술은 필립비서의 그리스도 찬가에서 육화 언명으로 발전하는데, 이것을 한 번 더 고찰해야겠다. 여기서 유념할 점은, 이 언명이 바울로 서간에서 예수 안에서 하느님의 사람 되심에 관해 아주 명백히 말하는 유일한 구절이며, 사도가 채록한 찬가에 들어 있다는 것이다. 본문은 이렇다:

> 그분은 하느님의 모습을 지니셨으나
> 하느님과 같음을 마치 노획물처럼 여기지 않으시고
> 도리어 자신을 비우시어

---

[15] 이 넘겨줌은 예수의 자기 양도로 표명되기도 한다. 갈라 1,4; 2,20; 로마 4,25 참조. 문제점에 관해 Popkes, *Christus* 247 참조.

종의 모습을 취하셨으니
사람들과 비슷하게 되시어
여느 사람 모양으로 드러나셨도다(2,6-7).

찬가는 예수를 곧장 하느님으로 지칭하지는 않지만, 예수가 하느님의 모습(존재 양식) 안에(ἐν μορφῇ θεοῦ) 있었고 하느님과 같았으나 자신을 비웠다고 말한다. 결국 이로써 예수가 (선재할 때) 하느님 지위에 있었다거나 하느님 영광에 싸여 있었다는 이상의 내용이 언명된 것이다. 이 그리스어 표현은 하느님의 본질과 권능이라는 의미에 가깝다. 물론 아직 그리스도 안의 두 본성에 관해 숙고하는 것은 아니니, 이 일은 후대 교의학에 유보되어 있었다. 아무튼 핵심 언명은 이것이다: 하느님이 사람이 되셨다. 인간 실존의 현실이 지나치게 들어높여져 있다. 사람들과 비슷한 모습, 통제 가능한 외양은 예수가 인간임을 뚜렷이 말해 준다. 인간 실존을 종의 실존으로("종의 모습을 취하시어") 파악하는 것이 이상하게 보일 수도 있다. 종의 모습은 하느님의 모습과 짝을 이룬다. 인간의 종스런 실존이라는 개념에는 신화적·비관적 세계관이 바탕에 깔려 있는데, 헬레니즘에서 유래하는 이 세계관의 골자는 하느님께 적대적인 초세상적 권세들과 운명적 힘들이 인간들을 강압적으로 지배하고 종노릇하게 만든다는 것이다. 찬가에서 천상·지상·지하의 것들(그러니까 모든 영역에 도사리고 있는 권세들)이라고 언급된 존재들이 그것인바, 이것들이 고양되신 주님 예수에 의해 무력화·폐기된다. 아무튼 세상, 삼라만상이 악마적·불가항력적 권세들에게서 해방되기 위해 하느님의 사람 되심이 필요했다. 찬가에서 철학적 언어로 표현된 어려운 사상을 바울로는 고린토 후서 8장 9절에서 유비적으로 이렇게 표현한다: "그분은 부요하셨지만 여러분을 위하여 가난하게 되셨습니다. 그것은 당신의 가난으로 여러분이 부요하게 되도록 하려는 것이었습니다."[16]

---

[16] 바울로는 2고린 8,9에서도 신앙고백 전승을 수용했을 것이다.

바울로의 그리스도 선포에는 그리스도 내림來臨의 선포도 포함된다. 그리스도의 내림이 바울로의 (특히 초기) 선교 설교를 지배하고 있다. 필립비서 3장 20-21절에 그리스도 내림에 대한 고대가 오롯이 담겨 있다: "우리의 시민권은 하늘에 있습니다. 우리는 주 예수 그리스도께서 거기서 구원자로 오실 것을 고대합니다. 그분은 우리의 비천한 몸을 당신의 영광스러운 몸과 같은 형태로 변화시키실 것입니다." 여기서 그리스도 선포의 강조점은 '구원자'(σωτήρ)라는 존칭에 있는데, 이 칭호는 바울로 서간에서 이곳에만 나온다.[17] 예수는 심판하러 내림할 때 우리의 구원자로 드러나실 것이다. 우리 몸의 새로운 꼴 갖춤에서 구원이 완성될 것이다(로마 8,23 참조). 구원자 칭호는 한 번밖에 나오지 않지만, 바울로는 동사 '구원하다'를 상응하는 의미에서, 다시 말해 주님의 날의 결정적 구원과 관련하여 종종 사용한다(1고린 5,5; 3,15). 눈길을 끄는 것은, 이 구원이 거의 예외 없이 미래형으로 말해진다는 점이다: "우리는 … 그분을 통하여 진노로부터 구원받을 것입니다"(로마 5,9).[18] 지금 우리는 우선 희망으로 구원되었다(8,24). 필립비서 3장 20-21절과 상통하는 구절이 바울로의 첫 편지에 나오는데, 여러 전승 요소가 결합된 이 구절은 회심과 그리스도 내림 대망의 관련성을 확인해 준다: "여러분이 어떻게 우상으로부터 하느님께로 돌아서서, 살아 계시고 참되신 하느님을 섬기게 되었으며 또한 그분이 죽은 이들 가운데서 일으키신 당신 아들, 우리를 장차 닥쳐올 진노로부터 건져 주시는 예수께서 하늘로부터 오실 것을 어떻게 고대하게 되었는가도 그들은 전하고 있습니다"(1데살 1,9ㄴ-10). 이 구절은 바울로 선교 설교의 강요綱要라 할 수 있다. 세례 노래를 수용했다는 설은 별 신빙성이 없다.[19] 이 구절에 하느님

---

[17] 구원자 칭호는 사목서간과 베드로 후서에 자주 나온다. 이 칭호는 신약성서 이후 시대에 널리 사용되었다. 필립 3,20-21을 전승으로 보는 견해에 관해 Gnilka, *Phil* 206-10 참조.

[18] 로마 5,10; 10,9.13; 11,26 등 참조.

[19] G. Friedrich, Ein Tauflied hellenistischer Judenchristen: *ThZ* 21 (1965) 502-16이 그런 견해를 주장한다.

아들 칭호가 나오는 것에 유의해야 한다. 이 칭호가 구원자 칭호를 밀어냈던 것일까?

바울로와 그의 교회들이 그리스도 내림을 고대하고 있었음을 입증해 주는 구절은 매우 많다. 한 보기로 아람어 외침 "마라나타!"[= 우리 주님, 오소서! (1고린 16,22)]를 들 수 있는데, 아람어를 사용하던 팔레스티나 유대계 그리스도교계에서 유래하는 이 외침은 성찬례에서 발설되었을 것이다. 고린토 전서 11장 26절에 따르면 성찬례에서 교우들은 주님의 죽음을 "주님이 오실 때까지" 선포했다. 사도는 필립비인들에게 촉구한다: "주님이 가까이 오셨습니다. 아무것도 걱정하지 말고 무슨 일에서나 기도와 간구로써 감사하며 여러분의 요청을 하느님께 알리십시오"(필립 4,5-6). 바울로는 데살로니카 전서 4장 16-17절(과 고린토 전서 15장 51-52절)에서 그리스도 내림을 간략히 그러나 생생히 묘사하는데, 묵시문학 색조의 전승에 의존하고 있다. 이 전승의 원형은 다음과 같았을 것이다(괄호 안의 내용 제외):

> 명령이 떨어지고 대천사의 소리와 하느님의 나팔소리가 들릴 때
> 주님께서 (친히) 하늘에서 내려오실 것이며
> (그리스도 안에서) 죽은 이들이 (먼저) 부활하고
> (그다음에) 남아 있는 (우리 산) 사람들도 (그들과 함께 동시에)
> 주님을 마중하기 위해 구름을 타고 공중으로 이끌려 갈 것입니다
> (그러면 우리는 언제나 주님과 함께 있게 될 것입니다.)[20]

---

[20] 전승에 관해 Hoffmann, *Die Toten* 222; Baumgarten, *Paulus und die Apokalyptik* 91-8. 106-10; Luz, *Geschichtsverständnis* 326-31; Harnisch, *Existenz* 39-44; Lüdemann, *Paulus* I 247. 265-71; Holtz, *1 Thess* 184f, 198f 참조. 부활을 죽은 교우들에 국한하는 "그리스도 안에서 죽은 이들"이라는 표현이 특히 많이 논란되고 있다. 바울로가 애용하는 "그리스도 안에서"를 이 구절에 끼워 넣은 것으로 보인다. "먼저-그다음에"라는 시간 규정과 "그들과 함께 동시에"라는 말은 아마 바울로가 덧붙였을 것이다. "그러면 우리는 언제나 주님과 함께 있게 될 것입니다"라는 결어도 통상 바울로의 첨언으로 본다.

그리스도 내림에 대한 바울로의 강렬한 기대는 사도가 데살로니카 전서 4장 17절에 "그다음에 우리 산 (사람들)"을 덧붙이고 자신을 거기에 포함시킨 데서 뚜렷이 드러난다.

참고문헌

J. BAUMGARTEN, *Paulus und die Apokaliptik* (WMANT 44) (Neukirchen 1975).

J.C. BECKER, *Paul's Apocalyptic Gospel* (Philadelphia 1982).

M.N.A. BROCKMÜHL, *Revelation and Mystery* (Tübingen 1990).

C. DIETZFELBINGER, *Die Berufung des Paulus als Ursprung seiner Theologie* (Neukirchen 1985).

W. HARNISCH, *Eschatologische Existenz* (FRLANT 110) (Göttingen 1973).

M. HENGEL, *Der Sohn Gottes* (Tübingen 1975).

O. HOFIUS, *Der Christushymnus Philipper 2, 6-11* (WUNT 17) (Tübingen 1976).

J. KREMER, *Das älteste Zeugnis von der Auferstehung Christi* (SBS 17) (Stuttgart ²1967).

E. LINNEMANN, Tradition und Interpretation in Röm 1, 3f: *EvTh* 31 (1971) 264-76.

E. LOHSE, *Märtyrer und Gottesknecht* (FRLANT 64) (Göttingen 1955).

W. POPKES, *Christus traditus* (AThANT 49) (Zürich 1967).

P. STUHLMACHER, Theologische Probleme des Römerbriefpräskriptes: *EvTh* 27 (1967) 374-89.

M. THEOBALD, "Dem Juden zuerst und auch dem Heiden": *Kontinuität und Einheit* (Festschrift F. Mußner) (Freiburg 1981) 376-92.

K. WENGST, *Christologische Formeln und Lieder des Urchristentums* (StNT 7) (Gütersloh 1972).

7. 구원받은 인간

7.1 의롭다고 인정받은

바야흐로 인간이 예수 그리스도에 대한 믿음으로 하느님에 의해 의롭다고 인정받는다(의롭게 된다)는 것이, 예수 그리스도를 통해 중개되고 선사된 구원에 관한 바울로의 핵심 언명으로 간주된다. 이는 언제까지나 그럴 것이다. 물론 통상 바울로의 의인(의화)론이라고 지칭되는 것이 사도가 인간 구원에 관해 말해야 했던 내용을 모두 포함하지는 못하며, 사실 크게 못 미친다. 또한 의인이라는 주제가 뚜렷이 포착되는 곳은 (다시금) 로마서와 갈라디아서라는 것도 유념해야 한다.

고린토 전후서에서도 이 주제가 언급되지만, 바울로 특유의 관점이 뚜렷이 부각되지는 않는다. 바울로의 관점에서 구원받은 인간을 고찰하려면, 점진적으로 주제의 핵심에 이르기 위해, 고린토 전후서로부터 출발하는 것이 좋겠다.

우선 바울로의 의인론에는 전승과의 연결 고리가 있음을 확인할 수 있다. 이미 바울로 이전 그리스도교에서도 그리스도교의 구원을 '의(로움)'이라는 개념으로 특징지을 수 있었다. 고린토 전서 6장 11절("그러나 여러분은 이제 씻겨졌습니다! 그러나 거룩하게 되었습니다! 그러나 의롭게 되었습니다! 주 예수 그리스도의 이름과 우리 하느님의 영으로 말입니다!")뿐 아니라 고린토 전서 1장 30절 ["그분(그리스도 예수)은 우리에게 하느님으로부터 오신 지혜가 되셨고 의와 성화와 속량이 되셨습니다"]에도 전승이 들어 있는 것으로 보인다.[1] 두 구절 모두 삼중 구조

---

[1] Kertelge, *Rechtfertigung* 244f; Schnelle, *Gerechtigkeit* 39. 44-6; Kuss, *Röm* 125 참조. 바울로는 1고린 1,30에서 그리스도의 십자가로 인해 각인된 자신의 지혜 성찰에 전승을 첨가했다.

로 되어 있다. '의로움'이나 '의롭게 되다'라는 개념은, 특히 고린토 전서 6장 11절에서, 병렬된 내용들 중 상당히 강조되기는 하지만, 아무튼 여럿 가운데 하나다. 여기서 부정不定 과거Aorist 시제는 유일회적 사건, 즉 세례를 상기시킨다. 주님 예수 그리스도의 이름 부름과 우리 하느님의 영(세례 때 수세자에게 부어진다)에 관한 언급도 마찬가지다. '의롭다고 인정(판결)하다'(δικαιοῦν)의 재판적 성격은 뒤로 밀려나 있다. 때문에 "(여러분은) 의롭다고 판결받았습니다"보다 "의롭게 되었습니다"로 번역하는 게 낫다. 이것은 그들에게 실제로 죄의 용서가 베풀어졌음을 의미한다. 고린토 전서 1장 30절에도 세례가 배후에 있다고 짐작된다.

고린토 후서 5장 21절("하느님께서는 죄를 모르는 그분을 우리를 위하여 죄로 만드시고, 우리가 그분 안에서 하느님의 의로움이 되도록 하셨습니다") 역시 세례의 지평 안에 포섭되는데, 용어상으로 보건대 마찬가지로 전승에 의해 꼴지어져 있다.² 여기에 '하느님의 의로움'이라는 개념이 나오는 것은 의미심장한데, 바울로는 이곳 말고는 로마서에서만 이 개념을 사용한다. 그러나 이 구절은 이 개념 역시 이미 바울로 이전에 중요한 역할을 했음을 짐작하게 한다. 우리는 죄 없는 예수 그리스도 안에서 하느님의 의로움이 되었다. 이것은 이중의 역설인바, 이 뒤에는 하느님의 행동이 숨어 있다. 죄 없는 분이 하느님에 의해 죄가 되고, 우리(죄인들)는 그분 안에서 의로운 자들이 된다. 이것은 그리스도의 대속사代贖死에 주의를 환기시킨다. 세례를 통해 얻은 그리스도와의 결합 안에서 우리는 의로운 자들이 된다. 이것이 마찬가지로 의미하는바: 우리는 죄를 용서받았다. 물론 구체적으로 말하는 대신 추상 개념을 골라 썼음을 유의해야 한다: "의롭게" 대신 "하느님의 의로움이." 이 의로움은 그러나 그리스도가 그것이 된 죄와 짝을 이룬다. 죄 없는 분이 죄인이 될 수는 없었다. 그러나 죄를 짊어질 수는 있었다. 여기서 죄는 그 보편적 외연外延 안에서 보아야 한다. 그러나 죄가 바울로의 관점에

---

² 토론에 관해 Schnelle, *Gerechtigkeit* 48 참조.

서처럼 권세로 이해되지는 않는다. 그리스도가 죄를 짊어진 분이 되었듯, 우리는 하느님의 의로움을 짊어진 자들이 되었다. 그리스도가 십자가에서 인간들의 죄의 무서운 결과를 느끼게 되었듯, 하느님의 의로움의 해방적 권능이 우리에게 작용한다.

바울로가 자신의 의인론을 개진하는 로마서 3장 24-26절에도 전승이 담겨 있다고 보는 연구자들이 오늘날 갈수록 늘어나고 있다. 바울로가 역시 단편적으로만 수용할 수 있었던 것으로 보이는 전승 원형의 정확한 재구성에 관해서는 논란이 격심하다. 우리는 아래 텍스트에 국한하여 재구성하겠는데(괄호 안의 내용 제외), 이 텍스트의 내용은 전승 수용설을 지지하는 학자들 대부분이 전승으로 본다:

> 하느님은 (신앙으로 유효한) 그분의 피에 의한
> 속죄 방법으로 그분을 제시하셨습니다.
> (하느님은 과거에 저질러진) 죄들을 용서하기 위한
> 당신의 의로움을 보여 주실 목적으로 그렇게 하셨습니다.
> (이 죄들은) (당신의?) 인내의 때에 (저질러진 것입니다).[3]

텍스트가 그리스도의 십자가를 겨냥하고 있음은 두말할 나위가 없다. 그러나 십자가는 세상 모든 사람 앞에서 실행된 하느님의 행동으로 제시되어 있다. 이 문장의 주어는 하느님이다. 당신 행동을 통해 하느님은 당신의 의로움을 드러내셨으니, 이 의로움이 죄의 용서를 가져왔다. 여기서 하느님의 의로움은 그분의 자비와 아주 가까우니, 과연 그분은 속죄를 가져오는 예수의 피 안에서 친히 죄인들을 맞아들이셨다. 이 구절은 중세 성당의 성삼위일체도圖를 연상시킨다.

---

[3] 24절을 대부분 전승으로 보는 주석자들이 적지 않다. 25절의 "신앙으로"를 바울로가 덧붙인 것으로 보는 데는 의견이 거의 일치한다. 다양한 재구성 작업에 관한 개관은 Schmithals, *Röm* 120f가 제공한다. Schmithals는 "당신의 인내의 때에"도 바울로의 첨언으로 본다.

하느님의 의로움을 징벌 정의의 의미로 해석해서는 결코 안 된다. 이것은 널리 알려진 캔터베리의 안셀무스의 견해인바, 그는 의로움을 법률적 의미로 이해했다.[4] 안셀무스에 따르면 의로움을 요구하시는 하느님은 인류가 받았어야 할 벌을 그리스도에게 지우셨다. 그리스도 안에서 하느님의 진노, 복수심이 달래지고 의로움이 회복되었다는 것이다. 그렇다면 여기서 죄의 용서는 예수 그리스도 이전 시대까지 하느님이 인내하시는 동안 죄를 내버려 두거나 모르는 체하신 것으로 해석된다. 너무나 많은 오해 그리고 무엇보다도 극히 의심스러운 하느님상을 가지게 만드는 이 해석은 배격해야 마땅하다. 하느님은 의로움을 요구하시는 게 아니라 오히려 의로움을 부여하신다. 24절(바울로에게서 유래하거나 전승에 속할 수도 있다)은 하느님의 은총을 강조하는데, 실로 온당하다. 은총이야말로 하느님이 그리스도와 결속하여 행동하시는 궁극 동기다. 은총이 하느님의 의로움이다. 은총이 그분의 인내를 대체한다.

의로움에 대한 이런 이해는 구약성서에 뿌리박고 있다. 몇 가지 예증만 제시하자: "주님께서는 정의를 실천하시고 억눌린 이들 모두에게 의로움을 베푸시는도다"(시편 103,6); "나는 내 의로움을 가져왔다. 그것은 멀리 있지 않다. 나의 구원은 지체하지 않는다. 나의 영광인 이스라엘을 위하여 나는 시온에 구원을 베푼다"(이사 46,13); "나의 구원은 영원하고 나의 의로움은 꺾이지 않으리라"(51,6); "나는 과연 자애를 실천하고 공정과 의로움을 세상에 실천하는 주님이다"(예레 9,23).

쿰란 문서도 같은 맥락에서 이해한다: "내가 비틀거릴 때 하느님 은총의 드러나심이 영원히 나의 도움 되신다. 내가 육의 술책에 채여 발을 헛디딜 때 하느님의 의로움을 통해 내 의로움이 영원 안에 있도다"(1QS 11,12; 참조: 11,2; 1QH 17,20-21). 이 구절들에서 의로움이라는 낱말이 정의 · 구원 · 영광 · 자애 · 은총과 병행하는 것에 유의해야 한다. 이 병행은 "하느님의 의

---

[4] Anselm von Canterbury, *Cur Deus homo*. H. Kessler, *Die theologische Bedeutung des Todes Jesu* (Mainz 1970) 83ff도 참조.

로움"이라는 개념에 대한 올바른 이해를 요구한다.

로마서 3장 25-26절의 전승 신조 해석에서 죄를 용서받은 사람이 정확히 누구인지가 논란되고 있다. 모든 인간인가 이스라엘 백성인가 아니면 수세자 개인인가? 이스라엘이라면[전승이 (헬라?) 유대계 그리스도인 동아리들에서 유래했다는 사실이 이를 뒷받침한다고 볼 수 있다], 과거에 저질러진 죄들의 용서는 계약의 갱신으로 이해해야 할 것이다. 그렇다면 하느님의 의로움은 추가적으로 계약에 충실하심이라는 의미가 강해진다. 하지만 그보다는 (고린토 전서 6장 11절과 1장 30절에서처럼) 아무래도 세례를 염두에 두어야 할 것이다. 그러나 이것은 어디까지나 가정으로 남아 있다.

앞에서 "속죄 방법"이라고 번역한 매우 드문 낱말($\iota\lambda\alpha\sigma\tau\acute{\eta}\rho\iota o\nu$)은 아주 구체적으로 대속죄일의 피뿌림 의식을 가리킨다는, 물론 공감할 수 있는 견해 역시 어디까지나 가설로 남아 있다. 이날 대사제는 성전 지성소 안으로 들어가 증언궤 위 속죄판 둘레에 피를 일곱 번 뿌렸다(레위 16,11-17). 이 속죄판이 70인역 탈출기 25장 17절 등에서 $\iota\lambda\alpha\sigma\tau\acute{\eta}\rho\iota o\nu$이라고 지칭된다. 이 암시가 옳다면, 예수 그리스도 안에서의 하느님의 속죄 행위는 그때까지의 모든 속죄 의식을 폐기한다는 사상을 내포한다고 하겠다.

'하느님의 의로움'이라는 개념의 뜻을 성서적 배경의 도움으로 제법 상세히 밝혔지만, 바울로가 자신의 구원론을 "우리는 의롭게 되었습니다"라는 언명으로 첨예화할 수 있었다는 사실은 여전히 의아스럽다.[5] 이것은 바울로 자신의 유대교인으로서의 과거와 사도의 (율법에서 자유로운) 복음 선포가 야기한 대결의 맥락에 터해서만 올바로 판단할 수 있다. 유대인의 이상은 의롭게 되는 것, 의롭다고 인정받는 것이었다. 그리고 그리스인의 이상은 지혜롭게 되는 것이었다. 물론 유대인의 이상이 훨씬 더 하느님과 관계된다. 왜냐하면 오직 하느님의 율법을 통해, 모세 토라의 규정들을 양심적으로 준행함으로써, 의롭게 될 수 있었기 때문이다.

---

[5] 신약성서에서 바울로 외에는 마태오만이 의로움을 중요한 신학적 주제로 다룬다. 마태오 복음서는 매우 유대계 그리스도교적으로 꼴지어져 있다.

바울로 특유의 의인론은 기존 의인론들보다 독특하고 예리하다. 사도의 의인론은 죄의 용서 이상을 겨냥한다. 이것은 논쟁 속에서 꼴을 갖추었다. 어떤 의미에서 바울로 의인론은 투쟁론이라 하겠다. 그러나 이 말이 사도의 의인론에 항구적으로 타당하고 구속력 있는 신학 사상이 없다는 뜻은 아니다. 갈라디아의 거짓 선생들과의 투쟁에서 열정적으로 개진되는 이 사상은, 갈라디아서에서 로마서로 넘어가면서 상당히 분명히 드러난다.

바울로는 전도서 7장 20절을 따라 의로운 사람은 하나도 없다고 확언한다(로마 3,10). 로마서 1장 18절 이하의 비구원에 관한 장章의 결론인 이 확언은 이방인과 유대인 모두에게 해당된다. 하느님만이 의로우시다(3,26). 그분의 독점적 의로움은 인간들의 불충·거짓·독신瀆神에 의해 폐기될 수 없으며, 오히려 더욱 확증될 따름이다(3,3-5).

여기서 바울로의 명제는 다음과 같다: "우리는 사람이 율법의 행위와는 상관없이 믿음으로 의롭게 된다고 간주합니다"(3,28). 이 명제가 (로마서에서는 감정에 치우치지 않고 개진되지만) 갈라디아서에서는 유대주의적 적수들을 공박하기 위해 거듭 사용하는 무기가 된다: "우리는 사람이 율법의 행실로써가 아니라 오직 예수 그리스도께 대한 믿음을 통해 의롭게 된다는 것을 알고 있습니다. 그래서 우리는 그리스도 예수를 믿게 되었는데, 그것은 율법의 행실로써가 아니라 그리스도께 대한 믿음을 통해 의롭게 되기 위해서입니다. 누구도 율법의 행실로써는 의롭게 될 수 없기 때문입니다"(갈라 2,16). 부정적 확언("율법의 행실로써가 아니라")이 공격적으로 앞에 내세워진다. 3장 11절에도 같은 말이 나온다: "누구도 율법으로는 하느님 앞에 의롭게 되지 못한다는 것은 분명합니다. 왜냐하면 '믿음으로 말미암은 의인은 살 것'[6]이기 때문입니다." 여기서 바울로는 (로마서 1장 17절에서처럼) 자기 명제의 전거로 하바꾹 예언서의 말씀(2,4)을 내세운다. 그리고 각별히 모질게 말한다: "여러분 중에 율법으로 의롭게 되려고 하는 사람은

---

[6] '의인은 믿음으로 살 것'이라고 옮겨도 되지만, 이보다는 위의 번역이 선호되어야 한다.

누구나 그리스도와 인연을 끊은 것이며 은총으로부터 떨어져 나간 것입니다"(갈라 5,4). 그러므로 결국 양자택일이다: 율법이냐 믿음이냐, 율법이냐 은총이냐.

갈라디아서에서는 바울로 사도가 자신의 의화(의인)론을 이렇게 타협의 여지 없이 단호하고 모질게 정식화하게 된 계기에 대한 시사도 찾아볼 수 있을 것 같다. 사실 바울로에게는 그전부터, 짐작건대 헬라 유대계 그리스도인들의 이런 의화관과 맞서 싸운 자신의 박해 소행과 연계된 다마스커스 앞에서의 소명 체험에서 이미, 이방인들을 아무 조건 없이 동등하게, 유대교를 통하지 않고, 교회에 받아들여야 한다는 것이 분명해졌을 것이다. 그러나 바울로의 명제, 즉 인간의 의화에 관한 그의 견해는 갈라디아의 거짓 선생들과의 대결에서 투쟁 도구가 되었던바, 그들은 사도의 자유로운 이방인 선교와 율법에서 해방된 복음을 공격했고 이방계 그리스도인들에게 할례, 즉 유대교를 통한 의화의 길을 요구했다.

그런 투쟁의 흔적은 이전 사건들에서도 나타난다. 갈라디아서에서 율법이냐 믿음이냐, 율법이냐 은총이냐라는 양자택일 요구가 안티오키아 사건(그리고 예루살렘 사도회의)와 곧장 연결되어 있는 것은 우연이 아니다. 안티오키아 사건에서 바울로가 게파에게 했던 비난("당신은 유대인이면서도 유대인답게 살지 않고 이방인처럼 처신하면서 어떻게 이방인들에게 유대인처럼 살라고 강요할 수 있단 말입니까?")은 투쟁 강령으로 바뀌는데, 역설적인 말로 시작된다: "우리는 태생이 유대인들이며 이방인 출신 죄인들이 아닙니다. 그러나 우리는 사람이 율법의 행실로써가 아니라 오직 예수 그리스도께 향한 믿음을 통해 의롭게 된다는 것을 알고 있습니다"(2,15-16).

바울로가 이 투쟁 강령을 게파에게 들이밀었다고 생각할 필요는 없겠다. 그렇지 않아도 2장 15-21절이 안티오키아 사건을 말뜻에 있어 얼마큼이나 반영하고 있는지가 논란되고 있다. 오히려 이 단락은 바울로가 갈라디아 교회에 숨어 들어온 거짓 선생들과 대결하면서, 안티오키아 사건과 예루살렘 사도회의를 되돌아본 데서 비롯한 신학적 성찰을 담고 있다고 생각해야 할 것이다. 그러나 어쨌든 안티오키아 사건과 관련 있는 것은 분명하다. 충돌은 이미 안티오키아와 예루살렘에서 싹이 텄다.

로마서에서 바울로는 자신의 견해를 심화한다. 사도는 "하느님의 의로움"을 계시 사건으로 이해한다. 이것은 1장 17절과 3장 21절에서 드러난다. 이 두 구절은 바울로의 사유 과정에서 전환점을 이루며, 또 그로써 계시로 이해된 하느님 의로움의 의미를 가르쳐 준다. 여기서 바울로가 갈라디아서에서는 의화라는 주제와 관련하여 '하느님의 의로움'이라는 개념을 사용하지 않는다는 것을 상기해야 한다(고린토 후서 5장 21절에서는 사용한다).

이방인과 유대인을 포괄하는 보편적 비구원 상황이 하느님 의로움의 계시에 의해 대체된다: "그러나 하느님의 의로움이 비록 율법과 예언자들에 의해 증언되었지만, 이제 율법과는 상관없이 드러났습니다. 하느님의 의로움은 예수 그리스도께 대한 신앙을 통해 모든 믿는 이들을 위한 것입니다"(로마 3,21-22). 바울로가 이 계시 사건으로써 구체적으로 예수 그리스도의 십자가와 부활을 가리킨다는 것은 두말할 나위가 없다. 이것은 과거의 사건이지만, 현재에도 계속 작용한다[수동태 현재완료 "드러났습니다"(πεφανέρω-ται)]. 하느님은 이 사건을 예수 그리스도 안에서 일으키셨다. 바울로는 바로 몇 줄 뒤에 앞에서 고찰한 전승 신조 "하느님은 그분의 피에 의한 속죄 방법으로 그분을 제시하셨습니다. …"를 인용할 터이기에, 여기서는 이렇게 추상적으로 표현할 수 있었다. 더 나아가 이 신조가 바울로로 하여금 하느님의 의로움을 계시로 이해하도록 부추겼다고 추측할 수 있다. 전승 신조가 하느님이 온 세상 사람들 앞에서 행하신 속죄 행위에 관해 말한다면, 바울로는 이 행위를 숨어 계시던 하느님이 뚜렷이 드러나신 사건으로 해석한다. 계시라는 개념은 함축적인바, 인간 스스로 접근할 수는 없고 오직 하느님으로부터 인간에게 밝혀져야 하는 무엇인가를 겨냥한다. 물론 이 계시 사건은 바울로가 다마스커스에서 체험한, 하느님께서 당신 아들을 사도에게 계시하신(갈라 1,16) 일과 상응한다. 바울로가 계시에 관해 말할 때는, 이 일도 염두에 두어야 한다.

하느님 의로움의 계시인 예수의 십자가와 부활은 개벽Äonenwende을 가져오고, 바울로가 이미 비구원 상황 안에 결합되어 있다고 본 유대인과 이방인의 차별을 폐기한다. 모든 이가 범죄했고 하느님 영광을 상실했기에, 차별은 더 이상 존재하지 않는다(로마 3,22-23). 여기에 도입된 영광이라는 개념은 의로움과의 적극적 관련성 안에서도 볼 수 있다. 차별은 무엇보다도 모두가 하느님의 의로움에 나아가는 동일한 방법, 즉 믿음을 가지고 있고, 구원의 길로서의 율법은 폐기되었다는 사실에 의해 철폐되었다. '율법과는 상관없이'는 '율법의 폐기 아래'와 거의 같은 뜻이다. 율법에는 증언이라는 예언자적 역할이 여전히 남아 있다. 하느님의 의로움은 모든 이에게 열려 있으며 더 이상 오직 한 민족과 결부되어 있지 않다. 바울로가 매우 강조하는 보편주의가 이 구절에서 각별히 부각되는데, 과거에 저질러진 죄들의 용서로 제시되는 하느님의 의로움에 관해 말하는 전승 신조가 오직 계약의 백성 이스라엘만 염두에 두고 하느님의 의로움을 계약의 갱신으로 이해했다고 가정한다면, 더욱 그러하다. 만일 그렇다면 바울로가 이 관점을 바로잡고 보편화했다고 하겠다.

과거에 예수의 십자가와 부활에서 단 한 번 이루어진 하느님 의로움의 계시는 지금도 계속 작용한다. 이것은 십자가와 부활에 관한 복음 선포에서 이루어지는데, 바울로는 이 선포를 사람들이 하느님 의로움의 계시로 이해하기를 바란다: "과연 나는 복음을 부끄러워하지 않습니다. 실상 그것은 믿는 모든 이들, 먼저 유대인들과 또한 그리스인들에게도 구원을 위한 하느님의 힘입니다. 왜냐하면 하느님의 의로움은 그것 안에서 믿음에서 믿음으로 계시되기(수동태 현재형 $\dot{\alpha}\pi o\kappa\alpha\lambda\acute{\upsilon}\pi\tau\epsilon\tau\alpha\iota$) 때문입니다"(1,16-17). 복음 선포를 계시로 이해하는 것은 오직 믿음 안에서만 가능한바, 이것이 곧 믿음이다. 믿음은 하느님께 '의롭다'는 판결을 받기 때문에, 이제 복음 선포와 관련된 일의 재판적 성격이 분명해진다.

복음 선포는 하느님 심판의 예심豫審이니, 하느님은 이제 언제 어디서나 복음이 선포되는 곳에 당신의 의로움을 부여하신다. 하느님이 의롭다고 판결하시는(의롭게 하시는) 사람은 죄인[의인은 없다, 하나도 없다(로마 3,10)]이기 때문에(4,5 참조), 이 사건의 절대적 은총성이 뚜렷이 드러난다. 하느님에 의한 의화義化는 새 창조를 가져온다.

의화는 죄의 용서 이상을 의미한다. 하느님의 의로움은 그 계시적 성격 외에, 인간을 새로 창조하는 권능 외에, 다른 측면들도 내포한다. 당신의 의로움을 통해 하느님은 당신이 계약에 충실하심을 실증하신다(특히 로마 3,3-5 참조). 하느님의 의로움은 그러나 의롭게 된 사람에게 계속 순종을 요구하는 권능이기도 하다. 이 점은 10장 3절에 잘 드러나 있다: "그들(유대인들)은 하느님의 의로움을 모르고서 자기의 의로움을 세우려고 애를 씀으로써 하느님의 의로움에 복종하지 않았습니다."

오직 여기서만 바울로는 (물론 외연外延이 넓은) 하느님의 의로움이냐 인간의 자기 의로움이냐의 양자택일을 제시한다. 후자와 관련해서는 자신의 업적, 즉 율법 준수와 행업을 통해 하느님에게 '의롭다'는 판결을 받아내려는 인간의 시도를 염두에 두고 있다. 이것은 근본적으로 그릇되이 가치평가된 종교적 행업이다. 이런 넓은 의미에서 본다면, 하느님 은총의 선물에 자신을 내맡기지 않고 자기 의로움을 세우려는 시도는 항구적 현실성을 지닌다. 결국 여기서는 어떠한 방식이든 인간의 자기 구원을 탄핵하고 있다.

인간의 순종을 요구하는 의로움의 권능을 바울로는 로마서 6장 13-20절에서 종과 자유인의 상징을 통해 묘사한다: "여러분은 죄에서 자유롭게 되어 의로움의 종이 되었습니다. … 이제는 성화로 인도하는 의로움에 여러분의 지체를 종으로 내주십시오." 믿는 이에 대한 하느님의 '의롭다'라는 판결, 실제로 효력을 발생하는 이 판결은 그 사람에 의해 그 권능이 입증되어야 한다. 그러나 그는 이 권능으로부터 다시 떨어져 나가 새로이 죄에 빠질 수도 있다. 그러므로 궁극적 의로움은 언제나 열망해야 할 선善으로 남아 있다: "우리는 영으로 말미암아 믿음을 바탕으로 하여 의로움의 희망을 기다리고 있습니다"(갈라 5,5).

참고문헌

F. HAHN, Taufe und Rechtfertigung: *Rechtfertigung* (Festschrift E. Käsemann) (Tübingen 1976) 95-124.

E. KÄSEMANN, Gottesgerechtigkeit bei Paulus: *Exegetische Versuche und Besinnungen* II (Göttingen 1964) 181-93.

K. KERTELGE, *"Rechtfertigung" bei Paulus* (NTA 3) (Münster ²1971).

K.T. KLEINKNECHT, *Der leidende Gerechtfertigte* (WUNT II/13) (Tübingen ²1988).

H. KOCH, *Röm 3, 21-31 in der Paulusinterpretation der letzten 150 Jahre* (Diss. Göttingen 1971).

H. RÄISÄNEN, Das "Gesetz des Glaubens" (Röm 3, 27) und das "Gesetz des Geistes" (Röm 8, 2): *NTS* 26 (1979/80) 101-17.

U. SCHNELLE, *Gerechtigkeit und Christusgegenwart* (Göttingen Theol. Arbeiten 24) (Göttingen ²1986).

M.A. SEIFRIED, *Justification by Faith* (NT.S 68) (Leiden 1992).

P. STUHLMACHER, *Gottes Gerechtigkeit bei Paulus* (FRLANT 87) (Göttingen 1965).

D.O. VIA, Justification and Deliverance: *SR* 1 (1971) 204-12.

S. VOLLENWEIDER, *Freiheit als neue Schöpfung* (FRLANT 147) (Göttingen 1989).

M. WOLTER, *Rechtfertigung und zukünftiges Heil* (BZNW 43) (Berlin 1978).

7.2 믿음을 통해

믿음은 하느님의 의로움으로의 통로를 열어 준다. 사람은 율법의 행업을 통해서가 아니라, 믿음을 통해 의롭게 된다. 이 명제는 마치 대위법의 주선율처럼 로마서와 갈라디아서를 관통하고 있다(로마 3,22.26.28.30; 4,5; 갈라 2,16 등). 이 믿음은 하느님의 아들(갈라 2,20) 예수 그리스도에 대한 믿음이다(로마 3,22; 갈라 2,16; 3,22 등).[7] 사람은 복음 선포, 믿음의 말씀(로마 10,8: τὸ ῥῆμα τῆς πίστεως)의 선포를 통해 이 믿음에 이른다. 이렇게 믿음은 들음에서(fides ex auditu), 그리스도의 말씀을 들음에서 생기기 때문에(10,17),[8▶] 기꺼

---

[7] 소유격은 목적격으로 해석해야 하며(로마 3,22.26; 갈라 2,16; 3,22; 필립 3,8), πιστεύειν εἰς(갈라 2,16; 필립 1,29), ἐπί(로마 4,24; 9,3; 10,11)와 거의 같은 의미다. 미세한 의미 차이는 별로 중요하지 않다, *Blass - Debrunner - Rehkopf* §163, 5; 206, 3 참조. 문제점에 관해 Kertelge, *Rechtfertigung* 162-6 참조. 소유격에 지나치게 사로잡히면 안 된다.

이 말씀을 선포할 준비가 되어 있는 사람들, 파견될 각오가 되어 있는 사람들이 언제나 꼭 필요하다: "그들이 믿지 않는 분께 어떻게 간청할 수 있겠습니까? 그들이 들어 보지 않은 분을 어떻게 믿을 수 있겠습니까? 그러나 그들이 선포하는 이가 없이 어떻게 그분에 관해 들을 수 있습니까? 그들이 파견되지 않았다면 어떻게 선포할 수 있습니까?"(10,14-15).

　선포되는 말씀은 듣는 자를 결단의 상황에 놓는다. 바울로는 말씀에 대한 청자의 믿음의 동의를 간단히 순종이라 부를 수 있었다. 이로써 선포의 요구적 특성이 뚜렷이 부각된다. 어떻게 결단할 것인지는 사람의 자유에 맡겨져 있다. 하지만 결단이 임의적인 것은 아니다. 거부하는 사람은, 결단 이후, 예전의 그가 아니다. 그의 거부는 불순종이다. 바울로는 모든 이방인 가운데 신앙의 순종을 불러일으키기 위해 주님께 사도직을 받았다(1,5). 그리스도께서는 "이방인들의 순종을 위해" 바울로의 말과 행동을 통해 역사하셨다(15,18). 그러나 모두가 말씀을 기꺼이 받아들이지는 않는다. 상징적으로 표현하면, 사도의 선포는 어떤 이들에게는 "죽음에서 죽음에 이르는 냄새"고 또 어떤 이들에게는 "생명에서 생명에 이르는 향기"다(2고린 2,16). 바울로는 옛 예언자처럼 거의 비탄에 빠져 외친다: "주여, 누가 우리의 전언을 믿었습니까?"(로마 10,16; 이사 53,1).

　바울로가 마음을 인간이 믿음을 가지게 하는 기관으로 보는 것은 흥미롭다: "실상 마음으로 믿으면 의로움에 이릅니다." 여기서 사도는 예부터의 성서 인간론과 연계하여 판단하거니와, 이미 거기서도 마음은 의심과 믿음의 자리이고 또 인간이 하느님 말씀에 가까이 있는 장소다(로마 10,6-10).[9] 후대 신학식으로 말하면: 사람은 오성으로 믿는다. 하지만 바울로에게 믿음은 결코 지성적 긍정에 불과한 것이 아니다. 믿음은 인간을 그 모든 능력의 차원에서 사로잡고자 하며 인간의 실존 방식이 되고자 한다.

◂8 갈라 3,2.5 참조.

[9] 여기엔 신명 30,14가 바탕에 깔려 있다: "사실 그 말씀은 너희에게 아주 가까이 있다. 너희 입과 너희 마음에 있다."

바울로가 생각하는 믿음의 모든 측면은 로마서 4장에 고스란히 묶여져 나오는데, 믿음에 관한 고전적 본문인 여기서 사도는 이스라엘의 조상, "육에 따라 우리의 선조인" 아브라함을 전범적 신앙인으로 제시한다. 무엇보다도 이미 아브라함의 예에서 믿음과 의인(의화)의 관계 그리고 의인의 절대적 은총성이 뚜렷이 드러난다. "아브라함은 하느님을 믿었고, 그것이 그에게 의로움으로 간주되었습니다." 아브라함은 하느님의 부르심을 오롯이 따랐다. 이것이 하느님과 아브라함의 계약의 바탕이 되었다. 믿음은 이렇게 계약에 맞갖은 태도로 나타나거니와, 이것은 다만 하느님의 부르심에 자신을 신뢰하며 내맡길 것을 요구한다. 믿는 인간이 하느님께 드릴 것은 믿음 외에 아무것도 없으며, 그는 이것을 알고 있다. 아브라함은 하느님께 반대급부로서 어떠한 행업도 제시할 필요가 없었다. 바울로는 아브라함을 (완곡하게) 불경한 자, 하느님 모르는 자로 묘사한다. 사도는 아브라함이 유목민 족장으로서 그 땅의 다른 주민들처럼 별(星) 신들을 섬겼음을 염두에 두었을 것이다.

바울로는 아브라함의 믿음을 이렇게 설명한다: "일을 하는 사람에게 품삯은 은혜로 간주되지 않고 당연한 보수로 여겨집니다. 그러나 일을 하지 않더라도 불경한 자를 의롭게 하시는 분을 믿는 이에게는 그의 신앙이 의로움으로 간주됩니다"(4,4-5). 반대의 예를 통해 바울로가 생각하는 믿음의 구조가 뚜렷이 드러난다. 믿음의 반대는 하느님께 제 행업을 내보이고자 하는 것이요, 하느님을 자신과 비슷하게 여겨 그분과 셈을 맞추고 거래를 하려는 것이다. 이 대조를 통해 분명해지는 것: "아브라함은 하느님을 믿었다"라는 말을, 아브라함은 하느님이 존재한다는 것을 믿었다는 의미로 (현대식으로) 알아듣는다면, 이는 전적으로 오해다. 하느님, 신적인 것, 신들의 존재는 아주 자명한 것으로 전제되어 있다. 하느님이 당신을 열어 보이심으로써, 아브라함의 경우 하느님이 계약을 제의하심으로써, 하느님과의 관계가 전혀 새로운 차원을 얻고 바울로적 의미의 믿음이 비로소 가능해진다.

둘째 단계에서 바울로는 아브라함의 믿음을 오늘 우리의 그리스도교 신앙에 상응하는, 그것을 일정하게 선취한 것으로 설명한다. 아브라함은 하느님과 계약을 맺을 때, 약속을 받았다. 그는 세상을 상속받고 많은 민족의 아버지가 될 터였다. 하느님께서 아브라함에게 말씀하셨다: "네가 셀 수 있거든 저 별들을 세어 보아라. 네 후손이 그렇게 되리라"(로마 4,18.13.17; 참조: 창세 15,5; 17,5). 이성의 관점에서 이 약속은 허무맹랑해 보였다. 아브라함은 백 살이나 먹었고, 아내 사라의 자궁도 이미 시들었기 때문이다. 그럼에도 이 조상은 하느님 말씀을 신뢰했다. 희망이 없는데도 희망하면서 믿었다. 아브라함의 믿음은 약해지지 않았다. "그는 하느님의 약속에 대해 불신으로 흔들리지 않고 오히려 신앙에 굳세어져 하느님께 영광을 드렸습니다. 그리고 그는 그분이 약속하신 것을 실현하실 수도 있다는 것을 굳게 확신했습니다"(로마 4,20-21).[10] 이 지평에서 믿음은 하느님 말씀에 대한 절대적 신뢰다. 아브라함은 하느님이 인간의 모든 경험을 넘어서는 것을 성취하실 수 있다고 믿었다. 그는 죽은 자들에게 생명을 주시고 존재하지 않는 것을 존재로 부르시는 하느님을 믿었다(4,17). 그리스도교 신앙과의 상응이 이 구절에 나타난다. 과연 우리 역시 주님 예수 그리스도를 죽은 자들 가운데서 일으키신 분을 믿는다. 우리에게도 믿음은 인간의 경험을 넘어서는 어떤 것을 요구한다.

하느님이 하느님이심은 그분의 창조 권능에서 드러난다. 하느님은 인간의 능력으로는 어찌할 수 없는 그런 곳에 등장하신다. 이로써 불경한 자의 의화는 새 창조임이 판명된다. 아브라함의 믿음이 그에게 의로움으로 인정되었듯, 우리에게도 믿음이 의로움으로 인정된다(4,22-25). 그리고 또 하나 중요한 점에서 우리의 믿음과 아브라함의 믿음은 상응한다. 하느님은 아브라함이 당신을 알게 하셨고, 그에게 당신을 드러내셨다. 그렇듯이 하

---

[10] 로마 4,21의 πληροφορηθείς가 여러 가지로 번역되는 것은 주목할 만하다: 그는 굳게 확신했습니다(W. Schmithals); 그는 온전히 확신했습니다(E. Käsemann); 그는 확신으로 완전히 가득 찼습니다(H. Schlier); 그는 확신으로 온통 채워졌습니다(K. Barth).

느님은 예수 그리스도, 그분의 십자가와 부활 안에서 우리에게 당신을 결정적으로 열어 보이셨다. 이제 하느님의 의로우심이 예수 그리스도에 대한 믿음을 통해 드러났다(3,21-22 참조). 믿음은 당신을 계시하시는 하느님께 정향되어 있다. 그분은 아브라함에게 약속의 하느님이셨다. 우리에게 그분은 우리 주 예수 그리스도의 아버지 하느님이시다.

바울로는 실존적인 믿음의 실천을 강조한다. 아브라함의 본보기가 이를 확증해 준다. 현대신학자들 식으로 말하자면 '태도로서의 믿음'fides qua이다. 한편 믿음은 내용적으로 확정되어 있다. '고백으로서의 믿음'fides quae 역시 필수적이다. 집약된 그리스도론적 언명들에서 이 믿음이 특히 뚜렷이 나타난다. 고린토 전서 15장 3-5절의 그리스도론적 신조가 아주 분명한 예다. 도입부에서 바울로는 자신이 "무슨 말로"(τίνι λόγῳ: 15,2) 복음 전했는지를 꼭 붙잡고 있으라고 한다. 또한 공동의 믿음을 상기시켜 주는 "우리는 믿습니다"(πιστεύομεν: 로마 6,8; 1데살 4,14)라는 말로 시작되는 문장들도 종종 나온다. 바울로는 필레몬에게 믿음에 대한 동참에 관해 말한다(필레 6절). 여기서 믿음에 의해 규정된 실존이 중심에 자리 잡고 있지만, 예수 그리스도에게의 정향을 간과해선 안 된다.

믿음은 시간상으로 사랑보다 앞선다. 믿음을 통해 사람은 의롭게 된다. 그러나 믿음은 사랑을 방출해야 한다. 때문에 바울로는 사랑으로 행동하는 믿음을 촉구한다(갈라 5,6). 그리스도인의 삶은 믿음에 바탕을 두고 사랑 안에서 구체화된다. 고린토 전서 13장 2절은 믿음을 사랑 뒤에 놓기까지 한다: "내가 산을 옮길 만한 모든 믿음을 가지고 있다 할지라도, 사랑을 내가 가지고 있지 않다면 나는 아무것도 아닙니다." 추측건대 이 구절은 기적 신앙에 대한 단호한 비판을 은연중에 내포하고 있다.[11] 믿음이 끝이 아니다. 믿음은 언젠가 직관으로 넘어가야 한다(2고린 5,7).

---

[11] 마르 11,23 병행은 산을 옮기는 믿음에 관한 예수의 말씀을 전한다.

참고문헌

H. BINDER, *Der Glaube bei Paulus* (Berlin 1968).

G. FRIEDRICH, Glaube und Verkündigung bei Paulus: *Glaube im NT* (Festschrift H. Binder) (Neukirchen 1982) 93-113.

D.B. GARLINGTON, *The Obedience of Faith* (Tübingen 1991).

A.J. HULTGREN, The Pistis Christou-Formulation in Paul: *NT* 22 (1980) 248-63.

E. KÄSEMNN, Der Glaube Abrahams in Röm 4: *Paulinische Perspektiven* (Tübingen 1969) 140-77.

E. LOHSE, Emuna und Pistis: *ZNW* 68 (1977) 147-63.

A. SCHLATTER, *Der Glaube im NT* (Stuttgart ⁵1963).

A. VON DOBSCHÜTZ, *Glaube als Teilhabe* (Tübingen 1987).

7.3 구원의 인상 깊은 상징들

바울로 서간에는 그리스도를 통해 중개된 구원과 그로부터 인간에게 초래되는 유익한 결과들을 생생히 나타내는 구상具象적 진술들이 많다.

비교적 드물게 나오기 때문에 바울로 신학의 중심에 놓아서는 안 되지만, 화해가 그런 중요한 낱말들 가운데 하나다. 바울로는 명사 '화해'(καταλλαγή)뿐 아니라 동사 '화해하다'(καταλλάσσω)도 사용한다.¹² 화해는 어디까지나 하느님과의 화해다. 주도하시는 분은 하느님이다. 하느님이 화해하신다. 하느님이 당신과 화해하게 하시는 것은 이 세상이다(2고린 5,19; 참조: 로마 11,15). 이 포괄적 관점을 유념해야 한다. 인간들은 화해를, 화해의 말씀을 받는다(로마 5,11). 바울로는 화해의 봉사직을 받는다(2고린 5,18-19). 화해를 주제로 다루는 본문이 셋 있다.

우선 고린토 후서 5장 18-20절: 이 구절에는 전승되어 온 신조가 바탕에 깔려 있다고 짐작되는데, 다음과 같았을 것이다: "하느님께서는 그리스도 안에서 세상을 당신과 화해하게 하시고, 저들(인간들)에게 범법들을 따지지

---

¹² 이 낱말의 명사와 동사는 신약성서에서 바울로 친서에만 나온다. 에페 2,16과 골로 1,20.22에서는 합성어 ἀποκαταλλάσσω(화해시키다)가 사용된다.

않으셨습니다."¹³ 그리스도교적 관점의 특징은, 하느님께서 화해를 실행하고 친히 세상을 향해 다가가신다고 보는 것이다. 요컨대 인간이 모욕당한 또는 복수심에 불타는 하느님을 달래야만 하는 것이 아니다. 하느님께서 그리스도 안에서, 그분의 죽음 안에서 화해를 베푸신다. 그 본질은 용서에 있다. 바울로는 자신의 사도직을 이 맥락 안에 들여옴으로써 전승과 연계된다. 바울로는 그리스도를 대리하여 사람들에게 "여러분은 하느님과 화해하시오"라고 호소하는 하느님의 사절로 자임한다. 바울로는 세상과의 화해 사상에 깊이 끌렸음이 틀림없으니, 이방인의 사도로 자임했고 또 그 시점에 이미 그리스도의 복음을 고린토에까지 전했기 때문이다.

로마서 5장 9-10절에는 화해가 더 뚜렷이 부각되어 있는데, 이르기를 우리가 아직 하느님의 원수였을 때 하느님과의 화해를 얻었다고 한다. 적의는 인간 측에 있었고, 하느님을 거슬렀다. 거꾸로 인간을 적대하는 하느님의 적의 따위는 없었다. 인간이 하느님의 원수였음은 그들이 불경자요 죄인이었다는 사실에서 드러났다. 그러므로 여기서도 마음을 바꾸어야 할 것은 하느님이 아니라 인간이다. 화해는 이렇게 하느님 사랑의 실증인바, 이 사랑은 그분 아드님의 대속사代贖死를 통해 뚜렷이 알려졌다. 우리가 아직 죄인이었을 때 그리스도가 우리를 대신하여 죽으심으로써, 하느님은 우리에 대한 당신 사랑을 실증하셨다(5,8). 화해는 인간에게 하느님의 원수에서 친구가 되는 변화를 의미한다고 보충해도 되겠다. 화해는 그리스도의 죽음에 근거하고 최후심판에서 우리 구원을 목표로 하기 때문에(5,9-10), 의화에 견줄 수 있다. 사람들은 화해를 바울로적 의미에서 (하느님) 원수들의 의화justificatio inimicorum라고 말해 왔다.¹⁴

전통적 화해 개념의 고수는 로마서 11장 15절에도 나타난다고 하겠다. 여기서 주제는 우선 복음에 대한 이스라엘의 완고한 배척이다. 이방인 세

---

¹³ 전승의 증거로 18절과 19절의 시제가 바뀐 것, 그리고 복수형 "저들의 범법들"을 들 수 있다. 그 밖의 논거들에 관해 Breytenbach, *Versöhnung* 118f 참조.

¹⁴ Käsemann, *Röm* 129.

상을 위한 이스라엘의 의의를 지적하면서, 바울로는 지금 이스라엘의 배척을 세상의 화해로 표현한다: "그들의 배척이 세상의 화해를 뜻했다면, 그들의 받아들임은 죽은 자들로부터의 삶이 아니고 무엇이겠습니까?" 랍비 요하난 벤 자카이의 말로 전해 오는 바에 따르면, 율법의 아들들이 세상을 위한 화해다. 바울로가 이런 유대교 전통과 연계하여 말했다면, 대담하게 그 전통을 변경시킨 셈이다.

속량의 은유는 비록 드물게 나오지만, (갈라디아서에서) 중요한 구절들에서 그리고 의화론의 맥락에서 사용된다:[15] "그리스도께서는 우리를 위해 저주가 되시어 우리를 율법의 저주에서 속량하셨습니다"(3,13). 세상에 아들을 보내신 것은 "율법 아래 있는 이들이 속량되도록 … 하시려는 것이었습니다"(4,4-5). 그리스도가 속량하는 분이시다. 동사 '속량하다'가 실제로 노예 속량을 가리키는 생생한 의미로 받아들여졌는지는 논란이 되고 있다.[16] 바울로가 갈라디아서에서 그리스도인들이 얻은 자유를 강조하고 옛날의 종살이에 다시 떨어지지 않도록 경고하는 것으로 미루어, 그랬을 가능성이 많다. 아무튼 중요한 것은 율법이 노예 주인이었고, 율법 아래 있는 상태를 저주받은 것으로 본다는 점이다. 종살이로부터의 해방은 아들로 받아들여지기 위함이다. 이로써 마침내 노예 속량의 은유는 분쇄되고 극복된다. 속량하시는 그리스도는 사랑으로 행동하신다. 그분은 '우리를 위해' 저주가 되셨다. 고린토 전서 6장 20절과 7장 23절은 더 나아가 속전 贖錢에 관해 말한다: "사실 여러분은 값을 내고 사들인 사람들입니다. 그러니 이제 여러분의 몸으로 하느님을 영광스럽게 하십시오"; "여러분은 값을 치르고 사들인 사람들이기 때문입니다. 그러므로 여러분은 사람들의 노예가 되지 마십시오." 이 구절들의 종살이에 대한 언급 역시, 속량의 은유가 실제 노예 속량을 염두에 두고 있었음을 암시해 준다고 하겠다. 노예 속량

---

[15] 바울로는 갈라디아서에서 동사 ἐξαγοράζω를 두 번, 고린토 전서에서 동사 ἀγοράζω를 세 번 사용하는데, 물론 1고린 7,30에서는 신학적 의미로 쓰이지 않았다.

[16] Deissmann, *Licht vom Osten* 271-7; Straub, *Bildersprache* 29 참조.

문서들에서 확인되는 '값'($\tau \iota \mu \eta$)이라는 개념도 그것을 말해 준다.[17] 바울로의 맥락에서는 십자가에 처형된 그리스도가 값, 속전이다. 그러나 값을 누구에게 지불했는지는 물을 수 없다. 아무튼 여기에 깔려 있는 사상은, 그리스도인들은 속전을 치르고 사들인 사람들로서 이제는 새 주인 그리스도의 소유라는 것이다.

이와 결부된 그러나 훨씬 높은 자리값을 지니는 것이 바울로의 자유 사상이다. 자유 사상은 바울로의 주요 서간들에 나오는데, 로마서와 갈라디아서에서는 예컨대 고린토 전서에서와는 다른 색조를 띠고 있다.[18] 전자에서 해방은 의화론의 직접적 맥락 안에 자리 잡고 있다. 해방은 죄, 율법 그리고 죽음의 권세로부터의 해방이다. 율법을 종범從犯으로 이용한 죄가 섬뜩한 농도로 인간에게 죽음을 가져왔다. 해방은 하느님의 영을 통해 이루어졌거니와, 이 영은 생명을 의미하며 악을 행하게 하는 불가항력적 권세로부터 인간을 해방했다(로마 8,1-2). 그리하여 이제 "율법의 요구가 우리 안에서 충족"되는 것이 가능해졌다. 다시 말해 그리스도인들이 율법의 요구를 실천할 수 있게 되었다. 율법의 요구($\tau \dot{o}\ \delta \iota \kappa \alpha \iota \omega \mu \alpha\ \tau o \hat{v}\ \nu \dot{o} \mu o \upsilon$: 로마 8,4)가 정확히 무엇을 의미하든 간에(전반적으로 하느님 뜻에 부합하는 것? 아니면 구체적으로 율법의 총체인 사랑의 계명?), 자유가 자의를 의미하는 것이 아니라 획득한 책임을 내포한다는 것은 분명하다. 이런 관점에서 그리스도인에게 허용된 행위는 결국 일종의 중대한 도전이다.

바로 이 점을 로마서 6장 18-22절의 변증법적 표현들이 암시해 준다: 죄로부터 해방된 사람들이 의로움의 종이 되었다; 이들은 전에 (반어적으로 들리거니와) 죄의 종으로서 의로움으로부터 해방(제외)되어 있었다; 이제 그러나 죄에서 해방된 자들로서 하느님을 위한 종이며, '성화로 인도하는 열매를 맺고' 최종 목표인 영원한 생명을 고대한다. 그러므로 해방은 열매

---

[17] 예증들은 Deissmann, *Licht vom Osten* 274f 참조.

[18] 이 주제는, 만일 우리가 $\dot{\epsilon} \lambda \epsilon \upsilon \theta \epsilon \rho \iota \alpha$(자유) 개념과 그 파생어들에 집중한다면, 데살로니카 전서 · 필립비서 · 필레몬서에는 나오지 않는다.

맺는 삶, 의미 충족된 삶을 영위할 수 있음을 의미하는바, 이 삶은 하느님의 의로움에 의해, 그리스도 예수 안의 하느님의 구원 활동에 의해 규정되어 있다.

자유의 완성은 아직 이루어지지 않았다. 완성된 자유를 바울로는 영광이라 지칭하는데, 하느님 생명에의 결정적 참여다. 자유의 궁극성은 현재 인간 실존의 우연적 본성에 의해 억눌리며, 이것이 유한성, 사멸성을 끊임없이 의식하게 만든다. 하느님의 자녀들은 이 부자유로부터 벗어나도록 정해져 있으니, 생명의 첫 선물로 이미 하느님의 영을 받아 지니고 있다. 여기서 다시금 성령이 자유의 보증으로 나타난다. 로마서 8장 18-23절에서 자유는 하느님 자녀들에 의해 허무함, 헛됨, 헛수고에 예속된 온 창조계로 확장된다. 바울로가 (묵시문학의 한 주제인) 삼라만상의 미래에 관해 전적으로 인간, 더 자세히는 하느님 자녀들에 터해 사유하고 윤곽을 그리며 그 미래를 추상적 인상을 주는 자유라는 개념에 붙들어 매는 것은 시사해 주는 바가 많다: "피조물 자신도 부패의 속박에서 하느님 자녀들의 영광스러운 자유로 결국 해방될 것입니다"(8,21).

고린토 후서 3장 17절 역시 영과 자유의 관계를 간결하고 힘찬 문장으로 명시한다: "주님의 영이 계신 곳에는 자유가 있습니다." 문맥은 주님께로의 회심과 영광에 관해 말하고 있다. 주님께 돌아오는 사람들은 영의 영역에 들어서며 자유를 얻는다. 이 자유에 대한 좀 더 상세한 규정은 옛 계약과 새 계약의 대비에서 추론할 수 있겠다. 그처럼 문자와 영, 죽음과 생명은 서로 대립한다(3,6-7). 자유는 영광과 생명으로의 해방이라는 원칙적 의의를 획득한다. '자유'는 3장 17절에서 관사 없이 사용된다. '해방'은 인간을 변화시키는 선도적 과정이거니와(3,18), '문자'와 '너울'(3,14-16)은 그렇다면 예속된 사람의 근본 상태를 묘사하는 은유들이다. 율법으로 돌아감은 예속으로 돌아감이다. 이 복귀에 마음 솔깃하던 갈라디아인들에게 바울로는 그 결과를 경고한다: "자유를 위해 그리스도께서 우리를 해방하셨습니다. 그러니 굳건히 서서 다시는 종살이의 멍에에 매이지 않도록 하시오"(갈라 5,1; 참조: 2,4). 그들은, 바울로가 독특한 성서 해석에서 논증하듯, 자신들이 종 하갈이 아니라 자유로운 사라의 자녀임을 알아야 한다. 그들은 지상 예루살렘이 아니라 자유로운 천상 예루살렘에 속해 있다(4,26-31).

바울로가 자유를 새삼 옹호해야 하는 사실이 눈길을 끈다. 종살이에 떨어짐은 인간의 한 성향 같은 것이다. 자유의 향유는 성숙한 인격을 전제한다. 때문에 분별 있는 자유 향유를 촉구해야 한다: "형제 여러분, 여러분은 자유를 위해 부름받았습니다. 모름지기 그 자유를 육을 위하는 구실로 삼지 말고 사랑으로 서로를 섬기시오"(갈라 5,13).

영 안에서 이루어지는 자유를 위한 해방은 사람이 사랑에 터해 활동할 수 있게 해 주는 바탕이다. 이로써 바울로 자유 사상의 뚜렷한 한 정점에 이르렀다. 고린토 전서에서 자유는 훈계의 맥락 안에 자리 잡고 있다. 아주 구체적으로 현실의 노예와 자유인에게 교회 안에서 그들 사회적 신분의 상대적 통용에 관해 언급한다. 노예는 자신을 주님의 속량된 자로, 그리고 자유인은 자기를 그리스도의 노예로 여겨야 한다(7,22). 이 변증법적 언명이 겨냥하는 것은 물론 노예제도 폐지가 아니라 사람들의 내적 자세지만, 바깥세상에 영향을 미치지 않을 수 없었다. 이런 맥락에서 7장 21절의 $μᾶλλον\ χρῆσαι$를 어찌 이해해야 하는지가 논란되고 있다. 보통 두 가지로 번역한다: "그대가 부르심을 받았을 때 노예로 있었습니까? 걱정하지 마십시오. 그대가 자유인으로 될 수 있다면 오히려 (그 기회를) 이용하십시오." 또는 "… 될 수 있을지라도 차라리 (노예 신분을 계속) 이용하십시오." 바울로는 이상하게 후자를 권고하는 듯하다.[19] 노예 신분에서 그리스도의 자유인으로 그리스도를 위해 일하는 것이 더 낫다는 것이다. 시민으로서의 자유와 그리스도인으로서의 자유는 구별되어야 한다. 후자는 전자에 매여 있지 않고 오히려 전자를 넘어선다. 고린토 전서 9장 1절에서 바울로가 자신을 자유인이라 부르는 것은, 그의 사회적 신분과 관련된 것

---

[19] Conzelmann, Klauck 등의 견해다.

이다. 그러나 사도는 이 말을 자기는 모든 이로부터 자유로운 사람이지만, 가능한 한 많은 사람을 얻기 위해, 자신을 모든 이의 노예로 삼았다는 말로써 보완한다(9,19).

양심의 자유는 좀 다른 문제다. 그러나 양심의 자유 역시 그리스도인 자유의 표현이다. 개개인의 양심이 행동을 결정하지만, 이웃의 양심에서 자신의 한계를 발견한다. 나는 원칙적으로 자유롭지만, 사랑에 터해 이웃의 양심의 판단을 배려해야 하는 상황들이 있다. 이런 맥락에서 고린토 전서 10장 23-33절의 우상 앞에 바쳤던 고기를 먹는 문제를 둘러싼 논쟁은 시사해 주는 바가 많다.[20]

하느님 구원 활동의 목표가 새 **창조**라면, 그 활동은 창조계의 쇄신으로 이해할 수 있다. 새 창조라는 개념은 바울로 서간에 두 번 나온다. 특징적인 것은 현재형 표현[21]과 (여기서도 마찬가지이거니와) 인간론적 집중이다. 세례받은 인간은 이미 새 창조물이다. 이 개념이 세례와 결부되어 있으리라는 것은 옳은 짐작이다.[22] 인간은 그리스도 안에서 새 창조물로서의 실존을 얻는다: "어느 누가 그리스도 안에 있으면 그는 새로운 창조물입니다"(2고린 5,17). 이것은 낡은 세상의 가치 있는 것들을 하찮게 만든다: "중요한 것은 할례나 비할례가 아니라 새 창조입니다"(갈라 6,15). 그리스도인이 얻은 새로운 실존은 자신을 넘어서게 한다. "새 창조"가 수세자에게 적용될 때는 "새로운 인간"과 같은 의미이지만, "창조"라는 추상적 개념뿐 아니라 그때그때의 문맥들도 더 포괄적이고 지속적인 맥락들을 짐작하게 한다. 할례와 비할례, 유대인과 이방인, 요컨대 모든 인간이 복음과 세례에 불리었을뿐더러, 온 삼라만상 역시 세례를 통해 새로이 창조된 하느님 자녀들의 출현에서 희망을 가질 수 있다. 과연 바울로는 필시 이사야서 43

---

[20] 이 책 265-268 참조.
[21] Vögtle, *Zukunft* 178-80이 강조하는 점이다.
[22] 예컨대 Mußner, *Gal* 415.

장 18-19절을 따라 "묵은 것은 지나갔습니다. 보십시오. 새것이 되었습니다"(2고린 5,17)라고 외친다.[23] 그리고 낡은 세상에서 중요했던 것들이 무너진다는 것은, 낡은 세상이 십자가에 못 박혔고 그리스도인도 세상에 대해 십자가에 못 박혔다는 사실에서 분명해진다(갈라 6,14). 이렇게 새로운 인간들은 온 창조계를 위한 희망의 표지다. 새 창조라는 표현 뒤에는, 비록 암시만 되어 있지만, 로마서 8장 18-23절에 견줄 수 있는 논증이 숨어 있다. 여기서도 다시금 묵시문학적 지평 안에서 인간에게의 환원이 특징적이다. 로마서 8장에서는 희망의 동기가 자유 사상이라면, 고린토 후서 5장 17절에선 새 창조다. 그러나 이 둘은 긴밀히 결부되어 있으니, 자유도 새 창조도 성령에 바탕을 두고 있기 때문이다.

"새로 창조되어 있음"은 이미 한 현실이며, 그리스도인 실존이 은총임을 이해하게 해 준다. 과연 오직 하느님만이 이 실존을 가능하게 해 주신다. 하느님이 유일한 창조자이듯, 새 창조 역시 오직 그분의 손으로부터만 비롯될 수 있다. 이로써 우리는 은총이라는 개념에의 통로를 얻었거니와, 이 개념은 필경 이미 바울로 시대에도 많이 사용되었으나 사도에 의해 새로운 조명력照明力을 획득했다. 바울로는 은총 개념을 나머지 신약성서 저자들 전부보다 거의 두 배나 많이 사용하며, 이로써 이 개념이 그에게 얼마나 중요한지가 이미 외적으로 드러난다. 사도에게서 이 개념은 우선 온전히 개인적으로 각인되어 있다. 이것은 확실히 그의 인생 역정과도 관련이 있다. 그러나 바울로 자신이 체험한 은총에 관해 말하는 것을, 다른 이들도 그리스도인으로서의 자기 삶의 상황을 보다 올바로 이해하기 위해, 유념해야 한다. 바울로는 자신에 관해 이렇게 말할 수 있었다: "내가 나인 것은 하느님 은총의 덕입니다. 내게 대한 그분의 은총이 헛되지 않았던 것입니다. 오히려 나는 그들 모두보다 더욱 수고했습니다마는, 내가 아니라 나와 함께 있는 하느님의 은총이 한 것입니다"(1고린 15,10). 하느님의 은총

---

[23] 이사 65,17; 지혜 7,27 참조.

에 의해 바울로는 사도로 부르심을 받았다(갈라 1,15). 그는 예수 그리스도를 통해 사도직의 은총을 받았다(로마 1,5). 사도직의 은총은 외적 특권과 현세적 능력들에 있지 않다. 사도직의 은총은 그 활동 능력을 특히 인간적 약함 안에서 펼쳐 보일 수 있거니와, 이 사실을 바울로는 필경 질병으로 낙담한 채 체험했음이 틀림없다(2고린 12,7-9). 이 은총의 힘이 바울로에게 전권을 부여하여, 지시하고(로마 12,3) 과감히 말하게 한다(15,15). 은총이 바울로에게 교회들을 설립할, 또는 비유로 말하면 슬기로운 건축사처럼 기초를 놓을 능력을 준다(1고린 3,10). 바울로는 교회와 세상에서 이 하느님의 은총에 터해 처신했다(2고린 1,12). 사도는 투옥 상황도 자신의 은총으로 표현할 수 있었다(필립 1,7). 바울로를 통해 강력히 작용하는 하느님의 은총은 더 나아가 가능한 한 많은 사람을 복음의 제자로 얻음으로써 충만히 발휘된다. 고린토 후서 4장 15절의 "불어나는 은총"도 이런 의미에서 아마 사도 소명과 관련될 수 있을 것이다.

바울로의 체험들은 다른 사람들에게도 적용될 수 있으니, 그리스도인 각자가 공동체 안에서 자신의 은사를 받았기 때문이다. 그리스도인은 자신의 은사를 공동체 건설을 위해 사용해야 한다. 은사($\chi\acute{\alpha}\rho\iota\sigma\mu\alpha$)는 그리스도인으로 부르시는 은총($\chi\acute{\alpha}\rho\iota\varsigma$)으로부터 필연적으로 생겨난다. 바울로는 매우 중요한 사도직을 위임받았지만, 이것을 다른 은사들 안에 정렬시킬 수 있었다(로마 12,6; 1고린 12,28). 바울로는 이로써 은총의 공유를 암시한다.

은총은 의화론의 맥락 특히 로마서에서 그 충만한 신학적 중요성이 부각된다. 은총은 모든 인간의 구원을 겨냥하는 하느님의 권능으로 나타난다. 로마서 5장의 아담-그리스도 대비에서 죄의 권세와 대립하는 은총의 권능적 특성이 뚜렷이 드러난다: "그것은 죄가 죽음 안에서 지배했듯이, 은총도 우리 주 예수 그리스도를 통해 영원한 생명으로 인도하는 의로움으로 지배하기 위함입니다"(5,21). 은총은 죄와 마찬가지로 인격화되어 있다. 여기서 은총은 예수 그리스도를 통해, 그분의 순종을 통해 주어지는 하느님의 은총임이 자명하게 전제되어 있다. 은총을 율법과 맞세우고 또 믿는 이들은 더 이상 율법 아래 있지 않고 은총 아래 있음을 상기시킬 때에도, 은총이 인격화되고 권능으로 제시된다(6,14). 다른 구절들에서는 은총이 하느님의 귀중한 선물로 이해된다: "하느님의 은총과 선물"(5,15), "은총과 의로움의 선물을 풍부히 받은 이들"(5,17; 참조: 6,1). 이런 의미에서 바울로는 편지 인사말에서 공동체들에게 "하느님 우리 아버지와 주 예수 그리스도로부터 은총과 평화가 여러분에게 내리기를 빕니다"(로마 1,7; 1고린 1,3; 2고린 1,2; 필립 1,2) 하고 전례 풍의 인사를 전한다.

한편 은총은 사람이 들어가는, 통로를 얻은, 하느님과의 평화가 지배하는 공간으로 나타나기도 한다(로마 5,1-2). 여기서 사용된 $προσαγωγή$(입장·출입)라는 개념은 제의적·공간적인 것을 가리킨다. 또한 이것은 지속적으로 하느님과 가까이 있는 특전을 나타내는 은유가 된다.[24] 이 모든 구절에서 은총은 하느님의 한 속성이 아니라, 인간의 구원을 겨냥하는 하느님의 비할 바 없는 자비의 표명을 의미한다. 은총이 의화론의 맥락 안에 나오기 때문에, 이렇게 덧붙여야겠다: 은총은 하느님의 자기 표명, 즉 인간들의 자비로운 심판자의 자기 표명이다.[25] 이로써 비로소 우리는 은총 관련 텍스트들의 부조浮彫를 제대로 인지할 수 있다.

바울로는 의화론의 맥락에서 하느님 은총 체험에 관해 구체적으로 말할 수 있다. 사도는 이 체험을 아브라함의 본보기를 들어 설명하지만, 그로써 지금 체험할 수 있는 어떤 것을 전달하고자 한다. 일을 하는 사람에게 품삯은 은총으로 간주되지 않고 당연한 보수로 여겨진다는 바울로의 확언은 체험에서 나온 것이다. 당연한 보수와 은총은 상충된다. 은총으로 주어지는 것은 인간으로서 전혀 받을 자격이 없는 것이다(sola gratia). 하느님은 하느님 모르는 자, 불경한 자를 의롭다고 인정하신다. 이 놀라운 은총의 본질은 인간이 아무것도 내보여야 할 필요가 없었을뿐더러, 그것을 훨씬 넘

---

[24] Zeller, *Röm* 108 참조. Schmithals, *Röm* 153-5는 여기서 은총을 한 특별한 은사와 관련시키고 싶어 한다.

[25] Bultmann, *Theologie* 289 참조.

어, 원수요 반역자로 하느님을 거슬렀다는 데 있다. 이 은총 체험의 장소는 믿음이다: "일을 하지 않더라도 불경한 자를 의롭게 하시는 분을 믿는 이에게는 그의 신앙이 의로움으로 인정됩니다"(로마 4,4-5). 여기에 제시된 은총 이해에서 그에 상응하는 하느님의 마음을 알아볼 일이다. 하느님의 자비로운 마음이 그분 구원 행위의 궁극 동기다(참조: 11,5-6; 4,16). 이 마음으로 하느님은 당신 친아드님을 우리를 위해 내주셨고, 또 바울로의 확신에 따르면, 우리에게 모든 것을 기꺼이 베풀어 주신다(8,32 참조).

참고문헌

C. BREYTENBACH, *Versöhnung* (WMANT 60) (Neukirchen 1989).

J. CAMBIER, La liberté chrétienne selon s. Paul: *StEv* II (TU 87) (Berlin 1964) 315-53.

R.N. LANGENECKER, *Paul, Apostle of Liberty* (New York 1964).

K. NIEDERWIMMER, *Der Begriff der Freiheit im NT* (Berlin 1966).

E. PAX, Der Loskauf: *Anton.* 37 (1962) 239-78.

G. SCHNEIDER, *Neuschöpfung oder Wiedergeburt?* (Düsseldorf 1961).

J.M. SCOTT, *Adoption as Sons of God* (Tübingen 1992).

E. STEGEMANN, Alt und Neu bei Paulus und in den Deuteropaulinen: *EvTh* 37 (1977) 508-36.

P. STUHLMACHER, Erwägungen zum ontologischen Charakter der καινή κτίσις bei Paulus: *EvTh* 27 (1967) 1-35.

M. THEOBALD, *Die überströmende Gnade* (FzB 22) (Würzburg 1982).

A. VÖGTLE, *Das NT und die Zukunft des Kosmos* (Düsseldorf 1970).

7.4 그리스도 안에 — 주님 안에

연구자들은 그리스도와의 결합Gemeinschaft 사상을 올바로 이해하면, 바울로 구원론의 전혀 다른 한 측면을 열어 보일 수 있다고 믿는다. 바울로가 이 사상을 개진하는 언어는 지금까지 다룬 구원 진술들과 다르다. 이 사상은 바울로의 그리스도인으로서의 자기 이해에, 또 사도의 신학적·사목적 가르침에 매우 중요한 한 관념과 결부되어 있다. 이 관념은 바울로의 모든 편지, 특히 필립비서와 필레몬서에 밀도 있게 나타난다. 의화론이 지배하고 있는 로마서와 갈라디아서에서는 이 관념이 상당히 밀려나 있지만, 그래도 매우 감명 깊은 요소로 담겨 있다. 여기서는 무엇보다도 "그리스도 안에", "주님 안에"라는 표현에 국한하겠거니와, 이 둘은 동일한 관심사를 강조점을 달리하여 주장한다.[26] 의화에 관한 진술들에서와는 달리, 바울로는 "그리스도 안에", "주님 안에"라는 정식적 표현과 결부된 그리스도와의 결합에 관한 진술들에서는 기존 전승들에 의존하지 않는 것 같다. 이 표현은 바울로의 신학 사상에서 비롯하며, 필경 사도의 개인적 체험들과도 상응한다.

우선 바울로가 직접 자신과 결부시키는 언명이 매우 많다: "나는 그리스도 안에서 진리를 말합니다"(로마 9,1); "나는 그리스도 예수 안에서 하느님을 위한 나의 일을 자랑거리로 가집니다"(15,17); "그분(하느님)은 언제나 우리를 그리스도 안에서 개선 행진에 참여케 하십니다"(2코린 2,14); "내가 갇혀 있는 것이 그리스도 안에서라는 사실이 온 부대와 그 밖의 모든 이들에게도 분명히 알려졌습니다"(필립 1,13); "나는 … 목표를 바라보고 달려갑니다. 그것은 하느님께서 그리스도 예수 안에서 위로부터 부르시면서 내거신 상을 얻기 위함입니다"(3,13-14); "나는 그리스도 안에서 큰 자신을 가지고 그대가 마땅히 해야 할 일을 명령할 수도 있지만 사랑 때문에 오히려 부탁하는 것입니다"(필레 8-9절). 이 외에도 아주 많이 찾아볼 수 있는 이런 구절들로부터 우선 최소한 바울로가 자신의 활동과 죽음이 온전히 "그리스도 안에" 있다는 것을 의식하고 있었음이 드러난다. 그러나 이 말은 무엇을 의미하는가? 또한 바울로가 (여기서도 몇 가지 보기만 들겠거니와) 공동체에 다음과 같이 말하는 것은 무슨 뜻인가?: "이와 같이 여러분 자신

---

[26] 바울로 친서에 "그리스도 안에"는 쉰여섯 번, "주님 안에"는 서른네 번 나온다: 로마서에 열세 번과 여덟 번, 고린토 전서에 열세 번과 아홉 번, 고린토 후서에 일곱 번과 두 번, 갈라디아서에 일곱 번과 한 번, 필립비서에 열 번과 아홉 번, 데살로니카 전서에 세 번과 세 번, 필레몬서에 세 번과 두 번. "그분 안에"($\dot{\epsilon}\nu$ $\alpha\dot{\upsilon}\tau\hat{\omega}$)는 포함시키지 않았다.

도 죄에 대해서는 죽었지만 그리스도 예수 안에서는 하느님을 위해 살아 있다고 생각하시오"(로마 6,11); "아담 안에서 모든 이가 죽듯이, 그와 마찬가지로 그리스도 안에서 모든 이가 살려질 것입니다"(1고린 15,22); "그리스도 예수 안에 있는 모든 성도들에게 문안을 전하십시오"(필립 4,21).

"그리스도 안에"에 대한 이해에서 근본적으로 두 가지 견해가 맞서 있다. 하나는 다이스만이 토대를 놓았는데, "그리스도 안에"를 공간적으로, 그리스도 안의 실존으로 이해한다. 다이스만은 이것을 체험적인 것으로 해석하며, 신비주의라는 낱말의 사용도 기꺼이 고려한다. 바울로의 신심은 그리스도-내재성이다. 바울로는 그리스도 안에, 살아 계시고 현존하시고 영이신 그리스도 안에 살아간다. 그리스도께서 바울로를 두루 지배하고 가득 채우고, 그와 함께 이야기하고 그 안에서 그리고 그로부터 말씀하신다.[27] 여기서 중요한 것은 다이스만이 이미 그리스도 안의 실존과 영 안의 실존의 상응성, 그리스도와의 결합과 영과의 결부의 상응성에 주의를 환기시키고, 또 "우리 안에 계시는 그리스도"라는 그로서는 거의 신비주의적이라 느끼는 역표현도 함께 고려한다는 점이다. 또 하나의 견해는, 특히 노이게바우어가 주장하는데, "그리스도 안에"에 대한 장소적 · 공간적 해석을 반대한다. 이 표현은 요컨대 예수의 십자가와 부활에 의해 역사적으로 '규정지어져 있음'을 가리킨다는 것이다. 이 규정성이 현재 안에 작용해 들어온다. "그리스도 안에"는 십자가와 부활 사건에 주의를 환기시키며, 이미 여기서 종말 완성을 움켜쥐고자 한다. 결국 이 표현은 유일회적 구원 사건과 그것의 역사적 방사放射의 결부를 가리켜 말한다. 또한 "그리스도 안에"와 "주님 안에"라는 두 표현이 구별되는 것도 유의해야 한다. 전자는 종말 완성을 겨냥하고, 후자는 사람들이 "그리스도 안에" 선사받은 것을 이 세상에서 지켜 나갈 것을 촉구한다. 그리스도 칭호는 구원을 방사하고, 주님 칭호는 주권과 주님으로서의 실존을 방사한다.[28]

---

[27] Deissmann, *Paulus* 107.

그러나 두 견해 사이에는 공통점도 있으니, 둘 다 신자 개개인과 공동체가 하나의 포괄적 영향권 안에 포섭되어 있다고 본다는 점이다. 그러나 이 포섭 방식은 달리 파악되고 있다. 한편에서는 포섭이 공간적·형이상학적으로 이루어지고, 다른 한편에서는 역사적·양태적으로 발생한다. 덧붙여 "그리스도 안에"는 "그리스도에 대한 믿음 안에"와 거의 같은 의미라고 보는 견해도 있다.[29]

"그리스도 안에"와 "주님 안에"가 자주 나오고 뉘앙스가 다양하기 때문에, 그때그때 그 의미를 파악하는 것이 바람직하다.[30] 하지만 이 표현들이 모두 함께 한 특정 방향을 가리키고 있음은 주목할 만하다. 고양되신 그리스도 내지 주님과의 결합이 선사되어 있다는 것은 확실하다. 지상 예수에의 재귀再歸를 암시하는 "예수 안에"라는 표현은 나오지 않는다.[31] 우리는 앞서 언급한 "그리스도 안에"와 "주님 안에"의 차이에도 동의할 수 있을 것이다. 후자가 주로 훈계의 맥락 안에 나오는 것은 시사하는 바가 많다: "우리가 주 예수 안에서 여러분에게 부탁하고 권고하거니와 …"(1데살 4,1); "누구든지 자랑하려거든 주님 안에서 자랑하시오"(1고린 1,31; 2고린 10,17); "주님 안에서 기뻐하십시오"(필립 3,1). 또한 후자는 바울로가 자신의 결정을 하느님 섭리에 맡길 때 사용된다: "나는 여러분에게 디모테오를 곧 보낼 수 있기를 주 예수 안에서 바랍니다"(필립 3,19); "(트로아스에서) 주님 안에서 내게 문이 열렸습니다"(2고린 2,12). 고양되신 주님께서 일들을 안배하시니, 사람은 거기에 순종해야 한다. 이 표현이 인사 단락에 자주 나오는 것도 눈길을 끈다.[32] 바울로는 모든 동료와 협력자들이 주님과의 이런 결

---

[28] Neugebauer, *In Christus* 148; Foerster, *Herr ist Jesus* 144f 참조.

[29] Schweizer, *Erniedrigung* 146 각주 648 참조.

[30] Käsemann, Röm 211은 공간적·도구적 혹은 양태적 의미 중 어떤 것이 담겨 있는지를 그때그때 따져 볼 것을 요구하는데, 옳다고 생각한다.

[31] "그리스도 예수 안에", "우리 주 그리스도 예수 안에"라는 표현들은 해당되지 않는다. 이 표현들은 "그리스도 안에", "주님 안에"와 의미가 같다.

[32] 로마서에는 "주님 안에"가 여덟 번 나오는데, 그중 일곱 번이 16장 인사말에 나온다.

합 안에 있다고, 주님 안에 서 있다고 보았으며, 그들을 주님 안에서 함께 일하고 사랑받고 수고하는 자들로 여겼다.[33] 이로써 바울로는 또한 그들에게 주님께 대한 그들의 의무도 상기시킨다.

몇 가지 인상적인 구절이 "그리스도 안에/주님 안에"를 공간적으로 이해해야 함을 밝힌다. 바울로는 그리스도인의 실존을 간단히 "그리스도 안에 있음"으로 특징지었다: "여러분은 그리스도 예수 안에 있습니다"(ὑμεῖς ἐστε ἐν Χριστῷ Ἰησοῦ: 1고린 1,30; 참조: 로마 8,1; 2고린 5,17; 갈라 3,28). 이것은 고양되신 그리스도 내지 주님에 의해 규정되어 있는 영역, 그분이 작용해 들어오시고 그분을 통해 중개된 하느님의 사랑(로마 8,39), 그분의 속량(3,24), 영원한 생명(6,23), 성화(1고린 1,2) 등이 현존하는 영역이다. 고양되신 그리스도께서 죽음과 부활을 관통하셨고 대부분의 그리스도인이 이 구원 사건에 의해 각인되어 있기 때문에(특히 필립 2,5 참조), "그리스도 안에"라는 표현의 중심에는 뭐라 해도 그분 권능 영역에로의 포섭이라는 공간적 표상이 자리 잡고 있다. 그리스도 안에서 종말론적 완성이 준비되기 시작한다. "어느 누가 그리스도 안에 있으면 그는 새로운 창조물입니다"(2고린 5,17). 죽은 이들조차도 그리스도 안에 포섭되어 있다(1고린 15,18-19; 1데살 4,16).

마침내 이 개념은, 고양되신 주님의 활동에 의해 규정된 이 공간을 교회로 인식할 때, 비로소 온전히 이해할 수 있다. 교회는 이 세상에서 주님을 향해 열려 있는 공간이요, 그분의 몸, 그리스도 안에 있는 몸, 아니 그리스도 자신이다(로마 12,5; 1고린 12,12.27 참조). 여기서 고양되신 분의 개(체)성은 몸 안으로 흡수되어 없어지지 않는다. 바로 주님이라는 그분의 칭호가 이런 오해를 배제한다. 개개 그리스도인 역시 그 개체성을 공동체 안에서 상실하지 않는다. 하지만 그는 그리스도 안에 있는 한 사람으로서 또한 공동체 안에서 언제나 다른 사람들과 결합되어 있다. "여러분 모두가 그리스도

---

[33] 로마 16,2.8.11-13.22; 1고린 4,17; 16,19; 필립 2,29 참조.

예수 안에서 하나이기 때문입니다"(갈라 3,28). 안드로니고와 유니아가 "나 (바울로)보다 먼저 그리스도 안에 있었습니다"(로마 16,7)라는 말은 이런 맥락을 분명히 알려 준다. 한편 바울로가 바로 이 그리스도와의 경계를 존중하기 때문에, '신비주의'라는 개념은 폭넓은 의미에서만, 즉 인간과 그리스도의 은혜로운 결합이라는 뜻에서 그리스도인의 은혜로운 성령 체험을 지칭하는 데만 적용할 수 있다고 하겠다.[34]

"그리스도 안에"라는 말이 활동하시는 그리스도를 가리키고, 그래서 바울로가 "그리스도를 통해"라고 바꾸어 말할 수도 있었을 본문들도 물론 있다: "죄의 대가는 죽음이지만 하느님의 은사는 우리 주 그리스도 예수 안에 있는 영원한 생명입니다"(로마 6,23); "나 바울로와 형제 소스테네가 그리스도 예수 안에 거룩하게 되었으며 …"(1코린 1,1-2); "나는 그리스도 예수 안에서 여러분에게 선사된 하느님의 은총에 대해 … 감사드리고 있습니다" (1,4); "하느님은 그리스도 안에서 세상을 당신과 화해하게 하시고 …"(2코린 5,19); "내가 그리스도 안에 갇혀 있는 사실이 온 부대에 … 분명히 알려졌으며 …"(필립 1,13); "나는 그리스도 예수 안에서 하느님을 위한 나의 일을 자랑거리로 가집니다"(로마 15,17); "모든 일에 감사하십시오. 이것이야말로 그리스도 예수 안에 하느님께서 여러분에게 원하시는 것입니다"(1데살 5,18). 우리는 여기서 은사를 베풀고 거룩하게 만들고 세상을 화해하게 하신 분은 그리스도라고 당연히 생각할 수 있다. 그런데 왜 바울로는 필경 더 잘 어울릴 "그리스도를 통해"라는 말로 표현하지 않았을까? 대답은 다음과 같을 수밖에 없겠다: 바울로는 그리스도께서 세상의 특정 공간 안에서, 즉 그리스도인들이 받아들여진 저 공간 안에서 활동하신다는 것을 암시하고자 했기 때문이라고.

그러므로 "그리스도 안에"라는 표현이 상투적으로 보이는 본문들도 경솔히 간과해서는 안 될 것이다. 그런 곳에서 사실상 종종 '그리스도의'라고

---

[34] 신비주의 개념에 관해 K. Rahner, *Praxis des Glaubens* (Zürich ³1985) 123f 참조.

번역할 수 있다 하더라도, 포괄적 맥락들을 유념해야 한다. 예컨대: "(나는) 그래서 그리스도 안에 있는 유대의 교회들(= 유대의 그리스도의 교회들)에게는 얼굴이 알려지지 않았습니다"(갈라 1,22); "나는 그리스도 안에 한 사람(= 한 그리스도의 사람)을 알고 있습니다"(2고린 12,2).

그리스도와의 결합의 강도는 역표현 '우리 안에 계시는 그리스도'를 함께 고려할 때, 더욱 뚜렷이 드러난다. 이 표현은 자주 나오지는 않지만, 주목해야 마땅하다. 바울로가 여기서 자신의 그리스도 체험을 강조하여 말하는 것이 눈길을 끈다. 사도는 자신이 그리스도에게 사로잡혔고(필립 3,12), 그리스도께서 자신 안에서 말씀하고 계심을 안다(2고린 13,3). 이런 유의 언명들의 정점은 갈라디아서 2장 20절이다: "그러나 사는 이는 더 이상 내가 아니라 그리스도께서 내 안에 살고 계십니다." 비록 바울로가 개인적 체험에 관해 말하고 있지만, 우리는 이것을 모든 사람에게 전용해도 될 것이다. 바울로는 이 체험을 전달하고자 애쓰며, 그것이 성공하도록 마치 어머니처럼 교우들을 보살핀다: "어린 자녀 여러분, 그리스도의 모습이 여러분 안에 갖추어질 때까지 나는 여러분을 위해 다시 산고를 겪고 있습니다"(갈라 4,19). 고린토 후서 13장 5절에선 비판적으로 묻는다: "여러분이 과연 믿음 안에 있는지 스스로 시험해 보고, 스스로 성찰해 보십시오. 예수 그리스도께서 여러분 안에 계시다는 것을 여러분은 깨닫지 못합니까? 깨닫지 못한다면 여러분은 자격이 없는 사람들입니다." 이 내재하시는 그리스도께서 생명을 약속하신다(로마 8,10).

바울로에게서는 그리스도와의 결합의 또 하나의 양상을 찾아볼 수 있는데, 매우 개인적으로 각인되어 있다. 해당 본문 대다수가 바울로 자신과 관련되어 있기 때문에, 이 진술들은 무엇보다도 사도 자신의 그리스도 신심에 대한 증언으로 평가되어야 한다. 하지만 바울로는 그리스도와의 이 농밀한 결합을 자기만의 것으로 주장하지 않으며, 모든 이에게 전달하고 또 밝혀 보이고 싶어 한다. 여기서도 그리스도의 인격과 그리스도인 인격 사이의 경계가 폐기되지는 않지만, 아무튼 바울로 또는 그리스도인이 그리스도와 공유하는 속성·능력·자질 등이, (아니 더 나아가 이렇게 말할 수도 있으리라) 그들이 넘겨받은 그리스도 고유의 것들 자체가 눈길을 끈다. 특별한 그리스도-소유격 표현들에 유의해야 하는바, 여기서 주격적 요소, 즉 그리스도에게 귀착되는 요소를 간과해선 안 된다. 바울로가 "그리스도의 사랑이 우리를 조입니다"(2고린 5,14)라고 확언할 때, "그리스도의 사랑"은 그리스도에 대한 우리의 사랑뿐 아니라 우리에 대한 그리스도의 사랑도 의미한다. 그리스도께서는 당신이 사랑하는 사람들 마음에 당신의 사랑을 부어 주신다(참조: 로마 5,5; 8,35). 바울로가 그리스도의 고난이 자신에게 넘치는 것을 보거나(2고린 1,5) 그리스도의 복종을 위해(그리스도께 복종시키기 위해) 일체의 사고思考를 사로잡고자 하거나(10,5) 또는 자신은 그리스도의 생각을 가지고 있다고 말하는(1고린 2,16) 것도 아주 비슷하게 이해해야 한다. 필경 이 그리스도-소유격 표현들이 그리스도-신비주의의 전거로 흔히 내세워지는 구절들이다. 그러나 이것은 이미 앞에서 말한 대로 '신비주의'라는 개념을 특이한 현상들(이런 것들은 매우 강렬한 그리스도인 생활에서도 보통은 드물다)에 국한하지 않고, 그리스도와의 은혜로운 결합이라는 의미에서 모든 그리스도인에게 열려 있는 성령 체험에까지 확대 적용할 때에만 가능하다고 하겠다.

지금까지 말한 것을 다시 한 번 개관하자. "그리스도 안에"와 "주님 안에"라는 표현은 그리스도-소유격 표현과 마찬가지로 그리스도에 의해 열려진 영역을 나타내는바, 여기서 그리스도는 특별한 방식으로 역사하시고, 믿는 이들은 서로 결합하여 존재하며 그분의 역사에 기꺼이 동참할 수 있다. 이곳은 결국 교회, 그리스도의 몸이라는 공간, 종말론적 구원의 영역, 낡은 세상에서 새 세상으로의 접경이다.

참고문헌

M. BOUTTIER, *En Christ* (EHPhR 54) (Paris 1962).

A. DEISSMANN, *Die ntl. Formel "in Christo Jesu."* (Marburg 1882).

W. FOERSTER, *Herr ist Jesus* (NTF II/1) (Gütersloh 1924).
H. MERKLEIN, *Studien zu Jesus und Paulus* (WUNT 45) (Tübingen 1987) 319-44.
F. NEUGEBAUER, *In Christus* (Göttingen 1961).
W. SCHMAUCH, *In Christo* (NTF I/9) (Gütersloh 1935).
A. WIKENHAUSER, *Die Christusmystik des Apostels Paulus* (Freiburg ²1956).

7.5 영의 선물

믿는 이들은 영 안에 있다는 확언(로마 8,9)은, 그리 자주 나오지는 않지만, 그들이 "그리스도 안에" 있다는 확언과 뜻이 매우 비슷하다. 하지만 완전히 동일하지는 않다. 둘의 차이를 식별하는 것이 물론 첫눈에는 쉽지 않다. 그래도 특정 표현들은 구별을 위한 통찰을 제공해 줄 수 있다. "우리는 … 하느님께로부터 오는 영을 받았습니다. 그것은 하느님이 우리에게 베푸신 은혜로운 선물을 우리가 알아보도록 하려는 것입니다"(1고린 2,12)라는 구절에서 영이 그리스도와 대체될 수 없음은 분명하다. 영을 선사받았다는 것은 그리스도교 구원의 한 특별한 은사다.

하느님은 우리에게 영을 주시고(1데살 4,8; 2고린 1,22), 영을 통해 우리 안에서 활동하신다(1고린 2,10; 2고린 3,6). 우리는 하느님께로부터 오는 영을 받았다(1고린 2,12). 또한 영은 무엇보다도 하느님의 영(1고린 3,16; 7,40; 로마 8,14), 우리 하느님의 영(1고린 6,11), 살아 계신 하느님의 영(2고린 3,3)이라 불린다. 그 밖에 영 자신이 주격인 진술들도 있다: "영도 우리의 연약함을 도와주십니다"(로마 8,26); "영 자신이 우리가 하느님의 자녀임을 우리의 영과 함께 증거합니다"(8,16). 영의 주격이 그리스도인 경우도 있는데, 사례는 많지 않다(필립 1,19: "예수 그리스도의 영").

하느님의 영과 예수 그리스도의 영이 동일함은 두말할 나위가 없다. 이에 대한 인상적인 증언을 찾고자 한다면, 갈라디아서 4장 6절의 독특한 표현이 시사해 주는 바가 많다: "하느님께서 당신 아드님의 영을 우리 마음 안에 보내셨으며, 그 영은 '아빠, 아버지!' 라고 외치고 계십니다." 당신 아드님의 영은 물론 하느님의 영이다.

바울로는 성령론에서도 그리스도교 전승에 의지하고 있다. 모든 신앙인이, 특히 세례를 통해, 영을 받아 지니고 있다는 것은 초기 그리스도교의 상식이었다. 바울로도 이를 전제한다(참조: 1고린 6,11; 12,13; 2고린 1,21-22).[35]

다양한 영 관념들이 함께 작용하고 있다. 한편 종말 시기의 영에 관한 예언자들의 약속이 수용되었다. 이 약속은 하느님이 당신 영을 통해 인간의 돌처럼 굳은 마음을 살처럼 부드러운 마음으로 바꾸어 주시리라는 사상(참조: 2고린 3,3; 에제 11,19; 36,26)이나, 우리가 믿음을 통해 영을 받음으로써 성취된 영의 약속에 관한 일반적 언급(갈라 3,14)에서 찾아볼 수 있다. 다른 한편 영을 천상적 영역 또는 실체로 보는 헬레니즘의 관점이 주장될 수 있었다. 이런 의미에서 하느님의 아들인 그리스도의 천상 존재는 로마서 1장 4절(바울로 이전의 신조다)에서 거룩함의 영에 의해 규정된 존재로 제시된다. 또 한편으로는 영을 인격적 혹은 의인화된 실재로 이해하거나(1고린 2,13; 6,19; 2고린 13,13 등), 비인격적인 신적 힘으로 묘사하는 진술들도 발견된다. 그래서 정령설과 물활론의 영향에 관해 말하기도 한다.[36] 우리는 그러므로 무엇보다도 바울로 특유의 관점에 관해 물어야 할 것이다.

바울로는 자신의 영 체험을 거듭 언급한다. 이 체험은 그의 사도직 활동과 긴밀히 결부되어 있다. 이 활동에서 그는 자신이 영에 의해 힘을 얻고 떠받쳐짐을 안다. 데살로니카에서 바울로의 복음 선포는 "말로만이 아니라 권능과 성령과 굳은 확신으로" 이루어졌다(1데살 1,5). 이 구절은 우리로서는 파악하기 매우 어려운 바울로 선교 활동의 부수 현상들을 가리키는데,[37] 사도는 다른 구절에서 그것들이 "영과 능력의 드러냄으로"(1고린 2,4), 또는 좀 더 분명하게는 "표징들과 기적들의 능력, 영의 능력으로"(로마

---

[35] Schnelle, *Gerechtigkeit* 124-6; Haufe: *ThLZ* 101 (1976) 561-6; Schnackenburg, *Baptism* 27-9 참조.

[36] Bultmann, *Theologie* 335; Conzelmann, *Grundriß* 55 참조.

[37] Holtz, *1 Thess* 47은 당시 사람들이 기적적이고 신기한 것으로 체험한 현상들에 관해 말한다. 그것이 어떤 종류의 것이었는지는 우리로서는 물론 알기 어렵다.

15,19) 이루어졌다고 말한다. 영의 특별한 작용들이 암시되어 있는데, 이것은 바울로에게도 중요했다. 자신을 "새로운 계약의 봉사자들"(3,6)의 일원으로 이해하는 바울로가 수행한 직무는 포괄적 의미에서 "영의 봉사직"(2고린 3,8)이라 일컬어진다. 요컨대 영이 이 계약을 규정짓는다. 바울로는 추천서를 가지고 교회에 기어 들어온 적수들과의 대결에서, 고린토 교우들이야말로 살아 계신 하느님의 영을 통해 자신에 의해 작성된 그리스도의 추천 편지임을 강조한다(3,2-3). 교회 창설은 이 영 안에서 이루어졌다. 이는 필경 세례와 관련될 것이다. 다시금 세례와 영의 결부가 뚜렷이 부각되어 있다.

바울로는 자기 교회 신자들도 영의 활동을 체험한다는 것을 거의 자명하게 전제한다. 이 체험은 새로운 시작과 출발 시기의 한 특징으로 여겨질 수 있었다. 비상한 영의 작용들은 특히 바울로 교회들에서 꽤 많이 찾아볼 수 있는데, 교우들에게 각별히 중시되었다. 고린토 전서 12장 4-11절의 영의 은사 목록에서 지혜의 말씀, 인식의 말씀, 치유, 권능의 일, 예언, 영들의 식별, 이상한 언어(靈言)와 그 해석 등 특이한 현상들이 부각되어 있는 것이 눈길을 끈다. 이는 무엇보다도 고린토 교회의 상황을 고려한 것이다. 바울로는 이 현상들을 전적으로 존중한다. 그리고 자신도 이 은사들을 선사받았음을 알고 있다: "하느님께 감사합니다! 나는 여러분 모두보다 더 많이 이상한 언어로 말합니다"(1고린 14,18).[38] 그러나 바울로는 모든 은사가 개인적 영역에 머물지 않고 공동체 건설에 기여하는 것을 중시한다. "그러나 나는 집회에서는 이상한 언어로 일만 마디의 말을 하느니보다 다섯 마디라도 내 정신으로 알아들을 수 있는 말을 하고 싶습니다. 그것은 다른 사람들을 가르치기 위해서입니다"(14,19). 고린토 전서 12장의 은사 목록에서 은사들이 영과 주님 그리고 하느님께 똑같이 귀속되지만, 말미에서 영의 활동이 강조되고 있음을 유의해야 한다(12,11).

---

[38] 영언의 이해에 관해 Theissen, *Psychologische Aspekte* 269-340의 흥미로운 상론 참조.

신비 현상들은 열광을 불러일으켰고, 교회 안에 영이 현존한다는 실증으로 평가되었다. 그러나 바울로는 과대평가를 경고해야 했다. 바로 고린토 교회 안에 불화가 생겼던 것이다. 여러 사람이 영의 은사들을 자랑했다. 판단 기준이 필요했다. 은사 목록 앞에 제시된 기준(1고린 12,2-3)은 놀랄 만큼 단순하다. 기준은 "예수는 주님이시다"라는 소박한 고백인바, 바울로에 따르면 이것은 오직 영의 능력 안에서 할 수 있으며, 예수에 대한 저주("예수는 저주받아라")는 발설자가 영을 지니고 있지 않다는 확실한 증거다.[39] 이로써 뚜렷한 경계선이 그어졌는데, 여기에는 망아적 현상들이 교회 밖에도 존재했음이 전제되어 있다. 망아는 기준이 아니며, 오히려 판별 척도를 필요로 한다. 그리고 이 척도는 그리스도 신앙고백 안에 주어져 있다.

나아가 바울로는 영의 특이한 은사에서 평상적 봉사직으로 관심을 돌리는데, 이것도 똑같이 영이 교회에 세워 준 것이다. 고린토 전서 12장 28절의 둘째 은사 목록이 이 봉사직[가르침 · 도와줌(사회 봉사) · 지도]을 부각시키고, 로마서 12장 6-8절의 은사 목록은 교회에서 수행되어야 할 평상적 봉사직(예언 · 가르침 · 격려 · 자선 · 지도)만을 언급하고 있는 것에 유의해야 한다.

예배를 위한 집회에서 사람들은 영의 비상한 작용을 다른 방식으로도 체험했다. 바울로의 언급들은 충분치 못하다. 이 말들은 사건들을 묘사하지 않고 해석하고 있기에, 수수께끼 같은 인상을 준다. "영 자신이 말로 표현할 수 없는 탄식으로 우리를 위해 중개해 주십니다"(로마 8,26)라는 언명은 개인적 기도와 관련시켜서는 안 되고, 기도를 위해 모인 공동체와 관련시켜야 한다. 이 문맥에서 우리의 연약함이 언급된다. 우리는 마땅히 무엇을 위해 기도해야 할지 모른다는 것이다. 여기에는 올바로 기도하지 못하는 인간의 무능력에 대한 근원적 고백이 바탕에 깔려 있는 것일까?[40] 그렇

---

[39] 예수에 대한 저주가 실제로 발설되었을 가능성을 고려할 수 있다. Theissen, *Psychologische Aspekte* 308f에 따르면, 영언은 언제나 암호적 요소들도 담고 있었다. 일상의 실언에서처럼 무의식적인 혹은 억압되었던 요소들이 터져 나왔다.

[40] Niederwimmer: *ThZ* 20 (1964) 225-65 참조.

다면 이 확언은 바울로로서는 극히 이례적인 일이라 하겠다. 어쨌든 "말로 표현할 수 없는 탄식"이라는 말에서 영언을 떠올려야 할 것이니, 영언은 영의 전구轉求를 표현해 주기 때문이다. 회중이 선사받은 하느님 자녀의 자유를 확증해 주는 "아빠, 아버지!"라는 전례적 환호는 영의 증언으로 여겨졌다. 나아가 갈라디아서 4장 6절에 따르면 이렇게 외치는 분은 바로 성령 자신이다. 큰 소리로 외치는 것은 자유인이라는 표시다. 노예는 찔찔짠다.

공동체 집회와 세례는 영 체험 영역으로서 사람들을 '그리스도의 몸'이라는 공간, 즉 교회 안으로 결합시킨다. "왜냐하면 우리는 모두 한 영 안에서 한 몸 안으로 세례를 받았으며, 유대인이든 헬라인이든 노예이든 자유인이든 모두가 한 영을 마셨기 때문입니다"(1고린 12,13). 이렇게 교회가 "예수는 주님이시다"라는 고백이 행해지는 영의 영역이듯, 집합적 실재인 교회와 더불어 신앙인 개개인도 영을 받은 사람으로서 매우 존중되었다. 교회가 하느님 영이 거처하는 하느님의 성전이듯(1고린 3,16), 개개인 내지 개개인의 몸 역시 그렇다(6,19). 영이 그느르시는 그리스도의 몸과 개개인의 결합이, 음행을 배격하는 논증에서 각별히 강조된다: "주님과 합하는 사람은 그분과 한 영이 됩니다"(1고린 6,17).[41] 이 압축된 언명은 개개인이 지체로서 그리스도의 몸에 포섭되어 있으며(포섭이 개인의 개체성을 폐기하지는 않는다), 그로써 이 몸을 온전히 그느르시는 영을 선사받음을 나타낸다.

바울로 (그리고 그리스도교) 성령론의 본질적 요소로서 유념해야 할 것인즉, 영이 인간에게 베풀어진 선물, 인간 힘으로는 결코 획득하지 못하는 선물이라는 점이다. 이 본질적인 점에서 바울로 성령론은 영지주의 성령론과 다르다. 영지주의에 따르면 영은 이미 언제나 인간 안에 깃들어 있는 바, 본디 선재하던 광명의 불씨인 이 영은 지금은 물론 인간 안에 파묻혀

---

[41] 사람들은 바울로가 "주님과 한 몸이 됩니다"(6,16 참조)라고 말하리라 예상했을 것이다. "한 영"이라는 표현은 다만 이 몸이 어떤 종류의 몸인지를 밝혀 준다. Conzelmann, *1 Kor* 135 참조.

있으나 깨워 일으켜져 본연의 상태로 돌아가야 하니, 그로써 인간은 존재의 망각을 극복하고 구원을 가져다주는 깨달음을 얻을 수 있다. 이 깨달음은 하느님의 심연에, 광명 속의 구원자에 이르는데, 이 구원자와 인간 안에 깃든 영이 하나 된다. 물론 구원될 수 있는 사람은 영적 인간들, 바로 저 광명의 소유자들에 국한되어 있다. 이들은 선천적으로 구원된 자들(φύσει σῳζόμενοι)이다. 나머지 사람들은 "자연적ψυχικός 인간들"[42]이다. 이들은 자신 안에 영의 불씨를 지니고 있지 않으며, 저주받은 대중massa damnata이다. 해석하기 어려운 본문인 고린토 전서 2장 10-16절에서 바울로는 영지주의적 지혜 선생들과 논쟁하는 가운데 심상치 않게 영지주의 정신 상태에 가까워진다. 예를 들어: "자연적 인간은 하느님 영의 것들을 받아들이지 않습니다. 그에게는 그것이 어리석음이기 때문입니다. 또 그는 깨달을 수도 없습니다. 그것은 영적으로 판단받기 때문입니다. 반면에 영적인 인간은 모든 것을 판단합니다. 그러나 그 자신은 아무한테도 판단받지 않습니다"(2,14-15).[43] 이 진술은 그 변증법적 특성을 고려해야만 제대로 이해할 수 있다. 적수들이 어리석음으로 여기는 십자가를 변호하면서 바울로는 그들의 '영적' 오만의 부조리함을 논박한다. 영적 인간으로 자부하는 자들은 십자가의 어리석음을 하느님의 지혜로 알아보지 못하기 때문에, 스스로 자연적 인간임을 드러낸다(3,1 참조). 또한 영은 어디까지나 하느님의 선물임이 강조된다: "우리는 세상의 영을 받은 것이 아니라 하느님께로부터 오는 영을 받았습니다. 그것은 하느님이 우리에게 베푸신 은혜로운 선물을 우리가 알아보도록 하려는 것입니다"(2,12).

영은 해방하는 아빠—외침을 불러일으키는 자녀 됨의 영으로서 무엇보다도 자유를 선사한다.[44] 자유는 그러나 의무를 진다. 그래서 영은 규범이

---

[42] 프쉬케는 여기서 물질적인 어떤 것으로 간주된다.

[43] 고린토의 지혜 선생들의 특징에 관해서는 논란이 많다. 영지주의적 요소를 배제해서는 안 될 것이다.

[44] 이 책 369-372 참조.

된다. 영이 자유를 선사하고 또 규범을 부여한다는, 모순처럼 보이는 이 병존에서 영 이해의 특성뿐 아니라 자유 개념의 특성도 보아야 한다. 영의 선도先導는 다음과 같은 구절에 잘 표현되어 있다: "하느님의 영에 인도되는 사람은 누구나 하느님의 자녀들입니다"(로마 8,14; 참조: 갈라 5,18). 부추기고 다그치는 영에 자신을 내맡기는 사람은 하느님 자녀의 자유를 얻는다. 우리는 영을 통해 율법과 죄와 죽음에서 해방되었기에, 사랑의 계명을 완수할 수 있다(로마 8,2-4 참조).[45] 갈라디아서 5장 22절에 사랑이 영의 첫 열매로 나온다. 5장 19-21절의 일련의 육의 행실과는 반대로, 사랑은 인간을 모독하는 악의의 극복도 의미한다. 거룩한 영과 함께 하느님의 사랑이 우리 마음속에 부어졌다. 하느님 사랑이 영의 본질로 파악되어 있다. 여기서 말하는 것은 하느님이 우리에게 가지시는 사랑이다(소유격 = 주격). 사람 안에 부어 넣어진 이 사랑은 사람을 움켜쥐고 완전히 바꾸고, 세상에서 이 사랑을 계속 전하고 되비추는 사람으로 변화시키고자 한다.

사람은 영의 도움을 기대할 수 있지만, 스스로 이 규범을 거부할 수도 있다. 그는 영 안의 실존에서 다시금 떨어져 나가고, 영을 꺼 버릴 수 있다(1데살 5,19). 영과 육(갈라 3,3; 5,17; 로마 8,9), 영과 율법(갈라 5,18), 영과 문자(로마 2,29[46]; 7,6)의 거듭되는 대조는 이 무서운 가능성을 경고한다. 영 안에 선사받은 실존은 그에 상응하는 삶을 요구한다(로마 8,4-5.13; 갈라 5,25).

영은 죄로 인한 정신적 죽음을 극복하고 생명을 창출하는 힘일 뿐 아니라, 우리가 온 창조계와 함께 고대하는 육신적 죽음의 극복도 약속한다. 때문에 영은 첫 열매(로마 8,22-23), 보증(2고린 5,5; 1,22)이라 불리며, 영원한 생명을 약속한다(갈라 6,8). 이 영의 선물을 통해 보증이 주어졌다. 전달하기 어려운 이 맥락을 바울로는 어찌 이해했던가? "여러분 안에 살고 계신 영"(로마 8,11)이라는 사실적寫實的 표현은, 일종의 비세상적 실체에 관한 표상

---

[45] 로마 8,4의 "율법의 요구"를 우리는 사랑의 계명에 귀착시킨다.
[46] 로마 2,29의 "숨겨진 것 안에서의 유대인", "영 안에서 (받은) 마음의 할례"라는 표현은 그리스도인을 가리킨다. 문제점에 관해 Kuss, *Röm* 91 참조.

을 불러일으킬 수도 있지만, 어디까지나 은유로 머문다. 우리는 실제적 은유에 관해 말할 수도 있을 것이다. 아무튼 우리가 희망해도 되는 우리의 부활은 죽은 이들로부터의 그리스도 부활처럼 영에 의해 이루어진다. 우리 안에 살고 계시는 영 안에 그리고 그리스도와의 결합 안에 미래 생명의 보증이 약속되어 있다(로마 8,11). 영은 우리에게 절대적 미래를 열어 준다.[47] 특히 사심 없이 자신을 내주는 사랑의 능력은 오늘도 영을 체험하는 방법이다.

그리스도와 영의 관계를 규정하기 위해서는 "주님은 영이십니다"(2고린 3,17)라는 말씀에 특히 주목해야 한다. 이 구절의 맥락은 바울로가 열망하는 이스라엘의 주님께로의 회심인데, 이것은 오직 영 안에서만 가능하다. 아무튼 주님과 영은 동일하지도 않고, 대체될 수도 없다. 3장 17절 ㄴ에서는 영을 "주님의 영"이라고 말한다. 하지만 주님과 영은, 하느님과 영의 관계처럼, 아주 긴밀히 결부되어 있다. 고양되신 그리스도의 활동뿐 아니라 하느님의 활동도 영 안에서 체험된다. 우리는 주님과 영의 활동 동일성에 관해 말할 수도 있고, 더 나아가 이것을 바울로 고유의 관점으로 특징지을 수도 있을 것이다. 물론 바울로는 주님과 영의 정확한 관계 규정에 애쓰지 않는다. 사도는 하느님께 대한 그리스도의 관계에 터해 사유하며, 두 분의 영에 대한 관계는 숙고하지 않는다. 영은 뚜렷이 식별될 수 있는 위격적 특징들을 아직 지니고 있지 않다. 바울로의 근본 관심사는 한 분 하느님의 구원 역사(役事)이지 신성의 내적 구조가 아니었다. 후자는 후대 삼위일체론에서 중요한 문제가 될 터였다. 아무튼 하느님이 영을 통해 역사하시듯 그리스도가 영을 통해 역사하신다는 것은, 그리스도론에 근본적으로 중요하며 그리스도를 하느님 가까이로 옮겨 놓는다.[48]

---

[47] Vollenweider, *Freiheit* 275 참조.

[48] Goppelt, *Theologie* 453 참조. Hermann, *Kyrios* 38-58은 주님과 영을 동일시하는 것으로 보이는데, 바울로 성령론의 전체 모습에는 거의 유의하지 않는다. Conzelmann, *1 Kor* 135 각주 30과 Wolff, *2 Kor* 76 및 각주 131은 Hermann에 비판적이다.

참고문헌

J.D.G. DUNN, "The Lord is the Spirit": *JThS* 21 (1970) 309-20.

I. HERMANN, *Kyrios und Pneuma* (StANT 2) (München 1961).

F.W. HORN, *Das Angeld des Geistes* (FRLANT 154) (Göttingen 1992).

S. JONES, *"Freiheit" in den Briefen des Apostels Paulus* (Göttingen 1987).

C. MÉNARD, Le statut sémiologique de l'Esprit comme personnage dans les écrits pauliniens: *LTP* 39 (1983) 303-26.

C.F.D. MOULE, *The Holy Spirit* (London 1978).

K. NIEDERWIMMER, Das Gebet des Geistes: *ThZ* 20 (1964) 252-65.

H. PAULSEN, *Überlieferung und Auslegung in Römer* 8 (WMANT 43) (Neukirchen 1974).

R. Penna, *Lo Spirito di Cristo* (Brescia 1976).

V. WARNACH, Das Wirken des Pneuma in den Gläubigen nach Paulus: *Pro Veritate* (Festschrift L. Jaeger – W. Stählin) (Münster 1963) 156-202.

U. WILCKENS, *Weisheit und Torheit* (BHTh 26) (Tübingen 1959).

8. 교회와 하느님 백성

8.1 교회 신학

바울로는 교회들을 창설했다. 가장 중요한 교회들을 우리는 사도의 서간들을 통해 알고 있다. 그러나 바울로가 세운 다른 교회들도, 예컨대 트로아스나 아카이아에 있었을 가능성을 고려해야 한다. 바울로는 개별적 인간들에게 복음을 선포하고 그들을 신앙으로 이끄는 데 만족하지 않았다. 교회 창설은, 이를테면 단체 설립처럼, 실제적 고려에서 이루어진 일이 아니었다. 그것은 신학적 필연성에서 비롯한 일이었다. 아래에서 다룰 바울로의 신학적 성찰이 이를 입증해 준다. 교회 창설은 또한 바울로 사도직의 봉인(1고린 9,2), 주님 안에서 그의 업적(9,1), 살아 계신 하느님의 영으로 쓴 그의 추천 편지(2고린 3,2)이기도 하다. 바울로는 교회들과 자신의 관계를 상징들을 통해 묘사하는데, 이 상징들은 사도의 헌신의 강도를 생생히 말해 준다. 바울로는 교회들의 건축사(1고린 3,10)일 뿐 아니라, 아버지이기도 하다(4,15). 아버지가 자식들에게 하듯, 사도는 데살로니카 교우들을 훈계하고 격려하고 간원했다(1데살 2,11). 어머니가 자식들을 보살피듯 그들을 진심으로 사랑했고, 그들에게 하느님의 복음뿐 아니라 자기 생명이라도 기꺼이 나누어 주고자 했다(2,8).

바울로는 교회 공동체의 자기 이해를 뚜렷이 나타내기 위해 여러 명칭과 표현들을 사용한다. 이것들은 특히 편지 인사말에 많이 나타난다: 하느님의 사랑을 받는 이들(로마 1,7; 참조: 1데살 1,4), 예수 그리스도에게 부르심을 받은 이들(로마 1,6), 성도로 부르심을 받은 이들(로마 1,7; 1고린 1,2), 그리스도 예수 안에서 거룩하게 된 이들(1고린 1,2). 가장 많이 나오는 것은 "성도들"

(로마 8,27; 12,13; 15,25-26.31; 16,2.15; 1고린 6,1-2 등)이라는 명칭이다. 이 명칭들 가운데 여럿은 이미 바울로 이전 그리스도교에서 사용되고 있었다. 예를 들어 "성도들"이라는 자칭은 예루살렘 모교회에서 생겨났으리라 짐작된다. 바울로는 여러 구절에서 (예루살렘 교회를 위한 모금과 관련하여) 이 교회 신자들을 꼬집어 "성도들"이라 부른다(로마 15,25-26; 1고린 16,1; 2고린 8,4; 9,1.12). 이 명칭을 윤리적 자질과 결부시켜 생각한다면 오해다. 그리고 이 개념이 언제나 복수형으로, 그러니까 공동체와 관련하여 나오며 결코 개인에게 적용되지 않는 것에 유의해야 한다. 이들은 그리스도에게 속하기에 성도들이다(그러므로 어떤 의미에서는 경계지어진 사람들이기도 하다). 여기에 종말론적 규정이 덧붙여진다. 이들은 종말 시기의 성도들이다.[1]

"믿는 이들"이라는 표현이 이미 바울로의 가장 오래된 편지에서 명칭 비슷한 것이 되기 시작했음은 주목할 만하다(참조: 1데살 1,7; 2,10.13). 그러나 이런 양상은 믿음을 그리스도인 삶의 기본 요소로 평가하는 주요 서간들에서는 완전히 뒤로 밀려난다. 이 양상은 바울로 차명서간들에서 다시 나타난다(에페 1,19; 2데살 1,10).

"교회"(ή ἐκκλησία)는 공동체의 집합명칭으로 사용된다. 어원학적으로 에클레시아는 독일어 키르헤Kirche와 상응하지 않으니, 후자는 κυριακός(= 주님에게 속한)에서 유래한다. 어원학적으로 보건대 에클레시아는 "공동체"라는 개념과 더 가까우니, 여기엔 부름받음, 함께 모임이라는 관념이 보존되어 있음을 알아볼 수 있기 때문이다.[2] 에클레시아라는 낱말도 바울로는 예루살렘 교회 내지 유대 지역교회들로부터 넘겨받았다. 짐작건대 예루살렘

---

[1] 이 종말론적 규정은 쿰란 공동체와 일치한다. 이 공동체에서는 "그분의 성도들"(1QM 3,5), "그분 백성의 성도들"(6,6), "거룩한 공동체"(1QS 2,25; 1QSa 1,13), "거룩한 남자들"(8,23), "거룩한 협동체"(9,2) 같은 자칭들이 널리 사용되었다. "성도들"이라는 자칭이 예루살렘 그리스도교권(圈)에서 생겼다면, 쿰란 공동체와의 이 공통점은 특별한 주목을 받아 마땅하다.

[2] 물론 두 개념 — 교회와 공동체 — 은 각기 온전한 정당성을 보유한다. 다만 신약성서에서 교회는 전체를, 공동체는 지역교회를 의미한다는 식의 구별은 가능하지 않다.

교회는 "하느님의 교회(공동체)"(ἐκκλησία τοῦ θεοῦ)라고 자칭했던 것 같다. 이 것은 바울로가 자신의 과거 교회 박해자 소행에 관해 말하는 구절에서 추론할 수 있다: "실상 나는 ⋯ 하느님의 교회를 박해했으니 사도라고 불릴 자격조차 없는 몸입니다"(1고린 15,9). 사도는 예루살렘 교회의 자칭을 암시하고 있다. 이 명칭은 묵시문학적(쿰란적) 유대교에서 이미 꼴지어졌고 히브리어 케할 엘qehal el(하느님의 집회)에 상응한다(1QM 4,10; 1QSa 1,25 참조). 이 명칭은 종말론적 차원을 지니고 있다. 이렇게 자칭한 사람들은 자신들을 종말 시기 하느님의 무리로 이해했다.[3] 여기서도 ("성도들"이라는 자칭에서처럼) 이 종말론적 배경에 유의해야 한다.

"하느님의 교회"라는 명칭이 본디 예루살렘 교회에만 귀속되었다면, 바울로 교회들과 예루살렘 교회의 관계 문제가 다시금 제기된다.[4] 예루살렘 모교회가 일정한 우위를 주장했을 개연성과는 상관없이, 여기서는 다만 바울로가 자신과 자기 교회들의 예루살렘 교회와의 관계를 어찌 보았는지를 다시 한 번 상기하자. 바울로는 예루살렘 교회와의 지속적 유대를 중시했는데, 이는 그 도시에 대한 사도의 거듭된 방문이 입증해 준다. 바울로는 이방인 교회와 유대인 교회를 묶어 주는 분명한 끈으로서 예루살렘 교회를 위한 모금을 시행했다. 사도는 모금을 봉사로 여겼고(로마 15,31; 2고린 8,4; 9,1.12-13), 자진해서 의무를 졌다. 자신의 활동에서 언제나 이스라엘을 염두에 두었다. 예루살렘은 바울로에게 복음의 출발점이었고 옛 하느님 백성과 구세사적으로 연결되는 장소였다. 사도는 자신의 이방계 그리스도인 교회들의 동등한 권리를 주장했다. 또한 우리는 바울로가 하느님의 교회/교회들이라는 명칭을 자기 교회들에게 당연하다는 듯이 전용하는(1고린 10,32; 11,16.22) 데서도, 사도에게 동등성이 매우 중요했음을 알아보아야 한다. 바울로는 일치가 복음에 바탕을 두고 있다고 보았다(1고린 15,11 참조).

---

[3] Roloff, *Kirche* 97 참조. Hainz, *Ekklesia* 234는 바울로가 갈라 1,22-23에서 "하느님의 교회"라는 개념을 유대 지역교회들에 확대 적용했으리라 추측한다.

[4] 이 책 4장 2절과 6절 참조.

그러나 복음으로부터 이런저런 실천적 결론들을 이끌어 내는 것이 관건이 될 때, 어려운 문제들이 발생했다(안티오키아 사건 등).

바울로는 자신이 창설한 교회들을 하나의 포괄적인 교회 공동체Gemeinschaft 안에 지양止揚되어 있는 것으로 보았는가, 아니면 어디까지나 그 공동체의 개별화로 보았는가? 이 문제는 논란이 많다. 하인츠의 견해에 따르면, 바울로는 전체교회라는 개념을 알지 못했고, 단지 개별교회를 초월하는 한 요소만 인정했다.[5] 반면 슈미트는 "전체 공동체"Gesamtgemeinde를 바울로의 교회론적 사유의 출발점으로 보는데, 이것이 개별 공동체 안에서 표현된다는 것이다.[6] 바울로에게는 지역교회가 관심의 초점이었음이 확실하다. 사도는 지역교회들에만 편지를 써 보냈다. 바울로는 한 속주 또는 넓은 지역의 교회들을, 예컨대 마케도니아의 교회(단수), 갈라디아의 교회, 아시아의 교회, 유대의 교회라는 개념 안에 총괄하지 않는다. 오히려 마케도니아의 교회들(2고린 8,1), 갈라디아의 교회들(갈라 1,2; 1고린 16,1), 아시아의 교회들(1고린 16,19), 유대의 교회들(갈라 1,22; 참조: 1데살 2,14)이라고 말한다. 바울로는 하느님의 교회들에게 통상적인 풍습에 관해 말한다(1고린 11,16). 아무튼 "하느님의 교회들"이라는 명칭의 사용에서 일치의 의도를 알아볼 수 있다고 하겠다. 예루살렘 교회의 이 명칭을 자기 교회들에 전용하는 것은, 동등성 주장을 의미할 뿐 아니라 일치에의 의지도 시사한다. 이 모든 교회에서 하느님의 구원 의지가 작용한다. 사람들이 지역교회에 모이면, "하느님의 교회"가 나타난다(1고린 11,18.22). 바울로는 고린토 전후서를 "고린토에 있는 하느님의 교회"(1고린 1,2; 2고린 1,1)에 보냈는데, 이것도 편지가 낭독되는 구체적인 공동체 집회에서 포괄적인 "하느님 교회"의 나타남을 겨냥한다고 보겠다. "자신들과 우리들의 장소 어느 곳에서나 우리 주 예수 그리스도의 이름을 불러 간구하는 모든 이들"(1고린 1,2)이라는 확대된 수신인도 시사하는 바가 많다. 이는 일치 의식의 표명이다.

---

[5] J. Heinz, *Ekklesia* 251. 266.   [6] K.J. Schmidt, *ThWNT* III 507-10.

하느님 교회의 나타남으로서의 한 지역 그리스도인들의 집회는 교회의 시작에 관해 또 다른 것을 알게 해 준다. 이 모임에서 교회가 단순히 모습을 드러내는 게 아니라, 바로 여기서 교회가 비로소 본격적으로 발생한다(참조: 1고린 11,18; 14,23). 교회가 하느님에 의해 세상으로부터 불려내진 공동체로 발생하는 것이다. 여기서 에클레시아(= 불려내진 사람들)라는 낱말의 어원적 의미가 뚜렷이 부각된다. 또한 '부르다, 부름'($καλεῖν, κλῆσις$)이라는 낱말들이 바울로 서간에서 지니고 있는 중요성을 상기해야 한다: "그분을 통하여 여러분은 그분의 아들 우리 주 예수 그리스도와의 친교에 부르심을 받았습니다"(1고린 1,9); "하느님께서는 여러분을 평화에 부르셨던 것입니다"(7,15); "형제들이여! 여러분의 부르심을 살펴보십시오. …"(1,26).[7] 하느님의 교회는 그러나 함께 불리고 모이는 구체적 사건을 넘어 존속한다. 교회는 그때부터 언제나 하느님의 교회다. 이 점이 교회를 매번 집회 때에만 존재하는 정치적 민중집회($πάνδημος\ ἐκκλησία$)[8]와 구별해 준다.

바울로의 교회 이해에 접근하는 또 하나의 통로는 그의 비유적 표현이다. 가장 중요한 것은 많은 지체 안에서 통일체를 이루는 몸, 유기체에 관한 비유다: "우리는 한 몸 안에 여러 지체들을 가지고 있지만 지체들이 모두 같은 기능을 가지지 않듯이, 우리가 수적으로는 많지만 그리스도 안에서 한 몸이고 개별적으로는 서로의 지체들입니다"(로마 12,4-5). 로마서 12장과 고린토 전서 12장의 훈계 맥락에 나오는 이 비유는 우선 (고대 도덕철학에서처럼) 일치에의 강력한 촉구로서 도입될 수 있었다. 바울로에게서는 훈계적 특성이 메네니우스 아그리파의 유명한 우화[9]에서보다도 더 강하게 드러난다. 오만과 아집을 경고하려는 사도의 강렬한 의도는 비유를 거의 이상하게 만들어 버린다. 예컨대 바울로는 고린토 전서 12장에서 몸

---

[7] 로마 8,30; 9,24-26; 11,29; 1고린 7,15-24 등 참조.

[8] 이 개념에 관해 Moulton - Milligan 195 참조.

[9] Livius 2, 32 참조.

은 단 하나의 지체로만, 눈이나 귀로만 이루어져 있지 않았음을 논증한다. 지체들을 맞세우면서, 한 가지 대립쌍을 언급하는 정도로 끝내지 않는다. 발과 손, 눈과 손, 머리와 다리가 서로 다툰다(12,15-21). 이솝 우화에서는 위와 발이 다툰다.[10] 비유 목표는 조화와 공감이다: "한 지체가 고통을 당하면 모든 지체가 함께 고통을 당합니다. 한 지체가 영광을 받으면 모든 지체가 함께 기뻐합니다"(12,26).

몸에 관한 바울로의 말은 그러나 비유를 넘어선다. 그리스도의 몸의 현실을 겨냥한다. 신앙인들이 일치와 협력 안에서 이루는 몸은 그리스도의 몸이다. 이것을 나타내는 표현들은 다양하다: "여러분은 그리스도의 몸이고 여러분 하나하나는 그 지체들입니다"(12,27); "우리가 수적으로는 많지만 그리스도 안에서 한 몸이고 개별적으로는 서로의 지체들입니다"(로마 12,5). 그리고 고린토 전서 12장 12절에서는 몸 비유가 다음 문장으로 귀결된다: "그리스도도 그렇습니다." 요컨대 신앙인들의 공동체가 곧장 그리스도와 동일시된다. 우리는 진술의 미묘한 차이점들을 지나치게 강조해선 안 되고, 각기 근본적으로는 다음과 같은 동일한 신앙 현실을 묘사하고 있는 것으로 보아야 한다: 교회는 그리스도께서 아주 실제적으로 활동하시는 공간이다; 그리스도께서는 교회 안에 현존하신다; 교회는 그분의 몸을 이룬다. 여기서 십자가와 부활을 관통하신 위격적 그리스도를 염두에 두어야 한다. 실제적 비유는 교회 안에서 그분의 지속적 현존을 전제한다.

그리스도론에 바탕을 둔 이 교회론 모델은 교회를 이미 주어져 있는 것, 선물 같은 것으로 파악하게 해 준다. 교회가 존재하는 것은 인간의 활동에 근거하는 게 아니라, 그리스도께서 인간들을 당신과의 친교 안으로(당신의 몸 안으로) 받아들이셨기 때문이다. 이로써 그리스도께서 개입하시는 일치가 본디부터 보증되어 있는 것이다. 바울로가 고린토 전서 12장과 로마서 12장에서 몸 비유를 지역교회에 적용하는데, 이 교회의 그리스도의 몸된

---

[10] E. Brunner-Traut, *Altägyptische Märchen* (Köln ⁷1986) 279f 참조.

실존은 그리스도께서 개입하시는 포괄적 일치를 나타낸다. 그리스도의 몸은 오직 하나일 수밖에 없다. 일치 또한 이미 주어져 있는 것이지, 만들어 낼 수 있는 것이 아니다. 이러한 사리事理를 신학적으로 약분約分하고자 한다면, '대표'에 관해 말하는 게 가장 나을 것이다. 지역교회는 전체교회를 대표하고, 세상의 한 구체적 장소에서 그리스도를 대표한다. 일치 사상은 구조적으로 아직 안전장치가 되어 있지 않았다. 일치 사상의 그리스도론적 바탕이 더 명확히 논구되어야 했다.[11]

바울로가 교회론적 구상과 결부시키는 훈계적 관심사는 은사론에서 뚜렷이 드러난다. 은사론을 사도는 교회의 개개 신자에게 적용한다. 신자 개개인은 자기 몸을 살아 있는 지체로 이해하고, 교회 건설에 제 몫을 기여해야 한다. 여기서 바울로는 각자가 은사를 받았고 또 몸의 활동 능력에 도움 되는 일을 할 수 있다는 데서 출발한다. 사도는 이와 관련하여 다양한 낱말을 사용한다: 은사, 섬기는 일, 활동(1고린 12,4-6). 낱말의 선택이 이미 요점을 밝혀 준다. '은사'와 '활동'이 습득한 능력이 아니라 영에 의해 선사되고 일으켜지는 능력으로 이해되어야 하는 것처럼, '섬기는 일'도 신자들이 그것을 남을 위해 사용할 때에만 의미 있는 것이 된다. 하지만 고린토 신자들에겐 은사들이 자만과 아집으로 다툼을 벌이게 만든 불씨가 되었다.

고린토 전서 12장 4-11.28절과 로마서 12장 6-8절[12]의 은사 목록들은 교회 안에 있을 수 있는 봉사직과 은사들을 빠짐없이 꼽으려 하지는 않는다. 그리고 지혜의 말씀과 인식의 말씀의 중복, 또는 치유의 은사와 권능의 은사의 중복도 확인할 수 있다(1고린 12,8-10). 우리는 앞에서[13] 바울로가 고린

---

[11] 그리스도의 몸 표상의 종교사적 기원에 관해서는 논란이 격심하다. 스토아 학파, 영지주의, 랍비들의 아담-사변, 집단 인격에 관한 구약성서의 관념 등을 지목해 왔다. 개관에 관해 Heinz, *Ekklesia* 260 각주 2 참조. 마지막 것을 선호해도 될 터이지만, 바울로 특유의 관점에 유의해야 한다.

[12] Wilckens, *Röm* III 18을 따라 로마 12,9 이하는 목록에 포함시키지 않기로 한다.

[13] 이 책 386쪽 이하 참조.

토 전서 12장 4-11절에서는 주로 특이한 은사들을 열거하는 반면, 로마서 12장 6-8절에서는 평상적 은사들을 언급함에 주목했다. 고린토 전서 12장 28절은 중용을 취한다. 여기서 바울로가 평상적이고 필수적인 봉사 직무들을 중시하고 있음을 알아챌 수 있다. 은사는 무엇보다도 교회 건설에 기여해야 한다. 바로 이것이 기준이 된다(14,5-12). 또한 사도가 은사에 관한 장에 "사랑의 아가"를 덧붙이면서 다음과 같은 말로 시작하는 것은 시사하는 바가 많다: "그러나 여러분은 더 큰 은사들을 열망하십시오"(12,31).

바울로는 은사들을 기능적으로 묘사한다(예를 들어 가르침, 지도 등). 단, 고린토 전서 12장 28절에서만 중요한 순서에 따라 사도·예언자·교사에 관해 언급한다. 이 3인조는 아마 전통인 것 같다.[14] 특정 인물과 관련된 명칭이 널리 사용되기 시작했다. 필립비 교회에 처음으로 감독과 봉사자들이 나타난다(필립 1,1). 이 "직무들" 역시 은사적 구상 속에 편입된다. 필립비 교회의 감독들은 후대 주교들과 거리가 매우 멀다. 이들이 여러 명이었다는 것을 유념해야 한다. 아마도 이들은 관리 임무를 맡았던 것 같다.[15]

이 은사적 교회 모델을 어찌 평가해야 할까? 아니 도대체 하나의 모델에 관해 말할 수 있는가? 바울로는 상황(고린토 교회의 경우 상황이 빌미가 되었으나 또 상황을 넘어섰다)을 서술하지 않고, 오히려 자신이 바라는 대로 교회를 구상한다고 말해야 옳다. 이 구상은 이상理想적 특징들을 지니고 있다. 그러나 이 구상은 본질적으로 그리스도론과 성령론에 바탕을 두고 있기에, 단순한 훈계적 관심을 훨씬 넘어 본보기(모델)적 성격을 획득한다. 하나의 교회 제도는 아직 나타나 있지 않다. 이 모델은 하나의 교회상을 얻도록 도와줄 뿐 아니라, 신자 개개인에게 전체 안에서 자기 자리를 보고 제 역할을 수행하도록 가르쳐 준다. 실천에 관해 말한다면, 바울로가 교회 안에서의 기능 수행을 전적으로 상황에 맡겼다고 생각해선 안 될 것이다. 신자

---

[14] Brockhaus, *Charisma* 95 참조.
[15] Gnilka, *Phil* 32-9 참조.

개개인이 성도들에게 헌신적으로 봉사한 것과 더불어, 바울로가 사도로서 편지와 대리인들을 통해 몸소 개입한 것도 유념해야 한다. 은사적 교회 모델에서도 봉사 직무의 수행에서 위아래가 드러난다. 이 봉사는 거부되어서는 안 되며, 존경과 순종도 요구한다.

바울로는 교회를 묘사하기 위해 몸 이외에 다른 상징들도 사용한다. 이미 구약성서에서 꼴지어진 밭과 건물의 상징이 그것이다: "여러분은 하느님의 밭이며 하느님의 건물입니다"(1고린 3,9; 참조: 에제 17,7; 예레 1,9-10; 12,14-16; 24,6). 이 상징들은 교회와 관련하여 하느님과 인간의 협력을 뚜렷이 드러내 준다. 그래서 인간들은 심지어 "하느님의 동료 일꾼들"이라 불릴 수 있다(1고린 3,9). 하느님은 지주(집주인)이시며 당신 동료 일꾼들을 통해 교회에 역사하신다. 그러나 만일 하느님께서 성장을 허락하시지 않으면, 이들의 활동은 헛일이다(3,7). 교회 건설에서 바울로는 기초를 놓았다. 이 기초는 예수 그리스도다. 교회의 기초 놓기는 사도의 사명이다. 다른 이들은 계속 일하여 그 기초 위에 지어 올린다. 이들은 모두 셈을 바쳐야 할 것이다(3,10-15). 역시 신자 개개인에게 전용轉用될 수 있는(6,19) 하느님 성전으로서의 교회라는 상징(3,16-17)은 이들의 분리와 성성聖性을 특징지어 주는데, 한편으로는 (역사적으로 고찰하건대) 예루살렘 성전에 대한 반대를 바탕에 깔고 있다.[16] 성전으로서의 교회는 하느님의 거처다.

참고문헌

K. BERGER, Volksversammlung und Gemeinde Gottes: *ZThK 63* (1966) 167-207.

U. BROCKHAUS, *Charisma und Amt* (Wuppertal 1972).

J. HAINZ, *Ekklesia. Strukturen paulinischer Gemeinde-Theologie und Gemeinde-Ordnung* (BU 9) (Regensburg 1972).

H. Merklein, Die Ekklesia Gottes: *BZ 23* (1979) 48-70.

---

[16] 예루살렘 성전에 반대하던 쿰란 공동체도 하느님의 집, 지성소라는 동일한 자기 이해를 발전시켰다. 1 QS 8,4-10; 9,3-6; 5,4-7 그리고 G. Klinzing, *Die Umdeutung des Kultus in der Qumrangemeinde und im NT* (StUNT 7) (Göttingen 1971); Roloff, *Kirche* 110-7 참조.

W. Klaiber, *Rechtfertigung und Gemeinde* (FRLANT 127) (Göttingen 1982).

J. Roloff, *Die Kirche im NT* (Göttingen 1993).

R. Schnackenburg, *Die Kirche im NT* (QD 14) (Freiburg 1961).

W. Schrage, Ekklesia und Synagoge: *ZThK* 60 (1963) 178-202.

E. Schweizer, *Gemeinde und Gemeindeordnung im NT* (AThANT 35) (Zürich 1959).

8.2 교회의 성사들

세례와 성찬례의 전수(傳授)와 거행에서 바울로는 교회 전통 안에 서 있다. 교회 창설 때 믿음을 받아들이고 교회에 들어온 사람들이 세례를 받는 것, 그리고 몸소 세례를 베풀고 공동체와 함께 성찬례를 거행하는 것은 바울로에게 자명한 일이었다. 사도가 고린토에서 처음으로 복음의 제자로 얻은 스데파나와 그 가족들(1고린 1,16; 참조: 16,15), 그리고 그리스보와 가이오에게(1,14) 세례를 베풀었다는 것은 시사하는 바가 많다. "실상 그리스도께서는 세례를 주라고 나를 보내신 것이 아니라 복음을 전하라고 보내셨습니다"(1,17)라는 바울로의 말, 더 나아가 자신은 고린토에서 아주 적은 수의 사람들, 즉 방금 거명한 사람들에게만 세례를 베푼 것에 감사 드린다는 말은, 어디까지나 오해를 방지하기 위한 것인바, 결코 세례에 대한 경시로 알아들어서는 안 된다. 고린토 교회의 분열을 조장한 그 오해의 핵심은, 교우들이 세례 수여를 통해 집전자와 수세자 사이에 귀속이라는 견고한 유대가 생성된다고 생각한 데 있었다. "그리스도께서 갈라지셨습니까? 바울로가 여러분을 위해서 십자가에 처형되기라도 했습니까? 아니면 여러분이 바울로의 이름으로 세례를 받았습니까?"라는 비꼬는 물음은 이 생각이 부조리함을 강조한다(1,13).[17] 또한 바울로는 성찬례와 관련하여 교회 전승에 대한 자신의 의존을 그 전승 도입부에서 다음과 같이 언명한다: "내가

---

[17] 서로 갈라진 고린토 교우들은 저마다 "나는 바울로 편이다", "나는 아폴로 편이다", "나는 게파 편이다"라고 말했다(1,12). 아폴로와 게파도 세례를 베풀었던 것 같다. 이 배경은 게파도 고린토에 체재했음을 말해 준다. 고린토 교회의 분열에 관해서는 이 책 5장 1절 "교회 생활" 참조.

여러분에게도 전해 준 것들은 실상 내가 주님께로부터 전해 받은 것들입니다"(11,23).[18] 전승은 실천, 즉 성찬례 거행을 포함한다. 우리는 바울로가 성찬례를 집전했다고 전제할 수 있다.

세례와 관련하여 바울로는 자기 이전 원그리스도교에서 발전되어 온 세례관觀의 본질적 요소들을 넘겨받았다. 가급적 흐르는 물에서 세례를 거행하는 관습도 이 중 하나였는데, 이 관습은 세례자 요한의 세례에서 넘겨받았다. 또한 예수 이름으로 세례를 베푸는 것도 거기에 속했다.[19] 바울로의 그리스도교는 성부와 성자와 성령의 이름으로 베푸는 세례(마태 28,19)를 아직 모른다. 세례의 효과들은 그리스도교의 일반적 이해에 따르면 죄의 씻겨짐, 하느님 영의 전달 그리고 교회의 구성원 됨이다. 세례는 가입의 성사다. 예수 이름으로 세례를 베푸는 것은 이 이름이 수세자 앞에서 불려지고, 수세자는 필경 "예수는 주님이시다"(로마 10,9 참조)라는 말로 예수께 신앙고백 했음을 전제한다. 예수 이름으로 세례받음은 그러므로 자신을 예수께 내맡김을, 그러나 또한 그때부터 그분의 보호 아래 있게 됨을 의미한다. 앞부분에 나오는 "예수의 이름으로"를 이렇게 보호와 귀속의 정식적 표현으로 이해하는 것이 다른 추론들보다 우대받아야 한다.[20]

이 바탕 위에서 바울로는 자신의 세례관을 발전시킨다. 사도는 특히 세례를 통해 이루어지는 그리스도와의 결합에 관해 언급한다(로마 6,1-11). 여기서 외적 연결 고리는 세례 수여 정식이다: "그리스도 예수의 이름으로 세례받은 우리 모두는 그분의 죽음에 참여하는 세례를 받았다는 사실을 여러분은 모르십니까?"(6,3). 이로써 수세자가 자신을 그리스도에게 내맡

---

[18] 바울로가 전승을 주님께 전해 받았다는 것이 교회 전승에의 의존을 부정하지는 않는다. 바울로는 다만 주님이 전승의 본원적 창시자임을 말하고자 한다. 덧붙여 1코린 11,23-25와 루가 22,19-20은 특히 일치하는 점이 많다.

[19] Campenhausen: *Vig Chr* 25 (1971) 1-16은 "예수의 이름으로"를 세례 수여 정식이 아니라 세례의 명칭(= 그리스도 세례)으로 이해했다. 그러나 이 견해를 따르는 사람은 없다.

[20] Delling, *Zueignung* 36ff는 "예수의 이름으로"를 거꾸로 해석하고자 했다: 그리스도께 내맡김이 아니라, 십자가 사건을 수세자에게 넘겨줌으로.

긴다는 관념이 수세자가 그리스도의 죽음 안으로 받아들여졌다는, 아니 그리스도의 죽음 안으로 세례받았다는 관념으로 심화되었다. 언뜻 기이하게 들리는 이 언명은 그리스도의 죽음에 참여하는 세례를 통해 그리스도와 함께 묻혔다는 관념으로 더욱 첨예화되었다(6,4).[21] 세례 때 이루어진 일은 존속하니, 우리는 그때부터 "그분의 죽음과 같은 죽음으로 그분과 일치"되었기 때문이다(6,5).

이 표현은 세례 자체, 세례의 의식儀式적 거행을 예수의 죽음과 같은 죽음으로 보는 계기를 제공했다. 수세자는 물 속에 잠김으로써 그리스도와 함께 죽고 그분의 죽음을 죽으며, 물 밖으로 다시 나올 때 죽음으로부터 그리스도의 부활을 추체험追體驗한다는 것이었다. 헬레니즘 밀교들에서는 제의가 숭배하는 신의 운명의 추체험을 제공한다고 생각했다.[22] 그러나 로마서의 이 본문은 그리스도와 함께 부활함을 미래 차원으로 돌린다: "우리가 그분의 죽음과 같은 죽음으로 그분과 일치되었다면, 확실히 그 부활과도 그렇게 될 것입니다."[23] 그러니까 수세자가 그리스도와 함께 죽고 또 그로써 부활 현실로 예정되어 있는 것은 확실하지만, 완전한 성취는 아직 오지 않았다. 지금 성취된 것은 그리스도와의 새로운 삶이다(6,8). 죄에서 해방된 사람은 삶에서 자신이 새로운 인간임을 입증해야 한다. 바울로는 [문맥이 처음부터 암시하듯(6,1-2)] 강조점을 훈계에, 죄의 극복에 두고 있음이 분명하다. 그래서 바울로는 함께 죽음, 함께 묻힘, 함께 십자가에 못 박힘(6,6) 사상을 전면에 내세운다. 짐작건대 바울로는, 열광적 언사를 삼가면서, 함께 부활함을 뒷전으로 밀어놓는 듯하다. 세례를 통해 성취된 그리스

---

[21] 이 말이 "죽음 안으로 … 함께 묻혔습니다"라는 번역보다 낫다.

[22] O. Casel, *Die Liturgie als Mysterienfeier* (Freiburg 1922); 같은 저자, *Das christliche Kultmysterium* (Regensburg ³1948) 참조. Kuss, *Röm* 307-79; Käsemann, *Röm* 151-3은 좀 다르지만 긍정적으로 판단한다. Schnackenburg, *Baptism* 139-203; Schlier, *Röm* 195f; Wilckens, *Röm* II 54-62는 부정적으로 판단한다. 연구 현황에 대한 개관은 Wagner, *Problem* 15-68에서 찾아볼 수 있다.

[23] 6장 5절 ㄴ에는 "같은 부활"이라는 낱말이 없다. 이 낱말을 첨가하면 안 된다.

도의 죽음과 부활과의 결합은 쇄신되어야 할 일상생활에 계속 작용해야 한다. 그렇다면 "그분의 죽음과 같은 죽음으로 그분과 일치됨"이란 이런 의미다: 세례를 통해 죽음 안에서 그리스도와 같이 되지만, "우리의 낡은 인간"을 함께 십자가에 못 박음으로써 그분의 죽음을 다른 방식으로 죽고 추체험한다. 낡은 인간은 죄에 사로잡힌 인간이다. 낡은 인간은 그를 통해 죄와 죽음이 세상에 들어온 아담 귀속성에 의해 규정되어 있다. 그러나 수세자는 새 인간, 새롭게 된 자로서 이제 그리스도에게 속한다.

바울로의 이 관점은, 로마서 6장 3-5절에 바울로 이전의 전승이 들어 있고 세례를 통한 그리스도의 죽음, 그리고 부활과의 성사적 결합이라는 관념이 그에게 이미 주어져 있었음을 전제할 수 있다면, 그 자체로 좀 더 명확히 인식될 수 있을 것이다. 그 전승을 정확히 꼬집어 낼 수는 없지만, 추정해 볼 수는 있다. 가령 동일한 전승을 바울로 차명서간에서도 찾아볼 수 있다: "여러분은 세례로 그분과 함께 묻혔고 … 그분 안에서 함께 일으켜졌습니다"(골로 2,12; 참조: 에페 2,5-6). 이 전승은 로마서 6장보다는 바울로와 공유하고 있는 원형에 더 의존하고 있다.[24]

그리스도와 함께 죽고 함께 묻히고 함께 부활함을 사상적으로 좀 더 정확히 이해할 수는 없을까? 이 물음은 (우리의 전승사적 추정이 옳다면) 로마서 6장을 뛰어넘어 바울로 이전의 전승에 제기해야 할 것이다. 헬레니즘 밀교의 사상적 영향을 받았던가라는 물음에는, 거기서는 관건이 비밀스러운 (식물적) 신의 (자연에서처럼) 끊임없이 반복되는 죽음과 부활의 추체험이었음을 고려할 때, 긍정적으로 대답하기 어렵다. 반면 그리스도교 세례에서는 역사상 인물 나자렛 예수의 단 한 번 십자가상 죽음과 하느님에 의한 그분의 부활이 상기된다. 하느님께서 절대 자유에 터해 예수 그리스도에게 역사하셨다: "그리스도께서 아버지의 영광을 통해 죽은 자들 가운데

---

[24] 여기엔 바울로가 뒷전으로 밀어놓은 그리스도와 함께 부활함이라는 사상이 뚜렷이 드러난다. Gnilka, *Kol* 119; Käsemann, *Röm* 152; E. Lohse, Taufe und Rechtfertigung bei Paulus: *KuD 11* (1965) 308-24(여기서는 313f) 참조.

서 일으켜지셨음과 같이 …"(6,4). 상정想定할 수 있는 또 하나의 유사한 경우를 유대교 전례가 알고 있으니, 여기서는 과거의 구원 사건이 현재화될 수 있었다. 유대인들은 파스카 축제에서 이집트 종살이로부터 이스라엘 백성의 해방을 기억했다. 그러나 수세자와 그리스도의 운명과의 결합은 그보다 훨씬 근본적이다. 집단 인격이라는 관념이 가장 그럴듯한 유비다. 이에 따르면 꼭대기에 있는 인물, 조상의 운명이 그에게 속한 모든 이의 운명을 결정한다. 이것은 아담과 그의 후손들의 경우와 마찬가지로 그리스도와 그에게 속한 이들에게도 통용된다. 아담-그리스도 대비는 로마서 6장의 그리스도 안의 새로운 삶과 낡은 인간의 대비에서 새삼 부각된다. 세례에서 그리스도 운명의 추체험이 성사적 현재가 된다. "한 사람이 모든 이를 위해서 죽었고, 그래서 모든 이가 죽었습니다"(2코린 5,14). 수세자는 그리스도 일족에 편입되고 그로써 그분의 운명을 넘겨받는다.[25]

수세자는 세례를 통해 그리스도와 결합하는 동시에 다른 모든 수세자들, 교회와 결합한다: "왜냐하면 그리스도 안으로 세례를 받은 여러분 모두가 그리스도를 입었기 때문입니다. 이제는 유대인도 그리스인도 없고 종도 자유인도 없으며 남자도 여자도 없습니다. 여러분 모두가 그리스도 예수 안에서 하나이기 때문입니다"(갈라 3,27-28). 매우 응축된 이 본문은 교회가 이루고 있는 그리스도의 몸 안으로 수세자가 포섭됨에 관해 말하고 있다. 이 새로운 현실에서는 낡은 인종적·사회적 규정들, 특히 사회적 지위에 정향된 남자와 여자의 구별조차 의미를 상실한다. 바울로는 모든 신자의 공속성共屬性을 집단 인격 관념으로 심화한다: "모두가 그리스도 예수 안에서 하나입니다." 이 표현은 그러나 근본적으로 고린토 전서 12장 12절 ㄴ에 비슷한 내용이 나오는 그리스도의 몸 관념의 핵심을 취한 변형 외에 다른 것이 아니다. 또한 여기서 이런 해방적 변화를 일으키는 분은 영이라는 사실도 분명해지는바, 이 변화는 그리스도의 몸인 교회 안에서 뚜

---

[25] 사상적 배경을 정확히 파악하는 데는 한계가 있다. 해석가들의 정보가 일치되지 않으나, 세례를 통해 그리스도의 운명과 성사적 결합이 개시되었다는 데는 의견이 일치한다.

렷이 실증되어야 한다. 남녀 구별의 상대화 등을 종말의 영원히 돌아오지 않을 날로 미루어서는 안 될 것이다. 개벽은 이미 여기서 시작된다. 그리고 변화시키는 영은 사랑의 영이기 때문에, 이 변화들이 어떻게 일어날 수 있는지가 알려져 있다. 로마서 6장 3절에서처럼 갈라디아서 3장 27절에서 바울로는 세례 정식으로 시작한다. 그러나 3장 28절의 실천적 결론은, 사도에게 "그리스도 안으로 세례받음"은 뭐라 해도 그리스도의 몸 안으로의 포섭을 의미한다는 것을 암시해 준다. 세례 정식에 대한 이 해석에서는 더 나아가 바울로 특유의 관점이 드러난다.

"여러분 모두가 그리스도를 입었습니다"라는 말은 수세자 개개인에게 주어지는 그리스도와의 결합을 겨냥한다. 이 문장은 옷이라는 상징을 사용하여 그리스도와의 결합을 매우 농밀하게 표상하고 있다. 영지주의에서 유래하는[26] 이 상징은, 외적 덧입음이 아니라 실존을 변화시키는 과정을 가리킨다. 이것은 어둠의 행실을 벗어 버리고 새 인간 내지 주 예수 그리스도를 입을 것을 촉구하는 훈계로 귀결되는데(로마 13,12.14; 참조: 에페 4,24; 골로 3,10-12), 그리스도인들에게 세례를 통해 떠맡은 사명을 상기시킨다.

세례와 의화의 관계는 많이 논구되는 문제다. 세례가 구원을 충만히 중개하기 때문에, 이 문제는 더욱 중요하게 대두된다. 일찍이 슈바이처[27]는 그리스도와 함께 죽고 부활하는 신비를 바울로 구원론의 참된 핵심으로 보았고, 의화에 관한 교설은 투쟁 상황에서 생겨난 일종의 단편으로 여겼다. 거꾸로 문틀레[28]는 세례를 신앙의 한 계기로 특징지었다. 이 두 주장은 양 극단에 서 있다. 바울로는 오히려 세례와 의화 사이의 연결선들을 뚜렷이 보여 주려 애쓴다. 그러면서 세례에 관한 전승의 언명들 또는 우리가 앞에서 세례와의 친연성을 확인한,[29] 죄의 용서로서 이루어진 의화에 관한

---

[26] 이에 관해 Schlier, *Gal* 175f; Oepke, *Gal* 89f; Kertelge, *Rechtfertigung* 238 참조.

[27] A. Schweitzer, *Die Mystik des Apostels Paulus* (Tübingen 1930) 204. 216. 102-40.

[28] W. Mundle, *Der Glaubensbegriff des Paulus* (Leipzig 1912) 124.

[29] 이 책 6장 7.1 참조.

진술들(1고린 6,11; 1,30; 2고린 5,21; 로마 3,24-26)을 실마리로 삼는다. 여기서 바울로에게 중요했던 것은 추상적으로 보이는 의화 개념을 실감 나게 설명하려는 의도, 그리고 의화의 실천적 귀결들을 뚜렷이 제시하고자 하는 바람이었던 것 같다.[30] 로마서 6장 1-11절의 세례 대목에 뒤이어 "의로움에의 봉사"를 촉구하는, 즉 세례와 의화를 나란히 놓는 명령조의 단락이 나오는 것은 시사하는 바가 많다(6,12-20).

그러나 그 밖에 율법의 행업과 관계없는 믿음으로 말미암은 의화에 관한 바울로 특유의 의화 언명들이 세례와 별 관련 없이 나란히 나온다는 사실도 확인할 수 있다. 이 관점에서 볼 때, 그리스도의 몸인 교회에 신앙인의 편입을 가져오는 것은 의화라기보다는 세례다. 의화가 개인에게 좀 더 정향되어 있다면, 세례는 모든 수세자의 일치의 끈을 창출한다.[31]

성찬례와 관련해서도 바울로는 그 거행과 함께, 이미 꼴지어져 있던 신앙 관념들을 넘겨받았다. 아마도 사도는 세례보다는 성찬례에서 자기 고유의 해석을 하는 데 더 한계가 있었던 것 같다. 바울로가 강조한 점들은, 특히 전승의 윤리화라는 관점에서, 그의 세례관과 부합한다.

고린토 전서 11장 23ㄴ-25절에서 바울로는 자신이 전해 받은 성찬례 전승을 전해 준다. 루가 복음서 22장 19-20절과 매우 가까운 이 전승은 다음과 같다: "주 예수께서는 당신이 넘겨지시던 밤에 빵을 드시고, 사례하시며, 떼시고 말씀하셨습니다. '이것은 여러분을 위하는 나의 몸입니다. 여러분은 나의 기념을 위하여 이것을 행하시오.' 같은 모양으로 만찬 후에 또한 잔을 드시고 '이 잔은 내 피로 맺는 새로운 계약입니다. 여러분은 (마실 때마다) 나의 기념을 위하여 이것을 행하시오'라고 말씀하셨습니다."[32]

바울로는 이 전승과 함께 성찬 안의 주 예수의 현존, 구원을 위한 희생인 그분의 죽음, 새로운 구원 질서로서의 새 계약 등 성찬례와 결부된 관

---

[30] Schnelle, *Gerechtigkeit* 33-106, 특히 52f, 91f 참조.
[31] 문제점에 관해 Kertelge, *Rechtfertigung* 228-49 참조.

념들도 받아들였음이 확실하다. 그러나 사도가 설명 말씀에서 새 계약이라는 관념을 다시 취하지 않는(여기 말고는 오직 고린토 후서 3장 6절에만 나온다) 것은 주목할 만하다. 짐작건대 바울로는 새 계약을 상기시키는 것이 고린토 교우들과의 구체적인 논쟁(여기서 사도는 전승을 제시한다)에서 쓸모없다고 여겼던 것 같다. 그 대신 바울로는 성찬의 빵과 잔을 강조한다. 또한 잔에 대한 말씀과 관련된, 마르코와 마태오 복음서에 나오는 좀 후대의 성찬례 전승도 알고 있음을 암시한다(1고린 11,27: 먹음/마심; 1고린 10,16: 그리스도의 피; 참조: 마르 14,24/마태 26,27-28).³³ 성찬의 거룩함은 참석자들이 잘 준비하고 성찬 빵을 보통 빵과 구별할 것을 요구한다. 왜냐하면 누구든지 합당하지 않게 주님의 빵을 먹거나 잔을 마시는 자는 심판을 초래하기 때문이다(1고린 11,27-29). 바울로는 심지어 교회에서 발생한 뜻밖의 질병과 죽음을 합당치 않은 성찬례 거행과 간접적으로 관련시킨다(11,30).³⁴ 성찬의 빵과 잔은 그리스도의 몸과 피에의 참여(친교)를 제공한다(10,16). 바울로는 성찬 빵에 대한 말씀에서 소유대명사(11장 24절의 "나의")를 앞에 내세움으로써 성찬의 거룩함을 강조한다. 22절에서는 이 성사를 애찬과 분리하려는 의도를 은연중에 드러낸다: "여러분에게는 먹고 마실 집도 없다는 말입니까?" 이 의도 역시 성찬의 거룩함을 더 분명히 의식하게 만들기 위한 것이다.

바울로의 성찬례 해석은 특정한 교회적 맥락과 관련되어 있다. 고린토 교회의 성찬례 거행에서 불미스러운 일들이 발생했던 것이다. 신자들이

---

³² Klauck, *Herrenmahl* 300-18; Neuenzeit, *Herrenmahl* 103-14 참조. 23절 ㄴ은 전승으로 봐야 한다. H. Schürmann, *Der Einsetzungsbericht* Lk 22,19-20 (NTA 20/4) (Münster ³1986). 50-6은 23절 ㄴ을 바울로의 편집으로 본다. 둘째 반복 명령은, 루가 22,20에는 빠져 있지만, 전승이다. 24절에서 바울로는 "나의"(μου)를 앞으로 옮긴 것 같다. 본문 괄호 속의 "마실 때마다"는 바울로가 덧붙인 말이다.

³³ 성찬례 전승의 가장 오래된 형태의 재구성을 둘러싸고 논란이 분분하다. Gnilka, *Mk* 240-3 참조.

³⁴ 이것은 질병과 죽음이 성찬례를 거행하는 신자들의 합당치 않은 배령의 결과임을 의미하는 게 아니라, 하느님 뜻에 따른 벌임을 의미한다. 강화된 성사실재론은 헬레니즘의 영향에 기인한다. 이에 관해서는 Klauck, *Herrenmahl*, 특히 370-4 참조.

상호 존중과 사랑을 거슬렀다. 성찬례에 앞서 배불리 먹는 애찬[35] 때 서로를 배려하지 않았다. 신자들 사이의 심한 사회적 차이가 여기에 작용했다. 어떤 이들은 굶주렸고, 어떤 이들은 술에 취했다(11,21ㄴ). 이런 행태는 바울로 보기에 주님의 성찬 거행을 의심스럽게 만드는 짓이었다(11,20).

이로써 수직적 측면과 더불어 수평적 측면이 부각된다. 성찬례에서 참석자들은 그리스도와 결합할 뿐 아니라, 서로 간에도 결합한다. 바울로에게 특징적인 이 측면은 두 가지 구상具象적 관념을 통해 설명된다. 하나는 성찬례를 통해 선사되는 그리스도의 몸에의 참여(친교)다: "우리가 떼는 빵은 그리스도의 몸의 친교가 아닙니까?"(10,16). 여기서 "그리스도의 몸"은 이중 의미를 지님을 유의해야 한다. 우선 빵에 대한 설명 말씀에 따라 주님의 성찬 몸, 십자가에 달렸다가 고양되신 주님과의 결합을 생각할 수 있다. 그러나 이와 연계하여 "그리스도의 몸"은 교회의 표현이 되는바, 교회는 (바울로 교회론에 따라) "그리스도 안의 몸", "그리스도의 몸"이다. 이렇게 의식적으로 양면적인 진술은 이를테면 10장 17절로의 명료화 도정에 있다고 하겠다: "빵이 하나이니, 우리는 여럿이지만 한 몸입니다. 우리는 모두 하나의 빵을 나누기 때문입니다." 이제는 거꾸로 그리스도의 몸으로서의 교회라는 표상이 주도적 표상이 되었다. 이로써 또 하나의 구상적 관념도 언급되었다. 하나인 성찬 빵은 성찬례를 통해 공고해지는 교회 공동체의 일치를 상징한다. 이 상징은, 성찬례 거행에서 오직 한 덩어리의 빵을 사용했음을 전제할 수 있다면, 더 깊은 인상을 주었을 것이다. 그러나 이 요구는 강제적이지 않았다. 성찬 빵을 함께 먹는 것으로 충분했다.

그리스도의 위격적 몸 그리고 교회가 이루는 그리스도의 몸과의 이 이중 관련성은 11장 29절에도 나타난다: "몸을 분별하지 않고 먹고 마시는 사람은 자신을 단죄하는 심판을 먹고 마시는 것입니다."[36] 이것은 성찬의

---

[35] 초기에는 성찬의 빵과 잔을 나누어 주는 중간에 배불리 먹는 식사가 있었다. 11,25는 이것을 아직 보존하고 있다: "같은 모양으로 만찬 후에 또한 잔을 드시고 …" 애찬과 성찬례의 분리는 후자의 독립화의 첫걸음이었다.

거룩함과 교회의 거룩함을 똑같이 유념해야 함을 의미한다고 하겠다. 아무튼 10장 16-17절의 그리스도의 몸을 교회에만 관련시키는 것은 온당치 않다.[37] 바로 이 두 측면의 일정한 융합 안에 이어지는 논증의 바탕이 있음을 알아보아야 한다.

성찬례에서 현재 주님과의 결합이 선사되고 참석자들 상호 간의 결합이 창출되지만, 그것을 넘어 과거를 회고하고 미래를 전망한다. 전자는 바울로의 본문에 강조되어 나타나는데, 사람들이 기억하고 있는 그리스도의 죽음을 겨냥한다. 두 차례 반복 명령(11,24.25)은 주 예수께서 성찬의 빵과 잔을 나누어 주신 그날 밤 그분 행동의 추체험을 겨냥한다. 빵과 잔은 그분의 죽음을 가리킨다(여러분을 위하는 나의 몸, 내 피로 맺는 새로운 계약). 두 차례 반복명령은 바로 이 두 가지 구체적 행동에 정향되어 있다. 이 명령은 11장 26절에서 속행·결합되는데, 여기서 빵을 먹고 잔을 마심은 주님 죽음의 선포로 해석된다.[38] 선포라는 개념은 성찬례 전체를 총괄하니, 거기서 발설되는 말에만 국한시켜서는 안 된다. 행동과 말을 함께 보아야 하며, 이 둘이 합쳐 선포의 특별한 형태를 이룬다.

완세적·종말론적 미래를 겨냥하는 전망은[공관복음서의 성찬례 전승을 상기하라(마르 14,25 병행)], "주님께서 오실 때까지"(1고린 11,26)라는 말씀으로 수축되긴 했지만, 사라지지는 않았다. 짐작건대 이 표현은 성찬례에서 발설되었을 전례적 환호 "마라나타"(= 오소서, 주님)를 본뜬 것 같다.

죽음의 기억과 종말론적 전망은 성찬례에 뚜렷한 특징을 부여한다. 전면에 부각된 죽음에 대한 기억이 성찬례를 고대 죽음 의식儀式에서의 식사와 유사하게 보이게 한다는 것은 맞는 말이다.[39] 그러나 그리스도교 성찬례의 특징들을 유념해야 한다. 종말론적 전망은 성찬 식사가 아직 완전한

---

[36] Conzelmann, *1 Kor* 238 참조.
[37] 논쟁에 관해 Neuenzeit, *Herrenmahl* 203-6 참조.
[38] καταγγέλλετε(선포하다, 전하다)는 명령법이 아니라 직설법으로 읽어야 한다.
[39] Klauck, *Herrenmahl* 76-91; Neuenzeit, *Herrenmahl* 122f 참조.

자들의 식사가 아니며 "시대들 사이의" 시련 가운데서 거행됨을 의식하게 한다. 이런 정향은 성찬 참석자들을 겨냥한 윤리적 명령에 절박성을 부여한다.

마지막으로 세례와 성찬례를 묶어 주는 것은 무엇이며 이것들의 고유한 결과는 무엇인가라는 물음을 제기하자. 우선 아주 일반적으로 그리스도와의 성사적 결합 그리고 그리스도의 몸 안에서 신앙인들의 결합이 그 결과요, 이 둘을 묶어 준다고 대답할 수 있다. 겉으로만 본다면 무엇보다도 세례의 유일회적 수령과 성찬례의 지속적이고 정규적인 반복을 지적할 수 있다. 세례는 가입의 성사요, 성찬례는 수세자들의 잔치다. 결과의 관점에서 세례의 고유한 특징은 수세자를 그리스도의 몸 안으로 받아들임으로써 교회 가입을 성사적 방식으로 거행하는 것이라고 말할 수 있다. 동시에 수세자는 이로써 하느님 영의 은사를 선사받을 뿐 아니라 죽임을 당하고 일으켜진 그리스도와의 항구적 결합도 선사받거니와, 이 결합이 그를 새 인간으로 창조한다.

성찬례와 세례의 관계에 대해 바울로는 깊은 성찰을 남겨 놓지 않았다. 여기서는 많은 것이 불확실하다. 그러나 성찬례는 그리스도, 자신을 죽음에 내주신 바로 그분과의 결합과 그리스도의 몸 안에서 수세자들의 결합을 매번 새로이 현실화하고 표현한다고 말할 수 있다. 여기서 그리스도의 몸의 '이중 의미'를 유념해야 하는바, 이에 따르면 고양되신 위격적 그리스도뿐 아니라 수세자들의 공동체도 그리스도의 몸과 동일시된다. 그리스도의 몸의 이 이중 이해와 성립에서 더 나아가 바울로 성찬례관의 특징을 알아보아야 한다. 세례는 좀 더 개인에게 정향되어 있는바, 그와 그리스도 운명의 결합과 그의 그리스도의 몸인 교회로의 편입을 창출하고 가능케 한다. 그다음 성찬례는 세례를 통해 일단 열려진 것을 신앙인들이 끊임없이 새로이 이해·포착할 수 있게 해 주는 기회를 의미한다.

참고문헌

M. BARTH, *Das Mahl des Herrn* (Neukirchen 1987).

G. DELLING, *Die Zuneigung des Heils in der Taufe* (Berlin 1961).

L. DE LORENZI (Hrsg.), *Battesimo e giustizia in Rom 6 e 8* (Rom 1974).

H. FRANKEMÖLLE, *Das Taufverständnis des Paulus* (SBS 47) (Stuttgart 1970).

N. GÄUMANN, *Taufe und Ethik* (BEvTh 47) (München 1967).

F. HAHN, Herrengedächtnis und Herrenmahl bei Paulus: *LJ 32* (1982) 166-77.

J. HAINZ, *Koinonia. "Kirche" als Gemeinschaft bei Paulus* (BU 16) (Regensburg 1982).

H.-J. KLAUCK, *Herrenmahl und hellenistischer Kult* (NTA 15) (Münster ²1986).

P. NEUENZEIT, *Das Herrenmahl* (StANT 1) (München 1960).

R. SCHNACKENBURG, *Baptism in the Thought of St. Paul* (Oxford 1964).

R.C. TANNEHILL, *Dying and Rising with Christ* (BZNW 32) (Berlin 1967).

H. VON CAMPENHAUSEN, Taufe auf den Namen Jesu?: *VigChr 25* (1971) 1-16.

G. WAGNER, *Das religionsgeschichtliche Problem von Röm 6, 1-11* (AThANT 39) (Zürich 1962).

A.J. WEDDERBURN, Hellenistic Christian Traditions in Romans 6?: *NTS 29* (1983) 337-57.

—, *Baptism and Resurrection* (WUNT 44) (Tübingen 1987).

8.3 옛 하느님 백성과 새 하느님 백성

하느님 백성 사상은 근본적으로 이스라엘과 관련되어 있다. 이스라엘이 선택으로 인해 하느님 백성이라면, 어찌 또 다른 하느님 백성이 있을 수 있는가? 이스라엘이 복음을 거부한다면, 하느님의 선택은 어찌되는가? 그 자신 "이스라엘 민족 출신이고"(필립 3,5) "태생이 유대인이고 이방인 출신 죄인이 아니며"(갈라 2,15) 이스라엘 사람들을 육에 따른 동족이요 형제들이라고 부르는(로마 9,3) 바울로는, 선교 사도로서 이스라엘 문제와 씨름했고 신학적으로 해결하려 애썼다. 사도는 다양한 시론試論을 제시하는데, 이것들을 서로 조화시키는 데는 엄청난 노력이 필요하다. 이것은 사도가 이 문제와 실존적으로 직결되어 있었음을 보여 주는 표지로 이해할 수 있다. 아무튼 바울로는 이 문제에 관한 견해를 로마서에서 가장 상세히 밝힌다.

이방인들에게 복음을 전하면서 바울로는 유대인들의 특권을 의식하고 있다. 과연 복음은 "믿는 모든 이들, 먼저 유대인들과 또한 그리스인들에게도 구원을 위한 하느님의 힘"(로마 1,16)이기 때문이다. 동일한 순서가 하느님의 심판에서도 통용된다(2,9-10). 그러나 이스라엘은 복음 받아들이기를 거부한다. 이것을 바울로는 여러 가지 방식으로 한탄·질책·표현한다: "그들의 생각은 굳어졌습니다"(2고린 3,14); "이스라엘의 일부가 완고한 것은 …"(로마 11,25). 데살로니카 전서 2장 15-16절에선 극히 모질게 비난한다: "이 유대인들은 주 예수를 죽였고 예언자들도 죽였으며 우리도 박해했습니다. 그들은 하느님을 기쁘게 해 드리지 않고 모든 사람에게 적대하는 자들입니다. 이방인들이 구원을 받도록 우리가 그들에게 말하는 것을 이 유대인들은 방해하고 있습니다. 이와 같이 그들은 언제나 그들의 죄를 가득 채웁니다. 그리하여 종말에 진노가 그들에게 내리게 되었습니다."[40]

바울로가 현실의 이스라엘과 대립하고 있음은 물론이지만, "이스라엘"과 "유대인"이라는 개념들을 다루면서 자신이 보기에 이미 변하기 시작한 상황을 암시한다. 고린토 전서 10장 18절에서 "육에 따른 이스라엘"에 관해 말하는 것이 이 변화를 암시하며, 결국 교회를 의미하는 갈라디아서 6장 16절의 "하느님의 이스라엘"도 마찬가지다. 고린토 전서 10장 18절에서 사도는 고린토 교우들에게 "육에 따른 이스라엘"을 보라고 촉구한다. 이 말은 참이스라엘은 이제 다른 곳에서 찾아야 한다는 생각을 내포하고 있다. 로마서 2장 28-29절에서는 좀 더 직접적으로 옛 하느님 백성과 새 하느님 백성을 맞세우고, 누가 참유대인인가라는 문제를 다룬다. 그리고 이와 결부하여 무엇이 참할례인가라는 문제도 제기되는데, 이것은 이미 예언자들이 비판적 입장에서 다루었다(참조: 예레 4,4; 6,10; 9,25; 에제 44,7.9). 바울로는 예언자들의 비판을 넘어선다. 사도는 예언자들처럼 참할례인 마음의 할례를 요구하는 데 그치지 않는다. 더 나아가 참유대인은 겉 유대인,

---

[40] 1데살 2,15-16이 바울로의 친언인지는 논란되고 있다. 이 구절은 논쟁법 전통에 의해 꼴 지어져 있다. 이 구절은 텍스트에 그대로 놓아두어야 할 것이다. Holtz, *1 Thess* 96f 참조.

즉 신체상의 할례를 받은 사람이 아니라, 속 유대인임을 강조한다. 참유대인은 하느님 뜻을 실천하는 사람, 인간들이 아니라 하느님께 칭찬받는 그런 사람이다. 그렇게 할 수 있는 사람이 이방인일 수 있음을 문맥은 암시한다. 그는 영에 귀속되어 있으나 겉 유대인은 문자에 매여 있기 때문에, 우리는 속 유대인으로 그리스도인을 상정할 수 있다.[41]

이렇게 단절과 연결, 연속성과 불연속성이 하느님 백성에 관한 바울로의 성찰을 규정짓고 있거니와, 낡은 질서와 경계가 설정되지만 오래된 개념들이 새로운 의미로 계속 사용됨으로써 연속성이 유지된다. 후자는 그저 말장난이 아니라 신학적으로 문제를 해결해 보려는 진지한 시도다. 이 시도의 대상은 무엇보다도 성서다. 이 점은 바울로 서간에서 성서 인용구를 가장 많이 포함하고 있는 전형적인 이스라엘–텍스트인 로마서 9-11장에서 아주 뚜렷이 드러난다.

바울로에게는 선조 아브라함이 중요하다. 사도는 아브라함 역시 이스라엘과 마찬가지로 우선 '육'의 차원에서 판단한다: "육에 따라 우리의 선조인 아브라함"(로마 4,1). 아브라함은 의로움으로 인정받은 확고한 믿음을 통해 모든 (그리스도를) 믿는 사람[할례받지 않은 사람들(이방인들) 중에도, 할례받은 사람들(유대인들) 중에도 존재한다]의 아버지가 됨으로써, 자신의 고유한 의의를 획득했다(4,11-12). 바울로는 구체적인 이스라엘의 경계를 넘어 보편적으로 확대된 아브라함의 의의가 성서에, 더 자세히는 하느님께서 아브라함에게 주신 약속에 드러나 있다고 보았거니와, 아브라함은 "많은 민족의 아버지"(4,17)와 "세상의 상속자"(4,13)가 되리라는 그 약속(참조: 창세 17,5; 18,18; 22,17-18; 집회 44,19.21; 시리아어 바룩 묵시록 14,13; 희년서 19,21)을 믿고 받아들임으로써 하느님께 대한 확고한 충성을 입증했다: 모든 이방인이 아브라함 안에서,

---

[41] 물론 바울로가 유대인과 이방인의 비구원 상황을 상술하는 로마서의 이 구절에서 '영'이라는 개념을 도입하는 것은 시기상조로 보인다고 비판할 수도 있다. 문제점에 관해 Kuss, *Röm* 91f 참조. 아무튼 로마 2,28-29에는 구원 상황의 일종의 선취(先取)가 제시되어 있다는 설명이 가장 그럴듯하다.

그의 씨, 후손 안에서 축복받을 것이다(갈라 3,8; 창세 12,3). 바울로는 이 약속이 그리스도 안에서 성취되었다고 본다(갈라 3,16). 이에 따르면 아브라함에게 주어진 약속은 처음부터 옛 하느님 백성을 넘어 새 백성을 겨냥한 것이며, 이 조상 자신이 보편적 구원을 앞서 보여 주는 상징이다. 할례와 율법이 아니라 믿음과 약속(로마 4,9-11 참조)에 의해 각인된 하느님 백성이 이제 바야흐로, 특히 바울로의 활동을 통해서도, 형성되기 시작했다.

단절과 연결을 바울로는 로마서 9장 6-13절에서 성서와의 씨름을 통해 다른 방식으로 설명한다. 사도는 선조의 아들들을 본보기로 든다. 그들의 운명은 바울로에게 이스라엘과 관련하여 하느님의 자유를 절실히 깨닫게 해 주었다. 육신적으로 아브라함의 혈통이라는 것만으로는 (약속의 의미에서) 아브라함의 자녀가, 또 그로써 '이스라엘 사람'이 되기에 충분치 못하다. 하느님의 선택의 자유를 추가해야 한다.[42] "이스라엘 태생이라고 해서 이들이 모두 참된 이스라엘은 아닙니다"(9,6). 아브라함에게 주어졌으나 그의 믿음에 엄청난 도전이었던 그 약속과 아주 긴밀히 결부된 이사악 출생의 외적 상황(아브라함과 사라는 이미 아기를 가질 수 없었다)부터가 하느님의 자유를 확증해 준다. 바울로는 이에 해당하는 창세기 18장 10(14)절의 하느님 말씀을 인용하고, 그것을 단호히 약속의 말씀($\lambda\acute{o}\gamma o \varsigma\ \dot{\epsilon}\pi\alpha\gamma\gamma\epsilon\lambda\acute{\iota}\alpha\varsigma$)이라 특징짓는다: "약속의 말씀은 이러합니다. '이 무렵에 내가 다시 오겠고, 사라에게는 한 아들이 있으리라'"(로마 9,9). 약속이 갈수록 뚜렷이 하느님 자유의 범주로서 드러난다. "나"라고 말씀하시는 하느님이 자유의 지평을 완전히 덮고 계시다.[43] 이사악의 아들들인 야곱과 에사오 중에 다시금 하느님은 에사오는 버리고 야곱을 선택하셨으며, 그리하여 야곱은 약속의 담지자가, 또 그로써 '이스라엘 사람'이 되었다.

이 성찰들이 이스라엘이 이미 언제나 혈통이 아니라 자유의 연속체였음

---

[42] Koch, *Schrift* 313에 따르면 이스라엘 백성 전체가 아브라함의 후손에서 배제된다.

[43] Hübner, *Gottes Ich* 24: 하느님이 "나"라고 말씀하시고, 그렇게 이스라엘을 만드신다.

을 말해 준다면, 로마서 9장에서는 현재 상황에서 유대인들의 완고함과 불신 문제에 관한 논증의 특징에 유의해야 한다. 여기에는 또한 로마서 4장과는 다른 사상적 경향이 바탕에 깔려 있다. 로마서 4장에서는 아브라함이 모든 (그리스도를) 믿는 이들의 조상이라는 사실이 근본 관심사였고 그래서 경험적 이스라엘을 뒷전으로 밀어놓을 수 있었다면, 유대인들의 완고함에 대한 로마서 9장의 상론에서는 하느님이 자유로이 이뤄내신 '옛' 이스라엘과의 연결도 중요한 의미를 지닌다. 마침내 이 연결선은, 바울로 당시에 이르면, 거룩한 남은 자들이라는 관념으로 귀결되는바, 이들은 유대계 그리스도인들로서 현존하며 또한 바로 경험적 이스라엘 중에서 선택된 사람들이기도 하다. 실제로 로마서 11장 5절은 현 시기에도 남은 자들이 있다고 말하며, 지금까지 언급한 것에 상응하여 이들은 "은총으로 선택"되었다고 확언한다.

여기서 잠정적 결론을 이끌어 낸다면, 바로 하느님 백성으로 이해되는 '교회'가 이미 아브라함의 선택에 뿌리를 두고 있는 (그리스도를) 믿는 이들의 공동체다. 약속 담지자들의 연속체는 하나의 보편적 하느님 백성을 지향한다. 여기서 경험적 이스라엘은 고유한 사명을 보유하니, 이 약속의 보증인으로, 또 그로써 세상을 위한 희망의 표지로 존재하는 것이다.

우리는 이러한 근본적 확인들을 고수해도 되려니와, 한편 바울로가 상이한 맥락들에서 거의 상충될 만큼 다양한 점들을 강조했음을 지적해야 하겠다. 이스라엘에 대한 판단은 율법에 대한 판단과 유사하게 이율배반적이다. 예컨대 바울로는 갈라디아서 4장 21-31절에서도 선조들의 아들들 이야기를 이용하여 옛 하느님 백성과 새 하느님 백성의 관계 또는 (거기서 사도가 말하듯) 두 계약의 관계를 규정한다. 그런데 약속 담지자들의 계통을 논증 주제로 삼지 않고, 자유인의 아들이요 약속에 의해 "영을 따라" 태어난 이사악(4,23.29)[44]▶을 종의 아들이요 "육에 따라" 태어난 이스마엘과 맞세운다. 대담한 우의적 해석에서 사라는 우리 믿는 이들의 어머니가 되고 천상 예루살렘과 동일시되며, 여종 하갈은 종살이로 이끄는 시나이 산 계약의 또 그로써 율법의 상징이 된다. 여기서는 하갈의 자식들, 이스마엘의 자손들과 동일시되는 경험적 이스라엘과의 연결 다리가 완전히 끊어진 것처럼 보인다. 아마도 바울로는 갈라디아 교회들을 할례와 율법 준수로 복귀시키려던 유대주의적 적수들을 논박하면서 이렇게 모진 판단에 마음이 쏠렸던 것 같은데, 하갈과 이스마엘의 예가 율법이 야기하는 종살이를 생생하게 설명할 수 있게 해 줄 것처럼 보였기 때문이었으리라.

바울로는 고린토 후서 3장 6절과 9-11절에서 두 계약의 대립적 특징을 묘사하는바, 곧 문자와 영, 단죄의 봉사직과 의로움의 봉사직이다. 오직 여기서만 사도는 명시적으로 옛 계약이라는 개념을 사용한다(3,14; 참조: 6절). 여기서도 두 계약 사이에 연결 고리가 없는 것처럼 보인다. 이스라엘 사람들 마음에는 옛 계약(구약성서)을 읽을 때 너울이 덮여져 있어, 그리스도를 가리키는 그것의 참뜻을 이해하지 못한다. 이 점을 나타내기 위해 모세가 얼굴을 가린 너울(탈출 34,29-35)을 상징으로 사용한 것은, 이미 그때부터 이스라엘 사람들의 완고함이 시작되었음을 말하고자 하는 것이겠다.[45]

지금까지 상술한 것에 견주어 전혀 새로운 전망이 로마서 11장에서 열린다. 여기서 바울로가 이스라엘 문제에 관해 마지막으로 견해를 밝히고 있다는 사실 때문에라도, 로마서 11장의 진술에 특별한 중요성을 부여해야 할 것이다. 사도는 이방계 그리스도인들에게 그들의 선택 때문에 그리고 이스라엘의 완고함 때문에 자만해서는 안 된다고 경고하고, 이스라엘과 그들의 관계에 대해 가르친다. 주도 사상은 연속성이다. 옛 하느님 백성과 새 하느님 백성을 대립시키지 않는다. 중요한 것은 포괄이다. 이스라엘과 이방인들의 관계를 가꾸어진 귀한 올리브나무와 야생 올리브나무의 비유를 통해 설명한다. 하느님은 귀한 올리브나무 가지들을 잘라 내고 거

---

[44] "영을 따라 태어났다"라는 표현은, 갈라 3,14를 고려하건대, 영의 약속을 따라 태어났음과 거의 같은 의미다. M. Dibelius, Jungfrauensohn und Krippenkind: *Botschaft und Geschichte* I (Tübingen 1953) 1-78(여기서는 41)의 해석은 더 나아간다.

[45] Wolff, *2 Kor* 72 참조.

기에 야생 올리브나무 가지들을 접붙이시는, 그렇게 당신의 자유를 지키시는 과수원 주인으로 나타나신다. 이방인들의 선택은 이스라엘의 선택에 참여함이다. 전자는 근본적으로 오직 이 테두리 안에서만 가능하다. 과장 해석해서는 안 되는 이 비유가 말하고자 하는 바는, 무엇보다도 하느님께서 당신 백성에 대한 애정에 언제까지나 충실하시다는 것이다(로마 11,17-24 참조). 9장 6절 이하와 견주어 보건대, 이것은 단지 시각의 변화 이상을 의미한다. 거기서는 약속 담지자들을 선택하시는 하느님의 자유가 중심이었다면, 여기선 연속성을 가능케 하는 하느님의 신실하심이 중심이다. 그렇다면 하느님의 신실하심이 당신 백성의 불충과 완고함을 무릅쓰고 어떻게 구체화되는가라는 물음이 당연히 제기된다.

바울로는 일견 모범 답안을 제시한다: "온 이스라엘이 구원받을 것입니다"(11,26). 하지만 이 간명한 대답은 많은 난제 속에 갇혀 있다. 우선 이 맥락 안에도 존속하는 이스라엘과 이방인들의 관계에 유의해야 한다. 이 관계가 온 이스라엘이 구원되리라는 예언자들의 고대를 이방인들의 사도의 활동과 곧장 연결시킨다. 이스라엘과 이방인들의 관계는 서로를 규정하고 거의 경쟁적이며 (믿어지지 않을 만큼 짜맞추어진 방식으로) 마침내 조화로운 통합으로 용해되는 관계다. 이것을 대략 다음과 같이 묘사할 수 있다: 이스라엘(의 일부)은 완고하게 되었다(11,25) → 그들의 걸려 넘어짐이 이방인들의 수용을 가져왔다(11,12) → 이방인 선교는 끝까지 수행되고, 이방인들의 충만한 숫자가 (하느님 백성에) 들어와야 한다(11,25)[46] → 온 이스라엘이 구원받게 될 것이다(11,26) → 그들의 충만한 숫자는 세상의 부를 가져오고 죽은 자들로부터의 삶이다(11,12.15). 이로써 죽은 자들의 종말 부활이 언급되고, 온 이스라엘의 구원이 세상 종말의 날 아침에 일어날 역사의 마지막 사건으로 여겨지고 있다. 구원 사건의 이 연속적 전개에 바울로가 직결되어 있음은, 그의 선교 활동이 이방인들의 충만한 숫자를 채우는 데

---

[46] 여기서 들어감은 하느님 나라가 아니라 하느님 백성에 들어감을 의미한다.

결정적으로 기여하고 또 그로써 이스라엘이 마침내 회심하는 길을 열어 준다는 데서 뚜렷이 드러난다: "나는 이방인들의 사도인 까닭에 나의 직무를 찬미합니다. 그것은 내가 나의 동포를 질투하게 하고 그들 가운데서 몇몇을 구원할 수 있을까 해서입니다. 그 이유로는 그들의 배척이 세상의 화해를 뜻했다면 그들의 받아들임은 죽은 자들로부터의 삶이 아니고 무엇이겠습니까?"(11,13-15). 위에서 묘사한 단계들은 이로써 이미 경과經過되고 있다. 완세적 종말을 향한 역사의 운동은 이미 시작되었다. 이 묘사가 역사적 사실성에 근거하고 있음은, 난제와 장애가 많은 이방인들에게의 복음 선포의 길, 이방인 선교의 관철이 현실적으로 상당 부분 유대인들의 거부 자세에서 비롯했다는 데서도 드러난다고 하겠다. 그러나 바울로가 이스라엘 구원의 실현을 어찌 표상했는지, 특히 이스라엘을 어떻게 질투하게 만들려 했는지는 상당히 불분명하다.[47]

바울로가 로마 교우들에게 신비라고 언명한 이스라엘의 구원에 대한 통찰에 어떻게 이르게 되었는가라는 물음을 제기할 수 있겠다. 사람들은 그 통찰을 제 겨레를 위한 사도의 간절한 기도에 대한 하느님의 응답으로 보고자 했고(참조: 10,1; 9,1-3), 그러면서 예언자의 직무를 지적할 수 있었는데, 이 직무는 구원 취소의 위기에 처한 겨레를 위해 마땅히 기도해야 할 뿐 아니라 하느님의 응답도 거듭 받는다.[48] 그러나 본문이 암시하는, 그래서 더 수긍이 가는 추측은, 바울로가 성서 내지 특정 성서 구절들을 집중 숙고함으로써 이런 통찰을 얻었으리라는 것이다. 성서적 전거로 바울로는 70인역 이사야서 59장 20-21절과 27장 9절을 혼합 인용한다: "시온으로부터 구세주가 오실 것이다. 그는 불경을 야곱으로부터 쫓아내시리라. 그리고 이것이 내가 그들의 죄를 없앨 때 그들과 맺을 계약이다"(로마 11,26-

---

[47] Käsemann, *Röm* 294는 "2000년간 이루어지지 못한 것을 10년 안에 성취하고자 애쓴 … 한 남자의 묵시록적인 꿈"에 관해 말한다.

[48] Müller, *Prophetie* 229-31. Wilckens, *Röm* II 254도 참조.

27).⁴⁹ 여기서 죄의 용서 안에 주어지는, 그리스도의 내림(구원자는 어디까지나 내림하시는 그리스도를 가리킨다)⁵⁰을 통한 다시 받아들여짐 그리고 계약 사상과의 결부(27절)에 유의해야 한다. 우리로선 기이하게 여겨지는, 바울로가 겨레에게 불러일으키고자 하는 질투라는 개념을 사도는 아마 신명기 32장 21절에서 빌려 왔을 것이다: "나는 너희로 하여금 백성이 아닌 자들을 질투하게 하고 어리석은 백성에게 성나게 하리라"(로마 10,19 참조). 사상적 조합組合은 그러나 민족들의 순례에 대한 구약성서 예언자들의 대망待望을 함께 고려할 때 더 잘 이해할 수 있는데, 바울로는 그러나 이 대망을 매우 자의적으로 변형시켰다. 예언자들의 사상에 따르면 이방민족들이 시온 산과 그 위에 견고하게 세워진 주님의 집에 매혹되고 또 그래서 이스라엘의 구원에 한몫 끼기 위해 예루살렘으로 순례를 가는 반면, 바울로에게서는 구원에 이른 이방민족들이 불신의 디아스포라에 흩어져 있는 이스라엘의 마음을 움직여 시온으로 귀향케 만든다.⁵¹

더 나아가 바울로는 기존의 그리스도교 예언 단구도 하나 수용한 듯하다: "이스라엘의 일부가 완고한 것은 이방인들이 구원받는 이들의 충만한 수에 들어올 때까지입니다. 그리고 이렇게 온 이스라엘이 구원받을 것입니다"(11,25ㄴ-26ㄱ).⁵² 온 세상 디아스포라에 흩어진 백성의 재건과 귀향이라는 관념은 백성의 회심과 결부되어 있는데, 당시 유대교에 널리 퍼져 있

---

⁴⁹ Koch, *Schrift* 175-8 참조.

⁵⁰ 그리스도의 첫 번째 오심과 관련시키는 것은 설득력이 없다. 물론 그리스도의 내(재)림은 바울로에게 구원의 한 새로운 단계가 아니며, 전체 구원사건과 결부하여 보아야 한다. Luz, *Geschichtsverständnis* 295 참조.

⁵¹ 이방민족들의 순례 사상에 관해 이사 2,2-4; 미가 4,1-4; 즈가 2,14-15 그리고 Zeller, Das Logion Mt 8,11f/Lk 13,28f und das Motiv der "Völkerwallfahrt": *BZ* 15 (1971) 222-37; 16 (1972) 84-93 참조. 이방민족들의 순례라는 사상에 터해 보아야 로마 11,26(= 이사 59,20)의 시온에 대한 언급이 중요해진다.

⁵² 3중적으로 구성되어 있는 이 단구는 아마도 헬라 유대계 그리스도교에서 생겨났을 것이다. 11,26ㄱ의 οὕτως(이렇게)는 시간적으로 이해하는 것이 더 낫다. 이방인들의 들어옴은 단구에서는 필경 하느님 나라와 관련되었을 것이다. 요점에 관해 Schmithals, *Röm* 402f; Michel, *Röm* 250 각주 2 참조.

었다(참조: 희년서 1,15; 23,28-30; 솔로몬의 시편 18,1-5; 모세 승천기 1,8-10). 나중에 그리스도교 예언이 이 관념을 받아들여 예수 그리스도께의 회심으로 변경시켰을 것이다.

이로써 이스라엘에게 특별한 길이 주어져 있는가라는 물음이 제기된다.[53] 여기서 그리스도를 지나쳐 가는 율법의 길만을 생각한다면, 이 물음은 바울로의 취지에서는 단호히 부정적으로 대답되어야 할 것이다. 로마서 9-11장 역시 의화론이라는 주선율에 의해 가득 차 있다. 이스라엘의 구원에 대한 예언에 선행하는 두 올리브나무의 비유는 믿음이라는 주제에 의해 규정되어 있다: "그러나 다른 이들의 경우 그들이 불신앙에 머물러 있지 않으면 다시 접목될 것입니다"(11,23). 이스라엘에게 주어진 약속은 로마서 4장 7-8절(= 70인역 시편 31,1-2: 그 믿음이 의로움으로 인정받은 아브라함의 행복에 대한 찬양) 같은, (동일하지는 않지만) 비슷한 약속들을 담고 있는 성서 인용문들을 통해 확증된다: 범법의 사면, 죄의 용서(로마 11,26-27 참조).[54] 완고한 이스라엘도 하느님의 자비로부터 생명을 선사받게 될 것인바, 이 자비는 예수 그리스도 안에서 결정적인 것이 되었다: "하느님은 모든 이에게 자비를 베푸시기 위해 모든 이를 불순종 안에 가두셨습니다"(11,32). 용서를 선사받은 아브라함은 자신이 믿음의 인간임을 입증했다. 마침내 유대인들이 그리스도를 성취된 약속의 표지로 알아보고, 그분을 믿음 안에서 기꺼이 받아들이게 될까?

아직 여러 문제가, 특히 바울로의 상이한 평가들과 관련해서도, 남아 있다. 예를 들어 사실 유대인들을 하갈의 자손이라 지칭하는 갈라디아서 4장으로부터 로마서 11장 26절로는 길이 곧장 통하지 않는다. 연구자들은 자기모순처럼 보이는 이 혼란스런 실상을 여러 가지로 해석해 왔다.[55] 예컨

---

[53] 이 문제에 관해 Mußner: *Kairos 18* (1976) 241-55; Theobald: *Kairos 29* (1987) 1ff; Klappert, *Traktat* 85-90 참조.

[54] Hübner, *Gottes Ich* 119f는 한편으로는 이사야서 59장과 27장의, 다른 한편으로는 로마 11,25 이하와 바울로 의화론의 낱말들의 일치에 주목한다.

대 휘브너는 일종의 진퇴양난에 관해 언급하는데, 그러나 최고 사상가들은 자기가 해결할 수 없는 난제들은 그대로 놔두어, 그것들이 사유의 언제나 새로운 전환을 위한 풍요로운 암시를 제공하게끔 한다고 말한다.[56] 플라크는 로마서 11장 25-27절을 편집 과정에 끼어들어 온 것으로, 그러나 물론 바울로의 다른 편지에서 유래하는 것으로 본다.[57] 그러나 이로써 로마서 9-11장 안의 긴장들은 해소할 수 있을지 몰라도, 바울로 신학 전체 테두리 안의 긴장들은 해소하지 못할 것이다. 슈미탈스의 영특한 주장에 대해서도 비슷한 말을 할 수 있는데, 이에 따르면 로마서 9-11장에는 각기 다른 네 수신자를 대상으로 한 네 개의 상이한 논증이 제시되어 있다.[58] 결국 이 문제에서는 바울로 신학의 발전 과정을 셈에 넣어야 할 것이니, 이 과정이 이스라엘 문제를 둘러싼 사도의 실존적 고투를 좀 더 잘 이해할 수 있게 해 준다. 어쨌든 이미 고린토 후서 3장 16절에 이스라엘의 회심 가능성에 관한 언급이 나온다.[59] 하느님 백성의 부르심이 아브라함의 부르심에 뿌리박고 있다는 것은 바울로에게 언제까지나 확고한 사실로 남아 있었다. 아브라함은 약속의 담지자로서, 하느님께서 당신의 자유로운 은총으로 이뤄 내시는 하느님 백성의 출발점으로 언제까지나 남아 있다. 바울로는 신학적 성찰 마지막에 경험적 이스라엘의 종말 구원을 선언함으로써, 하느님의 신실하심(로마 11,28-29)을 고백하고 또 하느님 백성의 시작과 목표는 동일하다는 것, 즉 이스라엘이라는 것을 고백한다. 그러나 우리는 또한

---

[55] 개관에 관해 Schmithals, *Röm* 406f 참조.

[56] Hübner, *Gottes Ich* 122, F. Schupp, *Glaube - Kultur - Symbol* (Düsseldorf 1974) 108과 연계하여.

[57] C. Plag, *Israels Wege* 41 .60. 65f.

[58] 로마 9,6-29는 회당, 10,1-21은 이방계 그리스도인들, 11,1-10은 유대계 그리스도인들, 그리고 11,11-24(27)는 급진적 이방계 그리스도인들을 대상으로 한 것이라고 본다. Schmithals, *Röm* 408f 참조.

[59] 이미 루터도 그렇게 보았다. Wolff, *2 Kor* 74f 참조. Wolff는 이스라엘 사람들 개개인의 회심을 상정하고 있다.

케제만과 함께 바울로의 정신에 따라 이렇게 말해도 될 것이다: "교회가 이스라엘 없이 존재하지 않듯, 이스라엘만이, 하느님 백성이 교회가 되면, 언제까지나 하느님 백성이다."[60]

참고문헌

L. DE LORENZI (Hrsg.), *Die Israelfrage nach Röm 9-11* (Rom 1977).

H. HÜBNER, *Gottes Ich und Israel* (FRLANT 136) (Göttingen 1984).

H.-M. LÜBKING, *Paulus und Israel im Römerbrief* (Frankfurt 1986).

U. LUZ, *Das Geschichtsverständnis des Paulus* (München 1968).

C. MÜLLER, *Gottes Gerechtigkeit und Gottes Volk* (FRLANT 86) (Göttingen 1964).

F. MUSSNER, "Ganz Israel wird gerettet werden": *Kairos 18* (1976) 241ff.

K.-W. NIEBUHR, *Heidenapostel aus Israel* (WUNT 62) (Tübingen 1992).

C. PLAG, *Israels Wege zum Heil* (AzTh I. 40) (Stuttgart 1969).

F. REFOULÉ, "··· *et aussi tout Israël sera saué*" (Paris 1984).

M. THEOBALD, Kirche und Israel nach Röm 9-11: *Kairos* 29 (1987) 1ff.

D. ZELLER, *Juden und Heiden in der Mission des Paulus* (FzB 8) (Würzburg ²1976).

---

[60] E. Käsemann, Röm 297.

7
인간 바울로

인간 바울로를 알기 위해서도 그의 편지들에 의존하는 길밖에 없다. 우리는 사도의 인생 역정과 신학을 고찰하면서 이미 인간 바울로에 관해 많은 것을 알게 되었다. 이 사람은 물론 왕년의 유대교인 그리고 그 후의 그리스도교 사도·선교사·신학자와 따로 떼어 놓고 생각할 수 없다. 그러나 각별히 인간 바울로에 관해 묻는 것은, 그의 인물 됨을 좀 더 상세히 파악하는 것이 중요하기 때문이다. 그는 어떤 사람이었던가? 어떻게 생각하고 살고 행동했던가? 어떤 성격을 지니고 있었던가? 세상과 동료 인간들과 어떤 개인적 관계를 맺고 있었던가? 물론 여기서 단지 윤곽들만 그려보일 수 있을 뿐이고 또 그중 많은 것은 추측으로 남을 수밖에 없음은 처음부터 분명하다. 그래도 아래의 고찰은 우리가 얻은 바울로상像을 마무르는 데 쓸모가 있을 것이다. 이 고찰은 세 단계로 이루어질 터인데, 그렇게 함으로써 밖으로부터 안으로 들어가자.

1. 바울로의 외모와 관련하여 우리 사정도 골로사이와 라오디게이아 그리스도인들과 마찬가지이니, 그들은 한 번도 "나(바울로)의 얼굴을 직접"(골로 2,1: τὸ πρόσωπόν μου ἐν σαρκί) 보지 못했다. 또는 바울로와 테클라에 관한 전설적 기록들에 나오는 오네시포로와 그의 가족의 사정과도 흡사하니, 이들은 바울로를 "결코 육 안에서가 아니라 영 안에서만" 보았기에 일찍이 만난 적이 없었으나, 사도를 환영하기 위해 맞으러 나가려 했다. 물론 오네시포로는 디도에게서 바울로의 인상착의를 얻어 들었는데, 다음과 같았다: 체구 작고 머리털 없고 다리 휘고 눈썹 맞붙고 코 밋밋한데, 몸가짐은 기품 있고 친절이 가득하며, 인간처럼 보이다가 금방 천사의 얼굴을 가진다.[1] 이 묘사가 역사적 신빙성을 주장할 수는 전혀 없겠지만, 실제 모습을 전한다는 느낌을 준다. 우리가 여기서 기꺼이 넘겨받고자 하는 것은 작은 체구와 친절함이니, 특히 후자는 바울로의 항구적 태도는 아니었을지라도 그를 특징지을 수 있었다.

---

[1] Acta Pauli et Theclae 2f; E. Hennecke - W. Schneemelcher, *Ntl. Apokryphen* II (Tübingen 1964) 243. 참조: E. Preuschen, Paulus als Antichrist: *ZNW* 2 (1901) 169-201(여기서는 187ff).

병약했던 바울로의 육신이 그를 괴롭혔다. 사도는 전설에 나오는 거인일 수 없었다. 편지에서 개인적 문제에 관해 거의 말하지 않는 바울로가 자신의 질병은 거듭 언급하는 것에 주목해야 한다.[2] 이 질병은 사도의 활동을 방해했고 때로는 심각한 장애를 초래했음이 틀림없다. 이 병을 교우들에게 언제까지나 숨길 수는 없는 노릇이었다. 그 때문에라도 바울로는 병에 관해 이야기한다. 이 병은 사도가 "내 육신에 박힌 가시"와 사탄의 심부름꾼이 자신을 때리는 주먹으로 느꼈다는 것으로 미루어, 육체적 고통을 야기했음이 확실하다(2고린 12,7). 여기서 우리는 바울로의 인물 됨을 특징짓는, 납득하기 어려운 모순들 중 하나와 맞닥뜨린다. 과연 바울로는 이런 육신의 괴로움에도 불구하고 믿을 수 없을 만큼 엄청난 일을 해냈다. 그저 사도가 대부분 걸어다녔던 그 길들, 필경 매우 힘겨웠을, 리가오니아와 가파도키아 그리고 갈라디아의 황량하고 가파른 산악 지대를 가로지르는 길들, 또는 강도의 위험이 숨어 기다리는 인적 없는 광야를 관통하는 길들만 떠올려 볼 일이다(11,26). 또한 바울로가 녹초가 된 육신에 약간의 휴식을 줄 수 있었을 초라한 숙소와 떠돌이 장사꾼 숙박소들을 생각해 볼 일이다. 이 도보 행진을 모두 합치면, 그 거리가 수천 킬로미터에 이른다. 사도는 바다에서의 위험도 그리스와 아시아 그리고 시리아를 오가는 항해에서 종종 겪었다. 한번은 파선을 당해 밤낮 하루를 (어쩌면 배에서 떨어져 나온 판자에 매달려) 깊은 바다에서 떠다닌 적도 있었다(11,25).

바울로의 외적 태도에서도 모순들이 곧장 눈에 들어온다. 사도의 적수들은 그가 마주 대하면 겸손하지만 멀리 있으면 기고만장하며(10,1), 그의 편지들은 무게가 있고 힘차지만 막상 왕림하면 몸은 약하고 말주변도 부끄러울 지경이라고 뒷말들을 했다(10,10). 바울로의 편지 글은 사람을 압도한다는 평가를 받았으나, 그의 언변과 설교는 혹평을 들었다. 이 혹평에는 틀림없이 사실적 빌미가 있었을 것이다. (특히 고린토의) 적수들과의 논쟁

---

[2] 바울로의 고질병을 정확히 밝히려는 시도들에 관해 이 책 115-116 참조.

에서 바울로는 종종 패배했다. 이 체험이 사도를 계속 따라다녔다. 사람들은 바울로가 자신을 강력히 내세워야 할 때 조심스러워했고, 어쩌면 겁먹기까지 했으리라 추측하고 싶어 한다. 바울로는 자신을 내세우고 마지못해 자랑할 때 스스로 어리석은 자라고 부르는데, 이로써 그런 행동이 그에게 얼마나 불편하고 어울리지 않는 일인지를 알게 해 준다(11,21 참조). 그러나 사도는 복음을 옹호하고 자기 주님의 일을 내세워야 할 때 자신이 강하다는 것을 알고 있었다.

개인적 수줍음과 사명의 막중함의 이 긴장 관계에서 바울로의 인간적 특성이 가장 독특한 방식으로 드러난다고 하겠다. 이 두 가지 역시 그의 편지에서 찾아볼 수 있다. 예컨대 바울로가 로마서에서 자신을 모르는 교회에 품위와 격식을 차리며, 아니 거의 어려워하며 자기소개하는 것을 눈여겨볼 일이다(1,11-13). 사도는 더 나아가 긴 상론 끝에 이렇게 말한다: "부분적으로 나는 여러분에게 꽤 과감하게 썼습니다"(15,15). 고린토 교우들에게는 이렇게 실토한다: "나는 약함과 두려움과 많은 떨림 속에서 여러분에게 갔습니다"(1고린 2,3). 그러나 다른 한편 바울로는 자신이 로마에 가게 되면 그리스도의 충만한 축복을 가져다줄 수 있으리라는 것을 알고 있다(로마 15,29). 또 고린토 교회에 대해서는 모든 불순종을 처벌할 준비를 갖추고 있다(2고린 10,6). 그는 그들 가운데서 사도로서의 표징들을 행했다(12,12). 바울로가 얼마나 모질고 독하게 적수들과 맞설 수 있는지(심지어 그들에게 하느님의 저주를 퍼붓기까지 한다)를 알고자 한다면, 갈라디아서를 읽어 볼 일이다(참조: 1,6-9; 5,12). 물론 이것은 글로써 행한 일이다. 과연 면전에서 말로도 그렇게 대담했을까?

바울로는 자기 감정에 관해 말하기를 꺼리지 않는다. 때로는 아주 격렬한 방식으로 그렇게 한다. 이것은 지중해 연안 출신의 기질에 어울리는 일이기도 하다. 어쨌든 이것은 인간 바울로의 실체를 파악하기 위해 언급할 만한 가치가 있다. 고린토 교회와 관계가 끊어졌을 때, 사도는 그들에게 "몹시 괴롭고 마음이 답답하여 많은 눈물을 흘리면서"(2고린 2,4) 편지를 써 보냈다. 그는 고린토 교우들을 마음에 담고 있었으며, 죽어도 같이 죽고 살아도 같이 살 만큼 그들과 결합되어 있다고 느꼈다(7,3; 참조: 필립 1,7). 바울로는 자신에게 맡겨진 사람들을 위해 아버지처럼(1데살 2,11), 어머니처럼 (2,7; 참조: 갈라 4,19) 애썼고, 어린아이들에게 하듯 그들에게 말했다(1고린 3,1). 바울로의 진실된 애정은 특히 도망쳐 온 노예 오네시모와의 관계에서 뚜렷이 드러나는데, 사도는 그를 보호해 주었고 그를 위해 필레몬에게 편지를 썼다. 사람들은 이 편지를 인간 바울로의 극히 친근한 면모를 드러내 보여 주는 가장 사적인 서간으로 여겨 왔는데, 당연하다 하겠다.[3] 주인 필레몬에게 중대한 죄를 지은 오네시모의 처지는 노인으로 감옥에 갇혀 그의 도움을 받던 사도의 아버지다운 마음을 움직였다: "나는 그를, 곧 나의 마음을 그대에게 돌려보냅니다"(필레 12절). 또 완고한 이스라엘에 관해 말할 때도 바울로는 언제나 마음속 깊이 괴로워했다(로마 9,1-3; 참조: 필립 3,18).

2. 인간 바울로는 다른 사람들과 어떤 관계에 있었던가? 사도는 편지 어디서도 부모, 형제자매, 친척에 관해 언급하지 않는다. 예루살렘에 그의 누이와 조카가 있었음은 사도행전 23장 16절로 미루어 알 수 있다. 물론 바울로가 가족에 관해 꼭 말을 해야 할 이유는 없었다. 그러므로 귀납적 추론은 신중해야 마땅하다. 결혼과 가정에 대한 바울로의 견해도 살펴보자. 그는 결혼을 하지 않았다. 고린토 전서 7장 7절에서 사도는 독신 생활을 권장한다: "나는 사람들이 모두 나 자신처럼 있기를 바랍니다." 이 판단 역시 임박한 세상 종말과 주님 내림 대망에서 비롯한 것이다. 이 세상은 사라져 가고 있다(7,31). 바울로는 그러나, 다른 사도들과는 달리, 의식적으로 결혼과 가정을 포기했다(9,5). 그래서 사도가 7장 32절에서 결혼하지 않은 남자는 주님 일에 온전히 몸 바칠 수 있다는 견해를 내세울 때, 결국 자기와 자신의 체험에 관해 말하는 것이다. 또한 바울로는 사도와 선교사로서 감내한 신산고초를 아내와 가족에게는 차마 요구할 수 없었을 것이다.

---

[3] Deissmann, *Paulus* 14f 참조.

더 나아가 바울로가 사도로 부르심을 받기 전에 결혼했다는 기미도 확인되지 않는다. 이는 유대인 남자로서는 기이한 일이다. 사도가 결혼하지 않은 이유가 무엇인지는 말하기 어렵다. 사람들은 고린토 전서 7장 1-3절의 결혼에 관한 가르침을, 바울로가 결혼을 적대하고 성을 두려워했다고 비난하는 데 여러모로 이용해 왔다.[4] 바울로가 여성의 지위를 깎아내렸다고 뒷말할 수는 없을 것이다. 당시 여성의 사회적 지위를 셈에 넣어야 한다. 부부 생활에서 남편과 아내의 성적 관계와 관련하여 사도는 양자가 서로에게 동일한 권리와 의무를 지니고 있다고 본다(7,3-4). 하지만 우리는 사안을 외부에서 관찰하는 사람이 말을 하고 있다는 인상을 받는다. 로마서 7장 1-4절에서 바울로는 신학적 논증을 위해 결혼을 상징으로 이용한다. 여기서 사도는 여성의 입장에서 논증하는데, 결혼 생활에서 여성의 상황을 예속된 것으로 묘사한다. 이것은 확실히 당시 아내들의 심정을 알아주는, 나아가 여성 지위 향상을 위한 변론으로 평가받을 수 있을 것이다.

바울로가 독신으로 종생終生했고 이는 그의 인생 설계에 따른 일이었지만, 사도에게 그리스도교 금욕주의의 비조라는 딱지를 붙여서는 안 될 것이다.[5] 여기서 말하는 금욕은 억제를 위한 억제다. 물론 바울로는 절제하며 살았고, 그것도 쉽사리 흉내 낼 수 없을 정도로 그랬다. 이것을 부인할 사람이 있을까? 사도는 자신을 경주자에 비기고 허공을 치지 않는 권투 선수에 견준다. 제 몸을 제압하고 길들이기 위해 애쓴다고 털어놓는다(1고린 9,26-27). 바울로는 하느님께서 위로부터 부르시며 내거신 상을 얻기 위해, 뒤에 있는 것은 모두 잊어버리고 목표를 바라보고 달려간다(필립 3,12-14). 그의 외적 인간은 썩어 가고 있다(2고린 4,16). 사도는 자기 힘이 아니라 은총에 터해 살아간다. 하느님 은총에 힘입어 세상에서 처신한다(1,12). 바울로의 분투는 사람들을 그리스도의 제자로 얻고자 하는 목표를 겨냥한다.

---

[4] 전형적 사례로 Schubart, *Religion und Eros* 202-4 참조.
[5] 같은 책 202 참조.

때문에 사도는 자신을 모든 이의 노예로 삼아 유대인들에게는 유대인이, 율법 없는 이들에게는 율법 없는 사람이, 약한 사람들에게는 약한 사람이 되고, 모든 이에게 모든 것이 되고자 한다(1코린 9,19-23). 그는 그리스인과 야만인, 지혜로운 자와 무식한 자에게도 빚을 지고 있다(로마 1,14).

바울로를 개인주의자로 보고 싶어 하는 사람들이 있다. 그의 사상의 독창성, 결단의 독자성, 지도권 주장 등을 고려하면, 옳게 보았다고 할 수도 있다. 그러나 사도가 자신 안에 고립된 인간이었다고 생각해서는 결코 안 된다. 오히려 바울로는 사람들을 찾아가고 모든 것을 기꺼이 나누고 다른 이들과 협동하여(요즘 말로 하면 팀워크를 이루어) 일하고 선교했으며 우의를 다질 수 있었다. 이것은 사도가 교회들을 세웠고 많은 협력자가 그의 주위에 모였다는 사실 하나만으로도 입증된다. 여기서 교회들이 어디까지나 개개인들과의 접촉을 통해 생겨났음을 상기해야 한다. 팀 안에서 바울로는 주도권을 주장했고, 협력자들도 이것을 그에게 당연하다는 듯이 인정해 주었다. 사도의 협력자들 중 다수, 아니 대부분이 그보다 젊었으리라 짐작된다. 그들 가운데 가장 신실했던 디모테오에게 바울로는 아버지 같은 사람이었다(필립 2,22). 그러나 사도는 봉사와 도움을 받아들일 줄도 알았다. 로마서 인사장章에서 바울로는 루포의 어머니에 관해 그녀는 자신에게도 어머니가 되었다고 말한다(16,13). 브리스카와 아퀼라는 자기 생명을 위해 그들의 목을 내놓았다고 감사·치하한다(16,3-4). 바로 이 장이야말로 바울로의 친교 능력의 각별한 증거다.

바울로는 도시 사람이었다. 고대의 중요한 도시 다르소에서 태어났고, 또 언제나 도시에서 살고 활동했다. 다르소와 예루살렘은 청소년기를 보냈던 곳이다. 다마스커스, 안티오키아, 에페소 그리고 그리스 도시들은 사도직 활동의 장소다. 갈라디아 시골 고지대는 뜻하지 않았던 예외다. 로마는 그가 죽은 곳이다. 도시 체류는 물론 사도의 사명과 관련이 있다. 어쨌든 도시는 인간 바울로의 생활 환경으로부터 떼어 놓을 수 없다. 도시 사람 바울로를 특징짓는 것으로 그의 언어 특히 비유적 언어를 꼽을 수 있다. 바울로가 농사와 관련되는 비유들[예컨대 올리브나무(로마 11,17-24), 초목 재배(1고린 3,6-8)]도 사용하지만, 도시생활과 관련된 비유들이 부각되어 있다: 운동과 경기장(1고린 9,24; 필립 3,14), 재판과 법[로마 7,1-3; 3,24: 거저(δωρεάν); 갈라 3,15-17], 연극(1고린 4,9), 건축(1고린 3,10-17), 수공업(로마 9,21), 상업(2고린 2,17; 1,22), 군대(로마 6,13; 2고린 10,3-6). 물론 이 비유들 중 여럿은 이미 주어져 있었고, 전통적인 비유 목록에서 빌려 왔을 가능성도 고려해야 한다. 바울로가 이 비유들을 실제 체험에 터해 스스로 만들어 내지 않았다 하더라도, 이것들을 이용한다는 사실 자체는 시사해 주는 바가 많다.[6] 비유에서 바울로는 예수와 구별되니, 후자는 많은 비유와 상징에서 자연과 친근한 땅사람으로 드러난다.

인간 바울로에게는 주목해야 할 또 하나의 긴장 관계가 있다. 그는 유대인이었고 또 어떤 의미에서는 그리스도인이 된 후에도 유대인으로 머물렀다. 아마도 사람들은 그의 외모에서부터 유대인 혈통을 알아볼 수 있었을 것이다. 바울로는 동족이 복음을 받아들이게 하기 위해 모든 일을 다했다. 심지어 형제들을 위해서는 저주를 받아도 좋다고까지 생각했다(로마 9,3). 그러나 다른 한편 바울로는 모든 인간에게 마음을 열고 의무감을 지닌 세계시민이었다. 사도는 유대인들에게는 유대인이 되고, 율법이 없는 사람들에게는 율법 없는 사람이 되고자 했다(1고린 9,19-21). 실로 조화될 수 없는 모순이 여기에 드러난다. 모든 것에 대한 개방성에 터해 바울로는 모든 것은 과연 깨끗하다(로마 14,20: πάντα μὲν καθαρά)고 확언할 수 있었다. 어릴 때부터 사도는 두 세계, 두 문화 안에서 살았다. 그는 기질상 많은 것을 제 것으로 만들고 또 적응·동화할 수 있었다. 성서에서 힘을 얻어 살았고 철학을 멀리했다. 아무튼 철학 인용문은 그에게서 확인되지 않는다.[7] 바울로는 수사학자들에게서 많은 것을 얻었다. 그러나 세속 수사학에 경도됨 없

---

[6] Straub, *Bildersprache*, 특히 20-97. 124f 참조.
[7] 1고린 15,33은 필경 유행하던 말인데, 메난드로스에게서 유래한다.

이 그것을 흡수했다.[8] 그리고 사도는 세상과 일정 거리를 유지했다. 그에게는 지혜라는 것이 의심스러웠다. 지혜는 그리스도에 의해 어리석음으로 폭로되었다. 그리고 그리스도의 십자가를 이해하는 사람은 이미 세상의 지혜를 십자가의 어리석음과 맞바꾸었다(참조: 1고린 1,18-31; 로마 1,22).

3. 이제 우리는 종교적 인간 바울로에게 이르렀고, 또 그로써 그의 실존의 고유한 본질에 다다랐다. 하느님은 바울로의 존재 근원일 뿐 아니라 그의 열정이기도 했다. 사도에게 하느님 존재 증명 따위는 필요 없었다. 이것은 이미 유대교인 바울로에게도 해당된다. 다마스커스 사건은 그가 그리스도인으로 깨어난 순간이다. 그러나 바울로가 자신의 길이 하느님께 인도되고 있음을 알고 또 그분께 앞길의 결정을 맡긴 것은 유대교인이었을 때부터 그랬다. 하느님께서 바울로가 언젠가 로마에 갈 수 있도록 섭리하시고(로마 1,10),[9] 다시 데살로니카로 돌아가도록 안배하실 터였다(1데살 3,11; 참조: 1고린 16,7). 사도는 언제나 유대교 달력에 따라 여정을 잡았고(1고린 16,8), 하느님께서 사랑하시고 당신 뜻으로 부르신 사람들에게는 모든 것이 협력하여 선을 이룬다는 것을 확신하고 있었다(로마 8,28).

바울로가 늘 기도했고 또 자유로운 기도를 중시했음은 두말할 나위가 없다. 나아가 사도는 편지에서 자신의 기도에 관해 말하기를 꺼리지 않는다. 편지마다 앞머리에 감사기도가 나오는데(그럴 만한 이유가 있어 생략된 갈라디아서는 예외다), 이는 별 의미 없는 (세련된) 습관이 아니다. 바울로는 자신이 기도해 주는 사람들을 언제나 마음에 두고 있으며, 그들의 필요에 맞추어 기도한다. 기도는 사도에게 교육적으로 꼭 필요한 사목 수단이었을뿐더러, 그는 하느님께서 자라게 하시지 않으면 심고 기초 놓고 물 주고 세우고 하는 것이 모두 헛일이라는 확신을 지니고 있었다(1고린 3,6-10). 우리는 바울로의 기도를 여럿 알고 있다. 가장 감동적인 것 중 하나로 이스라

---

[8] Deissmann, *Paulus* 63 참조. 바울로의 언어에 관해 Schmeller, *Diatribe* 참조.
[9] 바울로는 로마행이 방해받았음도 알고 있다. 1데살 2,18 참조.

엘에 관한 성찰의 결론 격인 로마서 11장 33-36절의 찬미가를 들어 보자:

> 오, 하느님의 부요와 지혜와 지식의 깊음!
> 그분의 판단은 얼마나 헤아릴 길 없는가!
> 그분의 길들은 얼마나 추적할 수 없는가!
> 실상 "누가 주님의 생각을 알았는가?
> 혹은 누가 그분의 조언자가 되었는가?"
> 혹은 누가 보답받기 위해 그분께 예물을 드렸는가?
> 그분으로부터 그분을 통해 그분을 위하여 모든 것이 있기 때문이다.
> 그분께 영광이 영원히, 아멘.

바울로는 개인적 문제들을 위해서도 기도했다. 예를 들어 질병 때문에 주님께 세 번(셋이라는 숫자는 기도의 절박성을 나타낸다) 간청했으나, 청허되지 않았다. 오히려 다음과 같은 응답을 받았다: "너는 내 은총을 넉넉히 받고 있다. 그 능력은 약함 가운데서 완성되는 법이다"(2고린 12,9). 바울로는 주님(예수)께서 자신에게 말씀하셨다고 전해 준다. 같은 문맥에서 사도는 자신에게 주어졌던 현시와 계시들에 관해서도 말한다(12,1-6). 바울로는 더 나아가 이것들을 이를테면 자기 질병과 맞세운다: 계시들은 그를 자만케 했고 질병은 그를 겸손케 했다는 것이다. 하지만 이 둘은 서로 짝을 이루고 있다. 사도는 자신을 자랑해선 안 될 터였다. 우리는 이로써 바울로의 삶에서 그가 암시하는 것보다 중요한 역할을 한 것으로 보이는 신비한 현상들에 관해 이야기하게 되었다. 사도가 고린토 교회에 보낸 편지에서만, 분명히 내키지 않으면서, 그것들에 관해 언급하는 것이 눈길을 끈다. 이는 사도의 깊은 내심, 하느님 및 그리스도와 그의 내밀한 관계와 관련된 일이다. 아무튼 바울로는 고린토 후서 5장 13절에서 법열·망아에 관해, 고린토 전서 14장 18절에서는 이상한 언어(靈言)에 관해 언급한다: "나는 여러분 모두보다 더 많이 이상한 언어로 말합니다." 이 현상들은 반복될 수 있는 것으로 생각되는 반면, 고린토 후서 12장 1-4절에 묘사된 셋째 하늘 내지 낙원[10]으로 "붙들려 올라감"은 단 한 번 있었던 체험으로 여겨진다. 그 시기도 명시되어 있다: 14년 전. 두 가지를 덧붙여 말해야겠다: 첫째, 이 현상들은 다마스커스 사건과 엄격히 구별되어야 한다. 다마스커스 사건은, 바울로의 공언대로, 그를 사도로 만들었다. 그러나 신비적 체험들에 관해서는 입을 다물고 있었다. 바울로가 이 체험들에 관해 말하지 않을 수 없게 만든 것은, 이런 특이한 현상들을 매우 중시하던 고린토의 적수들이었다. 둘째, 바울로는 이 체험들에 관해 틀지어진 용어로 이야기한다. 고린토 후서 12장 1-4절은 헬레니즘과 유대교에서 확인할 수 있는 "영혼의 천상계 여행" 표상과 상응한다.[11] 그러나 여기서 이 체험들이 중요하지 않다거나 실제 사건이 아니었다고 추론하면 안 된다.[12] 이 체험들은 이 신비가의 영혼의 비밀이다. 이를 말로 표현하려면, 망치기나 할 따름이다.

바울로의 신심은 그의 신학에서도 드러난다. 여기서 지금까지 상술해 온 그의 신학을 이런 관점에서 다시 한 번 개관할 수는 없다. 하지만 한 가지 점에는 새삼 주의를 환기시켜야겠다. 우리는 바울로 신학이 많은 면에서 전통과 연계되어 있음을 밝힐 수 있었다. 물론 바울로는 전통을 매번 자신의 사유 능력을 통해 새로이 꼴지었다. 그러나 바울로 신학의 한 가지 주제는 그의 고유한 특징으로 볼 수 있으니, 곧 그리스도와의 결합 사상이다. "그리스도 안에"라는 표현을 통해 사도는 이 사상을 새삼 강조한다. 여기서 이 사상은 바울로 자신의 그리스도 신심에 상응하는 것이라고 말할 수 있다. 신비적 체험들과는 달리, 그리스도와의 결합은 모든 그리스도인

---

[10] 낙원은 셋째 하늘에 있는 것으로 여겨졌다. H. Bietenhard, *Die himmlische Welt im Urchristentum und Spätjudentum* (WUNT 2) (Tübingen 1951) 161-8 참조.

[11] 예증과 상세한 묘사에 관해서는 Wolff, *2 Kor* 243 참조. 또한 G. Lohfink, *Die Himmelfahrt Jesu* (StANT 26) (München 1971) 32-4. 51-3도 참조.

[12] Betz, *Tradition* 89-92는 2고린 12,2-4를 바울로가 적수들 이야기를 교묘하게 각색한 것으로 본다. 그러나 본문은 이 견해를 용납하지 않는다.

에게 가능하다. 바울로 자신은 이 결합에서 그의 자유를 길어 냈다. 이로써 우리는 바울로를 특징짓는 또 하나의 긴장 관계에 관해 말하게 되었다. 그것은 자유와 순종의 긴장이다. 그리스도와의 결합, 그리스도와 하느님의 영과의 결합 안에서 바울로는 자신이 자유롭다는 것을 알고 있었다. "자유를 위해 그리스도께서 우리를 해방하셨습니다"(갈라 5,1). "우리는 종의 자손이 아니라 자유인의 자손입니다"(4,31). "하느님의 영에 인도되는 사람은 누구나 하느님의 자녀들입니다"(로마 8,14). 그런데 바울로는 필시 주변의 그리고 이후의 그 누구보다 영에서 비롯하는 이 자유를 깊이 체험했음에도, 주님과 인간들에게 온전히 순종하고 섬겼다. "실상 나는 모든 이로부터 자유로운 사람이지만 할 수 있는 대로 더 많은 이를 얻기 위하여 나 자신을 모든 이의 노예로 삼았습니다"(1고린 9,19). 이 역설의 핵심은 바울로를 해방하는 영이 또한 그를 속박한다는 데 있다: "실상 내가 복음을 전한다고 해서 그것이 내게 자랑거리는 아닙니다. 그것은 내게 강요로 부과되어 있기 때문입니다. 사실 내가 복음을 전하지 않는다면 내게는 불행입니다"(9,16).

바울로는 이 자유를 놀라운 방식으로 행사하기도 했으니, 교회들로부터 경제적·물질적으로 도움받는 것을 포기했다. 사도는 이 권리를 알았고 존중했지만, 자신을 위해 요구하지는 않았다. 그는 교회들에게 부담이 되지 않고 복음에 지장을 주지 않으려 했다(1고린 9,6-15; 2고린 11,7-11). 바울로는 밤낮으로 일했다. 복음 선포와 더불어, 천막 짜는 일로 자신과 협력자들의 밥을 벌었다. 오직 필립비 교회만이 예외적으로 사도를 뒷받침할 수 있었다. 필립비 교우들에게 이것은 일종의 영예였다(필립 4,10-20). 바울로는 재물을 모아 놓지 않았다. 꼭 필요한 것으로 그럭저럭 꾸려 갔다. 사도는 자신에 관해 이렇게 털어놓는다: "나는 궁핍하게 살 줄도 알고 풍족하게 살 줄도 압니다. 배부르거나 배고프거나, 풍부하거나 궁핍하거나 나는 어떤 경우에도 적응할 수 있는 비결을 가지고 있습니다. 내게 힘을 주시는 분을 통해서 나는 모든 일을 해낼 수 있습니다"(4,12-13).

바울로는 선교사와 사도로서 사명을 수행하면서 궁핍, 멸시, 고난을 겪어야만 했다. 그는 모든 편지에서 이에 관해 말한다 — 그것들이 자신의 항구적 동반자였다는 표지로. 가장 감명 깊은 것은 아마도 저 유명한 어리석은 자 이야기다(2고린 11,16-33; 참조: 2고린 4,8-15; 1고린 4,9-13). 고난들과 약점들의 열거가 이미 비애를 자아내는데, 이것들에 대한 평가는 더욱 그러하다. 바울로는 그런 일들에서 몸소 겪고 느낀 것, 속마음을 드러낸다: "우리는 세상의 쓰레기처럼, 모든 이의 찌꺼기처럼 되었고 지금까지 그렇습니다"(1고린 4,13). "우리는 세상과 천사들과 사람들에게 구경거리가 되었습니다"(4,9). 사도는 공동체와의 대립도 겪어야 했다: "우리는 그리스도 때문에 어리석은 자들이지만 여러분은 그리스도 안에서 현명한 자들입니다. 우리는 약하지만 여러분은 강하며 여러분은 영예를 누리는 몸이지만 우리는 천대를 받습니다"(4,10). 바울로가 수난을 어찌 해석했는지는 주목할 만하다. 사도는 고난을 견뎌 내게 해 주는 내적인 힘에 관해 이야기한다: "실상 우리는 갖은 환난을 다 겪어도 곤경에 빠지지 않고 가망이 없어도 실망하지 않으며 박해를 받아도 버림받지 않고 맞아 쓰러져도 멸망하지는 않습니다"(2고린 4,8-9). 바울로는 아시아 속주에서 죽음의 위험으로부터 구원받는 체험을 했다(1,8-10). 무엇보다도 사도는 자신의 수난을 그리스도 십자가의 빛 안에서 해석한다. "우리가 언제나 예수의 죽으심을 몸에 지니고 다니는 것은 예수의 생명 또한 우리 몸에 드러나도록 하려는 것입니다"(4,10). 바울로는 자기가 예수의 수난 안에 받아들여졌음을 알았고, 자신의 상처와 매 자국들을 예수의 상흔으로 여겼다(갈라 6,17). 개인적 체험이 배여 있는 이 수난신학(사람들은 다시금 신비주의, 여기서는 수난신비주의라는 말을 사용하고 싶어 하리라)에서 바울로는 그의 위대함으로 우리에게서 멀어지기, 아니 좀 더 낮게 표현하여 벗어나기 시작한다. 물론 그는 이 길을 애써 찾지 않았고, 이 길이 그에게 지시되었을 따름이다. 바로 이 점에서 바울로는 인간으로, 가엾고 고통당하는 인간으로, 또 그로써 우리 가운데 한 사람으로 언제까지나 남아 있다.

참고문헌

H.D. BETZ, *Paulus und die sokratische Tradition* (BHTh 45) (Tübingen 1972).

M. EBNER, *Leidenslisten und Apostelbrief* (FzB 66) (Würzburg 1991).

M. SCHIEFER-FERRARI, *Die Sprache des Leids in den paulinischen Peristasenkatalogen* (SBB 23) (Stuttgart 1991).

Th. SCHMELLER, *Paulus und die "Diatribe"* (NTA 19) (Münster 1987).

W. SCHUBART, *Religion und Eros* (München ²1944).

W. STRAUB, *Die Bildersprache des Apostels Paulus* (Tübingen 1937).

8
옥살이와 죽음

바울로 삶의 마지막 단계에 관한 사도 자신의 진술은 전혀 없다. 단지 마지막 편지에서 사도가 모금을 전하러 예루살렘으로 떠난다는 것만 알 수 있다(로마 15,25-26). 동시에 바울로는 나쁜 일이 생기지 않을까 걱정하면서 "내가 유대에 있는 믿지 않는 자들에게서 구출되고, 예루살렘에서 나의 봉사가 성도들에게 받아들여지도록" 기도를 부탁한다(15,31). 사도는 두 가지를 걱정하는데, 이것들은 함께 고려해야 한다: 하나는 예루살렘 유대인들이 자신을 위협하고 심지어 목숨을 노릴지도 모른다는 것이고, 다른 하나는 예루살렘 교회의 유대계 그리스도인들이 이방계 그리스도인들의 모금을 기꺼이 받아들이지 않을 수도 있다는 것이다. 우리는 바울로가 이런 불길한 예상을 하게 된 실제적 이유가 무엇인지 알지 못한다. 혹시 예루살렘으로부터 경고를 받았던가? 그랬다면 언제 누구에게서? 아니면 단지 사도가 유대인들 및 유대계 그리스도인들과 겪은 갖가지 다툼으로부터, 예루살렘에서 좋은 일은 전혀 기대할 수 없으리라 추측했던 것일까? 아무튼 그럼에도 바울로가 기꺼이 예루살렘으로 떠나기로 한 것은, 사도회의에서의 합의를 염두에 두었고 또 모금은 이방인 교회와 유대인 교회 일치의 한 표지라는 의식을 지니고 있었기 때문이다.

바울로의 그 후의 계획, 즉 예루살렘을 방문한 뒤 스페인에 가서도 선교 사명을 수행하겠다는 계획 역시, 이미 그의 마음속에 자리 잡고 있었다(15,23-24). 어쨌든 이로써 바울로가 예루살렘에서의 환대를 고대하고 있었음이 드러난다. 그러나 사도는 계획과는 달리 스페인 여행을 떠나지 못하고, 삶의 마지막 여정을 로마에서 끝내게 될 터였다(15,28-29).

우리는 바울로 삶의 마지막 단계에 관해 전적으로 사도행전에 의존하고 있다(사도 21,15-28,31). 주석학에서는 이 대목의 상당 부분은 루가가 꾸몄다는 견해가 널리 받아들여지고 있다. 특히 (순전히 분량만으로도) 눈길을 끄는 것은, 루가가 바울로의 입에 담은 중요한 연설들이다. 주로 정치적으로 유력한 인물들이 등장하고, 사도는 그들 앞에서 증언과 연설을 한다: 성전 앞뜰에서 예루살렘 백성에게(22,1-21), 대사제 아나니아와 몇 명의 유대인 원로가 함께한 가운데 로마 총독 펠릭스 앞에서(24,10-21), 총독 페스도와 왕 아그리빠 2세 그리고 그의 과부 누이 베르니게 앞에서(26,1-23). 바울로는, 사도행전 9장 15절에서 주님이 그에게 말씀하신 대로, 실제로 주 예수의 이름을 메고 이방인들, 이스라엘의 왕들과 백성 앞에 서게 된다. 이 연설들은 전적으로 루가의 문학적·신학적 의도에 끼워 맞춰져 있다. 이것들은 최초의 호교 연설로 볼 수 있다. 이로써 후대의 한 문학 유형이 싹텄다고 하겠다. 또한 이것은 사도행전 저자의 비범한 문학적 재능의 증거로 볼 수 있다. 하지만 루가가 전해 주는 내용을 싸잡아 비역사적이라고 폄하하는 것은 옳지 않다. 루가는 바울로 삶의 마지막 시기 서술을 위해 특정 정보들(필경 문서들까지도)을 이용했는데, 이것들은 신뢰할 만한 것으로 볼 수 있다. 그러나 루가가 자기 언어의 옷을 입히고 또 자신의 의도에 맞춰 넣었기 때문에, 이것들을 가려내기가 쉽지 않다. 연구자들의 견해가 세부 내용에서 서로 어긋나는 것도 이해할 만하다. 우리는 아래에서 역사적 연구 성과들을 종합·정리하고 평가를 시도할 것이다. 아무튼 바울로가 예루살렘에서 로마인들에게 체포되었고, 죄수로서 로마로 이송되어 그곳에서 처형되었음은 거의 확실하다.

바울로 일행이 지중해변 가이사리아에 머물다가 예루살렘으로 떠나는 데서 시작하자.[1] 일행은 예루살렘에서 키프로스 출신 므나손의 집에 묵었다(사도 21,16). 이 정보는 믿을 수 있다. 이 헬라 유대계 그리스도인은 바울로뿐 아니라 할례받지 않은 그의 일행들도 기꺼이 영접했다. 그는 바르나바의 동향인이었으며 아마도 스데파노 동아리에 속했던 것 같다.[2] 필경 가이사리아의 교우들이 그의 집을 소개했을 것이다. (야고보가 아니라) 므나손의 집에 묵은 데서 최초의 갈등이 모습을 드러냈다고 하겠다.[3]

예루살렘에서 바울로는 교회 지도자인 주님의 아우 야고보를 만났다. 시몬 베드로는 이미 오래 전에 이 유대교의 수도를 떠났다. 시몬과 야고보

---

[1] 이로써 앞으로의 내용은 이 책 4장 3.2와 연결된다.   [2] Haenchen, *Apg* 538.

그리고 바울로는 사도회의에서 예루살렘 교회의 가난한 이들을 위한 모금에 합의했고, 그것을 전하러 바울로가 온 것이었다. 야고보와 예루살렘 교회가 모금을 받아들였던가, 아니면 바울로가 로마서 15장 31절에서 표명한 우려가 현실이 되었던가? 이 중요한 물음에는 애석하게도 확실히 대답할 수 없다. 사도행전은 묘하게도 모금 문제를 부수적으로만 언급한다. 바울로 서간을 염두에 둔다면, 누구나 바울로와 야고보가 처음 만나는 대목인 사도행전 21장 18-19절에서 바울로의 모금 전달에 관한 언급이 있으리라 예상할 것이다. 그런데 그 대신 바울로와 일행들이 자신들의 선교 성과에 관해 보고하는 이야기를 읽게 된다. 사도는 나중에 펠릭스 앞에서의 해명 연설에서 자신은 동포에게 자선을 베풀고 하느님께 제물을 바치러 예루살렘에 왔다고 말한다(24,17).[4] 왜 사도행전에서는 모금 이야기가 이처럼 아주 뒷전으로 밀려나 있는 것일까? 루가가 모금을 과소평가했던가? 아니면 모금 수령이 거부되었음을 알고 있었던 것은 아닐까? 루가가 모금 수령 거부에 대해 언급하지 않는 것은, 그 일이 교회일치라는 그의 이상을 크게 손상시켰기 때문은 아닐까?

사도회의에서 모금에 합의했던 야고보가 막상 수령을 거부했다는 것이 있을 수 있는 일인가? 그러기 위해서는 극히 중대한 이유가 있어야만 했다. 야고보는 엄격한 유대계 그리스도인으로 통했지만, 바울로의 이방인 선교도 인정했다. 그는 몇 년 뒤 바울로의 순교와 거의 같은 시기에 대사제 소(小)하나누스에 의해 투석형에 처해질 터였다. 하나누스는 포르키우스 페스도에서 알비누스로 바뀌면서 총독직이 비어 있는(62년) 것을 이용하여, 이 폭거를 자행했다. 이 정보를 전해 주는 요세푸스의 간략한 기록에 따르

---

[3] 사도 21,16-17에서 예루살렘 교우들의 환대에 대한 전반적 확인은 므나손 집 숙박과 어느 정도 긴장관계에 있다. 나아가 D 사본은 므나손이 예루살렘 밖 어느 마을에 살았다고 전함으로써 이 긴장을 해소하려 한다. 이 정보는 시사하는 바가 많지만 신빙성은 없다.

[4] 자선은 분명히 모금을 가리킨다. 물론 이 모금은 전체 백성을 위해서가 아니라 그리스도교의 모교회를 위한 것이었다.

면 야고보는 율법 위반으로 고발되었는데, 그의 처형은 그러나 율법을 엄수하는 사람들도 격분시켰다고 한다.[5]

루가가 바울로와 야고보의 첫 번째 만남과 관련하여 모금 전달에 관해 이야기하리라 누구나 예상하는 바로 그 구절에서, 루가는 바울로에 대한 가장 중대한 비난을 야고보의 입에 올린다: "그들(유대계 그리스도인들)이 당신에 관한 소문을 들었는데, 당신은 이방인들 가운데 사는 모든 유대인들에게 모세를 배척하라고 가르치면서 그들더러 자식들에게 할례를 베풀지도 말고 풍속대로 걷지도 말라고 했다는 것입니다"(21,21). 이것은 물론 그대로 받아쓴 진술은 아니지만, 바울로의 예루살렘 도착이 야기한 긴장된 분위기와 유대인들 사이에 퍼져 있던 사도에 관한 소문을 적확하게 전해 준다. 여기서 사도회의에는 베드로와 야고보와 요한 그리고 바울로와 바르나바 외에 엄격한 유대계 그리스도인들로 이루어진 셋째 진영이 참석했음을 상기해야 하거니와, 이들은 율법으로부터 자유로운 바울로의 복음을 매우 의심했다. 짐작건대 이들은 이때 바울로가 율법 없이 사는 이방계 그리스도인 공동체에 유대인들(그중엔 고린토 회당장 같은 사람까지 있었다)도 받아들였기 때문에 사도회의의 합의를 깼다고 추가로 비난하고 나섰을 것이다. 이 셋째 진영은, 베드로가 떠나 버렸기 때문이기도 했으려니와, 영향력과 위세를 확대시켜 나갔던 것 같다. 교회 지도자인 야고보는 이들을 배려하지 않을 수 없었다.

사도행전 21장에 따르면 야고보는 바울로에게 나지르인 서약을 한 네 명의 가난한 남자 신자들이 서약 기간 만료 때 성전에 바쳐야 할 예물 비용을 대신 댐으로써, 율법을 준수한다는 것을 표명토록 했다. 그러면서 그들과 함께 바울로 자신도 성전에서 정결 예식을 행하고 예물을 드리라고 했다.[6] 우리는 바울로가 적지 않은 성전 예식 비용을 위해 모금액 일부를

---

[5] Josephus, *ant.* 20, 200f. 하나누스는 유대인 불만 세력에 의해 대사제직에서 떨려났다.
[6] 나지르인에 관해서는 민수 6과 Billerbeck II 755-61 참조.

헐도록 요구받았다고 생각할 수 있다. 이 제안은 역사적 상황에 부합하는 것 같다. 바울로는 여기에 동의해야 했던가? 사도 자신이 정결 예식을 행했으리라는 것은 신빙성이 없다. 바울로가 나지르인 서약을 한다는 것은, 당시 통용되던 조건들에서는 불가능했을 것이다.[7] 아무튼 구체적으로 무슨 일이 있었든지 간에, 사도행전 21장은 우리의 관심사와 관련하여 다음과 같은 인상을 준다: 루가가 모금 전달 대신 야고보를 통한 심한 비난 전달과 성전 예식이라는 결국 실패한 타협책에 관해 전하는 것은, 바울로의 모금이 예루살렘 사람들에 의해 받아들여지지 않았음을 짐작하게 한다.[8] 루가는 그 일을 알고 있었으나, 자신이 그리던 조화로운 전체 교회상(像)을 위해 모금 문제를 아주 뒷전으로 밀어 놓았다.

예루살렘에서 유대계 그리스도인 교회의 입지가 전혀 확실치 않았음을 고려해야 한다. 야고보는 유대인 이웃들과의 관계에 마음을 써야 했다. 그가 몇 년 뒤 대사제에 의해 투석형에 처해진 사실은, 유대계 그리스도인들을 증오하던 권위 있는 세력들이 있었음을 단적으로 말해 준다. 아무튼 바울로 일행은 그 후 어찌 되었던가? 바울로 교회들의 모금이 수령 거부되었으리라는 우리의 짐작이 옳다면, 사도는 중대 관심사요 그것을 위해 지금까지 자진해서 큰 모험을 한 교회의 일치가 심각한 위험에 처했다고 생각했음이 틀림없다. 아마 바울로는 가급적 빨리 떠나야겠다고 생각했을 것이다. 그러나 일은 달리 진행될 터였다. 당국이 바울로에게 적대적이었다.

---

[7] 바울로가 나지르인 서약을 하기 위해선 이스라엘 땅에 더 오래 체재했어야 했다. 아마도 루가는 18,18에서 언급한 서약을 생각한 것 같다. 거기에 묘사된 머리깎음은 서약 기간 시작이 아니라 끝에 하게 되어 있다(민수 6,19 참조). Weiser, *Apg* 598f는 제법 오랜 외국 체류 이후의 속죄 예식을 생각하고 있다.

[8] 샴마이 학파의 18 규정집을 지적할 수도 있을 것이다. 여기엔 유대인은 비유대인에게 선물을 받아서는 안 된다는 규정이 있다. 이 규정집의 시기 추정은 논란되고 있다. 가장 오래된 저명한 전승자는 랍비 시메온 벤 요카다. 규정집은 아마 유대전쟁 초기에야 생겨났을 것이다. M. Hengel, *Die Zeloten* (AGSU 1) (Leiden - Köln 1961) 207과 각주 4 참조. 또한 Josephus, *bell.* 2,409도 참조: 대사제 아나니아의 아들 엘레아자르는 전쟁이 발발했을 때, 예루살렘의 고위 사제들에게 비유대인들로부터 선물이나 예물을 결코 받지 말라고 촉구했다.

필시 사도가 예루살렘에 도착한 지 며칠 되지 않아 일이 벌어졌을 것이다.

바울로는 이미 디아스포라에서 유대교 당국과 거듭 충돌했다. 그래서 예루살렘 주민들 눈에는 전과자로 비칠 수 있었다. 고린토 후서 11장 24절에 나오는 바울로 자신의 증언에 따르면 사도는 유대인들에게 사십 대에서 하나가 모자라는 매를 다섯 차례나 맞았는데, 이 매질은 유대인들에게는 아주 치욕스런 처벌로 여겨졌다.[9] 더 자세한 내용은 바울로 서간에서도 사도행전에서도 찾아 읽을 수가 없다. 그러나 바울로가 예루살렘에서 들었던 비난(특히 율법 없는 복음)과 비슷한 비난들이 제기되었으리라 짐작할 수 있다. 보통 회당 마당에서 처벌(매질의 3분의 1은 가슴에, 3분의 2는 등에 했다)이 가해지는 동안 율법 텍스트가 봉독되었는데, 범법자에게 율법 위반에 대한 의식을 박아주기 위해서였다. 예를 들어: "너는 이 책에 기록된 모든 율법 말씀을 지키고 네 하느님 야훼 그 영광스럽고 두려운 이름을 경외하는 데 유의하지 않았다. 그래서 야훼께서 너와 네 일족에게 무서운 매질을 내리시는 것이니 …."[10] 또한 (언급하는 것이 거의 쓸데없이 보이지만) 바울로는 회당 연합에서 탈퇴하거나 축출된 일이 전혀 없었다는 것도 잊지 말아야 한다.[11]

위에서 언급한 비난들만으로 바울로를 체포케 하는 데 충분했을까? 로마인들이 사도를 체포한 것은 확실해 보인다. 사도행전 21장 17-33절에 따르면 로마인들이 바울로를 체포하게 된 이유는, 유대인들이 성전에서 사도를 대적하여 일으킨 소동이었다. 그들이 제기한 비난은 다음과 같다:

---

[9] Josephus, *ant*. 4, 238과 248 참조. 신명 25,3에 따라 마흔 대 이상은 때리지 못하게 되어 있다. 사람들은 여러 가지 이유로, 범법자일지라도 지나친 매를 치지 않기 위해서도, 39라는 숫자를 생각해 냈다. Billerbeck III 528 참조.

[10] Mischna-Traktat Makkoth. Deissmann, *Paulus* 50에서 재인용. 후대의 미슈나 규정들은 이미 바울로 시대에도 전적으로 통용될 수 있었을 것이다. 2고린 11,24는 서른아홉 대 매질에 대한 가장 오랜 예증이다.

[11] 때문에 다섯 차례의 매질 모두가 바울로 선교 활동 초기에 있었으리라는 것은 의심스럽다. K. Th. Kleinknecht, *Der leidende Gerechtfertigte* (WUNT II/13) (Tübingen 1984) 294 각주 174 참조.

바울로는 그리스인, 즉 비유대인을 성전 안뜰로 데리고 들어갔다. 여기서 이 비난은 날조된 것임을 유의해야 한다. 바울로는 비유대인과 함께 성전 안뜰에서 현행범으로 체포된 것이 아니다. 사람들은 사도가 에페소 출신 드로피모[바울로 교회들의 대표단 구성원이었다(20,4 참조)]와 함께 시내에 있는 것을 보았고, 그래서 성전을 찾은 바울로가 그리스인을 성전 안뜰로 데리고 들어갔다는 비난을 꾸며 냈던 것이다. 유대인 아닌 사람은 성전 안뜰에 발을 들여놓는 것이 금지되었고, 어기는 경우엔 사형에 처하도록 규정되어 있었다. 두 개의 석판이 이를 확인해 준다.[12] 아무튼 바울로는 성전에서 로마인들에게 체포되었다. 이 진술은 신빙성이 있어 보인다. 성전 안뜰 침범은 로마인들한테도 처벌받았다. 그런 침범과 처벌은 유대교 당국과 로마 당국이 거듭 협력하는 결과를 낳았다. 가장 유명한 사례가 나자렛 예수 사건이다.[13] 그러나 바울로의 경우는 다르다. 때문에 일이 예수의 경우처럼 진행되지 않는다.

네로 황제 집권 이래 유대 국내 정치 상황이 심각해져, 그리스적인 모든 것에 대한 공공연한 테러가 거듭 발생했고 유대전쟁을 촉발시킨 분위기가 만연하기 시작했음을 유념해야 한다.[14] 이 땅에서 로마인들은 출동 대기 상태에 있었다. 소동으로 인한 바울로의 체포는 역사적으로 신빙성이 크다. 소동이 성전에서 일어났다는 것은, 장소를 제대로 고른 셈이다.

바울로가 로마인들에게 체포되었으므로, 그에 대한 재판권은 로마 총독에게 있었다. 그런데 총독은 지중해변 가이사리아에 주재하고 있었기 때문에, 사도는 그리로 이송되어야 했다. 고발 사유는 사도행전 24장 5-6절에 명확히 제시되어 있다: 폭동 선동과 성전 모독. 또한 선동자 바울로는

---

[12] 성전 안뜰을 빙 둘러 이 경고 석판들이 세워져 있었다. 두 개가 전해 오는데, 하나는 예루살렘에 또 하나는 이스탄불에 있다. J. 그닐카 『나자렛 예수』 정한교 옮김, 분도출판사 2001, 393 각주 12 참조.

[13] 같은 책 394-8 참조.

[14] Josephus, *ant.* 20, 158ff의 상황 묘사를 읽어 보라.

나자렛 사람들 파당의 괴수라고 했다. 유대교 당국이 고발인으로 등장하는 이 진술 역시 신빙성이 있다.[15] 그러나 바울로가 일반 감옥custodia carceris이 아니라 군대 감옥custodia militaris에 갇혀 있었으리라는 것은 신빙성이 없다.[16] 후자는 높은 신분의 사람들에게만 해당되었다.[17]

안토니우스 펠릭스가 로마 총독으로서 바울로를 심리했다. 일찍이 황제 집안에서 속량된(쉬러에 따르면 총독직이 속량된 자에게 주어진 것은 전대미문의 일이었다)[18] 펠릭스는 직권을 멋대로 무자비하게 휘둘렀다(Tacitus, hist. 5,9 참조). 펠릭스 전임자들 시절에는 유대 지역이 그런대로 평온했는데, 그의 직무 수행은 끊임없이 폭동을 야기했다.[19] 그는 유대 지역을 통치하는 동안 아그리빠 2세의 누이 드루실라와 결혼했다(사도 24,24 참조).

펠릭스는 바울로의 재판을 지연시켰다. 연구자들은 유죄판결을 받지 않은 로마 시민이 그렇게 오랫동안 재판의 진척 없이 구금되어 있었다는 것은 법제사적으로 볼 때 의심스럽다는 견해를 내세웠다.[20] 그러나 이미 몸젠은 로마 법제에는 총독 법정에 소송 종료를 강요하는 법률적 수단이 없다는 사실을 지적했다.[21] 아무튼 바울로가 가이사리아에 갇혀 있는 동안 총독이 바뀌었다. 펠릭스는 네로 황제에 의해 해임되고, 보르기오 페스도가 총독으로 임명되었다.[22] 페스도는 법률적 성향의 남자였으나, 전임자가 유대 땅에 저질러 놓은 재앙을 제거할 능력은 전혀 없었다.

페스도는 바울로의 재판을 재개했다. 재심리 중에 사도는 로마 황제 법정에 상소했다: Caesarem apello[사도 25,11: Καίσαρα ἐπικαλοῦμαι("나는 황제에

---

[15] 사도 24,1-9는 유대인들이 데르딜로라는 변호사(causidicus)를 시켜 고발했다는 상세한 내용을 끼워 넣는다. 아무튼 루가는 그의 말을 수사학 규칙에 맞춰 꾸몄다.

[16] Wikenhauser, *Geschichtswert* 355f의 추측이다.

[17] 예컨대 네로의 아내. 여러 예증은 Mommsen, *Römisches Strafrecht* 317 각주 3 참조.

[18] E. Schürer, *Geschichte* I 571.   [19] Josephus, *bell.* 2, 252-70 참조.

[20] Becker, *Paulus* 503.   [21] ZNW 2 (1901) 93.

[22] Josephus, *ant.* 20, 182-203; *bell.* 2, 271을 제외하면 페스도는 고대 문헌 어디에도 나오지 않는다.

게 상소합니다")]. 로마 시민으로서 바울로에게는 그럴 권리가 있었다. 사도행전 25장 9-11절에 따르면 바울로가 상소한 것은 페스도가 유대인들에게 호의를 베풀려고 예루살렘으로 올라가서 바울로를 재판하거나(25,9), 아니면 바울로를 유대인들에게 넘겨주려 했기(25,11) 때문이다. 전자는 믿을 만하지 못하고, 후자는 법제사적으로 극히 의심스럽다. 로마인들은 일단 접수한 주요 송사는 결코 외국 법정에 양도하지 않는다. 루가는 25장 10-11절에서 단지 예루살렘으로의 재판 장소 이전이 바울로에게는 유대인들에게 넘겨짐을 의미했음을 암시하려는 것 같다. 바울로가 상소를 통해 재판을 진척시키고, 어찌 되든 판결을 받기 원했다는 것은 수긍이 간다. 바울로의 요청이 받아들여졌다. 바울로는 황제 법정에 서기 위해 로마로 이송되어야 했다. 거꾸로 논증할 수도 있다: 바울로가 로마로 이송되었기 때문에, 그가 상소했고 또 로마 시민권을 지니고 있었음을 추론할 수 있다고. 그렇지 않았다면, 페스도가 판결을 내리고 형을 집행했을 것이다.[23]

페스도가 바울로에게 유죄판결을 내리고(형량은?) 그를 죄인으로 로마로 보냈던가 아니면 판결 자체가 로마에서 내려졌던가? 달리 물어볼 수도 있다: 황제 관료들이 만들어 낸 법적 제도인 황제에의 상소에는 어떤 형식들이 있었던가? 두 가지 형식이 있었으니, appellatio와 provocatio다. 전자의 경우 이미 유죄판결을 받은 사람이 상급 법정에 재심을 청원했다. 후자의 경우엔 아직 유죄판결을 받지 않은 사람이 재판을 로마에 의해 설치된 배심 법정으로, 또는 유대 지역처럼 그런 법정이 없는 곳에서는 곧장 로마의 황제 법정으로 옮겨 줄 것을 요구할 수 있었다. 바울로의 경우엔 후자였을 가능성이 더 많다.[24] 바울로는 사형이 선고되어 항소한 것이 아니다.

---

[23] Plinius, *ep.* 10, 96은 로마 시민권을 지닌 그리스도인들과 그렇지 않은 그리스도인들에 대한 조처를 달리한다. 전자는 로마 이송을 위해 기록해 놓는다.

[24] 황제에의 상소에는 제국 관리들은 결국 오직 황제를 대리한다는 관념이 바탕에 깔려 있다. 사도 25,12가 전제하는 것처럼 황제에의 상소에 지방 총독의 재가가 필요했는지는 법제사적으로 분명히 밝혀져 있지 않다.

가이사리아에서 이탈리아로의 이송은 배편으로 이루어졌다. 사도행전 27장은 항해를 상세히 전하는데, 통상 루가가 오래된 한 기존 보고를 각색 했다고 본다. 디벨리우스 이래 루가가 바울로와 아무 관계 없는 항해와 파선 이야기를 본보기, 모델 혹은 기본틀로 이용했다는 견해가 널리 퍼져 있다.[25] 시리아-팔레스티나로부터 이탈리아까지 항해의 단계들을 매우 상세히 묘사한 이 보고에 루가가 바울로를 끼워 넣었다는 것이다. 실상 루가의 바울로는 사도행전 27장에서 매우 전설적인 면모를 보인다: 재난을 예견하고, 천사 환시를 내세우며 동승자들을 위로하고, 자포자기한 사람들에게 음식 섭취를 독려하며, 좌초한 섬에서는 기적을 행한다. 그러나 헨헨[26]은 표준적인 항해 이야기 따위는 없었으며 바울로와 관계있는 구절들 모두가 2차적으로 끼워 넣어진 것은 아니라고 반론을 제기했다. 이것은 특히 첫 부분, 즉 바울로와 다른 죄수들이 황제 부대의 율리오라는 백부장에게 넘겨졌고 모두가 아시아 속주의 해안도시들로 항해하려던 배에 승선했다고 전해 주는 구절에 해당된다(27,1-2). 그리고 바울로와 함께 예루살렘으로 올라갔던 데살로니카 출신 아리스다르코(20,4)도 사도와 동승했다고 한다. 또한 시돈에 정박했을 때 백부장이 바울로가 친지들을 찾아가서 보살핌 받는 것을 허락했다는 이야기도 신빙성 있게 보인다. 물론 이런 경우에 통상 그렇듯이 군인 하나가 사도와 동행했다는 말은 하지 않는다. 아무튼 그러니까 최소한 이 대목에 실제 사건에 대한 기억(아리스다르코의?)이 바탕에 깔려 있을 가능성을 고려해야 한다.[27]

항해는 키프로스를 지나 리키아의 미라로 향했다. 여기서 배를 바꿔 타고 그레데 섬의 칼로일레메네스(좋은 항구)로 갔다. 바람 사정이 좋지 않아 이미 많은 시일이 경과했기 때문에, 사람들은 계속 페닉스까지 가서 겨울

---

[25] M. Dibelius, *Aufsätze* 174.

[26] E. Haenchen, Bultmann-Festschrift 250.

[27] 같은 책 252. 그렇다면 이는 죄수 호송에 대한 기억이다. 이것은 바울로가 특별히 부각되지 않는 까닭을 이해하게 해 준다.

을 나기로 했다. 그런데 오래지 않아 심한 회오리바람이 몰아쳐 배가 멜리데 섬 앞에 좌초했다(28,1). 종래의 연구에서는 그곳이 몰타 섬이라고 전제했다. 이제 바르네케는 그곳이 오히려 서그리스 앞의 케팔레니아 섬일 가능성을 진지하게 고려하는 것을 포기했다.[28] 아무튼 사람들은 멜리데 섬에서 겨울을 난 알렉산드리아 배를 타고 시라쿠사, 레기움을 거쳐 목적지 항구인 보디올리로 항해했을 것이다(28,11-13).

보디올리(오늘날의 포추올리)는 당시 해외 무역의 중심 항구였다. 여기서부터 육로로 가야 했는데, 일행은 우선 캄파냐 국도를 통해 카푸아까지 그리고 거기서 아피아 국도로 로마까지 걸어갔을 것이다. 로마의 그리스도인들이 바울로가 고린토에서 써서 여봉사자 페베를 통해 전달한 편지를 그동안 받아 읽었고, 사도와 접촉하려 했으리라고 짐작할 수 있다. 사도행전 28장 15절에 따르면 교우들이 아피아 국도로 아피오 광장과 트레스 타베르네까지 바울로를 마중나왔다.[29]

바울로 옥살이의 마지막에 관해 사도행전은 아무것도 전해 주지 않는다. 오히려 거의 거룩한 바울로의 모습을 보여 주는데, 사도는 로마의 유대인 유지들을 불러모았을뿐더러, 무엇보다도 아무 방해 받지 않고 복음을 선포할 수 있었다(28,16-31). 루가는 자기 작품을 바울로의 유죄판결과 처형으로 끝내고 싶지 않았음이 분명하다. 그래도 루가는 사도의 최후를 앞부분에서, 가장 분명하게는 밀레도스에서의 작별 인사에서, 암시는 한다(20,23-25.36-38).

우리는 바울로가 로마에서 재판 재개와 유죄판결 때까지 감금custodia carceris되어 있었음을 전제해도 될 것이다. 아마 사도는 황제 친위대 감독관 Praefectus praetorio에게 넘겨졌을 것이다. 3세기부터 확고한 규정이 된 것이

---

[28] H. Warnecke, *Romfahrt* 19-34는 그래서 페닉스(27,12)가 그레데 섬이 아니라 메세니엔의 그리스 남서 첨단에 있었다고 생각한다. 그는 장소에 대한 보고를 "그레데의 항구"가 아니라 "그레데를 위한 항구"로 번역한다.

[29] 아피오 광장과 트레스 타베르네는 로마에서 각기 65km와 49km 떨어져 있다.

아주 많은 사건에서 이미 그전부터 시행되었으니, 황제는 자신의 재판권을 이 감독관을 통해 행사했다.[30] 51년부터 62년까지 이 직책을 수행한 사람은 아프라니우스 부루스였다. 그렇다면 바울로는 언젠가 부루스나 그의 휘하 관리 앞에 불려 나갔을 것이다. 친위대 병영(Castra praetorianorum; Tacitus, *hist.* 1,31 참조)은 포르타(門) 비미날리스 앞에서 포르타 티브르티나까지 이어져 있었다. 사형을 선고받은 바울로는 로마 시민으로서 칼로 목을 베는 방식으로 집행당할 권리가 있었다. 그래서 치욕스러운 십자가형은 면할 수 있었다.

훗날 사람들은 로마 감옥에 있던 바울로의 처지를 다음과 같이 추체험했다: "나의 첫 번째 변론 때 아무도 나의 편을 들지 않았고 오히려 모두 다 나를 저버렸습니다. 주께서 그들에게 그런 짓에 대한 셈을 하지 않으시기를 바랍니다. 그러나 주께서는 내 곁에 계셨고 나를 굳세게 해 주셨습니다"(2디모 4,16-17). 바울로는 그와 비슷한 상황에서 온전히 그리스도께 의지했었다. 당시 바울로의 친언을 로마에서의 최후에 전용轉用해도 될 것이다: "사실 나에게는 사는 것이 곧 그리스도이고 죽는 것이 이익입니다. … 나는 이 둘 사이에 끼어 있습니다. 한편으로 나는 세상을 떠나 그리스도와 함께 있기를 원하니, 사실 그 편이 훨씬 낫습니다"(필립 1,21.23).

참고문헌

J. BLEICKEN, *Staatsgericht und Kaisergericht* (AAWG.PH 53) (Göttingen 1962).

U. BORSE, Paulus in Jerusalem: *Kontinuität und Einheit* (Festschrift F. Mußner) (Freiburg 1981) 43-64.

M. CARREZ, L'appel de Paul à César: *De la Tôrah au Messie* (Festschrift H. Cazalles) (Tournai 1981) 503-10.

J. DUPONT, La conclusion des Actes et son rapport à l'ensemble de l'ouvrage de Luc: J. Kremer, *Les Actes des Apôtres* (BEThL 48) (Gembloux - Leuven 1971).

---

[30] Th. Mommsen, *Römisches Staatsrecht* II (²1877/Tübingen 1952) 971f, 986f, 1118-21 참조.

E. HAENCHEN, Acta 27: *Zeit und Geschichte* (Festschrift R. Bultmann) (Tübingen 1964) 235-54.

D. LADOUCEUR, Hellenistic Preconceptions of Shipwreck and Pollution as a Context for Acts 27-28: HThR 73 (1980) 435-49.

G. LÜDEMANN, *Paulus, der Heidenapostel* II: *Antipaulinismus im frühen Christentum* (FRLANT 130) (Göttingen 1983) 84-102.

Th. MOMMSEN, Die Rechtsverständnis des Apostels Paulus: *ZNW 2* (1901) 81-96.

E. PLÜMACHER, *Lukas als hellenistischer Schriftsteller* (StUNT 9) (Göttingen 1972).

P. POKORNY, Die Romfahrt des Paulus und der antike Roman: *ZNW 64* (1973) 233-44.

W. RADL, *Paulus und Jesus im lukanischen Doppelwerk* (EHS.T 49) (Bern - Frankfurt/ M. 1975).

C. SAUMAGE, S. Paul et Felix, procurateur de Judée: *Mélanges A. Piganiol* (Paris 1966) 1373-86.

H. WARNECKE, *Die tatsächliche Romfahrt des Apostels Paulus* (SBS 127) (Stuttgart 1987).

9
연대기에 관해

사도 바울로의 삶과 활동의 연대기年代記를 확정하기 위해 특히 근년의 연구자들이 엄청난 노력을 쏟아 부었다. 바울로 서간에서 끄집어낼 수 있는 것들은 모두 꼼꼼히 조사했고, 사도행전의 매우 다양한 역사적 언급과 암시들의 배후를 캤으며, 참조 가능한 세속 역사의 문헌들도 뒤졌다. 사도의 여행과 여정들을 재구성하여, 얼마만 한 시간이 필요했을지를 계산했다. 그러나 이런 감탄할 만한 소모에도 불구하고, 성과들은 세부 내용에서 아직도 서로 현저히 어긋나며, 대부분의 사안에서 연구 결과는 상당한 신빙성이 인정된다는 정도에 그친다. 이런 사정은 물론 전거들의 성격과 결부되어 있다. 바울로는 자기 편지에서 연대기적 보고를 할 까닭이 없었다. 물론 사도행전은, 자주는 아니지만, 교회사의 사건들을 세속 역사의 사건들과 연결시키려는 관심을 보여 준다. 그러나 루가는 루가 복음서에서 세례자 요한의 활동 시작에 관해 이야기할 때 같은 시기 세속 역사의 여섯 내지 일곱 가지 사실을 병기倂記하는(루가 3,1-2) 것과는 달리, 사도행전에서는 특정 사건의 정확한 시기 규정을 포기하거나 하지 못한다.

한편 연대기의 중요성을 때로는 좀 지나치게 강조해 온 면도 있다고 해야겠다. 사건들의 정확한 기술이 역사학자에게는 물론 중요하다. 그러나 연도 확정이 불가능한 경우에는 그것을 포기해야 한다. 그리고 연도가 불분명할 때는, 그 사실을 분명히 말해야 한다.

평가에 있어서의 차이는 전거들에 대한 판단에도 기인한다. 많은 연구자들은 오직 바울로 서간에만 의지하며, 역사적 가치를 의심받는 사도행전은 연대기 작성에 활용하기를 거부한다. 그러나 바울로의 진술들 역시 비판적 정사精査가 필요하며,[1] 연대기 문제에서 사도행전을 활용하는 데 대한 전적인 거부는 온당치 않다.

아래에서 확인하게 되는 것: 바울로 서간에만 의존하는 사람은, 상대적 연대기만 얻게 된다. 이 말은 바울로 활동의 특정 사건들, 예컨대 첫 번째

---

[1] Riesner, *Frühzeit* 27.

와 두 번째 예루살렘 방문이 얼마만 한 시간 간격을 두고 이루어졌는가 정도만 제시할 수 있음을 의미한다. 그나마 몇 안 되는 사건에 대해서만 그렇게 할 수 있다. 단 하나의 절대적 연도는 예수 사망 연도이니, 그 후에 바울로가 활동하기 시작했다. 그러나 이것도 시기적으로 확정되지 않는다. 하지만 많은 연구자가 30년을 가장 개연성 큰 연도로 본다.[2] 그리고 고린토 후서 11장 32절의 아레다 왕(40년까지 재위)에 대한 언급이 추가되는데, 여기서 아주 일반적인 추정이 가능하니, 바울로의 사도 소명과 다마스커스 탈출은 30년대에 일어났음이 분명하다는 것이다. 바울로 삶의 더 자세한 연대기를 얻고자 한다면, 사도행전에 물을 수밖에 없다.

그러나 우선은 바울로의 진술과 상대적 연대기에 좀 더 머물기로 하자. 갈라디아서 1장 18절은 바울로가 다마스커스 앞에서 사도 소명을 체험한 지 3년 후 게파를 만나러 처음 예루살렘을 방문했다고 한다. 갈라디아서 2장 1절에 따르면 바울로는 그 뒤 14년 만에 사도회의 참석을 위해 두 번째로 예루살렘을 방문했다. 이로써 16~17년의 기간이 생기는데,[3] 이 기간은 바울로 선교 활동의 상당 부분을 차지하며, 우리는 여기에 사도의 첫 그리스 선교도 포함시켰다. 실상 이 보고들이 연대기와 관련하여 바울로에게서 얻을 수 있는 가장 중요한 정보들이다. 전체 연대기에서 이것들의 중요성은 나중에 드러나게 될 것이다.[4]

다른 진술과 관찰들로부터 (특히 첫 번째 방문 때) 고린토와 에페소 체류 기간이 상당히 길었음을 알 수 있다.[5] 에페소에 관해서는 정보가 비교

---

[2] J. Gnilka, *Jesus von Nazaret* (Freiburg ⁴1995) 316f. [정한교 옮김 『나자렛 예수』 (분도출판사 2002)] 420; Blinzler, *Der Prozeß Jesu* 101-8 참조.

[3] 이 계산에 관해 이 책 81-82 참조.

[4] 2고린 12,2는 연대기 작성에 쓸모가 없다. 여기에 따르면 바울로는 "14년 전에" 셋째 하늘에까지 붙들려 올라가는 체험을 했다. 이 햇수는 11,32에 언급된 다마스커스 탈출이 아니라 편지 집필과 관련된다. Hyldahl, *Chronologie*의 견해다. 논쟁에 관해서는 Riesner, *Frühzeit* 22 참조. 또한 이 체험을 다마스커스 앞에서의 부르심과 동일시해서도 안 된다.

[5] Lüdemann, *Paulus* I 122-36 참조. 그는 모금에 관한 바울로의 진술들도 활용한다.

적 많다. 몇 가지를 상기하자: 바울로는 클로에 집안 사람들과 고린토 교회의 공식 대표단을 맞아들인다. 고린토로 편지를 써 보내고 중간 방문을 한다. 그리고 에페소 감옥에 갇힌다. 사도행전 19장 10절은 바울로가 에페소에서 2년간 가르쳤다고 말한다. 첫 번째 고린토 체류를 사도행전 18장 11절은 18개월로 계산한다. 이 계산은 바울로가 제공하는 정보들과 상당히 부합한다.

바울로의 여정에는 물론 매우 긴 시간이 필요했다. 언급되는 것은 안티오키아로부터 갈라디아, 트로아스, 마케도니아, 아테네, 고린토로의 여행뿐이다. 예베트는 이 여정의 길이와 기간을 계산해 내려 시도했다. 그리하여 총 2,700km 이상에, 약 90~200주週가 소요되었으리라 추정했다.[6] 그러나 필경 더 오래 걸렸을 것이다.

이제 사도행전을 살펴보자. 사도행전 18장 2절은 중요한 정보 하나를 제공해 준다. 아퀼라와 브리스킬라 부부가 바로 얼마 전에 고린토로 왔는데, 클라우디우스 황제가 모든 유대인을 로마에서 쫓아냈기 때문이라고 한다. 애석하게도 우리는 앞에서 클라우디우스 황제의 이 유대인 추방령이 언제 반포되었는지 정확히 밝혀낼 수가 없었다. 그저 40년대에 반포되었다는 정도로 만족할 수밖에 없었다. 사도행전 18장 12-17절이 전하는 바울로와 아카이아 총독 갈리오의 만남이 상대적으로 가장 의지할 수 있는 정보다. 델피에서 발견되어 1905년 처음으로 널리 알려진 한 비문[7][유니우스 갈리오를 총독(사도 18,12에서처럼 $\dot{\alpha}\nu\theta\dot{\upsilon}\pi\alpha\tau o\varsigma$)으로 표현한다]의 도움으로, 갈리오의 고린토 재임 시기를 추정할 수 있다. 여기서는 갈리오가 1년간 재임

---

[6] R. Jewett, *Chronologie* 103-6. 예베트는 최소 기간과 표준 기간을 계산한다. 전자는 전혀 지체하지 않고 하루에 40km를 갔음을 전제한 것이고, 후자는 더러 머물기도 하면서 하루 30km를 갔음을 상정한 것이다. 그러나 일정을 너무 빡빡하게 잡았다고 이의를 제기해야겠다. 바울로는 무슨 보병(步兵)이 아니었다. 그리고 여정은 험난했다.

[7] 그동안 이 비문의 단편 아홉 개를 찾아냈다. 폭넓은 토론에 관해 Deissmann, *Paulus* 203-25; Riesner, *Frühzeit* 180-9 참조. 비문의 번역은 C.K. Barrett - C. Colpe, *Die Umwelt des NT* (WUNT 4) (Tübingen 1959) 59에서 찾아볼 수 있다.

했음을 전제한다. 비문에는 클라우디우스 황제의 한 서간이 포함되어 있는데, 아마도 갈리오가 아니라 델피 시민들에게 보낸 것이다. 여기서 황제는 델피 시에 대한 호의와 아폴로 신 제의 그리고 시민들의 소송사건들에 관해 언급한다. 그리고 끝으로 "나의 친구인 총독 …" 유니우스 갈리오에 관해 말한다. 무엇보다도 이 서간은 날짜가 황제 클라우디우스에 대한 스물여섯 번째 환호 이후로 되어 있는데, 이 일은 역사학자들의 거의 일치된 판단에 따르면 52년 봄에 있었다. 이 서간은 그 얼마 전 갈리오가 델피 시의 인구 감소 문제에 관해 클라우디우스에게 올린 보고와 관련되어 있다. 그동안 갈리오가 직책에서 물러났으리라 짐작되기 때문에, 연구자들은 그의 재임 시기를 51년 여름부터 52년 여름까지로 추정한다. 갈리오는 재임 중 열병에 걸렸고,[8] 건강상의 이유로 고린토(아카이아 속주가 아니다)를 때이르게 떠났던 것 같다. 이는 바울로가 51년 말 고린토에서 갈리오의 법정에 섰음을 의미한다.

끝으로 사도행전 24장 27절은 바울로가 가이사리아에서 갇혀 있을 때 유대 총독이 안토니우스 펠릭스에서 포르키우스 페스도로 바뀌었다고 한다. 이 사건의 시기 추정은 54년부터 61년 사이에서 오락가락한다. 아무튼 요세푸스(ant. 20,182)에 따르면 페스도를 총독으로 임명한 사람은 클라우디우스의 후임자 네로 황제(54~68)였다. 더 나아가 요세푸스는 유대인들이 해임된 펠릭스를 로마에서 네로에게 고발했는데, 그가 유대인들에게 저지른 만행에 대해 크게 처벌받지 않을 수 있었던 것은 오로지 그의 동기 팔라스의 영향력 덕분이었다고 전한다. 제국 재무장관이던 팔라스는 55년 이 직책을 잃었다. 그리고 펠릭스 재임 말기에 만들어진 것이 확실한 주화들의 주조 시기도 네로 재위 1년으로 추정되기 때문에,[9] 이 연도에 상당한 중요성을 부여해도 될 것이며, 또한 같은 해 또는 1년 전에 총독 교체가 있었다

---

[8] Seneca, *ep. mor.* 104,1. 갈리오의 동생인 철학자 세네카는 형의 열병과 주재지 변경을 건강에 좋지 않은 기후와 관련시킨다.

[9] Riesner, *Frühzeit* 200 참조.

고 보아도 될 것이다.[10]

이제 하나의 연대기를, 물론 그 가정(假定)적 성격(다른 연대기들도 마찬가지다)을 유념하면서, 작성해 보자. 갈리오와의 만남은 51년 가을에 있었다. 우리는 바울로가 두 번째 고린토 체류 때(중간 방문은 계산에 넣지 않음) 갈리오를 만났다고 본다. 2~3년간의 에페소 체류는 그 전이다. 바울로가 언제 에페소에서 마케도니아를 거쳐 고린토로 갔는지는 알 수 없다. 더 거슬러 올라가 계산하면, 사도회의는 47/48년경에 열렸다.[11] 첫 번째로 예루살렘을 방문하여 베드로를 만난 것은 (14년 전인) 33/34년이고, 다마스커스 사건은 (그보다 3년 전인) 31/32년에 일어났다. 그렇다면 바울로는 예수의 십자가상 죽음 1~2년 뒤에 부르심을 받은 셈이다.

이제 앞으로 계산해 나가자! 바울로가 51년 가을 갈리오 앞에 끌려 나갔고 사건이 별 탈 없이 마무리되었다면, 사도가 고린토에서 겨울을 보내고 (사도행전은 석 달이라고 한다) 다음 해 봄 예루살렘으로 모금 전달 여행을 떠났으리라는 것은 매우 신빙성 있다. 사도행전 20장 6절에 따르면 바울로는 파스카 축제 기간에 필립비에 있었다.[12] 사도는 같은 해, 그러니까 52년에 예루살렘에 도착하여 체포되었을 것이다. 페스도는 사도를 54/55년에 로

---

[10] Suhl, *Paulus* 335.338. 총독 교체 시기를 더 뒤로 잡는 사람들은 팔라스가 해임된 뒤에도 여전히 막강한 영향력을 행사했고 제 동기에게 힘이 될 수 있었다고 주장한다.

[11] Riesner, *Frühzeit* 286의 추정도 비슷하다. 그러나 리스너는 사도행전이 제시하는 사건 순서를 고수한다. 우리의 추정은 갈리오 일화를 두 번째 고린토 체류 때로 옮기고, 또 첫 번째 그리스 선교를 사도회의에 앞서는 것으로 본 데서 나온 결론이다. Suhl, *Paulus* 315-21은 사도회의가 43/44년에 열렸다고 생각한다. 그에 따르면 요한은 동기 야고보와 함께 44년에 사망한 아그리빠에 의해 처형되었고, 베드로는 이 박해를 계기로 예루살렘을 아주 떠났다. 그러니까 요한과 베드로는 나중에는 예루살렘에 있을 수가 없었다. 그러나 내가 보기에 사도 12,2가 요한이 아니라 오직 야고보의 포악한 죽음만 언급하고 있다는 난점은 제거되지 못했다. 베드로가 (사도 12,17에도 불구하고) 겁을 먹고 예루살렘을 떠났으리라는 것은 그럴 법하지 않다. 더구나 사도회의가 그에게 할례받은 사람들에 대한 복음 선포를 맡긴 터였다.

[12] Blinzler, *Der Prozeß Jesu* 108은 파스카 축제에 관한 정보들을 너무 확실한 것으로 평가하는 것을 경고하는데, 옳다고 본다. 유대교 전례력 재구성에는 불확실한 점이 꽤 많다. 신월(新月)의 관찰은 눈으로 이루어졌다. 유대교 당국은, 특수한 상황에서 필요한 경우에는, 니산달 앞에 윤달을 끼워 넣을 권한을 지니고 있었다. Blinzler는 이런 사례들을 제시한다.

마로 이송시켰다. 그리고 바울로는 오랜 항해 뒤 로마에서 56년 처형되었을 것이다. 바울로가 서력기원 무렵에 태어났다고 전제한다면, 50대 중반의 나이로 사망한 셈이다. 바울로의 처형은 64년 네로가 일으킨 그리스도인 박해(전승에 따르면 이때 베드로가 순교했다)보다 여러 해 앞선 일임을 유의해야 한다.

이 연대기에 맞추어 바울로의 편지들을 배열해 보면, 데살로니카 전서는 사도회의 전, 즉 47/48년 이전에 고린토에서 썼다. 그리고 에페소에서 고린토 전서(그리고 이미 고린토로 발송된 한 편지)와, 필시 갈라디아서, 필립비서, 필레몬서가 집필되었다. 뒤의 두 편지는 감옥에서 썼으니 에페소 체류(48~50년경) 마지막 시기의 것이다. 고린토 후서 A(1-9장)는 곧이어 마케도니아에서 50/51년경에 발송되었다. 상당히 긴 두 번째 고린토 체류 중인 51/52년에 로마서가 집필되었다. 우리는 고린토 후서 B(10-13장)와 필립비서 B(주로 3장)를 마지막에 놓는다. 이 편지들은 바울로의 적극적 선교 활동의 마지막 시기 것이다.

참고문헌

J. BLINZLER, *Der Prozeß Jesu* (Regensburg ⁴1969).

C. CLEMEN, *Die Chronologie der paulinischen Briefe aufs Neue untersucht* (Halle 1893).

N. HYLDAHL, *Die paulinische Chronologie* (AThD 19) (Leiden 1986).

R. JEWETT, *Paulus-Chronologie* (München 1982).

J. KNOX, Chapters in a Life of Paul, D.R.A. Hare (Hrsg.), (Macon 1987).

G. LÜDEMANN, *Paulus, der Heidenapostel* I: Studien zur Chronologie (FRLANT 123) (Göttingen 1980).

D. MOODY, A New Chronology for the Life and Letters of Paul: *Chronos, Kairos, Christos* (Festschrift J. Finegan) (Winona Lake 1989) 223-40.

A. SUHL, *Paulus* 299-345.

R. RIESNER, *Die Frühzeit des Apostels Paulus* (WUNT 71) (Tübingen 1994).

10

바울로 이후 신약성서 문서들의 바울로상

바울로는 곧 그리스도교 교회(특히 사도가 선교 활동을 한 지역)의 관심을 집중시켰다. 이는 놀랄 일이 아니니, 바울로는 뭐라 해도 초창기 그리스도교의 가장 중요한 인물이었던 것이다. 문헌상으로 볼 때 이 관심은 두 가지 방식으로 표현되었다. 첫째, 사람들은 바울로의 삶과 활동에 관해 서술하기 시작했다. 루가가 이 일을 했다. 그러나 루가는 바울로를 원그리스도교의 역사와 결부시킨다.[1] 둘째, 사람들은 바울로의 이름으로 편지를 씀으로써 사도의 선교 활동을 계승·확대하려 애썼다. 이 편지들 역시, 물론 극적 요소는 덜하지만, 숙고된 특정한 바울로상像에 의해 각인되어 있다. 이 두 가지 전개 과정에 관해 마지막으로 간략히 고찰하자.

1. 사도행전

바울로의 삶과 활동을 서술하면서 우리는, 가능하고 책임질 수 있는 범위 내에서(이 책 1장 2절 참조), 거듭 사도행전의 도움을 받았다. 이제 여기서 루가가 제시하는 바울로의 모습을 살펴보아야겠다. 루가는 역사를 당시 규준들에 따라, 그러나 신학자로서 서술한다. 루가의 바울로상은 그가 펼쳐 보인 신학적 구상에 맞추어져 있어서, 역사상 바울로와는 거리가 있다.

아마 가장 눈에 띄는 것은, 바울로가 루가에게는 여느 사도들처럼 진짜배기 사도가 아니라는 점이다. 사도는 열둘이니, 곧 세례자 요한의 세례부터 예수 부활까지 예수와 함께 다닌 사람들이다(1,21-22 참조). 루가는 사도 칭호를 이 열두 사람에게 국한하기 때문에, 바울로에게는 사도 칭호 부여

---

[1] 그 후 2세기와 3세기에 외경(外經)인 바울로 행전(行傳)들이 나타난다.

를 거부할 수밖에 없었다. 루가가 바울로와 바르나바를 사도로 칭하는 경우가 한 번 있는데(14,4.14), 사도 칭호를 좀 헐값에 내주었다고 하겠다. 바울로와 바르나바는 사도들, 즉 교회가 선교 과업을 위해 가려내어 파견한 "사자들"(13,2-3), 안티오키아 그리스도인들의 사자들이다.

사도 칭호 부여 거부와는 관계 없이, 루가는 바울로가 부활하신 주님께 부르심을 받았고 그분의 이름을 메고 이방인들과 왕들과 이스라엘 백성들 앞에 서도록 정해져 있음을 물론 잘 알고 있었다(9,15). 루가는 더 나아가 바울로의 선교 활동을 탁월하게 부각 · 서술하여 교회의 기억에 영원히 새겨 놓았다. 그는 다른 사도들의 선교 활동은 아주 뒷전으로 밀어 놓았고[리따 · 요빠 · 가이사리아에서의 베드로의 활동(9,32-10,48)은 예외다], 열두 사도의 비활동성(8,1 참조)은 바울로의 활동성과 짝을 이룬다고 말할 수 있을 정도다.[2]

루가에게 교회의 중심은 예루살렘이었다. 예루살렘은 본부였으니, 지상 예수와 함께 다녔고 처음으로 믿음에 이른 열두 사도가 있었기 때문이다. 바울로는 주님께 친히 사명을 부여받았지만, 예루살렘에 묶인다. 다마스커스 체험 이후 바울로는 바르나바에 의해 사도들에게 소개되고, 그들이 이를테면 바울로 활동의 정당성을 인정해 준다(9,27-29). 루가는 바울로로 하여금 모두 네 차례 예루살렘으로 "올라가게" 하는데, 사도회의 참석을 위한(15,2. 그러니까 그저 야고보와 게파 그리고 요한을 만나기 위함이 아니다. 갈라 2,9 참조) 여행과 마지막 시기의 여행(21,15) 외에 11장 30절과 18장 22절에도 예루살렘 방문 이야기가 나온다. 무엇보다도 루가의 서술에 따르면 사도회의에서 한 합의가 이루어졌으니, 유대계 그리스도인들과 이방계 그리스도인들이 섞여 있는 교회들의 공동생활에서 언제까지나 통용되어야 할 "야고보의 규정"이 그것이다(15,20.28-29). 우리는 앞에서 루가가 이 후대의 규정을 사도회의로 소급시켰음을 살펴보았다. 아무튼 바울로도 이 규정을 자기 교회들에 전해 준다(16,4-5). 사도회의를 통해 바울로의 선교 활동이

---

[2] Burchard, *Zeuge* 175.

최종적 정당성을 얻는 듯이 보인다. 우리는 바울로 삶의 사건들을 재구성하면서, 루가가 사도회의를 시간상 바울로의 그리스 선교 앞에 놓았으나 역사상의 바울로는 사도회의 전에 이미 그리스에서 선교했다는 견해를 주장했다. 아무튼 이른바 세 차례 선교 여행은 언제나 안티오키아 및 예루살렘과 묶여 있는데, 안티오키아 교회는 예루살렘 교회의 한 이식移植이다.

역사상의 바울로가 율법에서 자유로운 자신의 복음으로 초래한 율법과의 충돌의 궤적은 사도행전에 충실히 보존되어 있다(13,38; 18,13; 21,28). 그런데 루가는, 훗날의 관점에서, 바울로를 이방인들에게로 이끈 것은 근본적으로 하느님의 영이었다는 식으로 이 문제를 해결한다. 성령께서 바울로를 당신이 의도하신 길로 가도록 거듭 독려하시거니와(16,6-7; 18,9-10), 가장 인상 깊은 이야기는 아마 도움을 청하는 한 마케도니아 사람의 현시일 것이다(16,9). 이 길의 끝에는 로마가 있었다(19,21; 23,11). 이 길에서 바울로는 영을 통해 힘을 얻고 자신을 입증했던바, 영은 사도로 하여금 놀라운 기적과 표징을 행하도록 했는데(13,9-11; 14,8-10; 16,25-27; 19,11-12), 이것들은 예루살렘의 사도들에게도 깊은 감명을 주었다(15,12). 짐작건대 루가는 여기서 한 전설적인 전승을 수용했을 것이다.

사도행전에서 바울로는 베드로나 스데파노 같은, 여타 그리스도교 선교사와 선포자들처럼 설교한다. 그러므로 유대인들의 분노를 불러일으킨 것은, 바울로의 율법관이 아니라 예수 부활에 관한 케리그마(선포)다(4,2; 7,55-56; 23,6; 24,15.21; 26,6-7.24; 28,20). 그러나 이 케리그마는 또한 유대인들의 희망의 목표로 이해되고 있다. 이런 관점에서 예수 케리그마에서는 유대교에 뿌리를 둔 믿음의 정점을 알아볼 수 있다. 이로써 루가는 옛 구원의 백성과 새 구원의 백성을 연결시키고 바울로를 그 연속성의 보증인으로 만들거니와, 예컨대 사도는 겐크레아에서 유대교 관습에 따라 서약과 관련하여 머리를 깎고(18,18)[3] 예루살렘에서 정결 예식을 행함으로써(21,24-26) 자

---

[3] 루가가 이 유대교 관습을 정확히 알고 있었는지는 불확실하다.

신의 유대교적 근본 성향을 표명한다.

바울로는 훌륭한 본보기이기도 하다. 루가는 바울로 소명사화를 일종의 개종담으로 꾸몄다. 오늘날에도 바울로의 개종에 관해 자주 이야기하는데, 여러모로 루가의 묘사를 따른다. 역사상 바울로는 자신의 부르심을 그런 식으로 이해하지 않았다. 루가는 사도의 박해 소행을 생생히 묘사한다. 바울로는 주님의 제자들을 미친 듯이 협박했고 기세가 살해를 서슴지 않을 정도였다(9,1). 그러다 하늘에서 주님의 빛이 그에게 쏟아져 내린 뒤, 단식하고(9,9) 기도했다(9,11). 그리고 교회의 여느 교우들처럼 세례를 받았다(9,18). 루가는 그리스도인이 되는 통상적 방식을 바울로에게도 적용한다.

루가에게 바울로는 위대하고 빛나는 연설가다. 역사상 바울로가 이 문제에서 자신의 약점을 자인하는(2고린 10,1.10) 반면, 루가의 바울로는 이 세상의 힘 있는 자들, 즉 로마 고위관리들과 왕들 앞에서(사도 13,9-11; 24,10-13; 25,10-12; 26,2-3), 그리고 아레오파고 광장에서(17,22-31) 당당히 행동한다. 아테네의 아고라(광장)에서는 에피쿠로스 학파와 스토아 학파 철학자들과 토론을 벌인다(17,17-18).

루가는 바울로가 지나치게 체면을 잃지 않도록 배려한다. 필립비에서의 매질과 투옥(그러나 사도는 기적적으로 풀려난다)을 전하고(16,16-40), 리스트라에서의 돌매질(그러나 사도는 말짱하게 일어난다)을 언급하지만(14,19-20), 에페소 옥살이에 대해서는 입 다문다. 그리고 은장이들의 소동 이야기를 꾸며 내고는, 로마 관리들이 바울로 편을 들게 한다(19,23-40). 바울로 자신이 말하는 여러 차례의 옥살이, 채찍질, 회당의 매질(2고린 11,23-25)은 사도행전에 나오지 않는다. 또한 병약한 바울로의 모습도 찾아볼 수 없다.

루가의 바울로는 교회의 조직에 마음 쓰지만, 줄곧 나오는 주제는 아니다. 첫 번째 선교 여행에 관한 전언에서만 바울로와 바르나바가 교회마다 기도·단식·안수를 통해 원로들을 임명했음을 읽게 된다(사도 14,23). 밀레도스에서의 고별사에서 사도는 에페소로부터 불러 모은 원로들에게 성령께서 하느님 교회를 돌보게 하시려고 그들을 감독(주교)들로 세우셨다고 말한다(20,28). 성령에 의한 임명에 대한 언급은 필경 바울로 교회들의 카리스마적 구조를 상기시키기 위한 것이다. 바울로 서간에서는 필립비서 인사말에서만 감독(과 봉사자들)에 관해 읽게 된다(필립 1,1). 밀레도스 고별사에서는 원로와 감독이라는 개념들이 맞바꾸어 사용될 수 있으며, 분명한 구별은 아직 관철되지 않았음을 주목해야 한다.

루가는 사도시대 교회에 관해 조화와 평화의 그림을 그린다. 갈등들이 발생하면, 사도회의에서처럼, 합의를 통해 조정된다. 하지만 루가도 이단과 분열이 생겨나는 것을 알고 있다. 그러나 루가는 그것들을 바울로 이후 시기로, 다시 말해 자기 시대로 밀어 놓는다. 루가의 공동체들이 이미 그런 분열들을 겪었음은 분명하다. 바울로를 반대하는 선동에 관해 루가는 말하지 않는다. 루가의 바울로는 그러나 그것을 에페소 감독들에게 예고한다: "또한 여러분 자신들 가운데서도 제자들을 꾀어내 자기들 뒤를 따르도록 거짓된 말을 하는 사람들이 일어설 것입니다." 그들은 찢어 먹는 늑대들처럼 양 떼를 해칠 것이다. 그러나 그런 일은 바울로가 떠난 후에야 일어날 것이다(사도 20,29-30). 사도시대는 확실함의 시대였고, 그동안 일종의 거룩한 과거가 되었다. 비록 2세대 사람이요 열두 사도 동아리에 속하지 않았지만, 바울로는 이 확실함을 보증했다. 그의 활동과 죽음이 이 시대를 종결한다.

참고문헌

H. BOTERMANN, Der Heidenapostel und sein Historiker: *ThBeitr 24* (1993) 62-84.

Chr. BURCHARD, *Der dreizehnte Zeuge* (FRLANT 103) (Göttingen 1970).

M. DIBELIUS, *Aufsätze zur Apostelgeschichte*, H. Greeven (Hrsg.), (Berlin ³1956) 175-80.

C.J. HEMER, *The Book of Acts in the Setting of Hellenistic History* (WUNT I/49) (Tübingen 1989).

G. KLEIN, *Die zwölf Apostel* (FRLANT 77) (Göttingen 1961).

J.C. LENTZ, *Luke's portrait of Paul* (SNTS. MS 77) (Cambridge 1993).

K. Löning, *Die Saulustradition in der Apostelgeschichte* (NTA 9) (Münster 1973).

W. Radl, *Paulus und Jesus im lukanischen Doppelwerk* (EHS.T 49) (Bern - Frankfurt/ M. 1975).

C.J. Thornton, *Der Zeuge des Zeugen* (WUNT I/56) (Tübingen 1991).

2. 사목서간

사목서간(디모테오 전·후서, 디도서)의 바울로상은 여러 면에서 사도행전의 바울로상과 가깝다. 이것은 사목서간 필자가 사도행전에서도 이용된 바울로 전승들을 수용한 것과 관련이 있다. 그러나 사도행전의 경우와는 달리, 우리는 사목서간 필자가 바울로의 편지들을 잘 알고 있었음을 전제한다.[1]

사목서간에서 두드러지게 눈에 띄는 것은 바울로에의 집중이다. 다른 사도들은 언급되지 않는다. 사도행전이 바울로에게 사도 칭호를 부여할 수 없었던 반면, 사목서간에서 바울로는 전범적 사도요 유일하게 관심 끄는 사도다. 두루 알다시피 사목서간에서 바울로 사도의 영향은 절대적이다. 이 영향권은 아시아 속주에서 찾을 것이다. 에페소에 대한 세 차례 언급은 시사하는 바가 많다(1디모 1,3; 2디모 1,18; 4,12).

디모테오 전서 1장 12-14절은 사목서간의 소명 보도라고 불리어 왔다:[2] "나를 굳세게 하신 그리스도 예수 우리 주님께 감사드립니다. 그분은 나를 믿을 만한 사람으로 보시고 나에게 직분을 맡기셨습니다. 내가 전에는 그분을 모독하던 자요 박해하던 자요 그리고 학대하는 자였습니다. 그러나 그것은 신앙이 없어서 모르고 한 것이기 때문에 나는 자비를 입었습니다. 과연 우리 주님의 은혜가, 그리스도 예수 안에 뿌리박고 있는 믿음과 사랑과 함께 넘쳐흘렀습니다." 소명 사건을 직접 언급하지 않는 것에 유의해야 한다. 바울로는 그리스도께 직분을 부여받았다. 여기서는 공식적·공무적

---

[1] Trummer, *Corpus Paulinum* 133에 따르면 사목서간은 바울로 서간집의 새로운 간행과 연계하여 집필되고 널리 읽혔다.

[2] Roloff, *Apostolat* 239.

언어로 말하고 있다. 박해 소행을 분명한 말로써 고백하지만, 무지함과 불신에서 비롯된 일이었다고 해명한다.

이 소명 보도의 의도는 바울로를 본보기로 제시하자는 것이다. 하느님의 자비를 의심하는 사람들은 모두 바울로를 보고 힘을 얻어야 한다: "그런데도 내가 자비를 입은 것은, 그리스도 예수께서 내게 먼저 당신의 온전한 관용을 보여 주시어, 영원한 생명을 얻기 위해 그분을 믿으려는 이들의 본보기가 되게 하려는 것입니다"(1,16).

바울로는 무엇보다도 교회 조직가다. 바울로는 전체 교회 지역들을 몸소 정비하거나, 두 제자 디모테오와 디도를 통해 돌본다. 이로써 사도의 한 가지 중대 관심사가 뚜렷이 부각되는데, 사도행전은 이것을 부수적으로만 언급한다. 바울로는, 자신이 그리스도께 직분을 부여받았듯, 디모테오에게 안수를 통해 직분을 부여했다. 그때 이 제자에게 직무의 은사가 전달되었다(2디모 1,6). 안수가 한번은 바울로 자신에 의해 다음번엔 장로들에 의해 행해졌다는(1디모 4,14) 것은, 사목서간 교회들에서 관철된 직무와 직무 위임의 관례에 바울로를 끌어들임을 의미한다. 디도가 그레데 섬의 교회 지역 정비를 마무리하고 도시마다 장로들[신중히 선택되어야 한다(1디모 5,22)]을 임명할 임무를 부여받았다는 것은(디도 1,5), 에페소로부터 시도한 그레데 선교가 성공을 거두었음을 전제한다.

장로에 임명되는 사람들은 무엇보다도 건전한 가르침을 옹호하고(디도 1,9) 자신들에게 맡겨진 귀한 것을 잘 간직할(2디모 1,14; 1디모 6,20) 임무를 지닌다. 그것은 바울로의 교시(1디모 1,18), 그의 복음(2디모 2,8), 복되신 하느님의 영광의 복음(1디모 1,11)인바, 이 증언을 위해 바울로는 이방인들의 선포자와 사도 그리고 교사로 세워졌다(2,7). 보존과 옹호가, 교회들이 복음의 바탕을 위태롭게 하는 (짐작건대 영지주의의 영향을 받은) 거짓 선생들에 의해 위협받고 있었기 때문에, 매우 강조되고 있다. 그러니까 사도행전에서 바울로가 에페소 원로들에게 한 고별사에서 아주 가까운 장래에 찢어 삼키는 늑대들이 양 떼 속에 침입해 들어오리라 예고했던 일이 사목서간에서는 중대 현안이 되었다(1디모 1,3-7; 디도 3,9-11).

바울로는 특히 교회 직분을 맡은 사람들의 본보기, 가르침·삶·노력·믿음·인내·사랑·끈기·박해·수난에서 본보기가 되었다. 이런 맥락에서 필자는 디모테오에게 안티오키아와 이고니온과 리스트라에서 바울로의 수난을 상기시킨다(2디모 3,10-11). 수난의 본보기는 특히 디모테오 후서 — 마지막 편지로 보아야 한다[3] — 에서 뚜렷이 제시된다. 바울로는 로마 감옥에서 거의 모든 사람에게 버림받았고, 첫 번째 변론 때 아무도 그의 편을 들지 않았다. 그러나 주님께서 사도를 굳세게 해 주셨다. 바울로는 피할 수 없는 죽음을 눈앞에 두고 있지만, 주님께서 자신을 온갖 악행에서 건져 내시고 당신의 하늘나라로 구해 주리라 깊이 확신하고 있다(4,16-18).

사목서간에는 우리가 잘 알고 있는 바울로의 활동 지역들이 나온다: 에페소 외에도 마케도니아(1디모 1,3), 데살로니카, 갈라디아(2디모 4,10), 트로아스(4,13), 고린토, 밀레도스(4,20). 이 지역은 달마디아(4,10), 그레데 섬(디도 1,5), 니코폴리스(3,12)[4]로 확대된다. 또한 바울로의 널리 알려진 협력자들도 거명된다: 디모테오[5]와 디도 — 바울로 서간에 나타나는 것보다 더 중요한 의의를 인정해 주어야 한다 — 외에도, 디키고(디도 3,12), 데마, 루가, 마르코(2디모 4,10-11), 브리스카와 아퀼라(4,19).[6] 그 밖에 바울로의 친지와 적수들의 새로운 이름도 많이 나온다. 오네시포로와 그의 가정은 각별히 치하 받는다(2디모 1,16; 4,19). 디모테오 후서 4장 21절의 문안자 명단에서는 라틴식 이름들이 눈길을 끈다. 대부분 떨어져 나간 그리스도인들인 적수들로는 히메내오와 알렉산드로(1디모 1,20), 아시아 속주 출신인 피겔로와 헤르

---

[3] 전통적 순서 — 1디모, 2디모, 디도 — 는 사목서간 필자의 의도와 부합하지 않는다.

[4] 여기서는 아마 에피루스에 있는 아드리아 해안의 니코폴리스를 생각하는 것 같다. H. Warnecke, *Die tatsächliche Romfahrt des Apostels Paulus* (SBS 127) (Stuttgart 1987) 137-9는 이 정보를 로마로의 항해 재구성에 이용한다.

[5] 2디모 1,5는 디모테오의 할머니 로이스와 어머니 유니게에 관해, 3,15는 그의 교육에 관해 언급한다. 디모테오 역시 본보기로 제시된다.

[6] 서간 필자는 필경 필레 23절과 골로 4,10-14의 문안자 명단도 참조했을 것이다.

모게네(2디모 1,15) 등이 거명된다.[7] 새로운 이름들이 정평 있는 신자들 또는 서간 필자 동시대의 우두머리 거짓 선생들을 가리킬 가능성을 배제해선 안 된다.[8]

  디모테오 후서 1장 17절은 한 가지 중요한 언급을 하는데, 오네시포로가 로마에서 갇혀 있는 바울로를 열심히 찾아서 만났다고 한다. 이것은 서간 필자가 바울로의 상황으로 설정한 것이 로마 옥살이임을 의미한다. 이 옥살이는 우리가 사도행전 말미에서 읽은 것과 동일한 옥살이이며, 그 후의 어떤 꾸며 낸 옥살이가 아니다. 이 옥살이는 처형으로 끝난다. 그러므로 우리는 서간 필자가 여러 전기적 언급들(1디모 1,3; 디도 1,5; 3,12; 2디모 4,21 등)을 바울로 서간과 사도행전에서도 읽을 수 있는 바울로의 활동 시기로 옮겨 놓고자 했음을 전제해야 한다. 사목서간 필자는 자기 시대를 바울로 시대, 특히 사도 활동의 마지막 시기로 옮겨 놓는다. 사도의 시대를 자신의 시대로 잘라낸다. 그렇게 바울로를 자기 시대로 데리고 들어왔고, 또 사도를 염두에 두고 자기 교회들에게 지시와 충고를 할 수 있었다.

---

[7] 히메내오는 2디모 2,17에 또 한 번 언급된다. 구리 세공사 알렉산드로(4,14)와 1디모 1,20의 알렉산드로는 동일인일까?

[8] Dibelius, *Past* 96f 참조.

3. 골로사이서와 에페소서

이 두 편지 역시 바울로의 상황으로 옥살이를 설정하고 있다(골로 4,3.18; 에페 4,1). 그러나 그 장소는 (사목서간과는 달리) 밝히지 않는다. 골로사이서가 필레몬서와 가깝고 에페소서는 골로사이서와 가깝기 때문에, 로마 옥살이 이전의 어떤 옥살이를 상정할 수도 있을 것이다. 아무튼 이 편지 필자들이 바울로의 순교 사실을 알고 있었음은 확실하다.

골로사이서가 사목서간처럼 오로지 사도 바울로만 안중에 두고 있는 반면, 에페소서는 다른 "거룩한 사도들과 예언자들"도 언급한다(3,5; 2,20; 4,11). 그들이 교회의 기초다(2,20). 물론 바울로의 권위는 이론의 여지가 없다. 편지들이 씌어진 아시아 속주에서도 그러하다. 바울로는 계시의 수령자요(3,2-3), 이방인 선교를 위한 은총의 도구다(3,8). "이방인들에게 복음을 선포하다"라는 정식적 표현은 갈라디아서 1장 16절을 염두에 두고 있으며, 따라서 다마스쿠스 사건과 관련된다. 바울로의 겸손함 또 그로써 은총의 위대함이 고린토 전서 15장 9절("사도들 중에서 가장 작은 자")에서보다 더 강조되어 있다: "모든 성도들 중에서 가장 작은 나에게 이런 은총이 주어져 …"(1디모 1,15 참조). 바울로의 소명은 교회 직분의 수임으로 이해할 수 있다(골로 1,25; 참조: 1디모 1,12).

바울로의 수난이 깊이 숙고된다. 바울로는 "그리스도 예수의 수인囚人"으로서 이방인들을 위해 고난을 겪는다(에페 3,1). 골로사이서 1장 24절의 진술은 논란되고 있다: "이제 나는 여러분을 위해 고난 받는 것을 기뻐하며, 그분의 몸 곧 교회를 위하여 그리스도의 남은 고난을 내 육신으로 채워 갑니다." 우리는 여기서 실제적 보충에 관해 말할 수도 있을 것이다. 이는 그리스도의 수난이 보편적이고 완전한 구원이 아님을 의미하는 것이 아니다. 그러나 그리스도께서 선사하시는 것이 사람들에게 전달·이해되어야 한다. 이 일이 복음의 일꾼이요(1,23) 교회의 일꾼인(1,24-25) 바울로에 의해 이루어지거니와, 사도는 활동을 하면서 필연적으로 고난과 박해를 겪는다.[1]

에페소서가 바울로의 협력자로 디키고만 거명하는[그것도 틀에 박힌 방식으로(참조: 에페 6,21-22; 골로 4,7-9)] 반면, 골로사이서는 공동 발신자인 디모테오(1,1) 외에도 많은 이름이 포함된 문안자 명단을 제공한다(4,10-15). 가장 중요한 사람은 1장 7절에도 언급되는 에바프라다. 과연 에바프라는 골로사이 교회의 창립자고 프리기아 리코스탈의 선교사인데, 아마도 에페소에서 바울로에 의해 회심했다. 그래서 그는 "여러분의 동향인"이라 불릴 뿐 아니라 "우리 대신 그리스도의 충실한 봉사자인 우리의 사랑하는 동료 일꾼"이라 지칭될 수 있다.[2] 에바프라는 사도 이후 시대로의 연결 고리다. 그는 바울로가 찾아가지 않은 곳에 그의 위임으로 교회들을 세웠다. 그리하여 바울로 사망 이후 사도 복음의 한 보증인이 되었다. 리코스탈의 교회들을 위해, 또 후대를 위해 에바프라의 중개자 역할은 중요했으니, 그는 물려받은 것을 계속 전했고 신자들에게 바울로, 그의 인격과 가르침을 상기하고 그것에 터해 언제나 새로운 방향 정위를 하도록 촉구했다.

참고문헌

J. GNILKA, Das Paulusbild im Kolosser- und Epheserbrief: *Kontinuität und Einheit* (Festschrift F. Mußner) (Freiburg 1981) 179-93.

G. LOHFINK, Paulinische Theologie in der Rezeption der Pastoralbriefe: K. Kertelge (Hrsg.), *Paulus in den ntl Spätschriften* (QD 89) (Freiburg 1981) 70-121.

J. ROLOFF, *Apostolat - Verkündigung - Kirche* (Gütersloh 1965).

P. TRUMMER, *Die Paulustradition der Pastoralbriefe* (BET 8) (Frankfurt 1978).

---

[1] Gnilka, *Kol* 93-8 참조.

[2] 1,7의 이 독해가 "여러분을 위한 그리스도의 충실한 봉사자"보다 우대받아야 한다.

—, Corpus Paulinum - Corpus Pastorale: 앞의 책 122-45.

G. WILSON, *The Portrait of Paul in Acts and the Pastorals* (SBL 1976 Seminar Papers) (Missoula 1976) 397-411.

M. WOLTER, *Die Pastoralbriefe als Paulustradition* (FRLANT 146) (Göttingen 1988).

참고문헌

독자들은 우선 각 단락 끝에 달아 둔 참고문헌에서 정보들을 얻을 수 있다.
주석서들은 각주에서만 명기했으며, 축약 표기했다(보기: Conzelmann, 1 Kor).

잡지들과 전공 논문 총서들의 약어들은 다음 책을 따랐다:
S. SCHWERTNER, *Internationales Abkürzungsverzeichnis für Theologie und Grenzgebiete* (Berlin 1974).

BAUER, W. - ALAND, K. und B., *Wörterbuch zum NT* (Berlin - New York ^{6}1988).

BAUMGARTEN, J., *Paulus und die Apokalyptik* (WMANT 44) (Neukirchen 1975).

BECKER, J., *Paulus. Der Apostel der Völker* (Tübingen 1989).

BERGER, K., *Theologiegeschichte des Urchristentums* (Tübingen 1994).

BILLERBECK, P. - STRACK, H., *Kommentar zum NT aus Talmud und Midrasch*, 6 Bde. (München 1926ff).

BLASS, F. - DEBRUNNER, A. - REHKOPF, F., *Grammatik des neutestamentlichen Griechisch* (Göttingen ^{16}1984).

BLEICKEN, J., *Verfassungs- und Sozialgeschichte des Römischen Kaiserreiches*, 2 Bde. (UTB 839) (Paderborn ^{2}1981).

BORSE, U., *Der Standort des Galaterbriefes* (BBB 41) (Köln 1972).

BULTMANN, R., *Theologie des NT* (Tübingen ^{5}1965).

BURCHARD, Chr., *Der dreizehnte Zeuge* (FRLANT 103) (Göttingen 1970).

DEISSMANN, A., *Licht vom Osten* (Tübingen ^{4}1923).

—, *Paulus* (Tübingen ^{2}1925).

DIBELIUS, M., *Aufsätze zur Apostelgeschichte*, H. Greeven (Hrsg.), (Berlin ³1956).

—, *Paulus*, W.G. Kümmel (Hrsg.), (Berlin ²1956).

DÖMER, M., *Das Heil Gottes* (BBB 51) (Bonn 1978).

ELLIGER, W., *Paulus in Griechenland* (SBS 92/93) (Stuttgart 1978).

GNILKA, J., Theologie des NT (Freiburg 1994).

GÜTTGEMANNS, E., *Der leidende Apostel und sein Herr* (FRLANT 90) (Göttingen 1966).

HAINZ, J., *Ekklesia. Strukturen paulinischer Gemeinde-Theologie und Gemeinde-Ordnung* (BU 9) (Regensburg 1972).

—, *Koinonia. "Kirche" als Gemeinschaft bei Paulus* (BU 16) (Regensburg 1982).

HEMER, C.J., *The Book of Acts in the Setting of Hellenistic History* (WUNT I/49) (Tübingen 1989).

HENGEL, U., Der vorchristliche Paulus, in: M. Hengel - U. Heckel, *Paulus und das antike Judentum* (WUNT I/58) (Tübingen 1991) 177-291.

HOFFMANN, P., *Die Toten in Christus* (NTA 2) (Münster ³1978).

JEREMIAS, J., *Jerusalem zur Zeit Jesu* (Göttingen ³1962).

JEWETT, R., *Paulus-Chronologie* (München 1982).

KASER, M., *Das römische Privatrecht* (HAW X 3. 3. 1) (München ²1971).

KERTELGE, K., *"Rechtfertigung" bei Paulus* (NTA 3) (Münster ²1971).

—, *Grundthemen paulinischer Theologie* (Freiburg 1991).

KLAUCK, H.-J., *Herrenmahl und hellenistischer Kult* (NTA 15) (Münster ²1986).

KLAUSNER, J., *Von Jesus zu Paulus* (Jerusalem 1950).

KLEIN, G., *Die zwölf Apostel* (FRLANT 77) (Göttingen 1961).

KOCH, D.-A., *Die Schrift als Zeuge des Evangeliums* (BHTh 69) (Tübingen 1986).

KÖSTER, H., *Einführung in das NT* (Berlin 1980).

KUSS, O., *Paulus. Die Rolle des Apostels in der theologischen Entwicklung der Urkirche* (Regensburg ²1976).

LÖNING, K., *Die Saulustradition in der Apostelgeschichte* (NTA 9) (Münster 1973).

LÜDEMANN, G., *Paulus, der Heidenapostel I: Studien zur Chronologie* (FRLANT 123) (Göttingen 1980).

—, *Paulus, der Heidenapostel II: Antipaulinismus im frühen Christentum* (FRLANT 130) (Göttingen 1983).

LUZ, U., *Das Geschichtsverständnis des Paulus* (München 1968).

MAGIE, D., *Roman Rule in Asia Minor*, 2 vols. (Princeton 1950).

MEEKS, W.A., *The First Urban Christians* (New Haven - London 1983).

MEYER, E., *Ursprung und Anfänge des Urchristentums*, 3 Bde. (Stuttgart - Berlin ³1921. 1923).

MICHEL, O. - BAUERNFEIND, O., *Flavius Josephus: De Bello Judaico*, 3 Bde. (Darmstadt 1959~1969).

MOMMSEN, Th., *Römisches Strafrecht* (Nachdruck Darmstadt 1961).

MOULTON, J.H., - Milligan, G., *The Vocabulary of the Greek Testament* (Nachdruck London 1963).

OGG, G., *The Chronology of the Life of Paul* (London 1968).

OLLROG, W.H., *Paulus und seine Mitarbeiter* (WMANT 50) (Neukirchen 1979).

PREISIGKE, F. - KIESSLING, E., *Wörterbuch der griechischen Papyrusurkunden*, 3 Bde. (Berlin 1925~ 1931), Bd. 4 (Amsterdam 1969).

RADL, W., *Paulus und Jesus im lukanischen Doppelwerk* (EHS.T 49) (Bern - Frankfurt/M. 1975).

RIESNER, R., *Die Frühzeit des Apostels Paulus* (WUNT 71) (Tübingen 1994).

ROLOFF, J., *Die Kirche im NT* (Göttingen 1993).

SCHLATTER, A., *Die Geschichte der ersten Christenheit* (Nachdruck Stuttgart ⁶1983).

SCHOEPS, H.-J., *Paulus. Die Theologie des Apostels im Lichte der jüdischen Religionsgeschichte* (Tübingen 1959).

SCHÜRER, E., *Geschichte des jüdischen Volkes im Zeitalter Jesu Christi*, 3 Bde. (Nachdruck Hildesheim 1964).

—, *The History of the Jewish People in the Age of Jesus Christ*, revised and edited by G. Vermes, F. Millar, M. Goodman, 3 vols. (Edinburgh 1987).

SCHWEIZER, E., *Erniedrigung und Erhöhung bei Jesus und seinen Nachfolgern* (AThANT 28) (Zürich ²1962).

SPICQ, C., *Notes de Lexicographie Néo-Testamentaire*, 3 tomes (OBO 22) (Fribourg - Göttingen 1978).

STRAUB, W., *Die Bildersprache des Apostels Paulus* (Tübingen 1937).

TAJRA, H.W., *The Trial of St. Paul* (WUNT II/35) (Tübingen 1989).

THEISSEN, G., *Studien zur Soziologie des Urchristentums* (WUNT 19) (Tübingen 1979).

—, *Psychologische Aspekte paulinischer Theologie* (FRLANT 131) (Göttingen 1983).

THEISSEN, W., *Christen in Ephesus* (TANZ 12) (Tübingen - Basel 1995).

WIKENHAUSER, A., *Die Apostelgeschichte und ihr Geschichtswert* (NTA VIII/3-5) (Münster 1921).

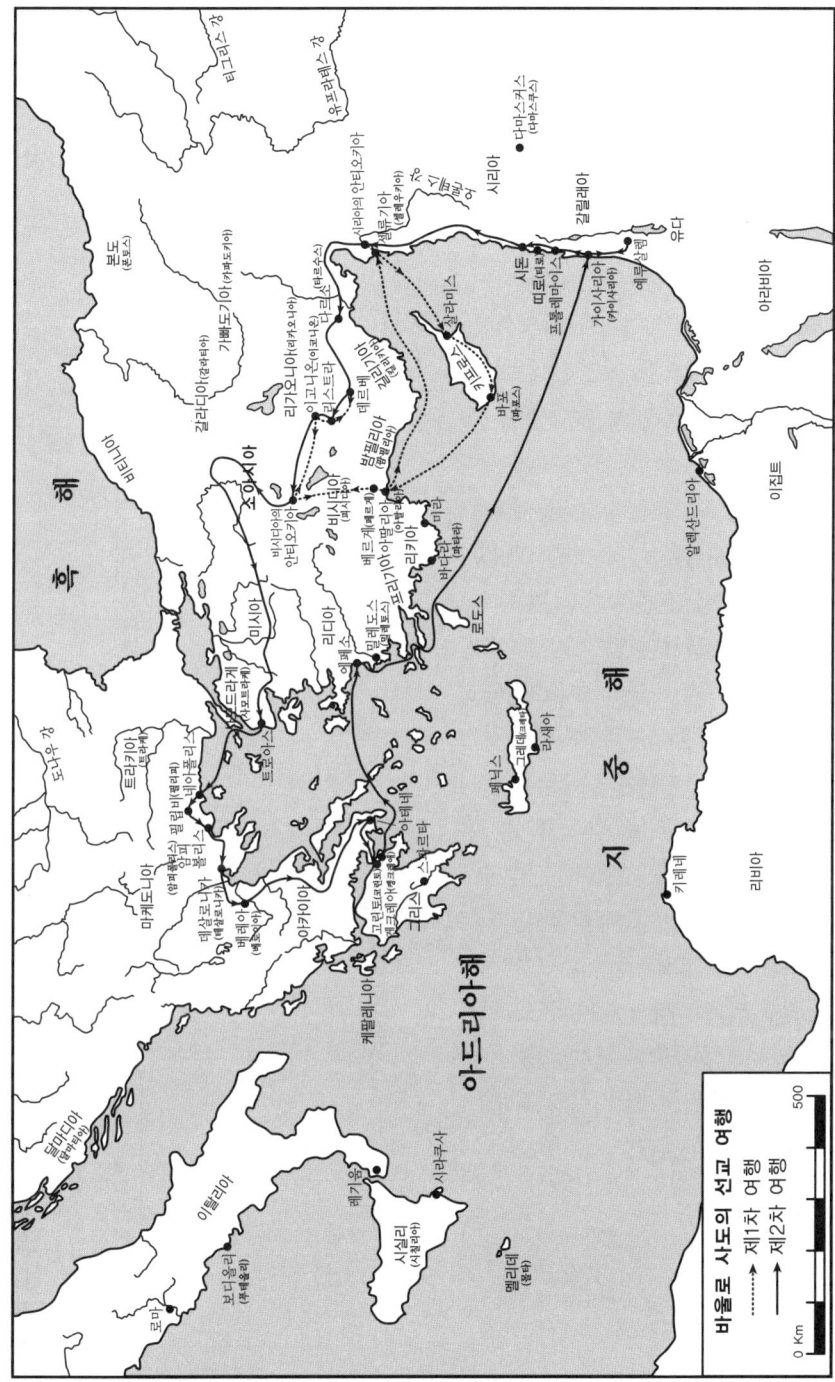

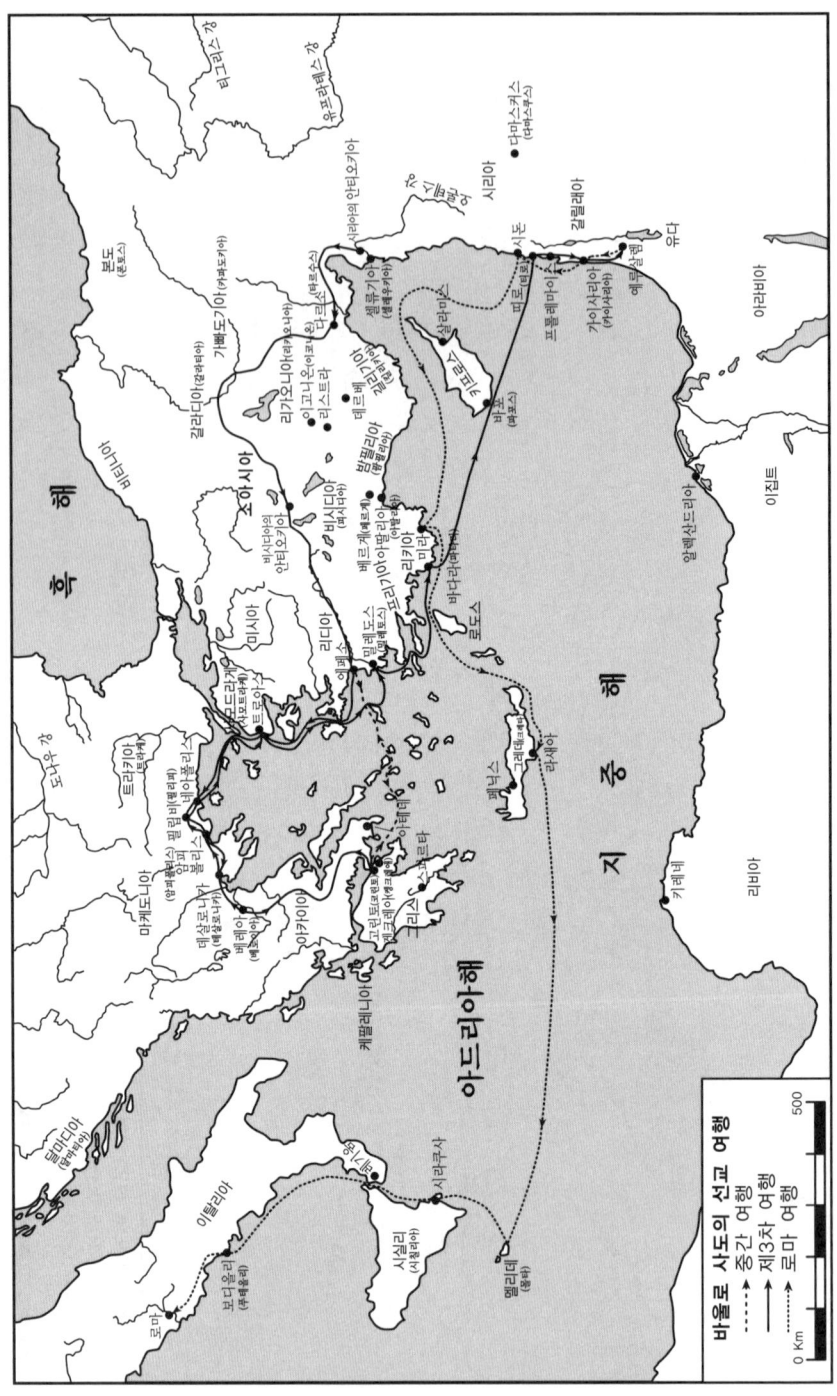

인명 · 사항

가믈리엘 1세 42-4 46
가정교회 26 92 118 129 141 157 167-9 171-2 182 195 211 213 247 254
갈라디아 19 96 98-9 105 112-7 136-7 145-6 151 155-6 159-60 164 172 174-5 195 210 220-2 227 229 237 322-3 332 335 356-7 396 418 428 432 461 475
갈리오 107 110 140 185-8 461-3
게바 57 70 85-6 89 106 139 148-50 156-61 227 244 339 357 402 460 468 ☞ 베드로
계시 16 68-71 73 80 145 192 223 247 275-7 283 287 290 298 312 315 346 358-60 365 435 477
고린토 27 29 102 104-10 112 132-42 145 161 164 167-8 172-8 184-5 187-9 191 195 210-1 217 220 222-3 228 241 243-7 249-50 252 255-7 260-1 265-7 278 282 285 290-2 300-1 308 310 317-9 339 367 386-7 389 396 399-400 402 409 414 428-30 435-6 446 453 460-4 475
교회 5 13-6 18 23 26-7 29 44-5 55-60 70 79 82 84 86-8 90 92 94 96-100 102 105 109 112-4 118-9 122 127-32 136-49 151-3 155-7 159 161 163-4 167-77 181-5 188-92 194-5 197 201 206 208 210-3 215-8 220 226-37 241-5 247-51 254-7 260-2 264-7 273-4 278 282-5 290-2 300 306 318 322 338 343 349 357 371 374 380 382-3 386-8 393-403 406 408-12 414 417-8 424 429 432 435 437 443-7 449 461 467-71 474-8

구약성서 81 91 198 200 248 253 256 273 276 278-80 289 294-5 300 304-5 312 321 329 343 354 399 401 418 421
구원 24 47 61 69-70 72 89 126 130 150-1 159-60 193 196-9 201-5 222 225 232 235-7 244 247 257 274-5 278 287-90 296-8 302 306 309 314 320-2 324-5 328-36 338-40 342-3 345-6 348 351 354 359-60 366-7 370 372 374-6 378 380 383-4 389 391 396 406-8 414-6 419-23 438 469 478
국가권력 262-3 292
그리스도 5 13-4 20 24 38 40 50 57 64 66-74 80 86 88-9 100 103 107 111-2 115-8 129 136-7 139 159-61 168 170 172 174 179-81 184 193-4 196-8 200 204-5 207 210-1 214-5 217-9 221-4 232 235 237 243-6 248 250-1 259 263 266 274-6 278 280 282-5 287-8 291-2 294-8 300-5 307 309 311-23 325 330-5 337-43 346-58 361-2 364-72 374-87 391 393-4 396-9 401-7 409-10 412 415-8 421-2 429 431 434-8 454 473-4 477-8
그리스도-소유격 표현 383
"그리스도 안에" 170 372 376-84 436
그리스도와의 결합 318 320 352 376-8 382 391 403 407 412 436-7
그리스도의 몸 14 266 300 318 383 388 398-9 406-12
그리스도의 죽음 57 161 282 367 404-5 411
기도 65-7 116 165 179 188 230 247-9 254 306-8 319 349 387 420 434-5 443 470

487

내림來臨 56 117 129 193 196 205 232 243 246 250 257 297 317 319 348-50 421 430

다르소 13 28 33-7 40-3 47 49-50 58 67 89-90 100-1 192 432
다마스커스 33 58 61-5 66-9 71 74 79-84 104 198 275 277 357-8 432 460 468
다마스커스 사건 66-7 69-73 80-2 85 273 434 436 463 477
데살로니카 29 56 118-20 123 126-31 136 181 184 189 195 212 241 250 290 385 393 434 452 475
디도 142-4 147-8 163-4 167 176-7 184-5 211 221 228 291 309 427 474-5
디모테오 97 99 111-2 118 121 123 130-1 136 139 141-2 163 173-4 179 189 210-1 215 285 341 379 432 474-5 478

로마 13 15 23 26 29 33 38-40 46 49 62 64 81 84 89 93 100 107-10 114 118-20 122-7 132-6 138 141-2 165-6 170-1 179-80 184-5 188 193 195 206-9 227-30 253-4 256-7 264 291 420 429 432 434 443-4 449-51 453-4 461-4 469-70 475-7
로마 공동체 26 207-8 212 228 264
로마 시민 39-41 124-5 127 134-5 193 264 450-1 454
루터 16-7 154 423
리디아 121-2 192 195 253

마르키온 15 18

마음 60 66 73 108 112 133 155 167 188 197 211 215 217 219 223 243 248 279 282 295 306 309 311 323 337 342 362 367 370 376 383-5 390 414 418 421 429-30 433-4 438 443 447 470
메시아 23 56 60 84 91-2 201 221 235 278 280 290 340-2 344-5
모금 42 88 105 111 129 142-4 152-3 161 163-4 176-7 188-90 211 226-38 394-5 443 445-7 460 463
모세 43 147 154 157-8 160 186 202 221 235 248 263 278-81 309 334 355 418 446
몸 14 44 57 66 117 126 200 220 246 255 257-8 266 274 277 298-301 309 312-20 322-4 329-30 348 368 380 383 388 395 397-9 401 406-12 428 430-1 438 477
몸갖춘 존재 313 316 318
믿음 16 59-60 70-1 74 82 84 90 108-9 118 128 131 136 139 142 147 154 159-60 168 182 200 221 235 242-3 250 265 274 279-81 288 291 309 311 322 333-5 337 339 346 351 356-7 359-65 376 379 382 385 394 402 408 415-6 422 468-9 473 475

바르나바 33 79 86-8 91-2 95 97 99-100 106 142-4 147-52 156-7 161 181 192 226-7 230 236 444 446 468 470
베드로 15 18 79 85 109 149 151 154-5 160 207-8 236 254 444 446 463-4 468-9 ☞ 게파
베레아 131 189
보편성 70 197-8 201-2 237 292

복음의 단일성 146 148 150 284
부르심 5 16 33 38 42 55 57 59 64 67-71 73-4 79-80 86 104 146 192 198-9 208 215 258 273-5 277 280 295 346 363 371 374 393 397 423 431 460 463 468 470
분열 18 59 72 151 156-7 173 177 219 243 245-6 309 327 402 471

사도 5-6 14-5 18 20-4 26-9 38-40 42 46-50 55 57-9 62 64 66-74 79-90 92 97 100 102-6 111-2 115-23 125-32 134-47 149 151 154 156 158 161 163-4 167-88 191-8 200-13 215-26 229 231 233 235-7 241 243-8 250 252 254-6 258-62 264-7 271-7 281-5 287-8 290-2 294-8 303 306-8 310-1 313-5 317 319-23 325-9 331-4 336 338-41 343 345-6 349-51 355-8 362-3 367 372-7 382 385 391 393 395-7 399-403 407-9 413-21 423 427-38 443 445-50 452-3 459-60 463 467-71 473-8
사도행전 6 14 18 21 27-9 33 37-9 42-4 47 49 55-9 61 64-8 73-4 79 82-3 85-6 88-92 95-6 99-100 102-4 106-12 119 121 123-5 127 129-30 132 135-7 140-3 145 147-8 151 154 163-4 167 169 174 180-1 184-9 194 210 212 229 253 267 430 443-9 451-3 459-63 467 469-70 473-4 476
사도회의 79 86 97 102-6 141-5 147-8 150-4 156 158-9 161 186 188 192 194 220-2 226-7 229-31 235 357 443 445-6 460 463-4 468-9 471
사목서간 14 19 26 348 473-7

사울 38
사탄 15 116-7 176 219 256-7 296 298 322 328 428
살 317 321 333 385
선교 23 29 38 67 79 81-2 89-92 96-7 99 101-6 111-4 118 120-1 125-6 130 135-7 141 143 146-7 149 158 160-1 163 167 170 172 178 182 188 191-8 201-2 204-8 210-5 226 236 241 248 264 272 290 317 348 357 385 413 419-20 432 443 445 448 460 463-4 467-9 474 477
선교 신학 192 195-6 201-3 206
선교 여행 79 90 95 97-104 106 113 141 163 206 210 469-70
선재先在 278 343 345-7 388
성령 65 73 207 223-4 247-8 290-1 307 318 343-4 370 373 381 383 385 388 403 469-71 ☞ 하느님의 영
성서 해석 199 221 280 335 371
성찬례 139 156 245-7 254 266 278 349 402-3 408-12
세계 5 17 19-20 23-4 35-6 38 49 98 104 111 118 125 165-7 193 198 201-2 205 251 254 260 264 268 295 297 303 307 310 319 328 335 342 433
세례 46 60 65-6 74 118 136 139 167 173 249 251 253-5 257 278 318 323 341-2 348 352 355 372 385-6 388 402-8 412 459 467 470
세상의 전환 297-8
소명 33 38 65 67-9 284 290 346 357 374 460 470 473-4 477
속량 40 49 134 173 180 299 335 345 351 368 371 380 450
시나고그/회당 5 45 49-50 57-62 65 67 71 74 81 91-2 94-8 109-10 121-2

127 130 136 140 147 185 187 194-5 208-9 222 248-9 261 309 311 332 423 448 470
신론 287 292
신전 제의 180 257 264-5
실바누스 253

아담 197-8 274 300-4 325-7 329 336 374 378 399 405-6
아라비아 68 74 80-2 84 90 192
아레다 4세 80-4
아르데미스 164-6 180 267-8
아브라함 13 36 198-201 204-5 221-2 277-9 281 287 289 295 321 323 331 335 341 363-5 415-7 422-3
아테네 35 120 130-3 137 461 470
안티오키아/비시디아 96 98
안티오키아/시리아 99-102
안티오키아 사건 79 86 106 143-5 152-4 159 186 357-8 396
야고보 57 70 86 148 150-1 156-61 227 444-7 463 468
야고보의 조건 112 141 151-2 158 161
양심 263 265-6 308 310-2 355 372
에냐시아 국도 119-20 126 130
에바프라 179 181-2 211 478
에페소 29 102 104-5 122 141 163-80 182-4 188 190 211 213 217 229 241 251 267 319 432 449 460-1 463-4 470-1 473-5 478
여성의 지위 249 431
여행 일지 29 98 105 185 189
연대기 21 79 82-3 97 104 153 176-7 186-7 241 335 459-60 463-4
영 47 112 119 129 139 174 184 218 247 256-7 304 309 312-3 319-20 323 325 333 336 344 351-2 360 369-71 378 384-91 393 399 403 406-7 412 415 417-8 427 437 469
예루살렘 5 18 29 33 35 37 42-7 49-50 56-62 64-8 79-82 84-9 91-2 94-5 97 100 102-6 111-2 120 129 141-53 156-7 160-1 163 177 184 188-90 194 208-9 211-2 216 221 226-37 341 357-8 371 394-6 401 417 421 430 432 443-9 451-2 460 463 468-9
예수 5 13 20 23 36 38 47 50 56-7 59-62 65 67-71 73 80 84-5 90-1 107 112 115-7 126 129 137 139 151 159-61 174 176 179 181 194-5 197-8 200-1 204 210-1 215 218 220-1 224-5 235 237 243 248 251 256 259 263 274-7 280 283-4 287-8 290-1 296-7 303 312 314 322 325 338-9 341-8 351-9 361 364-5 370 374-5 377-82 384 387-8 393 396-7 401 403-8 411 414 422 433 435 438 444 449 460 463 467-9 473-4 477
예수 부활 23 57 61 70 161 225 251 283-4 290 318 338-9 341 345 358-9 365 378 405 467 469
옥살이 29 40 100 170 179 213 453 470 476-7
우주론 222 294
원전 19 26 46 48
율법 13 15-6 22-3 36 39 42 44-7 55-6 60 70-3 146-7 149-51 154 157-60 186 208-9 221-3 225 238 243 263 279-80 309-12 324 327 329 331-7 340 345 355-61 368-70 374-5 390 408 416-8 422 432-3 446 448 469
은사 291 374-5 381 384 386-7 399-401 412 474 ☞ 카리스마

은총 16-7 67-8 72 151 174 197 217
　　237 248 273-5 277 308 335 344
　　354 357 360 373-6 381 417 423
　　431 435 477
의인/의화 16-7 23 197 277 280 289
　　351 356-8 360 363-4 367 377 407-8
이스라엘 22 36 42 44 46 49 58 60-2
　　68-70 89 160 197-9 201-2 204-6
　　222 231-2 235-6 276 278-9 287-8
　　309 321 323 331 335 337 344 354-
　　5 359 363 367-8 391 395 406 413-
　　24 430 434-5 444 447 468
인간론 300 306 312-5 320-2 362 372

자연적 몸 301
자연적 본성 275
자연적 인간 389
자유 47 72 117-8 142 147 159 206
　　214 221-2 249 258-9 264 266-7
　　279 302 311 326 340 362 368-73
　　388-90 405 416 419 437
적수들 18-9 59 100 176 216-25 229
　　238 241 276 315-6 319 332 356
　　386 389 418 428-9 436 475
전례 20 157 201 247-9 282 294 296-7
　　375 388 406 411
전승 20 22 27-8 37 40 44 48 55 66
　　68 71 82-3 88 98 100 104 121
　　131-2 140 158 174 181 185 190
　　196-7 243 246 256 271 273 278
　　281-5 329 338-40 342-5 347-9 351-
　　5 358-9 366-7 377 385 402-3 405
　　407-9 411 464 469 473
정신 14 23-4 44 47 49 93 116 132
　　155 159 222 248 305 307 310 321
　　386 389-90 424
종말론 47 69 129 193 195-6 205 224

　　232 234 249 256 261-3 275-6 278
　　280 292 318 346 380 383 394-5
　　411
죄 71 197 199 203 256 274 289-90
　　295 302-5 309 311 316 318 320
　　323-30 332 334-6 339 342 352-6
　　359-60 369 374 378 381 390 403-5
　　407 414 420-2 430
"주님 안에" 136 171 210 212 214 251
　　322 376-80 383 393
주님의 성찬 245-7 250 266 282 284
　　338 342 410
죽은 이의 부활 251 290 292 297 300
　　318 344-5 349 391
죽음 57 70 84 161 178-9 190 200 246
　　250 257 274 282 284 292 295 298
　　300-5 310 314 319-20 323-4 326-7
　　329-30 339-42 346 349 362 367
　　369-70 374 377 380-1 390 403-5
　　408-9 411-2 438 463 471 475
직무 85 166 183 204 206 211 233 252
　　386 400-1 420 450 474

찬양 16 67 201 237 247 274 314 323
　　330 422
창조 22 197-200 288-9 294-5 300-1
　　304-5 318-9 335 343 360 364 372-
　　3 412

카리스마 92 471 ☞ 은사
클라우디우스의 추방령 107-9 195 461

트로아스 112 118-9 175 184 190 379
　　393 461 475
특수주의 197

프네우마 312-3

프쉬케 312 389

필립비 27 29 109 119-26 128-9 133 176 180 183-4 189 191 195 212 241 291 400 437 463 470

하느님 15-7 23-4 43 47 56 60 66-9 71-3 89 91 100 111 115-7 121 126 128-9 136-8 145-6 149 154 176 178 183-4 186 192-207 210 213-4 217 224 233-5 237 245 247-9 255-7 261-3 265 267 273-81 287-92 294-8 300-1 304-14 316 318-9 321-4 327-9 331 333-5 337 339 341-9 351-6 358-70 372-81 384-6 388-91 393 395-7 401 405 409 413-20 421-3 429 431 434-5 437 445 448 474

하느님 백성 56 231-2 287 331 393 395 413-9 423-4

하느님상像 354

하느님의 교회 45 56-7 59 234 274 395-7 470

하느님의 아들 20 65 71 112 210 275-6 288 305 322 344-6 348-9 361 385

하느님의 영 112 119 139 247 256 312-3 319 333 351-2 369-70 384 386 388-90 393 403 412 437 469 ☞ 성령

합성 가설 27

혼종혼 111 255-6

화해 5 60 155 176-7 184-5 196-7 214 291 346 366-8 381 420

히브리인 36-7 42 44 57-8

색인 성서 인용

□ 바울로 서간

로마서

1-15장	208	2,13	337
1,1	5 38 67 276 341	2,14-15	311
1,1-4	280	2,15	336
1,3	321	2,15ㄱ	312
1,3-4	344	2,15-16	312
1,4	343-4 385	2,16	276 341
1,5	67 206 274 374	2,20	336
1,6	393	2,25	327
1,7	208 375 393	2,28-29	323 414-5
1,8	194	2,29	309 390
1,9	276 313 346	3,3-5	356 360
1,10	434	3,6	295 386
1,10.13	291	3,9	327
1,11-13	208 429	3,9-18	289
1,11-15	193	3,10	356 360
1,13	120 193 206	3,19	295
1,14	206 432	3,20	321 327 333 335
1,15	206-7	3,21	358
1,16	126 414	3,21-22	358
1,17	16 356 358	3,22	361
1,17 이하	69	3,22.26	361
1,18	327 356	3,22.26.28.30	361
1,18 이하	134 289	3,22-23	359
1,18-32	295	3,23	305 329
1,18-3,20	333	3,24	341 380 433
1,20	295	3,24-26	20 353 408
1,21.24	309	3,25	329
1,22	434	3,25-26	355
1,29-31	327	3,26	356
2,5	69 275 309	3,26.30	291
2,9-10	414	3,28	356
2,11	289	3,29	288
2,12	329	3,29-30	197
		4장	277 281 363 417
		4,1	321 415
		4,1 이하	46
		4,3	276
		4,4-5	376

4,5	199 360-1	5,21	326 374
4,7	329	6장	405-6
4,7-8	422	6,1-2	404
4,9-11	416	6,1-11	403 408
4,10-12	281 335	6,3	341 403 407
4,11-12	415	6,3-5	405
4,13	199 295 415	6,4	340-1
4,16	376	6,6	323 404
4,17	289 364 415	6,8	365 404
4,18	199	6,9	340
4,18.13.17	364	6,11	378
4,20-21	364	6,12	320
4,21	364	6,12-20	408
4,22-3	278	6,13	433
4,22-25	364	6,13-19	316
4,24	341 343 361	6,13-20	360
4,25	329 346	6,14	326 335
5장	374	6,16	330
5,1-2	375	6,17	309
5,5	73 309 383	6,18-22	369
5,6	340	6,23	326 329 380-1
5,6.8	342	7장	73
5,8	340 367	7-8장	324
5,9	348	7,1-3	335 433
5,9-10	367	7,1-4	431
5,10	346 348	7,4	341
5,11	366	7,5	324 327 329 336
5,12	295 302 326 329	7,6	390
5,12 이하	327	7,7 이하	332
5,12ㄴ	303	7,7-13	336
5,12-19	197	7,7-25	72 324
5,12-21	274 325 336	7,12	336
5,14	300	7,14	324 336
5,15-19	329	7,14-25	325 329
5,16	329	7,18	324
5,17	274 381	7,22-23	309
5,17.21	326	7,24	320 330
5,20	335	8장	373

8,1	380	9,5	321
8,1-2	369	9,6	416
8,2-4	390	9,6 이하	419
8,3	345	9,6-9	279
8,4	72-3 323 369 390	9,6-13	416
8,4-5.13	390	9,6-29	423
8,6	330	9,9	416
8,6-7	323	9,10-13	279
8,8	324	9,12-13	46
8,9	384 390	9,13	279
8,10	320 382	9,14-18	279
8,11	340-2 390-1	9,17	276
8,13	320 324 330	9,21	433
8,14	384 390 437	9,24-26	397
8,16	312 384	9,33	89
8,18 이하	69	10,1	306 420
8,18-23	370 373	10,1-21	423
8,19	298	10,3	337
8,20	298	10,4	337
8,21	370	10,6 이하	46
8,22-23	390	10,6-9	46
8,23	348	10,6-10	362
8,24	348	10,8	309 361
8,26	384 387	10,9	341-2 403
8,27	394	10,9.13	348
8,28	434	10,9-10	309
8,29	305 346	10,11	276 361
8,30	397	10,12	197 343
8,32	346 376	10,13	343
8,34	340	10,16	362
8,35	383	10,18	202
8,39	380	10,18-21	202
9장	417	10,19	201 421
9-11장	415 422-3	11장	202-3 206 418
9,1	377	11,1	36
9,1 이하	73	11,1-10	423
9,1-3	420 430	11,2	276
9,3	361 413 433	11,3	312

11,5	417	12,9 이하	399
11,5-6	376	12,11	344
11,11	203	12,13	394
11,11.14	202	12,15	258
11,11-12	329	13장	263
11,11-24(27)	423	13,1	262 292
11,12	419	13,1-7	262-3
11,12.15	419	13,4	262
11,13	67 193 214	13,7	262
11,13-14	204	13,8	263
11,13-15	420	13,8-10	73 263
11,14	321	13,9-10	262
11,15	366-7	13,10	243
11,17-20	204	13,11	196
11,17-24	419 433	13,12.14	407
11,18	206	14장	311
11,23	422	14,1	311
11,25	204 414 419	14,8	344
11,25 이하	422	14,9	340
11,25-27	423	14,15	340
11,26	89 348 419 421-2	14,20	214 433
11,26ㄴ	205	15,4	278
11,26-27	420-2	15,7	340
11,27	329 421	15,8	89
11,28-29	423	15,9-12	46 201
11,29	397	15,15	67 274 374 429
11,32	203 422	15,16	276
11,33	16	15,16-24	193
11,33-36	435	15,17	377
12장	397-8	15,19	42 88 103 120
12,1	316		276 385-6
12,2	297	15,19.23	194
12,3	374	15,20	215
12,4-5	397	15,21	207
12,5	380 398	15,22	193
12,6	374	15,23-24	443
12,6-8	387 399-400	15,24	193 212
12,8-10	252	15,24.28	188

15,25	188 233	고린토 전서	
15,25-26	394 443	1,1	67 173 341
15,25-26.31	394	1,1-2	381
15,26	57 229 233-4	1,2	380 393 396
15,26.31	233	1,3	248 375
15,26-27	227	1,7	69 275
15,27	233-4 324	1,9	346 397
15,28-29	443	1,10-11	244
15,29	429	1,11	172
15,30	188	1,11-12	244
15,30-31	230 237	1,12	222 244 402
15,30-32	208	1,13	402
15,31	216 233 295 443 445	1,14	136 138-9 402
		1,14-17	139
16장	168-71 212 251 379	1,16	253 402
		1,17	402
16,2.8.11-13.22	380	1,18-31	434
16,2.15	394	1,20-29	13
16,3	168	1,23	60 139 340-1
16,3.9.21	213	1,26	323 397
16,3-4	432	1,26-28	290 295
16,3-16	27 170	1,26-29	138
16,4	168 179 312	1,29	321
16,5	168	1,30	351-2 355 380 408
16,6	168 212		
16,7	179 381	1,31	379
16,12	212	2,1 이하	132
16,13	432	2,1-5	137
16,16	248	2,2-5	137
16,17-18	219	2,3	137 429
16,17-20	170	2,4	385
16,20	328	2,6	297
16,21	111 189 210	2,10	69 384
16,21-24	138	2,10-16	389
16,23	138-9 174 254	2,11	313
16,23-40	100	2,12	384
		2,13	385
		2,14	312

성서 인용 색인 497

2,16	383	5,13	292
3,1	324 430	6-7장	317
3,3	324	6,1 이하	262
3,4-6	167	6,1-2	394
3,5	214	6,1-8	260
3,6	213	6,2.4	260
3,6-8	433	6,11	351-2 355 384-5
3,6-10	434		408
3,7	401	6,12-20	257
3,9	213 401	6,14	341-2
3,10	67 215 274 374	6,15-20	318
	393	6,16	317
3,10-13	215	6,17	388
3,10-15	214 401	6,18	329
3,10-17	433	6,19	385 401
3,13	69 275	6,20	368
3,15	348	7장	139 257
3,16	66 384 388	7,1	173 257
3,16-17	401	7,1-3	431
3,17	256	7,3-5	317
3,18	297	7,5	296 328
3,18-20	295	7,7	430
4,4	312	7,10-11	255 338
4,6	167	7,12-16	255
4,9	295 433 438	7,14ㄷ	255
4,9-13	438	7,15	397
4,10	438	7,15-24	397
4,11-12	214	7,17	285
4,13	438	7,18-19	136
4,15	215 393	7,19	335
4,17	111 141 174 210	7,21	258 371
	285 350 380	7,22	371
4,19	139	7,23	368
5,1-3	256	7,30	368
5,4	313 343	7,40	384
5,5	328 348	8장	265
5,7	340	8,1	265
5,9	27 173 267	8,1-13	311

8,6	288 343	11,3	294
8,11	311 340	11,3.8-9	249
8,12	329	11,5	249
9,1	70 214 343 371 393	11,7	249 305
		11,9	294 300
9,2	393	11,14	249
9,4-15	252	11,15	249
9,5-6	161	11,16	249 396
9,6	143	11,16.22	395
9,6-15	437	11,17 이하	244
9,8-9	332	11,17-34	245
9,10	278	11,18	247 397
9,11	324	11,18-19	244
9,12	136 276	11,18.22	396
9,14	252 338	11,18-22	246
9,19	437	11,22	409
9,19-21	433	11,23	139 283 343
9,19-23	432	11,23-25	282 338 403
9,20	136	11,23ㄴ-25	408
9,24	433	11,24	342 409
9,26-27	431	11,25	246
9,27	316	11,26	349 411
10장	265 281	11,27	409
10,1	46	11,27-29	409
10,1-11	248 278	11,27-32	250
10,4	46	11,30	409
10,11	196	12장	386 397-8
10,14-24	266	12,2-3	387
10,16	409	12,3	343
10,16-17	246	12,4-6	291 399
10,18	323 414	12,4-11	386 400
10,19	265	12,4-11.28	399
10,23-33	311 372	12,8-10	399
10,29	311	12,11	386
10,32	395	12,12	398
11장	249 283	12,12ㄴ	406
11,2	285	12,12.27	380
11,2 이하	249	12,13	249 385 388

12,15-21	398	15,11	395
12,26	398	15,12	300
12,27	398	15,12-19	251
12,28	252 374 387 400	15,15	6
12,31	400	15,17	329
13장	243 271	15,18-19	380
13,2	365	15,20-28	292
13,3	317	15,22	300 329 378
14장	247	15,24-28	346
14,5-12	400	15,27	296
14,16	248	15,29	250
14,18	386 435	15,31-32	178
14,19	307 386	15,32	330
14,21	332	15,33	48 433
14,22-25	248	15,34	326
14,23	397	15,35	318
14,25	291	15,37	318
14,26	247	15,44	312
14,33	248	15,45	300-1 304
14,33ㄴ-36	249	15,45-49	301
14,34	332	15,49	304
15장	178 251 283 318	15,49ㄱ	304
15,1	283	15,50	321
15,1-3	242	15,51	196
15,1-3ㄱ	339	15,51-52	349
15,1-5	139	15,51-57	196
15,1-11	161	15,52	319
15,3	71 283 329 340 342	15,56	329 332
		16,1	164 229 233 394 396
15,3-5	218 282 300 365		
15,3ㄴ-5	339 341	16,1-2	233
15,5	86	16,1-4	228
15,6-7	81	16,2	246
15,7	86	16,3-4	188 229
15,8	70	16,5-8	175 177
15,8-9	57	16,7	434
15,9	55-7 274 395 477	16,8	175 434
15,10	68 273 373	16,8-9	169

16,10	111 141 174 210	2,14	175 291 377
16,12	167	2,16	330 362
16,15	135 168 233 402	2,17	176 217 433
16,15-16	252	3장	279 281
16,16	213	3,1	176 217
16,17	138 258	3,2	217 306 393
16,17-18	173	3,2-3	386
16,19	105 141 168 380	3,3	214 324 384-5
	396	3,6	384 409 418
16,20	248	3,6-7	370
16,22	349	3,6-18	248
16,23	344	3,7-9	281
		3,8	386
		3,14	414
고린토 후서		3,14-16	370
1-9장	176 185 464	3,15	309
1,1	67 131 173 210	3,16	423
	341 396	3,17	370 391
1,1-2,13	176	3,17ㄴ	391
1,2	375	3,18	305 370
1,3	287	4장	307
1,5	383	4,1	214
1,8-10	178-9	4,1-2	308
1,9-10	329	4,3	276
1,12	308 324 374 431	4,4	298 304 328
1,16	177 188	4,6	73 309
1,17	323	4,7	116
1,19	112 141 210	4,8-9	307 438
1,19-20	346	4,8-15	438
1,21-22	385	4,10	126 314
1,22	384 390 433	4,11	314 322
1,23	312	4,11-12	330
1,24	213	4,14	341-2
2,1-11	177	4,15	374
2,4	27 176 306 429	4,16	306 309 431
2,11	328	5,1-8	319
2,12	379	5,5	390
2,12-13	119 184	5,7	365

5,8	319	9,1	233
5,10	316	9,1-3	229
5,11	308	9,1.12	394
5,12	176	9,1.12-13	233 395
5,13	435	9,5	233
5,14	73 383 406	9,12	233
5,14-15	342	9,13	233
5,16	50 323	10-13장	175-6 191 216
5,17	298 372-3 380		464
5,18	214	10,1	220 428
5,18-19	291 366	10,1.10	470
5,18-20	366	10,2	220
5,19	196 329 366 381	10,2-3	323
5,21	352 358 408	10,3-6	433
6,1	213	10,4	324
6,11	306	10,5	383
7,3	306	10,6	429
7,4	175	10,10	220 271 315 428
7,5	322	10,15	224
7,5-6	184	10,17	379
7,5-8,24	176	10,18	315
7,11-13	177	11장	83
8-9장	229 233 237	11,3	46 303
8,1	131 237 396	11,4	218
8,1-3	229	11,5	218
8,2	230	11,7-11	437
8,4	233 394-5	11,8	214
8,4.6.19	233	11,8-9	128
8,6.16.23	228	11,13	214
8,9	237 347	11,13-15	219
8,13-14	234	11,14	328
8,14	42	11,15.23	214
8,15	235	11,16-18	295
8,18-19	228	11,16-33	438
8,19	228	11,18	223 323
8,20	228	11,21	272
8,22	228	11,22	36
9장	176	11,22-23	222

11,23	40 100 179 330	1,4	329 346
11,23-25	470	1,6	174
11,24	62 448	1,6-8	218
11,24-27	100	1,6-9	429
11,25	125 428	1,9	146
11,26	428	1,12	275
11,28	172	1,13	56 274
11,32	81 83 460	1,13-14	45
11,32-33	82-3	1,14	282-3
12,1-4	436	1,15	67 274 374
12,1-6	223 435	1,15-16	277
12,2	382 460	1,16	192 275 321 346
12,2-3	315		358 477
12,2-4	436	1,16ㄴ	70-1
12,7	116-7 296 322	1,17	67
	328 428	1,17-18	74 80
12,7-9	374	1,18	460
12,8-9	116	1,18-20	85
12,9	116 435	1,18-2,1	81
12,11	218	1,19	86
12,12	429	1,21	89-90 97 100 105
12,14	175	1,22	59 156 382 396
12,15	312	1,22-23	395
12,18	228	1,23	27 59 90
13,1	175	2장	145 147-8 151-2
13,3	223 382	2,1	87 90 101 106
13,5	382		142 460
13,12	248	2,1-2	145
13,13	291 385	2,1-14	144
		2,2	148
		2,3	142 221
갈라디아서		2,4	148 222 341 371
1장	44-5 68 149 220	2,5	147
	281	2,6	230 235
1-2장	42 79 97 104	2,6ㄷ	152
	396	2,7 이하	85
1,1	67 341	2,7-8	149
1,3.3	55	2,7-9	226

성서 인용 색인 503

2,8	149	4장	422
2,9	150　274　468	4,3.9	297
2,9-10	236	4,4-5	335　345　368
2,10	57　152　161　234-6	4,6	309　384　388
		4,8-9	221
2,11-14	145　154-5	4,9	335
2,11-21	159	4,10	221
2,12-14	160	4,13	113　164
2,14	157　159	4,13-14	322
2,15	159　331　413	4,14	341
2,15-21	159	4,15	115
2,16	321　333　341　356　361	4,19	382　430
		4,20	175
2,20	322　346　361　382	4,21-31	279　417
2,21	333	4,23.29	323
3장	221　277	4,26-31	371
3,1	113　117　137　220	4,28	279
3,2.5	333　362	4,29	46
3,3	221　323　390	4,30	276
3,8	291　416	4,31	437
3,8.22	276	5,1	371　437
3,10	333	5,2-4	221
3,10-13	333	5,4	357
3,11	333	5,5	360
3,13	117　334　340　368	5,6	335　341　365
3,14	334　385　418	5,10	219
3,15-17	433	5,11	59
3,16	200　341　416	5,12	221　429
3,17	335	5,13	371
3,19	46　335	5,14	337
3,21ㄱ	332	5,14.23	332
3,22	361	5,17	323　390
3,24	335	5,17-21	325
3,27	407	5,18	390
3,27-28	406	5,19-21	390
3,28	249　341　380-1　407	5,19-23	323
		5,22	390
3,29	221	5,24	323

5,25	390	1,1	252 341 400 471
6,1	329	1,2	375
6,6	252	1,5	123 212
6,8	390	1,6	291
6,11-13	323	1,6.8	341
6,11-18	272	1,7	306 374 430
6,12	117	1,10	129 243
6,14	117 373	1,13	179 377 381
6,15	198 335 372	1,16-18	181 217
6,16	287 414	1,19	384
6,17	116-7 314 438	1,20	314 330
6,18	313	1,21.23	454
18,23	112	1,21-23	179 319
		1,22.24	322
		1,29	242 361
에페소서		1,30	123
1,3	213	2,1-4	243
1,19	394	2,5	380
1,20	341	2,6-11	20 285 296 343
1,22	296	2,11 ㄷ	292
2,1	213	2,13	291
2,5-6	405	2,15	295
2,16	366	2,16	243
2,20	14 477	2,19-22	211
3,1	477	2,19-24	179
3,5	14 477	2,20	112
4,1	477	2,21	215
4,11	477	2,22	432
4,24	407	2,25	122 212-3
4,27	296	2,25-30	183
6,2	213	2,27	183 291
6,11	296	2,29	380
6,21-22	478	2,30	214
12,2	14	3장	44-5 72-3 191 216 241
		3,1	379
필립비서		3,2	214 218-9 223
1-2장	241	3,3	331

3,3-4	322	1,7	181 211 478
3,4	223	1,20.22	366
3,4-8	323	1,24	477
3,5	36 223 413	1,25	477
3,5-6	44 331	2,1	427
3,6	55	2,12	341 405
3,7-9ㄱ	71	2,15	296
3,8	341 361	3,10-12	407
3,9	71	4,3.18	477
3,12	382	4,7-9	478
3,12-14	224 431	4,10	95
3,13-14	377	4,10-11	181
3,14	72 433	4,10-14	475
3,15	223	4,10-15	478
3,18	430	4,11	213
3,18-19	219	4,12	211
3,19	379	4,12-13	181
3,20	312	4,14	181
3,20-21	319 348	4,15	169 254
4장	241	4,17	183
4,2-3	122		
4,3	122	데살로니카 전서	
4,4	258	1,4	393
4,4-5	243	1,5	276 385
4,5	129 196 243	1,7	212 394
4,5-6	349	1,7-8	131 194
4,5-17	122	1,9	128-9 235 289
4,7	309	1,9-10	195
4,10-20	437	1,9ㄴ-10	348
4,15	120-1	1,10	128 243 341
4,16	128	2,1	128
4,18	212	2,2	123 128 130
4,21	378	2,7	128 215
4,23	313	2,8	312 393
		2,9	128
		2,10.13	394
골로사이서		2,11	128 215 393 430
1,1	478	2,13	128

2,14	56 396	디모테오 전서	
2,14-16	130	1,3	473 475-6
2,15-16	414	1,3-7	475
2,16	130 216	1,11	474
2,17-18	130	1,12	477
2,18	328 434	1,12-14	473
3,1	130-1	1,15	477
3,1-2	130	1,18	474
3,2	111 210 213	1,20	475-6
3,2-3	131	2,13-14	300
3,4	128	3,6-7	296
3,5	131 296	4,14	474
3,6-9	136	5,22	474
3,10	242	6,20	474
3,11	434		
3,13	242 309	디모테오 후서	
4,1	379	1,5	111 475
4,1-2	242	1,6	474
4,8	384	1,14	474
4,8-9	290	1,15	476
4,9	242	1,16	475
4,10	131	1,17	476
4,11	242	1,18	473
4,13	250	2,8	341 474
4,13-18	196 250	2,17	476
4,14	128 365	3장	99
4,15	129 196 338	3,10-11	475
4,16	380	3,11	99
4,16-17	349	4,10	181 475
5,10	128 342	4,10-11	475
5,11	243	4,11	181
5,12	251	4,12	473
5,18	381	4,13	119
5,19	390	4,16-17	454
5,19-20	129	4,16-18	475
5,23	129 243	4,19	475
5,26	248	4,20	174
		4,21	475-6

디도서		9,26-30	86
1,4	142	9,30	89 100
1,5	474-6	11,25	33 100 410
1,9	474	11,25-26	91
3,9-11	475	13,1	92
3,12	90 475-6	13,1-2	87
		13,1-3	224
필레몬서		13,4-14,28	90
1	179 341	13,9	38
6	365	13,13	90
8-9	377	13,14	90 96
12	430	14,1	96
13-14	213	14,4.14	88
15-16	182	14,6	90
16	322	14,11	96
19	272	14,12	95
22	183	14,19-20	100
23	179 211 475	14,23	98 470
23-24	181	14,24	90
25	313	15장	141 145 147-8
			151
		15,1-5	147
□ 사도행전		15,20	151
4,36	87	15,22.27	141
4,37	88	15,23.41	90
5,34	43	15,32	112
5,34-42	44	15,37-39	99
6,1-6	57	15,37-40	106
6,5	57 88 92	15,41	112
6,9	49 57 90	16장	124
9장	66-7 73 82-3	16,1	97 111
9,1-2	61-2	16,1-5	99
9,1-31	64	16,8	112
9,10	83	16,9-10	119
9,15	444	16,10-17	30
9,19ㄴ-30	65	16,11-40	123
9,20-21	74	16,12	123
9,23-25	82-3	16,13-15	121

16,13.16	121	21,17-33	448
16,15	253	21,18-19	445
16,16-40	123 470	21,20	108
16,19.25.29	123	21,21	446
17장	127 129	21,28	186
17,1	127	21,39	33 41
17,1-2	130	22,3	33 43 47 109
17,2	129	22,3f	44
17,5-9	129	22,3-21	64
17,14-15	123	22,17-21	65
17,15	130	22,25-29	39
17,17	132	24,5	59
17,22-31	132 470	24,5-6	186 449
17,34	132	24,5.14	59
18장	107 109	24,27	462
18,1-3	106 108	25,9	451
18,1-17	135 185	25,9-11	451
18,2	109 461	25,11	450-1
18,4	136	26,16-17	65
18,7	140 142	28,22	59
18,11	110 135 461		
18,12	187-8		
18,12-17	107 140 186 461		
18,15-22	141		
18,18	90		
18,18f	141		
18,18-23	104		
18,19-21.27	167		
18,22	468		
18,23	112 163-4		
19,1	105 140		
19,1 이하	168		
19,22	141		
20,4	111 131 229 449 452		
21장	446-7		
21,16	444		
21,16-17	445		

요아힘 그닐카Joachim Gnilka
1928년 쉴레지엔 출생. 신학자, 성서학자, 성서주석가. 1947~53년 아이히슈테트Eichstätt, 뷔르츠부르크Würzburg, 로마Roma에서 신학·철학·중근동어를 공부하고 1955년 뷔르츠부르크 대학에서 *Ist 1 Kor 3,10-15 ein Schriftzeugnis für das Fegefeuer? Eine exegetisch-historische Untersuchung*으로 신학박사 학위를 받은 후, 1959년에는 *Die Verstockung Israels. Isaias 6,9-10 in der Theologie der Synoptiker*로 교수 자격을 취득했다. 1959~62년 뷔르츠부르크 대학 사강사를 시작으로 1962~75년 뮌스터Münster 대학 신약성서학 교수, 1975~97년 뮌헨München 대학 신약주석학 및 성서해석학 교수를 역임했다. 1973~88년 교황청 성서위원회 위원, 1984~94년 국제 성서위원회 위원으로 봉직했으며, 1992년 교황 요한 바오로 2세로부터 명예 고위 성직자 직위를 수여받았다. 주요 저작은 다음과 같다:

* *Das Evangelium nach Matthäus* (Herders theologischer Kommentar zum Neuen Testament 1, 1986)
* *Der Brief an die Kolosser* (Herders theologischer Kommentar zum Neuen Testament 10/1, 1991)
* *Der Brief an die Epheser* (Herders theologischer Kommentar zum Neuen Testament 10/2, 1990)
* *Der Brief an die Philipper* (Herders theologischer Kommentar zum Neuen Testament 10/3, 1986)
* *Der Brief an Philemon* (Herders theologischer Kommentar zum Neuen Testament 10/4, 1982)
* *Jesus von Nazaret. Botschaft und Geschichte* (Herder 1990,『나자렛 예수』정한교 옮김, 분도출판사 2002)
* *Theologie des Neuen Testaments* (Herder 1994)
* *Die frühen Christen. Ursprünge und Anfang der Kirche* (Herder 1999)
* *Petrus und Rom. Das Petrusbild in den ersten zwei Jahrhunderten*(Herder 2002)
* *Das Evangelium nach Markus* (Evangelisch-Katholischer Kommentar zum Neuen Testament 2, Neukirchner Verlag 2002)
* *Wie das Christentum entstand* (Herder 2004)
* *Johannesevangelium* (Echter-Verlag 2004)
* *Die Nazarener und der Koran. Eine Spurensuche* (Herder 2007)
* *Bibel und Koran. Botschaft und Geschichte* (Herder 2007) 등.

이종한
고려대 사회학과, 서강대 대학원 종교학과 졸업. 독일 프라이부르크 대학교 신학부 수학. 경향잡지 기자, 서강대·성심여대 강사 역임. 현재 전문 번역가로 활동 중.
분도출판사에서 펴낸 역서로는 카알 바르트의 『볼프강 아마데우스 모차르트』*Wolfgang Amadeus Mozart*(1997), 메다르트 켈의 『교회는 어디로 가고 있는가?』*Wohin geht die Kirche?* (1998), 한스 큉의 『믿나이다』*Credo*(1999), 『그리스도교』*Das Christentum*(2002), 라이문트 슈바거의 『사냥꾼의 올가미에서 벗어나』*Dem Netz des Jägers entrinnen*(2001), 샤츠의 『보편공의회사』*Allgemeine Konzilien*(2005) 등이 있다.